NEUKIRCHENER

W0088845

Ulrich Wilckens

Theologie des Neuen Testaments

Band I:
Geschichte der urchristlichen Theologie

Teilband 1:
Geschichte des Wirkens Jesu in Galiläa

3. Auflage 2008

Neukirchener

© 2002 – 2., durchgesehene Auflage 2005 – 3. Auflage 2008
Neukirchener Verlag
Neukirchener Verlagsgesellschaft mbH, Neukirchen-Vluyn
Alle Rechte vorbehalten
Umschlaggestaltung: Hartmut Namislow
Gesamtherstellung: Breklumer Druckerei Manfred Siegel KG
Printed in Germany
ISBN 978–3–7887–1894–7

Bibliographische Information der Deutschen Nationalbibliothek

Die Deutsche Nationalbibliothek verzeichnet diese Publikation in der Deutschen Nationalbibliographie; detaillierte bibliographische Daten sind im Internet über http://dnb.d-nb.de abrufbar.

Vorwort

»Mein Gott, mein Gott, warum hast du mich verlassen?« – Dieses letzte Wort Jesu am Karfreitag hat uns Jungen der Kriegsgeneration in den Jahren unseres Studiums nach dem Ende des Krieges besonders bewegt. Erlebten wir doch damals die politische Katastrophe als Zusammenbruch der gesamten Lebenswelt, in der wir aufgewachsen waren. Das drückende Gewicht deutscher Schuld lag so schwer auf uns, daß für uns der Gedanke, von dieser Last je entledigt zu werden, so unvorstellbar war wie der, daß aus den Trümmerwüsten deutscher Städte je wieder neue Lebenswelten entstehen könnten. Resignation jedoch lag damals gleichwohl nicht in der Luft. Allen Ausweglosigkeiten zum Trotz fühlten wir uns herausgerufen zu einer Erneuerung in allen Lebensbereichen. Der Mut dazu erwuchs uns aus dem Osterevangelium. Wenn es denn überhaupt eine weitere Geschichte des moralisch, politisch und materiell zerstörten Deutschlands geben werde, dann nur durch den Gott, der mitten aus dem Tod neues Leben zu schaffen vermag. Christus, der Gekreuzigte und Auferstandene, war ganz elementar der Grund aller Hoffnung auf ein Leben in Freiheit und Menschenwürde. So erschien uns der Beruf, auf den hin wir Theologie studierten, von großem Gewicht und darum von hoher Attraktivität. Pfarrer wollten wir werden, die an der notwendigen Erneuerung der Kirche mitzuwirken haben würden, ohne die es zu einer Erneuerung von Gesellschaft und Staat nicht werde kommen können.

Daß Gott vom Tod erretten kann, habe ich selbst als sechzehnjähriger Soldat am Ende des Krieges erfahren. Durch dieses Wunder bin ich, völlig überraschend, zum Glauben an Gott gekommen und bin Theologe geworden, als Pfarrer, Universitätslehrer und Bischof. Die Wirklichkeit der Auferweckung Jesu von den Toten ist zu *dem* Thema meines Lebens geworden.

Am Ende der Zeit meines Bischofsdienstes hat Gott mir noch einmal das Leben geschenkt. Es war wie beim Propheten Jona, den Gott mitten aus dem Bauch des Fisches, der ihn schon verschlungen hatte, herausgerettet hat. Diese erneute Erfahrung hat mich ermutigt, im Ruhestand die Arbeit der siebziger Jahre an einer Theologie des Neuen Testaments wieder aufzunehmen. Damals wollte ich mit dazu beitragen, die neutestamentliche Wissenschaft aus ihrer elementaren Krise herauszuführen und so zugleich auch den Dienst theologischer Wissenschaft für Glaube und Leben der Kirche zu erneuern. Nach den Erfahrungen meines Bischofsdienstes erscheint mir diese Aufgabe heute noch ungleich dringlicher.

Darin bestärkt haben mich viele Gespräche, die ich als pastor pastorum mit vielen Mitchristen und als öffentlicher Repräsentant der Kirche mit vielen Mitbürgern zu führen hatte. Daß heute in unserer Welt um sich greifender religiöser Vereinsamung und Verunsicherung, ja rapide anwachsender Verabschiedung christlicher Glaubens- und Lebenstradition um so klarer öffentlich *von Gott zu reden* ist, statt sich mit all den aufsprießenden religiösen Surrogaten zufriedenzugeben oder gar sich ihrer in der Verkündigung zu bedienen – das wird vielen bewußt als die zentrale Aufgabe der Kirche der Gegenwart, die in Predigt, Unterricht, Seelsorge und Diakonie mit neuem Mut zu bewältigen sein wird, allen eigenen Verunsicherungen zum Trotz. Dazu bedarf es wirksamer Mithilfe seitens einer Theologie, die das biblische Zeugnis von der Wirklichkeit des drei-einen Gottes in seinem Geschichtshandeln und den Reichtum seines Wirkens im Leben seiner Kirche durch zwei Jahrtausende hindurch in neuer Weise konkret ernst nimmt und mit guten Argumenten der Vernunft des Glaubens einsichtig werden läßt.

Viele Christen sind jedoch gegenwärtig intensiv auf der Suche nach einer Erneuerung ihrer Gottesbeziehung und nach neuen Zugängen zu den geistlichen Tiefendimensionen der Bibel. Daß es mitten in unserer säkularen Lebenswelt Orte quicklebendigen Glaubens und verbindlicher Glaubensgemeinschaft gibt, habe ich in den letzten zehn Jahren meiner Beauftragung zur Begleitung der evangelischen Kommunitäten und anderer geistlicher Gemeinschaften mit Staunen und großer Freude erlebt. Das hat mich sehr bestärkt, in einer Theologie des Neuen Testaments auch die konkrete Praxis geistlichen Lebens mit der Heiligen Schrift einzubeziehen.

Glaube ist wesenhaft Gehorsam. Dieser Gehorsam schließt wissenschaftliche Wahrheitssuche nicht aus, wie auch diese nicht das Hören auf Gott. Es ist mein Wunsch, daß in dieser Erkenntnis kirchliche und freikirchliche, ›akademische‹ und ›evangelikale‹ Theologen heute zusammenfinden möchten – so selbstverständlich und fruchtbar, wie seit langem bereits evangelische und katholische Theologen zusammenarbeiten. Das uns Christen aufgetragene Zeugnis »unter allen Völkern« (Mt 28,19) bedarf in der neuen

Weltsituation dringend des Zusammenstehens und der Einmütig-
keit aller Kirchen und Gemeinschaften. Theologie muß darum
ökumenischen Horizont gewinnen. Mein Buch will für diese
Wegstrecke brauchbar sein.

Ich danke allen, die mir zum Glauben geholfen und mich im
Glauben als Seelsorger gestärkt haben, Herbert Fischer, Uwe
Steffen, Otto-Uwe Kramer und vielen anderen. Ich danke den
Lehrern, die mich in das Studium der Bibel eingeführt haben: Georg Picht, Peter Brunner, Ernst Fuchs, Gerhard von Rad, Günther
Bornkamm, Edmund Schlink. Ich danke allen Freunden des theologischen Arbeitskreises »Offenbarung als Geschichte«, der uns –
leider nur für eine allzu kurze Zeit – wesentliche Impulse gegeben
hat. Ich danke auch allen neutestamentlichen Fachkollegen, auf
deren Arbeit ich habe zurückgreifen können. Ihrer sind so viele,
daß ich sie hier nicht einzeln nennen kann. Ich danke allen Freunden, die mir durch kritisches Mitlesen der Manuskripte geholfen
haben, vor allem Dr. Dieter Müller, Helga und Andreas Nohse
und Dr. Hansgünter Ludewig. Vor allem danke ich jedoch meiner
Frau, die am Werden dieses Buches teilgenommen hat wie kein
anderer.

Daß dieses Buch erscheinen kann, verdanke ich Frau Helga
Schmidt-Römhild. Mit persönlichem Interesse und unermüdlicher
Treue hat sie viele Manuskriptseiten per Computer erfaßt und
diese mit Geduld immer wieder verändert. Ihr gilt mein herzlicher
Dank.

Dem Neukirchener Verlag danke ich für die mutige Entscheidung,
ein so umfangreich ausgelegtes Werk zur Publikation anzunehmen. Mein besonderer Dank gilt dem Leiter des Verlags, Herrn
Dr. Volker Hampel, der mit großem persönlichen Einsatz das gesamte Lektorat und die elektronische Bearbeitung übernommen
hat.

Ich danke Gott für das, was in diesem Buch seine Wahrheit bezeugt und zu ihrem Verstehen beiträgt. Ich bitte Gott, in der
Auseinandersetzung mit diesem Buch ans Licht zu bringen, worin
ich die Wahrheit verfehlt habe – und uns allen zu helfen, sie besser zu erkennen und zu verstehen. Es ist ja kein anderer als »der
Geist der Wahrheit« selbst, der uns »die Wege führt im ganzen
Bereich der Wahrheit« (Joh 16,13).

Lübeck, Ostern 2002   Ulrich Wilckens

Inhalt

Einführung in das Gesamtwerk

»O welche Tiefe des Reichtums
der Weisheit sowohl wie der Erkenntnis Gottes!
Wie unergründlich seine Entscheide
und unerforschbar seine Wege! ...
Ja, aus ihm und durch ihn und zu ihm hin ist alles.
Ihm (ist) die Herrlichkeit in alle Ewigkeit. Amen.«
(Röm 11,33.36)

Dieser Ausruf elementaren Staunens kann eine angemessene Überschrift sein über jeden Versuch, den Gehalt des Neuen Testaments
darzustellen. Überreich in der Tat ist dieses Buch an religiöser
Weisheit und an Erkenntnissen über den Gott, von dem hier
durchweg die Rede ist. Faszinierend ist es, weil man als Leser in
den Aussagen *über Gott* der Wirklichkeit *Gottes selbst* begegnet,
wenn man sich auf die Absicht der biblischen Autoren einläßt, ihren Lesern eben dies zu vermitteln: ein eigenes Gewahrwerden
Gottes, der ihnen hier in eigener Person begegnet, als ein Ich von
ganz besonderer Identität. Der Apostel Paulus meint an der zitierten Stelle nämlich nicht – jedenfalls nicht primär – eine Weisheit und Erkenntnis, die man über Gott gewinnen kann, sondern
Gottes eigene Weisheit und Erkenntnis, die in seinen »Entscheiden« zur Wirkung gekommen und auf den »Wegen« seines Handelns mit den Menschen Geschichte geworden sind.
Der Horizont seines Wirkens überschreitet den Erfahrungsbereich
eines Einzelnen unendlich – das Universum ist die Ebene Gottes,
schlechthin »alles« kommt her von ihm, hat seine Existenz durch
ihn, findet in ihm das Ziel seines Laufs. Weil »alles« sich seinem
Wirken verdankt, erfüllt sich der Sinn der Wirklichkeit aller Krea-
tur im Lobpreis Gottes: Seine Geschöpfe ehren ihn als den, der er
wirklich ist, in seiner »Herrlichkeit«, deren Licht Klarheit schafft
vom Anfang bis zum Ende alles Lebens. Alle Zeiten umgreift Gott,
Herkunft, Gegenwart und Zukunft. An seiner Ewigkeit gibt er teil,
in der er alle Zeiten transzendiert und allem seine Zeit gibt. Wahr-
haftig, diese Wirklichkeit Gottes übersteigt die Grenzen menschlicher Weisheit und Erkenntnis, schafft aber eben so die Möglich-

keit für Menschen, im Glauben an Gott Erfahrungen und Erkenntnisse zu gewinnen über die eigenen Grenzen hinaus. Nur so wird menschliches Dasein überhaupt sinnvoll; nur so wird Leben erfüllt, bekommt Lebensgeschichte ihr Ziel und Lebensgefühl Vertrauen. Wenn meine, unsere, alle Zeitlichkeit und Endlichkeit teilgewinnt an Gottes Zeit schaffender, Zeit gebender und Zeit vollendender Ewigkeit, wird das Ziel der Schöpfung erreicht sein.

Das »Amen« darauf ist die Anerkenntnis dieser Wahrheit. Dieses Amen sprechen kann man als einzelner nie isoliert für sich, sondern nur in der Gemeinschaft der Kirche aller Räume und Zeiten. Es ist aber unendlich befreiend und beglückend, dieses Amen in seiner eigenen Seele mit dieser universalen Kirche mitzusprechen – vor Gott selbst, der die Wahrheit ist, die in jedem Amen gepriesen wird (2Kor 1,20; Offb 7,12; 22,20).

Mit solcher Meditation des Gottes-Staunens eine »Theologie des Neuen Testaments« zu eröffnen und zu beschließen, ist deren ›Sache‹ ganz angemessen. Dem widerspricht nicht, wenn im Folgenden von den Schwierigkeiten zu sprechen ist, die mit diesem Unternehmen verbunden sind. Immerhin hat auch der Apostel Paulus mit diesem Lobpreis einen Abschnitt abgeschlossen, in dem er mit dem schwierigsten Problem seiner christlichen Lebenszeit gerungen hat: der bedrängenden Frage nach der Teilhabe Israels, des von Gott erwählten Volkes, an der Heilsvollendung, die Gott jetzt durch das Christusevangelium den Weltvölkern schenkt, während Israel diese Heilsbotschaft in seiner überwiegenden Mehrheit abweist.

1   Die christliche Deutung des Alten Testaments

Daß im Alten wie im Neuen Testament der eine und selbe Gott bezeugt wird, ist die Grundvoraussetzung jeder Theologie des Neuen Testaments, die dessen Inhalt gerecht werden will. Dies drückt sich einerseits in der Tatsache aus, daß im Kanon der Bibel das Neue Testament an zweiter Stelle steht nach dem Alten Testament. Aus dem gleichen Grunde aber tragen andererseits die beiden Teile der einen Bibel verschiedene Namen: »alt« und »neu«. Nun kann »alt« natürlich nicht besagen, daß das Alte Testament in dem Augenblick »veraltet« wäre, wo man das Haus des »neuen« Testaments betritt. Und entsprechend heißt das Neue Testament nicht »neu«, weil sich dort eine neue Religion zeigte. Vielmehr: Weil der in beiden Testamenten bezeugte Gott der Gott ist, der sich Israel als der einzig-eine offenbart hat (Dtn 6,4), kann es im Neuen Testament um nichts anderes gehen als um ein *neues Heilshandeln* Gottes, das in dem seiner Geschichte mit Israel gründet und dieses durch sein Handeln in Jesus Christus in der einen Kirche aus allen Völkern endgültig vollendet hat. Das muß nun im Folgenden so weit ausgeführt werden, daß der Weg deutlich wird, der mit dieser Theologie des Neuen Testaments beschritten werden wird.

1.1 Die christliche Deutung des Alten Testaments im Neuen Testament

Das Alte Testament hat zunächst einen Vorrang vor dem Neuen: Es war bereits die eine Bibel der Urkirche, als es ein Neues Testament noch nicht gab. Sein Inhalt ist all dem vorgegeben, was im Neuen Testament verkündigt und gelehrt wird. In einer Fülle von Zitaten, Paraphrasen und »Anspielungen«[1] beziehen sich die Schriften des Neuen Testaments auf das Alte Testament als auf »*die* Schrift« zurück.

Nun hat das Urchristentum zwar die gleichen heiligen Schriften gehabt wie das es umgebende Judentum. Es hat sie aber durchweg als prophetisches Zeugnis gelesen, das vom Messias Jesus und von der in ihm ereigneten endzeitlichen Heilsvollendung Gottes spricht. Das älteste Glaubensbekenntnis, in dem die Urkirche das von allen Aposteln verkündigte Evangelium (1Kor 15,1f.11) in verdichteter Sprachgestalt ausspricht (V. 3–5), verweist zweimal in den beiden Hauptsätzen darauf, daß sowohl der Tod Christi für unsere Sünden als auch seine Auferweckung am dritten Tage »entsprechend den Schriften« geschehen sind. Hier steht das Lied vom Knecht Gottes in Jes 53 im Blick, der »unsere Sünden trägt und für uns Qualen leidet« (V. 4), der »wegen unserer Gesetzesbrüche verwundet und wegen unserer Sünden geschwächt worden ist« (V. 5), der »stellvertretend für uns seine Seele zum Tod übergeben hat und die Sünden vieler auf sich genommen hat und wegen ihrer Sünden (zum Tod) übergeben worden ist« (V. 12). Doch die Formulierung verallgemeinert bewußt: »Die Schriften« *in ihrer Gesamtheit* bezeugen den Sühnetod und die Auferweckung des Christus Jesus als göttliches Heilsgeschehen. In gleicher Weise betont Paulus im Römerbrief, daß es Gott selbst ist, der »sein Evangelium durch seine Propheten in heiligen Schriften vorherverkündigt hat« (1,2). Als Inhalt des Evangeliums zitiert er dort ebenfalls den Wortlaut einer alten Formel, die die Würde »des Christus Jesus« (V. 1) als Sohn Davids und Sohn Gottes ausspricht (V. 3f.). Wieder stehen alttestamentliche Stellen wie 2Sam 7,14 und Ps 2,7 vor Augen; aber auch hier sind es die heiligen Schriften insgesamt, die Jesus als Messias und Sohn Gottes bezeu-

---

1 Zu dieser Unterscheidung vgl. *A. Koch*, Schrift, 11–20.

gen. Ausdrücklich sagt Paulus, daß Gott selbst dieses Heilsgeschehen der messianischen Geburt und der himmlischen Einsetzung des Gottessohnes durch seine Propheten vorherverkündigt hat.

Nun darf man nicht verkennen, daß auch in vielen Gruppen des damaligen Judentums die Schrift grundsätzlich entsprechend ihrer Gegenwartsbedeutung gelesen und erklärt worden ist. Vor allem in den Schriften der Essener ist eine analoge Art ausdrücklicher Erklärung von Aussagen in Prophetenbüchern auf die Person des Gründers der Gemeinschaft zu finden[2]. Inhaltlich jedoch geschieht in der Schriftauslegung der Urkirche etwas ganz anderes als selbst in diesen nächsten jüdischen Parallelen: Das Geschick des Menschen Jesus jetzt und hier in Jerusalem wird durch das Zeugnis der Schriften als *göttliches Heilsgeschehen* der Endzeit erklärt. Ja, sein Tod am Kreuz, der nach der Tora (Dtn 21,23) der Tod eines von Gott Verfluchten ist, wird als von Gott gewolltes Sühnegeschehen mit endzeitlicher Wirkung verkündigt – und dafür die heilige Schrift als Zeuge aufgeboten! Ebenso ist auch von der Auferweckung des Messias vom Tod als endzeitlichem Heilsgeschehen im Judentum nie zuvor die Rede gewesen.

Schließlich – und nicht zuletzt – war die Verkündigung der Rechtfertigung des Sünders allein aufgrund des Sühnetodes und der Auferweckung des Christus Jesus, zumal in der zugespitzt exklusiven Form bei Paulus (Gal 2,16; Röm 3,28), eine Provokation für jeden toratreuen Juden und auch manchen Judenchristen. Und daß Paulus gerade diese Botschaft mit dem *Abraham*-Zeugnis *der Schrift* begründete (Gal 3,6ff.; Röm 4,1ff.), ist ein herausragendes Beispiel dafür, daß der urchristliche Schriftgebrauch nicht nur von besonderer Eigenart ist im Umkreis des Schriftgebrauches mancher anderer jüdischer Gruppen, sondern daß er im Rahmen des damaligen Judentums durchaus neu und in vieler Hinsicht kontrovers war. Neu ist der prinzipiell *prophetische* Charakter, den die Urkirche der *ganzen* Schrift zuerkannt hat; kontrovers ihre Bedeutung als göttliches Zeugnis für das Christusgeschehen.

So ist dieselbe Bibel vielfach zum Medium heftigen Streites zwischen Juden und Christen geworden. Wenn es auch durchweg die griechische Übersetzung der Schrift ist, die in den neutestamentlichen Schriften benutzt wird, so liegt nicht darin die Ursache dieses Streites. Die »Septuaginta«[3] war die Bibel aller Juden der Dia-

---

2   Vgl. zum Pescher zum Buch Habakuk zuletzt *K. Koch,* Neutestamentliche Profetenauslegung, 321–334.
3   Diese Bezeichnung leitet sich von der Legende der wunderbaren Entstehung dieser Übersetzung her, die im Aristeasbrief (Anfang des 2. Jahrhunderts v.Chr.) erzählt wird. Dazu vgl. S. 82, Anm. 22.

spora. Ihr Wortlaut ist mehrfach von Jerusalem aus nach dem hebräischen Text korrigiert worden; aber solche Korrekturen finden sich auch in manchen Zitaten des Neuen Testaments. Nicht der Text der Bibel also war strittig, sondern allein seine Auslegung[4], und zwar gerade deswegen, weil beide Seiten von der göttlichen Autorität der Schrift überzeugt waren. Für die Urkirche war diese Autorität sogar von besonderem Gewicht, eben weil ihre Christusverkündigung als messianisches Heilsgeschehen des göttlichen Zeugnisses der Schrift wesenhaft bedurfte.

Nun *waren* für die Christen auch in der Tat alle zentralen Inhalte des Christusevangeliums in Schriftaussagen klar bezeugt. Wie konnten sie Jes 53 anders lesen denn als Prophetie auf das Leiden Jesu? Der Bericht über seine Kreuzigung erscheint für sie geradezu aus den Leidenspsalmen 22 und 69 erzählt. Von seiner Auferweckung hören sie in Ps 16,8–11 Jesus selbst sprechen. Von ihr ist in Ps 118,22f. die Rede. Aus Ps 2 und 2Sam 7 geht für sie Jesu Würde als Messias und als Sohn Gottes eindeutig hervor. Und selbst die Übertragung des Titels Kyrios (Herr) als Umschreibung des *Gottesnamens* in der Septuaginta auf den auferstandenen, erhöhten Jesus war für sie in Ps 110,1 durch Gottes eigene Rede legitimiert. Auch hinter den eucharistischen Mahlworten Jesu steht der Bericht über den Bundesschluß am Sinai in Ex 24,8 und die Prophetie der eschatologischen Bundeserneuerung in Jer 31, 31ff. Das zentrale Thema der Verkündigung Jesu, die »Königsherrschaft Gottes«, war jedem Juden aus vielen Stellen der Schrift bekannt und überdies vom täglichen Gebet her vertraut. Die Bezeichnung der christlichen Verkündigung insgesamt als »Evangelium« stammt aus Jes 52,7 (vgl. 60,6; Ps 68,12; PsSal 11,1). Die Wirkungen des Geistes Gottes im Leben der urchristlichen Gemeinden sind in Ez 36 und Joel 3 für die Endzeit verheißen. Die Erwartung der nahen Endereignisse haben eine breite Voraussetzung in der Schriftprophetie, besonders im Danielbuch. Sogar die entscheidende Wende in der Anfangsgeschichte der Urkirche, die Ausweitung ihrer Heilsverkündigung auf die »Heiden«völker, konnte aus der Schrift begründet werden: als zum Heilsgeschehen der Endzeit hinzugehöriges Handeln Gottes (Ps 22,28f.; Jes 66,18 sowie die in Röm 15,9–12 zitierten Stellen).

Aber nun ist es wichtig zu sehen: Auch über die vielen Zitate und Hinweise im Neuen Testament hinaus ist *das Alte Testament als*

---

4 Erst im 2. Jahrhundert hat man dann auch um den Wortlaut einzelner für die christliche Seite wichtiger Stellen gestritten – wie vor allem um die »Jungfrau« aus Jes 7,14, die im hebräischen Text eine »junge Frau« ist; so seit JustDial 43,3–8 u.ö.; dazu M. *Hengel*, Septuaginta, 42ff.

ganzes die Voraussetzung alles urchristlichen Glaubens. Das gilt
vor allem für das alttestamentliche *Gottesverständnis*. Dazu sollen hier nur die zentralen Aspekte genannt werden.

1.2   Die eigenständige Botschaft des Alten Testaments

Wer das Alte Testament in der Gestalt liest, in der es in der ersten
Hälfte des 1. Jahrhunderts Juden wie Christen im werdenden Kanon gegeben war, wird im Blick auf die ›Rolle‹ Gottes im Verlauf
der erzählten Geschichte zwei entscheidende Einschnitte bemerken. Der erste liegt zwischen der Urgeschichte Gen 1–11 und der
in Gen 12 einsetzenden Vätergeschichte. Jene beginnt mit den
Schöpfungserzählungen (Gen 1f.). Daß der Gott Israels der allmächtige Schöpfer ist, der durch die Verwirklichungskraft seines
Wortes schlechthin alles ins Dasein gerufen hat, wie er auch durch
dieselbe Kraft seines Wortes alles Dasein zunichte machen kann
(Ps 104,29), ist die Voraussetzung alles Redens von Gott: Der,
der Jakob erwählt hat, kann tun, was er will (Ps 135,4–6; Jes 46,
11; 55,10f.; Ez 17,24)[5]. Seine Schöpfungskraft ist dieselbe wie
seine Kraft der Auferweckung der Toten (Röm 4,17). Der Tag der
Ruhe des Schöpfers wird zum Tage der Ruhe Israels, an dem das
ganze Volk seiner Erwählung nichts anderes tun soll als Gott zu
preisen. Daß der Mensch das letzte der Schöpfungswerke Gottes
ist und Gott ihn als sein Abbild über die gesamte Schöpfung zu
herrschen bestimmt hat (Gen 1,26; Ps 8), kontrastiert mit der alsbald folgenden Sünde des ersten Menschenpaares (Gen 3), die in
den folgenden Generationen so rapide anwächst, daß Gott die
Menschheit insgesamt durch die Sintflut vernichten muß (Gen 6–
8). Mit Noah beginnt er eine neue Geschichte mit den Menschen,
die jedoch nochmals zu allgemeiner Sünde führt, so daß Gott
auch ein zweites Mal einschreiten muß. Nun zerstreut er die Menschen (Gen 11).
Mit der Berufung Abrahams setzt eine Geschichte Gottes mit Menschen ein, die er besonders erwählt und segnet. Diese Geschichte
ist von Dauer und hat ebenso exemplarischen Sinn für Gottes Verhältnis zu den Völkern insgesamt, wie sie auch einen Unterschied
setzt zwischen Israel als Gottes Eigentumsvolk und den *gojim*,
den Weltvölkern. Dieser Unterschied wird erst aufgrund des Christusgeschehens aufgehoben werden. Erst in der Kirche aus Juden
und Heiden wird sich der ursprüngliche Schöpfungswille einer
universalen Gemeinschaft aller Menschen verwirklichen.

---

5   Zu dem Erwählungshandeln Gottes als hermeneutischem Horizont seines
Schöpfungshandelns vgl. *G. v. Rad*, Theologie I, 140ff.

Die erste Phase dieser Erwählungsgeschichte beginnt mit der Berufung Abrahams, mit dem Befehl zum Auszug unter der Führung Gottes und unter dem Abraham zugesagten Segen über seine gesamte Nachkommenschaft (Gen 12,1–3). Gott spricht zu Abraham als »Ich«: »Ich bin JHWH[6], der dich aus Ur in Chaldäa herausgeführt hat« (15,7). Diese Ich-Du-Relation ist von da an für das Gottesverhältnis wesenhaft. Gott stellt sich als »Ich« vor. Als solcher befiehlt und verheißt er. Und die so Angesprochenen gehorchen im Glauben an ihn (15,6).

Die zweite Phase beginnt mit dem Sinai-Geschehen, wie es das Buch Exodus berichtet. Hier wird aus der Geschichte Gottes mit den Urvätern seine Geschichte mit Israel als seinem erwählten Volk. Dazu bedarf es der Offenbarung seines Namens. Daß Gott zuvor »der Gott Abrahams, der Gott Isaaks und der Gott Jakobs« ist (Ex 3,6), wird nun präzisiert und für das Volk als ganzes kommunikabel gemacht durch die Mitteilung seines Namens JHWH (Ex 3,14f.). Dieser ist geheimnisvoll. Er läßt sich sowohl präsentisch übersetzen: »Ich bin da« als auch futurisch: »Ich werde da sein«. Entscheidend ist das Ich, worin Gott selbst Israel sein »Da-Sein« zusagt. Dabei gehören beide Zeit-Aspekte zusammen und sind im Ich Gottes eines. Als der, der er jetzt für Israel da ist, wird er es auch künftig sein. Von nun an klingt in jedem »Ich« dieser Name an. Gottes eigenes ›Wesen‹ und alles, was er für Israel bedeutet, liegt in diesem Ich beschlossen[7].

Im Folgenden wird dieser Name Gottes im Buch Exodus in zwei Stufen inhaltlich expliziert. Zuerst in der Überschrift des Dekalogs, den Gott auf dem Sinai Mose für das Volk übergibt: »Ich bin JHWH[8], *dein Gott*, der ich dich herausgeführt habe aus dem Land Ägypten, aus dem Sklavenhaus« (Ex 20,1). Gott hat sein »Da-Sein« bereits in seinem Befreiungshandeln an Israel in Ägypten erwiesen. In diesem »Herausführen« besteht eine wichtige Kontinuität zu der Vorgeschichte seines Verhältnisses zu den Vätern (vgl. Gen 15,7!). »Ich bin dein Gott« besagt beides in einem: Er selbst als JHWH *ist Gott*, indem er sich *Israel zu eigen gibt*. So hat Israel in ihm einerseits einen Gott, auf den es sich darum vollkommen verlassen kann, weil dieser Gott *ist* als der, der *für Israel da ist*. Daraus folgt unmittelbar, daß Israel JHWH als diesen Gott

---

6   LXX vermeidet den Gottesnamen und liest: »Ich bin der Gott, der ...«.
7   In Ex 6,2–8 wiederholt sich diese Selbstvorstellung so, daß die Offenbarung des Namens JHWH an Mose scharf abgehoben wird von der Selbstvorstellung Gottes als »El-Schaddai« (Gott der Allmächtige) vor Abraham (Gen 17,1).
8   LXX liest als Umschreibung des Gottesnamens: Kyrios (Herr).

nur haben kann, wenn es ihn als seinen einzigen Gott verehrt und ihm allein dient. Dies führen die beiden ersten Gebote des Dekalogs aus (Ex 20,3–7), ebenso das »Höre Israel« (Dtn 6,4f.), das als die dichteste Fassung des Zusammenhangs zwischen der Einzigkeit Gottes und der Ganzheit des Lebens mit ihm zum späteren Glaubensbekenntnis Israels geworden ist. Dem Dekalog voran steht die Verheißung: »Wenn ihr im Gehorsam auf meine Stimme hört und meinen Bund bewahrt, werdet ihr mein auserwähltes Volk sein unter allen Völkern, ... eine königliche Priesterschaft und ein heiliges Volk.«[9]
Diese Verbindung von exklusiver Erwähltheit und exklusivem Gehorsam und die Näherbestimmung der Erwähltheit als Priesterdienst in Teilhabe an Gottes Königtum und Heiligkeit (vgl. Lev 19,2) hat im Alten Testament als ganzem zentrale Bedeutung gewonnen.
Auf die erste Explikation des JHWH-Namens folgt in Ex 34,6 eine zweite; und erst hier tritt das einzigartige Wesen Gottes als sein »Da-Sein« für Israel voll ans Licht: »JHWH, Gott, leidenschaftlich-liebend (οἰκτίρμων) und erbarmungsvoll, langmütig, vielfach sich erbarmend und treu (ἀληθινός).« Mit dieser neuen Offenbarung seines Namens gibt Gott seine Antwort auf den unmittelbar vorausgehenden Bundesbruch Israels in bewußtem Zuwiderhandeln gegen die beiden ersten Dekaloggebote (Ex 32): Gott erneuert seinen Bund mit seinem abtrünnigen, tief schuldig gewordenen Volk (vgl. Ex 34,10). Damit erweist sich sein Da-Sein für Israel als Liebe aus innerstem Herzen, in der er seinem erwählten Volk über den Abgrund des Bundesbruchs hinweg die Treue hält, und zwar nicht nur in dieser gegenwärtigen Situation, sondern »vielfach«, immer neu und mit unerschöpflicher Geduld. So steht sein erbarmendes, vergebendes Handeln, in dem er seine Bundesgerechtigkeit für Tausende durchhält, in eklatantem Mißverhältnis zur Verfolgung von Gesetzesbrüchen der Väter an ihren Kindern lediglich bis zur dritten und vierten Generation (Ex 34,7).
Diese dritte, vollkommen ausgeführte Namensoffenbarung in Ex 34,6 hat eine immense Wirkung durch das ganze Alte Testament hindurch, vor allem in den Psalmen (z.B. Ps 86,15; 100,3–5; 103, 4.8.11.17; 116,4f.; 145,7–9.13.17; auch 40,11f. und 77,8–10). Es gibt starke Gründe dafür, diese Stelle als das ›Herz‹ einer biblischen Theologie des Alten Testaments zu werten[10], zumal wenn

---

9   Übersetzung nach LXX. Vgl. Ex 6,6f.; Lev 26,12f. und viele andere Stellen; dazu R. Smend, Bundesformel, 11–39.
10   So H. Spieckermann, God's Steadfast Love, 305–327.

man sie im Zusammenhang der dreifachen Offenbarung des Namens Gottes im Buch Exodus sieht[11].

Jedenfalls ist die Ich-Identität, die sich im Namen dieses Gottes ausspricht, das, was ihn in besonderer, ja einzigartiger Weise auszeichnet. Keine Gottheit sonst ist so absolut Ich, gleichsam so voller Ich-Stärke, wie JHWH; keine aber vor allem ist Ich und erweist sich als Ich so vollauf im *Da-Sein für* ein erwähltes Volk. Man kann durchaus sagen: *Das Selbst-Sein dieses Gottes ist Liebe.* Dabei muß nur angemessen wahrgenommen und gewichtet werden, daß Gottes Ich in der Liebe für sein Volk keineswegs in irgendeiner Weise eingeschränkt wird – sein Ich wird vielmehr in höchstem Maß gesteigert. Es ist *sein Eigentumsvolk*, das er grenzenlos liebt. Es ist seine »*Eifer-Heiligkeit*«[12], in der er Israel nicht nur vor Feinden schützt, sondern vollen Gehorsam gegenüber seinem Willen von ihm fordert.

So ganz wie JHWH für Israel da ist, so entsprechend ganz soll auch Israel seinem Gott dienen: »Ganz (*tamim*) sollst du sein mit JHWH, deinem Gott!« (Dtn 18,13). Das ist vor allem das Thema des Deuteronomiums und aller deuteronomistischen Theologie. Hier sind es die Gebote der Israel gegebenen Tora, in denen Gottes Wille konkret in Israel präsent ist und in deren vollständiger Einhaltung es seine Zugehörigkeit zu seinem Gott zu erweisen hat[13]. Gottes Gebote beziehen sich – wie im Dekalog, so durchweg im Alten Testament – zugleich auf Israels Verhalten zu ihm in seiner Einzigkeit (Monolatrie) und auf das Verhalten der Israeliten untereinander. Ein Da-Sein füreinander ziemt dem Volk des Gottes, dessen Name JHWH ist. Die »Gerechtigkeit« als ›Gemeinschaftstreue‹[14] soll sich ebenso auf die Bundesgemeinschaft mit Gott beziehen wie auf die Verwirklichung und Bewahrung der sozialen Gemeinschaftspflichten – in beidem soll Israels Gerechtigkeit der Gerechtigkeit Gottes als seiner Gemeinschaftstreue zu seinem Volk entsprechen[15]. Darin hat die erstaunliche Radika-

---

11 Unter den vielerlei Entwürfen zu einer biblischen Theologie des Alten Testaments in der Gegenwart sind hier besonders diejenigen hervorzuheben, die in Gottes Selbsterweis die »Mitte« des Alten Testaments sehen: *W. Zimmerli*, Ich bin Jahwe, 11–40; *Ders.*, Wort, 120–132; *Ders.*, Biblische Theologie, 5–26; *Ders.*, Art. biblische Theologie I, 426–455, bes. 445; *R. Smend*, Mitte, 40–84; *Ders.*, Theologie, 104–117; *E. Jacob*, Grundfragen, bes. 18.49; *G. Hasel*, Problem, 65–82; *B.S. Childs*, Theologie II, 14–42; *H. Hübner*, Biblische Theologie I, 19–23.103ff.
12 Diesen Ausdruck hat *G. v. Rad*, Theologie I, 203ff. geprägt.
13 Vgl. ebd., 218ff.
14 Diese Übersetzung stammt von *K. Koch, sdq.*
15 Vgl. *G. v. Rad*, Theologie I, 368ff.

lität der Sozialgebote ihren *theo*logischen Grund. Das hat sich bis
in die hellenistische Zeit hinein durchgehalten und hat – zusammen mit der Verehrung des *einen* Gottes – das große Interesse, ja
die vielfach ausgesprochene Bewunderung vieler »Heiden« für
die Gesetze des Volkes der Juden bestimmt. Auch die starke Tendenz in den Kreisen der israelitischen »Weisen«, die vor allem aus
Ägypten übernommenen allgemeinen Erfahrungs- und Klugheitsregeln der »Weisheit« auf die »Furcht Gottes« zu konzentrieren
und immer durchgreifender theologisch auszulegen, hat in der be-
herrschenden Bedeutung der Urerfahrung Israels mit seinem Gott
seinen Grund. Auch im Alltagsleben gebildeter einzelner hat sie
Priorität gewonnen[16].
Die stärkste Wirkung dessen, was nach Ex 34,6f. der Name Gottes von seinem Wesen offenbart, ist in der Geschichte der Könige
sowie vor allem in den Prophetenbüchern zu finden. Die Könige
haben eine eigentümliche Stellung inne: Als Herrschende bilden
sie in gewisser Weise Gottes Herrschaft ab, wie besonders bei David hervortritt, den Gott in Ps 2 als seinen Sohn anspricht. Mit ihm
und seinen Nachkommen hat er einen besonderen »Bund« auf
ewige Zeiten geschlossen (Ps 89,4ff.). Eben darum ist der König
auch in seinem Verhalten Repräsentant des ganzen Volkes; Gottes
Segen ruht auf ihm, solange er Gottes Willen tut. Frevelt er jedoch, so trifft ihn Gottes Zorngericht, wie sich in der Geschichte
der Könige von Generation zu Generation erweist. Doch nach der
Verheißung, die Gott durch den Propheten Nathan David und
seinen Nachkommen zuspricht (2Sam 7,14–16), erfüllt sich, was
in der Namensoffenbarung Ex 34,6f. ausgesprochen ist: Gottes
Gnade wird sich ihm nicht auf ewig entziehen; wo er gefrevelt
hat, sollen es nur menschliche Schläge sein, mit denen er gestraft
wird, sein Haus aber soll ewigen Bestand haben.
In den Prophetenbüchern vertieft sich allerdings der Widerstreit
zwischen Gericht und Gnade, Unheil und Heil. Die Propheten haben – im Unterschied zu den Königen – ein Amt inne, das sie,
durch Gottes persönliche Berufung, in Gottes Autorität dem Volk
gegenüberstellt. Dem schuldig gewordenen Volk haben sie mit
Gottes eigenem Wort sein Gericht zu verkündigen. Aber wiederum
in völligem Kontrast dazu haben sie dem schuldigen Volk Gottes
gnädige Zuwendung zuzusprechen und Heil zu verkündigen, wo
eigentlich nur Unheil zu erwarten ist. Der Prophet, in dessen Verkündigung diese Wende in Gott selbst von seinem Zorn zu seiner
Liebe in bewegender Weise zu Wort kommt, ist Hosea. Hier
kommt das im Gottesnamen beschlossene Geheimnis nach seiner

16 Vgl. ebd., 381ff.

Offenbarung in Ex 34,6f. deutlich zum Ausdruck[17]. In Jer 31,31ff. bekommt das Heilswirken Gottes transzendente, eschatologische Züge, ebenso in Ez 36,22–28 und in der Verkündigung Deuterojesajas[18]. Völlig transzendent-eschatologisch ist die Vision des Propheten Daniel im Blick auf die Errichtung der ewigen Gottesherrschaft, die auf Erden Gottes himmlischer Repräsentant, der »Menschenähnliche«, ausüben wird (Dan 7,14).

Schließlich ist noch ein Bereich der alttestamentlichen Überlieferung zu erwähnen, der je länger je mehr zentrale Bedeutung gewonnen hat: der Jerusalemer Tempel mit seinen Opfern, die mit der Zeit allesamt die Funktion bekommen haben, Sünden zu sühnen[19]. Das zentrale Jahresfest der kultischen Befreiung ganz Israels von seiner Schuld ist der *jom-hakkippurim* (der Versöhnungstag) (Lev 16). Seit dem Deuteronomium gilt: Der einzig-eine Gott Israels hat seine eine, zentrale Kultstätte im Tempel zu Jerusalem. Hier ist der Ort seiner Gegenwart inmitten seines Volkes. Alle Juden der Diaspora pilgern regelmäßig dorthin[20], alle Gebete sprechen sie in Richtung auf Jerusalem; und seit der Zeit Nehemias zahlen alle Juden eine Steuer zum Unterhalt der Priester und des Tempels (Neh 10,38f.). Am Ende der Zeiten wird der Berg Zion zum Mittelpunkt der ganzen Erde werden, und alle Völker werden dort zusammenströmen[21]. Seit dem Deuteronomium ist der Tempel der zentrale Ort der Tora, die ja auch alles Kultreglement enthält. Bemißt sich an ihren Geboten Gerechtigkeit und Sünde, Reinheit und Unreinheit im Verhältnis zu Gott, so ist die Sühnekraft der Opfer, die durch Gottes Gegenwart als Wunder geschieht, die kultische Institutionalisierung des Vergebungshandelns Gottes in seiner barmherzigen Liebe nach Ex 34,6f.

Dies alles soll hier nur angedeutet werden, um im Blick auf das Alte Testament als ganzes herauszustellen: Seine »Mitte« ist in der Tat *Gott*. Und zwar nicht ein Gottes*verständnis* als irgendwie in allen Schriften zu erhebende gleichartige theologische ›Konzeption‹, sondern wirklich *Gott selbst*, den Israel von Anfang an in seiner ganzen, in den verschiedenen Schriften übereinstimmend bezeugten *Geschichte mit Gott* so erfahren hat, wie er sich selbst in seinem Namen offenbart, in letzter inhaltlicher Klarheit in Ex 34,6f. Sehr eindrücklich tritt so hervor: Gottes ureigenes Sein

---

17 Vgl. Hos 1,6–8 mit 2,1 und 3,1ff. sowie besonders 11,1ff.; 14,5ff. Zur Beziehung zu Ex 34,6f. vgl. *H. Spieckermann,* God's Steadfast Love, 316ff.
18 Vgl. ebd., 319ff.
19 Vgl. *G. v. Rad,* Theologie I, 261ff.
20 Vgl. *Sh. Safrai,* Wallfahrt, 65ff.
21 Vgl. *G. v. Rad,* Theologie II, 307ff.

und Wesen, wie es in seinem Ich beschlossen ist, verwirklicht sich
in *seinem geschichtlichen Handeln*. Er *ist* die gnädige, barmherzige Liebe, die er seinem erwählten Volk in seinen Verheißungen
zusagt und in seinen Taten zuwendet. Seine tiefste Verwirklichung findet die einzigartige Identität Gottes darin, daß in ihm
selbst seine Liebe seinen Zorn überwindet. So erscheint das heil-
schaffende Wirken seiner rettenden Barmherzigkeit als Tote er-
weckendes Wirken auf einem Gräberfeld (Ez 37). Diese Vision
des Propheten ist dann in der Auferweckung Jesu heilsgeschichtlich Wirklichkeit geworden.

1.3   Das Recht neutestamentlicher Gottesverkündigung

So allererst, im Durchgang durch das Alte Testament als ganzes,
wie es sich als solches in »*der* Schrift« darstellt, wird erkennbar,
daß der Gott, der im Neuen Testament verkündigt wird, wirklich
identisch ist mit dem Gott, der im Alten Testament bezeugt wird.
Und es wird verstehbar, daß und warum die neutestamentliche
Verkündigung *recht hat*, sich so vielfach und so grundsätzlich auf
das alttestamentliche Zeugnis zurückzubeziehen. Sie hat recht,
auch das über das Alte Testament hinausführende Heilshandeln
Gottes in dem Messias *Jesus* als Handeln des Gottes Israels zu
verkündigen. Denn im Christusgeschehen hat Gott seine Identität
genauso erwiesen, wie er sie in seinem Namen offenbart hat:
»Gott, barmherzig und gnädig, langmütig und reich an Liebe und
Treue«. Obwohl Ex 34,6 im Neuen Testament nur zweimal anklingt (Joh 1,17; Jak 5,11) und in den kerygmatisch zentralen Be-
kenntnisaussagen gar nicht vorkommt, erweist eine eingehende
Lektüre des Alten Testaments als ganzem, so wie es der Urkirche
als ihre Bibel vorgelegen hat, daß die zentrale Verkündigung von
Kreuzestod und Auferweckung Jesu die äußerste Konsequenz dessen ist, was das Alte Testament als Gottes ureigenes Sein und
Wesen bezeugt: Gott ist *da*, indem er *für die Menschen da* ist, die
er erwählt hat und denen er sich selbst ganz und gar in Liebe zuwendet und hingibt. Dieses Da-sein-Für, Gottes »Pro-Existenz«
(H. Schürmann) hat sich in letzter, unüberbietbarer Tiefe in der
Hingabe seines Sohnes in den Tod »für die Vielen« verwirklicht.
Und die grenzenlose Kraft seiner erbarmenden Liebe, ihren Willen auch gegen seinen eigenen Zorn durchzusetzen, hat Gott in
der Auferweckung seines für unsere Sünden gestorbenen Christus
zum endzeitlich-vollkommenen Leben erwiesen. Sogar das Aller-
widersprüchlichste an diesem Evangelium: daß es der Fluchtod am
Holz (Dtn 21,23) ist, der die Wirkung endgültiger Befreiung von
der todbringenden Last der Sünde der ganzen Menschheit hat

(Gal 3,13; 2Kor 5,21), wird als äußerste Verdichtung dessen verstehbar, was der Prophet Hosea als Gottes Liebe verkündigt, die aus dem »Nichtvolk« wieder Gottes Volk gemacht hat (Hos 2,1; Röm 9,25f.; 1Petr 2,10), und was das Lied Jes 53,9 von der Errettung des Knechtes Gottes singt, dem man »bei den Ruchlosen sein Grab und bei den Verbrechern seine Ruhestätte gegeben hat«.

1.4 Die Bedeutung des Alten Testaments für die Theologie des Neuen Testaments

Aus all dem geht hervor: Die Darstellung der Theologie des Neuen Testaments in einem in sich geschlossenen Zusammenhang kann nur geschehen unter grundlegender Voraussetzung des Alten Testaments und in ständigem ›Blickkontakt‹ mit ihm. Es reicht nicht aus, die vielen alttestamentlichen Zitate im Neuen Testament ernst zu nehmen und für das Verständnis seiner Theologie auszuwerten[22]. Das Alte Testament als ganzes muß ständig im Blick stehen[23]. Denn alles, was im Neuen Testament als Gottes endzeitliche Heilsvollendung im Christusgeschehen verkündigt und theologisch durchdacht wird, setzt in tiefer, völliger Selbstverständlichkeit die *Identität dieses Gottes mit dem Gott Israels* voraus; und diese ist nicht durch ein theologisches Bedenken ihrer Inanspruchnahme in den neutestamentlichen Schriften allein hinreichend zu erklären, sondern es bedarf dazu des ganzen Zusammenhangs der Selbsterweisungen des Gottes Israels im vielfältigen Zeugnis des Alten Testaments. Dies ist auch der sachlich eigentliche Grund für die Zusammenordnung des Alten und Neuen Testaments im Kanon der einen Bibel der Kirche (B.S. Childs). Zwar ist es nach der raschen Verselbständigung der Heidenkirche vom Judentum im 2. Jahrhundert ihren griechisch denkenden Theologen zuerst sehr schwergefallen, die Identität des Gottes Jesu Christi im Neuen Testament mit dem Gott Israels im Hören auf das Alte Testament zu erweisen.

Ungleich leichter fiel es ihnen, umgekehrt überall in den Texten des Alten Testaments die Identität des Gottes Jesu Christi wiederzufinden. Denn dafür gab es das willkommene Hilfsmittel allegorischer Auslegung. Doch mit Entschiedenheit hat die Kirche immerhin dem Unternehmen Marcions eine für immer geltende Absage erteilt, das Alte Testament vom Neuen abzulösen und darüber hinaus aus dem Neuen Testament alles Jüdische zu eliminieren. Die-

---

22 Das hat vor allem *H. Hübner* in seinem großartigen Werk »Biblische Theologie des Neuen Testaments« getan.
23 Dazu vgl. vor allem *B.S. Childs*, Theologie I.II.

ser Entscheidung hat zweifellos ein tiefes Wissen darum zugrunde
gelegen, daß die Bibel der apostolischen Urkirche die der katholischen Kirche bleiben bzw. als deren erster Teil ihr erhalten bleiben
muß, weil darin ein eigenes Wissen um Gott enthalten ist, das
nicht einfach aufgeht mit dem im Neuen Testament[24]. Nur so
konnte die Kirche ihre Lehre von dem *einen* Gott als dem Gott
seines erwählten und geliebten Eigentumsvolkes im Dialog mit
ihrer hellenistischenUmwelt angemessen darstellen und in ihrer
Wahrheit begründen: daß dieser Gott in seinem eigenen ›Wesen‹
die rettende Liebe und die verläßliche Treue *ist*, die er den Seinen
zusagt. Darin unterscheidet sich der einzig-eine Gott christlicher
Theologie charakteristisch von der Art, wie hellenistische Reli-
gionsphilosophie die Einheit des Göttlichen in der Vielfalt seiner
Erscheinungsformen zu denken pflegte[25].

2   Die Problematik einer Theologie des Neuen Testaments auf
der durch die Aufklärung gelegten Basis historischer Bibelkritik

Diese Grundlegung biblischer Theologie im Zeugnis von Gott und
seinen Taten muß zunächst wissenschaftlich befremden. Denn das
Gesagte scheint im Widerspruch zur *Tradition historisch-kritischer
Exegese* zu stehen. Hat uns diese doch seit über 200 Jahren gelehrt,
daß man den biblischen Texten, wenn man sie historisch liest und
zu erklären sucht, grundsätzlich nur entnehmen kann, was deren
Verfasser *über Gott* sagen und denken, nichts jedoch über diese
Ebene menschlichen Denkens hinaus über die Wirklichkeit *Gottes
selbst*! Setzt nicht hier der wesenhaft »kritische« Grundzug wis-
senschaftlicher Exegese an: daß alles, was uns als Vielfalt menschlicher Zeugnisse in der Bibel überliefert ist, durch deren Vergleich

---

24   So auch z.B. E. *Herms*, Bibel, 105: »Die Tatsache, daß der christliche Kanon
Zeugnisse einer vorchristlichen Offenbarungsgeschichte und -tradition in sich
selbst – dem christlichen Kanon – festhält, bringt ... zum Ausdruck, daß der
christliche Glaube sich nach seinem kanonischen Zeugnis selbst *wesentlich* als
Resultat seiner unverwechselbaren *Vorgeschichte* versteht.«
25   W. *Pannenberg*, Aufnahme, 296–346 hat gezeigt, daß die ersten in hellenistischer Denktradition erzogenen Theologen der Kirche des 2. und 3. Jahrhunderts philosophische Begrifflichkeit in ihrer Rede von Gott nicht einfach
aus Gründen der Assimilation an die Sprache der damaligen Welt der Gebildeten übernommen haben. Ihr Ziel war vielmehr ein echt missionarisches: Sie
wollten die *Wirklichkeit* des biblischen Gottes *denkbar werden* lassen, indem
sie die beiden Urmotive griechischer Gotteslehre, die Einheit und die Univer-
salität der in jedweder Religion verehrten Gottheit, als in dem einen Schöpfer des Alls und in dem einen Erlöser aller Menschen *verwirklicht* zu zeigen
suchten.

sowohl untereinander als auch mit heutiger Denk- und Erkennt-
nisweise einem ›Wahrheitstest‹ zu unterziehen ist?
In der Tat: Alle biblischen Schriften sind von Menschen verfaßt,
von Menschen verschiedener Zeiten, verschiedener Denk-, Erfah-
rens- und Sprachweise, verschiedener sozialer Schichten, Überlie-
ferungsbereiche und auch besonderer Gruppen. Um zu begründen, daß der Gott, von dem sie alle in sehr verschiedener Weise
reden, *seine eigene Wirklichkeit* hat, in der er *selbst wirkt*; daß
also die biblischen Zeugnisse von Gott in all ihrer Verschiedenheit
als Zeugnis von *Gott selbst* durchaus wahr sind und als solches
wahrzunehmen sind, dazu bedarf es in einem zweiten Teil dieser
Einleitung einiger Überlegungen methodischer Art über das Verhältnis der hier vorzulegenden Theologie des Neuen Testaments
zur Wissenschaftstradition dieser Disziplin. Dabei kann und soll es
sich hier nur um eine andeutende Skizze handeln. Eine zureichende
Begründung der Methode dieser Darstellung kann ohnehin nur
als Ergebnis einer historisch-kritischen Geschichte der historisch-
kritischen Exegese gegeben werden. Die folgenden Ausführungen
sind daher ein Vorblick auf das, was in Band III ausführlich ent-
faltet werden wird.

2.1 Der Ursprung der historischen Bibelkritik in der Aufklärung

Die Disziplin neutestamentlicher Theologie hat ihren Ursprung in
der geistigen Situation der zweiten Hälfte des 18. Jahrhunderts.
Von diesem Ursprung ist sie noch heute bestimmt. Hier ist das
Programm »rein historischer« Erklärung der Bibel entstanden.
Daß die biblischen Schriften in ihrem ursprünglichen Wortlaut und
Sinn – also historisch – auszulegen sind, war an sich nichts Neues.
Es war bereits eine Grundforderung der Reformation. Darin war
diese von Anfang an ein Bündnis mit dem *Humanismus* einge-
gangen, dessen traditionskritische Tendenz der Suche nach der
Wahrheit des Ursprünglichen sie in ihre Schriftauslegung aufge-
nommen hatte.
Nicht in der lateinischen Übersetzung, in der die Bibel in der Lehrtradition der westlichen katholischen Kirche zugrunde lag, ist die
Wahrheit des Wortes Gottes im Mund der Propheten und Apostel zu hören, sondern in deren hebräischer und griechischer Ur-
sprache[26]. Philologische Genauigkeit und historische Orientierung

---

26 Dies ist ein erheblicher Streitpunkt zwischen den konfessionellen Lehr-
positionen geblieben. Vgl. vor allem Matthias Flacius (1520–1575), Clavis
Scripturae Sacrae (1567) und dazu die Zitat-Auszüge bei *W.G. Kümmel*, Das
Neue Testament. Geschichte, 21–25.

haben theologischen Rang gewonnen. Auch der textkritische Vergleich der verschiedenen Bibelhandschriften mit dem Ziel, nach Möglichkeit den originalen Text aufzuspüren, gehörte grundsätzlich zu den Aufgaben einer im reformatorischen Sinne kritischen Theologie. Die Pioniere der neuen Bibelkritik der Aufklärung hatten in der ihnen unmittelbar vorausgehenden Generation zwei herausragende Vertreter dieser aus der Reformation hervorgegangenen Tradition philologisch-historischer Exegese: Johann Albrecht Bengel (1687–1752) und Johann Jakob Wettstein (1693–1754). Beide haben kritische Texteditionen mit reichlichen Sammlungen verschiedener Lesarten aus der handschriftlichen Überlieferung veröffentlicht[27]. Und beide haben die Exegese gefördert; Bengel durch seine textgetreue fortlaufende Auslegung aller Schriften des Neuen Testaments[28], Wettstein durch eine reichhaltige Sammlung von Parallelstellen aus der Literatur der griechisch-römischen Umwelt[29].

Was also war das Neue am Programm »*rein* historischer« Exegese? Johann Philipp Gabler (1753–1826) hat es in seiner Antrittsrede in Altdorf (30.3.1787) repräsentativ umschrieben[30]:

1.   Dem Alten wie dem Neuen Testament kann man historisch nur gerecht werden, wenn man ihre »Theologien« getrennt voneinander, je für sich, darstellt. Damit ist grundsätzlich *die Einheit des Kanons zerbrochen*. Alsbald nämlich stellte sich heraus, daß auch im Alten und Neuen Testament selbst keine einheitliche Theologie zu finden ist, sondern eine Vielfalt von »Lehrbegriffen«, die man aus den einzelnen Schriften je für sich darzustellen hatte, wenn man diesen in ihrer Ursprungsgestalt gerecht werden will.

2.   Dem Zerbrechen des äußeren Einheitsbandes, des Kanons, entspricht der *Bruch mit der Lehre von der Inspiration* der biblischen Schriften durch Gottes Geist als dem inneren Band, das deren unmittelbar göttliches Offenbarungszeugnis zur Einheit zusammenschließt. Gewiß, im Verlauf des konfessionellen Dauerstreits hatte

27   *J.H. Bengel*, Novum Testamentum Graece; *J.J. Wettstein*, Novum Testamentum Graecum. Beide Editoren sind freilich auf heftige Kritik ihrer Zeitgenossen gestoßen, weil der Luthers Übersetzung zugrundeliegende griechische Text allgemein als sakrosankt galt – ein Vulgata-Bewußtsein in neuer evangelischer Spielart.
28   *J.H. Bengel*, Gnomon Novi Testamenti.
29   Dieses Material findet sich im zweiten Apparat der in Anm. 27 angegebenen Textausgabe.
30   *J.Ph. Gabler*, De iusto discrimine theologiae biblicae et dogmaticae regundisque recte utriusque finibus (= Von der richtigen Unterscheidung der biblischen und der dogmatischen Theologie und der rechten Bestimmung ihrer beider Ziele); deutsche Übersetzung bei *O. Merk*, Biblische Theologie, 273–284.

sich diese Lehre auf seiten der lutherischen Orthodoxie zur Behauptung wort-wörtlicher Inspiriertheit jedweder Aussage in der Schrift verengt und verfestigt. Doch hätten sich solche Verengungen an sich mit Hilfe von stilkritischen Einsichten aus der exegetischen Tradition leicht korrigieren lassen, ohne die Inspiration als ganze im Zusammenhang historischer Bibelauslegung zu verabschieden. Eben dies aber erschien nun als notwendiger Befreiungsschlag. Man meinte zwar, Luther ganz nahe zu sein, wenn man die »innere Überzeugung« der biblischen Schriftsteller von der göttlichen Wahrheit als den präzisen Sinn der »etwas undeutlichen Redensart ... (vom) Zeugnis des Heiligen Geistes« beurteilte[31]. In Wirklichkeit hat sich hier eine tiefgreifende Veränderung vollzogen: An die Stelle des Geistes *Gottes* als Vermittler der objektiven Wirklichkeit der Offenbarung des Heilshandelns Gottes tritt der menschlich-subjektive Geist, der in den biblischen Zeugen und in ihren gegenwärtigen Auslegern als identisch vorauszusetzen ist. So wird grundsätzlich die menschliche Vernunft zum Kriterium der Wahrheit Gottes.

3.   »*Kritisch*« ist die »rein historische Exegese« darin, daß sie die Theologie der biblischen Schriften allein in dem Sinn herauszuarbeiten sucht, in dem ihre Autoren sie in der Sprache, Denkweise und Vorstellungswelt je ihrer Zeit geschrieben und gedacht haben – unterschieden von der Auslegungstradition aller späteren kirchlichen Lehre. Nur so werde die Schrift überhaupt zu einem wirklichen Gegenüber zu aller Kirchenlehre. Auch damit glaubte man sich der Reformation ganz nahe. Hatte diese doch der Heiligen Schrift die Fähigkeit zugesprochen, ihr eigener Interpret und so als »norma normans, non normata« die alleinige Quelle der Wahrheit des göttlichen Wortes zu sein. Doch während es dort die eine Heilige Schrift ist, der dieser Vorrang gegenüber aller Kirchenlehre zukommt aufgrund der alleinigen Autorität des Wortes Gottes, ist es jetzt die *Pluralität der biblischen Schriften als der ursprünglichen Zeugnisse der Wahrheit des Christentums*, die allen späteren kirchlichen Lehrbildungen gegenübertritt, und die Autorität der in diesen Originalquellen zu findenden menschlichen Vernunft.

4.   Zwar zeigt sich in »rein historischer Exegese« zunächst eine unabsehbare Vielfalt von Theologien des Urchristentums, die sie je für sich zu Wort kommen lassen muß. Aber darin besteht nicht

---

31 *Johann Salomo Semler* (1725–1791), Abhandlung von freier Untersuchung des Canon, Halle 1771–1776, Bd. II, 39f. bei *W.G. Kümmel*, Das Neue Testament. Geschichte, 76. Vgl. die deutsche Studienausgabe des 1. Teiles von *H. Scheible*, Johann Salomo Semler, 13–94.

ihr letztes Ziel. Dieses wird erst in einem darauf folgenden zweiten Schritt erreicht: indem nämlich alles Zeitbedingte in diesen Schriften, das durch historische Exegese hervortritt, von der ewigen, unveränderlichen *Wahrheit*, die sie alle in je ihrer Weise bezeugen, wiederum von ihnen abgezogen wird[32]. Diese Wahrheit – davon war man überzeugt – muß, um damals ebenso wie heute – und überhaupt zu allen Zeiten und Orten – jeden wahrheitsliebenden Menschen zu überzeugen, »rein vernünftig« sein und kann darum nur moralischen Inhalt haben.

Wir wissen heute, daß diese Zuversicht, in den Theologien des Ursprungs unmittelbar die Wahrheit des Ursprungs zu finden, trügerisch war. Denn mit der »*kritischen*« Herausfilterung dieser Wahrheit *verläßt* der Exeget den Weg »*rein historischer*« Exegese und wechselt zu jener Ebene »dogmatischer« Theologie zurück, von der ja doch »biblische Theologie« gerade methodisch-grundsätzlich unterschieden werden sollte. Eben darin aber wird deutlich: *Die »rein historische« Exegese ist im Grunde ein Instrument, um eine neue, zeitgemäße, »rein vernünftige« Dogmatik anstelle der alten, vielfach widervernünftig erscheinenden Kirchenlehre mit der Autorität des Ursprünglichen zur Geltung zu bringen.* Zwar hat sich der naive Rationalismus der Aufklärung bald überlebt. Doch hat die Vernunftkritik Immanuel Kants mit der Zuordnung der Religion zur vernünftigen Moral für lange Zeit den Weg der historischen Bibelkritik maßgeblich bestimmt. Bis ins 20. Jahrhundert hinein galt es als das Ziel historisch-kritischer Exegese des Neuen Testaments, den »sittlich-religiösen« Charakter urchristlicher Theologie und Religion herauszustellen.

Die Aufgabe, demgegenüber darauf zu bestehen, daß es zu aller *christlichen* sittlich-religiösen Lebenspraxis der lebendigen Wirklichkeit *Gottes* als *Gegenüber* zum Menschen und der Leben schaffenden Kraft seiner vergebenden Liebe in Tod und Auferstehung Jesu Christi bedarf, fiel der konservativen Opposition gegen die liberale Theologie zu. Um diese Aufgabe zu übernehmen, war es aber zunächst nötig, aus dem Schatten der historischen Bibelkritik in bloßer Empörungsreaktion herauszutreten. Die Kraft dazu hatte nur die aus dem Pietismus erwachsene Erweckungstheologie.

---

32   Nach *J.Ph. Gabler* handelt es sich um »jene Stellen der heiligen Schrift, ... die ... sich auf die christliche Religion aller Zeiten beziehen und mit deutlichen Worten eine wirklich göttliche Form des Glaubens ausdrücken, ›dicta classica‹ im wahren Sinn des Wortes, die als Fundament einer gründlichen dogmatischen Untersuchung zugrundegelegt werden können« (bei *O. Merk*, Biblische Theologie, 280f.).

2.2 Die Theologie der Aufklärung als Folge der Kirchenspaltung

Statt nun der Geschichte der Bibelkritik von ihren Anfängen an näher nachzugehen, ist hier der Ort, nach den *Gründen für ihre Entstehung* zu fragen. Es wäre zu oberflächlich, diese auf der Ebene der Exegese selbst zu suchen: als schließlich notwendiger Durchbruch von Einsichten mutiger Einzelgänger von der Reformation an, die, lange Zeit unterdrückt, nun, im Zeitalter allgemeiner Aufklärung, breite Anerkenntnis und Aufnahme gefunden hätten. So haben es die Anwälte der »rein historischen« Exegeten selbst gesehen. Zwar gibt es in der Tat eine Vorgeschichte der Bibelkritik. Aber diese sozusagen aus der Dynamik der Evidenz des Historischen zu erklären, als Radikalisierung des humanistischen Erbes, hieße, die eigentliche Dynamik zu übersehen, aus der sie hervorgegangen ist. Dafür bedarf es einer tiefergreifenden theologie- und geistesgeschichtlichen Begründung.

Das Anliegen kommt in Gablers Rede dort[33] zum Ausdruck, wo er den gegenwärtigen Zustand konfessioneller Ab- und Ausgrenzungen beklagt. Über den Grundgegensatz zwischen katholischer und reformatorischer Theologie hinaus sei es alsbald auch im Bereich der reformatorischen Theologie selbst zu ausschließenden Gegensätzen zwischen Konfessionen, ja zwischen einzelnen theologischen Schulrichtungen gekommen. Es sei dringend an der Zeit für den Durchbruch zu einer Theologie, die endlich für alle Christen verständlich werden lasse, was die wirklich *allgemeingültige Wahrheit der christlichen Religion* sei, der doch alle anhingen.

In der Tat: Die Spaltung der einen Christenheit in einander ausschließende Konfessionskirchen hat zu einem Bruch einer fundamentalen Einheit geführt, in der sich zuvor die Menschen in den verschiedenen Nationen Europas ganz selbstverständlich als zusammengehörig gewußt und erlebt hatten. Nachdem die verschiedenen zerstörerischen Religionskriege endlich durch dauerhafte Friedensschlüsse beendet waren, ohne daß jedoch die religiösen Gegensätze überwunden waren, stand man überall vor der Aufgabe, die rechtlichen, politischen und kulturellen Verhältnisse so neu zu ordnen, daß man auf Dauer mit den nunmehr fest gewordenen konfessionellen Gegensätzen in einer Welt zusammenleben konnte – eine ungemein schwierige Aufgabe! Wußte man sich doch, über die konkret zu regelnden rechtlichen und politischen Probleme hinaus, grundsätzlich dazu herausgefordert, anstelle der endgültig zerbrochenen kirchlich-religiösen Einheit ein von Grund auf neues geistiges Fundament zu schaffen, das die Kraft haben

---

33 Ebd., 226.

mußte, über die entstandenen Grenzen und Gräben hinweg alle
Menschen zu überzeugen und sie, wenn auch nicht zu einigen, so
doch in wechselseitiger, allgemeingültiger Toleranz zusammenzuführen und auf Dauer zusammenzuhalten[34]. Um ein solches
Brückensystem zu bauen, brauchte man Pfeiler, die auf dem brü-
chigen Erdreich der konfessionellen Lehrsysteme errichtet werden
konnten. Dazu lag es nahe, auf die Teile zu rekurrieren, die noch
allgemein konsensfähig waren. Immerhin gab es Reste der Gotteslehre, vor allem über die Providenz-Güte des himmlischen Vaters aller Menschen, die eine Frömmigkeit bestimmen konnten.
Diese mußten, weil allen wichtig und vertraut, nunmehr in den
Vordergrund religiöser Erziehung und religiösen Privatlebens treten. Von fundamentaler Bedeutung aber war vor allem die Lehre
von der Vernunft des Menschen als vorzügliche Gabe des Schöpfers. Die Vernunft hatte längst ihre innovative Kraft sowohl im
Bereich der Naturwissenschaften als auch der Rechtswissenschaft
bereits erwiesen. Es gab auch Philosophen – in England und Frank-
reich zuerst, dann auch in Deutschland –, die aufgrund der schlichten Evidenz logischer Schlüsse und rational geleiteten Erfahrungs-
wissens Ansätze zu einer neuen Weltanschauung aufzeigten, die
hinreichend verallgemeinerungsfähig zu sein versprachen, um zur
geistigen Basis einer religiös plural gewordenen Welt beizutra-
gen.
Was so aus dem traditionellen Bereich von Religion und Theologie
rein rational zu begründen war, schien sich in diese im Entstehen
begriffene Weltanschauung einer neuen Zeit durchaus integrieren
zu lassen, *wenn* es gelang, dabei alles konfessionell Umstrittene
auszuklammern. Dies konnte ja gern dem Eigenleben der Kirchen
und kirchlichen Gemeinschaften und Gruppen überlassen bleiben,
freilich ohne Öffentlichkeitsanspruch. So bildete sich das Ideal einer »natürlichen« Religion und Theologie, deren Zentrum eine
Morallehre sein sollte, die die notwendige allseitige Toleranz zur
allgemeinen Grundpflicht erhebt.
Sieht man diesen großen Zusammenhang, so wird das leitende Motiv in den Bemühungen um eine »rein historische« Bibelerklärung
allererst sichtbar und verstehbar. Die Bibel war zu allen Zeiten ein
wichtiges Einheitsband der Christenheit gewesen. Sie mußte es
neu werden in einer Zeit, in der man des Konfessions- und Schul-
streits überdrüssig war. Diesem allerdings mußte sie gründlich genug entzogen werden. Und das schien möglich, indem man sie
ganz in ihrem *ursprünglichen* Sinn zu Wort kommen ließ. Indem
die biblischen Schriften ihr historisches Profil bekamen, wurden sie

---

34   Vgl. dazu den Überblick bei *E. Hirsch*, Geschichte I, 1–110.

aus dem Deutungszusammenhang kirchlich-konfessioneller »Dogmatik« wie aus einem Jahrhunderte alten Gefängnis befreit. Indem es die theologischen Gedanken der biblischen Autoren selbst waren, die allein als solche Gegenstand biblisch-historischer Exegese sein sollten, war die göttliche Ursprungswahrheit aller kirchlich-theologischen Bemächtigung entzogen und konnte nun »kritisch« aus der Vielfalt ihrer zeitbedingten Bezeugungen in der Ursprungszeit als deren Nährboden erhoben werden.

Heute arbeitet man auf evangelischer wie katholischer Seite längst problemlos zusammen. Die konfessionelle Beheimatung eines Exegeten ist in aller Regel kaum mehr zu bemerken. Das ist ebenso fruchtbar für die Forschung wie aber doch auch fundamentaltheologisch problematisch. Die Problemgeschichte der Methode historischer Bibelkritik von ihrer Entstehung bis in die Gegenwart aufzuarbeiten, wäre ein mindestens ebenso gewichtiger Beitrag zum ökumenischen Gespräch zwischen evangelischer und katholischer Theologie und Kirche wie die faktische Kooperation[35]!

Selbstverständlich ist die Kirchenspaltung nur einer von mehreren anderen Gründen für die Entstehung des Programms »rein historischer Exegese« und »rein rationaler« Bibelkritik. Aber sie ist eine wichtige Voraussetzung, die als solche allzu wenig erkannt worden ist und jedenfalls allzu wenig das Problembewußtsein bestimmt.

2.3   Die Notwendigkeit kritischer Revision der historischen Bibelkritik

Aus dieser skizzenhaften problemgeschichtlichen Begründung der Entstehung der historischen Bibelkritik resultiert die Einsicht in die Notwendigkeit einer tiefgreifenden *Revision*. Diese betrifft nicht die historische Zielrichtung als solche, wohl aber die Prämissen, die die Kritik bestimmen.

Entscheidend sind der theo-logische Gegensatz zwischen dem Reden von Gott und von der geschichtlichen Wirklichkeit seines Handelns, worin die biblischen Zeugen mit allen Auslegern der biblischen Schriften bis ins 18. Jahrhundert hinein grundsätzlich übereinstimmen, und die Reduktion des Auslegungshorizonts auf die Ebene der theologischen *Gedanken* der biblischen Schriftstel-

---

35 Ein gewichtiger Anfang ist die Tagungsserie des Ökumenischen Arbeitskreises evangelischer und katholischer Theologen, dokumentiert in: *W. Pannenberg / Th. Schneider* (Hg.), Verbindliches Zeugnis I–III. Vgl. zur Ergänzung des in dieser Einleitung Ausgeführten *U. Wilckens*, Schriftauslegung, 13–71 sowie *Th. Söding*, Schriftauslegung, 72–134.

ler *über* Gott, die für die Methode der historischen Bibelkritik
von Anfang an maßgeblich sind.

Die tiefgreifende Veränderung, die von daher im Programm historisch-kritischer Exegese enthalten ist, läßt sich in folgenden
Punkten zusammenfassen: Es geht um

– die Verkehrung des Widerfahrnisses göttlichen Handelns in
menschliche religiöse Erfahrung (sei es im Sinne Kants als Weckung
des moralischen Pflichtbewußtseins und der Begründung seiner
absoluten Verbindlichkeit, sei es im Sinne Schleiermachers als Erregung des religiösen Grundgefühls und seiner integrierenden
Wirkung in alle Bereiche menschlichen Daseins hinein);

– die Verkehrung der göttlichen Offenbarungswirklichkeit in
die rationale Wirklichkeit menschlicher Gedanken über Gott (sei
es wiederum als »Postulat der praktischen Vernunft« im Sinne
Kants oder als das Woher aller religiösen Erfahrung im Sinne
Schleiermachers);

– die Verkehrung des von Gott gewirkten und den Menschen
geschenkten Heils in einen menschlichen Idealzustand von »Glück-
seligkeit«;

– die Verkehrung der von Gott gegebenen, in der Autorität
seines Willens gegründeten Gebote für eine Gott gefällige Lebenspraxis vor Gott in ein Moralgesetz menschlicher autonomer
Vernunft;

– die Verkehrung der Autorität von Gott berufener und auto-
risierter Menschen und ihres »Dienstes« in Verkündigung und
Lehre in eine rational begründete und ausgewiesene Autorität religiös begabter und theologisch gebildeter Menschen.

Dies sind die theologischen Prämissen, die der »rein historischen«
Auslegung der biblischen Bücher als Schriften des Urchristentums
zugrunde liegen. Nicht das ist darin neu, daß deren Verfasser allesamt Menschen waren, in deren Zeugnissen Gottes Wort zu hören
ist; und daß es darum, um diese zu verstehen, präziser philologisch-historischer Kunst bedarf. Das Neue besteht darin, daß die
biblischen Texte *nur noch* als religiöse Äußerungen oder theologische Ansichten ihrer menschlichen Verfasser zu hören und zu erklären seien; daß ein historisch-kritisch verfahrender Exeget es
fortan allein mit Gottesvorstellungen und theologischen »Lehrbegriffen« urchristlicher Schriftsteller zu tun und diese unter den
Bedingungen ihrer Zeit zu erklären habe; und daß er ein Reden
von Gott selbst allenfalls seinen dogmatischen und besonders seinen praktisch-theologischen Kollegen zu überlassen habe.

Zu betonen ist auch noch einmal, daß es bei einer Revision nicht
um eine Kritik des *historischen* Interesses in der Auslegung der biblischen Schriften geht und gehen darf. Die historische Kunst, die

dieses Interesse sich geschaffen hat, ist niemals in der Auslegungs-geschichte so differenziert ausgebildet worden wie in der histori-schen Bibelkritik der letzten 200 Jahre. Das ist dieser zuzurechnen und als ihre große Leistung zu bewerten. Nie zuvor ist z.b. das ›Wesen‹ des Gottes Israels so klar und profiliert hervorgetreten, wie es durch die überlieferungs- sowie die religionsgeschichtlichen Forschungen der Neuzeit allererst möglich geworden ist. Nie auch ist Jesus als historische Gestalt und seine Verkündigung der end-zeitlichen Königsherrschaft Gottes so deutlich im Horizont des Judentums jener Zeit verstehbar geworden. Die Reihe solcher Bei-spiele wäre noch lange fortzuführen.

Solches Interesse historischer Exegese ist nicht nur darin begrün-det, daß es, wie überall, auch für das Christentum der Gegenwart von großem Nutzen für jedes tiefere Verstehen seiner selbst ist, sich seine geschichtlichen Ursprünge so konkret wie möglich vor Augen zu stellen und sie unter deren eigenen geschichtlichen Be-dingungen nach-zuverstehen. Das Problem der dadurch zugleich sichtbar werdenden Verschiedenheiten zwischen dieser Vergangen-heit und der eigenen Gegenwart darf weder vernebelt noch auch durch eine allzu rasch betriebene Suche nach Gemeinsamkeiten ›überzeitlicher‹ Art aufzuheben gesucht werden. Das hat allzu oft dazu geführt, die Vergangenheit vieler wichtiger Züge ihrer kon-kreten Geschichtlichkeit zu berauben, die doch durch die Kunst historischer Erklärung gerade hervorgetreten sind. Der Weg der Aneignung des Vergangenen muß diesem vielmehr seine ganze Konkretheit belassen und von seiner wirkungsgeschichtlichen Kraft über seine eigene Gegenwart hinaus ausgehen[36].

Darüber hinaus gibt es aber für die Notwendigkeit *historischer* Exegese biblischer Texte vor allem *theologische* Gründe. Die Wirk-lichkeit Gottes ist selbst geschichtlich, wie wir gesehen haben. Da-mit hängt wesenhaft zusammen, daß alle Zeugnisse seines Ge-schichtshandelns in je ihrer Zeit wesenhaft zu diesem selbst hinzu-gehören, daß also die Überlieferungsgeschichte dieser Zeugnisse theologische Bedeutung hat. Was das Neue Testament betrifft, wirkt sich das geschichtliche Wesen Gottes in der konkreten Ge-schichte Jesu aus, die wiederum die Geschichte ihrer Vergegen-wärtigung in Verkündigung und Glaube, im gottesdienstlichen »Gedenken« und individuellen geistlichen Innewerden zu ihrer Folge hat.

Um dieser geschichtlichen Wirklichkeit Gottes in ihrem ganzen überlieferungsgeschichtlichen Zusammenhang bei der historischen

---

36 Dafür ist das Werk von *H.-G. Gadamer*, Wahrheit und Methode (1960) allgemein grundlegend geworden.

Exegese gerecht zu werden, bedarf es einer intensiven Zusammenarbeit zwischen Exegese und Dogmatik – eben jener Kooperation, die die Aufklärung abzubrechen für nötig befunden hat.
Gemeinsam ist neu zu klären, wie die biblische Rede von Gott als
der alles bestimmenden schöpferischen Wirklichkeit im Zusammenhang allgemeinen gegenwärtigen Verstehens von Wirklichkeit zu begründen ist; wie von daher auch die Rede von Gottes
Handeln in der Geschichte im gegenwärtigen Verstehen von Geschichte ihren Ort haben kann; wie insbesondere der Rede von
Gottes endzeitlichem Handeln zur Vollendung aller Geschichte
eine unersetzbar-wichtige Bedeutung für ein Verstehen des universalgeschichtlichen Horizonts allen Einzelgeschehens zukommt.
So kann in der Exegese biblischer Texte die Rede von Gottes *Ge-
schichts*handeln, dem Selbstverständnis aller biblischen Schriften
entsprechend, als die primäre Ebene der Selbstoffenbarung Gottes
verstanden werden, zu der Gottes Handeln durch sein *Wort* zwar
wesenhaft hinzugehört, von der dieses aber nicht gelöst und ver-
selbständigt werden darf. Daß Gottes Wort schöpferische Kraft
hat, wie es Röm 4,17 auf den Punkt bringt, ist ja überhaupt nur
zu verstehen, wenn das geschichtsmächtige Wesen Gottes als Voraussetzung begriffen ist. Das gilt besonders dicht für ein angemes-
senes Verständnis der Christusverkündigung im Urchristentum
und ihrer Glauben weckenden und in Vergebung und Erneuerung
Leben schaffenden Kraft. Dies alles kann hier nur angedeutet und
soll später in Band II dieser Theologie des Neuen Testaments ausgeführt werden[37].
Nur durch solche Zusammenarbeit von Exegese und Dogmatik
kann die nötige Revision historischer Bibelkritik wirklich tiefgreifend geschehen. Und es kann damit zugleich die Aufgabe theologisch besser gelöst werden, vor die sich die Theologen der Aufklärung gestellt sahen: die Folgen der Kirchenspaltung zu bewältigen,
indem diese in ihrer Wurzel geheilt wird; Glaube und Vernunft *so*
zusammenzuführen, daß Gott in der Wirklichkeit seiner ›Identität‹,
auf den sich der Glaube bezieht, als schöpferisch-aktiver Grund
aller Wirklichkeit auch gedacht werden kann; und daß das Urver-
trauen, mit dem sich der Glaube auf die Wirklichkeit der Treue
der Liebe Gottes einläßt, als Ur-Konstante alles menschlichen Daseins vernünftig verstanden werden kann. Nur so nämlich kann es
gelingen, in der historischen Exegese der biblischen Texte das ent-

---

37   Was diese Zusammenarbeit von Exegese und Dogmatik betrifft, verdanke
ich entscheidende Einsichten und Hilfen W. Pannenberg, der wiederum seinerseits in seiner systematisch-theologischen Arbeit durchweg exegetische Einsichten aufgenommen hat.

scheidend Gemeinsame und Verbindende zwischen dem Zeugnis der *Vergangenheit* Israels und des Urchristentums und der *Gegenwart* des Exegeten herauszustellen: Gott selbst, der in der ganzen Geschichte seiner vielfältigen Zuwendungen sich selbst treu und in diesem Sinne ein und derselbe bleibt. Von daher besteht die Möglichkeit für jeden Leser, im biblischen Zeugnis *Gott selbst* zu hören und zu erfahren: Ich bin mit einbezogen in Gottes Handeln aller Zeiten und persönlich von ihm betroffen, wenn ich die biblischen Zeugnisse seines Handelns höre (Luther: »tua res agitur«); und zugleich zu erkennen: Ich bin als einzelner Christ in die Gemeinschaft aller Glaubenden, in die Kirche aller Zeiten und Orte einbezogen. Eben dies war es doch, was die Aufklärungstheologen durch die historische Bibelkritik wiederherzustellen gesucht haben: das Christentum als gemeinsame Heimat für alle Christen bewohnbar werden und die in der Bibel bezeugte Wahrheit für alle wahrheitsliebenden Menschen verstehbar werden zu lassen. Aber eben im Blick auf diese Wahrheit ist durch die Bewegung der Aufklärung bis hinein in unsere Gegenwart eine tiefgreifende Umkehrung geschehen. »Die Wahrheit wird euch freimachen«, sagt Jesus im Johannesevangelium (8,32). In der ›Neuzeit‹ gilt dagegen: »Eure Selbstbefreiung (›Emanzipation‹) wird euch wahr (›authentisch‹) machen.« Nach der Theologie des gesamten Neuen Testaments ist eben diese Umkehrung die Sünde, die den Menschen seiner Freiheit beraubt (8,34) – die Sünde Adams, der selbst sein wollte wie Gott. Die Wahrheit, die den Menschen aus der Reduzierung auf sich selbst befreit, ist Jesus Christus (Joh 14,6). Er allein macht uns »wirklich frei« (8,36). Eine Theologie des Neuen Testaments kann es daher nur geben aufgrund der Erkenntnis und Anerkenntnis *dieser* Wahrheit.

Drei Kardinal-Beispiele mögen im voraus andeuten, wie sich solche Revision der historischen Bibelkritik konkret auswirkt; wie sich nämlich durch die Kritik ihrer theologischen Prämissen Türen öffnen lassen zu einem *historischen* Verstehen eben dort, wo der »kritische« Aspekt historischer Bibelkritik in ihrer Geschichte von Anfang an bis heute den Zugang zum bezeugten Geschehen beharrlich blockiert: die Auferstehung Jesu, der historische Jesus und das Verhältnis Jesu zum Judentum.

2.4   Die Wirklichkeit der Auferweckung Jesu

Der erste Testfall ist die Exegese der Zeugnisse der *Auferweckung Jesu*. Diese ist zweifellos von allen in der Bibel bezeugten Wundern Gottes das größte. Zugleich ist sie das Wunder mit den weitest ausgreifenden Wirkungen: Die ganze Christologie und Sote-

riologie (Heilsverkündigung) im Neuen Testament ist von diesem Zentralereignis bestimmt. Ebenso ist die Pneumatologie (das
Wirken des Heiligen Geistes) wesenhaft mit der Auferstehung Jesu verbunden und damit alle Aussagen über das Leben der Kirche
in Gottesdienst und Gebet, im christlichen Wandel und in der für
alles Christsein konstituierenden endzeitlichen Hoffnung.
Die Auferweckung des gekreuzigten Jesus ist also das zentrale
Heilsgeschehen, gleichsam das Herz der Theologie des Neuen Testaments. Das ist auch nicht umstritten. Bestritten jedoch wird in
der exegetischen Wissenschaft von Anfang an und nahezu durchweg bis heute, daß es sich um ein Ereignis von geschichtlicher
Wirklichkeit handelt, wie dies für alle biblischen Zeugen völlig
selbstverständlich ist. Für eine historische Exegese sollte es daher
klar sein, dieses ursprüngliche Osterzeugnis so präzis wie nur irgend möglich in seinem jeweiligen Sinn herauszustellen, damit
sich an diesem Ursprungszeugnis als Gegenüber der Glaube jeder
gegenwärtigen Generation in je eigener Weise ausrichten kann.
So entspräche es eigentlich der Aufgabenstellung »rein historischer Exegese«, wie sie in ihrer Anfangszeit zum Programm gemacht worden ist. Tatsächlich jedoch ist die Wahrheit dieses urchristlichen Zeugnisses, entgegen seinem eindeutigen Selbstverständnis, von Anfang an bestritten worden. Zwar wechselten im
Reifungsprozeß der historisch-kritischen Methode die Argumente
für diese Bestreitung. Der erste Kritiker, der schärfste von allen,
Hermann Samuel Reimarus (1694–1768), fand mit seinem Urteil,
in Wirklichkeit hätten Jesu Jünger den Leichnam ihres Meisters aus
seinem Grab gestohlen und dann seine Auferstehung lügnerisch
behauptet, bereits nach der (posthumen) Veröffentlichung durch
Gotthold Ephraim Lessing[38] auch unter kritischen Theologen keine Zustimmung. Doch auch der letzte Kritiker, Gerd Lüdemann[39],
kommt nach detaillierter Analyse aller Ostertexte zu dem Ergebnis, der Leichnam sei wahrscheinlich in einem Massengrab verwest;
jedenfalls sei Jesus zweifellos nicht auferstanden, der Rede von seiner Auferstehung liege vielmehr eine Reihe von rein subjektiven
Visionen zugrunde[40].
Üblicherweise wird das Urteil der Ungeschichtlichkeit der Auferstehung Jesu *exegetisch* begründet und somit der Anschein erweckt, es

---

38   *Lessing* veröffentlichte 1774–1778 sieben »Fragmente eines Ungenann-
ten«. Der volle Wortlaut der Privatschrift von *H.S. Reimarus* unter dem Titel
»Apologie oder Schutzschrift für die vernünftigen Verehrer Gottes« ist erst
1972 von G. Alexander veröffentlicht worden. Die These des Leichendiebstahls
findet sich ebd., II, 202.
39   *G. Lüdemann*, Auferstehung.
40   Vgl. die Zusammenfassung ebd., 209ff.

seien methodisch exakt begründete Ergebnisse *historischer Text-analyse*, die kein anderes Urteil als nur dieses zuließen. Doch *kri-tisch* gesehen zeigt sich, daß es anders steht: Die entscheidende Prämisse ist das ›weltanschauliche‹ Urteil, die Auferstehung eines Toten aus seinem Grabe sei offensichtlich widervernünftig, die Behauptung eines Geschehens, das als solches nach aller naturwis-senschaftlichen Erfahrung absolut auszuschließen sei. Von daher pflegt die Ungeschichtlichkeit der bezeugten Auferweckung Jesu die Voraussetzung aller exegetischen Textarbeit statt deren Er-gebnis zu sein[41]. Grob, aber zutreffend gesagt: Die weltanschau-liche Kritik schreibt der »historischen Kritik« vor, zu welchem Er-gebnis sie in der Analyse der Texte zu gelangen hat.

Was dieses weltanschauliche Urteil betrifft, so kann hier noch nicht der Ort seiner Überprüfung sein. Es mag genügen, drei kurze Feststellungen zu treffen:

1. Es ist gründlich zu unterscheiden zwischen wirklich naturwis-senschaftlichen Erkenntnismethoden einerseits und andererseits dem Eindruck, den Argumente der Naturgesetzwidrigkeit auf die Urteilsbildung von ›kritischen‹ Exegeten im Blick auf die Evidenz der Ungeschichtlichkeit der Auferstehung Jesu hervorgerufen ha-ben. Es fällt auf: Während sich im Bereich der Naturwissenschaften und der Naturphilosophie, was die erkenntniskritische Reflexion ihrer Methoden betrifft, im Verlauf des 20. Jahrhunderts tiefgrei-fende Veränderungen vollzogen haben, orientieren sich Exegeten bis in die jüngste Gegenwart hinein in unbedachter Selbstverständ-lichkeit an dem Stand naturwissenschaftlichen Bewußtseins des 19. Jahrhunderts, nach welchem in der Tat alle biblischen Wunder als schlechthin unmöglich, weil den Naturgesetzen widersprechend, gegolten haben.

2. Mit Argumenten moderner Naturwissenschaft ist bislang nir-gendwo exakt begründet worden, daß Auferstehung der Toten – im Sinne eines eschatologischen Neuschöpfungshandelns Gottes, in welchem im Neuen Testament davon die Rede ist – als wirk-liches Geschehen absolut unmöglich, also auch die Auferweckung Jesu als geschichtliches Ereignis zwingend auszuschließen sei.

3. So hat bis zum Erweis des Gegenteils die Regel zu gelten: »Das Urteil darüber, ob ein noch so ungewöhnliches Ereignis ge-

---

41 Vgl. ebd., 216f.: Lüdemann hält die These: »Wir können die Auferstehung Jesu nicht mehr im wörtlichen Sinne verstehen« (216) unter Hinweis auf die »Umwälzung des naturwissenschaftlichen Weltbildes« (217) für so evident und also zwingend, daß er alle Behauptungen ihrer geschichtlichen Wirklichkeit kurzerhand für »apologetische Ausweichmanöver gegenüber der *Historie*« (216) erklärt (vgl. auch 214).

schehen ist oder nicht, ist ... letztlich Sache des Historikers und
kann durch naturwissenschaftliche Erkenntnisse nicht vorentschie-
den werden.«[42]
Geht man nun aber ohne den ›Schutz‹ der Evidenz der absoluten
Unmöglichkeit des Geschehenseins der Auferweckung Jesu an die
Arbeit *rein historischer* Sichtung der neutestamentlichen Zeug-
nisse, so läßt sich mit gewichtigen Argumenten zeigen, daß alle
üblicherweise vorgetragenen Gründe gegen die Wirklichkeit der
Auferweckung Jesu alles andere als *exegetisch* zwingend sind.
Durchweg sind die Argumente pro ungleich überzeugender als die
Argumente contra. Dies wird in Band I/2 detailliert dargelegt und
braucht darum hier nicht vorweggenommen zu werden.
Freilich gilt dieses Urteil nicht durchweg für alle Auferstehungs-
zeugnisse. Die Mehrzahl der *Berichte* lassen sich als erzählerische
Ausgestaltungen von Motiven alter Tradition in späterer urchristlicher Zeit erweisen. Sie sind gewichtige Zeugnisse urchristlicher Auferstehungs*theologie*, enthalten jedoch keine besonderen
Fakten des Oster*geschehens*. Als Tatsachen der Geschichte haben
erstens die in 1Kor 15,5–8 genannten Erscheinungen – sowie
wohl auch das in Lk 24,13ff. erzählte Geschehen – zu gelten, und
zwar als wirkliche Widerfahrnisse der Selbstoffenbarung des auferstandenen Jesus. Hinzu kommt zweitens die Entdeckung des
geöffneten, leeren Grabes Jesu durch drei Jüngerinnen und ihr
Widerfahrnis der Erscheinung eines Engels, der ihnen an diesem
Ort die geschehene Auferstehung Jesu verkündigt hat. Diese verschiedenen, inhaltlich zusammenstimmenden Tatsachen nötigen
zu dem *historischen* Urteil: Die Auferweckung Jesu von den Toten als endzeitliche Machttat Gottes ist *das Geschehen* von zentraler Heilsbedeutung, das als solches im ganzen Urchristentum
verkündigt und geglaubt worden ist. Nicht dagegen hat sich *die
Verkündigung* der ersten Christen, das ›Kerygma‹, der Behauptung der geschehenen Auferstehung *bedient*, um ihren *Glauben*
zu begründen, ihr Meister sei nicht im Tod am Schandpfahl gescheitert, sondern er lebe und erweise sich als solcher, indem er
jetzt seine Jünger zu Verkündigung und Glaube ermächtige. Der
elementare Satz urchristlicher Verkündigung, auf dem aller Heilsglaube und alles Leben der Urkirche ruht: »Gott *hat* Jesus von
den Toten auferweckt«, ist nicht als das älteste theologische »In-
terpretament« urchristlichen Glaubens zu beurteilen, sondern als
dessen Grund. Wie aller Glaube Israels auf dem Geschichtshandeln
seines Gottes beruht, so gründet auch der Glaube der Urkirche an
Jesus, den Herrn, auf dem größten Heilshandeln des Gottes Isra-

---

42 W. *Pannenberg*, Grundzüge, 96.

els in seiner Geschichte mit seinem Volk: der Auferweckung des
Gekreuzigten.

2.5 Das Problem des ›historischen‹ Jesus

Der zweite Testfall ist die »*Frage nach dem historischen Jesus*«.
Sie ist gleichfalls so alt wie die historische Bibelkritik und ist bis
heute eines ihrer zentralen Themen. Allerdings ist aus dem naiven
Optimismus der Aufklärungstheologie, den wahren Jesus aus dem
Jesusbild der Evangelien herauszufinden, alsbald ein Kampffeld
geworden, auf dem man es mit einer Fülle von Problemen zu tun
bekam. Einerseits sind es Probleme, die den Zugang zum ›historischen‹ Jesus kontinuierlich erschwert haben. Andererseits haben
sich von Anfang an auch Gegenfragen erhoben, die das ganze Unternehmen der Suche nach dem »historischen Jesus« theologisch
als Irrweg erklären.
Diese Problemgeschichte in ihrer Dynamik des Ineinanderwirkens
verschiedener Aspekte in der gehörigen Differenziertheit auch
nur skizzenhaft darzustellen, kann hier nicht das Ziel sein. Eine
solche Darstellung soll in Band III. ihren Ort haben, im Zusammenhang einer historisch-kritischen Geschichte der historischen
Bibelkritik insgesamt. Im Rahmen dieser Einleitung geht es nur
darum, im Blick auf wichtige Problempunkte den methodischen
und theologischen Ansatz des ersten historischen Teiles des Ge-
samtwerkes zu markieren.
Die entscheidende These ist: Das ganze Unternehmen der Jesusforschung seit ihrem Anfang in der Zeit der Aufklärung hat ihren
entscheidenden Ausgangs- und bleibenden Angelpunkt in der Bestreitung der geschichtlichen Wirklichkeit der Auferstehung Jesu.
Damit ist das zentrale Verbindungsglied zwischen der vorösterlichen Geschichte Jesu und der nachösterlichen Geschichte des Urchristentums herausgebrochen.
Erst dadurch entsteht *das eigentliche Problem*: Wie ist das Verhältnis zwischen dem »historischen Jesus« und dem im Urchristentum verkündigten auferstandenen Christus zu erklären? Wenn
die Auferstehung Christi selbst ein Produkt urchristlicher Theologie ist, auf dem diese das ganze Gebäude ihrer Christologie aufgebaut hat, welche Bedeutung kommt dann dem irdischen Jesus
zu, der mit seiner Botschaft am Kreuz gescheitert ist?
Und umgekehrt: Wenn das Leben des »historischen Jesus«, das in
seinem Tod sein natürliches Ende gefunden hat, die für alle Christenheit maßgebliche Wahrheit des Ursprungs enthält, was bedarf
es dann eigentlich mehr als der Weiterführung seiner Lehre nach
seinem Tod?

Warum aber hat die Verkündigung und der Glaube der Urkirche
das Heilsgeschehen des Sühnetods und der Auferstehung des
Messias (Christus) Jesus zu seinem zentralen Inhalt?

2.5.1 Das Geschichtsbild der Evangelien und der Evangelien-kritik

Man wird der ganzen Tiefe dieses Problems eindrücklich gewahr,
wenn man sich zunächst den Geschehenszusammenhang vor Augen stellt, den der neutestamentliche Kanon durch die Anordnung
seiner Schriften seinem Leser vermittelt. Jesus beginnt sein Wirken mit dem Wissen, Gottes einzig-geliebter Sohn zu sein, welches ihm nach seiner Taufe durch eine Offenbarung aus dem Himmel zuteil geworden ist. Er wirkt in Verkündigung und Heilstaten als Offenbarer und Repräsentant des nahen Gottesreiches. Er
beruft Jünger, die ihm nachfolgen, und die er zu eigener Verkündigung aussendet. Er trifft auf Gegner, mit denen er sich ausein-
andersetzt. Er erkennt, daß er nach Gottes Willen leiden, sterben
und auferstehen muß. Er spricht aus, daß sein Tod der Erlösung
vieler von ihren Sünden dient, und gibt daran in der Päsachnacht
vor seinem Tod dem auserwählten Kreis der Zwölf im voraus teil.
Er stirbt am Kreuz, und am dritten Tage danach ist seine Grab-
stätte leer. Er selbst erscheint als Auferstandener mehrmals verschiedenen Jüngern. Diese sammeln sich daraufhin als Heilsgemeinde der Endzeit in Jerusalem, gewinnen durch die Verkündigung der Geschichte Jesu und ihres Endes im Heilsgeschehen seines Sühnetodes und seiner Auferstehung immer mehr Glaubende.
Der Apostel Paulus zieht durch Asien und Europa und gründet
überall Gemeinden. In den Briefen ermutigen und ermahnen die
Apostel ihre Gemeinden und belehren sie theologisch über die
Tiefe des Heilsgeschehens in Christus. In der Johannesapokalypse
schließlich steht im Bild des »geschlachteten Lammes« als himmlischem Sieger das zukünftige Geschehen des Endgerichtes Gottes
an allen Feinden und der Heilsvollendung für alle treugebliebenen
Jünger Jesu vor Augen – warnend und verheißend zugleich.
Dieser ganze Zusammenhang wird nun aufgebrochen durch die
Herausnahme der Auferstehung Jesu aus seiner Geschichte und
die Verlagerung dieses Themas auf das Urchristentum. Aus diesem Ansatz haben sich auf der einen Seite die verschiedenen Bilder eines »unmessianischen« Jesus herausgebildet, der als Weis-
heitslehrer, apokalyptischer Prophet, charismatischer Wundertäter
gewirkt hat und schließlich im Kreuzestod elend gescheitert ist.
Die »religiös-sittliche« Lehre dieses Religionsstifters sei aber auch
nach seinem Tod so wahr und gültig, daß sie die Herzen der Menschen aller Zeiten zu überzeugen und zu bewegen vermöge. In

dieser *Lehre* Jesu sei »das Wesen des Christentums«[43] zu sehen.
Sein Tod für uns könne nur als religiöses Symbol der von Jesus
gelehrten Menschenliebe Gottes verstanden werden und seine
Auferstehung als Symbol der unsterblichen, unbesiegbaren Macht
dieser Liebe in den Herzen gläubiger Christen.
Die andere exegetische Position konzentriert sich umgekehrt ganz
auf das »Evangelium« vom Heilstod »für unsere Sünden« und von
der Auferstehung Christi als Antritt seiner himmlischen Herrschaft
(1Kor 15,3–5), dem ewigen Sieg der Versöhnung, den er durch
seinen Tod für die errungen hat, die an ihn glauben. Unter diesem zentralen Aspekt kann der vorösterliche, »historische« Jesus
und seine Verkündigung nur die historische Voraussetzung dieser
nachösterlichen Heilsbotschaft sein.

2.5.2 *Die unmessianische Verkündigung des vorösterlichen Jesus und die nachösterliche Verkündigung des erhöhten Christus*

Gewiß gibt es für beide Positionen exegetische Gründe. Dafür,
daß Jesu Predigt und Lehre »unmessianisch« gewesen sei, kann
man anführen, daß es die Königsherrschaft *Gottes* ist, die er verkündigt hat, nicht seine eigene als Messias. – Auch Jesu Gleichnisse sind ebenso theo-zentrisch wie seine Gesetzesauslegung und
seine Jüngerethik. Auch daß er vom »Menschensohn« durchweg
in der 3. Person als von einem anderen gesprochen hat, wird von
vielen Exegeten als weiteres Indiz dafür angeführt, daß er sich
selbst von dieser himmlischen Gestalt auf Gottes Thron unterschieden habe. Schließlich gilt die Spruchquelle (Q), in der jeder
Hinweis auf Leiden, Tod und Auferstehung Jesu fehlt, als Beweis
dafür, daß es noch in nachösterlicher Zeit ein Fortwirken der
Worte des vorösterlichen Jesus ohne Zusammenhang mit dem
Passions- und Ostergeschehen gegeben habe.
Auf der anderen Seite wird betont, daß sich die nachösterliche
Verkündigung ganz auf das zentrale Heilsgeschehen von Tod und
Auferstehung konzentriert habe und daher vom Wirken Jesu vor
Ostern nicht die Rede sei[44]. Nur daß der Gekreuzigte und Aufer-
standene *Jesus* ist, sei theologisch wichtig. Im übrigen spreche die
theologische Vertiefung des Kerygmas je länger je mehr von der
Präexistenz Christi bei Gott und seinem Herabkommen in Men-
schengestalt (Phil 2,6ff.), so daß unter diesem Aspekt die vor-

---

43 *A. v. Harnack,* Wesen.
44 Die Predigten der Apostel in der Apostelgeschichte, in denen nur zweimal
Machttaten Jesu (2,22; 10,37f.) erwähnt werden, werden zumeist auf Lukas
zurückgeführt und gelten jedenfalls darin als nicht repräsentativ für die
Verkündigung der Anfangszeit. Anders *P. Stuhlmacher,* Theologie I, 50.

österliche Phase seiner Geschichte mit der nachösterlichen einen
mythischen Zusammenhang bilde. Was aber die Jesusüberlieferung
der Evangelien betrifft, so nötige die formgeschichtliche Methode
zu dem Urteil, daß *alles*, was von Jesu Wirken in Worten und Taten berichtet wird, *zuerst* als Stoffe *urchristlicher* Überlieferung
zu sehen sei, die Zwecken der Verkündigung und Lehre, des Gottesdienstes, der Mission und der Auseinandersetzung *der Urkirche*
gedient habe. Die Gemeinde habe in diesen Worten des vorösterlichen Jesus ganz selbstverständlich die Stimme des gegenwärtigen
erhöhten Herrn gehört und in seinen Machttaten ein Spiegelbild
der vielfältigen Machterweise des Erhöhten in ihrer Gegenwart
gesehen. Von daher sei es grundsätzlich erst in einem zweiten
Schritt kritischer Analyse möglich, überhaupt zur vorösterlichen
Wirklichkeit des »historischen Jesus« zurückzugelangen. Dafür
müsse *die Regel* gelten: Nur was sich deutlich vom Glauben und
von der Frömmigkeitspraxis des Urchristentums *unterscheidet*,
kann mit Sicherheit dem historischen Jesus zuerkannt werden; und
nur das, was *damit* in Übereinstimmung steht, darf zum Jesusbild
kritischer Forschung hinzugenommen werden[45]. Dieses strenge Kriterium ist inzwischen mit guten Gründen als unzutreffend und un-
brauchbar kritisiert und durch ein Ensemble verschiedener anderer
Kriterien ersetzt worden[46]. Doch gilt in der »kritischen Forschung«
nach wie vor das Urteil, der Sühnetod und die Auferweckung Jesu
müßten aus der Verkündigung und Geschichte des »historischen
Jesus« ausgeschieden werden. Damit bleibt es bei der tiefen Kluft
zwischen dem vorösterlichen Jesus und dem nachösterlichen Christuskerygma.

2.5.3 Die Kontinuität zwischen dem Passionsgeschehen und der urchristlichen Passionsverkündigung

Daß es in der 200jährigen Geschichte intensiver Arbeit an diesem
Problem nicht gelungen ist, durch eine historisch plausible Theorie
diese Kluft zu überwinden, sollte nicht dazu führen, daß man diese
als solche, weil sie von beiden gegensätzlichen Grundrichtungen
behauptet wird, im Sinne eines unumstößlichen Ergebnisses historisch-kritischer Forschung festzuschreiben hätte. Vielmehr sollte

---

45   Man nennt diese Regel das »Differenz- und Kohärenzkriterium«. Vgl.
dazu *G. Theißen / D. Winter*, Kriterienfrage, Teile I und II.
46   *G. Theißen / D. Winter*, ebd., 175ff. gebrauchen dafür den Ausdruck »historisches Plausibilitätskriterium«. Dieser Name erscheint mir vor allem daher
glücklich gewählt, weil er *methodisch* Raum läßt für historisch geschulte Phantasie, ohne die es sinnvolle Urteile und Rekonstruktionen nicht geben kann.
Die Großen unter den historisch-kritischen Exegeten haben immer ein großes
Maß an solcher Phantasie als Integral ihrer Forschungen wirken lassen.

das beharrliche Bestehenbleiben dieses Problems zu der Frage herausfordern, ob nicht dort nach einer Lösungsmöglichkeit zu suchen ist, wo beide Seiten im Ansatz übereinstimmen: bei dem negativen Urteil über die geschichtliche Wirklichkeit der Auferweckung Jesu und über die Heilsbedeutung seines Kreuzestodes.

Wenn nun aber, wie im vorangehenden Abschnitt skizziert, mit der Auferweckung Jesu aus seinem Grab und den verschiedenen Erscheinungen des Auferstandenen als Ereignissen seiner Geschichte ernsthaft zu rechnen ist, so zieht das die Frage nach sich, ob Jesus dieses Ende seiner Passion nicht in irgendeiner Weise vorhergewußt hat? Sind die Argumente für die Bestreitung dessen wirklich zwingend? In Band I/2 wird nachgewiesen werden, daß Jesus von Galiläa nach Jerusalem gezogen ist im Wissen um seinen gewaltsamen Tod, der ihn dort nach Gottes Willen erwartet; daß er von der Sühnewirkung seines Todes gesprochen und infolgedessen das Ende des Tempels öffentlich angekündigt hat. Seinen Jüngern hat er beim Abschiedsmahl an dieser endzeitlichen Heilswirkung seiner Selbsthingabe vorgreifend teilgegeben. Und vor dem Hohenpriester hat er sich als der Messias in diesem Sinne bekannt. Dies wiederum war der Grund seiner Verurteilung als Gotteslästerer durch den Hohenpriester und seiner Überstellung an den römischen Präfekten Pilatus zur Kreuzigung.

So wird eine *Kontinuität* zwischen dem Passions- und Ostergeschehen in der urchristlichen Verkündigungsgeschichte sichtbar. Gewiß, das ist eine hypothetische Rekonstruktion – wie aber ja auch die exegetischen Positionen, die einen Bruch zwischen dem ›historischen Jesus‹ und dem nachösterlichen Christus urchristlicher Heilsverkündigung sehen. Doch diese Rekonstruktion kann sich immerhin auf überlieferte Worte und Handlungen Jesu stützen, die jene für unhistorisch erklären müssen.

Hypothetisch ist allein die Verknüpfung dieser Worte und Handlungen Jesu zu einem Sinnzusammenhang von hoher Plausibilität. Von daher besteht aller Anlaß dazu, die verbreiteten Unechtheitsurteile, insbesondere im Blick auf die Abendmahlsworte, gründlich zu überprüfen. Denn sie sind das entscheidende Verbindungsglied sowohl zum historischen Verständnis der ganzen Endphase der Geschichte Jesu als auch zur Erklärung der Entstehung des ältesten Kerygmas des nachösterlichen Urchristentums. Ohne dieses Verbindungsglied muß sowohl jene Endphase insgesamt wie auch die Entstehung des Kerygmas rätselhaft bleiben. Denn noch niemand hat historisch plausibel zu begründen vermocht, wie Christen der Urgemeinde von sich aus darauf gekommen sein können, dem so elementar Tora-widrigen Fluchtod Jesu am Kreuz den Sinn eines endzeitlich-gültigen *Sühne*sterbens *des Messias* zuzuschrei-

ben. Sowohl der Sühnetod als auch die Auferweckung dieses Gekreuzigten fallen so tiefgreifend aus dem Überlieferungszusammenhang Israels heraus, der Sühnung von Sünden nur in den Opferhandlungen des Tempels und Auferweckung von den Toten
nur als zu erhoffendes Gotteshandeln in der zukünftigen Endzeit
kennt, daß die Vorstellung, beides seien theologische Erfindungen
irgendwelcher Personen oder Gruppen des Urchristentums, historisch absurd ist. Man pflegt der extremen Unwahrscheinlichkeit
dieser These nur deswegen nicht bewußt zu werden, weil sie seit
Generationen so weit verbreitet ist.
Ich denke, es ist an der Zeit, all diese selbstverständlich gewordenen Urteile neu zu überdenken – nicht aus Gründen pauschaler
Ablehnung historischer Kritik, sondern vielmehr um ein *historisch*
besser begründetes Gesamtbild zu gewinnen durch eine Revision
historisch ganz unwahrscheinlicher Vorurteile.

2.5.4 Die Kontinuität zwischen dem Selbstverständnis Jesu und der urchristlichen Christusverkündigung

Entsprechendes gilt auch für die Problematik des Selbstverständnisses Jesu. Allgemein wird heute gesehen, daß Jesus in seiner
Verkündigung der Königsherrschaft und in all seinem Wirken eine unmittelbare Verbundenheit mit Gott zum Ausdruck gebracht
hat, die er als solche in ebenso unerhört-außerordentlicher Weise
wie in völlig selbstverständlicher Gewißheit einfach in Anspruch
nahm. Selbst Rudolf Bultmann hat darin eine »implizite Christologie« zugestanden[47]. Von daher ist das Gewicht der Gründe, eine
»explizite« Christologie für Jesus generell zu bestreiten und diese
insgesamt dem nachösterlichen Urchristentum in seinen verschiedenen »Schichten« zuzusprechen, noch einmal neu zu überprüfen.
Zwar hat Jesus es offensichtlich vermieden, sich selbst als den
Messias zu bekennen; denn die Messiaserwartung war damals das
Herz der immer stärker werdenden antirömischen Bewegung, die
er nicht teilte. So ist von Jesus selbst her zu begründen, daß das
Messiasprädikat nachösterlichen Ursprungs ist.
Von zentraler Bedeutung aber war für Jesus, daß er Gottes einzig-geliebter Sohn sei. »*abba*« ist seine ureigene Anrede Gottes,
an der er im Vaterunser seinen Jüngern teilgibt. Von daher hat es
gewichtige Gründe, in dem in Mk 1,10f. berichteten Widerfahrnis
eine Vision Jesu zu sehen, die seine Lösung von Johannes und
sein selbständiges Wirken initiiert hat. Es spricht alles dafür, in
diesem Vater-Sohn-Verhältnis die Quelle all seines Wirkens für
die Herrschaft *Gottes*, die er *selbst* repräsentiert, zu sehen.

47   R. *Bultmann*, Verhältnis, 457f.

Daß die Rede von »dem Menschensohn« (durchweg in der 3. Person) für Jesu Verkündigung charakteristisch ist, ist offensichtlich. Daß er selbst diesen Ausdruck lediglich im Sinne einer schlichten Selbstbezeichnung gebraucht habe, aus dem dann erst das Urchristentum die himmlisch-endzeitliche Gestalt von Dan 7,13 gemacht habe[48], ist äußerst unwahrscheinlich. Man kommt schwerlich umhin, die Rede Jesu vom Menschensohn als eine eigenartig verschlüsselte Weise zu verstehen, die endzeitlich-entscheidende Bedeutung seines irdischen Wirkens auszudrücken.

Dagegen war die Anrede Jesu als »Herr« in der Zeit des vorösterlichen Wirkens die respektvolle Anrede seiner Jünger und anderer, gleichbedeutend mit »*rabbi*«. Daß sie in griechischer Übersetzung als »Kyrios« im nachösterlichen griechischsprachigen Urchristentum zentrale christologische Bedeutung gewonnen hat, ist in der Tat in der Ostererfahrung begründet: Indem Gott Jesus auferweckt und zu sich erhoben hat, ist die Einheit von Vater und Sohn so offensichtlich, daß dem Sohn sogar der heilige Gottesname JHWH = Kyrios eignet (Phil 2,9–11).

An dieser Stelle kann man geradezu beispielhaft die Kontinuität und zugleich Veränderung zwischen der vor- und nachösterlichen Situation erkennen, die sich durchweg im Verhältnis zwischen der Jesusüberlieferung und dem Christuskerygma zeigt. Diese ist freilich nur wirklich zu *verstehen*, wenn man die geschichtliche Wirklichkeit der Auferstehung Jesu ernst nimmt als das *Ereignis*, in dem die Vorweg-Inanspruchnahme der endzeitlichen Heilswirklichkeit im Wirken Jesu ihre endzeitliche Bewahrheitung durch Gott selbst gefunden hat. Darin eröffnet sich eine faszinierende Möglichkeit, das Zentralproblem der historisch-kritischen neutestamentlichen Forschung: die Kluft zwischen dem historischen Jesus und dem verkündigten Christus historisch so zu lösen, daß sich ein *theologischer* Zusammenhang zeigt, der ebenso sinnvoll wie der historische Zusammenhang plausibel ist. Sollte das nicht ein Anlaß dazu sein, von diesem Ansatz aus das ganze Geschichtsbild der historisch-kritischen Forschung in einer historischen wie theologischen Revision von Grund auf neu zu überprüfen? Das vorliegende Werk will dazu ermutigen.

2.6   Das Verhältnis zwischen Jesus und dem Judentum

In Kürze ist hier noch auf einen weiteren Aspekt der Problemgeschichte der Jesusforschung einzugehen, der ebenso peinlich wie für ein konkret-tieferes Verständnis eminent fruchtbar ist: *das*

---

48   So zuletzt *W. Schmithals*, Theologiegeschichte, 42f.

Verhältnis Jesu (und zugleich des ganzen Urchristentums) *zum Judentum.*

2.6.1   *Das Judentum als negatives Gegenbild*[49]

Schon seit der Zeit der Reformation und des Humanismus war das Bild zwiespältig. Auf der einen Seite ist das Alte Testament Teil der Heiligen Schrift der Christenheit. Israel ist Gottes Volk. Jesus stammt aus Israel. Seine Geburt aus Davids Geschlecht und in Davids Geburtsstadt ist von den Propheten vorhergesagt. Und für das ganze Heilsgeschehen in Jesus Christus ist die Schrift das göttliche Zeugnis. Auf der anderen Seite jedoch zeigen die Evangelien Jesus in ständiger Auseinandersetzung mit den jüdischen Autoritäten der Pharisäer und Gesetzeslehrer. Es ist der jüdische Hohepriester, der Jesus an den römischen Statthalter ausliefert und seine Kreuzigung fordert. Der Apostel Paulus lehrt das Evangelium der Rechtfertigung allein aus dem Glauben an Jesus Christus ohne Gesetz für Heiden ebenso wie für Juden. So entsteht aus der Schriftlesung und Schriftauslegung ein in doppelter Hinsicht negatives Bild vom Judentum: Gegenüber dem Alten Testament erscheint das Judentum als Abfall aus der Höhe der prophetischen Verkündigung und Verheißung in die Niederung starrer »Gesetzlichkeit«. Vom Neuen Testament her gesehen sind die Juden die Gegner Jesu und Feinde des Evangeliums.

Dieses Bild hat sich dann unter dem Aspekt historisch-kritischer Exegese in historisierter Form erhalten. Zur jüdischen »Gesetzlichkeit« traten in der Zeit der Aufklärung als neue Motive der Kritik am Judentum dessen Wundersucht und »Aberglaube« hinzu, als dunkler Hintergrund, von dem sich Jesu Religion der gütigen Vorsehung und vergebungsbereiten Menschenliebe Gottes deutlich abhebe. Und wie schon in der Reformationszeit vermischt sich dieser Gegensatz zwischen Jesus und dem Judentum mit dem konfessionellen Gegensatz zwischen dem Dunkel der gesetzlichen Papstkirche und dem hellen Licht der vom Evangelium erleuchteten reformatorischen Christenheit. Darin zeigt sich besonders deutlich eine starke »ideologische« Komponente in dem negativen Bild vom Judentum, das nun in der historisch-kritischen Forschung nach- und weiterwirkt.

Mit der Ausbildung historischen Bewußtseins im 19. Jahrhundert freilich ist auch die Kenntnis vom Judentum gewachsen. So hat sich dessen Bild differenziert und präzisiert. Gleichwohl hat sich auch im Jahrhundert des Historismus eine nahezu selbstverständliche theologische Abwertung des Jüdischen als Kontrastfolie zum

---

49   Zum Folgenden vgl. *G. Theißen / D. Winter,* Kriterienfrage, 69–78.

Christlichen bewahrt. Aus idealistischer Geschichtsphilosophie entstand das Bild einer religionsgeschichtlichen Entwicklung von der
Höhe prophetischer Religion durch die Niederung des an Gesetz
und Kult gebundenen und teilweise in apokalyptischen Jenseits-
phantasien verstrickten Judentums hindurch zu dessen Aufhebung
in der Religion Jesu als Vollendung der Menschheitsreligion überhaupt. Grundzüge dieses Bildes finden sich in dem großen Werk
der Religionsgeschichtlichen Schule über das Judentum zur Zeit
des Urchristentums von Wilhelm Bousset[50]. Noch Rudolf Bultmann, der Jesus so wesentlich und vollkommen in das Judentum
einordnet wie kaum ein Autor vor ihm, kennzeichnet ihn als »dessen Überwinder«[51].

Dieses Bild des Judentums hat auch auf das Bild der Geschichte
des Urchristentums insgesamt eingewirkt. Ferdinand Christian
Baur (1792–1860) sah im Gegensatz zwischen Judentum und
Christentum geradezu den Motor eines dialektischen Prozesses
der Ursprungsgeschichte des Christentums, in deren Verlauf sich
das Christentum als universale Religion der gesamten Völkerwelt
vom »partikularistischen« Judentum abgehoben und schließlich
ganz losgelöst habe[52].

Baurs Geschichtsbild ist zwar überall auf Kritik gestoßen. Doch
das Modell eines Grundgegensatzes zwischen Judentum und Christentum und entsprechend zwischen »gesetzlichem« Judenchristentum und »gesetzesfreiem« Heidenchristentum hat in verschiedenen
Variationen fortgewirkt: unter religionsgeschichtlichem Aspekt bei
Wilhelm Bousset (1865–1920), der den eigentlichen Ursprung
des Christentums erst im hellenistischen Urchristentum gesehen
hat; unter theologischem Gesichtspunkt bei Rudolf Bultmann
(1884–1976), nach dem das Christentum allein auf dem Kerygma
von Kreuz und Auferstehung Christi beruht, dessen theologische
Interpretation in der Rechtfertigungslehre des Paulus einen wesenhaft gesetzeskritischen und damit judentumkritischen Grundaspekt habe, während der noch ganz im Judentum beheimateten
Verkündigung Jesu keine fundamentale Bedeutung, sondern nur

---

50   W. *Bousset*, Religion; vgl. dort den Schlußsatz S. 524: »Das Judentum war
die Retorte, in der die verschiedenen Elemente gesammelt und gebraut wurden.
Dann erfolgte durch ein schöpferisches Wunder die Neubildung des Evangeliums«. Vgl. *Ders.*, Jesu Predigt.
51   R. *Bultmann*, Verhältnis, 449. Nicht anders fällt das Urteil des großen
konservativen Kenners des Judentums, *Gerhard Kittel*, Probleme, 88ff. aus, der
sein Bild im Gegensatz zu Bousset an der pharisäisch-rabbinischen Lehrtradition orientiert (Vergleich zwischen der Bergpredigt Jesu und dem Judentum
von Mischna und Talmud).
52   Dazu vgl. unten S. 42f.

die der geschichtlichen Voraussetzung des Christentums zukomme. Das einzige aus jüdischer Überlieferung übernommene theologische Element, das Bultmann zufolge im Urchristentum zentrale Bedeutung gewonnen hat, ist die Erwartung der nahe bevorstehenden endzeitlichen Zeitenwende. Doch bezogen auf die Auferstehung Christi und den Glauben an ihn als Entscheidung des je einzelnen Menschen, sich selbst mit Christus kreuzigen zu lassen, sei die Enderwartung vergegenwärtigt und ihres jüdisch-apokalyptischen Kontextes entkleidet worden, indem die Zeitenwende sich im Augenblick der Begegnung zwischen Gott und Mensch ereigne, in der Entscheidung zu einer entsprechend umbruchartigen, radikalen Veränderung des »Existenzverständnisses«[53].

Überblickt man diesen ganzen Zusammenhang, so zeichnen sich auch unter diesem Aspekt zwei verschiedene Grundmodelle ab. Nach dem einen konzentriert sich alles theologische Interesse auf den »historischen Jesus«, der sich als die reine Verkörperung der Wahrheit christlicher Religion aus dem Judentum wesenhaft heraushebt; und das Urchristentum ist daran zu messen, wie weit es dieser Wahrheit entspricht oder sich wieder an das Judentum angeglichen hat. Nach dem anderen Modell liegt das eigentlich Christliche erst im »Osterglauben« des Urchristentums, der sich als solcher von vornherein aus dem Judentum heraushebt und dessen theologische Interpretation einen durchgehenden Grundunterschied zu aller jüdischen Theologie betont. In beiden verschiedenen Konzeptionen hat das Judentum die Funktion des Kontrastmodells zum Christentum.

Daß jüdische Gelehrte in beiden Richtungen moderner Bibelkritik einen Niederschlag des jahrhundertealten negativen Vorurteils der Christen gegen die Juden gesehen haben, ist sehr verständlich. Seitdem sie am wissenschaftlichen Diskurs öffentlich teilnehmen konnten (!)[54], haben sie sich natürlich zumeist auf das erste Modell der Jesusforschung konzentriert und herauszuarbeiten gesucht, daß Jesus sich, auch mitsamt allen Kontroversen mit Pharisäern und Gesetzeslehrern, völlig in das damalige Judentum *einordnen* lasse, was christlichen Exegeten in der Regel verborgen bleibe[55]. Für jedes jüdische Bild der Geschichte Jesu sei allerdings klar, daß mancherlei Züge in den Evangelien urchristlicher Pole-

---

53   Vgl. zusammenfassend *W. Schmithals*, Theologie Rudolf Bultmanns, 306ff.
54   Für die Zeit bis in die 30er Jahre des 20. Jahrhunderts ist immer noch ein Standardwerk *G. Lindeskog*, Jesusfrage.
55   Vgl. für die Gegenwart repräsentativ *D. Flusser*, Jesus sowie seine wissenschaftlichen Beiträge insgesamt in: *Ders.*, Entdeckungen I–II.

mik oder Umdeutung zuzuschreiben seien. Das gelte besonders im Blick auf den Passionsbericht. Und daß die Geschichte des historischen Jesus mit seinem Tod geendet habe und seine Auferstehung christliche Erfindung sei, darin stimmen jüdische Forscher selbstverständlich mit zahlreichen ihrer christlichen Kollegen überein.

2.6.2 *Die Beheimatung Jesu im Judentum*
In der Tat ist nicht nur Jesus, sondern das gesamte Urchristentum tief in jüdischer Überlieferung beheimatet. Die Jerusalemer Urgemeinde lebte bewußt als eine besondere Gruppe innerhalb der jüdischen Gemeinschaft in der Stadt. Juden- und heidenchristlich gemischte Gemeinden wie die in Antiochia und besonders die von Paulus gegründeten Diasporagemeinden haben sich zwar von den Ortssynagogen separiert, sind aber, trotz aller örtlich aufbrechenden Feindseligkeiten, in der Nähe zum Judentum geblieben und haben die Kirche als die Vorausschar der endzeitlichen Heilsgemeinde Gottes aus Juden und Heiden verstanden. Erst nach 70 n.Chr. gingen die Wege auseinander. Aber auch in dieser Phase setzt der christliche Glaube die jüdische Glaubensüberlieferung nicht nur voraus, sondern lebt und denkt wesentlich aus ihr. Die christlich-jüdischen Auseinandersetzungen sind nicht durch gegenseitiges Fremdwerden entstanden, sondern sind im Gegenteil dadurch bestimmt, daß der Glaube an Jesus Christus aufs engste und wesentlichste mit dem Glauben an den einzig-einen Gott Israels verbunden ist.
Die großen Jesusbücher der Gegenwart lassen die jüdische Beheimatung Jesu gewichtig und ausführlich hervortreten[56]. In der US-amerikanischen Forschung hat man sich allseits darauf geeinigt, auf jegliche theologisch-wertende Interpretation zu verzichten und so eine unparteiliche Zusammenarbeit von christlichen und jüdischen Autoren in einer *wirklich* »rein historischen« Darstellungsweise zu ermöglichen. Das führt jedoch zu der hermeneutischen Problematik, daß eine völlige Beschränkung auf reine Beschreibung des Vergangenen als Vergangenen die wirkungsgeschichtliche Offenheit alles geschichtlichen Geschehens abschneidet. Die Ergebnisse einer solchen »sine ira et studio« betriebenen Arbeit zeigen zwar häufig deren Fruchtbarkeit in vielen historischen Einzelerkenntnissen. Aber sie zeigen natürlich auch, daß in dieser rein historischen Arbeitsweise weder jüdische Publikationen ihren

---

56   Vgl., bei aller Verschiedenheit, *E.P. Sanders*, Jesus; *Ders.*, Sohn Gottes; *J. Becker*, Jesus; *G. Theißen / A. Merz*, Jesus; *E. Rau*, Jesus; auch *K. Berger*, Wer war Jesus sowie die zahlreiche Jesusliteratur der US-amerikanischen Forschung.

jüdischen Aspekt verlieren[57] noch auch christliche den christlichen. Wenn wir beispielsweise, durch jüdische Forscher wie Jacob Neusner belehrt, ein in vieler Hinsicht neues Bild vom Pharisäismus der Zeit Jesu erhalten[58], so ist das sicherlich ein großer Gewinn für das Verständnis der Kontroversen Jesu mit Pharisäern. So läßt sich erhoffen, es möge eines Tages gelingen, daß für beide Seiten eine übereinstimmende Erklärung möglich wird sowohl für die eigentlichen Gründe der zunehmenden Polemik Jesu gegen Pharisäer als auch für deren Gründe zunehmend härterer Gegnerschaft gegen Jesus[59]. Wenn Entsprechendes sogar auch gelänge hinsichtlich der Gründe, die dann in Jerusalem das Einschreiten des Hohen Rats gegen Jesus veranlaßt haben, so würde das sehr wesentlich zu gegenseitigem Verstehen zwischen Christen und Juden allgemein beitragen. Doch bleibt auch dann die Frage, ob die damaligen Gegensätze nicht im Grunde auch noch heute unser wechselseitiges Bild voneinander bestimmen und belasten. Nicht deren Ausklammerung hilft dem jüdisch-christlichen Dialog heute wirklich, sondern deren – durch übereinstimmende Ergebnisse gemeinsamer historisch-exegetischer Arbeit profilierteren – Darlegung voreinander und füreinander. In beiderlei Hinsicht möchte auch meine Theologie des Neuen Testaments ein Beitrag dazu sein.

Es erübrigt sich fast hinzuzufügen, daß auch das zweite entsprechende »Differenzkriterium« der Unterscheidung Jesu vom Judentum[60] ein stumpfes Schwert geworden und nicht mehr anwendbar ist – wie schon die erste traditionelle Grundregel zur Ermittlung authentischen Jesusguts durch die Unterscheidung vom späteren Urchristentum.. Unter der Voraussetzung, daß Jesus als frommer Jude ganz und gar aus jüdischer Glaubensüberlieferung gelebt und gedacht hat, und unter Voraussetzung vor allem, daß es der Gott Israels ist, von dem Jesus sich zu Israel als ganzem gesandt wußte, ist es selbstverständlich, daß vor allem das, was Jesus mit dem Judentum *verbindet*, zu dem gehören muß, was für den »historischen Jesus« charakteristisch ist. Nur ein differenziertes Verständnis des Besonderen auf dem Grunde des Gemeinsamen führt wirklich weiter. Denn gerade dort, wo Jesus Gegnerschaft provoziert hat und auf Gegnerschaft gestoßen ist, ist es sein Anspruch, im Namen des einen Gottes aller Israeliten zu wirken, der zur Aus-

---

57   Vgl. dazu grundsätzlich *D. Flusser*, Bemerkungen, 1–20.
58   Diesem Thema ist das reiche Lebenswerk dieses Autors gewidmet; vgl. zusammenfassend *J. Neusner*, Das pharisäische und talmudische Judentum; *Ders.*, Judentum in frühchristlicher Zeit.
59   Dazu vgl. vor allem *E. Rau*, Jesus, 96ff.
60   Dazu vgl. *G. Theißen / D. Winter*, Kriterienfrage, 69ff.

einandersetzung nötigte. Daß Jesus die Königsherrschaft *anders* verkündigte, als man in Israel mit ihr vertraut war und sie verstanden hat, hatte seinen Grund gerade darin, daß er *endzeitlich neues Heilshandeln* zu predigen hatte, durch das der Gott Israels die Geschichte seines Handelns mit seinem erwählten Volk *endgültig vollenden* will. So hat Jesus die Umkehrpredigt des Täufers vertieft und radikalisiert. Darum wird nur dasjenige historisch-kritische Verständnis Jesu seiner Person und seinem Wirken gerecht werden können, in dem die *Wirklichkeit* des Handelns Gottes mit Israel als die Konstituante der Geschichte Israels und so auch der Geschichte Jesu *kritisch ernst genommen* wird.

3   Zum Aufbau der Theologie des Neuen Testaments

3.1   Zur Geschichte der Disziplin

Um Zielsetzung und Aufbau der Theologie des Neuen Testaments zu markieren, wie sie sich aus dem Voranstehenden ergibt, ist ein kurzer Rückblick auf die Geschichte dieser Disziplin notwendig[61].

3.1.1   *Neutestamentliche Theologie in Geschichte und Gegenwart*

Nach der Konzeption der Aufklärungstheologie setzte eine »rein historische« Biblische Theologie all die kritischen Arbeitsgänge voraus, durch die eine gesicherte Erkenntnis der biblischen Bücher als Quellen der Geschichte je ihrer Zeit allein zu gewinnen war: vor allem, was Zeit und Ort ihrer Entstehung, ihren wahren Verfasser und ihr literarisches Verhältnis zueinander betrifft. Diese Arbeitsgänge wurden noch im 18. Jahrhundert – zusammen mit vielerlei anderen philologischen Studien aus der traditionellen humanistischen Bibelwissenschaft – in der Disziplin »*Einleitung* in die Heilige Schrift« zusammengefaßt. Dabei wurde nun von Anfang an zwischen dem Alten und Neuen Testament unterschieden[62]. Auf diesem Gebiet hat die historische Bibelkritik ihr erstes eigentliches Arbeitsfeld gefunden, auf das sich für die folgenden zwei Generationen das Hauptinteresse konzentrierte sowohl der Vertreter der kritischen Theologie wie auch ihrer Gegner. Der »Biblischen Theologie«, die auf den Er-

---

61 Dazu vgl. oben S. 15–18.
62 Entscheidendes dazu hat *Johann Salomo Semler* in einer Fülle von Einzelschriften erarbeitet (nach *W.G. Kümmel*, Das Neue Testament. Geschichte, 73 sind es 171 selbständige Publikationen). Das erste zusammenhängende Werk verdankt die Forschung *Johann David Michaelis*, Einleitung (1750), die er in der 4. Auflage 1788 zum Standardwerk der historisch-kritischen Einleitungswissenschaft ausgearbeitet hat.

gebnissen der »Einleitung« fußte, kam daraufhin die Aufgabe zu, die
Lehrgehalte der einzelnen Schriften je für sich so darzustellen, daß die
Dogmatische und Praktische Theologie daraus das bleibend Bedeutungs-
volle dessen, was das Urchristentum hervorgebracht hat, übernehmen
konnte. Alle Werke des 19. Jahrhunderts stimmen darin überein, daß
sich *die Theologie* des Neuen Testaments nur in einer Vielzahl von
Theologien darstellen läßt[63].

Eine Weichenstellung mit starker Folgewirkung ist dem großen Altmei-
ster der historischen Bibelkritik im 19. Jahrhundert zu verdanken, *Ferdinand Christian Baur* (1792–1860). Aus den vielerlei Einzelaspekten der
Einleitungsdisziplin hat er zuerst ein Gesamtbild der *Geschichte des Urchristentums* erstellt, das als solches an die Stelle der zerbröckelnden
Lehr-Einheit des Neuen Testaments zu treten und diese nunmehr als
Einheitlichkeit des Geschichtsverlaufs des Urchristentums zu begreifen
vermochte. Von Hegel beeinflußt, sah er im Gang der geschichtlichen
Ereignisse den in Gegensätzen und ihren Vermittlungen voranschreiten-
den Prozeß der Verwirklichung der dem Christentum zugrundeliegenden »Idee«. Die Stationen dieses Prozesses kamen in den theologischen
Konzeptionen (»Lehrbegriffen«) zum Ausdruck, in deren Verhältnis zueinander sich der Prozeß der Geschichte des Urchristentums als solcher
seine Bewußtseinsgestalten geschaffen hat. Zuerst tritt in der Lehre *Jesu*
die Idee des Christlichen unmittelbar in Erscheinung. Diese hat dann
Paulus durch seine Theologie des dem Judentum gegenübertretenden
universalen Heidenchristentums auf ihren Begriff gebracht. Damit brach
ein Gegensatz zum Judenchristentum unter Führung des *Petrus* und Jakobus auf, die der Lehre Jesu im Lehrzusammenhang des Judentums ihren bleibenden Ort zu erhalten suchten. Aus dem Kampf zwischen »Ju-
daismus« und »Paulinismus« entstanden im nachpaulinischen Zeitalter
verschiedene Formen der Vermittlung, die schließlich in der frühkatho-
lischen Kirche des 2. Jahrhunderts ihre erste Form geschichtlicher Einheitlichkeit gefunden hat[64]. So tritt bei Baur im Grunde die *Geschichte*
des Urchristentums in ihrem einheitlichen Verlauf an die Stelle der im
neutestamentlichen Kanon vorliegenden *Lehreinheit*[65]. Der Kanon er-

---

63   Es ist lehrreich, unter diesem Gesichtspunkt die beiden großen Kontra-
henten der 2. Hälfte des 19. Jahrhunderts zu vergleichen: das »Lehrbuch der
Biblischen Theologie des Neuen Testaments« des konservativen *Bernhard
Weiß* (1886) und das »Lehrbuch der neutestamentlichen Theologie« des liberalen *Heinrich Julius Holtzmann* (1897. ²1911). Bei allen Unterschieden, die von
der gegensätzlichen Beurteilung der Einleitungsfragen herrühren, stimmen
beide Werke im Aufbau nach den »Lehrbegriffen« der einzelnen Schriften
weitgehend überein.
64   Seine ausgereifteste Gestalt hat dieses Geschichtsbild Baurs in seiner
großartigen Darstellung der Anfangsepoche der Kirchengeschichte gefunden:
Ders., Christentum.
65   Vgl. den vielzitierten Satz aus *Baurs* Einleitung zu seinen nachgelassenen
»Vorlesungen über Neutestamentliche Theologie«: Man müsse »sagen, die neutestamentliche Theologie ist ... die christliche Dogmengeschichte in ihrem
Verlauf innerhalb des Neuen Testaments« (I, 59).

scheint nun seinerseits als Werk der katholischen Kirche, und zwar als eine der tragenden Säulen ihrer Einheit.

Das Geschichtsbild Baurs ist auf so vielfältige Kritik gestoßen, daß es sich in der Forschung nicht hat durchsetzen können. Der Gegensatz zwischen judaistischem Partikularismus und heidenchristlichem Universalismus ist zwar ein wichtiges Problem der Geschichte des Urchristentums, aber nicht das allein bestimmende. Eine gewichtige Folgewirkung jedoch ist Baur selbst nicht anzulasten: Was er in neuer Weise in eins zu setzen suchte: die Einheit des Christentums in der Einheit seiner Geschichte, das ist in der zweiten Hälfte des 19. Jahrhunderts gründlich zerbrochen. Im Zuge des allgemeinen Historismus jener Zeit verselbständigte sich immer tiefgreifender der historische Aspekt. Nun wurde die Darstellung der Geschichte des Urchristentums zu einer eigenen Disziplin[66] neben der Theologie des Neuen Testaments. Und seit dem Siegeszug der religionsgeschichtlich-vergleichenden Exegese um die Jahrhundertwende ist die Einheit des Christlichen grundsätzlich einer grenzenlosen Vielfalt gewichen, die nur durch ihren Charakter als lebendige Religion ihre Eigenart hat. Das Judenchristentum und das hellenistische Urchristentum erscheinen jetzt als religionsgeschichtlich wesenhaft verschiedene Ausprägungen christlicher Religion[67]. Ja, das Christentum selbst erscheint innerhalb der Religionsgeschichte des hellenistischen Zeitalters als weithin synkretistisches Phänomen[68].

Die »Religionsgeschichtliche Schule« setzte das Religionsverständnis der damals entstehenden Allgemeinen Religionswissenschaft für die Exegese des Neuen Testaments grundsätzlich durch. Unter diesem Gesichtspunkt konnte *William Wrede* programmatisch eine konsequent religionsgeschichtliche Umgestaltung der Disziplin neutestamentliche Theologie fordern. Mit beißender Ironie geißelte er die verborgenen Reste der »alten Inspirationslehre« als »mancherlei Halb(e), Einviertel- und Dreiviertel-Inspirationslehren« und verwarf prinzipiell jede Voraussetzung eines normativen Charakters der neutestamentlichen Schriften für die dogmatische Theologie der Moderne[69]. Er verstand sich durchaus ernsthaft als Totengräber der gesamten Disziplin neutestamentlicher Theologie. Diese sollte insgesamt zu einer Religions- und Theologiegeschichte des Urchristentums werden. Zur Auffassung konservativer Exegese von Wesen und Aufgabe neutestamentlicher Theologie[70] tat sich eine tiefe Kluft auf.

---

66   Als die gewichtigsten Werke vgl. *C. Weizsäcker*, Zeitalter; *J. Weiß*, Urchristentum. Zur Entstehung und Geschichte dieser Disziplin vgl. *S. Alkier*, Urchristentum.

67   Vgl. grundlegend dazu *W. Bousset*, Kyrios Christos.

68   Dies ist die entscheidende These in der Programmschrift von *H. Gunkel*, Zum religionsgeschichtlichen Verständnis, 95.

69   *W. Wrede*, Über Aufgabe, 8f.

70   Vgl. besonders das Werk von *A. Schlatter*, Glaube. Daneben konnte Schlatter auch eine »Geschichte der ersten Christenheit« veröffentlichen, die zwar in allen Einleitungsfragen in konservativer Tradition steht, aber in ihrer Anlage ein rein historisch-darstellendes Werk ist. Eine ausgeführte neutesta-

Nur scheinbar hat sich das Problem dieser Kluft gelöst seit der Veränderung der theologischen Situation in Deutschland in den 20er Jahren des 20. Jahrhunderts. *Rudolf Bultmann* hat zwar mit seinem Jesusbuch von 1926 und seinem Buch über »Das Urchristentum im Rahmen der antiken Religionen« (1949) an die liberale Tradition der Religionsgeschichtlichen Schule angeknüpft. Und ein wesentlicher Teil der Forschungsarbeit Bultmanns und seiner Schüler bestand in der intensiven Fortführung der religionsgeschichtlichen Studien zur Gnosis und deren Einfluß auf weite Teile urchristlicher Theologie. Deren Ergebnisse haben sich in Bultmanns »Theologie des Neuen Testaments« (1953; [8]1980) niedergeschlagen. Darin hat er an Bousset angeknüpft und dessen Ansatz weiter ausgeführt. Doch so wesentlich Bultmanns Theologie sich darin von den Werken der konservativen Tradition unterscheidet, so entschieden geht Bultmann im Verständnis der theologischen Interpretationsaufgabe gegenüber der liberalen Tradition einen durchaus eigenen Weg. Die theologischen Aussagen im Neuen Testament werden als gedankliche Auslegung »des Kerygma« und dieses als Wort Gottes verstanden, das jeden Hörer, heute wie in der Vergangenheit des Urchristentums, in die Entscheidung des Glaubens ruft[71]. Darin knüpft Bultmann an die Tradition konservativer Dogmatik, vor allem an Martin Kähler an[72]. So vermag er hermeneutisch dieses »Kerygma« als die göttliche Wirklichkeit herauszustellen, die in allen Schriften des Neuen Testaments als die eine und selbe zugrunde liegt. Aber da das Wort Gottes als solches nach Bultmanns Urteil nirgendwo objektiv gegeben ist und von allen menschlichen Aussagen unterschieden werden muß, sowohl von allen kerygmatischen und theologischen Aussagen wie erst recht von allen Ereignissen und Gegebenheiten der Geschichte, ist der »garstige Graben« der historischen Abständigkeit (Lessing) theologisch nicht überbrückt, sondern sogar noch theologisch vertieft und vergrundsätzlicht. Eine »Heilsgeschichte« Gottes mit den Menschen[73] kann es nach Bultmann grundsätzlich nicht geben. Gottes Wirken ist auf sein Wort beschränkt und ereignet sich nur je im Augenblick von Anruf und Entscheidung. »Theologie« ist der hermeneutische Denkvollzug, in dem das Kerygma in der Struktur menschlicher Existenz so ausgelegt wird, daß jeder Mensch die je persönliche Entscheidung zum Glauben als in seiner Daseinsform als Mensch angelegt verstehen kann. In der Anlage der »Theologie des Neuen Testaments« wirkt sich dieser Ansatz darin aus, daß »Theologie« in diesem eigentlichen Sinne nur im paulinischen und johanneischen Schrifttum zu fin-

---

mentliche Theologie hat A. Schlatter dann in dem Doppelwerk »Die Geschichte des Christus« und »Die Theologie der Apostel« vorgelegt.
71   Vgl. *R. Bultmann*, Theologie, 598f.
72   Dazu vgl. *W. Pannenberg*, Problemgeschichte, 104ff.117f.105ff.
73   Dies war der Grundaspekt der Erlanger Schule, der vor allem von *J.Chr. v. Hofmann*, Weissagung I–II ausgeführt worden ist. In sehr eigenständiger Weise ist im 20. Jahrhundert dieser heilsgeschichtliche Grundzug aller neutestamentlichen Theologie von *O. Cullmann* herausgearbeitet und gegen R. Bultmann vertreten worden (Christus; *Ders.*, Christologie; *Ders.*, Heil).

den ist. Allein die »Theologie des Paulus und des Johannes« wird im Hauptteil des Buches dargestellt. Die Verkündigung Jesu und das verschiedenartige »Kerygma der Urgemeinde« und der »hellenistischen Gemeinde vor und neben Paulus« werden im ersten Teil lediglich als »Voraussetzungen und Motive der neutestamentlichen Theologie« behandelt; und im dritten, dem Schlußteil, folgt »die Entwicklung zur Alten Kirche«.
An dieser Anlage hat sich seither in der deutschen Forschung weithin grundsätzlich nicht viel verändert. *Hans Conzelmann* hat in seinem »Grundriß der Theologie des Neuen Testaments« (1967) den Abschnitt über die Verkündigung Jesu ganz getilgt und ihn ersetzt durch eine ausführliche Darstellung des »synoptischen Kerygmas«, die er auf den ersten Hauptteil über das »Kerygma der Urgemeinde und der hellenistischen Gemeinde« als zweiten Hauptteil folgen läßt[74]. Aber eine systematische Darstellung als Theologie verdienen auch bei Conzelmann nur Paulus und Johannes. *Eduard Lohse*[75] hält sich im Blick auf »die Verkündigung Jesu« und »das Kerygma der ersten Christenheit« an das Vorbild Bultmanns, behandelt dann aber unter der Überschrift »Theologie« auch die synoptischen Evangelien zwischen Paulus und Johannes und schließt mit der »apostolischen Lehre der Kirche«. »Die Einheit des Neuen Testaments« ist – wie bei Bultmann – nicht in einer einheitlichen Theologie, sondern im Kerygma als der »Verkündigung des gekreuzigten und auferstandenen Christus« zu finden, »das in der Predigt der ersten Christenheit ausgelegt wird«[76]. *Werner Georg Kümmel*[77] stellt an den Anfang »die Verkündigung Jesu nach den drei ersten Evangelien«, die er – im Unterschied zu Bultmann – als die Basis des »Glaubens der Urgemeinde«, der »Theologie des Paulus« und der »Christusbotschaft« der jo-

---

74 Noch *J. Gnilka*, Theologie (1994) beginnt sogleich mit der Theologie des Paulus und läßt dieser die »theologischen Konzepte« der synoptischen Evangelien folgen. Es fehlt hier völlig die Verkündigung und Geschichte Jesu, die Gnilka in einem eigenen Buch zuvor behandelt hat (*Ders.*, Jesus von Nazaret), »das man – wenn man will (!) – als Hinführung zur Theologie lesen kann« (11). Die Theologie des Neuen Testaments stellt er als eine offene Geschichte vieler und vielfältiger theologischer Konzeptionen dar, die das allen vorgegebene »Kerygma von Tod und Auferweckung Jesu« in verschiedener Weise interpretieren (462f.). Die Eigenart der Evangelien besteht darin, daß sie vor das Kerygma eine Geschichte Jesu stellen (463). Gnilka bricht also mit der Konzeption der ihm vorgegebenen katholischen neutestamentlichen Theologien von M. Meinertz (1950 und J. Bonsirven (1951), nach denen es die in der Person und Verkündigung Jesu gegebene Offenbarung ist, die von den Autoren des Neuen Testaments in verschiedener Weise theologisch gedeutet wird. So hat auch *R. Schnackenburg* , Person (1993) gedacht, freilich so, daß es nicht der historische Jesus ist, sondern der im Kerygma verkündigte und im Glauben »geschaute« Jesus, den die Evangelisten in verschiedener Weise »spiegeln« (11–27).
75 *E. Lohse*, Grundriß.
76 Ebd., 161.
77 *W.G. Kümmel*, Theologie.

hanneischen Schriften wertet. Als die »Mitte« des Neuen Testaments aber gilt das Heilswirken Gottes in Jesus Christus, das den glaubenden Christen der Gegenwart genauso begegnet wie denen der Ursprungszeit. Noch konsequenter ist dies dargestellt in dem Werk von *Leonhard Goppelt*[78]. Er widmet dem »Wirken Jesu in seiner theologischen Bedeutung« den ganzen ersten Band und sucht im zweiten das »apostolische Christuszeugnis« so darzustellen, daß in der Vielfalt der verschiedenen apostolischen Schriften von der Urgemeinde bis zu den johanneischen Schriften die Einheit des göttlichen Heilsgeschehens der Verkündigung und der Passion und Auferstehung Jesu Christi bezeugt wird. Goppelt ist damit der erste Exeget, der Bultmanns Konzeption als ganze verworfen und zu der *Adolf Schlatters* und darüber hinaus zu der heilsgeschichtlichen Theologie der Erlanger Schule des 19. Jahrhunderts zurückgekehrt ist, durch die er sich mit *Oscar Cullmann*[79] verbunden weiß.

Wesentliche Erweiterung und Vertiefung hat dieser Ansatz in der »Biblischen Theologie des Neuen Testaments« von *Peter Stuhlmacher*[80] erfahren. Hier wird der Zusammenhang zwischen dem Neuen Testament und dem Alten Testament nicht nur unter dem Aspekt von Verheißung und Erfüllung gesehen, sondern das ganze Zeugnis des Heilshandelns Gottes im Alten Testament als das Fundament der neutestamentlichen Theologie und diese als »Teildisziplin einer Altes und Neues Testament gemeinsam betrachtenden Biblischen Theologie«[81] begriffen. Stuhlmacher sieht diesen Zusammenhang als den einer lebendigen Überlieferungsgeschichte, in der der griechischen Übersetzung (LXX) mit ihrer inhaltlichen Erweiterung als dem Bibeltext des Urchristentums eine gewichtige Bedeutung für die »Offenheit« beider Testamente füreinander zukommt. Unter diesem Gesichtspunkt ist das neutestamentliche Zeugnis von Jesus Christus wesenhaft verwurzelt im alttestamentlichen Zeugnis vom Wort-Handeln des einzig-einen Gottes Israels. Das gilt insbesondere für den Sühnetod Christi und seine Auferweckung als Heilshandeln eben dieses Gottes. Stuhlmachers Werk ist gewiß ein Meilenstein in der Geschichte der Disziplin neutestamentlicher Theologie, zumal darin auch die Methode der historischen Bibelkritik insgesamt eine tiefgreifende Revision erfährt. Sowohl sachlich als auch methodisch besteht darin eine grundsätzliche Übereinstimmung meiner Darstellung mit der Stuhlmachers. Gleichwohl ist deren Aufbau weithin theologiegeschichtlich bestimmt und entspricht darin dem Werk Goppelts. In beiden Büchern behandelt der zusammenfassende Schlußabschnitt nur theologisch-traditionelle Fragen des Neuen Testaments als Kanon. Eine systematische Ausarbeitung der *Theologie* des Neuen Testaments fehlt[82].

---

78   *L. Goppelt*, Theologie I–II.
79   S.o. Anm. 73.
80   *P. Stuhlmacher*, Biblische Theologie I–II.
81   *Ders.*, Biblische Theologie I, 5.
82   Die in *Ders.*, Biblische Theologie II, 304–313.320f. zusammengestellten Thesen zielen zwar in die richtige Richtung, sie reichen aber bei weitem nicht aus. Nach Themen traditioneller Dogmatik hat *K.H. Schelkle*, Theologie I–IV

Eine solche hat bislang nur *Brevard S. Childs* vorgelegt[83] und zwar als »Theologie der *einen* Bibel« des Alten und des Neuen Testaments[84]. Seine Grundthese lautet: »This disciplin has as its fundamental goal to understand the various voices within the whole Christian Bible, New and Old Testament alike, as a witness to the one Lord Jesus Christ, the selfsame divine reality ... Biblical Theology attempts to hear the different voices in relation to the divine reality to which they point in such diverses ways.«[85] In diesem Sinn hat Biblische Theologie wesenhaft normativen Charakter[86]. Nach einem je separaten traditionsgeschichtlichen Durchgang durch das Alte und das Neue Testament folgt eine ausführliche systematische Reflexion über die zentralen theologischen Inhalte der »ganzheitlich« gelesenen Bibel, beginnend mit einem eindrucksvollen Abschnitt über die »Identität Gottes« als Basis aller übrigen Themen[87].

In ganz anderer Weise hat *Hans Hübner* seine »Biblische Theologie des Neuen Testaments«[88] konzipiert. Er erarbeitet die Theologie der einzelnen neutestamentlichen Schriften aus deren Gebrauch alttestamentlicher Zitate und Anspielungen, angefangen bei den paulinischen Briefen und den Zeugnissen der Wirkungsgeschichte paulinischer Theologie (Bd. II), über den Hebräerbrief, die synoptischen Evangelien und das Johannesevangelium bis zur Johannesapokalypse (Bd. III). Das ist ein ebenso origineller wie durchweg überprüfbarer Weg zu einer Theologie des Neuen Testaments, dessen Autoren ja durchweg (mit der einzigen Ausnahme der drei Johannesbriefe) das Evangelium von Jesus Christus »nach den Schriften« verkündigen (1Kor 15,3.5; Röm 1,2), so daß sie dieses entscheidend im Licht der alttestamentlichen Offenbarung auslegen, also

(1968–1976) die Stoffe der neutestamentlichen Schriften angeordnet. Er ist damit ein Außenseiter geblieben. Prolegomena zu einer systematischen Theologie des Neuen Testaments in Gestalt einer Erarbeitung von »Kriterien aufgrund der Rückfrage nach Jesus und des Glaubens an seine Auferweckung« hat *W. Thüsing*, Theologien (1981) vorgelegt. Leider ist ihm die weitere Ausarbeitung versagt geblieben.

83 *B.S. Childs*, Biblical Theology. Zu den bisher vorgelegten Veröffentlichungen zum Thema gesamtbiblischer Theologie vgl. *M. Oeming*, Gesamtbiblische Theologien.

84 So der Titel der deutschen Übersetzung von Ch. Oeming / M. Oeming.

85 *B.S. Childs*, Biblical Theology 85 (Theologie I, 111). Dies schließt das entsprechende Verhältnis der Bibel zum gegenwärtigen Leser ein: »Biblical Theology ... wrestles theologically with the relation between the reality testified to in the Bibel and that living reality known and experienced as the exalted Christ through the Holy Spirit within the present community of faith ... The true expositor of the Christian scriptures is the one who awaits in anticipation toward becoming the interpreted rather than the interpretor« (ebd. 86 [Theologie I, 112f.]). Denn: »The Christian doctrine of the role of the Holy Spirit is not a Hermeneutical principle, but that divine reality itself who makes understanding of God possible« (ebd. 87 [Theologie I, 113]).

86 »Therefore it is constitutive of Biblical Theology that it be normative and not merely descriptive« (ebd. 86 [Theologie I, 113]).

87 Ebd. 351ff. (Theologie II 14ff.).

88 *H. Hübner*, Biblische Theologie I–III.

alle theologischen Aussagen durch die Schrift legitimieren[89]. So erweist sich die Einheit Gottes, der in beiden Testamenten sich selbst offenbart[90] – freilich so, daß diese Offenbarung allererst in ihrer Vollendung in Christus voll erkennbar wird. Nur durch seine *christliche* Auslegung erhält das Alte Testament seine im Neuen Testament zentrale Bedeutung: als »Vetus Testamentum in Novo receptum«[91]. Das ist zwar völlig richtig. Es kann allerdings nur gelten aufgrund dessen, daß der Gott, dessen Wort von den neutestamentlichen Zeugen in der Schrift als dem dem Urchristentum *vorgegebenen* Zeugnis seines Handelns mit seinem erwählten Volk im *gesamten* Alten Testament gehört wird, darin auch wirklich als der *Gott Israels* selbst zu Wort kommt; sonst handelte es sich ja bei dem »im Neuen Testament rezipierten Alten Testament« in Wirklichkeit um ein christliches Produkt, nämlich eine Umdeutung des Alten Testaments im Sinne des Evangeliums, statt einer Legitimation des Evangeliums durch die Schrift. Hübner hat diese Reziprozität wohl gesehen, sie aber nicht hinreichend ausgeführt. Das zeigt sich vor allem daran, daß er den Bezug neutestamentlicher Theologie auf das Alte Testament auf die Stellen beschränkt, die im Neuen Testament zitiert oder ausgelegt werden. Er zeigt jedoch nicht, wie Elemente alttestamentlichen Glaubens ihrerseits neutestamentliche Aussagen in ihrer Tiefe auch dort bestimmen, wo keine bestimmten Stellen ausgelegt werden. Das ist der theologische Grund, warum eine Biblische Theologie des Neuen Testaments nicht allein auf einer Exegese des Schriftgebrauchs ausgearbeitet werden kann. So fruchtbar und lehrreich Hübners Werk ist, so ist dieses als ganzes doch nur eine wichtige Vorstudie für eine Biblische Theologie des Neuen Testaments.

3.1.2 Rein historische Darstellungen der Gegenwart

Neben der Disziplin neutestamentlicher Theologie hat sich die eines historischen Gesamtbildes urchristlicher Theologien bis in die Gegenwart erhalten – mitsamt dem Anspruch seit Wredes Vorstoß, daß dies die Weise einer Gesamtdarstellung sei, die der Historisierung neutestamentlicher Wissenschaft eigentlich allein noch entspreche. In dieser Hinsicht sind zwei verschiedene Entwürfe in die Mitte der Diskussion getreten: die »Entwicklungslinien durch die Welt des Urchristentums« (1971) von Helmut Köster und James M. Robinson und die »Theologiegeschichte des Urchristentums« (1994) von Klaus Berger. Beide Werke stehen in der liberalen Tradition der Darstellung des »Urchristentums« des 19. Jahrhunderts. Beide Verfasser verstehen ihre Werke als Alternative zur Disziplin »Theologie des Neuen Testaments«[92]. Das zeigt sich vor allem darin,

---

89 Vgl. dazu *Ders.*, Biblische Theologie I, 28–30.
90 Vgl. ebd., 240ff.
91 Ebd., 18 u.ö.
92 *K. Berger*s monumentales Werk hat allerdings den Untertitel »Theologie des Neuen Testaments«. Aber offenbar sieht er deren Aufgabe in der besonderen Struktur seiner historischen Darstellung bereits erfüllt. – Vgl. ferner *J.M.*

daß neben den neutestamentlichen Schriften gleichrangig die nichtkano‐
nische Literatur behandelt wird, sogar mit der Tendenz einer gewissen
Bevorzugung. Das Geschichtsbild ist durch Pluralität und Offenheit cha‐
rakterisiert. Dies alles ist in der Tat für jede rein historische Darstellung
selbstverständlich. Die Problematik liegt allein in der Ausblendung der
einheitgebenden Bedeutung des Kanons und damit von jeder Art werten‐
der Normativität der in den Kanon aufgenommenen Schriften. Damit
stehen diese und ähnliche Werke außerhalb dessen, was eine Theologie
des Neuen Testaments charakterisiert[93]. Die Kluft innerhalb der neutesta‐
mentlichen Wissenschaft wird hier nochmals vertieft, ja sie wird geradezu
vergrundsätzlicht. Auf der Ebene wirklich historischer Sicht erhebt sich
allerdings die Frage, ob die Motive und Gründe, die im 2. Jahrhundert
bei der Bildung des neutestamentlichen Kanons maßgeblich waren, nicht
bereits im 1. Jahrhundert eine wesentliche Rolle gespielt haben, ja von
Anfang an für das Urchristentum von fundamentaler Bedeutung gewesen
sind: das Bewußtsein der Notwendigkeit und darum auch der Pflicht, zu
bewahren, zu sammeln und im Leben der Kirche zu überliefern, was Jesus
verkündigt und gelehrt hat; was als Geschichte seines Leidens, Sterbens
und Auferstehens von fundamentaler Heilsbedeutung ist; und was als
Lehre der Apostel den Generationen der nachapostolischen katholischen
Kirche als bleibende theologische Grundorientierung gegeben ist und
darum, schriftlich aufgezeichnet, im Gottesdienst, in der Lehre, in der
Mission seinen zentralen Grund hat und nicht zuletzt auch als entschei‐
dendes Medium ökumenisch-gesamtkirchlicher Verbundenheit und Ge‐
meinschaft sowie zur Abgrenzung gegen Falschlehre dient. Hat so nicht
die Überlieferungsgeschichte des Urchristentums, auch rein historisch ge‐
sehen, einen deutlichen und wesentlichen ›kanonischen‹ Grundzug?
Einen ganz eigenen, originellen Entwurf einer rein religionswissenschaft‐
lichen »Theorie des Urchristentums« hat jüngst Gerd Theißen vorge‐
legt[94]. Unter dem methodischen Aspekt moderner Sprachwissenschaft läßt
er das Urchristentum vor den Augen seiner Leser als »semiotische Kathe‐
drale« (385) erstehen. So ergibt sich eine neuartige Möglichkeit, es nicht
bei einer »rein historischen« *Beschreibung* des Urchristentums in seiner
Pluralität verschiedener Strömungen zu belassen, sondern ein *systema‐
tisches Gesamtbild* einer in sich geschlossenen, einheitlichen »Zeichen‐
welt« zu konstruieren, mit »Grundaxiomen« und »Basismotiven« als ih‐
ren »Konstruktionsprinzipien« (389), die Konsens schafft und dadurch
Plausibilität erhält, daß sie das gemeinsame *Leben* sinnvoll verändert

---

Robinson, Zukunft, 387–400. H. *Köster* hat mit seiner »Einführung« inzwi‐
schen eine eigene Ausarbeitung des Entwurfs der »Leitlinien« in einer umfas‐
senden Geschichte des frühen Christentums vorgelegt.
93 Das gilt auch von W. *Schmithals*, Theologiegeschichte. Er betont zwar
beiläufig die Bedeutung des neutestamentlichen Kanons, in dem »die alte Kir‐
che uns mit Bedacht die autoritativen Zeugnisse ihrer Frühzeit als verbindliche
Schriften bewahrt« (9). Doch wirkt sich dieser Aspekt in der ganzen histori‐
schen Darstellung nicht aus.
94 G. *Theißen*, Religion.

(392ff.). Freilich, diese *Theorie der urchristlichen Religion* ist keine
Theologie des Neuen Testaments. Sie enthält zwar viele wesentliche Elemente dessen, was hier in Bd. II in ähnlichen Zusammenhängen dargestellt werden wird. Sie nimmt auf ihre Art auch den Gottesbezug der
Texte ernst. Ja, Theißen läßt in der »Schlußbetrachtung« (§ 13) aus dem
zuvor beschriebenen Sinnzusammenhang der urchristlichen Religion
erkennbar werden, daß der »lebendigen religiösen Erfahrung« der ersten
Christen, die sie aussprechen, auch objektiv ein »Kontakt mit Gott«
zugrunde liegen kann, der »nur durch Selbsterschließung Gottes denkbar« ist (410). Doch von einer *Theologie*, die im Sinne der neutestamentlichen Texte selbst von der *Wirklichkeit* Gottes spricht, ist diese
Theorie dadurch unterschieden, daß sie sich darauf beschränkt, das von
der Urchristenheit geschaffene Zeichensystem für heutige Leser durch-
sichtig zu machen, und es diesen überläßt, die lebendigen Erfahrungen
des Christseins selbst entweder persönlich zu teilen oder es bei der Kennt-
nisnahme zu belassen (411). Insofern läßt sich dieses Werk als eine reli-
gionswissenschaftliche Grundlegung einer Theologie des Neuen Testaments verstehen. Doch Theißen erweckt am Schluß den Anschein, als
ob der Schritt von der Theorie zur Theologie allein Sache der subjektiven Entscheidung des einzelnen Lesers sei. Das wäre allerdings ein auf
subjektive »Entscheidung« eingeengtes Verständnis von Theologie. Im
übrigen läßt Theißen auch keinen Zweifel daran, daß alle inhaltlichen
Elemente urchristlicher Religion und Theologie durchweg menschliche
Konstrukte einer Zeichensprache seien, die zwar für die damaligen Gläu-
bigen selbst »eine innere Evidenz als Antwort auf eine Offenbarung« gehabt haben (391), deren Entstehung jedoch einer Logik folgt, nach welcher ihr *konstruktiver* Charakter historisch klar zu erkennen und im
Zusammenhang zu beschreiben ist. Insofern wiederum ist Theißens
Werk, forschungsgeschichtlich gesehen, die radikalste Gestalt der exegetischen Disziplin der Beschreibung des Urchristentums *als Alternative*
zur Disziplin Biblischer Theologie des Neuen Testaments.

3.2   Zum Aufbau dieser Theologie des Neuen Testaments

Nun gilt es, aufgrund des Ausgeführten den *Aufbau dieser Theologie des Neuen Testaments*, deren erster Teilband hier vorgelegt
wird, zu markieren und zu begründen.

3.2.1   *Überblick*
Das Gesamtwerk besteht aus drei Teilen (Bänden), die aufeinander folgen. Sie sind einerseits jeweils ein in sich geschlossenes
Ganzes und in ihrer literarischen Darstellungsweise charakteristisch voneinander verschieden. Andererseits aber bedingen sie
sich gegenseitig, so daß jeder Teil nur unter Berücksichtigung der
beiden anderen zu verstehen ist.
Bd. I ist eine historische Darstellung der Geschichte Jesu und des
Urchristentums, konzentriert auf das theologisch Bedeutsame. Da

diese Geschichte in den Evangelien und in der Apostelgeschichte
als Geschichte göttlichen Heilshandelns verstanden, erzählt und
bezeugt wird, kann sie nur historisch angemessen nacherzählt
werden, wenn dieser heilsgeschichtliche Charakter sachlich und
methodisch ernst genommen wird. Inhaltlich reflektiert kann dies
freilich erst im Zusammenhang einer systematisch-theologischen
Darstellung des Ganzen dieser Geschichte werden. Das wird die
Aufgabe von Bd. II sein. So werden im historischen Teil entscheidende Aspekte vorausgesetzt, die erst im systematischen Teil thematisch zusammenhängend dargestellt werden. Diese Verwurzelung des Historischen im Systematischen bestimmt aber bereits
die Methode von Bd. I. Diese wiederum kann, wie im Voranstehenden angedeutet ist, nur im Zusammenhang einer kritischen
Darstellung der Geschichte der historisch-kritischen Bibelwissenschaft angemessen begründet werden. Das wird das Thema von
Bd. III sein. Dort wird ständig auf die in Bd. I und Bd. II darge-
stellten Inhalte zurückzugreifen sein. Ich darf den Leser bitten,
dies alles bei der Lektüre des hier zunächst veröffentlichten Teilbandes zu berücksichtigen.

3.2.2 Vorblick auf Bd. I/2–3
Der hier vorgelegte Bd. I/1 umfaßt den ersten Teil der historischen
Darstellung des Urchristentums. Darin wird die Geschichte des galiläischen Wirkens Jesu in Wort und Tat kritisch nacherzählt.
Im nachfolgenden Bd. I/2 wird diese Erzählung fortgesetzt durch
eine Darstellung der Geschichte des Endgeschicks Jesu in Jerusalem, seines Todes am Kreuz und seiner Auferweckung aus diesem
Tod. Darauf folgt die Geschichte der Urgemeinde und der »hellenistischen« Christen bis zum Apostelkonzil.
In Bd. I/3 wird dann die Geschichte der Auswirkung des epocha-
len Beschlusses dieses Konzils in entsprechender Weise zu erzählen sein:
–   die Gründung eines Kranzes heidenchristlicher Gemeinden
durch die Mission des Paulus und die sie begründende Theologie
des »Apostels der Heiden«. Deren Entstehung und ständige Vertiefung läßt sich in seinen Briefen an seine Gemeinden und in seinem programmatischen Empfehlungsbrief an die Christen in Rom
in einer lebendigen Authentizität mitverfolgen, wie dies so erst
wieder in den Briefen des Bischofs Ignatius zu erleben ist.
–   Daran anschließend werden die Briefe behandelt, die Schüler
des Paulus unter seinem Namen nach seinem Tod verfaßt haben.
Neu und für diese Zeit der zweiten Generation bezeichnend ist,
daß hier die bestehende Kirche aus Juden und Heiden als heilsge-
schichtliches Wunder gepriesen wird (Epheserbrief). Alle diese

Verfasser schreiben ihre Briefe daher nicht mehr an einzelne Gemeinden, sondern an alle Christen. Deren ökumenische Zusammengehörigkeit und Gemeinschaft haben sie im Blick. In den Briefen an Timotheus und Titus geht es um Regelungen für die weitere Präsenz der apostolischen Autorität in der Gesamtkirche.

– Der Blick auf die paulinischen Gemeinden wird ergänzt durch die unter dem Namen des Petrus geschriebenen Briefe, die sich an bestimmte kleinasiatische Gemeinden richten, diese aber tendenziell als Christen der ganzen Christenheit ansprechen.

– Gleiches ist in zwei sehr verschiedenen judenchristlichen Schriften der Fall, im Jakobusbrief und in der Johannesapokalypse.

– Von zentraler Bedeutung für die Gesamtentwicklung der urchristlichen Überlieferung der zweiten Generation ist die Entstehung von Evangelienbüchern. Sie werden jetzt neben den Briefen der Apostel im Gottesdienst und in der Lehre gelesen und treten alsbald an die erste Stelle. Denn es ist der Herr selbst, der darin zu Wort kommt. Der Vergleich der theologischen Konzeptionen des Markus-, Matthäus- und Lukasevangeliums zeigt überdies den überlieferungsgeschichtlichen Standort dieser Bücher im ökumenisch-katholisch zusammenwachsenden Urchristentum der zweiten Generation.

– In den Johannesschriften wird der Glaube an Jesus, den Messias, als den einen Sohn des einen Vaters, als die einzige Weise erkannt, wie der Glaube an den einzig-einen Gott in endzeitlicher Wahrheit bekannt werden kann. Und der Vermittler der Erkenntnis dieser Wahrheit ist Gottes Geist. So ist der Glaube an den trinitarischen Gott die christliche Antwort auf die Herausforderung durch den jüdischen Vorwurf der Verletzung des *sch^ema-jisrael*, des biblischen Ur- und Grundbekenntnisses Dtn 6,4f. In diesem Sinn tritt das Johannesevangelium als notwendige, fundamentale Interpretation zu den drei synoptischen Evangelien hinzu.

– Im Hebräerbrief wird die Sühnewirkung des Kreuzestodes Jesu mit der Erhöhung des Auferstandenen an Gottes Seite so zusammengedacht, daß der Gekreuzigte als der himmlische Hohepriester erscheint, der am endzeitlichen Versöhnungstag mit dem Opfer seiner selbst das Allerheiligste des himmlischen Tempels betritt und die wahre, endzeitlich-ewige Sühne für alle, die an ihn glauben, bewirkt hat. Dieses Heilsgeschehen tritt an die Stelle aller Opfer des Tempels, so daß dieser als solcher heilsgeschichtlich anachronistisch geworden ist. In der eucharistischen Mahlfeier der Kirche ist es auf Erden präsent.

– Die Entstehungsgeschichte des neutestamentlichen Kanons zusammen mit der des Credo und des Amtes der apostolischen Gesamtkirche bildet den Abschluß des Teilbandes I/3.

3.2.3 *Vorblick auf Bd. II*

Auf den historischen Teil folgt als Bd. II der *systematische Teil* des Gesamtwerks. Dort gilt es, in der Vielfalt verschiedenen Traditionsguts und teilweise einander widerstreitender theologischer Konzeptionen die übereinstimmenden Grundmotive zu finden, die der Bewegung des Christentums in seiner geradezu eruptiven Anfangszeit ihre immense Überzeugungs- und Ausbreitungskraft gegeben haben.

Das ist zunächst ein durchaus berechtigtes *historisches* Anliegen, das gerade hinsichtlich des Urchristentums schlicht notwendig ist. Denn:

– Wie begrenzt war der Raum des Wirkens Jesu am Nordwestufer des galiläischen Sees; wie kurz sein Aufenthalt in Jerusalem; wie radikal das Einschreiten des Hohen Rats gegen ihn und wie abschreckend seine Exekution am Kreuz. – Dennoch entstand binnen kürzester Zeit eine Gemeinde von galiläischen Jüngern in Jerusalem, die diesen Jesus als auferstandenen Messias verkündigte und sich rasch vergrößerte!

– Wie feindselig war die Reaktion in der Jerusalemer Synagoge hellenistischer Diasporajuden gegen die ersten Christen in ihren Reihen. – Dennoch entstand aus ihrer Flucht aus Jerusalem eine Vielzahl von christlichen Gemeinden im phönikisch-syrischen und südgalatischen Raum!

– Wie tiefgreifend waren die Differenzen zwischen der Gemeinde in Antiochia, die unbeschnittene Heiden in ihre Gemeinschaft aufnahm, und den Judenchristen in Jerusalem, die sich selbstverständlich im Judentum beheimatet wußten. – Dennoch überwog der gemeinsame Glaube an Jesus als den auferstandenen Messias alle schwerwiegenden Gegengründe, so daß es nicht zu der naheliegenden Spaltung, sondern zur gegenseitigen Anerkennung und Gemeinschaft gekommen ist!

– Wie hat der Heidenapostel Paulus diese gerade überbrückte Kluft nochmals vertieft, indem er für seine Gemeinden völlige Freiheit von der Praxis jüdischer Tora-Observanz beanspruchte. – Aber als wie stark hat sich die Kraft der christlichen Gemeinschaft auch mit ihm und seinen Gemeinden erwiesen!

– Welch große Zahl christlicher Gemeinden hat es bis zur Jahrhundertwende in den Städten des römischen Weltreichs gegeben, selbst in der Hauptstadt Rom. – Und wie gestärkt ist die christliche Kirche aus allen Wellen lokaler und dann immer härterer staatlicher Verfolgungen hervorgegangen!

Das alles wäre nicht möglich gewesen, wenn das Urchristentum eine so völlig disparate Ansammlung voneinander verschiedener Gruppen gewesen wäre und der christliche Glaube sich in eine solche Fülle von Verschiedenheiten und Unvereinbarkeiten verströmt hätte, wie manche modernen Geschichtsbilder es verzeichnen. Doch solche Bilder eines mittellosen urchristlichen Pluralismus widerstreiten schlicht der Faktizität der Geschichte des Urchristentums. Die erstaunliche Stärke, mit der es sich binnen weniger Jahrzehnte in der Weite der Alten Welt ausgebreitet hat, und die Kraft, mit der es immer wieder drohende Spaltungen überwunden und die Gemeinschaft im Glauben an den einen Herrn gestärkt, jedoch Gemeinschaftswidriges ausgemerzt oder ausgeschieden hat, nötigt vielmehr zu der Annahme, dieser Bewegung müsse eine starke einheitgebende Kraft zugrunde gelegen haben. Es sind also zunächst durchaus historische Plausibilitätsgründe, die es nahelegen, in der Pluralität urchristlicher *Theologien* nach der ihnen zugrundeliegenden *gemeinsamen Theologie* ernsthaft zu suchen.

Diese historischen Gründe werden nun aber sehr verstärkt durch die Wahrnehmung, daß das gesamte Urchristentum völlig selbstverständlich in der Person Jesu den einzigartigen Repräsentanten *Gottes*, in seinem Leiden und Sterben *Gottes* Heilswillen, in seiner Auferstehung *Gottes* endzeitliches Auferweckungshandeln und so *den Glauben an Gott mit dem Glauben an Jesus Christus eng und wesenhaft verbunden* gewußt hat. Auch ihre eigene Gemeinschaft verstanden die Christen als Gottes endzeitliche Heilsgemeinde und jeden Christen als durch Gottes Geist geheiligt und zu heiligem Lebenswandel berufen. Die Taufe auf den Namen Jesu, in der diese Reinigung und Erneuerung des Lebens von Grund auf geschieht, und die eucharistische Mahlfeier, in der die gemeinsame Teilhabe am Sühnetod Christi und die Verbindung des eigenen Lebens mit Christi Auferstehungsleben vermittelt und so die Einheit aller Glaubenden erfahren und praktiziert wird, waren allen christlichen Gemeinden gemeinsam. Dieses tägliche Leben durch Gottes Handeln, in der persönlichen Verbindung mit Christus und unter den Wirkungen des Geistes, war den Christen als etwas in Israel ganz und gar Neues bewußt, das nur ihnen widerfuhr: als Wirklichkeit endzeitlicher Gottesnähe und Heilsfülle. Doch sie fühlten und verstanden sich nicht als besondere, von allen anderen ausgesonderte eschatologische Sekte – wie manche anderen Gruppen im damaligen Judentum –, sondern sie wußten sich als eschatologische Avantgarde, zu der alle in Israel Zugang finden sollten, die zum Glauben an Jesus bereit waren, und mit ihnen zusammen sogar auch alle Heidenvölker. Missionarische Offenheit charakterisierte alle christlichen Gemeinden. Ihrer Umwelt Jesus als den Messias zu verkündigen, war ihre entscheidende Aufgabe in der gegenwärtigen Zeit vor dem Ende.

Dies alles läßt auf eine konkrete, auf Gott bezogene Erfahrungs-
wirklichkeit schließen, in der das eigentlich Verbindende und gemeinsam Verbindliche des Urchristentums besteht. Ohne dieses
lebendig-persönliche Gegenüber zu Gott wäre Christsein völlig
undenkbar. Das heißt: *Die Einheit und Gemeinsamkeit urchristlichen Glaubens und urchristlicher Theologie hat in der Wirklichkeit Gottes ihren eigentlichen Grund.*
Darin ist wiederum begründet, daß die in den neutestamentlichen
Schriften bezeugten Inhalte urchristlicher Glaubenspraxis und
Theologie in der gleichen Weise offen sind für *gegenwärtige Rezeption*, wie sie es für ihre damaligen Adressaten gewesen sind.
Nicht irgendwelche im Wechsel der Zeiten gleichbleibende Struk-
turen des Menschseins, menschlichen Verhaltens und menschlichen
Selbstverständnisses sind die hermeneutische Ebene, auf der die
urchristlichen Texte als gegenwärtige Anrede zu verstehen sind,
sondern entscheidend ist, daß der *Gott*, den sie bezeugen, sich
selbst den Menschen durch sein Heilshandeln erschließt, in welchem er *er selbst* ist, indem er es *für die Menschen* ist, denen er
sich zuwendet. Diese Wirklichkeit Gottes als die Allmacht seiner
Liebe ist es, die Leben schafft und Leben aus dem Tod errettet
und die als solche sich jedem Menschen erschließt und Verstehen
schenkt.
Darin zeigt sich das gleiche ›Wesen‹, die gleiche ›Identität‹ Gottes,
wie sie im Alten Testament bezeugt wird. Eben dieser selbe Gott
ist es, von dem das Neue Testament, bezogen auf Jesus Christus,
spricht – und zwar völlig selbstverständlich für jüdische wie heid-
nische Adressaten, für alle Menschen. Von daher ist es eine fundamentale Erfahrungswahrheit, von der in kerymatischer wie auch
in theologischer Sprache die Rede ist.
Christliche Gemeinden leben mit dem Gott Israels. Deswegen ist
das Alte Testament ihre Heilige Schrift, in der sie alles bezeugt
finden, was ihren Glauben an Christus betrifft. Darum muß eine
Theologie des Neuen Testaments in ihrem systematischen Teil
zuerst und grundlegend von der Selbsterschließung Gottes im Alten Testament handeln, wie sie einerseits in der stufenweisen Offenbarung seines Namens in Ex 3,14; 20,2 und 34,6 (und einer
Fülle von entsprechenden Selbstzusagen Gottes) und andererseits
in den Erzählungen seiner großen Heilstaten zur Sprache kommt,
in denen Gott seine Israel zugesagte ›Identität‹ geschichtlich verwirklicht hat.
Diese Entsprechung zwischen der Gnade und der barmherzigen
Liebe Gottes in ihrer Langmut und Treue und Gottes Rettungs-
und Heilstaten, die die *Geschichte* Israels mit seinem Gott kon-
stituieren, zieht sich als der ›rote Faden‹ durch alle Phasen der

langen, vielfältigen und bewegten Überlieferungsgeschichte hindurch[95].

Ihre äußerste Verdichtung hat diese Geschichte Gottes mit Israel in der Person und Geschichte Jesu gefunden: Von der Taufvision Jesu als des einzig-geliebten Sohnes des einzig-einen Gottes an wirkt Jesus in Wort und Tat als Repräsentant Gottes in einer Einheit mit Gott, die die besondere Gottesnähe sowohl der Könige als auch der Propheten Israels unendlich übertrifft. Das gleiche gilt auch umgekehrt: In seinem ganzen Handeln in der Geschichte Israels hat Gott sich selbst niemals so ganz mit dem Handeln und Geschick eines Menschen verbunden, weder mit Mose noch mit David noch mit Elija, wie er sich mit Jesus zur Einheit des Vaters mit seinem Sohn verbunden hat: Die Königsherrschaft Gottes, die Jesus verkündigt und in seinen Heilstaten zeichenhaft sichtbar werden läßt, *ist* die endzeitliche Wirklichkeit der Vollendung alles Heilshandelns Gottes in der Allmacht seiner Liebe im Sinne seines Namens (Ex 34,6). Alles, was Jesus im Namen der Gottesherrschaft verkündigt und getan hat, hat dann in seinem Leiden, Sterben und Auferstehen seine Vollendung erfahren: Als der Messias der Endzeit, als der Menschensohn, als der Sohn des einzig-einen Gottes (vgl. Mk 1,14 mit 9,7!) »muß« Jesus diesen Leidensweg gehen und erfüllt darin Gottes ureigenen, endzeitlichen Heilswillen. Im Fluchtod am Kreuz (Dtn 21,23) zieht er die Unheilswirkung aller Sünden Israels auf sich und wirkt so eine eschatologisch-universale Sühne, durch die alle Sühnopfer des Tempels überboten und außer Kraft gesetzt werden. Darin verwirklicht sich die Liebe Gottes im Sinne von Ex 34,6 in äußerster Radikalität, wie dies im Alten Testament nur im Gottesknechtslied in Jes 53 zur Sprache kommt. Was dort *von Israel* gesungen worden ist, konnte nur *für* Israel geschehen. Jesus ist dieser Gottesknecht. In seiner Auferweckung hat sich die Einheit des Gottesknechts mit Gott als Einheit von Vater und Sohn vollendet. In dieser größten Machttat der Bundesgerechtigkeit Gottes ist sein zentrales Rettungshandeln in seiner Geschichte mit Israel, das Befreiungsgeschehen des Exodus, eschatologisch überboten und vertieft worden – als *Rettung der Welt*.

Von daher hat sowohl die Christologie als auch die Ekklesiologie des Urchristentums ihre Wurzel in der Heilsgeschichte Israels. Einerseits ist Jesus von Anfang an in einer Vollkommenheit eins mit Gott, wie diese im Alten Testament nur in der Identität des Ich Gottes (Ex 3,14) mit seiner heilschaffenden Liebe (Ex 34,6)

---

95   Dieser Grundgedanke der »Theologie des Alten Testaments« von *G. v. Rad* hat mich seit meiner Studienzeit in Heidelberg inspiriert und bildet den entscheidenden Ansatz von Bd. II meiner Theologie des Neuen Testaments.

zur Sprache kommt (Jes 45,5–7.18–25). Jesus vollzieht diese Liebe Gottes und ist darin völlig eins mit Gott selbst. Das ist ebenso wesenhaft im Gotteszeugnis des Alten Testaments verwurzelt, wie es alle alttestamentlichen Aussagen über Gott sprengt. In ihrer vollen Wahrheit ist diese Einheit Jesu mit Gott sogar im Urchristentum selbst erst in den johanneischen Schriften theologisch erkannt und zu Ende gedacht worden. Doch zeigt sie sich zuvor bereits bei Paulus darin, daß die Rede von *Gottes* Liebeshandeln im Tod Christi ständig wechselt mit der Rede von der Liebe *Christi*, in der er sich selbst für uns hingegeben hat (vgl. besonders Röm 8,35 mit 8,39).

In den verschiedenen christologischen Titeln zeigt sich etwas Entsprechendes: Sie sind nahezu alle aus alttestamentlich-jüdischer Tradition entlehnt und werden voll in Anspruch genommen: Jesus *ist* der Messias, der Menschensohn, der Gottessohn und der Herr. Doch zugleich *überbietet* Jesus in seiner Person und in seinem Wirken und Geschick alle diese Titel in charakteristischer Weise. Messias ist Jesus weder als königlicher Heerführer, der die Römer aus der Heiligen Stadt vertreibt und Israel zur Zentralmacht in der ganzen Völkerwelt erhebt, noch als gesalbter Hoherpriester, in dem die königliche Macht mit der priesterlichen vereinigt ist. Vom Menschensohn spricht Jesus durchweg wie von einem anderen; und wo aus dem Kontext eindeutig zu erkennen ist, daß Jesus selbst mit dem Menschensohn identisch ist, widerspricht der Inhalt dem überlieferten Bilde von der hoheitlichen Gestalt auf Gottes himmlischem Thron – zum Beispiel in dem Spruch von der Heimatlosigkeit des Menschensohnes auf Erden (Lk 9,53). Und gar von einem Menschensohn zu reden, der leiden und durch böse Gewalt von Menschen ermordet werden »muß« (Mk 8,31), ist in jüdischer Überlieferung absolut unmöglich. Doch ist es gerade die Pointe in *diesen* Aussagen Jesu, daß er *in der vollen Würde* des Menschensohnes leiden und sterben muß.

Anders steht es mit den Titeln des »Sohnes« und des »Herrn«. Daß Jesus Gottes Sohn *ist*, hört er nach seiner Taufe durch Gottes eigene Stimme (Mk 1,11). Seitdem spricht Jesus in völliger Selbstverständlichkeit von Gott als seinem Vater (Lk 10,21). Dazu bekennt er sich auch vor dem Hohenpriester (Mk 14,61f.) und provoziert damit dessen Blasphemieurteil. Das urchristliche Bekenntnis zum Auferstandenen (Röm 1,4) und Gekreuzigten (Gal 2,20) als dem Sohn Gottes hat immer die Toleranzgrenze des jüdischen Bekenntnisses Dtn 6,4f. in seinem traditionellen Sinn verletzt – und doch ist darin Gott als der einzig-eine vollauf gemeint (vgl. z.B. Röm 8,3 und 1Joh 4,22 mit 5,20). – Der Titel »Herr« hat zwar seinen Ursprung in der vorösterlichen respektvollen Anrede

Jesu als »Herr« und »Rabbi« (Joh 13,13), aber erst aufgrund der
Auferweckung Jesu war für die Glaubenden klar, daß Jesus als zu
Gott Erhöhter den ureigenen Namen Gottes selbst trägt, den
Gott ihm zuspricht (Phil 2,9). »Kyrios« ist in der Sprache der
griechischen Bibel die Umschreibung des unaussprechbaren Na-
mens Gottes. Die urchristliche Kirche war sich vollauf bewußt,
was sie tat, wenn sie den einen Kyrios Jesus neben Gott als den ei-
nen Kyrios stellte und mit diesem zusammen nannte (1Kor 8,6).
Das Taufbekenntnis »Herr ist Jesus« (Röm 10,9; 1Kor 12,3) kon-
kurriert aber nicht mit dem Bekenntnis Israels zum einzig-einen
Gott, sondern gilt dessen Verherrlichung (Phil 2,11). Das Wort
Jesu Joh 10,30: »Ich und der Vater sind eins« sagt in äußerster
Verdichtung, was in der Glaubensüberlieferung der Kirche von
Anfang an als die eschatologische Wahrheit von Ostern, ja als die
Wahrheit alles Wirkens Jesu bewußt gewesen ist.
Damit gilt nun aber auch von der Kirche als der Gemeinschaft der
an Jesus Glaubenden, was im Alten Testament von der Gemeinde
Israel als Gottes Eigentumsvolk gilt: Von Gott Erwählte, Berufe-
ne und Heilige sind es, die sich in der gottesdienstlichen Gemeinschaft als Gottes endzeitliche Heilsgemeinde versammeln (1Kor 1,
2; 1Thess 1,4; Kol 3,12). Darum kann die Kirche in dem priesterlichen Reich und heiligem Volk Israel (Ex 19,6) sich selbst wieder-
erkennen, ohne darin ein Problem zu sehen, aber auch ohne jede
Exklusivität gegenüber Israel zu beanspruchen (1Petr 2,9f.). Das
gilt auch für die Heidenchristen, in dem vollen Bewußtsein, daß
sie vor ihrer Bekehrung dem Volk der Erwählung nicht angehört
und »gottlos« gelebt haben (Eph 2,12), wie es dem jüdischen Bild
von den *gojim* entspricht.
Für Juden- wie für Heidenchristen allerdings ist es allein in Christi
Tod und Auferstehung begründet, daß sie die Ekklesia der endzeitlichen Heilsvollendung sind. Daß die große Mehrheit des Volkes Israel dieses Evangelium nicht annimmt, ist darum für Paulus
ein höchst bedrängendes Problem. Denn einerseits gilt unverrück-
bar, daß das von Gott Israel gegebene Wort der Erwählung »nicht
hinfällt« (Röm 9,6; 11,1). Andererseits kann Israel am Heil der
Endzeit und damit an der Vollendung der Heilsgeschichte seines
Gottes mit ihm nur teilnehmen, wenn es an Jesus Christus, den
gekreuzigten und auferstandenen Erlöser, glaubt (Apg 4,10–12).
Und wenn es für Paulus ein Mysterium der Endzeit ist, *daß* Gott
sein ganzes erwähltes Volk retten wird, so wird dies nur »so« geschehen (Röm 11,26), nämlich auf die gleiche Weise[96], wie auch

---

96 Zu diesem Sinn des zumeist unzutreffend gedeuteten οὕτως vgl. *U. Wilckens*, Der Brief an die Römer II, 255.

die an Jesus Christus glaubenden Heiden an der endzeitlichen Heilsvollendung Anteil empfangen haben: durch die Barmherzigkeit Gottes in Tod und Auferstehung Christi (Röm 11,28–31; vgl. Offb 7,4ff.).

Der ganze Heilsglaube des Urchristentums gründet sich also auf das zentrale Heilsgeschehen des Sühnetodes Christi, dessen eschatologisch-vollkommene Heilswirkung als Vergebung und Neuschöpfung durch Gottes Auferweckungstat in Kraft gesetzt worden ist.

In diesem Sinn ist der Glaube an Christus Glaube an Gott. *Darum* ist der Glaube an Christus der einzige Weg zur Erlangung endzeitlichen Heils für Juden wie für Heiden. In der Taufe »auf den Namen Jesu« wird dieses Heil denen zuteil, die glauben, daß Gott Jesus von den Toten auferweckt hat, und die sich darum zu Jesus als dem »Herrn« bekennen (Röm 10,9f.). Im Herrenmahl ist es die Sühnewirkung des Todes Christi, an der die versammelten Christen »gemeinsam teilhaben« (1Kor 10,16f.). *Von daher* hat der Apostel Paulus seine Rechtfertigungslehre entwickelt: Daß Juden wie Heiden »durch Glauben« und nicht »aus Werken des Gesetzes« gerecht werden, ist allein in diesem Heilshandeln Gottes in Tod und Auferweckung Christi begründet. Die Rechtfertigungslehre ist also nichts anderes als eine theologische Explikation dieses Christusgeschehens in seiner Heilskraft für Juden und Heiden, durch die für beide ohne Unterschied bewirkt wird, was aufgrund der Tora nicht bewirkt werden kann: daß endzeitlich verlorene Menschen für Gottes endzeitliches Heil gerettet, daß gottlose Sünder Gerechte, aus Gottes Feinden Gottes Kinder werden. Zugleich ist damit die Rechtfertigung auch eine theologische Begründung der Einheit der Kirche durch die Gemeinschaft *aller* Glaubenden mit Christus.

So kann im Grunde der gesamte Inhalt des im Neuen Testament verkündigten und theologisch durchdachten »Evangeliums« als endzeitlich-vollkommene Verwirklichung dessen begriffen werden, was im Alten Testament als heilsgeschichtliche Verwirklichung des Namens Gottes nach Ex 34,6 erzählt, erinnert, von Generation zu Generation weitergegeben, durch Zeiten des Gerichts hindurch bewahrt und schließlich in die Zukunft der Endzeit verlagert und sehnlich erhofft worden war.

3.2.4 *Bd. III als methodenkritische Rechtfertigung dieser Theologie des Neuen Testaments*

Schon der historische (Bd. I) und erst recht der systematische Teil (Bd. II) dieser Theologie des Neuen Testaments sind unter methodischen Voraussetzungen erarbeitet, die eigens begründet werden müssen, wenn diese Darstellung in ihrer Eigenart verstanden und diskutiert werden können soll. Dies wird abschließend in Bd. III geschehen[97].

In neuerer Zeit gibt es eine eigene theologische Disziplin für alle Fragen der Auslegung biblischer Texte, in der dem heutigen Bibelleser deren gegenwärtiges Verstehen eröffnet wird über den »garstigen Graben« (Lessing) des historischen Abstands zur Zeit ihrer Entstehung hinweg: die *Biblische Hermeneutik*. Rudolf Bultmann hat in seinem Alter hermeneutische Besinnungen über die seiner Exegese zugrundeliegende Kunst des Verstehens veröffentlicht, vor allem um im Streit um sein Programm der »Entmythologisierung« biblischer Texte[98] Mißverständnisse zu überwinden und die philosophischen Prämissen seiner »existentialen Interpretation« darzulegen, die er in den 20er Jahren im Gespräch mit Martin Heidegger erarbeitet hatte[99]. Von dessen Schüler Hans-Georg Gadamer erschien 1960 eine philosophische Hermeneutik[100], die zum »klassischen Grundbuch der modernen Hermeneutik«[101] geworden ist und eine neue philosophische Schulrichtung eröffnet hat, an der sich alle mit Auslegung von Texten beschäftigten Wissenschaften beteiligen können. Der dogmatischen Theologie Gerhard Ebelings[102] liegt eine Fülle von Studien zur Hermeneutik philosophischen und theologischen Redens[103], zur Auslegung der Bibel[104] und zur hermeneutischen Struktur der Theologie Martin Luthers[105] zugrunde. Gleiches gilt für das Lebenswerk seines Schülers Eberhard Jüngel[106]. Der dogmatische Theologe Wolfhart Pannenberg hat gewichtige Beiträge zu einer universalgeschichtlichen Hermeneutik veröffentlicht, die vor allem auch dem Gespräch mit der Philosophie und den Sozialwissenschaften gewidmet sind[107]. Das exegetische Lebenswerk von Ernst Fuchs kreiste durchweg um eine Hermeneutik des Neuen Testaments, vor allem der Verkündigung Jesu[108]. Peter Stuhlmacher und Hartmut Gese haben mit ihren Beiträgen zur »Biblischen Hermeneutik« des Neuen und des Alten Testaments neue Wege beschritten, auf denen

97   Vgl. dazu besonders *H.-J. Kraus*, Biblische Theologie.
98   *R. Bultmann*, Neues Testament und Mythologie, 15–53. Zur Diskussion vgl. *G. Bornkamm*, Die Theologie Bultmanns, 173–275.
99   Vgl. *R. Bultmann*, Problem der Hermeneutik, 211–235; *Ders.*, Zum Problem der Entmythologisierung, 128–137.
100   *H.-G. Gadamer*, Wahrheit und Methode.
101   *W. Schulz*, Anmerkungen, 306.
102   *G. Ebeling*, Dogmatik I–III.
103   *Ders.*, Wort und Glaube I–III; vgl. besonders *Ders.* Verantworten, 92–98; *Ders.*, Hermeneutische Theologie, 99–120.
104   Vgl. *Ders.*, Bedeutung, 1–49; *Ders.*, Was heißt, 69–89.
105   Vgl. außer *Ders.*, Wort und Glaube I–III *Ders.*, Lutherstudien I–II.
106   *E. Jüngel*, Gott.
107   *W. Pannenberg*, Krise, 11–21; *Ders.*, Hermeneutik, 91–122; *Ders.*, Wissenschaftstheorie, 157–224.
108   *E. Fuchs*, Hermeneutik; *Ders.*, Marburger Hermeneutik.

die historisch-kritische Exegese einer kritischen Revision unterzogen wird[109]. Hans Weder hat eine grundsätzlich in die gleiche Richtung zielende Hermeneutik vorgelegt[110]. Dagegen votiert Klaus Berger[111] für »Applikation« als das erstrangige Interesse im Verstehen neutestamentlicher Texte gegenüber einer diesen vorgängig zugeschriebenen Normativität. Die Exegese müsse in dem Sinne rein historisch sein, daß sie zum Anwalt ihrer Fremdheit wird, um gerade so den gegenwärtigen Leser in den Stand zu setzen zu erkennen, worin er dem Text hilfreiche Antworten auf erfahrene Lebensnot sittlicher wie religiöser Art entnehmen kann.

Bd. III dieser Theologie des Neuen Testaments enthält natürlich vielerlei hermeneutische Aspekte, ist aber selbst kein neuer Entwurf einer Hermeneutik. Sondern er vollzieht eine Lehre vom Verstehen neutestamentlicher Texte in der Gestalt einer *historisch-kritischen Geschichte der historisch-kritischen Bibelexegese*[112]. Es geht darum, die theologischen Vorurteile sichtbar zu machen, die seit ihrem Ursprung in der Epoche der Aufklärung den Gang der exegetischen Forschung bestimmen, sich dabei aber selbst zumeist verbergen, indem sie als Elemente historischer Auslegung der Texte selbst erscheinen, die zu kritisieren heiße, sich als Gegner historischen Textverstehens überhaupt – und damit neuzeitlicher Denkweise – zu erweisen. Dies ist zum wohlfeilen Argument ›modern-liberaler‹ Exegeten gegen ihre ›konservativen‹ Kritiker geworden. Wer als Anwalt ›vormoderner‹ Theologie gilt, wird als unbeachtlich diskreditiert. Wer freilich auf dieses Verdikt reagiert, indem er tatsächlich die Wahrheit bibelgerechter Exegese nur in vorneuzeitlichen Positionen für vertretbar erklärt, trägt zu einer produktiv-wirksamen Kritik moderner Bibelkritik nicht bei, sondern bringt diese um ihre Wirkung.
Ich habe oben angedeutet, daß die leitenden Motive der »rein historischen« Exegese der Aufklärungszeit einerseits als Reaktion auf die Pluralisierung der konfessionell gewordenen Theologie berechtigt gewesen sind, andererseits jedoch eine eigene ›Dogmatik‹ zur neuen Norm der Exegese gemacht hat, die aus Surrogaten der theologischen Tradition besteht und den *theo*zentrischen Horizont in einen *anthropo*zentrischen überführt[113]. Die Wirklichkeit Gottes kann so nur noch als Thema religiöser Erfahrun-

---

109 Vgl. *H. Gese*, Erwägungen, 11–30; *Ders.*, Zur biblischen Theologie; *P. Stuhlmacher*, Vom Verstehen.
110 *H. Weder*, Neutestamentliche Hermeneutik.
111 *K. Berger*, Hermeneutik.
112 Dazu vgl. *W.G. Kümmel*, Das Neue Testament im 20. Jahrhundert sowie die Auswahl wichtiger Zitate in: *Ders.*, Das Neue Testament. Geschichte. Zum Alten Testament vgl. *H.-J. Kraus*, Geschichte.
113 S. oben S. 15–20.

gen und theologischer Konzeptionen je verschiedener Menschen
aufgefaßt werden. So wird jeder Text zu einem Zeugnis der Vergangenheit urchristlicher Theologien und jede Applikation zu einem Auswahl- und Wertungsverfahren, das der Exeget darum am
besten seinen dogmatischen und praktisch-theologischen Kollegen
überläßt. So *entsteht* allererst das Problem einer Hermeneutik biblischer Exegese. Das ist der Grund, warum eine exegetische Ver-
stehenslehre – als eigene Disziplin – dem Problem, das sie zu lösen sucht, nicht von Grund auf auf die Spur kommen kann.

Eine wirksame Kritik der neuzeitlichen Bibelkritik kann also nicht
auf deren Ablehnung insgesamt zielen, sondern auf eine gründliche Korrektur der ihr von Anfang an integrierten theologischen
Fehlurteile[114]. Sie hat zu zeigen, wie diese Voraussetzungen sich
in der weiteren Forschungsgeschichte ausgewirkt und zu massiven
Vorurteilen verfestigt haben, die, oft als solche unerkannt, von
einer Generation zur nächsten weitertradiert worden sind. Dabei
kommt der Einbettung in den Verlauf der neuzeitlichen Theologiegeschichte insgesamt eine wesentliche Rolle zu. Denn erst so wird
begreifbar, warum in der Exegese so häufig neutestamentlichen
Autoren Motive und Gedanken als deren »eigentliche« Meinung
untergeschoben werden, die tatsächlich Schulmeinungen zeitgenössischer moderner Theologie, in der Zeit des Urchristentums
hingegen, historisch gesehen, undenkbar sind[115]. Zugleich kann
erkannt werden, daß es auch konservativen Kritikern der Bibelkritik oft entsprechend ergangen ist, und warum konservative und
liberale Exegeten in bestimmten theologischen Aspekten manchmal einander überraschend nahegekommen sind, obwohl sie in
›Einleitungsfragen‹ gegensätzliche Urteile vertraten.

Andererseits jedoch wird auch immer wieder deutlich werden, wie
viele historische Erkenntnisse und Einsichten im Blick auf die urchristliche Geschichte durch die historisch-kritische Forschung erst-
mals erschlossen worden sind, die auch theologisch belangreich
bleiben. Das gilt beispielsweise für das Verständnis der Reich-
Gottes-Verkündigung Jesu unter dem Horizont jüdischer End-
zeithoffnung und deren Bedeutung für die urchristliche Theologie insgesamt.

Wenn *die Wirklichkeit* dessen, was die neutestamentlichen Texte
von Gott, seinem Handeln, seinem Reden und von den Gaben
und Wirkungen seines Geistes bezeugen, als denkmöglich und
denkwürdig ernst genommen wird, so ist die »Applikation« dieser Texte kein wesentliches Problem mehr. *Gott* ist ein und der-

---

114 Vgl. oben S. 21–25.
115 Eine Anschauung davon ist aus *A. Schweitzer*, Geschichte zu gewinnen.

selbe in der Geschichte Israels, des Urchristentums und der Kirche durch alle Jahrhunderte hindurch. Wenn sein Heilshandeln die ›Konstante‹ ist, so ist von hier aus zwar dessen Bedeutung für das christliche Leben und Denken in immer neuen Bezügen und Aspekten der jeweiligen geschichtlichen Situation auszulegen, aber der Inhalt des Glaubens, die Wirklichkeit Gottes selbst in seinem Handeln und Reden, steht fest und ist im überlieferungsgeschichtlichen Zusammenhang der biblischen Texte klar vorgegeben. Gott macht sich darin durchaus selbst erkennbar, damals wie heute. Dieser Wirklichkeit in der Exegese Rechnung zu tragen, ist kein zusätzliches ›Glaubens‹-Erfordernis, sondern ist im historischen Nachverstehen der biblischen Zeugnisse durchaus möglich, wenn denn Gott der *ist*, der alle Wirklichkeit konstituiert.

Umgekehrt ist es wiederum auch sehr wohl möglich und historisch erlaubt, die Orte der Erfahrung der Wirklichkeit Gottes in der *heutigen Kirche* bei der Exegese der Zeugnisse der *Urkirche* zu berücksichtigen. Taufe und eucharistische Mahlfeier zum Beispiel sind heute wie in der urchristlichen Vergangenheit dieselben Handlungen, die *Gottes* Handeln enthalten, auch wenn ihre liturgische Ausgestaltung heute verschieden und die Art religiöser Erfahrung und theologischer Auslegung anders ist. Auch die grundlegenden Texte sind dieselben heute wie damals, wenngleich ihre Wirkungsgeschichte durch die Jahrhunderte hindurch eine große Variationsbreite des Erfahrens und Verstehens aufweist.

Nicht zuletzt ist auch *der Geist Gottes*, der in seiner Kirche wirkt, ein und derselbe heute wie zu allen Zeiten. Durch seine Gabe der Unterscheidung der Geister läßt er sich in seiner göttlichen Wirklichkeit heute ebenso wahrnehmen, wie diese in neutestamentlichen Schriften als Faktor in der kirchlichen Gemeinschaft des Urchristentums bezeugt wird. Er ist es, der uns – recht verstanden – bei der Lektüre der Bibel »in alle Wahrheit führt« (Joh 16,13) und uns Heutige mit den Damaligen in gemeinsamer Teilhabe verbindet.

3.3   Zur Sprache der Theologie des Neuen Testaments

Zum Schluß sei darauf hingewiesen, daß sich unter diesen Voraussetzungen der *Stil* in den drei Bänden dieser Theologie des Neuen Testaments charakteristisch verschieden ausprägt. Der historische Teil (Bd. I) entspricht der Sprachweise alttestamentlicher Erzählungen, in denen von Gottes Wirken unter den Menschen kommemorativ berichtet wird, das heißt: Sie sind literarischer Niederschlag von Überlieferungsprozessen des »Gedenkens« der großen Taten Gottes, von denen das Geschick der Väter ebenso bestimmt worden ist, wie das der Söhne bestimmt bleibt. So sind die Evangelien sprachlich gestaltet wie auch die Apostelgeschichte. Entsprechend angelegt ist auch die Darstellung der Geschichte des Urchristentums. Daß sie durch Zusammenfügung aller neutestamentlichen Schriften samt ihrer vorliterarischen Überlieferungsgeschichte, also als Rekonstruktion erarbeitet ist und nur als solche zustande kommen kann, schließt nicht aus, daß sie sich als »kritische Nacherzählung« der urchristlichen Geschichte an deren Erinnerung beteiligt. Gleiches haben ja bereits die Verfasser der Evangelien und der Apostelgeschichte in der literarischen Verarbeitung ihrer Quellen getan. Das Staunen allerdings, das sich auch durch die kritische Nacherzählung hindurchzieht, ist Reflex der Anerkenntnis dessen, daß in der erzählten Geschichte Gott als entscheidend Handelnder hervortritt.

Der systematische Teil (Bd. II) hat einen anderen Charakter, der sich auch in der Sprachweise niederschlägt. Indem es hier darum geht, die inhaltlichen Zusammenhänge und deren Einheit in Gottes Handeln in der Geschichte Jesu herauszuarbeiten, tritt die Wahrheit Gottes in seiner Einheit mit Jesus und die Autorität des Geistes Gottes in der Vermittlung der Erkenntnis dieser Wahrheit und Einheit sozusagen als eigenes Subjekt hervor. Auch dies ist das Ergebnis gedanklich-kritischer Arbeit, nicht weniger als im vorangehenden historischen Teil. Aber weil dabei die Arbeit historischer und theologischer Vernunft noch dichter integriert ist in den Sinnzusammmenhang göttlicher Wahrheit und der Gott selbst eignenden Wirklichkeit, geht hier das Staunen der Geschichtserzählung in anbetenden *Lobpreis* über.

Daran, daß Dogmatik doxologischen Charakter hat, hat Edmund Schlink eindrücklich erinnert[116]. Auf das gleiche läuft die These von Gerhard Ebeling hinaus, daß das Gebet der »Schlüssel zur Gotteslehre« sei[117]. Gebetssprache im Zusammenhang einer Theologie des Neuen Testaments ist zwar im Bereich exegetischer Wissenschaft etwas durchaus Ungewöhnliches[118]. Die Sprache der Theologie des Neuen Testaments wird aber dann notwendig do-

---

116   E. *Schlink*, Ökumenische Dogmatik, 9f.33ff. Ebd., 64f. findet sich die wichtige Erkenntnis, daß die doxologische Verwurzelung der Dogmatik diese davor schützt, daß aus ihrem im Denken vor Gott verantworteten Zeugnis von Gottes Taten vermessenes menschliches Reden *über Gott* wird. Vgl. ausführlich ebd., 725ff.
117   G. *Ebeling*, Dogmatik I, 193ff.
118   In keiner der mir bekannten Neutestamentlichen Theologien gibt es eine Besinnung über den doxologischen Charakter des eigenen exegetischen Werkes. Nur *über* das Gebet als Thema neutestamentlicher Texte scheint man hier reden zu dürfen.

xologische Sprachformen aufnehmen müssen, wenn diese als wissenschaftlich-exegetische Disziplin die Wirklichkeit Gottes selbst als Horizont der neutestamentlichen Texte ernst nimmt, statt nur von urchristlichen Aussagen *über* Gott und *über* doxologische Gebetsformen zu sprechen. Der Zusammenhang theologischen Redens von Gott und anbetender Rede vor Gott hat wiederum im Alten Testament seine Wurzel. Beispielhaft dafür ist die Einleitung bekenntnisartiger Erinnerung an Gottes geschichtliche Machttaten durch die Aufforderung an die Gemeinde, die diese Erinnerung *betet*: »Dankt dem Herrn!«, »Rühmt seinen heiligen *Namen*!« (Ps 105,1.3; 106,1; 135; 136; auch 78 sowie besonders 145).

Nur für den forschungs- und methodenkritischen Abschlußband III gibt es keine biblische Sprachform. Die wissenschaftliche Auseinandersetzung, die hier durchweg zu führen ist, bestimmt notwendigerweise den Stil. Aber dieser Teil ist ja sowieso als ganzer so etwas wie ein ausführliches Nachwort. Er handelt nicht von der Theologie des Neuen Testaments selbst, sondern von den Wegen ihrer wissenschaftlichen Ausarbeitung in der neuzeitlichen Theologie.

3.4 Zur Anlage des Buches

Das Buch ist so angelegt, daß die darstellenden Partien im Großdruck stehen und, davon optisch abgesetzt, Detailuntersuchungen und Auseinandersetzungen mit exegetischen Positionen im Kleindruck sowie in den Anmerkungen. Die Leser, die nur die Darstellung als solche interessiert, können allein die groß gedruckten Abschnitte lesen, ohne sich um den Streit der Fachgelehrten zu kümmern. Dabei ist vor allem an Leser gedacht, die sich in das Neue Testament einführen und dadurch in ihrem Glauben an den dreieinigen Gott bestärken lassen wollen. Im Blick auf sie im besonderen habe ich auf Fachausdrücke möglichst verzichtet und diese dort, wo sie unumgänglich sind, erklärt. Um aber auch solchen Lesern die Teilnahme an der wissenschaftlichen Auseinandersetzung nicht von vornherein zu verschließen, habe ich mich auch in den kleingedruckten Partien des Buches um Allgemeinverständlichkeit bemüht.

Die Fachkollegen bitte ich zu akzeptieren, daß fachliche Diskussionen nur auswahlweise geführt werden können. Das ist ja auch in anderen Theologien des Neuen Testaments üblich. Ich gestehe im übrigen gerne ein, daß ich die große Fülle von Fachliteratur, die seit dem Antritt meines Bischofsdienstes im Jahr 1981 erschienen ist, nur teilweise habe lesen können. Von 1981 bis 1991 bin ich nahezu überhaupt nicht dazu gekommen, die veröffentlichte

Fachdiskussion zu verfolgen. Das vollständig nachzuholen, hätte bedeutet, auf die Ausarbeitung dieses Buches zu verzichten. Da ich in den letzten Jahren meiner Hamburger Lehrtätigkeit vor 1981 mit den Vorarbeiten für eine Theologie des Neuen Testaments relativ weit vorangekommen war, will ich im Ruhestand diese Arbeit wieder aufnehmen und fortführen. Freilich haben die intensiven Erfahrungen mit dem Leben der Kirche, mit dem ökumenischen Lehrgespräch zwischen der evangelischen und der katholischen Kirche und nicht zuletzt mit dem Leben der evangelischen Kommunitäten während der letzten zehn Jahre erhebliche Aspekt-Veränderungen meiner exegetischen Arbeit bewirkt. Vor allem im Gespräch mit Vikaren und jüngeren Pastoren habe ich erfahren, wie viele von ihnen sich von ihrem exegetischen Studium mehr oder weniger verabschiedet haben, weil sie sich für ihre Berufspraxis keinerlei Hilfe oder Gewinn davon versprechen. Davon bin ich, nicht selten als ihr vormaliger neutestamentlicher Lehrer, sehr betroffen und denke, der hier entstandene Hiatus müsse – jedenfalls *auch* – als kritische Frage an die exegetische Wissenschaft ernst genommen werden. Der Ruf Jesu: »Kehrt um!« dürfte auch uns Exegeten gelten. Ich selbst jedenfalls habe mit der Arbeit an diesem Buch auf diesen Ruf zur Umkehr in einer Weise geantwortet, wie ich es in den 70er Jahren noch nicht hätte tun können.

Ohnehin ist angesichts der ungeheuren Erosion christlicher Glaubenspraxis und christlichen Glaubenswissens in der Welt, in die wir zu Beginn des 21. Jahrhunderts eingetreten sind, eine Elementarisierung theologischer Arbeit dringend notwendig. »Es ist Zeit, an Gott zu denken«[119] – so hat der ehemalige Professor für katholische Dogmatik und jetzige Bischof von Mainz, Kardinal Karl Lehmann, die wichtigste Botschaft der Kirche an die Welt heute zusammengefaßt. Diese Botschaft gilt auch der Kirche selbst – und gewiß nicht zuletzt der Theologie.

---

119   So lautet der Titel des Interviewbuchs von *K. Lehmann*.

I

Orientierung über die Umwelt des Urchristentums

Es gehört zu den elementaren Aufgaben historischer Auslegung der neutestamentlichen Schriften, die Umwelt im Blick zu haben, in der das Urchristentum entstanden und aufgewachsen ist. Wie die Lebensgeschichte eines Menschen nicht zu verstehen ist ohne die Geschichte seiner Familie und seiner Heimat, so auch nicht die Geschichte eines Volkes oder einer religiösen Gemeinschaft. Im Blick auf das Urchristentum jedoch kommt über dieses historische Interesse hinaus ein *theologisches* in Betracht. Aller Glaube der ersten Christen an Jesus, den Christus, wurzelt nicht nur im Glauben Israels an den einzig-einen Gott, der es zu seinem Eigentumsvolk gemacht hat, sondern: In der Verkündigung Jesu in Wort und Tat ist Gottes Königsherrschaft selbst zur Wirkung gekommen. Im Kreuzestod und in der Auferweckung Jesu hat die ganze Geschichte Gottes mit Israel ihre Erfüllung gefunden. Und im Wirken des Geistes haben die ersten Christen das Hineinwirken dieser endzeitlichen Erfüllung in ihr tägliches Zusammenleben erfahren. So gehört alles, worauf christlicher Glaube und christliches Leben beruht, selbst in die Geschichte Gottes mit Israel wesenhaft hinein. In der »Schrift«, die diese Geschichte bezeugt, erkennen Christen auch ihre eigene Geschichte mit Gott. Die Juden ihrer Umgebung sind ihre Glaubensbrüder und -schwestern. Ihnen allen gilt das Evangelium von Jesus Christus, das ihnen zu verkündigen und zu bezeugen Christen als Glieder des Gottesvolkes sich vom Gott Israels beauftragt wissen, damals wie heute.
Es ist darum ganz unangemessen, vom Judentum in der gleichen Weise als ›Umwelt‹ des Urchristentums zu sprechen wie im Blick auf die Welt der nichtchristlichen, ›heidnischen‹ Völker. Zu Israel wußten sich die ersten Christen in völliger Selbstverständlichkeit selbst hinzugehörig, und zwar Juden- wie Heidenchristen. Juden, die an Jesus als den Messias Gottes glaubten, traten damit keineswegs aus dem Heilsvolk Israel aus. Heidenchristen dagegen erfuhren sich durch die Bekehrung zum Glauben an Jesus Christus radikal *heraus*gerufen aus der heidnischen Welt, der sie mit ihrer ganzen »gottlosen« Lebensführung *zugehört hatten* (Röm 1,18ff.)

und der sie jetzt – Gott sei Lob und Dank – *nicht mehr* zugehörten (1Kor 6,9–11). Judenchristen aber können sagen, daß sie vor ihrer Bekehrung zum Glauben an Jesus Christus »von Natur aus Juden waren und nicht Sünder aus den Heiden« (Gal 2,15). Die Vergebung, die sie in der Taufe empfangen haben, betrifft Sünden, die sie als Mitglieder des Gottesvolkes begangen haben. Diese wiegen zwar nicht weniger schwer als die der Heiden, sie haben aber einen anderen heilsgeschichtlichen Charakter. Zwischen Israel und den *gojim* besteht der heilsgeschichtliche Unterschied zwischen dem erwählten Gottesvolk und den »Weltvölkern«. Sünden der Heiden haben Götzendienst als Wurzel (Röm 1,18ff.); Sünden der Juden Abfall vom Gesetz Gottes (Apg 7,51–53). Nur der *Gott*, zu dem sie umgekehrt sind, die einen wie die anderen, ist ein und derselbe, der einzig-eine Gott Israels, der jetzt, in der Zeit der Herrschaft Jesu Christi, glaubende Juden wie glaubende Heiden in der Ekklesia, seiner endzeitlichen Heilsgemeinde, vereint (Eph 2,11–22).

Diese *theologische* Unterscheidung ist auch *historisch* von Belang. Zwar gibt es vielerlei hellenistische Motive religiöser und kultureller Art, die im Denken und in der Sprache des Heidenchristentums wirksam gewesen sind. Aber das gilt ebenso für das Judentum, und zwar seit Jahrhunderten[1]. Im Entscheidenden aber, dem Glauben an den einzig-einen Gott und dem Leben im Gehorsam gegen die Gebote seines Gesetzes, wußten sich Juden als Israeliten von allen Heiden geschieden und *lebten* auch danach. So haben umgekehrt auch Heiden diese Selbstunterscheidung der Juden im Zusammenleben mit ihnen als eine Distanz erlebt, die es sonst zwischen Angehörigen verschiedener Völker nicht gab. Für einige von ihnen war das der wesentliche Grund einer judenkritischen Sicht, die sich leicht zu Verachtung und Haß steigern konnte und nicht selten auch zu einzelnen Übergriffen und allgemeinen Pogromen motivierte. Für andere, die sich für den *einen* Gott der Juden als den Schöpfer und Herrn des Universums und für das Mosegesetz als das älteste Gesetz der Welt interessierten, blieben die trennenden Elemente im Lebensalltag der Juden: die Beschneidung, die strikte Einhaltung der Schabbatruhe, die vielen Speisevorschriften, ein ständiges Hindernis im Alltag der Kommunikation mit ihnen, das nur durch ihren vollen Eintritt in die Toraobservanz (als »Proselyten«) zu überwinden war. Was vor allem für jeden Nichtjuden völlig unverständlich war, war die für jeden Juden selbstverständliche strikte Verweigerung der Verehrung anderer Gottheiten in jeglicher Form.

---

1   Dazu vgl. *M. Hengel*, Judentum.

So soll im folgenden nach einer kurzen Charakterisierung der religiösen Situation des einzelnen Menschen in der hellenistisch geprägten Welt des Römischen Reiches ein gesonderter Überblick über Geschichte und Literatur des Judentums im hellenistischen Zeitalter gegeben werden.

1 Die innere Situation der Menschen in der Welt des Hellenismus

Die Eroberung des gesamten östlichen Mittelmeerraumes durch Alexander den Großen im 4. Jahrhundert v.Chr. hat die Lebenssituation der Menschen in diesem neu geöffneten Großreich zunehmend verändert[2]. In dem Maße, in dem dieser ganze Raum politisch, ökonomisch und kulturell zusammengewachsen ist, vor allem durch die einheitliche Prägung der Städte als griechischer Poleis, kam es zu erheblichen Migrationsschüben, die viele einzelne Menschen betroffen haben. Viele zog es in die großen Städte, weil sie dort Arbeit und Brot zu finden hofften. In der späteren römischen Zeit wurden viele zwangsweise militärisch rekrutiert. Viele Kriegsgefangene wurden als Sklaven verschleppt; und manche von ihnen siedelten sich als Freigelassene dort an, wo sie als Sklaven heimisch geworden waren. Viele verdingten sich zum Dienst auf Handelsschiffen oder stiegen in die oberen Ränge der Schiffseigner und Reeder auf. Viele wurden Hafenarbeiter und arbeiteten sich in den Handelsgesellschaften hoch. Und Händler aller Art hatten Chancen wie nie zuvor.

Für alle diese Menschen hieß das aber: Aus ihren Heimatorten und deren Integration in überschaubaren kleinen Lebenswelten waren sie herausgerissen. Sie wurden zu religiös und kulturell entwurzelten Individuen, die je an ihrem neuen Ort oder vielfach auch an rasch wechselnden Orten ihrer neuen Lebenssituation an einer ganz neuen und neuartigen ›Weltkultur‹ teilhatten und für sich selbst einen neuartigen eigenen, individualistischen Lebensstil annahmen. Sie erlernten die damalige allgemeine griechische Umgangssprache und konnten so mit Menschen der verschiedensten Herkunft verkehren und Gemeinschaft haben. Wie alle ihresgleichen, gewöhnten sie sich daran, viele verschiedene Gottheiten unter griechischen Namen zu verehren, an verschiedenen Kulten teilzunehmen, verschiedene religiöse Gewohnheiten zu achten und sie zu übernehmen, wo immer es sich ergab und von Interesse oder

---

2 Zum Hellenismus vgl. die zusammenfassende Darstellung nach neuestem Forschungsstand bei *H. Köster*, Einführung.

Vorteil für sie war. Und vor allem: In ihrer religiösen Heimatlosigkeit konnten sie in einer der vielen vereinsmäßig organisierten Religionsgemeinschaften Aufnahme und Wahlheimat finden oder auch, wenn sie das wünschten, in mehreren solchen Vereinen gleichzeitig nebeneinander.

Das war das religionsgeschichtlich Neue und Neuartige in diesem hellenistischen Zeitalter: Man konnte sich unter vielen Angeboten die für seine eigenen Wünsche, Vorstellungen, Interessen passende Art religiösen Lebens und religiöser Gemeinschaft aussuchen. Für all die vielen ihrer heimatlichen religiösen Sozialisation Entfremdeten war Religion fortan ganz und gar ›Privatsache‹. Diejenige Kultgenossenschaft, die den einzelnen Menschen am meisten faszinierte, seinen religiösen Sehnsüchten entgegenkam, seiner jetzigen Sozialisation entsprach, wurde als neue religiöse Heimat gewählt, solange, bis eine veränderte Situation die Zugehörigkeit zu einer anderen Vereinigung ratsam erscheinen ließ oder aus irgendwelchen Gründen notwendig machte.

Die religiöse Welt des Hellenismus war strukturell pluralistisch, ein unabsehbar vielfältiger Markt mit verschiedenen, verschiedenartigen Angeboten für einzelne Menschen in ihrer je individuell verschiedenen Situation. Ein Chancenreichtum ohne Grenzen öffnete sich ihnen gerade auch an religiösen Erfahrungen, Kulterlebnissen, interkulturellen Begegnungen und Gemeinschaftserlebnissen.

Zugleich aber taten sich in ihrer Selbsterfahrung auch Abgründe von tiefer Einsamkeit, unheimlicher Ungeborgenheit, ja bedrohlicher Fremdheit auf, die sich in Ängsten ausdrücken und sich zu Alpträumen steigern konnten, wie sie in geordneten, überschaubaren Kleinwelten örtlich begrenzter, generationenverbindender, durch einen gemeinsamen Kultort religiös gesicherter ›Heimat‹ in dieser erschreckenden Art nicht erwachsen können. Denn dort ist eben jene radikale Vereinzelung nicht zu erfahren, die im Hellenismus zur inneren Grundsituation ungezählter Menschen geworden ist.

Mag auch die Polis eine Ordnung sein, in der jeder Zugezogene in irgendeiner Weise seinen Platz finden konnte – eine Heimat für die Seele gab sie nicht. Für religiöse Heimatsuche gab sie zwar nahezu unbegrenzten Raum. Solcher grundsätzlichen Toleranz entsprach jedoch die dem Einzelnen zugemutete Freiheit, seinen Heimatort selbst zu finden. Die Agora, der Markt in der Mitte der Stadt, enthielt eine Vielzahl von Angeboten geistiger, kultureller und religiöser Art. Ein Beispiel dafür ist die in Apg 17,16–21 geschilderte Szene. Diese Angebote für sich zu nutzen, war jedem freigestellt.

Den Vielen, die damit grundsätzlich überfordert waren, boten sich Redner und Lehrer der verschiedensten Art und Qualität an. Je gebildeter einer war, um so näher lag es, in einer der damals konkurrierenden philosophischen Schulen eine geistige Heimat zu finden, in der Gottheiten und Kulte als Symbolbilder in vergeistigter Form aufgenommen werden konnten, ohne daß man sich äußerlich an einem bestimmten Kult beteiligen mußte. Es gehört zum besonderen Charakter der hellenistischen Philosophien, daß sie auf je besondere Weise auf die grundsätzliche innere Heimatlosigkeit der individualisierten Menschen in der neuen ›ökumenischen‹ Großwelt eine geistige Antwort zu geben wußten. So läßt sich z.B. die Neigung der stoischen Schultradition erklären[3], alle Inhalte des Denkens zu einem wohlkomponierten »System« zusammenzubauen, in dem sowohl das Universum als κόσμος (Ordnung) erschien, der von einem λόγος (Denk-Wort) übereinstimmend durchwaltet wird, als auch die Seele als Mikrokosmos von Ideen und Verhaltensmustern, die derselbe Logos zu einem stimmigen Ganzen »weiser« Lebenspraxis zusammenfügt und motiviert. Physik und Ethik bilden ein einheitliches System. Daß hier die Integration des Weisen in dieses Ganze die Funktion der »Beheimatung« (οἰκείωσις) hat, läßt die lebenspragmatische, ›seelsorgerliche‹ Art dieser Philosophie besonders anschaulich erkennen. Die gesammelten Lehr-Vorträge des stoischen ›Volkshochschullehrers‹ Epiktet (50–138 n.Chr.) sind ein eindrückliches Beispiel für solche ›Lebenshilfe‹, die hellenistische Philosophen ihren Schülern zu vermitteln suchten und wußten.

Eine besonders radikale Antwort haben gnostische Lehrer ihren Anhängern gegeben. In sehr verschiedenen Lehrsystemen, in denen bevorzugt Bauelemente aus religiösen Traditionen benutzt wurden, wurden den innerlich heimatlosen Menschen die Gründe ihrer Vereinsamung in mythischen Geschichten vor Augen gestellt: Ihre Seele habe einst ihre ursprüngliche, wahre Heimat in einer oberen, göttlich-vollkommenen, harmonischen Welt gehabt, aus der sie jedoch in einer vorzeitlichen Katastrophe herausgefallen sei. Als bloßer Lichtfunke, isoliert von der Lichtganzheit, der sie ursprünglich zugehört habe, sei sie seitdem in einem irdisch-sterblichen Körper als in einem unseligen, schrecklichen Gefängnis festgehalten. Mit ihrer verlorenen oberen Heimat verbinde sie seither nur Klage und Sehnsucht. Der böse Gott, der diese körperliche Welt geschaffen habe, sei der mächtige Gefängniseigentümer, dessen Gewalt die gefangene Seele hilflos ausgeliefert sei – solange sie nicht der Erinnerung an ihre Herkunft in sich Raum gebe.

---

3 Vgl. dazu die Analyse bei *U. Wilckens*, Weisheit, 225–268.

Oft ist es ein vom oberen Licht-Gott gesandter Erlöser, der die
Seele zu solcher Erinnerung weckt. Und das Abbild der himmlischen Heimat gewinnt dann vermöge seiner Teilhabe an deren
transzendenter Wirklichkeit so große Macht, daß es den körper-
lichen Raum ihres Gefängnisses zu sprengen vermag und sie in die
Höhe aufsteigen läßt, aus der sie einst herausgefallen war. In der
Mehrheit dieser gnostischer Schriften wirkt ein vulgärer radikali-
sierter Platonismus in einer eigenartig dualistischen Deutung der
biblischen Schöpfungsgeschichte. Das erste Kapitel der Genesis
wird zum Bild der himmlischen Urheimat des Menschen, das zweite Kapitel zum negativen Bild der irdisch-körperlichen Welt als
Machwerk eines bösen Schöpfergottes (als »Demiurg« aus Platons
Timaios). Darum hat die Herleitung der frühen Gnosis aus einer
hellenistischen Vulgärphilosophie, die sich biblischer Stoffe aus
diaspora-jüdischer Synagogaltradition mit antijüdischer Tendenz
bedient (bzw. aus einer stark hellenisierten jüdischen Sektentradi-
tion stammt), wesentlich mehr Plausibilität als die Erklärung der
Gnosis als einer im fernen Osten (Persien oder Indien) beheimateten eigenen Religion, die sich in synkretistischer Weise in jüdische,
hellenistisch-platonische und bald auch christliche Kleider hinein-
verwoben habe[4]. Die vielerlei mythischen Einkleidungen gnostischer Lieder und Lehrstücke dürfen den Blick darauf nicht verstel-
len, daß es sich im Kern um *Lehre* von einer befreienden »*Erkenntnis*« handelt, also um Philosophie, nicht um Religion. Adressat
dieser Lehre ist, wie in aller Philosophie, der Einzelne. Nur daß
dieser hier zu einer Weltflucht instandgesetzt und ermutigt wird,
während stoische Lehrer wie Epiktet ihn zu einer weltüberlegenen
Lebenskunst im Umgang mit der Welt zu befähigen suchten. Im
einen wie im anderen Fall hat die Belehrung ihre Attraktivität
darin, daß sie zu einer Überwindung tiefer Ängste des Menschen
um sich selbst anleitet, der sich inmitten der ebenso faszinieren-
den wie erschreckenden Weite der Welt als tief einsam und heimatlos vorfindet.
Von daher ist es gut zu verstehen, daß viele Nichtjuden in solcher
inneren Situation in den jüdischen Synagogen Heimat gefunden
haben im Glauben an den einzig-einen Gott, der allein das Weltall erschaffen hat, als Schöpfer der Welt aber der Welt in all ihrer
Bedrohlichkeit *überlegen* ist und die Seinen in der festen Ordnung
der Gebote seines Gesetzes leben läßt.

---

4 Vgl. dazu die eindrückliche, aber religionsgeschichtlich problematische
Darstellung von *H. Jonas*, Gnosis; zusammenfassend *R. Bultmann*, Urchristentum, 176–187.

2 Die Geschichte des Judentums vom Makkabäeraufstand bis zum Jüdischen Krieg

Daß das *jüdische* Leben in vielerlei Weise an der hellenistischen Kultur und Lebensart teilhatte, nicht nur in den griechischen Städten der hellenistisch-römischen Diaspora, sondern auch im palästinischen Mutterland, darauf ist bereits hingewiesen worden. Ebenso aber auch darauf, daß der Glaube an den einzig-einen Gott Israels fromme Juden zu einer Lebenspraxis nötigte, in der sie sich von allen Heiden deutlich unterschieden.

2.1 Der Aufstand der Makkabäer

Diese Selbstunterscheidung hat ihre geschichtliche Wurzel in der Krise der Makkabäerkämpfe. Auf dem Höhepunkt des hellenistischen Einflusses während der Griechenherrschaft im 2. Jahrhundert v.Chr. betrieben Teile der Hohenpriesterschaft und die mit ihr verbundene Oberschicht eine Reformpolitik, die darauf abzielte, nun auch die religiöse Praxis so weit an die hellenistische Umwelt anzugleichen, daß die Barrieren zwischen Juden und Nichtjuden, die sich auf das alltägliche Zusammenleben empfindlich störend auswirkten, zumindest abgebaut wurden[5]. In den traditionsbewußten Kreisen der Mittel- und Unterschicht war diese Tendenz schon seit langem auf Widerstand gestoßen. Deren harter Kern war die Gruppe der *chasidim* (der »Frommen«). Zu ihr haben wahrscheinlich auch die späteren Pharisäer gehört. Deren Name *paroschim* (= »die genau Unterscheidenden«)[6] drückt die Tendenz dieser ganzen Widerstandsbewegung aus: Konnte man sich auch der kulturellen Überfremdung durch die Griechen nicht erwehren, so mußte doch jedenfalls ganz Israel an der Exklusivität der Verehrung des einzig-einen Gottes und der entsprechenden Treue in der Bewahrung der Gebote der Tora unbedingt festhalten. Juden mußten als Glieder des erwählten Bundesvolkes erkennbar und der Unterschied zu den *gojim* deutlich bleiben. So traten jetzt diejenigen Gebote in den Vordergrund und bekamen erhöhtes Gewicht, die diese Unterscheidung besonders markant

---

5   In 1Makk 1,11 wird als Devise dieser Reformisten zitiert: »Laßt uns hingehen und mit den Völkern, die rings um uns sind, Übereinkommen treffen! Denn seitdem wir uns von ihnen abgesondert haben, haben uns viele Übel getroffen.«
6   So *G. Theißen / A. Merz*, Jesus, 134. Vgl. dazu JosAnt 13,297f.; 18,23; Bell II,162. Nach *H. Stegemann*, Essener, 209 stammt der Name von den Essenern und drückt deren Urteil über die »Pharisäer« als »Schismatiker« aus (*peruschim* = »die Spalter«). Doch könnte dies eine polemische Abwandlung der Selbstbezeichnung *paroschim* sein.

werden ließen: natürlich an erster Stelle die strikte Verweigerung der Teilnahme an heidnischem »Götzendienst« und die Reinhaltung des Tempels vor jeglichem Kontakt mit Heiden; ferner die Beschneidung, die strikte Einhaltung der Schabbatruhe sowie aller Speisegebote. Als ein Kreis radikaler Reformer eben diese Eckpunkte zu Fall zu bringen suchte und dazu die Unterstützung des syrischen Königs Antiochus IV. Epiphanes durch ein Verbotsedikt (167 v.Chr.) fand, brach ein Volksaufstand los. Unter Führung der Makkabäer, eines Landpriesterclans, gelang es schließlich im Jahre 164 v.Chr. einem Heer von Kämpfern, Jerusalem zu erobern, die Statue des syrischen Gottes Baal Schamim mit dem griechischen Namen Zeus Olympios mit zwei Göttinnen an seiner Seite aus dem Tempel zu entfernen und die volle Erfüllung der Toragebote in der Stadt wieder einzuführen.

2.2   Makkabäer und Pharisäer

Die weitere Entwicklung zeigt freilich einen tiefgreifenden Unterschied zwischen den im Aufstand verbündeten Gruppen. Die *chasidim* sahen in der Wiederherstellung des Tempelkults und der Toraobservanz in Jerusalem und im ganzen Land das Ziel der Erhebung des Gottesvolkes erreicht. Die Makkabäer dagegen wollten die politische Macht für den Hohenpriester aus ihren Reihen. Sie haben ihr Ziel auch erreicht[7].

Der syrische König lenkte ein und erkannte die hasmonäischen Hohenpriester an. Mit deren ständig erweiterter Machtstellung war aber auch eine wachsende Teilhabe an hellenistischer Kultur verbunden. Dies wiederum führte zu einer allmählichen Entfremdung im Verhältnis der Pharisäer zu den Hohenpriestern, die seit der Herrschaft von Johannes Hyrkan (134–104) in Opposition umschlug. Erst der Königin Alexandra Salome (76–67) gelang es, die Pharisäer zu versöhnen und sie durch ihre Aufnahme in den Hohen Rat in die jüdische Machtelite institutionell einzubinden, gleichberechtigt mit den Sadduzäern, der Partei der Priesteraristokratie. Dabei ist es, auch nach weiteren Auseinandersetzungen, grundsätzlich geblieben; nur daß es schließlich nicht die Partei der Pharisäer, sondern das Amt der Toralehrer war, deren Repräsentanten Sitz und Stimme im Hohen Rat hatten. Doch unter ihnen waren zumindest auch Pharisäer. So war erreicht, daß Tempelkult und Toraobservanz wieder auf Dauer fest miteinander verbunden waren.

---

7   Zur Geschichte des Makkabäeraufstands und der hasmonäischen Hohenpriesterherrschaft vgl. *H. Köster*, Einführung, 216–227.

2.3 Die Essener

Eine andere Oppositionsgruppe, die seit 1947 durch die Hand-
schriftenfunde in *Qumran* bekannt geworden ist, gehörte ursprünglich zu dem traditionsbewußten Teil der Hohenpriesterschaft.

Ihr Führer, der »Lehrer der Gerechtigkeit«, war selbst amtieren-
der Hoherpriester aus dem legitimen zadokidischen Geschlecht.
Durch einen Konkurrenten aus dem Reformflügel der Priesterschaft
(den Makkabäer Jonathan um 150 v.Chr.?) wurde er gewaltsam
abgesetzt. Sein Versuch, diesen durch einen Brief öffentlich zur
Ordnung zu rufen (4QMMT), scheiterte. Sein Gegner setzte im
Tempel Ordnungen in Kraft, die er als Entheiligung verurteilte[8].
Seitdem galt jener ihm als »Frevelpriester« und alle, die sich am
Tempelkult beteiligten, als Frevler. Alle, die ihm darin zustimm-
ten aus der Oppositionsschicht der Frommen, sammelte er um
sich als »Einung« der wahrhaft Gesetzestreuen. Daraus entstand
eine radikal exklusive Gemeinschaft, die sich allein an die Toralehre ihres Gründers hielt und nach einer eigenen Ordnung zu-
sammenlebte, die streng nach der Tora der militärischen Ordnung
Israels in der Wüstenzeit entsprach (Ex 18,21f.; Num 1–2; 1QM).
Denn nachdem der Tempel zum Frevelort geworden war und die
Gerechten nur noch die Tora hatten, war das wahre Israel wieder
in die Zeit seines Anfangs zurückgeworfen; und das war ein Zeichen, daß nun die Endzeit nahe bevorstand: die Zukunft des Gerichts über die der Sünde verfallene Majorität Israels und der ewigen Heilsvollendung für die Schar der treu Gebliebenen. Bis zum
Anbruch dieser Endzeit galt es, in der Gemeinschaft der Gerechten die Tora in allen Einzelheiten radikal zu erfüllen und sich von
allen Sündern kompromißlos abzusondern und fernzuhalten. Zu
den Sündern zählten für sie auch die Pharisäer, unter deren Führung der andere Teil der Frommen weiterhin am Tempelkult teilnahm und die neue makkabäische Führung zunächst grundsätzlich
anerkannte (s. oben).

---

8 Der entscheidende Grund der Kritik war die Einführung des in der hellenistischen Umwelt überall gebrauchten Mond-Kalenders für den Tempel durch
den makkabäischen Hohenpriester Jonathan. Diesen Kalender verurteilte der
Lehrer der Gerechtigkeit deswegen als torawidrig, weil er nicht – wie der in Israel traditionell geltende Sonnen-Kalender – die Wochen-Einheit der Schöpfung nach Gen 1 zugrunde legte und damit vor allem das zentrale Gebot der
Heiligung des Schabbattages behinderte. Vgl. dazu *H. Stegemann*, Essener,
231ff. Zur Bedeutung des Schabbat als des entscheidenden Aspekts der Kalen-
derordnung (und damit der Ordnung des gesamten Weltalls) vgl. Jub und äth
Hen 93; 91,12–17.

Nach dem Urteil einer wachsenden Mehrheit in der Qumranforschung
ist die Gruppe um den »Lehrer der Gerechtigkeit« mit den bei Philo und
Josephus beschriebenen *Essenern*[9] zu identifizieren. Doch das scheint
nur dann plausibel, wenn man von der verbreiteten Hypothese abrückt,
der »Lehrer der Gerechtigkeit« sei mit seiner ganzen Gruppe aus Jerusalem ausgezogen, um fortan in Qumran am Rande der judäischen Wüste
zu leben[10]. Die Siedlung in Qumran ist aber erst nach 100 v.Chr. gebaut
worden – und zwar als zentrale Schreibwerkstatt zum Kopieren der
Schriften, die für die Bildung der Gemeinschaft in der Zeit vor dem Ende notwendig waren, voran der Tora, der Propheten und der Psalmen
und ihrer ›richtigen‹ Auslegung[11]. Nach Philo und Josephus haben die
Essener nicht in der Wüste gelebt, sondern in Jerusalem, wo sie ein eigenes Viertel bewohnten, und in anderen Städten in Judäa. Die Stellen,
an denen von der Wüste die Rede ist (1QS 8,13f.; 9,19), sind Zitate von
Jes 40,3 und auf das Torastudium bezogen, also nicht als Hinweis auf einen Auszug aus Jerusalem in die Wüste zu verstehen[12]. Die Bestimmungen für die Ordnung des Zusammenlebens in 1QSa und CD passen viel
besser für diese Wohnorte als für ein zentrales »Kloster« in Qumran.

2.4   Die römische Herrschaft und Herodes der Große

Eine neue Epoche brach mit der römischen Herrschaft über Palästina an[13]. Die römischen Machthaber hielten sich zwar in der
Verwaltung der von ihnen eroberten Gebiete an die Grundregel,
die religiösen Institutionen und Traditionen der verschiedenen
Völker unangetastet zu lassen. Um so mehr waren sie darauf bedacht, die politischen Führungspersonen von Rom aus selbst einzusetzen und diese durch ihre Verwaltungsorgane im Land genau
zu kontrollieren. Durch diese persönliche Abhängigkeit ergab sich
von selbst deren Vertrautheit mit römisch geprägter hellenistischer Lebensart.
Nach den Wirren der persönlichen Machtkämpfe der verschiedenen
Imperatoren beendete Octavius die Herrschaft der Hasmonäer und
trennte hinfort zwischen dem Hohenpriester mit seinen religiösen
und rechtlichen Befugnissen und den von ihm persönlich einge-
setzten politischen Herrschern. Der erste von diesen mit dem Rang

---

9   Vgl. vor allem Philo, Quod omnis probus liber 75–91 (Cohn/Wendland VI,
21–26); JosBell II,119–161 (Michel/Bauerndfeind 204–213); Hippolyt, Refuta-
tio IX,18–28.
10   Vgl. repräsentativ dafür z.B. *H. Köster*, Einführung, 243ff. Eine gute
Übersicht über die verschiedenen Positionen in der Qumranforschung bis zur
Mitte der 80er Jahre bietet *P.R. Cuttaway*, History.
11   Dazu vgl. *H. Stegemann*, Essener, 53ff.
12   So das Urteil von *H. Stegemann*, ebd., 194ff. mit einleuchtender Begründung.
13   Dazu vgl. *H. Köster*, Einführung, 401–417.

eines Königs von Judäa war Herodes der Große (31–4 v.Chr.)[14]. Da
er als Idumäer kein vollgültiger Jude war, sahen die Juden ihn nicht
als einen der Ihrigen, obwohl es ihm gelang, seinen Herrschaftsbereich nach und nach auf das ganze Gebiet des alten Davidreichs
zu erweitern, und obwohl er sich bemühte, von den Juden als För-
derer der Torabewahrung und durch den prachtvollen Neubau des
Tempels als neuer Salomo anerkannt zu werden. Er selbst und sein
Clan lebten jedoch in ihrem eigenen Bereich in hellenistischer Herr-
scherpracht. Durch seine zunehmende Selbstisolierung zog Herodes sich immer mehr Verachtung und Haß der Frommen und die
ausgesprochene Reserve der jüdischen Führungsschicht zu.

Nach seinem Tod entlud sich diese Spannung in Unruhen durch
das ganze Land hindurch, die der römische Legat Quintilius Varus
nur durch die Entsendung mehrerer Legionen unterdrücken konnte. Als Reaktion darauf verbreitete sich die Erwartung eines wahrhaft davidischen, gerechten Messiaskönigs in weiten Teilen der
Bevölkerung. Dieser werde in Gottes Auftrag und Vollmacht das
Land von der Herrschaft der römischen *gojim* befreien und endlich Israel als das Bundesvolk Gottes in Gesetzesgerechtigkeit
wiederherstellen[15]. Die drei Söhne des Herodes, unter die der römische Kaiser dessen Reich aufteilte[16], fanden noch weniger Anerkennung und Achtung als ihr Vater.

2.5   Herodes Antipas

Von diesen drei Herodessöhnen ist für uns allein Herodes Antipas
(4 v.Chr. – 39 n.Chr.) von Interesse[17]. Denn zu seinem Herrschaftsbereich Galiläa und Peräa gehörten sowohl der Ort des Taufwir-
kens Johannes des Täufers am Jordan als auch das Gebiet des Wirkens Jesu im Umkreis des nordwestlichen Ufers des Galiläischen
Sees. Johannes, den Prediger der Umkehr, hat er gefangengesetzt
und ermordet, weil dieser ihn wegen seiner ehebrecherischen und
torawidrigen zweiten Heirat mit seiner Nichte Herodias öffentlich als Gesetzesbrecher angeklagt hatte[18]. Jesus wollte er später

---

14   Dazu vgl. *A. Schalit*, Herodes.
15   Ein repräsentatives Zeugnis dafür ist PsSal 17. Die Namen der verschiedenen Männer, die im Verlauf des 1. Jahrhunderts n.Chr. als Messias aufgetreten sind, stellen *G. Theißen / A. Merz*, Jesus, 139 zusammen. Daneben hat es eine
rein theokratische Erlösungserwartung gegeben, von der vor allem der Aufstand des Judas Galilaeus (6 n.Chr.) bestimmt war; vgl. ebd., 140f.
16   Dazu vgl. *H. Köster*, Einführung, 406ff.
17   Dazu vgl. *H.W. Hoehner*, Herod.
18   Vgl. die verschiedenen Berichte in Mk 6,14–19 und bei JosAnt 18,116–
119; Texte bei *G. Theißen / A. Merz*, Jesus, 176f.

ebenfalls verhaften (Lk 13,31–33), doch konnte sich dieser rechtzeitig in Sicherheit bringen[19].
Antipas herrschte nach dem Vorbild seines Vaters. Er suchte zwar wie dieser ein gutes Verhältnis zu den Pharisäern als den führenden Autoritäten in Galiläa. Doch seine Neigung zu hellenistischer Lebensweise bestimmte nicht nur das luxuriöse Leben in seinen Palästen, sondern auch seine Politik. Als seine Hauptstadt baute er zuerst Sepphoris (in der Nähe von Nazaret) und später Tiberias (20 n.Chr.); Tiberias ließ er zudem teilweise torawidrig auf Grabstätten errichten und zu einer hellenistischen Polis ausbauen. Dadurch brachte er die jüdische Bevölkerung gegen sich auf. In Tiberias siedelten sich weitgehend nur Nichtjuden an, von Juden wurde die Stadt gemieden. Wegen der Verstoßung seiner ersten Ehefrau, einer nabatäischen Prinzessin, zog Antipas sich die Feindschaft des mächtigen arabischen Nachbarkönigs Aretas zu. Aus Grenzstreitigkeiten entstanden mehrere Kriege, in denen Antipas schließlich entscheidend geschlagen wurde, so daß der syrische Statthalter eingreifen mußte. Antipas wurde von Kaiser Caligula abgesetzt und nach Gallien verbannt (39 n.Chr.). An seiner Stelle wurde sein Neffe Agrippa Landesfürst (37–44 n.Chr.), der mit Caligula befreundet war und deshalb später den gesamten Herrschaftsbereich Herodes' des Großen zugesprochen bekam.

2.6   Pontius Pilatus

Weil der in Judäa, Samaria und Idumäa eingesetzte Herodessohn Archelaus durch seine Art zu regieren erhebliche Unruhen anrichtete, wurde er im Jahre 6 n.Chr. vom römischen Kaiser abgesetzt und verbannt. Sein Gebiet kam nun direkt unter römische Verwaltung, der ein Prokurator vorstand, der in Caesarea residierte und dem syrischen Legaten unterstellt war. Gegen die damit verbundene Einrichtung eines Besteuerungssystems (»census«) kam es zu heftigen Unruhen unter der gesamten jüdischen Bevölkerung, weil man in Israel bisher nur die Tempelsteuer kannte und daher die neuen Abgaben an die römische Besatzungsmacht als gesetzwidrige Konkurrenz empfand. Ein Aufstand unter Judas Galilaeus wurde blutig niedergeschlagen. Dadurch verbreitete und vertiefte sich die antirömische Stimmung und nahm während der nächsten Jahrzehnte ständig zu.
Der 26 n.Chr. ernannte Prokurator Pontius Pilatus regierte mit antijüdischem Affekt und entsprechend fehlender politischer Sensibilität. So ließ er seine Soldaten in Jerusalem mit römischen

---

19   Dazu *U. Wilckens*, Theologie I/2, Kap. VIII.1.2.

Standarten aufmarschieren, womit er das Bilderverbot der Tora
verletzte und so heftige Unruhen auslöste, daß er die Feldzeichen
zurückziehen mußte, um einem akut drohenden Aufstand zuvor-
zukommen. Auch der Bau eines römischen Viadukts (zur Wasser-
versorgung) erregte die Bevölkerung. Jetzt entstand ein Aufstand,
den Pilatus blutig unterdrückte. Statt die Motive des jüdischen
Unwillens zu verstehen und zu respektieren, witterte er bei jeder
Unruhe gleich Rebellion und reagierte mit brutaler Härte, die er
mit Zeichen des Verständigungswillens leicht hätte vermeiden können. Lk 13,1 wird ein solcher Fall in Galiläa erwähnt, Zum Gesamtbild seiner höchst ungeschickten Amtsführung paßt es, daß
er Jesus ohne Umschweife zur öffentlichen Hinrichtung am Kreuz
verurteilte, nachdem ihm dieser vom Hohenpriester als terrori-
stischer Messiasprätendent übergeben worden war. Als er einen
Aufstand in Samarien in brutaler Überreaktion im Blut ertränkt
hatte, wurde er 36 n.Chr. endlich abberufen.
Doch auch der Kaiser Caligula hatte einen antijüdischen Affekt. Er
erließ 39 n.Chr. den Befehl, sein Standbild im Jerusalemer Tempel aufzustellen. Der syrische Legat, der selbst in die Stadt kam, um
diesen heiklen Auftrag auszuführen, ließ sich von dem Herodesen-
kel Agrippa dazu bewegen, davon Abstand zu nehmen. So konnte
eine akut drohende allgemeine Volkserhebung gerade noch einmal verhindert werden. Nach dem Tod Caligulas erließ sein Nachfolger Claudius auf dringendes Anraten Agrippas ein judenfreund-
liches Edikt, das die Wogen der Erregung endgültig glättete. Agrippa I. (41–44 n.Chr.), von Claudius als König über das jüdische
Gesamtgebiet eingesetzt, gab sich die größte Mühe, als gesetzestreuer König der Juden anerkannt zu werden. Die Hinrichtung
des Jesusjüngers Jakobus (Apg 12,1ff.) ist in diesem Zusammenhang zu sehen. Nach seinem frühen Tod herrschte sein Sohn Agrippa II. lange Zeit (44–100 n.Chr.), jedoch unauffällig und Rom
ergeben.

2.7 Der Krieg gegen die Römer und die Katastrophe Jerusalems

Trotz dieser Beruhigung durch das Claudius-Edikt hat in den folgenden Jahren die antirömische Stimmung in der jüdischen Bevölkerung ständig zugenommen[20]. Vor allem bildeten sich jetzt
ständige Widerstandsgruppen verschiedener Art und unter verschiedenen Führern, alle aber in fieberhafter Erwartung des unmittelbar bevorstehenden Einschreitens Gottes, der in einem heiligen Krieg endlich der ganzen heidnischen Frevelherrschaft ihr

20 Zum Folgenden vgl. *M. Hengel*, Zeloten.

gebührendes Ende bereiten und sich dazu charismatisch-militanter
Kriegshäuptlinge bedienen werde. Unter diesem Anspruch sind
messianische Gestalten aufgetreten und haben Männer ihr Unwe-
sen getrieben, die als Vollstrecker des Zorneseifers Gottes Gruppen von »Sikariern« (die ständig ein Schwert unter ihrem Gewand
verborgen mit sich trugen) oder von »Zeloten« (mit »Eifer für
Gott« Entflammte) anführten. Daraus erwuchs schließlich, in einer
Zeit politischer Schwäche der römischen Prokuratoren und Statthalter und vor allem auch im Verwaltungszentrum Roms selbst,
eine mächtige Volksbewegung, die nunmehr alle Schichten erfaß-
te und der sich schließlich sogar der Hohepriester anschloß. Die
Römer wurden tatsächlich aus Jerusalem vertrieben, anrückende
Truppen zweimal geschlagen. Erst als Kaiser Nero den bewährten
General Vespasian mit mehreren Legionen entsandte, war der Sieg
der Römer unvermeidlich. Im Jahr 70 n.Chr. kam es zu einer fürch-
terlichen Katastrophe. Alle Widerstandsnester in Galiläa wurden
niedergemacht. Danach wurde Jerusalem in blutigen Kämpfen
Stadtteil um Stadtteil erobert und einschließlich des Tempels in
Schutt und Asche gelegt. Die Juden, die nicht vorher geflohen waren (wie die judenchristliche Urgemeinde), wurden gefangenge-
nommen und im Triumphzug durch Rom geführt samt allen Schätzen des Tempels. Danach wurde Jerusalem als römische Stadt mit
dem Namen Aelia Capitolina neu aufgebaut. Juden durften nicht
mehr darin wohnen. Aber sie konnten es auch von sich aus nicht
mehr. Denn wie sollte man um den zum Trümmerhaufen gewordenen, entweihten Tempel herum wohnen, wie in dieser ganz und
gar heidnischen Stadt ein toragemäßes Leben führen können?

2.8   Das neue jüdische Zentrum in Jamnia und Tiberias

Die Führer der Frommen, pharisäische Toralehrer, voran Jochanan
ben Zakkai[21], sammelten sich in der Küstenstadt *Jamnia (Jabneh)*
und schufen dort einen provisorischen neuen Mittelpunkt des Judentums, das nun insgesamt ohne den Tempel, allein mit der Tora,
zu leben hatte. Deren endgültige Fixierung in den drei Teilen Tora – Propheten – Schriften war eine der nun vorrangigen Aufgaben. Zur Auslegung der Tora für einen Lebenswandel in Reinheit
und Gerechtigkeit konnte man auf Lehrtraditionen der vorangehenden Zeit zurückgreifen, aus der Schule Hillels und Schammais.
Allen gemeinsam war die Erkenntnis: Die Katastrophe Jerusalems
war als Strafe Gottes für Israels Sünden ernst zu nehmen. Nun galt

---

21 Zu R. Jochanan und den Anfängen der rabbinischen Schultraditionen vgl.
J. Neusner, Life.

es, durch neues, gründliches Bemühen um Erfüllung aller Gebote
der Tora in den Stand der Gerechtigkeit zurückzukehren. In diesem Zusammenhang wurden alle Gruppen ausgeschieden, deren
Lehren mit der Tora nicht übereinstimmten oder ihr gar wider-
sprachen. Dazu gehörten auch die Christen. Offenbar sind in dieser Zeit nach 70 viele Christen, vor allem wohl Judenchristen, für
das Leben unter der Tora zurückgewonnen worden. Jedenfalls ist
in dieser Zeit unter z.t. heftigen gegenseitigen Auseinandersetzungen die endgültige Trennung zwischen Synagoge und Kirche
erfolgt.
Noch zweimal hat es jüdische Aufstände gegen Rom gegeben:
116–118 n.Chr., nachdem der Kaiser Trajan einen Wiederaufbau
des Tempels in Jerusalem zuerst zugesagt, dann aber verboten
hatte; schließlich nochmals 132–135, nachdem Kaiser Hadrian im
Zuge des Aufbaus Jerusalems als römische Stadt einen Tempel für
den römisch-kapitolinischen Gott Jupiter errichten ließ. Dieser
Krieg endete nicht nur mit einer endgültigen Niederlage, sondern
mit einem radikalen Verbot der gesamten Toraobservanz. Erst
Antoninus Pius hat dieses Verbot so abgemildert, daß der *bet-din*
(»Gerichtshaus«), die Zentrale aller Toralehre, wieder zugelassen
wurde. Er konnte in der Stadt Tiberias neu errichtet werden. Hier
ist bis zum Beginn des 3. Jahrhunderts die erste Sammlung der
maßgeblichen Lehrtradition, die Mischna, entstanden. Daneben
gab es auch Kommentare biblischer Schriften (Midraschim). Von
nun an war das Judentum endgültig eine Religion der Heiligen
Schrift und der ihr entsprechenden Lebenspraxis (Halacha). Die
Hoffnung auf einen Wiederaufbau des Tempels mit seinen Opfern mußte sich nun auf die Zukunft richten – bis zum heutigen
Tag. Die großen Tempelfeste werden zwar weiter begangen und
sind für das jüdische Leben von zentraler Bedeutung – aber sie
werden in der Synagoge und zu Hause gefeiert.

2.9   Die jüdische Diaspora

Der Überblick über die Geschichte des Judentums schließt mit einer Orientierung über die *jüdische Diaspora*. Seit dem babylonischen Exil lebten Juden in zusehends größerer Zahl überall in der
Welt.
Der bedeutendste Diasporaort ist *Babylon* geblieben. Dort gab es
schon früh eine Schultradition der Toralehre, die die der Jerusalemer wesentlich beeinflußt hat, vor allem in der Zeit nach 70 n.Chr.
Es war der hebräische Text der babylonischen Judenschaft, der in
Jamnia als der für alle Juden verbindliche Bibeltext festgelegt worden ist. Nach diesem hat Aquila seine neue griechische Überset-

zung angefertigt, die im Gegensatz zu der von den Christen gebrauchten Septuaginta als die legitime griechische Bibel der Juden
Geltung erlangt hat. Später ist auch der Babylonische Talmud –
im Unterschied zum Palästinischen – zur normativen Lehrgrund-
lage des Weltjudentums geworden.

Neben Babylonien ist *Ägypten* zum bedeutendsten jüdischen Zentrum des Diasporajudentums geworden. Dorthin war bereits nach
der Eroberung Jerusalems 587 v.Chr. eine Gruppe von Juden (mit
dem Propheten Jeremia: Jer 43) gezogen. Im 6. Jahrhundert gab
es in Elephantine (Oberägypten) eine Siedlung jüdischer Soldaten
mit einem eigenen Tempel. In der von Alexander dem Großen
gegründeten hellenistischen Stadt *Alexandria*, deren Bibliothek
zu den Weltwundern zählte und die zu einem Gelehrtenzentrum
geworden ist, wohnten viele Juden. Während der Ptolemäerherr-
schaft über Palästina pflegten sie rege Beziehungen zu Jerusalem,
die auch danach nicht abgerissen sind. Die griechische Bibelüber-
setzung der LXX ist hier entstanden[22]. Jüdische Gelehrte wie vor
allem Philo bemühten sich darum, das älteste Gesetz der Welt in
seinem tiefen Sinngehalt philosophisch Gebildeten zugänglich zu
machen. Von Alexandrien aus sind viele jüdische Siedlungen entstanden, sowohl auf Kreta und in der Inselwelt der Ägäis als auch
in der Cyrenaica. Einflußreiche Verbindungen hatte die alexandri-
nische Judenschaft überall dorthin sowie auch zu den Juden in
Kleinasien und in Rom.

Zahlreiche jüdische Gemeinden gab es in den Städten an der *phö-
nikischen* Küste, in der syrischen Hauptstadt *Antiochia*[23] und in
vielen Städten Kleinasiens[24] sowie auch Mazedoniens und Grie-
chenlands. Das gewann dann große Bedeutung für die urchristliche Mission. Überall in den Städten hatten sich viele interessier-
te Nichtjuden um die jüdischen Synagogen gesammelt, an die sich
besonders Paulus gewandt hat und die dann den Kern der von
ihm gegründeten Gemeinden bildeten.

---

22   Der Aristeasbrief (2. Jahrhundert v.Chr.) schildert das Inspirations-Wun-
der ihrer Entstehung: Ptolemaios IV. Philadelphos (284–247) habe den Jerusalemer Hohenpriester um die Entsendung von 72 Toragelehrten mit guten Grie-
chisch-Kenntnissen gebeten, die in 72 Tagen das Buch des Gesetzes der Juden
übersetzt hätten, unabhängig voneinander, aber mit dem Ergebnis seines völlig
übereinstimmenden Wortlauts! Diese Legende sollte die Gelehrtenwelt Alexan-
drias von der Fehllosigkeit der griechischen Bibel beeindrucken. Tatsächlich
ist die LXX eine in Alexandrien angefertigte Übersetzung des in der dortigen
Judenschaft gebrauchten hebräischen Textes, der sich von dem der Jerusalemer
nicht unerheblich unterscheidet. Dazu vgl. *M. Hengel*, Septuaginta, 34–127.
23   Vgl. *M. Hengel*, Der vorchristliche Paulus, 274ff.
24   Vgl. *T.R. Trebilco*, Jewish Communities.

Nach *Rom* kamen während des 2. Jahrhunderts v.Chr. viele Kriegsgefangene als Sklaven, die danach als »Freigelassene« (libertini) in
der Hauptstadt des Imperiums geblieben sind. Im 1. Jahrhundert
n.Chr. ist die römische Judenschaft stark angewachsen. 13 Synagogen sind durch Ausgrabungen gefunden worden und mehrere
jüdische Katakomben[25].

3   Grundzüge jüdischer Frömmigkeit zur Zeit des Urchristentums

3.1   Tora und Tempel

Aus dem Überblick über die Geschichte des Judentums in der hellenistischen und römischen Zeit ergibt sich zunächst ein Grundunterschied zwischen der inneren Situation von Juden und Nichtjuden:
Jeder Jude, an welchem Ort der Welt auch immer, wußte sich als
Glied seines Volkes fundamental geborgen, weil das jüdische Volk
das erwählte Eigentumsvolk des Gottes Israels ist und er in dieser
Zugehörigkeit zum Gottesvolk eine vollkommen glückliche Heimat besitzt: »Selig sind wir, Israel! Denn was Gott wohlgefällt,
ist uns bekannt!« (Bar 4,4) – in dieser Seligpreisung findet das
Grundgefühl jedes Juden seinen repräsentativen Ausdruck. Mit der
Gabe des Gesetzes als der untrüglichen Urkunde des ewigen Bun-
des Gottes mit seinem Volk hat jeder, der sein Leben nach den
Geboten dieses Buches führt (Bar 3,36 – 4,1), am wahren, voll-
kommenen Leben teil, weil er an Gott teilhat, dem Schöpfer des
Lebens. Mit diesem Ur-Wissen verbindet sich zugleich der wesentliche Unterschied zu allen *gojim*: »Gib keinem anderen deine
Herrlichkeit noch dein Glück einem fremden Volk!« (4,3).
Beides stimmt hier also zusammen: Der einzelne Jude ist fest eingebunden in die Gemeinschaft seines *Volkes* und in dessen Zuge-
hörigkeit zu *Gott*. Das gilt auch für die in der Diaspora lebenden
Juden. Kein Jude ist jemals mit sich selbst allein, so entfernt und
vereinzelt er auch leben mag. Denn die *Volks*gemeinschaft der Juden ist zutiefst religiös fundiert: Israel ist *Gottes* Volk. Und weil
der Gott Israels der einzig-eine, der allein wahre Gott ist, hat die
Volksgemeinschaft Israels einen entsprechend unzerstörbaren
Grund und einen absolut exklusiven Charakter. Zwar ist der Gott
Israels der Schöpfer der Welt und also auch der Herr aller Völker.
Aber unter ihnen hat Israel sozusagen ein ewig-gültiges Erstge-
burtsrecht. Keine andere Volksgemeinschaft *kann* darum so fest
gegründet und so unerschütterlich sein wie die der Juden. In der

---

25 Dazu vgl. *W. Wiefel*, Gemeinden, 65–88; *P. Lampe*, Christen.

weiten Welt des Hellenismus, in der sich die Volkszugehörigkeiten vielfach auflösten und für die Menschen ihre Individualität sozusagen ungleich näherlag als ihre ethnische Herkunft, war dieses Heimatwissen der Juden, diese tiefe Geborgenheit jedes auch noch so als Individuum lebenden Juden in der Gemeinschaft seines Volkes zweifellos etwas auffallend Besonderes.

Die Verbundenheit mit Gott in der Einbindung in sein Bundesvolk hatte zwei Zentren: den *Tempel* in Jerusalem, der heiligen Stadt Gottes und der Mitte Israels, und die *Tora*, um die sich die Juden in ihren lokalen Synagogengemeinschaften sammelten. Der Tempel war Gottes Wohnstatt auf Erden, die Tora Gottes Weisung für den Lebensweg jedes Einzelnen.

So verschiedenen Charakter diese beiden Zentren Israels hatten, so übereinstimmende Bedeutung hatten sie für die Juden jener Zeit. Durch die Bewahrung der Gebote blieb der einzelne Fromme auf dem Wege der Gerechtigkeit. Die Tora schützt vor Verfehlungen auf diesem Weg, vor den Abwegen in Sünde und Unreinheit. Die Opfer des Tempels befreien und reinigen von Sünde. Diese »Sühne«wirkung der Sündenvergebung war in der nachexilischen Zeit zur wichtigsten Funktion aller ursprünglich verschiedenen Opferhandlungen geworden[26]. Unter den großen Jahresfesten wurde entsprechend der Große Versöhnungstag (*jom-hakkippurim*) zum Hauptfest, zu dem vor allem Juden aus allen Weltgegenden nach Jerusalem pilgerten[27].

3.2 Gerechte und Sünder in Israel

Daß das Leben Israels der *Sündenvergebung* dringend bedurfte, war seit der Predigt der Propheten zentrales Thema. Da alles sündige Tun unheilvolle Rückwirkungen auf das Leben des Täters hat, verbindet sich mit dem *Unrecht*charakter der Sünde dieser entscheidende *Unheils*aspekt der Lebensschädigung, ja in schweren Fällen der Lebensvernichtung. Wir haben gesehen, wie seit der Zeit der Makkabäerkämpfe das Thema von Sünde und Abfall zentrale Bedeutung gewonnen hat: Die Grenze zwischen Gerechten und Frevlern, Gesetzestreuen und Abtrünnigen, Heilszugehörigen und Verlorenen zog sich nun offenkundig mitten durch Israel hindurch. Es war nun nur noch ein Teil Israels, der Gott und seinem Gesetz die Treue hielt. Viele machten mit den Heiden gemeinsame Sache, die nun überall im Lande, und selbst in Jerusalem, in unmittelbarer Nähe wohnten und Unreinheit verbreiteten. In

---

26 Dazu vgl. *R. Rendtorff*, Studien, 245–250.
27 Dazu vgl. *Sh. Safrai*, Wallfahrt.

der Zeit der Römerherrschaft verdichtete sich dieses Problem. Immer mehr wurde die Gesetzesbewahrung zu einer Sache des persönlichen Bekenntnisses, zum Anliegen radikal-frommer Gruppen; und immer öfter mußten für die Geltung der Tora und für die Reinigung des Tempels Leib und Leben eingesetzt werden.
Gewiß blieb die Erwählung Israels heilsgeschichtliche Grundgegebenheit. Und daß Gott sein Volk von aller Fremdherrschaft befreien und endgültig von allem Frevel erlösen wird, ist eine Hoffnung, die mehr und mehr zu einer endzeitlichen Erwartung wurde und sich unter den Frommen in Israel verbreitete. Aber daß dieses Endheil nicht allen Juden, sondern nur den Gerechten unter ihnen zuteil werden wird, weil viele zu Frevlern und Abtrünnigen geworden und aus der Heilsteilhabe des Gottesvolkes herausgefallen sind, trat in der eschatologischen Erwartung immer mehr hervor. Von Gottes Endgericht werden nicht nur Heiden, sondern auch viele Juden betroffen sein. Und statt von der Erlösung des ganzen erwählten Gottesvolkes war immer häufiger von der Heilsteilhabe nur der »auserwählten Gerechten« die Rede.
Diese *Individualisierung* der Heilserwartung hat ihre Wurzel bereits in der Verkündigung der Propheten der Exilszeit, die das bislang auf das Volk Israel bezogene Geschichtsbild so zu differenzieren begonnen haben, daß darin auch die Regelung individueller Gerechtigkeit einen wichtigen Platz finden konnte: Der Zusammenhang von Sünde und Unheil verwirklicht sich im Leben jedes Einzelnen: »Nur der, der gesündigt hat, wird sterben« (Ez 18,20ff; vgl. Dtn 24,16). Diese Regel gilt später im Blick auf das künftige Endgericht generell: Die Heilsgemeinde der Erlösten wird nur aus denjenigen aus dem erwählten Gottesvolk bestehen, die als Gerechte befunden werden. Alle Sünder werden der Vernichtung ihres Lebens anheimgegeben, die sie sich durch ihre Sünden selbst erwirkt haben. So hält Gott in seinem Endhandeln an seiner Bundesverheißung fest, daß seine Erwählten vollkommenes Leben empfangen werden. Daß die Frevler daran nicht teilhaben werden, haben sie sich selbst zuzuschreiben. Steht doch nach demselben Prinzip individueller Gerechtigkeit dem Sünder, solange er lebt, die Umkehr zu Gott und die Rückkehr zum Lebensweg der Gebotserfüllung durchaus offen (Ez 18,21–23; vgl. Bar 4,1f.).

3.3   Umkehr zur Tora als Ziel pharisäischer Volkserziehung

Entsprechend zielte die Protestbewegung der *chasidim* auf solche *Umkehr* und sah in der Wiederherstellung von Tempel und Toraobservanz ihr Ziel erreicht. Das Anliegen der pharisäischen Gesetzeslehrer zur Zeit Jesu dürfte in die gleiche Richtung gezielt ha-

ben: möglichst viele der galiläischen Landbewohner zu einem der
Tora entsprechenden Wandel zu bewegen und zu erziehen, um sie
vor einer Angleichung an die Lebensart der Heiden zu bewahren
und von den Sündern, die das taten, abzusondern. Die im Buch
der »Psalmen Salomos« gesammelten Lieder, die aus der ersten
Hälfte des 1. Jahrhunderts v.Chr. stammen, sind repräsentativ für
dieses pharisäisch geprägte Bild eines Israel, das sich durch die
Römerherrschaft von seinem Gott gezüchtigt, aber durch Gottes Gnade zur Umkehr von seinen Sünden berechtigt weiß. Nun
kommt alles darauf an, daß in jedem Haus Gerechtigkeit wohnt
und alle Sünden getilgt werden (3,6–8; 9,6ff.; 13,9ff.; 16,1ff.;
14,1–5; vgl. 6,4–6). Doch es gibt in Israel auch Frevler, die sich
den Römern anbiedern und in ihren Häusern Sünde auf Sünde
häufen: Diese gehen ihrer Vernichtung in Gottes Gericht entgegen; und dann ist es zur Umkehr zu spät (3,9ff.; 4,1ff.; 12,1ff.;
14,6ff.).

3.4   Der Tempel als zentraler Ort der Sündenvergebung

Nun war der zentrale Ort der Sündenvergebung *der Tempel* in
Jerusalem. Nur hier wurde die Schuldrealität der Sünden Israels –
wie auch der des einzelnen Israeliten – durch Sühnehandlungen
getilgt, in denen Gott, stellvertretend für das todverfallene Leben
der Sünder, das Blut von Tieren (als Element ihres Lebens: Lev
17,11) annimmt und die Sünder von der Last ihrer Schuld befreit.
Das liturgische Zentrum all dieser Sühnehandlungen ist das jährli-
che Hochfest des Versöhnungstages (*jom-hakkippurim*). »Einmal
im Jahr sollen die Israeliten von allen ihren Sünden entsühnt werden« (Lev 16,34).
Scheinbar unabhängig vom Kult sind Rituale bezeugt, in denen
Israel nach einem ausführlichen Sündenbekenntnis vor Gott (Exhomologese) um Vergebung durch Gottes Erbarmen bittet (vgl.
besonders Neh 9; Dan 9). Daß Gott dieser Bitte entspricht, wird
hier überall vorausgesetzt. Wahrscheinlich ist jeder Vollzug von
Umkehr so vorzustellen, wie jene exhomologetischen Rituale beschrieben werden. Dort ist von kultischen Sühnehandlungen nirgendwo die Rede. Gleichwohl ist es schwerlich denkbar, daß diese
beiden Rituale der Sündenvergebung völlig unverbunden und be-
ziehungslos nebeneinander bestanden haben. Es ist vielmehr anzunehmen, daß das kultische Ritual der Vergebung aller Jahres-
sünden Israels am Versöhnungsfest alle örtlichen Gebetsrituale
exhomologetischer Art repräsentativ zusammenfaßte. Nur weil
Gott dort, an der Stätte seiner Gegenwart, seine Vergebung in
kultischer Wirklichkeit Jahr für Jahr gewährte, konnte hier voraus-

gesetzt werden, daß er jedes aktuelle Schuldbekenntnis annahm und die Bitte um Vergebung erfüllte. Hier wie dort allerdings ist die eigentliche Voraussetzung der Vergebungsgewißheit die Ur-Wirklichkeit des »Daseins« Gottes für sein erwähltes Volk, wie sie in der Offenbarung seines Namens in Ex 34,6 genannt ist: »barmherzig, gnädig, langmütig, reich an Güte und Treue.«

Nur so ist überhaupt zu verstehen, daß der Jerusalemer Tempel so selbstverständlich von allen Juden bis zum entferntesten Ort der Diaspora als die heilige Mitte Israels anerkannt und verehrt worden ist. Heilig ist der Tempel, weil der heilige Gott dort inmitten seines Volkes seine irdische Wohnstatt hat. Heiligend ist er, weil Gott hier Reinigung und Vergebung wirkt. Je tiefer die frommen Juden der Zeit Jesu Israel in Sünde verstrickt sahen, um so notwendiger war das Wissen um das Wunder der Gegenwart der Vergebungsbarmherzigkeit Gottes im Tempel zu Jerusalem und um so gewichtiger die Bedeutung der Existenz dieses heiligen Ortes für das *Leben* Israels.

In diesem Sinne gehören *Tempel und Tora*, Umkehr zum Weg der Erfüllung der Gebote und Sühne zur Vergebung der Sünden, zutiefst zusammen. Die Katastrophe der Zerstörung des Tempels im Unheilsjahr 70 n.Chr. war nicht deswegen für das rabbinische Judentum zu bewältigen, weil bereits lange vorher Tora und Synagoge das jüdische Leben vor Ort faktisch allein bestimmt und des Tempelkults nicht wesentlich bedurft hätten. Vielmehr war dies nur deswegen möglich, weil die kultischen Bestimmungen der Tora in der rabbinischen Gesetzeslehre mit der gleichen Sorgfalt weiterüberliefert wurden, auch ohne die Existenz des Tempels, in dem sie bis zu seiner Zerstörung Anwendung gefunden hatten, wie man die Gebote der Tora für den Lebenswandel auslegte und deren Anwendung kontrollierte. Das Verbindungsglied zwischen den kultischen und den sittlichen Geboten waren die rituellen Reinheitsgebote. Diese hatten ihre Wurzel in den Bestimmungen über die Reinheit der Priester und des übrigen Tempelpersonals. Und sie gewannen ihre gewichtige Bedeutung in der pharisäischen Gesetzesauslegung, weil es das Ziel der Pharisäer war, daß alle Israeliten an der priesterlichen Reinheit teilhaben sollten, die der Heiligkeit des Tempels entsprach.

3.5 Radikalisierung der Toragerechtigkeit in der essenischen Gemeinschaft

In anderen Gruppen des Judentums jener Zeit hat das Problem der Sünde Israels zu radikaleren Konsequenzen geführt. Die *Essener* haben, wie gesagt, nicht nur mit der Jerusalemer Führung

gebrochen und den Hohenpriester zu einem »Frevelpriester« erklärt, sondern überhaupt das ganze Volk Israel als Ansammlung
von Sünde durch und durch. Allein ihre eigene Gemeinde sahen
sie als »Einung« des wahren Israel, in der *alle* Gebote der Tora
anerkannt und in der Praxis des gemeinsamen Lebens vollständig
erfüllt werden. Und dies wiederum ist ganz und gar ein Werk der
Gnade und Barmherzigkeit Gottes, denn jedes einzelne Mitglied
ihrer Gemeinde war vor seinem Eintritt selbst der Sünde verhaftet
und ist nach jahrelanger genauester Überprüfung und zweijähri-
ger Probezeit durch einen Akt radikalen Sündenbekenntnisses
und totaler Umkehr zur Tora in die Gemeinschaft aufgenommen
worden (1QS 1,18–2,4; 5,1–10; CD 2,2–5; vgl. 1QH 3,19ff.; 4,
31ff.; 9,8ff.; 11,15ff.; 14,8ff.). Hier ist die oben beschriebene
Tradition der Exhomologese in einer bislang unerhörten Weise
vertieft, ja geradezu absolutiert worden. Denn zur regulären Liturgie der Gemeinde gehören das immer wiederholte Sündenbekenntnis und der Lobpreis der aktuellen Barmherzigkeit Gottes,
der jeden Einzelnen immer neu begnadigt. Die Gemeinde als ganze stellt sich so dar als Gemeinschaft von aus Gnade gerechtfertig-
ten Sündern.
Dieser Charakter der Gemeinde unter dem Aspekt der Tora-*Gerechtigkeit* verbindet sich nun aufs engste mit der Funktion dieser
Gemeinde als Ersatz für den entweihten *Tempel* in Jerusalem[28].
Daraus folgt, daß alle ihre Mitglieder in extrem perfekter kul-
tisch-ritueller *Reinheit* zu leben haben und ständiger Reinigung
durch rituelle Waschungen vor jedem Gottesdienst bedürfen. So
ist die essenische Gemeinde als Gemeinschaft von Gerechten in ra-

---

28   In der sog. Tempelrolle (11QT; deutsche Übersetzung von J. Maier) wird
das ganze System der Heiligkeit beschrieben, die vom Allerheiligsten des Tempels aus in konzentrischen Kreisen ausstrahlt in dessen übrige Bezirke bis hin
zu allen Rechtsbestimmungen für das Leben des Volkes. Dieses ganze System
gilt als die wahre Ordnung und besteht darum einerseits in allen Einzelheiten
aus Bestimmungen der Tora, gibt sich aber andererseits selbst als Offenbarung
Gottes aus, die, an Ex 34 anschließend, den Gesamtbereich von Kult und Recht
aktuell-neu regelt. Ob dies ein voressenischer Text aus der Priesterschaft der
nachexilischen Zeit ist (so *H. Stegemann*, Essener, 137f.: »um 400 v.Chr.«) oder
aber ein Werk der essenischen Gemeinde, die ihr eigenes Verständnis der wahren Heiligkeitsordnung als schriftgemäß darlegt (so *J. Maier*, Tempelrolle, 11),
ist in der Forschung umstritten. Klar ist jedenfalls: Die Überlieferung dieses
Textes in der essenischen Gemeinschaft zeigt, welche zentrale Bedeutung die
Ordnung des gesamten Lebens Israels vom Innersten des Tempels aus für das
Selbstverständnis der essenischen Gemeinschaft selbst gehabt hat: Die getreue
Überlieferung dieser Ordnung ersetzt in der Zwischenzeit bis zum Ende den
durch Frevel entheiligten Tempel als Ort der Gegenwart Gottes inmitten seines
Volkes.

dikaler Gesetzeserfüllung zugleich eine Gemeinschaft von reinen Priestern. Das kann sie nur sein, weil sie als solche auf Erden zum wahren, himmlischen Heiligtum Gottes gehört und mit ihrem irdischen Gebetsgottesdienst teilhat am himmlischen Tempelgottesdienst der Engel[29].

Die Essener haben keinerlei missionarische Aktivität betrieben, um möglichst viele Israeliten zur Umkehr zur Tora in ihrem radikalen Sinne zu bewegen. Im Gegenteil, sie haben sich von allen Juden ihrer Umgebung strikt abgesondert und es ganz dem allwissenden Gott überlassen, welche Juden *er* zur Umkehr und zum Eintritt in die Gemeinschaft des wahren Israel bewegt, den die Essener von sich aus bewußt erschwert haben. Insofern hat *Johannes der Täufer* einen ganz eigenen Weg beschritten, als er durch seine *öffentliche Verkündigung* der Umkehr eine massenweise Bußbewegung in der jüdischen Bevölkerung ausgelöst hat[30]. Die Voraussetzung seines Wirkens jedoch stimmt mit der der Essener überein: daß *ganz Israel* der Sünde verfallen ist und dringend radikaler Umkehr bedarf, um im nahe bevorstehenden Gericht nicht zugrundezugehen.

3.6   Das Endgericht Gottes über alle Sünder als Thema apokalyptischer Enderwartung

Die Essener haben das Endgericht Gottes in nahe bevorstehender Zeit erwartet. Sogar dessen Termin haben sie durch intensives Schriftstudium errechnet[31]. Darin stimmt ihre Eschatologie mit der der *apokalyptischen Schriften* überein, vor allem mit der ältesten Apokalypse, dem Buch Daniel[32], dem eine zentrale Bedeutung bei der Entstehung der terminbezogenen Eschatologie der Essener zukommt.

In der Apokalyptik ist das Urteil über die Sünde ganz Israels dadurch nochmals radikalisiert worden, daß in ihrem Geschichtsbild die Erwählungsgeschichte Gottes mit Israel völlig ausgeblendet ist. Nur die Großmächte spielen hier noch eine Rolle, die nacheinander den Vorderen Orient beherrscht haben. Die einzige Gegenmacht, die ihnen allen überlegen ist, ist die Königsherrschaft Gottes selbst (Dan 2,44f.; 7,14.18.27). Zu der von Gott festgesetzten

---

29   Dazu vgl. bes. die Hymnen des essenischen Schabbat-Gottesdienstes 4Q 400–407 und dazu *A.M. Schwemer*, Gott, 47–76.

30   S. unten S. 96–100.

31   Vgl. dazu *H. Stegemann*, Essener, 173f. und zur Revision dieses Datums, nachdem sich der erste Termin als falsch erwiesen hatte, ebd., 180–182.185–187.

32   Zu Dan vgl. *K. Koch*, Reiche, 6f.

Zeit wird er sie alle besiegen und vernichten. Dann erst tritt Israel in den Blick – als das »Volk der Heiligen des Höchsten« (Dan 7, 27), das als solches den Engelwesen gleichen bzw. zugeordnet sein wird (Dan 7,18), wenn das ewige Reich Gottes anbricht, das im Gegensatz zu allen Reichen der Weltgeschichte einen menschengemäßen Herrschaftscharakter hat (Dan 7,14). Wie sich dieses endzeitliche Heilsvolk zum geschichtlichen Volk Israel verhält, bleibt undeutlich. Gesagt wird nur, daß der Jerusalemer Tempel entweiht und zerstört werden wird (Dan 8,13f.). Und die ausführliche exhomologetische Fürbitte des Propheten für sein sündiges Volk, das diese Katastrophe durch seine Sünden verschuldet hat (Dan 9, 4–19), findet Antwort in der Verheißung endzeitlicher Sühne nach siebzig Jahrwochen (9,24). Der einzige Grund dafür ist, daß Gottes Name über seiner Stadt und seinem Volk ausgerufen ist (9,19). Die Erlösung Israels von seiner Sünde ist also allein in der unergründlichen Barmherzigkeit Gottes begründet, die Gott ihm zu Anfang zugesprochen hat. Diese Zusage aber wird er erst am Ende der Zeiten einlösen. Eine Heilsgeschichte Gottes mit seinem Volk in irdisch-geschichtlicher Zeit gibt es nicht!
Dieses harte Bild differenziert sich in den *späteren Apokalypsen* nur in einer Hinsicht: Im geschichtlichen Israel gibt es eine Anzahl einzelner »auserwählter Gerechter«. Durch den Mund Henochs, des Patriarchen der Urzeit, der in den Himmel entrückt worden ist (Gen 5,24), wird ihnen als verborgenes »Geheimnis« exklusiv eröffnet, daß ihre gegenwärtigen Bedrängnisse unter der bösen Macht frevlerischer »Menschen« zu bestimmter Zeit ihr Ende finden werden. Nach dem Vollzug des Endgerichts über alle Frevler werden sie als Gerechte ein Leben in vollkommenem Schalom empfangen. Das ist so sicher wie die Elementar-Ordnungen der Schöpfung im himmlischen und irdischen Bereich (äthHen 2ff.). Ebenso sicher aber ist der endzeitliche Untergang aller Sünder, die sich in ihrem Aufruhr gegen Gott zu seiner Schöpfungsordnung in Widerspruch gesetzt haben (äthHen 5,4–6). Sünde erscheint hier als *Menschheits*sünde, die nach Gen 6 von bösen Engeln angestiftet worden ist, die deswegen in Gottes Endgericht ebenso gestraft und vernichtet werden wie alle von ihnen verführten Sünder (äthHen 6–36). Unter diesen Sündern befinden sich auch Sünder aus Israel (2,4) – aber die gehören völlig unterschiedslos zur Masse der sündigen »*Menschen*«. Nicht Israel als ganzes also wird gerettet werden, sondern allein die – wenigen – Israeliten, die sich als Gerechte bewährt und alle Gebote der Tora bewahrt haben. Nur diese sind es, die sich um den himmlischen »Menschensohn« sammeln und in seiner Nähe ewigen Schalom genießen dürfen (äthHen 62,14f.).

3.7   Die heillose Lage der Sünder nach der Esra-Apokalypse

In der *Esra-Apokalypse* (2. Hälfte des 1. Jahrhunderts n.Chr.)
steht Esra vor den Trümmern Jerusalems. Es ist deutlich, daß es
die Katastrophe des Zweiten Tempels im Jahre 70 n.Chr. ist, die
der Verfasser dieses Buches vor Augen hat – des theologisch
großartigsten Werkes, das die nachdanielische Apokalyptik hervorgebracht hat. Die tiefe religiöse Irritation seiner Generation
verarbeitet er, indem er den Esra des nachexilischen Neuanfangs
in einem Dialog mit Gott all die nach Antwort schreienden Fragen durchbeten läßt, die jetzt nach 70 n.Chr. aufbrechen. Dieser
Dialog beginnt mit der Theodizee-Frage: Was für Gründe hat
Gott für dieses so totale Unheil, das er über Israel hat hereinbre-
chen lassen – über das Volk, mit dessen Vätern er doch einen ewigen Bund geschlossen, das er aus Ägypten errettet und dem er auf
dem Sinai sein Gesetz gegeben hat (4Esr 13ff.)! Natürlich weiß
Esra, der Lehrer der Tora, daß jedes Unheil Folge von Sünde ist.
Das Problem, das ihn eigentlich beunruhigt, ist die *Sünde Israels*,
die ohne Zweifel der Grund der jetzigen Katastrophe ist. Er weiß
aus Gen 3, daß die Sünde auf Adam zurückgeht und so von Anfang an *allen Menschen* geradezu eingeboren ist. Alle haben »das
böse Herz«, aus dem das böse Tun hervorgeht. Dieses ist auch der
Keim, den alle Israeliten als Menschen in sich tragen. Warum
jedoch hat Gott dieses böse Herz nicht aus ihnen entfernt, als er
sie erwählte – wo er ihnen doch sein Gesetz gegeben hat, das anstelle des bösen Herzens der Keim der Gerechtigkeit in ihnen hätte werden können: Warum hat er statt dessen die Tora neben und
zugleich mit dem bösen Herzen in ihr Inneres gegeben, so daß
daraus die Sünde der Seinen aufgewachsen ist – statt der Gerechtigkeit (3,20–23)?
Darin verbirgt sich die Frage, ob nicht also in *Gottes* unergründli-
chem Willen die Ursache für die Sünde seines Volkes zu suchen
sei. Darauf läßt dieser sich selbstverständlich nicht ein – nicht nur,
weil kein Mensch Gottes Gedanken kennen kann und seine Pläne
auch nicht erfahren soll, sondern entscheidend deshalb, weil Gott
ja doch sein Gesetz als seine Heilsgabe an seine Erwählten gegeben und sie so in die Lage versetzt *hat*, im Tun des Guten zu verwirklichen, was als Keim des Guten in ihnen angelegt ist – und sich
so *als Gerechte* zu unterscheiden von *allen Menschen*, die von
Adam an aus dem bösen Keim Ungerechtigkeit und Frevel hervor-
bringen! Eben darin aber verbirgt sich für den Verfasser erneut
ein theodizeeartiges Problem im Blick auf die Situation seiner Gegenwart: Nach dem Verbot jeglicher jüdischer Religionsausübung
durch die Römer nach 70 n.Chr. liegt nunmehr das Gesetz selbst

danieder mit all seinen Satzungen für Leben und Kult Israels, während Gott die heidnischen Frevler, die die Tora außer Kraft gesetzt haben, siegen und blühendes Leben genießen läßt (4,23ff.)! Darauf lautet die Antwort: Der »Äon«, die ganze Menschheitsgeschichte, »eilt mit Macht zu Ende« (4,26). Und dieses Ende *wird kommen – wenn* die Zahl der Gerechten in Israel voll ist (4,36), und entsprechend auch das Maß der Sünden aller Frevler (4,37).

Hier nun bricht die Frage auf, die den Autor eigentlich und entscheidend bewegt: Wenn es *so* steht, was wird dann aus all den vielen *Sündern* in Israel? Müssen sie zusammen mit den Frevlern der ganzen Menschheit im bevorstehenden Gericht rettungslos zugrunde gehen? Oder gibt es nicht spezielle Möglichkeiten, das zu verhindern, weil sie ja doch Glieder des als Gottes Eigentumsvolk erwählten Volkes Israel sind? Das Ergebnis des diesen Fragenkreis schrittweise durcharbeitenden Gebetsdialogs mit Gott[33] ist zutiefst tragisch:

Das erste Ergebnis ist: Gott selbst kann und will nicht abweichen vom unveränderlichen Grundsatz seines Endgerichts: Nur die als gerecht Befundenen werden an der Heilsvollendung teilhaben. Daraus folgt:»Mögen lieber die meisten der Lebenden ins Verderben gehen, als daß Gottes Gebot und Vorschrift verachtet werde« (7,20). Darum wird am Tag des Gerichts »das Erbarmen vergehen und das Mitleid fern und die Langmut verschwunden sein« (7,33) – die Elemente des Namens Gottes nach Ex 34,6 also werden an den Sündern nicht zur Wirkung kommen! Was dort gezielt unvergleichbar nebeneinandersteht: Gottes nur kurzzeitiger Zorn und die hundertfach größere Zeit seiner Gnade (Ex 34,7), das wird hier zu einer tiefen, ewigen Kluft: »Die Grube der Pein« auf der einen Seite, »der Ort der Erquickung« auf der anderen (7,36). Der Verweis auf die erdrückend große Zahl der verlorenen Frevler gegenüber der kleinen Zahl von geretteten Gerechten hat einen falschen Aspekt: Aus Gottes Sicht sind die wenigen Gerechten unendlich viel mehr wert als die vielen Sünder (7,47ff.).

Das zweite Ergebnis ist für Esra selbst außerordentlich bedrückend: Auch seine prophetische Fürbitte für seine der Sünde verfallenen Brüder (8,20ff.) vermag an deren bevorstehendem Gericht nichts zu ändern. Selbst der Appell an jene Elemente des Namens Gottes nach Ex 34,6 (7,132–139) ist unberechtigt, eben weil Gottes Güte ja in der Gabe des Gesetzes zur vollen Auswirkung gekommen ist. Die Verantwortung aber, die Gott damit jedem Israeliten zumutet, ist unteilbar: »Ein jeder trägt ganz allein seine Ungerechtigkeit oder Gerechtigkeit« (7,105).

---

33   Auf den Gedankengang im einzelnen kann hier nicht eingegangen werden.

Daraus geht zugleich das dritte Ergebnis hervor, das als solches gar nicht mehr thematisch angesprochen wird, weil die deprimierende Antwort in allen Gottesreden zur Genüge sichtbar wird: Auch der Sünder selbst hat keinerlei Möglichkeit zur Umkehr. Eine Rechtfertigung von Sündern gibt es nicht und wird es nicht geben. Der Hinweis Esras: »Niemand ist der Weibgeborenen, der nicht gesündigt, niemand der Lebenden, der nicht gefehlt hat« (8, 35) und die Folgerung daraus: »Dadurch wird Deine Gerechtigkeit und Güte, Herr, offenbar, daß Du Dich derer erbarmst, die keinen Schatz an guten Werken haben« (8,36) zielen ins Leere. Was daran allein »richtig« ist, ist lediglich dies: »Wirklich will ich mich nicht kümmern um das, was die Sünder sich bereitet haben, um Tod, Gericht und Verderben, vielmehr will ich mich an dem erfreuen, was die Gerechten sich erwerben, an Heimkehr, Erlösung und Lohnempfang« (8,37–39). So bleibt Esra am Schluß nichts an Antwort auf all seine so eindringlich gestellten Fragen – lediglich die persönliche Zusage an ihn selbst: »Du bist selig vor vielen und hast vor dem Höchsten einen Namen wie wenige« (10,57). Der zu ihm zusammenströmenden Volksmenge vermag Esra nur die eine Zusage Gottes weiterzuverkünden, daß Gott die gegenwärtige Katastrophe nicht lange bestehen lassen werde und die Gerechten »nicht für immer vergessen« habe (12,46f.). Esra selbst will für sie beten »um Erbarmen für unseres Heiligtums Schmach« (12,48), das heißt: für den eschatologischen Neubau des Tempels. Sein prophetischer Auftrag für die kommenden Generationen besteht darin, alles, was Gott ihm in diesem Dialog offenbart hat, in seinem Herzen zu bewahren (14,8) und Gottes Gesetz neu niederzuschreiben, so daß die Verheißung wie die Drohung für jedermann deutlich ist: »Es gibt ein Gericht nach dem Tod, wenn wir zu neuem Leben gelangen; dort wird der Name der Gerechten kund, der Frevler Taten werden offenbar« (14,35)[34].

3.8   Zusammenfassung

Überschaut man diesen ganzen Zusammenhang, so ergibt sich ein tief widerspruchsvolles Bild. Einerseits weiß sich jeder Jude, an jedem Ort der Welt, als Glied des erwählten Gottesvolkes Israel

---

34   In charakteristischem Unterschied zu 4Esr behandelt die syrische Baruch-Apokalypse das Thema in traditioneller Weise: Die Zerstörung Jerusalems wird hier ganz als das Werk heidnischer Frevelherrscher gesehen. Die Gerechten des Volkes Israel werden getröstet durch die sichere Aussicht auf Gottes Strafgericht an jenen und auf ihre eigene Teilhabe an der endzeitlichen Heilsvollendung. Zur besonderen Problemstellung der Esra-Apokalypse gibt es eine Parallele in der Sedrach-Apokalypse. Dazu vgl. unten S. 192–194.

mit Gott so wesenhaft verbunden, daß es in dieser Zugehörigkeit
seine unverbrüchliche Heimat hat – im Unterschied zu allen »Heiden«. Seine Beschneidung ist das Siegel auf diesen Heilsstatus;
die Tora die Urkunde der untrüglichen Wahrheit des Heilswillens
Gottes; das Bekenntnis von Dtn 6,4f. das Amen darauf und die
Bewahrung der Toragebote dessen Konkretisierung im Leben des
Alltags. Im Synagogengottesdienst seiner Ortsgemeinde findet er
Heimat und brüderliche Hilfe. Jerusalem, die Stadt Gottes, und
den Tempel auf dem Zionsberg als irdische Wohnstatt des Heiligen Israels hat er bei jedem Gebet vor Augen. Und zu den großen
Festen pilgert er regelmäßig dorthin. Wo gäbe es Menschen auf
Erden, die so geborgen, so glücklich, so hoffnungsvoll leben können wie die Juden!
Andererseits steht in den Geschichtsbüchern der Tora selbst vor
Augen, daß Israel von Anfang an und in jeder Generation neu diesem erklärten Heilswillen seines Gottes zuwidergehandelt hat, so
daß Gott immer wieder mit Strafen für diese Sünden antworten
mußte. Die Zerstörung Jerusalems und des Ersten Tempels war der
erste Höhepunkt dieser Unheilsgeschichte. Das gleiche Gericht hat
Gott im Jahr 70 n.Chr. durch die Römer geschehen lassen. Seitdem wird Israel ohne den Tempel als den Ort der göttlichen Vergebung seiner Sünden leben müssen, allein mit der Tora als der
Mitte Israels. Die Tora aber ist die Heilsurkunde des Gottes Israel
nur für den, der ihre Gebote erfüllt. Dafür ist jeder Einzelne ver-
antwortlich. Wie viele Israeliten aber gibt es, die ein torawidriges
Leben führen! Nicht Israel als ganzes, sondern nur wenige seiner
Glieder wird Gott in seinem Endgericht als Gerechte befinden und
sein ewiges Heil schauen lassen. Was ist mit dem Rest, mit der rie-
sig-großen Zahl von Sündern: Werden sie alle verlorengehen?
Gewiß, eine breite Hauptströmung in Israel hat sich nicht beirren
lassen: Gott ist treu, er wird sein Volk aus allen politischen Drang-
salen der Gegenwart erretten und seine Feinde und Bedrücker allesamt vernichten, wenn er sein Endgericht halten wird. Das war
die Quelle der Gewißheit, aus der seit der römischen Herrschaft
im Land alle Widerstands- und Aufstandsbereitschaft ihre Kraft
zog. Und daß auch alle Kollaborateure ihre Strafe erhalten werden zusammen mit den Frevlern der Heiden, mit denen sie jetzt
gemeinsame Sache machen gegen die Frommen, gehört zu dem,
wovon diese zutiefst überzeugt sind. Im übrigen gilt: Wer gesündigt hat und seine Sünde bekennt, empfängt Vergebung. Und jedenfalls gibt es Jahr für Jahr das Fest der großen Sühne für ganz
Israel, zur Vergebung aller Sünden.
Die Pharisäer dachten wohl grundsätzlich so. Doch ihre Sorge galt
der allzu oberflächlichen Gesetzeserfüllung in der Lebenspraxis

des breiten Volkes und von daher einer intensiven Belehrung in
den Synagogen und persönlicher Vorbilder von gerechtem Wandel entgegen den bösen Vorbildern vieler der Großen. Kritischer
dachten radikalere Gruppen. Hier entstand ein elitäres Gruppen-
bewußtsein als Antwort auf den anwachsenden Frevel der Großen
und die mangelnde Gebotserfüllung des »Landvolks«. Die Essener
zogen sich ganz zurück und sahen eine Heilschance nur in den eigenen Reihen. Die apokalyptischen Theologen brachten die irdische
Heilsgeschichte Israels zum Verschwinden und transponierten sie
ins Jenseits himmlischer Heilsvollendung in der Zukunft der Endzeit, an der nur wenige Gerechte teilhaben werden.

So betrachtet, waren sündige Juden in einer noch ungleich kata-
strophaleren Situation als Heiden, weil sie aus der Tora wissen
konnten, was ihnen bevorsteht. Mögen es auch nur wenige Theologen gewesen sein, denen wirklich vor Augen stand, »quanti pon-
deris sit peccatum« (»von welch großem Gewicht die Sünde ist«
[Anselm von Canterbury]), so haben diese doch auf je ihre Weise
etwas von der tiefen Problematik zum Ausdruck gebracht, mit
der im Grunde alle Frommen zur Zeit Jesu beschwert waren.

Von daher fällt aus dem Aspekt der Geschichte der Umwelt des
Urchristentums ein Lichtkegel auf die Bedeutung, die dem »Evangelium« der Rettung aller Verlorenen für Juden und Heiden zukommt: für die einen die beglückende Kunde von dem einzig-einen Gott, der durch den Tod und die Auferweckung seines einzig-einen Sohnes jedem Menschen, der an ihn glaubt, Teilhabe
am wahren, ewigen Leben schenkt; für die anderen die gleiche
Kunde der neuschöpferischen Verwirklichung des Heiles Gottes
für sein erwähltes Volk im Sühnetod des Messias Jesus und des
endzeitlichen Sieges seiner Liebe im Sinne von Ex 34,6; und für
beide gemeinsam: Eine neue Heimat in endzeitlicher Wirklichkeit
für jeden einzelnen Glaubenden in der Gemeinschaft der einen
Kirche Gottes »in Christus Jesus«.

II

Johannes der Täufer und Jesus

Alle vier kanonischen Evangelien sowie auch die Spruchquelle Q lassen die Geschichte des Wirkens Jesu beginnen mit dem Wirken Johannes' des Täufers[1]. Sie berichten in diesem Zusammenhang, daß er Jesus getauft hat – eine Tatsache, die allen Evangelisten deutlich Schwierigkeiten bereitete und deswegen zweifellos ein historisches Faktum ist. »Umkehr«, das zentrale Thema des Johannes, ist dann auch in der Verkündigung Jesu ein Schlüsselwort. Das spricht dafür, daß Jesus nach seiner Taufe eine Zeitlang bei Johannes geblieben ist und von ihm gelernt hat. Und schließlich: In mehreren überlieferten Aussagen stellt Jesus dem Täufer im Rückblick ein hervorragendes Zeugnis aus: »Unter den Weibgeborenen ist keiner größer als Johannes« (Lk 7,28 / Mt 11,11; EvThom 46). Nicht nur einer der Propheten sei er gewesen, sondern »mehr als ein Prophet« (Lk 7,26 / Mt 11,9). Darum muß auch heute jede historische Darstellung der Geschichte Jesu mit dem Taufwirken des Johannes einsetzen und die Frage beantworten, welche Bedeutung diesem für das Wirken Jesu zukommt.

1 Johannes der Täufer

1.1 Das Wirken des Johannes als Prophet der Umkehr

Schon die äußere Erscheinung dieses Mannes, wie Markus sie schildert (Mk 1,4), ist imposant. Er trägt einen Mantel aus Kamelhaar auf bloßem Leib, zusammengehalten von einem Ledergürtel. Gewiß war das die übliche Kleidung der damaligen Beduinen. Doch war es nach dem Zeugnis der Schrift das Gewand, an dem einst der Prophet Elija zu erkennen war (1Kön 1,8). So will Markus diese Beschreibung verstanden wissen. Denn mit dem Gottesboten aus Mal 3,1[2] in Mk 1,2 ist der wiederkehrende Elija

---

1 Vgl. auch Apg 1,22; 10,37; 13,24f.
2 Der Wortlaut von Mal 3,1 ist mit der Sendung des Engel-Boten Ex 23,20f. verwoben, der das Volk auf dem Weg durch die Wüste geleiten und auf dessen

gemeint, und mit der »Stimme eines Rufenden in der Wüste« in der Fortführung aus Jes 40,3 in Mk 1,3 die Verkündigung des Johannes »in der Wüste« (Mk 1,4). In Johannes soll der Leser also den tatsächlich zurückgekehrten Propheten Elija erkennen (vgl. Mk 9,11–13; Mt 11,14; Lk 1,17).

Doch das ist nicht nur die Sicht des Mk-Evangelisten. Der ganze Abschnitt Mal 3 scheint auf die Predigt des Johannes selbst eingewirkt zu haben. Hier findet sich das Thema der »Umkehr« (Mal 3,7), und zwar unter dem gleichen Aspekt des nahe bevorstehenden Gerichts Gottes an allen Sündern in und um Jerusalem (Mal 3,4), wie Johannes die Menschen zur Umkehr ruft, die aus Jerusalem und Judäa zu ihm kommen (Mt 3,5). Wie eine Feuersglut, die alles verbrennt (Mal 3,3.19), wird der Tag des Gerichts sein (vgl. Lk 3,9 / Mt 3,10 und Lk 3,17 / Mt 3,12). Wie Gold und Silber im Feuer geläutert werden, so wird Gott die Söhne Levis reinigen (Mal 3,3; vgl. Lk 3,17 / Mt 3,12). Und wie Gott kurz vor dem Anbruch seines Gerichts den Propheten Elija zu seinem Volk senden wird, um es zur Umkehr zu bringen, bevor es zu spät ist (Mal 3,22f.), so hat offenbar Johannes seine eigene Sendung verstanden: Nach ihm, dem Prediger der Umkehr, wird alsbald »der Stärkere« kommen (Mk 1,7; Mt 3,11 / Lk 3,16), dessen Zorngericht dann kein Sünder entfliehen wird (Lk 3,7–9 / Mt 3, 7–10); und auf die Taufe des Johannes »in Wasser« wird Gottes Taufe »in heiligem Geist und Feuer« folgen (Lk 3,16 / Mt 3,11). Dem entspricht auch die Ankündigung des Engels in Lk 1,16f.: »Viele von den Söhnen Israels wird er zum Herrn, ihrem Gott, zurückbringen; und er wird vor ihm herkommen in Geist und Kraft Elijas« (vgl. Mal 3,1.23f)[3].

1.2   Umkehr in der heillosen Situation Israels

Eine solche Sendung legt sich niemand selbst bei. Daß Johannes eine Berufung durch Gott erfahren habe, erzählt Lukas in der Einleitung seines Täuferberichts (Lk 3,2). Eine solche ist aber wohl auch im Markusbericht vorausgesetzt (vgl. Mk 1,4 nach 1,2f. sowie Mt 3,1f. und noch Joh 1,6). Auch für ein historisches Verstehen dieses außergewöhnlichen Propheten muß eine Erfahrung göttlicher Berufung vorausgesetzt werden. Sowohl die Umkehr-

---

Stimme das Volk hören soll, und in dem der Name Gottes gegenwärtig ist. Vgl. ebenso Lk 7,27 / Mt 11,10!

3   Diese poetisch gestaltete Ankündigung wird wie die ganze Erzählung der Geburtsankündigung und Geburt des Johannes in Lk 1,5–25.57–80 auf Überlieferung in urchristlichen Täuferkreisen zurückgehen.

predigt des Johannes (Lk 3,7–9 / Mt 3,7–10) in ihrer prophetischen Autorität als auch sein analogieloses Taufhandeln sind ohne
göttliche Berufung schwerlich denkbar.
»Schlangenbrut« redet er die Menschen an, die zu ihm kommen.
Sünder sind sie allesamt, die wie Adam und Eva (Gen 3,1ff.) der
Verführung der Schlange zum Abfall von Gott erlegen und wie
eine von ihr gezeugte Brut der Sünde verfallen sind. Deswegen
gehen sie nun ihrer Vertilgung durch das bevorstehende »Zorngericht« Gottes entgegen – wenn sie nicht die letzte Chance zur
Umkehr wahrnehmen, zu der Johannes seine Hörer provoziert:

»Wer hat euch gezeigt, dem kommenden Zorn zu entfliehen? Bringt also
Frucht, die der Umkehr entspricht! Und meint ja nicht, in euch selbst
sagen (zu können): Wir haben doch Abraham zum Vater! Denn ich sage
euch: Gott hat die Kraft, aus diesen Steinen hier Abraham Kinder zu erwecken! Schon ist die Axt an die Wurzel der Bäume gelegt. Jeder Baum,
der nicht gute Frucht bringt, wird abgehauen und ins Feuer geworfen!«

So schroff hat noch kein Prophet zum Gottesvolk gesprochen. Hinter Johannes bleiben selbst Propheten wie Amos oder Ezechiel zurück. Der Vernichtung als Folge der Sünde kann schlechthin kein
Sünder entgehen, sie steht unausweichlich bevor. Das Bild von der
Axt ist deutlich: Der Gärtner braucht nur noch zuzuschlagen.
Ist hier überhaupt noch vom Gott Israels die Rede? An sein Erbarmen zu appellieren als den Gott der Väter des heiligen Anfangs der Heilsgeschichte war doch bislang immer möglich, selbst
in aussichtslosen Situationen:

»Du bist Gott und wir das Volk, das du liebhast. Sieh her und habe Erbarmen, Gott Israels, denn dein sind wir ... Du hast den Samen Abrahams vor allen Völkern erwählt und deinen Namen auf uns gelegt, o
Herr, und wirst nicht ewig verstoßen« (PsSal 9,6–11)[4].

Die Hörer des Johannes sind es gewohnt, täglich zu Beginn des
Achtzehnbittengebets den Gott Abrahams, Isaaks und Jakobs an-
zurufen, um ihn auf dem sicheren Fundament dieses Erwählungs-
vertrauens in der 6. Benediktion um Vergebung zu bitten. Doch
Johannes schließt solche Berufung auf den Heilsstatus der selbstverständlichen, natürlichen Teilhabe aller Kinder Abrahams an der
Erwählung ihres Urvaters in einer Rigidität aus, die in der jüdischen Überlieferung nicht ihresgleichen findet. Die einzige Chance,

---

4   Vgl. ferner Neh 9,7f. zu Beginn eines Volksbußgebets sowie TestLev 15,4:
»Wenn nicht um Abrahams, Isaaks und Jakobs, unserer Väter, willen, würde
keiner von meinem Stamm auf Erden übrigbleiben.«

aus der bereits hereindrohenden endgültigen Vernichtung gerettet zu werden, kann jetzt nur noch radikale Umkehr sein in Gestalt der Änderung der Lebenspraxis vom Tun der Sünde zum Tun der Gebote der Tora. Nur der Sünder, der jetzt umkehrt, wird beim nahen Anbruch des Endgerichts Gottes Vergebung finden. Die Abrahamkindschaft als solche hilft dazu nicht. Was die Wirklichkeit der Erwählung betrifft, ist Gott der gegenwärtigen Generation von Sündern, dieser Schlangenbrut, keineswegs verpflichtet und auf sie nicht angewiesen: Vermag doch der allmächtige Gott seine Abraham gegebene Verheißung statt an dessen leiblichen Kindern an den hier in der Wüste herumliegenden Steinen zu verwirklichen!

Nun bedeutet das keine Rücknahme der Erwählung, sondern ist als äußerste Drohung zu hören. Der Ton liegt auf dem Aufruf zu augenblicklicher, radikaler Umkehr. Wenn auch das Gericht nahe bevorsteht, bei dessen Anbruch es *dann* für die Angeredeten zu spät sein wird, so besteht doch *jetzt* für sie die Chance der Rettung durchaus – allerdings einzig durch Umkehr. Noch steht der Baum, an dessen Wurzel der Holzfäller seine Axt bereits zurechtgelegt hat; noch kann der Baum Frucht bringen!

Wie Umkehr konkret aussieht, zeigen die Antworten, die Johannes den Umkehrwilligen gibt, die ihn fragen, was sie tun sollen (Lk 3, 10–14). Auch hier liegt der gleiche Abschnitt des Maleachibuches zugrunde. Es gilt, in sogenannten »Liebeswerken« mit Bedürftigen zu teilen, »das Herz eines Menschen dem Nächsten wieder zuzuwenden« (Mal 3,23 LXX). Zöllner sollen sich an die Bemessungsgrenzen halten und sich nicht darüber hinaus an den Menschen, über die sie Macht haben, bereichern. Soldaten (im Dienst des Landesherrn Herodes) sollen niemanden mißhandeln und erpressen, sondern sich mit ihrem Sold begnügen (vgl. Mal 3,5)[5]. Es

---

5 Der Ort der Umkehrpredigt des Johannes lag wahrscheinlich am Ostufer des Jordan an der Stelle, wo eine bedeutende Handelsstraße von Jerusalem über Jericho über eine Furt des Flusses hinüber nach Peräa führt, dem Herrschaftsgebiet des Herodes Antipas; vgl. *H. Stegemann*, Essener, 295. In der gleichen Gegend dürfte auch der in Joh 1,28; 10,40 genannte Ort Betanien zu lokalisieren sein; vgl. *R. Schnackenburg*, Johannes I, 283; das erklärt die Anwesenheit von Zöllnern und Soldaten. Im übrigen ist auch in Lk 7,29f. und Mt 21,32 von Zöllnern die Rede, die sich der Umkehrpredigt des Täufers gestellt haben. Zwar stammt die Formulierung des zweiten Satzes von Matthäus (vgl. Mt 21,32 mit 21,25; dazu *U. Luz*, Matthäus III, 205f.); doch die Kunde von Zöllnern als Adressaten des Johannes, wo sonst Zöllner durchweg im Umkreis Jesu vorkommen, geht auf Tradition zurück. Das ganze Stück Lk 3,10–14 ist weder stilistisch noch inhaltlich typisch lukanisch (gegen *F. Bovon*, Lukas I, 173–175). Es kann sehr wohl alte Täufertradition sein, die in urchristlicher Überlieferung für katechetische Zwecke brauchbar blieb (mit *H. Schürmann*, Lukas I, 169).

geht also bei der Umkehr keineswegs um besonders rigoristische
Forderungen, sondern schlicht um das Tun dessen, was die Tora
gebietet (zu Lk 3,14 vgl. Lev 19,11 LXX!). Unter dem Gesichtspunkt der außerordentlichen Nähe des Endgerichts Gottes aber gewinnt der ordentliche Toragehorsam äußerste Dringlichkeit.
Nach Mt 3,2 hat Johannes seine Umkehrverkündigung damit begründet, daß »das Himmelreich nahe herbeigekommen ist«. Die
meisten Exegeten beurteilen dies als einen Zusatz des Evangelisten Matthäus, der von vornherein die inhaltliche Übereinstimmung der Predigt des Johannes mit der Jesu (Mt 4,17) habe her-
ausstellen wollen[6]. Aber dafür gibt es sonst im Matthäusevangelium keinen weiteren Beleg[7]. Es widerspräche auch der gesamten
Tendenz der Überlieferung, die durchweg zwischen Johannes und
Jesus unterscheidet. Darum ist das Urteil ungleich wahrscheinlicher, daß es sich um ein Wort des Johannes handelt, das Matthäus
(in der Spruchquelle Q?)[8] vorgefunden hat. Im Mund des Johannes freilich ist der Spruch so zu verstehen, daß an der Heilswirklichkeit des nahen Himmelreiches (= Gottesreiches) nur diejenigen
teilhaben werden, die sich jetzt der radikalen Umkehr unterziehen, zu deren Verkündigung Johannes allein berufen war. Für Johannes war die Nähe des Gottesreiches die Grenze der Umkehrverkündigung, für Jesus die Mitte.

1.3   Die ›Taufe‹ der Umkehrwilligen

Die Verbindung der Umkehr mit der *Taufe*, die Johannes an den
Umkehrwilligen vollzieht, ist im Zusammenhang alttestamentlich-jüdischer Überlieferung etwas ganz Neues. Tauchbäder dienen sonst durchweg ritueller Reinigung und werden darum von
dem, der sich reinigt, selbst vollzogen. Sie haben ihre ursprüngliche Funktion in der Vorbereitung der Priester auf ihren Tempel-
dienst. Zur Zeit des Johannes legten auch Nichtpriester wie die
Pharisäer großen Wert auf die Praxis ritueller Reinigung (vgl. Mk
7,3f.). Doch haben solche Waschungen und Tauchbäder mit Sündenvergebung nichts zu tun. Diesen Sinn hat aber die Taufe im
Wirken des Johannes. Er tauchte die Umkehrwilligen »hinein in
den Jordan« (Mk 1,5.9). In diesem Vorgang des Untertauchens
»im Wasser« (Mt 3,11 / Lk 3,16) und des Heraussteigens aus
dem Wasser (Mk 1,10; Mt 3,16) vollzog sich zeichenhaft die Ver-

---

6   So zuletzt *U. Luz*, Matthäus I, 144 und *J. Gnilka*, Matthäus I, 63, beide ohne
Begründung.
7   Zu der einzigen Ausnahme Mt 11,12 s. unten S. 123f..
8   Dazu vgl. unten S. 131, Anm. 1.

gebung der Sünden, die der Getaufte vor dem Akt der Taufe bekannt hatte (Mk 1,5; Mt 3,6). Darum vollzog Johannes selbst als der Prediger der Umkehr im Sinne von Jes 40,3 die Taufe an den Umkehrwilligen; von daher wurde er »der Täufer« genannt[9]. Er handelte darin nicht eigenmächtig – kein Mensch kann Sünden vergeben[10]. Vielmehr vollzog er im Auftrag und in der Vollmacht Gottes zeichenhaft vorweg, was Gott später in seinem Handeln als Reinigung »im Heiligen Geist« (Lk 3,16 / Mt 3,11) in endzeitlicher Wirklichkeit selbst vollziehen wird. In diesem Sinn ist die feste Formel »Taufe der Umkehr zur Vergebung der Sünden« (Mk 1,4) zu verstehen: Die Taufe, die Johannes jetzt »in Wasser« vollzieht, zielt auf die Vergebung der Sünden, die Gott selbst bald vollziehen wird. Dies wird als Heilshandeln »im Heiligen Geist« die eine Seite des bevorstehenden Endzeithandelns Gottes sein; die andere Seite ist die seines Gerichtshandelns »im Feuer« (Lk 3,16 / Mt 3,11). Das gleiche sagt das Bild vom Bauern, der auf der Tenne mit seiner Wurfschaufel »den Ausdrusch reinigt«, indem er »den Weizen in die Scheune sammelt und die Spreu im Feuer verbrennt« (Lk 3,17 / Mt 3,12).

1.4   Umkehr bei Johannes und den Essenern

Wie mag Johannes dazu gekommen sein, in so ungewöhnlich-provokativer Weise zur Umkehr in letzter Stunde zu rufen und in einer so außergewöhnlicher Handlung Umkehrwillige zu taufen? Die Quellen lassen uns im Blick auf eine Antwort im Stich. Daher sind nur Vermutungen möglich.

Als Sohn eines Priesters war Johannes natürlich mit der Praxis der vorgeschriebenen Tauchbäder als ritueller Reinigung für jeden priesterlichen Dienst im Jerusalemer Tempel von Kind auf vertraut. Um so mehr bedurfte es eines einschneidenden Widerfahrnisses, um diese Taufpraxis seiner Familientradition so grundstürzend zu verändern. Der Bruch, der sich darin anzeigt, zeichnet sich ja auch darin ab, daß dieser Priestersohn nicht selbst Priester geworden ist, sondern einen Weg ging, der ihn von zu Hause weg in die Wüste an den Jordan führte. Entscheidend ist, daß er den rituellen Sinn der Selbstreinigung zu einer Taufhandlung »zur Vergebung der Sünden« verändert hat. Das setzt ein radikales Urteil über die religiöse Situation des ganzen Volkes voraus: Alle sind

---

9   Diesen Namen kennt auch der jüdische Historiker Flavius Josephus (Ant 18,116).
10   Daß Johannes in seinem Taufwirken nicht beanspruchte, selbst Sünden zu vergeben, bestätigt auch JosAnt 18,117.

Sünder. Alle bedürfen der Umkehr, von Grund auf und ohne Aufschub. Denn das seit langem erwartete letzte Gottesgericht steht unmittelbar bevor! Deshalb reichen die gewöhnlichen Selbstreinigungsriten jetzt nicht aus – Gott schickt seinen besonderen Boten, der Gottes endzeitliches Reinigungshandeln vor-zeichenhaft *an* dem Umkehrwilligen vollziehen soll.

Schaut man sich im traditionsgeschichtlichen Umfeld um, so findet sich zwar verbreitet ein immer tieferes Sündenbewußsein im damaligen Judentum und entsprechend eine immer intensivere Bemühung der Frommen um ein Leben in striktem Toragehorsam. Für beides sind die Pharisäer ein hervorragendes Beispiel. Bezeichnend ist, daß sie die priesterliche Praxis ritueller Selbstreinigung in ihrem nichtpriesterlichen Alltag übernommen haben. Der rein rituelle Aspekt wurde dabei auf den Lebenswandel des frommen Gerechten übertragen, dessen zentrales Anliegen ist, in der ganzen täglichen Lebenspraxis *rein* zu bleiben[11] und sich so deutlich herauszuheben aus der Masse des gemeinen »Landvolkes«, dessen Toragehorsam brüchig und partiell war. Doch Pharisäer tauchen im Bild der Evangelien im Umkreis des Johannes nicht auf. Im Rückblick auf ihn spricht allerdings Jesus von Pharisäern und Gesetzeslehrern als seinen Gegnern (Lk 7,29f.; Mt 21,32).

Eine Reihe von Berührungspunkten zeigt sich nur beim Vergleich mit den Essenern. Dort ist »Umkehr« ebenfalls ein zentrales Thema: Die Gemeinschaft als ganze besteht aus Juden, die aus tiefer Sündenverstrickung aufgrund einer radikalen Umkehr zu Gerechten geworden sind. Umkehr hängt hier also wie bei Johannes wesentlich mit Sündenvergebung zusammen; sie wird darum wie bei ihm als Heilswiderfahrnis, als Geschenk göttlicher Gnade verstanden und in Psalmen eindrucksvoll gepriesen. In diesem Zusammenhang ist auch von Tauchbädern mit reinigender Wirkung die Rede, jedoch in der üblichen Weise priesterlicher Selbstreinigung, die permanent zu wiederholen ist. Das Urteil der Essener über die allgemeine Sündhaftigkeit ganz Israels ist ebenso radikal wie bei Johannes. Darum dürfen an diesen Tauchbädern nur diejenigen teilnehmen, die zuvor »umgekehrt sind«[12]. Allein die Essenergemeinschaft ist der exklusive Ort der Reinheit und Gerechtigkeit. Das unterscheidet sie von Johannes. Er hatte zwar eine Anzahl

---

11   Das hat besonders Jacob Neusner in seinen lebenslangen Studien über den frühen Pharisäismus gezeigt (vgl. *Ders.*, Das pharisäische und das talmudische Judentum sowie *Ders.*, Judentum in frühchristlicher Zeit, 28f.62–65).

12   *D. Flusser*, Qumran, 39f. zitiert dazu 1QS 3,5–9.13f.; 8,17f. Für alle Nichtmitglieder gilt: »Er soll nicht das Wasser betreten, die Reinheit der Männer der Heiligkeit zu berühren, wenn sie nicht umgekehrt sind von ihrer Bosheit« (1QS 3,13f.).

von Schülern um sich, die jedoch nicht eine exklusive Gemeinde war. Die Masse der von ihm Getauften ging alsbald nach Hause zurück. Umgekehrt ist in Qumran von einer Umkehr*predigt*, einer missionarischen Bemühung, Sünder zur Umkehr zu bewegen, nichts zu finden.

Eine weitere Analogie ist die Bedeutung der Wüste als Ort der Umkehr. Bei den Essenern hat das Zitat von Jes 40,3 (in 1QS 8, 13–16; 9,19f.) symbolische Bedeutung: Gesetzeslehre ist jetzt nur noch in der eigenen exklusiven Gemeinde möglich, »in der Wüste«, nicht mehr im Tempel zu Jerusalem[13]. Doch das Wüstenmotiv ist auch außerhalb von Qumran aufgegriffen worden. In der politisch unruhigen Zeit um die Mitte des 1. Jahrhunderts sind mehrfach politische Propheten ganz konkret in die Wüste gezogen, um von dort aus die Befreiung und Erneuerung Israels in einer Wiederholung seiner heiligen Anfangsgeschichte in Gang zu setzen[14]. Einer von diesen, Theudas, hat dazu aufgerufen, ihm zum Jordan zu folgen, wo er als Josua redivivus das Wunder von Jos 3 wiederholen werde, was der römische Prokurator blutig verhindert hat[15]. Eine antirömische Zielrichtung zeigt die Umkehrpredigt des Täufers jedoch nicht; und eine Tendenz, die Wüste als Ausgangsort zu einer neuen ›Landnahme‹ zu stilisieren, welcher Art auch immer, liegt bei ihm nicht vor. Vielmehr symbolisiert die Wüste als Ort seiner Umkehrpredigt die Alternative zu Jerusalem und Judäa als Ort der Sünde: Man muß zu ihm in die Wüste *heraus*kommen, um überhaupt noch vor Anbruch des Gerichts von der Sünde freizuwerden. Das verbindet Johannes mit der Qumrangemeinde.

Diese Übereinstimmung wird dadurch noch unterstrichen, daß in beiden Überlieferungen Jes 40,3 eine zentrale Bedeutung hat, wenn auch in verschiedener Akzentuierung: In Qumran wird die »Wegbereitung« auf das Gesetzesstudium der Gemeinde ausgelegt, bei Johannes auf seine Umkehrpredigt als Wegweisung zur Rettung vor dem nahen Gericht (Mk 1,3 parr.; Joh 1,23; Lk 1, 76). Anders als in Qumran ist die Jesajastelle in der Täuferüberlieferung mit Mal 3 verbunden, wo in V. 1 Jes 40,3 anklingt und der Wegführer mit Elija identifiziert wird, der in der Qumranüberlieferung keine Rolle spielt. Da aber Jes 40 sonst in frühjüdischer Tradition nicht zitiert wird und keine Bedeutung erlangt hat, kann die Übereinstimmung in der zentralen Stellung und Gewichtung dieser Stelle bei den Essenern und bei Johannes nicht rein

---

13   Dazu vgl. oben S. 76.
14   Vgl. dazu die Zusammenstellung bei *G. Theißen / A. Merz*, Jesus, 142.
15   JosAnt 20,97–99; Apg 5,36.

zufällig sein. Sie kann nur so erklärt werden, daß Johannes von
dieser Kardinalstelle essenischer Tradition in einem eigenen Sinn
Gebrauch gemacht hat. Dann aber legt sich die Vermutung sehr
nahe, daß die Essener in der Biographie des Johannes eine wichtige Rolle gespielt haben: Sein Urteil über die Sünde des ganzen
Volkes und die Notwendigkeit der Umkehr als einziger Chance
der Errettung aus Sünde und Gericht sind sehr wahrscheinlich durch
einen Kontakt mit den Essenern ausgelöst worden. Da es essenische Gemeinschaften auch in Jerusalem gegeben hat, ist dies ohne
Schwierigkeit anzunehmen. Es bedarf nicht eines dramatischen
Ausbruchs des jungen Johannes aus seiner Familie in die Wüste
nach Qumran, erst recht nicht der Annahme, er sei von seinen Eltern zur Erziehung nach Qumran geschickt worden (ausgehend
von Lk 1,80)[16]. Doch mit einem tiefen Eindruck des essenischen
Umkehrthemas auf den Priestersohn Johannes und mit einem Be-
rufungswiderfahrnis zur Umkehrverkündigung angesichts des akut
hereindrohenden Endgerichts[17] in der Wüste und zur Taufe der
umkehrwilligen Sünder als letzte Rettungschance »zur Vergebung
der Sünden« durch Gott ist sehr wohl zu rechnen. Dieser Berufung folgend, hat er Jerusalem verlassen und ist in dem Bewußtsein, in die Rolle des Gottesboten von Mal 3 einzutreten, in die
Wüste am Ostufer des Jordan gezogen – dorthin, wo Elija sich am
Ende seines Lebens aufgehalten hat (2Kön 2)[18]. Auf der Handelsstraße, die dort vorbeiführt, konnten umkehrwillige Jerusalemer
leicht zu ihm in die Wüste hinauskommen. Und nur hier gab es
einen Ort *in der Wüste*, wo er sie »*im Wasser*« des Jordan *taufen*
konnte.

1.5   Der Schülerkreis des Johannes

Johannes hat einen Kreis von Schülern um sich gesammelt, denen
er nicht nur zentrale Aussagen seiner Umkehrverkündigung als
Traditionsgut weitergegeben hat, sondern auch bestimmte Weisungen für die gemeinsame Frömmigkeitspraxis. Dazu gehörten
bestimmte Gebete (Lk 11,1) und Fastengebote (Mk 2,18), die der

16   H. *Stegemann*, Essener, 310f. vertritt mit plausiblen Gründen die Meinung, in Lk 1,80 handle es sich um eine lukanische literarische Verknüpfung
zweier unverbundener Traditionen: der über die Geburt des Johannes und der
über sein Wirken als Umkehrprediger »in der Wüste« (Lk 3,2).
17   H. Stegemann vermutet ebd., 300f., daß dabei Mal 3 eine wichtige Rolle
gespielt habe.
18   So ebd., 300. Der Durchzug Elijas durch das trockene Flußbett (2Kön 2,
8.14) und seine Himmelfahrt (2Kön 2,11) spielen allerdings keine erkennbare
Rolle.

Praxis der Pharisäergemeinschaft entsprachen und bei Johannes der Bewahrung bzw. Einübung der durch die Taufe erworbenen Reinheit dienten. Er selbst lebte in strikter Nahrungsaskese (Lk 7,33 / Mt 11,18). In seiner Umkehrpredigt machte er kritische Bemerkungen über den Luxus am nahegelegenen Hof des Landesherrn (Lk 7,25 / Mt 11,8). Aufgrund seiner öffentlichen Rüge der torawidrigen Ehe des Herodes mit seiner Schwägerin Herodias zu Lebzeiten ihres Mannes Philippus (Mk 6,17f.; vgl. JosAnt 18,136) ist Johannes in der Festung Machairos inhaftiert und später ermordet worden[19].

Sein Schülerkreis blieb nach seinem Tod bestehen, und im Volk stand Johannes als Prophet in hohen Ehren (vgl. Mk 11,30–32 parr.). Noch ca. 70 Jahre später ist er dem jüdischen Schriftsteller Josephus als »der sogenannte Täufer« wohlbekannt (Ant 18,116–119). Wahrscheinlich haben sich später große Teile der Anhängerschaft des Täufers urchristlichen Gemeinden angeschlossen[20]. So findet die Tatsache, daß sich in urchristlicher Überlieferung so viele Stoffe spezifischer Johannestradition erhalten haben, eine plausible Erklärung.

2 Die Taufe Jesu

2.1 Jesus bei Johannes

Unter den Vielen, die zu Johannes kamen, war auch Jesus. Daß er »von Nazaret in Galiläa« kam (Mk 1,9; Mt 3,13)[21], ist wohl so zu deuten, daß er bei einem der Festaufenthalte in Jerusalem von Johannes gehört und zusammen mit anderen galiläischen Festpilgern auf dem Heimweg durch den Jordangraben bei ihm Halt gemacht hat. Wie die vielen anderen hat er sich als Umkehrwilliger von Johannes taufen lassen und ist zweifellos eine Zeitlang bei ihm geblieben.

---

19 Die Erzählung von der Ermordung des gefangenen Johannes in Mk 6,17–29 widerspricht dem anderslautenden Bericht JosAnt 18,116–119. Sie stammt aus Kreisen von Johannesjüngern, die vielleicht Motive einer »Hoflegende« aus antiherodianischen Volkskreisen benutzt haben; vgl. *G. Theißen*, Lokalkolorit, 85–102.
20 Dafür gibt es freilich direkte Nachrichten nur aus dem entfernten Kleinasien. Von der Existenz einer kleinen Gemeinschaft von Täuferanhängern in Ephesus und ihrer Christianisierung durch Apollos berichtet Apg 19,1–7.
21 Das außerkanonische Nazaräerevangelium 2 läßt Jesus zusammen mit seiner Mutter und seinen Brüdern (vgl. Joh 2,12) zu Johannes kommen; vgl. *W. Schneemelcher*, Neutestamentliche Apokyphen I, 133.

2.2   Die Vision Jesu nach seiner Taufe

Von der Taufe Jesu selbst ist in Mk 1,9 nur als bloßem Faktum die Rede. Der Lichtkegel der Erzählung fällt ganz auf das, was Jesus nach dem Taufakt beim Heraussteigen aus dem Wasser widerfährt. In einer *Vision* sieht er aus einem sich öffnenden Spalt des Himmels (vgl. Ez 1,1) den Geist Gottes wie eine Taube auf ihn herab- und in ihn hineinkommen (Mk 1,10). Und in einer *Audition* hört er eine Stimme aus dem geöffneten Himmel zu ihm sagen: »Du bist mein geliebter Sohn, an dir habe ich Wohlgefallen gefunden« (Mk 1,11). Das eine entspricht dem anderen. Der Geist verbindet Jesus in einer außerordentlichen Weise mit Gott. Der Gottesspruch proklamiert diese nahe Verbundenheit mit Gott. Beides bedarf einer etwas ausführlicheren Erklärung.

Zur *Herabkunft des Geistes* ist die Verheißung im Blick auf den davidischen König der Zukunft in Jes 11,2 zu vergleichen: »Der Geist des Herrn wird sich auf ihn niederlassen, der Geist der Weisheit und der Einsicht, der Geist des Rates und der Stärke, der Geist der Erkenntnis und der Gottesfurcht«. Als solcher tritt er für die Hilflosen und Armen ein als ihr Anwalt gegen die Machthaber, die sie unterdrücken, und führt einen universal-vollkommenen Frieden herauf. An dieser Verheißung orientieren sich sowohl das Lied vom Gottesknecht in Jes 42,1 und vom Gesalbten Gottes in Jes 61,1ff. – diese Stelle wird für das spätere Wirken Jesu von zentraler Bedeutung sein – als auch messianische Erwartungen in späteren jüdischen Schriften[22]. Als erstaunlich nahe zu Mk 1,10f. sind zwei Stellen aus den »Testamenten der zwölf Patriarchen« zu beachten, einer jüdischen Schrift, die ursprünglich wohl aus der Zeit bald nach 200 v.Chr. stammt und später mehrere Bearbeitungen erfahren hat, zuletzt auch verschiedentlich von christlicher Hand im 2. Jahrhundert n.Chr.[23]:

TestLevi 18,6f.
Die Himmel werden geöffnet werden, und aus dem Tempel der Herrlichkeit wird über ihn Heiligkeit kommen mit väterlicher Stimme wie von Abraham zu Isaak. Und die Herrlichkeit des Höchsten wird über ihm gesprochen werden, und der Geist der Einsicht und der Heiligung wird auf ihm im Wasser ruhen.

TestJud 24,2
Und der Himmel wird über ihm geöffnet werden, um den Geist als Segen des heiligen Vaters auszugießen. Und er wird den Geist der Gnade über euch ausgießen, und ihr werdet ihm Söhne in Wahrheit sein und werdet in seinen ersten und letzten Geboten wandeln.

---

22   Vgl. PsSal 17,37; 18,7; TestLevi 18,11; TestJud 24,2; äthHen 49,1–3; 62,2.
23   Vgl. *J. Becker*, Die Testamente der zwölf Patriarchen, 23–25.

TestJud 24,1 und 24,4 zeigen deutlich christliche Prägung, so daß wahrscheinlich auch in 24,2 die Taufe Jesu als Ursprung der christlichen Taufe vor Augen steht. Doch TestLevi 18,6f. kann durchweg als jüdischer Text gelesen werden, wie der ganze Abschnitt 18,2–14. Es handelt sich um die Verheißung der endzeitlichen »Erweckung« eines priesterlichen Messias, nachdem das Priestertum des Jerusalemer Tempels sein Ende gefunden hat (18,1). Er wird nach der Verheißung Num 24,17 wie ein Stern aufstrahlen und wie die Sonne den Tag erleuchten (18,3f.). Er wird den Frieden von Jes 11 auf die Erde bringen (18,4) und kosmische Freude auslösen (18,5). Aus dem geöffneten Himmel wird er zum Dienst im himmlischen Herrlichkeitstempel mit Herrlichkeit, die auf ihn herabkommt, qualifiziert werden (18,6), und zwar durch Gottes »väterliche Stimme«, die zu ihm sprechen wird, wie Abraham zu seinem Sohn Isaak gesprochen hat[24]. Durch Gottes Wort wird er mit seiner Heiligkeit ausgerüstet und durch Gottes Geist nach Jes 11,2 mit Erkenntnis und Heiligung begabt werden (18,7)[25]. So zum Priester im himmlischen Heiligtum der heiligen Endzeit qualifiziert, wird er »seinen Söhnen« an Gottes Majestät teilgeben (18,8), jedoch ohne aus ihnen einen Nachfolger zu haben (18,8), denn sein Priestertum wird ewig währen. Nach Jes 11,10 wird er allen Völkern Erkenntnis (Gottes) und Erleuchtung durch Gottes Gnade mitteilen (18,9)[26]. Unter seinem Priestertum wird die Sünde aufhören, und keine Gesetzlosen werden Böses tun (18,9). Gott wird das Paradies wieder öffnen (18,10f.), und Beliar (der Teufel) wird auf ewig entmachtet sein (18,12). Gott wird sich über seine Kinder freuen (18,13), und Abraham, Isaak und Jakob und alle Heiligen werden vor Freude jubeln (18,14).

Dies alles ist, von wenigen christlichen Zusätzen abgesehen, eine Schilderung der endzeitlichen Vollendung unter priesterlichem Aspekt, die sich ganz und gar aus Vorstellungen jüdischer Endzeiterwartung speist[27]. Es könnte sich geradezu um ein Vorbild handeln, nach dem die urchristliche Geschichte von der Taufe Jesu gestaltet ist[28]. Das erscheint um so plausibler, wenn diese ihren Ur-

---

24 Dies könnte ein Zusatz von christlicher Hand im Blick auf Mk 1,11 sein, womit »mein Sohn, der geliebte« von Gen 22,2 her gedeutet wird.
25 Daß der Geist »auf ihm *im Wasser* ruhen wird«, ist wiederum nur als christlicher Zusatz zur Adaption an die Tradition der Taufe Jesu zu verstehen.
26 Als christlicher Zusatz ist hier von zunehmender »Unwissenheit« und verfinsterter Trauer Israels die Rede, womit zugleich der voranstehende Satz von den Völkern zu einer Aussage über die Kirche wird.
27 Die Erwartung eines priesterlichen Messias findet sich auch in den Texten von Qumran; vgl. 1Q 9,11; CD 12,23f.; 14,19; 19,10f.; 20,1; 1QSa 2,12.
28 Dieser Vermutung kommt jedenfalls mehr Wahrscheinlichkeit zu als der umgekehrten, daß 18,6f. en bloc ein christlicher Eintrag sei, durch den die Ankündigung des priesterlichen Messias auf die Taufe Jesu gedeutet worden sei. Dies ist nur in TestJud 24 der Fall. Diese Parallele zeigt, wie nahe es für die christlichen Tradenten der Zwölfertestamente lag, den jüdischen Text durch die eigene Evangelienliteratur christlich anzueignen.

sprung in Täuferkreisen in der judenchristlichen Gemeinde gehabt
hätte. Johannes stammt aus einer Priesterfamilie. Von daher läge
es nahe, daß bei der Schilderung des Offenbarungswiderfahrnisses
Jesu nach seiner Taufe diese Tradition priesterlicher Messiaserwartung eingewirkt hätte.

In dem *Spruch der Himmelsstimme* in Mk 1,11 liegt biblische
Tradition zugrunde. Es handelt sich um ein ›Mischzitat‹, in dem
Ps 2,7 mit Jes 42,1 (44,2) kombiniert ist. Nun gehört Ps 2,7 zwar
zu den elementaren Schriftzeugnissen urchristlicher Christologie
(vgl. Apg 13,33; Hebr 1,5; 5,5). Doch ist es dort der Auferstandene, an den man diesen Gottesspruch gerichtet gehört hat (vgl.
besonders Röm 1,3 f.). Hier dagegen spricht die Himmelsstimme
zu Jesus in der Situation seiner Taufe. Die Vermutung, daß das
alte, auf die Auferweckung Jesu bezogene Verständnis seiner Gottessohnschaft hier auf den Anfang seiner Geschichte ›vordatiert‹
worden sei[29], hat am Text keinerlei Anhalt[30]. Sie wäre nur dann
plausibel, wenn eine relativ späte Entstehung der Taufgeschichte
anzunehmen wäre. Das ist aber nicht der Fall, denn die Wendung
»an dem ich Wohlgefallen gefunden habe« ist aus dem hebräischen Text von Jes 42,1 übersetzt und nicht aus der griechischen
Bibel (LXX) übernommen worden. Also muß die Geschichte in
frühen judenchristlichen Kreisen entstanden sein.

Der Gottesspruch, der Jesus die Gottessohnschaft zuspricht, haftet
ursprünglich an der Situation seines Anfangs in der Umgebung
des Täufers. Es ist nicht eine Prophetenberufung, wie sie Johannes
wahrscheinlich erhalten hat, sondern mehr: Die Stimme aus dem
Himmel spricht Jesus zu, daß er im Zusammenhang der herannahenden Endereignisse in einzigartiger Weise zu Gott gehört. Die
Tradenten, die die Erzählung zuerst nach Art von TestLevi 18 gebildet haben, haben dieses Offenbarungswiderfahrnis im Sinne
der Einsetzung Jesu in die Vollmacht dessen, der in Bälde das Gericht Gottes vollziehen und für die Gerechten die ewige Heilsvollendung herausführen werde[31], verstanden. Sie haben also den

---

29   So nach *R. Bultmann*, Geschichte der synoptischen Tradition, 267f. viele
Exegeten.
30   Zur inhaltlichen Parallele Mk 9,2–8 parr. s. *U. Wilckens*, Theologie I/2,
Kap. VIII.2.1. Diese kann keinesfalls das Vorbild für Mk 1,9–11 gewesen sein,
sondern setzt eher umgekehrt die Erzählung von Jesu Taufe voraus.
31   Die Züge des Gottesknechts nach Jes 42 sind in den Endzeitankündigun-
gen der sog. Bilderreden der Henoch-Apokalypse und der Esra-Apokalypse in
das Bild einer himmlischen Gestalt des »Auserwählten« Gottes und des »Menschensohnes« nach Dan 7,13f. verwoben. Dieser hat seinen Platz auf Gottes
himmlischem Thron und wird bei Anbruch der Endereignisse einerseits alle
auserwählten Gerechten um sich versammeln und ihnen die Teilhabe am ewigen

»Sohn Gottes« als den erwarteten »Menschensohn«-Messias auf-gefaßt. Nun gibt es in den frühjüdischen Quellen nur wenige Spuren einer messianischen Deutung von Ps 2 und 2Sam 7,14[32]; und die Bezeichnung des erwarteten königlichen Messias aus Davids Geschlecht als »Sohn Gottes« fehlt in der jüdischen Überlieferung. Das hat wahrscheinlich seinen Grund darin, daß das Bekenntnis der Christen zu Jesus als dem Sohn Gottes von Juden als pure Blasphemie gegen den einzig-einen Gott im Sinne des zentralen jüdischen Glaubensbekenntnisses Dtn 6,4f. verstanden und heftig verurteilt worden ist. Auch in der Umgebung des Täufers muß der Gottesspruch an Jesus als in höchstem Maß außergewöhnlich aufgenommen worden sein. Er wäre schwerlich akzeptiert worden, wenn er nicht durch eben jenes außerordentliche Offenbarungswiderfahrnis legitimiert worden wäre.

So spricht vieles für die Vermutung, daß die alte judenchristliche Erzählung in Mk 1,9–10 auf ein tatsächliches Offenbarungswiderfahrnis zurückgeht, in dem Jesus sich selbst als Sohn Gottes, seines himmlischen Vaters, erfahren und durch das er im Kreis der von Johannes Getauften eine herausragende Bedeutung erlangt hat.

3   Das Urteil des Johannes über Jesus

Wie hat Johannes auf dieses Ereignis reagiert? Von einer Konkurrenz zu Jesus zeigt sich keine Spur. Aus seinem Mund ist kein kritisches Wort über ihn überliefert. Im Gegenteil, es gibt einen Ausspruch, in dem er Jesus als den hervorhebt, der an den von ihm Getauften jene endzeitliche Reinigung vollziehen werde, auf die ihre Taufe im Jordan zeichenhaft vorausweist.

Der Spruch liegt in doppelter Fassung vor:

Q (Mt 3,11; vgl. Lk 3,16)[33]
»*Ich* taufe euch in Wasser zur Umkehr. Der hinter mir her Kommende ist stärker als ich, dem ich nicht genug bin, die Sandalen zu tragen: *Er* wird euch taufen in heiligem Geist und Feuer.«

Heil vermitteln. Andererseits wird er Gottes Gericht an allen Frevlern vollziehen.

32   Vgl. bes. PsSal 17,21ff. In den Qumranschriften gibt es einen Beleg für eine intensive Beschäftigung mit den biblischen David-König-Zeugnissen im Sinne messianischer Erwartung. In 4QFlor 1,11–13 steht 2Sam 7,10–14 unmittelbar neben Am 9,11; darauf folgt Ps 2, mit dessen Einführung der Text leider abbricht. In der späteren rabbinischen Literatur taucht Ps 2,7 nur äußerst selten auf; vgl. die Belege bei *E. Lohse*, ThWNT VIII, 363.

33   Lukas kombiniert die Q-Fassung mit der des Markus.

Mk 1,7f.

»Es kommt der Stärkere als ich hinter mir her, dem ich nicht genug bin, den Riemen seiner Sandalen zu lösen. *Ich* habe euch in Wasser getauft. *Er* aber wird euch mit heiligem Geist taufen.«

Der Vergleich zeigt deutlich: Die Q-Fassung ist die ältere. Bei Markus sind aus der einen Aussage von Q zwei aufeinander folgende Sätze geworden. Dem entspricht auch eine zeitliche Unterscheidung: Johannes schaut auf seine Taufe in Wasser zurück und kündigt eine zukünftige Taufe des nach ihm kommenden »Stärkeren« mit Heiligem Geist an. Damit ist die urchristliche Taufe gemeint, der gegenüber seine Wassertaufe lediglich eine Art Vorstufe gewesen ist (vgl. Apg 1,5; 10,37; 11,16 sowie 18,25; 19,1ff. und oben S. 101). Der Stärkere ist Jesus, kraft dessen Namen die spätere Kirche tauft und als dessen Gabe sie den Heiligen Geist vermittelt (vgl. Joh 3,5; 1Kor 6,11; 1Thess 4,8; Tit 3,5f.; 1Petr 1,2). In der Q-Fassung dagegen kündigt Johannes ein Taufwirken »in Heiligem Geist und Feuer« an und meint damit das bevorstehende Endgericht Gottes, der die einen mit der Gabe Heiligen Geistes von ihren Sünden reinigen (vgl. Ez 36,23–29), die anderen dagegen mit Feuer verbrennen wird (vgl. Lk 3,9 / Mt 3,10 und oben S. 97). Daran schließt sich der Spruch Mt 3,12 / Lk 3,17 an, der das gleiche Geschehen des nahen Endgerichts im Bild der »Reinigung« der Tenne nach eingebrachter Getreideernte ankündigt: Der Weizen wird in der Scheune gesammelt, die Spreu im Feuer verbrannt. Dieses Gericht wird von »dem« (!) hinter Johannes herkommenden Stärkeren vollzogen. Damit verweist er auf Jesus, der ihm zwar als dem Lehrer im Kreis seiner Schüler nachfolgt[34], während jedoch eigentlich das Verhältnis zwischen ihnen umgekehrt ist: Jesus ist »der Stärkere«, Johannes einer, der nicht einmal zu dem Sklavendienst, ihm die Schuhe nachzutragen, geeignet ist[35].

---

34   Das griechische Wort ὀπίσω wird sonst im Neuen Testament und in der griechischen Bibel (LXX) überwiegend nicht im zeitlichen Sinne (»nachher«) gebraucht, sondern im Sinne eines »hinter einem anderen hergehen« als Autoritätsbezeugung.

35   Nur so paßt dieses Bild zu dem Voranstehenden, während es bei einem zeitlichen Verständnis des »nach mir kommenden« nachklappt. Im zeitlichen Sinn verstehen nach Markus auch Matthäus (vgl. 3,13: »Danach«) und Lukas, der von der Taufe Jesu erst nach der vorgezogenen Mitteilung über die Gefangennahme des Johannes (Lk 3,19f.) berichtet. In Joh 1,15.30 wird das Verhältnis zwischen Jesus und Johannes dadurch akzentuiert, daß Johannes den nach ihm Kommenden als den bezeugt, der bereits »vor ihm« gewesen ist. Gleichwohl weiß der Evangelist noch davon, daß Jesus – freilich unerkannt – im Gefolge des Täufers gewesen ist (1,26f.) und danach zwei Schüler des Johannes die ersten Jünger Jesu geworden sind.

Johannes hat also in Jesus, den er wie alle anderen Umkehrwilligen getauft hat, den gesehen, der das Gericht Gottes vollziehen wird, das er als nahe bevorstehend verkündigte. In diesem Sinne anerkannte er Jesus als den »Stärkeren«: als den, der in *Gottes* Kraft handeln wird. Weil aber sein eigenes Wirken als Verkündiger der Umkehr angesichts des hereindrohenden Gerichts und das bevorstehende endzeitliche Wirken dieses Stärkeren in der gleichen Fluchtlinie liegen: der Rettung der Umkehrwilligen vor der nahen Vernichtung, darum spricht Johannes von beiden als von einem »Taufen«. Ist doch seine eigene Taufe »in Wasser« ein Ritual der Reinigung, das auf die endzeitlich-vollkommene Reinigung in der Vergebung der Sünden vorausweist, die dieser Jesus in der messianischen Vollmacht, die ihm durch die Gabe des Geistes jetzt gegeben worden ist, vollziehen wird.

So kann man diesen Ausspruch des Johannes über Jesus als den Täufer »in Geist und Feuer« in Mt 3,11 / Lk 3,16 als seine Antwort auf das Jesus widerfahrene Offenbarungswiderfahrnis in Mk 1,10f. lesen. Erst nach Ostern wird dann das Bild von Johannes als dem ›Vorläufer‹ des Christus Jesus entstehen, in dessen weiterer Traditionsgeschichte die Gestalt des Johannes um so mehr »abnimmt«, je strahlender das Licht der messianischen Sonne Jesu »zunimmt« (Joh 3,30); zugleich wird die Wassertaufe des Johannes anachronistisch im Vergleich zur Taufe auf den Namen Jesu, die als Wassertaufe zugleich den Geist als die Gabe der Heilsteilhabe und als die Kraft christlichen Lebens vermittelt (Mk 1,8; Apg 1,5).

4   Der Sieg des Sohnes Gottes über den Widersacher Gottes

4.1   Die Versuchung Jesu durch den Teufel

Jesus, der Sohn Gottes – das ist eine einzigartige Qualifikation, wenn man sie im Zusammenhang der vielfältigen messianischen Erwartungen jener Zeit sieht. Wenn diese vom Kommen des Messias sprechen, steht seine Funktion in der Zukunft der Endzeit im Blick: die des Königs, der das bedrängte Volk Gottes aus der Gewalt seiner Feinde erretten wird; des Priesters, der den Dienst im himmlischen Tempel versehen wird, in vollkommener Reinheit und in ewiger Dauer; des Menschensohnes bzw. des erwählten Knechtes Gottes, der auf Gottes Thron Platz nehmen und Gottes Gericht halten wird, zur Vernichtung aller Frevler und zur Heilsteilhabe aller Gerechten. »Sohn Gottes« spricht darüber hinaus die Nähe zu Gott selbst aus, in der der mit Gottes Geist Bevollmäch-

tigte wirken wird. Sehr selten können Engel »Söhne Gottes« heißen[36]: »*der* Sohn Gottes, sein Einzig-Geliebter«, wird keiner von
den Engeln genannt! Daß nun aber dieser einzigartige Name einem Menschen auf Erden zugesprochen wird, verstärkt vollends
die einzigartige Autorität, die Jesus durch dieses Offenbarungswiderfahrnis gewonnen hat.

Dies tritt nun hervor und bekommt Profil durch einen Vorgang,
von dem die urchristliche Überlieferung im Anschluß an die Taufe
Jesu berichtet: Der Geist, den Jesus vom Himmel her empfangen
hat, führt ihn in die Wüste hinaus. Dort wird er, der Sohn Gottes,
vom Gegenspieler Gottes, dem Teufel, »versucht«. In zwei verschiedenen Fassungen wird davon erzählt, im Markusevangelium
und in der Spruchquelle Q.

In Mk 1,12f. wird lediglich die Tatsache der 40tägigen Versuchung
durch den Satan genannt. Daß er »in Gemeinschaft mit den (wil-
den) Tieren war«[37] und von Gottes Engeln versorgt wurde, soll
zeigen, daß die permanente Versuchung des Teufels permanent
mißlingt. Da diese »sogleich« auf die Taufe Jesu folgt, geht es
darin zweifellos um die Bewährung als Sohn Gottes. Damit entsteht mitten in der Wüste eine Erneuerung des Paradieses, wie sie
in der Endzeit erwartet wurde.

Ganz anderer Art ist die Fassung in der Spruchquelle (Q) (Mt 4,
1–11 / Lk 4,1–13). Hier setzt die Versuchung durch den Teufel
nach einem 40tägigen Vollfasten[38] Jesu ein. Sie wird als dreifach
sich steigernder Disput mit dem Teufel bei dreifach wechselnder
Szene erzählt. Von Anfang an zielt dieser darauf, eben jene nahe
Verbundenheit des Sohnes Gottes mit Gott aufzubrechen, die Jesus in dem vorangehenden Offenbarungswiderfahrnis zugesprochen worden ist. Dabei setzt der satanische Versucher an bei der
Fähigkeit des Sohnes, zu handeln wie Gott, und sucht Jesus dazu
zu provozieren, dies selbständig zu tun, ohne Gott. »Wenn du
Gottes Sohn bist« – so leitet er jede Versuchungsattacke ein. Zuerst fordert er den nach dem langen Fasten Hungernden auf, durch
sein eigenes Wort die Steine hier in der Wüste zu Brot werden zu
lassen. Nach der Art Gottes, der »spricht, und es geschieht« (Ps
33,9), soll er für sich selbst sorgen, wie Gott einst seinem hungernden Volk auf wunderbare Weise in der Wüste Brot verschafft
hat. Jesus erwidert mit dem autoritativen Wortlaut der Schrift

---

36   Vgl. Ps 89,7; Ijob 1,6–12; 2,1–6; Weish 5,5. Die griechische Übersetzung
zeigt eine Reserve, von »Söhnen Gottes« zu sprechen.
37   Vgl. Hos 2,20; Jes 11,6–8; 65,25; Ijob 5,22f.
38   Das bedeutet die Hinzufügung »und 40 Nächte«. Vgl. Mose in Ex 34,28;
Dtn 9,9.18; Elija in 1Kön 19,1–8.

(Dtn 8,3): Gottes Wort ist zum Leben wichtiger als Brot[39]. In seiner zweiten Attacke stellt der Teufel Jesus auf die höchste Stelle des Jerusalemer Tempels und fordert ihn dazu heraus, seine Gottessohnschaft durch einen Sprung hinab unter Beweis zu stellen. Da Jesus zuvor mit einem Wort der Schrift erwidert hat, nimmt der Versucher nun seinerseits die Schriftautorität für seine Provokation vorweg in Anspruch: Gott wird den Seinen durch seine Engel schützen (Ps 90,11f.)[40]. Jesus bleibt dabei, allein mit einem Schriftwort zu erwidern, wobei er wieder aus der Tora zitiert: »Du sollst den Herrn, deinen Gott, nicht versuchen!« (Dtn 6,16). Im dritten Akt läßt der Teufel seine Maske fallen, zeigt ihm alle Königreiche der Erde, so wie Gott sie aus seiner Höhe zusammen sieht mitsamt all ihrer Herrlichkeit, und verspricht sie ihm als seine Gabe, wenn er ihn kniefällig anbetet[41]. Da wird auch Jesus deutlich und weist den Satan mit seiner Anmaßung von sich[42]. Die Tora läßt an der gleichen Stelle keinen Zweifel daran, daß allein Gott Anbetung und Dienst gebührt (Dtn 6,13; vgl. 6,4f.!). Dies ist der Höhepunkt wie zugleich das Ende der Versuchung des Gottessohnes. Der Teufel tritt ab. Der Sohn Gottes hat seine Nähe und Zugehörigkeit zu Gott nicht zerbrechen lassen[43].

Die Erzählung ist ebenso ein literarisches Kunstwerk wie ein theologisches Lehrstück. Das muß keineswegs bedeuten, daß es sich

39 Vgl. einerseits Jer 15,16, andererseits Am 8,11. – Der 2. Teil des Zitats fehlt Lk 4,4. Ob Lukas ihn getilgt (vgl. hernach Lk 4,22!) oder Matthäus ihn hinzugefügt hat, kann hier offenbleiben. Jedenfalls ist der Textzusammenhang in Dtn 8,1–6 für das Verständnis von Bedeutung: Das 40tägige Fasten Jesu entspricht der 40jährigen Prüfungszeit Israels in der Wüste (Dtn 8,2). Wie damals die Gabe des Manna Israel zur Hochachtung der Gebote Gottes erziehen sollte (Dtn 5,5f.), so läßt Jesus zwischen die Stillung des Hungers und die lebenschaffende Kraft des Wortes Gottes keinen Keil treiben.
40 Mt 4,6 zitiert Ps 90,11f. unter Auslassung von V. 11b. Lk 4,10f. zitiert Ps 90,11f. ganz, hebt jedoch Ps 90,12 durch Neueinführung hervor. Jeweils wird – hier wie durchweg – der Wortlaut der griechischen Bibel (LXX) zitiert.
41 In Mt 4,8 läßt er Jesus auf einen »sehr hohen Berg« führen wie Gott einst Mose auf den Gipfel des Sinai beorderte. Das dürfte eine Hinzufügung des Evangelisten sein (vgl. Mt 5,1; 17,1; 28,16). Lk 4,6b beansprucht der Teufel die Weltherrschaft für sich und zeigt sich so als Widersacher Gottes als des Herrn der Welt. Dies dürfte eine Akzentuierung des Evangelisten Lukas sein.
42 »Mach dich davon, Satan« (Mt 4,10) dürfte – trotz der wörtlichen Parallele in Mt 16,23 (= Mk 8,33) – zur Q-Fassung gehören. Der Satz ist von Lukas getilgt worden, weil es im Aufbau seiner Erzählung die zweite Versuchung ist, der die dritte folgt. Diese Umstellung geht wahrscheinlich auf Lukas zurück, der in dem Gebot, *Gott* nicht zu versuchen, die entscheidende Zurückweisung der Versuchung des Sohnes Gottes und damit zugleich ihr Ende herausstellt (Lk 4,9–12).
43 Mt 4,11b »Und siehe, Engel traten zu ihm und dienten ihm« ist wahrscheinlich von Matthäus nach Mk 1,13 hinzugefügt.

um eine relativ späte Bildung handelt. Der enge Zusammenhang
mit der alten Überlieferung der Taufe Jesu besagt eher eine entsprechend frühe Entstehung[44]. Es geht um eine Konkretion dessen, was es bedeutet, daß Jesus der Sohn Gottes ist: Alles was er
ist, will und tut, orientiert sich daran, was Gott ist, will und tut.
Man kann auch sagen: Jesus erweist sich als der Gerechte in vollendeter Qualität. Wie Israel Sohn Gottes genannt werden kann,
weil Gott dieses Volk erwählt hat und liebt, und wie Israel sich als
Sohn Gottes erweist, indem es im Sinne des Grundbekenntnisses
Dtn 6,4f. Gott ganzheitlich liebt und seine Gebote hält, so er-
weist sich Jesus als *der* Sohn Gottes in *endzeitlicher* Wahrheit und
Vollkommenheit, indem er dem Widersacher Gottes widersteht.
Mit ihm beginnt die Endzeit. Als solcher ist er der Vermittler von
Sündenvergebung und Heil für alle Umkehrwilligen.

4.2   Der Sturz des Satans aus dem Himmel

Dieses christologische Lehrstück ist eine Komposition aus dem Judenchristentum der frühen nachösterlichen Zeit. Worauf gründet
sie sich? Auf einen Selbstbericht Jesu an seine Jünger? Das ist weder zu verneinen noch zu bejahen. Doch es gibt zwei Aussprüche
Jesu, die das dort Erzählte bestätigen und begründen:
Lk 10,18: »Ich sah den Satan wie einen Blitz aus dem Himmel
stürzen«. Im Textzusammenhang ist dies die Antwort Jesu auf
die begeisterte Rückmeldung seiner Jünger über die Erfahrung als
seine Boten[45]: »Herr, sogar die Dämonen sind uns untertan kraft
deines Namens« (V. 17). Jesus bestätigt das: »Siehe, ich habe euch
Vollmacht gegeben, zu treten auf Schlangen und Skorpione und
über die ganze Streitmacht des Feindes, und keinerlei Schaden
wird er euch antun« (V. 19). Und er fügt hinzu: »Doch darüber
freut euch nicht, daß die Geistmächte euch untertan sind – freut
euch vielmehr, daß *eure* Namen in (der Bürgerliste des) Himmels
geschrieben stehen!«[46] Hier begründet Jesus den von seinen Jün-

---

44   Nach G. *Theißen*, Lokalkolorit, 215–232 spiegelt sich in der Gestalt des
Satans die des Kaisers Gaius Caligula, der im Jahre 40 n.Chr. den jüdischen
Monotheismus verbot und den Akt der Proskynese dem Kaiser gegenüber ver-
langte. Die Folge war die heftigste Empörung in Jerusalem und im ganzen Land
(vgl. oben S. 79). Für diese Hypothese könnte sprechen, daß in Mt 4,10 = Lk 4,8
im Zitat von Dtn 6,13 statt φοβηθήσῃ προσκυνήσεις steht (so freilich auch die
Handschrift A in LXX Dtn 6,13). Dies könnte allerdings auch eine kaiser-
kritische Variante des *sch^e ma-jisrael* (Dtn 6,4) sein, das Justin, Ap I,16,7 so zitiert: »Den Herrn, deinen Gott sollst du anbeten (προσκυνήσεις) und ihn allein
(μόνῳ) verehren«.
45   Dazu s. unten S. 320.
46   Vgl. Dan 12,1f.; äthHen 47,3f.; 104,1; Phil 4,3; Hebr 12,23.

gern in den Exorzismen erfahrenen Bruch der Macht des Teufels und seiner dämonischen Streitkräfte durch den (vorangehenden) Sturz des Satans aus dem Himmel, den Jesus in einer Vision wie einen Meteor herabstürzen sah. Die Entmachtung des Widersachers Gottes wird im zeitgenössischen Judentum als Beginn der bevorstehenden Endereignisse erwartet[47]. Die Vision dieses himmlischen Ereignisses geht der Situation des Dialogs mit den Jüngern voraus. Ihr Zeitpunkt ist aus dem Wort selbst nicht zu bestimmen. Doch legt sich die Vermutung nahe, daß sie dem Wirken Jesu insgesamt vorausliegt, also dieses initiiert hat.

Dann fällt sie in die gleiche Anfangszeit, in der die Tradenten des Q-Lehrstücks Mt 4,1–11 / Lk 4,1–13 die Versuchung Jesu gestellt haben. Wie immer man annehmen oder nicht annehmen mag, daß Jesus selbst seinen Jüngern später von seiner Versuchung in der Wüste erzählt hat – in der Sache steht das Wort von der Vision Lk 10,18 mit ihr in engem Zusammenhang. Nicht nur steht beidemal der Teufel im Blick, sondern er erleidet hier wie dort eine entscheidende Niederlage, und zwar in endzeitlichem Zusammenhang. Sein Sturz aus dem Himmel als dem Ort des Endgerichts zeigt seine endgültige Niederlage in seiner Opposition gegen Gott; seine gescheiterte Versuchung Jesu sein Unvermögen, Gottes Sohn auf Erden von Gott im Himmel zu trennen und auf diese Weise seine Opposition gegen Gott durch die Gewinnung des Sohnes Gottes von der Erde aus neu zu stabilisieren. Von nun an ist der Teufel Jesus und seinem Wirken auf Erden so unterlegen, wie er es Gott gegenüber im Himmel ist. Das erfahren hernach Jesu Jünger auch in ihrem eigenen Wirken als Boten Jesu[48].

47 Vgl. besonders AssMos 10,1: »Dann wird seine (Gottes) Herrschaft über seine ganze Schöpfung erscheinen, und dann wird der Teufel nicht mehr sein, und die Traurigkeit wird mit ihm hinweggenommen sein.« Das Bild vom herabstürzenden Stern in Jes 14,12 wird im Sinne der Entmachtung des himmlischen Widersachers Gottes gedeutet; ApkEl 34,7.10–24; TestSal 20,16f.; z.T. auch als Fall eines abtrünnig gewordenen Lichtengels; slHen 29,4 f.; 31,4f.; VitAd 15,3.

48 Wenn Lk 10,20 ursprünglich zu dem Traditionsstück V. 18f. hinzugehört, liegt die Pointe in V. 20: Die Jünger sollen ihre erfahrene Teilhabe an Jesu Macht über die Dämonen nicht selbst als Erweis ihrer eigenen *Heils*teilhabe in entsprechender Heilsfreude werten, vielmehr ist diese allein darin begründet, daß sie als Jünger Jesu Bürger des Reiches Gottes geworden sind. Doch bleibt die Möglichkeit, daß die Einleitung V. 17 und der entsprechende Schluß V. 20 erst bei der Anfügung des Stückes an die Botenrede Lk 10,1–16 (durch Lukas?) hinzugefügt worden sind. Dann bestand die ursprüngliche Fassung aus Lk 10, 18f. Die Pointe des Spruchs war dann: Weil der Satan durch Gott aus dem Himmel gestürzt worden ist, haben seine dämonischen Diener auch auf Erden keine Macht und sind der Kraft des Namens Jesu – des Sohnes Gottes – unterlegen. Ähnliches sagen das Redestück Mk 3,22–27 und die Parallele aus Q Mt 12,25–30 / Lk 11,17–23 sowie besonders der markante Spruch Lk 11,19 / Mt 12,27.

4.3 Die Offenbarungseinheit von Vater und Sohn (Mt 11,25–27 / Lk 10,21f.)

Im gleichen Zusammenhang mit der voranstehenden Botenrede Lk 10,1–16 / Mt 10,7–16 stand in der Spruchquelle Q der Spruch Mt 11,25–27 / Lk 10,21f.:

»Ich preise Dich, Vater, Herr über Himmel und Erde, daß du dies verborgen hast vor Weisen und Einsichtigen und es offenbart hast Unmündigen. Ja, Vater: So hat es deinem Willen wohlgefallen. Alles ist mir von meinem Vater übergeben; und niemand kennt den Sohn außer dem Vater, und niemand erkennt den Vater außer dem Sohn und dem, dem der Sohn es offenbaren will.«

Das lobpreisende Gebet Mt 11,25f. und der Lehrsatz V. 27 gehören trotz ihrer unterschiedlichen Redeform inhaltlich zusammen. Daß Gott in die »Geheimnisse« der endzeitlichen Heilsvollendung[49] Menschen Einblick gegeben hat, die unmündigen Kindern gleichen, während er sie Weisen und Einsichtigen verbirgt[50], ist darin begründet, daß Gott als »der Vater« Jesus als »den Sohn« zum alleinigen Vermittler dieser Offenbarung bevollmächtigt hat. Mit den »Unmündigen« sind zweifellos die Jünger Jesu gemeint[51], denen »das Geheimnis der Gottesherrschaft gegeben ist« (Mk 4,11 parr.; vgl. Lk 10,23f. / Mt 13,16f.), mit den »Weisen und Einsichtigen« entsprechend Menschen, die die von Jesus (und seinen

---

49   Ob sich »dies« auf etwas Voranstehendes bezieht oder auf V. 27, ist nicht klar. Wenn man sich für ersteres entscheidet, liegt Lk 10,18 nahe. Jedenfalls ist an endzeitliche Wirklichkeit zu denken (in apokalyptischer Sprache: an »Geheimnisse«).
50   Ersteres ist ein breit bezeugter Grundsatz alttestamentlich-jüdischer Weisheit: »Das Gesetz des Herrn ist verläßlich, den Unwissenden macht er weise« (Ps 19,8; vgl. Spr 8,5; 9,4f; Sir 51,23; Weish 9,4f.). Eben darum aber ist die zweite Aussage in weisheitlicher Sprache undenkbar: So verborgen Gottes Weisheit auch ist (Ijob 28,12–23; Bar 3,1 – 4,4; Sir 1,4–9), so hat Gott sie doch Israel offenbart und geschenkt (Bar 3,37; 4,4), und jeder, der sich als Schüler um ihren Erwerb bemüht, kann weise werden. Verbergen will Gott seine Weisheit niemandem! »Einfältigkeit« ist darum in jüdischer Überlieferung ein durchaus negatives Wort und gewinnt eine positive Bedeutung nur dort, wo – wie in Qumran – eine Gruppe exklusiv beansprucht, als Einfältige durch Gottes besondere Gnade weise geworden zu sein (s. unten Anm. 51), während sie all denen, die sonst in Israel Weisheit beanspruchen, diese absprechen.
51   Vgl. die Jesus eigene Rede von seinen Jüngern als »den Kleinen« in Mt 10,42 (nach V. 40 / Lk 10,16! – vgl. Mt 18,40f. in direkter Anrede an die Jünger); entsprechend Mk 9,37 parr.; 9,42 parr. sowie Mt 18,14. Vgl. auch Mk 10, 15 parr.; entsprechend der Lobpreis 1QH 2,31–34 und die feste Selbstbezeichnung als »die Armen« in 1QpHab 12,2–10.

Boten: Lk 10,16!) verkündigte Gottesherrschaft ablehnen. Zweifellos geht es um die Inhalte der Heilsverkündigung Jesu, die nur durch ihn zu erfahren sind. Die Vollmacht, Menschen diese Geheimnisse nicht nur mitzuteilen, sondern ihnen an deren Heilswirklichkeit teilzugeben[52], hat Gott ganz Jesus übertragen. Zwischen Gott und ihm besteht so ein Verhältnis besonderer Art: Gott ist »der Vater« – nicht so wie für jeden Frommen, der ihn als »Vater« anruft, sondern so, daß Jesus als »der« Sohn ausschließlich durch »den« Vater und entsprechend auch »der« Vater nur durch »den« Sohn erkannt wird. Einerseits also ist alles, was Jesus ist und tut, durch den einzig-einen Gott bestimmt und kann nur durch Gottes Offenbarung zugänglich werden. Andererseits wird alles, was Gott ist und tut, allein in dem offenbar, was Jesus sagt und tut. Insofern ist Jesus »der Sohn« und Gott »der Vater«. Die Einzigkeit Gottes im Sinne von Dtn 6,4 besteht darin, daß er als Jesu Vater *der Vater* schlechthin ist, und entsprechend die einzigartige Bedeutung Jesu darin, daß er als Sohn Gottes *der Sohn* schlechthin ist. Daraus folgt: Es gibt Gotteserkenntnis überhaupt nur durch Jesus als »den Sohn«. Der Wille Gottes, sein endzeitliches Heilshandeln zu offenbaren, sein »Wohlgefallen« (V. 26), geschieht in dem, was Jesus offenbaren will (V. 27). In diesem Willen vollzieht Jesus als der Sohn den Willen des Vaters, der ihm »alles«, was Gott zum Heil der Menschen tun will, »übertragen« hat. Dementsprechend können die Empfänger seiner Offenbarung nicht Menschen sein, die in Gotteserkenntnis weise und einsichtig sind, sondern nur solche, die von sich aus darin so wenig vorgebildet sind wie kleine Kinder (V. 25). »Amen, ich sage euch: Wer die Gottesherrschaft nicht annimmt wie ein Kind, kann nicht in sie hineinkommen« (Mk 10,15).

So spricht sich in diesem Wort die ganze Verkündigung Jesu in ihrem Kern aus. Zugleich jedoch gibt es in der gesamten Überlieferung in den synoptischen Evangelien kein anderes Wort Jesu, in dem er selbst über sein besonderes Gottesverhältnis so thematisch spricht. Die nächsten Parallelen sind erst in den Johannesschriften zu finden (vgl. Joh 3,35f.; 5,19–23; 6,40; 10,29f.; 14,10; 17,1–3; 1Joh 2,22f.; 5,20). Daraus ist aber nicht auf eine späte Entstehung dieses Spruches zu schließen, eher umgekehrt: Die hochreflektierte johanneische Konzeption der Einheit Jesu mit Gott wurzelt in dem, was Jesus in diesem Spruch ebenso dicht wie authentisch ausspricht. Viele Exegeten sehen darin mit Recht ein Wort

---

52 Die »Erkenntnis«, die Jesus offenbart, ist in biblischer Sprache nicht auf intellektuelle Wahrnehmung beschränkt, sondern ist ein ganzheitlicher Lebensvollzug.

Jesu selbst. Man kann aber wohl noch Genaueres sagen: In diesem
Wort hat Jesus für seine Jünger zusammengefaßt, was ihm in dem
visionären Widerfahrnis am Jordan durch Gottes Stimme zugesprochen worden war: »Du bist mein Sohn, der geliebte, an dem
ich Wohlgefallen gefunden habe«.

5   Der Anfang des Wirkens Jesu in Galiläa

5.1   Umkehr zur herannahenden Gottesherrschaft

Nach dem Bericht des Evangelisten Markus (1,14f.) wie wahrscheinlich auch dem der Spruchquelle Q (Mt 4,12f.17 / Lk 4,14a.
16)[53] ist Jesus nach dem gewaltsamen Ende der Wirksamkeit des
Johannes am Jordan durch Herodes Antipas in seine galiläische
Heimat zurückgekehrt und hat dort eine eigene Wirksamkeit begonnen, die sich von der des Täufers auffallend unterscheidet.
Nicht die Wüste wählt er als Ort seines Wirkens, sondern die Lebenswelt der jüdischen Dörfer und Städte. Und nicht an einem festen Ort hält er sich auf, zu dem alle, die ihm begegnen wollen,
sich begeben müssen, sondern er wandert in der jüdisch besiedelten Umgebung des Galiläischen Sees von Ort zu Ort. Er tauft
nicht[54], vielmehr wird seine Verkündigung begleitet von Heilungstaten und Exorzismen, die im Wirken des Johannes fehlen
und Jesus alsbald berühmt machen. In dieser Veränderung seines
Wirkens gegenüber dem des Johannes zeigt sich deutlich seine andersartige Berufung.
Nach Mk 1,15 lautet Jesu Verkündigung in programmatischer
Zusammenfassung:

---

53   Dafür, daß Matthäus und Lukas neben Mk 1,14f. eine parallele Tradition
der Spruchquelle Q verarbeitet haben, spricht vor allem die eigentümliche Na-
mensform Ναζαρά, die sich im Neuen Testament nur in Mt 4,13 und Lk 4,16
findet. Ein weiterer Hinweis ist, daß Matthäus trotz seiner Wiedergabe von Mk
6,1–6 in Mt 13,53–58 in Mt 4,12 von einem Aufenthalt Jesu in Nazaret *vor* seiner Wirksamkeit in und um Kafarnaum berichtet. Auch dies stimmt mit dem Bericht Lk 4,16–30 überein, den Lukas wahrscheinlich nicht selbst gestaltet, sondern aus ihm vorgegebener Tradition (Q-Erweiterung?) übernommen hat. Wie
in Lk 4,29f. von einer feindseligen Reaktion die Rede ist, deretwegen Jesus Nazaret verläßt, so dürfte Entsprechendes auch als Grund für das »Verlassen« seiner Heimatstadt in Mt 4,13 vorauszusetzen sein.
54   Die in Joh 3,22–24 erwähnte Taufwirksamkeit neben der des Johannes fällt
in eine vorangehende Zeit, wenn darin eine historische Nachricht bewahrt ist.
Dies ist angesichts der Korrektur in Joh 4,2 wahrscheinlich. Für die spätere
Überlieferung gibt es nur die Taufe des Johannes »in Wasser« und die christliche Taufe »im Geist«, die von Christen »auf den Namen Jesu« vollzogen wird.

»Erfüllt ist die Zeit, und nahegekommen ist die Königsherrschaft Gottes: Kehrt um und glaubt an das Evangelium!«

Während Lukas statt dessen die Erzählung von Jesu Predigt in der Synagoge von Nazaret an den Anfang des Wirkens stellt, in der Jesus die Heilsverheißung von Jes 61,1.2; 58,6 als in ihm »erfüllt« auslegt (Lk 4,16–21), lautet in Mt 4,17 der erste Satz der Verkündigung Jesu gegenüber dem markinischen Wortlaut verkürzt: »Kehrt um! Denn nahegekommen ist die Königsherrschaft der himmlischen Welt!«
Das überrascht, denn in dieser Fassung entspricht die Predigt Jesu genau der des Johannes in Mt 3,2. Die meisten Exegeten sehen darin eine Verkürzung durch den Evangelisten Matthäus, der in solcher Angleichung die Kontinuität der Predigt des Himmelreichs im Mund des Johannes, Jesu und hernach ebenso auch seiner Jünger (Mt 10,7) habe unterstreichen wollen (vgl. auch 9,35)[55]. Das ist jedoch aus den oben dargelegten Gründen höchst unwahrscheinlich. Viel überzeugender ist es anzunehmen, daß Matthäus den gleichen Spruch 3,2 im Mund des Johannes und im Mund Jesu 4,17 in der ihm vorgegebenen Tradition[56] vorgefunden und überlieferungstreu an beiden Stellen stehengelassen hat. Vergleicht man überdies Mt 4,17 mit Mk 1,15, so ist es entsprechend plausibler anzunehmen, daß die Markusfassung gegenüber der einfachen Matthäusfassung erweitert statt diese gegenüber jener verkürzt worden ist.

5.2 Endzeitliches Heil in Jesu Taten

So ist die Nähe des Anbruchs des endzeitlichen »Reiches Gottes« bereits ein zentrales Thema der Verkündigung des Täufers, das Jesus in seiner eigenen Predigttätigkeit zugrunde gelegt hat. Er hat es aber anders ausgeführt als Johannes. Das hängt damit zusammen, daß er als »der Sohn« im Zusammenhang der herannahen-

---

55   Vgl. zuletzt J. *Gnilka*, Matthäus I, 100; anders – jedoch ebenso als matthäisch-redaktionell – U. *Luz*, Matthäus I, 172. Vgl. oben S. 100 mit Anm. 6.
56   Die einzige inhaltliche Parallele ist das Wort Mt 11,12f. / Lk 16,16. Die matthäische Fassung stammt aus der Spruchquelle, eben weil hier Johannes, entgegen dem Trend der urchristlichen Überlieferung, mit Jesus zusammen auf der Seite der Königsherrschaft Gottes gesehen und darin von »allen Propheten« unterschieden wird. Lukas stellt dagegen zwischen den beiden die übliche Ordnung her: Johannes gehört zum »Gesetz und den Propheten«, »von da an wird das Gottesreich verkündigt« – nämlich durch Jesus. Stammen auch Mt 3,2 und 4,17 aus Q, so zeigt sich eine alte Tradition, in der noch bewußt war, daß die Predigt der Umkehr angesichts der Nähe des Gottesreiches Jesus mit Johannes verbindet.

den Enderereignisse selbst seine Aufgabe wahrzunehmen hat: Nicht
nur ist die Nähe des Reiches *Voraussetzung* der Umkehr, sondern
die Wirklichkeit des Reiches selbst ist es, angesichts derer Jesus
Umkehr verkündigt[57]. Und diese zeichnet sich in seinen Heilungstaten und Exorzismen ab, in denen sich erweist, daß die Macht
des Teufels gebrochen ist (Lk 10,18).

Der Täufer, der im Gefängnis des Herodes nicht nur das Ende seiner eigenen Sendung zu erfahren, sondern auch mit seinem Tod
zu rechnen hatte, hat Schüler zu Jesus nach Galiläa gesandt. Es ist
verständlich, daß er in seiner Lage auch im Blick auf Jesus Zweifel
bekam: Obwohl von Herodes nicht bedroht, hatte der die Um-
kehrtaufe gleichwohl nicht fortgeführt, sondern war aus der Wüste in die normale Lebenswelt seiner galiläischen Heimat zurückgekehrt. War Jesus also doch nicht »der Stärkere«? Jesus antwortet ihm mit dem Hinweis auf sein Heilswirken, in dem geschieht,
was nach den prophetischen Zeugnissen des Jesajabuches beim
Anbruch der Heilszeit geschehen soll:

»Blinde sehen und Lahme gehen,
Leprakranke werden rein und Taube hören,
und Tote werden auferweckt, und Armen wird das Heil verkündigt[58].
Und selig ist, wer an mir nicht zu Fall kommt (= irre wird)!«
(Mt 11,5f. / Lk 7,22f.).

---

57   Insofern ist Mk 1,15 eine sachlich zutreffende Verdeutlichung: »Die Zeit
ist erfüllt« – nämlich die Zeit des Anbruches des Gottesreiches.
58   Vgl. Jes 61,1; 26,19; 29,18f.; 42,18. Zur Reinigung von Leprakranken vgl.
1Kön 17,17–24; zu Totenauferweckungen 2Kön 4,18–37; 5,1–27. In dem Frag-
ment 4Q 521,12f. (*J. Maier*, Die Qumran-Essener II, 684) liegt eine nahe Parallele vor: »Dann heilt Er Durchbohrte und Tote belebt Er, Armen (Demütigen)
verkündigt Er (Gutes) und [niedrig]e wird er sät[tigen, Ve]rlassene (?) wird Er
leiten und Hungernde reich machen.« Nach der vorangehenden Zeile 11 ist hier
von Gottes Heilstaten die Rede; vgl. besonders *H. Stegemann*, Essener, 341; *J.
Becker*, Jesus, 137f. Einige Ausleger beziehen die Aussagen auf den (königlichen) Messias, von dem in Zeile 1 die Rede ist. Dann wäre diese Stelle der einzige Beleg für eine Auslegung von Jes 61,1f. und ähnlichen Heilsverheißungen
auf den Messias im zeitgenössischen Judentum. So z.B. *G. Theißen / A. Merz*,
Jesus, 197 im Anschluß an *C.A. Evans*, Life, 127–130. Jedenfalls ist der Text 4Q
521,12f. ein Zeugnis für die Erwartung von Heilungen bei Anbruch der künftigen Heilszeit und insofern sehr wichtig, um historisch zu verstehen, daß die
Heilungen Jesu im Volk von Galiläa spontan so verstanden werden konnten,
wie Jesus sie getan hat: als Zeichen des Anbruchs der von den Propheten verheißenen Heilszeit. Jes 61f. und 52,7 werden auch in 11Q Melch (*J. Maier*, Die
Qumran-Essener I, 362f.) auf die endzeitliche Heilsvollendung gedeutet. Hier
sind Heilstaten nicht erwähnt, aber zweimal betont, daß Gottes Königsherrschaft endgültige Wirklichkeit wird (vgl. auch die Erwähnung des »Thrones
ewiger Herrschaft« im Zusammenhang der Befreiung und Errettung der Gerechten in 4Q 521,4–8!).

Daß hier konkrete Taten Jesu gemeint sind, zeigt die Erwähnung
der Befreiung Leprakranker von ihrer Unreinheit. Davon ist in
den prophetischen Verheißungen nicht die Rede. Diese sind als
Bilder für die wunderbare Heilskraft gemeint, in der Gott das Leben seiner auserwählten Gerechten retten und vollenden wird. Jesus setzt voraus, daß Johannes diese Bilder kennt. So besagt seine
Antwort: Was für die Endzeit verheißen ist, das geschieht jetzt.
Die Irritation in der Frage des Johannes ist also grundlos. Das
drückt die eigenartig negative Wendung der sonst immer positiv
formulierten Seligpreisung aus. Auf diese Weise überbietet die
Antwort die Frage. Jesus ist nicht nur der, »der da kommen soll«,
vielmehr kommt jeder, der angesichts dieser Heilszeichen auf einen anderen warten zu müssen meint, daran zu Fall, das heißt: Er
bringt sich um das Heil. Doch die Seligpreisung gilt dem, der
nicht an Jesus vorbei auf einen anderen wartet. Jesus ermutigt so
den von ihm verehrten Johannes dazu, an der Einschätzung des
von ihm getauften Schülers als des kommenden Stärkeren festzuhalten, auch wo dieser sich anders verhält, als er es erwartet
hatte[59].

5.3 Jesus und Johannes

In diesem Zusammenhang legt es sich nahe, auf einige Aussagen
Jesu einzugehen, in denen er rückblickend die Bedeutung des
Täufers herausstellt. Die wichtigsten stehen in der Spruchquelle Q
in einer Spruchreihe zusammen:
Da ist zunächst Mt 11,7–10 / Lk 7,24–27. Jesus spricht hier zu einer Menschenmenge, die zu ihm aus ihren Dörfern »herausgekommen« ist (wie früher zu Johannes; vgl. Lk 3,7):

»Was seid ihr (zu Johannes) in die Wüste herausgekommen zu sehen:
ein Schilfrohr, vom Wind hin und her gebogen? (Nein?) Aber was seid
ihr herausgekommen zu sehen: einen Menschen, gekleidet in weiche Gewänder? Siehe, die weiche Gewänder tragen, sind in den Königspalästen!
Aber was seid ihr herausgekommen zu sehen: einen Propheten? Ja, ich
sage euch: sogar mehr als einen Propheten! Dieser ist es, über den geschrieben steht[60]: Siehe, ich sende meinen Boten vor dir her, der deinen
Weg vor dir her bereiten wird.«[61]

---

59 Die Echtheit dieses Spruches begründet *U. Luz*, Matthäus II, 165f. in
Auseinandersetzung mit dem Unechtheitsurteil vieler Exegeten.
60 Mischzitat aus Ex 23,20 und Mal 3,1. Die Verheißung der Sendung eines
Boten nach Mose wird unter dem leitenden Gesichtspunkt der Verhei-
ßung der endzeitlichen Wiederkehr des Propheten Elija als des Boten, der das
Endgerichts- und Heilshandeln Gottes in Israel vorbereiten soll, zitiert. Ex 23,

Diese Aussagen setzen eine bestimmte Situation voraus, wie die
Kritik am herodianischen Königshof zeigt, zu der sich sonst in der
Jesusüberlieferung nichts Vergleichbares findet. Wahrscheinlich
befindet sich Jesus vor der Stadt Tiberias, die Herodes Antipas im
Jahr 26 n.Chr. als typisch hellenistische Prachtstadt neu erbaut
und zu seiner Metropole gemacht hat. Da diese teilweise auf Gräbern errichtet worden war, erregte sie heftige Kritik gegen den
Toraverächter Herodes unter den Gesetzeslehrern und in der jüdischen Bevölkerung. In den beiden ersten Fragen nimmt Jesus diese akute Mißstimmung gegen Herodes auf. Von ihm geprägte
Münzen zeigen das Emblem eines Schilfrohrs[62]. Daß es »vom
Wind hin und her gebogen« wird, ist also sarkastischer Spott gegen den ungeliebten, von den Römern abhängigen Herrscher. Dazu gesellt sich die Kritik der armen Leute am luxuriösen Leben am
königlichen Hof. Der im Volk hochgeehrte Täufer hat gewiß
nichts zu tun mit diesem »Windbeutel und Weichling«[63]! Mit der
dritten Frage zielt Jesus auf die allgemeine Wertung des Johannes
als eines Propheten der Gegenwart[64] und überbietet diese: Johannes war »mehr als ein Prophet«: Er war der wiedererschienene Elija,
mit dessen Kommen nach dem prophetischen Zeugnis von Mal 3,1
die endzeitliche Erlösung Israels vorbereitet werden soll[65]. Jesus
verweist damit auf das Selbstverständnis des Johannes und verbindet so sein eigenes Wirken mit dem dieses *endzeitlichen* Propheten. Er hebt zugleich den Spott gegen Herodes auf eine ganz
andere Ebene: Dieser König, der Johannes in seiner Gewalt hat
oder bereits umgebracht hat[66], vermag ganz zweifellos an dieser
endzeitlichen Bedeutung des Täufers nichts abzubrechen.

20 ist aus der Hebräischen Bibel übersetzt und entsprechend an Mal 3,1 angeglichen.
61   Der Wortlaut stimmt in beiden Fassungen nahezu vollständig überein. Zu
Mt 11,7f. / Lk 7,24f. gibt es eine Parallele in EvThom 78; dort läuft der Spruch
jedoch auf eine gnostisierende Kritik an den Königen hinaus: »Sie [werden] die
Wahrheit nicht erkennen können«.
62   Nachweis bei G. *Theißen*, Lokalkolorit, 45–49.
63   *U. Luz*, Matthäus II, 174.
64   Vgl. Mk 6,14f. parr.; 8,28 parr.; und Mk 11,32 parr.; vgl. außerdem Lk
1,76.
65   Es gibt m.E. keinen zwingenden Grund, dieses Schlußzitat als sekundäre
Hinzufügung zu beurteilen. Die Verbindung des gleichen Mischzitats von Ex
23,20 und Mal 3,1 mit Jes 40,3 in Mk 1,2 zeigt, daß es zu urchristlicher Johannestradition gehört. Das zeigt auch der Anklang von Lk 1,16 an Mal 3,24 sowie
von Lk 1,76 an Mal 3,1 und Jes 40,3. Ohne den Hinweis auf diese Elija-Erwar-
tung bleibt unbestimmt, was mit »mehr als ein Prophet« gemeint ist.
66   Aus welcher Zeit der Spruch stammt, muß offenbleiben. Als Reaktion auf
die Ermordung des Täufers wäre er gut denkbar.

In der Spruchquelle folgt hier ein ursprünglich selbständiges Wort über Johannes, Mt 11,11 / Lk 7,28:

»Ich sage euch: Unter den Weibgeborenen hat (Gott) keinen auftreten lassen größer als Johannes: Aber der Kleinere (als er) – im Reich Gottes ist er größer als er.«[67]

Mit dem, der »kleiner« ist als Johannes, meint Jesus wahrscheinlich verhüllt sich selbst. In der Zeit, in der er zu dem Kreis um Johannes gehörte, war er ja »hinter ihm her« gegangen (Mt 3,11) wie ein Schüler, der »kleiner« ist als der »große« Lehrer. Doch Johannes selbst hat in ihm »den Stärkeren« erkannt, nämlich den Täufer »in Geist und Feuer« der nahe bevorstehenden Endzeit (Mt 3,12). Weil Jesus selbst »im Reich Gottes« wirkt, ist er in der Tat »größer« als Johannes, dessen heilsgeschichtliche Aufgabe es war, angesichts der Nähe des Gottesreiches zur Umkehr zu rufen. Indem Jesus so indirekt von sich selber spricht, spricht sich seine menschliche Hochachtung vor seinem Täufer aus.
In Q folgt darauf ein Spruch, der wahrscheinlich in der Fassung Mt 11,12f. gegenüber der in Lk 16,16 in seinem ursprünglichen Wortlaut überliefert ist[68]:

67 Im matthäischen Text sind wahrscheinlich das einleitende »Amen« sowie der Titel »der Täufer« von Matthäus hinzugefügt. – Man kann die zweite Spruchhälfte auch anders übersetzen: »Der Kleinste aber im Reich Gottes ist größer als er«. Dann ist ein schneidender Gegensatz zwischen Johannes und Jesus die Pointe: Wer zum Reich Gottes gehört, das Jesus verkündigt, der unterscheidet sich eschatologisch-qualitativ von Johannes, obwohl er in der gesamten (bisherigen) Menschheit der Größte war. So jedoch entsteht ein starker Widerspruch zu den umgebenden Sprüchen in Q, aber auch zu der sonstigen Hochschätzung des Täufers durch Jesus. Darum scheint mir die obenstehende Übersetzung angemessener. Vgl. so auch *P. Hoffmann*, Studien zur Theologie der Logienquelle, 219–224; zuletzt *J. Schröter*, Erinnerung, 443.
68 In Lk 16,16 ist die Folge der Sätze umgekehrt: Voran steht das Mt 11,13 Gesagte, jedoch in der üblichen Vorordnung des Gesetzes vor den Propheten. Darauf folgt das in Mt 11,12 Gesagte, jedoch so, daß von der Verkündigung des Gottesreiches gesprochen wird, durch die jedermann »in es hineingenötigt wird«. Hier ist der positive Sinn des Gewalt-Bildes durch den Zusammenhang klar erkennbar. Im Unterschied zu Mt 11,12f. aber wird in der Fassung Lk 16, 16 Johannes der Zeit von »Gesetz und Propheten« zugeordnet und von der Zeit der Evangeliumsverkündigung des Gottesreiches abgehoben (»von da an«). All diese differenten Züge entsprechen urchristlicher Anschauung und Sprachweise und sind wahrscheinlich der Bearbeitung des Lukas zuzurechnen. Überdies findet sich die Fassung Lk 16,16 im Zusammenhang einer Spruchreihe unter dem verbindenden Stichwort »Gesetz« (Lk 16,16–18). Diese Anordnung scheint gegenüber der in Mt 11, wo der Spruch inhaltlich in den Zusammenhang der Spruchreihe über Johannes paßt, sekundär zu sein. Lk 16,16–18 ist ein Beispiel dafür, wie in der urchristlichen Überlieferung die einzelnen

»Von den Tagen des Johannes[69] bis jetzt bricht sich die Gottesherrschaft
Bahn, und Gewalttäter reißen sie an sich. Alle Propheten nämlich und
das Gesetz haben bis hin zu Johannes prophezeit.«

Die Bilder sind einerseits so stark, andererseits in ihrem Sinn so
undeutlich, daß die Ausleger aller Zeiten große Mühe hatten, diesem Spruch einen verständlichen Sinn abzugewinnen. Das Ver-
bum kann nämlich auch passivisch aufgefaßt werden: »Der Gottesherrschaft widerfährt Gewalt«. Dann führt der folgende Satz
diese Aussage aus: Gewalttäter bemächtigen sich seiner. Da jedoch
unmöglich gemeint sein kann, daß die Herrschaft Gottes durch
die Aktivitäten ihr feindlicher Mächte selbst eine Katastrophe er-
leide, kann die Aussage nur so verstanden werden, daß dort, wo die
endzeitliche Herrschaft Gottes anbricht, sie die ganze Streitmacht
seiner dämonischen Widersacher auf sich zieht. Das entspricht der
damaligen jüdischen Endzeiterwartung. Dort allerdings wird mit
dem Hervortreten Gottes die endgültige Entmachtung und Vernichtung aller seiner Widersacher geschehen[70]. Daß diese dagegen
die Gottesherrschaft an sich reißen könnten, ist im Zusammenhang dieser Erwartungstradition undenkbar[71].
Darum erscheint es angemessener, daß die negative Bedeutung der
Bilder eine Provokation an den Hörer enthält, sie positiv zu verstehen: Die »Gewalttäter« sind dann, von Johannes angefangen,
alle, die sich für die Gottesherrschaft mit kämpferischer Entschie-

---

Sprüche Jesu leicht in einen anderen Zusammenhang versetzt werden konnten.
– Zum traditionsgeschichtlichen Verhältnis der beiden Fassungen vgl. *P. Hoffmann*, Studien zur Theologie der Logienquelle, 50–79. Die These, daß Lk 16,
16–18 die ursprüngliche Fassung gegenüber Mt 11,12 f. sei, ist zuletzt von *D.
Kosch*, Eschatologische Tora, 28–38 vertreten worden. Vgl. dagegen *J. Schröter*, Erinnerung, 112f. – Der Version in EvThomas 46 liegt die matthäische Fassung (Q) zugrunde. Dort wird der Spruch aber unter Zuhilfenahme von Mt 18,3
in gnostischem Sinn auf die Jünger gedeutet.
69   Der Zusatz »des Täufers« stammt ebenso von der Hand des Matthäus wie
der Ausdruck »Himmelreich«. Gleiches gilt von Mt 21,14f.
70   Vgl. besonders AssMos 10,1: »Und dann wird seine Herrschaft über seine
ganze Schöpfung erscheinen, und dann wird der Teufel nicht mehr sein ...« »Der
höchste Gott ... wird sich erheben, und er wird offen hervortreten, um die
Heiden zu strafen, und alle ihre Götzenbilder wird er vernichten« (Übersetzung
nach *U. Müller*, Die griechische Esra-Apokalypse, 76f.). – Vom endzeitlichen
Kampf zwischen den Heeren Gottes und des Teufels (Belial) handelt 1QM. Von
den »Gewalttätigen« ist in diesem Zusammenhang die Rede in 1QpHab 2,6;
1QpPs 37, 2,14; 1QH 2,11f.21.25–27.
71   Deswegen deuten viele Ausleger die Aussage als Kritik an der Partei der
»Zeloten«, die es als die von Gott Israel gestellte Aufgabe ansahen, die römische Besatzungsmacht aus dem Land zu vertreiben. Aber das ist mit dem Bezug
auf Johannes nicht zu vereinen.

denheit einsetzen und sie so selbst annehmen. Bei diesem Verständnis legt sich eine aktive Bedeutung des Verbs nahe: Von der
Macht der Gottesherrschaft ist die Rede, an der die, die sich ihr
hingeben und sich zu ihrer Verkündigung in Dienst nehmen lassen, selbst teilhaben (vgl. oben Lk 10,11!). Dann will der Spruch
sagen: Johannes gehört mit seinem Taufwirken zum Beginn der
Endzeit bereits hinzu, indem er die Menschen zur Umkehr in letzter Stunde gerufen hat. Von da an bricht sich die endzeitliche Herrschaft Gottes mit der ihr eigenen Macht Bahn, und es gibt Menschen, die sie zu ihrer eigenen Sache machen und in ihrer Vollmacht wirken – so wie Räuber alles daran wenden, ihren Raub in
ihren Besitz zu bringen[72]. Solcher Kontrastbilder hat sich Jesus
mehrfach bedient. Am nächsten kommt diesem Spruch von den
Räubern der vom Einbrecher in Mk 3,27: »Niemand kann in das
Haus des Starken einbrechen und seine Habe an sich reißen, wenn
er nicht zuerst den Starken gefesselt hat – (nur) dann wird er sein
Haus zu seinem Raub machen (können).«[73] Gemeint ist mit dem
»Starken« der Satan und mit dem, der ihn überwältigt und sein
Haus ausraubt, Jesus selbst (vgl. oben Lk 10,18 sowie Lk 11,20 /
Mt 12,28!). Dieses Siegesgeschehen der Gottesherrschaft steht
in der Verkündigung aller Propheten im Blick. Insofern haben
sie alle, wie auch die Tora[74], »auf Johannes hin« verkündigt (Mt
11,13).
In der Spruchquelle Q schließt die Reihe der Sprüche Jesu über
Johannes mit einem Gleichnis: Mt 11,16–19 / Lk 7,31–35:

»Wem soll ich dieses Geschlecht vergleichen? Es gleicht Kindern, die auf
dem Markt sitzen, und rufen den anderen zu: ›Wir haben euch die Flöte
geblasen, und ihr habt nicht getanzt! Wir haben das Klagelied angestimmt,
und ihr habt euch nicht an die Brust geschlagen!‹ Denn: Es kam Johannes,
aß nicht, trank nicht, und sie sagen: ›Er hat einen Dämon!‹ Es kam der
Menschensohn, aß und trank, und sie sagen: ›Sieh, der Mensch ist ein
Fresser und Säufer, mit Zöllnern gut Freund und mit Sündern!‹ Und
die Weisheit (Gottes) hat von ihren Werken (Lk: Kindern) her Recht bekommen!«

Das Bild von den Kindern, die auf dem Markt in zwei Gruppen
einander gegenübersitzen, ist sehr plastisch. Die einen werfen den

---

72 Ähnlich deuten *R. Schnackenburg*, Gottes Herrschaft, 89f. und zuletzt *G.
Theißen*, Jünger, 183–200.
73 Die andersartige Fassung dieses Spruches in Lk 11,21f. stammt vielleicht
aus der Spruchquelle.
74 Die Reihenfolge »alle Propheten und das Gesetz« ist außergewöhnlich und
nur durch den Zusammenhang dieses Spruches zu erklären.

anderen vor, zu nichts Lust zu haben. Weder auf das Kirmes-Spiel haben die sich eingelassen noch auf das Totenklage-Spiel. Worauf dieses Bild als Gleichnis hinauswill, wird erst aus der folgenden Deutung klar: »Diese Generation« hat sich weder von Johannes zur Umkehr auf den Anbruch der Gottesherrschaft noch von Jesus zur Teilnahme an ihrer Gegenwart bewegen lassen. Das eine wird durch die asketische Lebensweise des Johannes symbolisiert, das andere durch die Üppigkeit der Mahlzeiten, in denen Jesus den Anbruch des Gottesreiches mit Zöllnern und Sündern feiert[75]. So lautet das Urteil: Gottes Weisheit, die im Wirken beider zur Gottesherrschaft eingeladen hat[76], ist ohne die Eingeladenen zu ihrem Recht gekommen; das heißt: Die endzeitliche Vollendung der Herrschaft Gottes geschieht unabhängig von der Reaktion derer, denen Johannes wie Jesus sie in je verschiedener Weise nahegebracht haben; sie hat ihr Recht in ihr selbst, so wie ihre beiden Boten sie zur Wirkung gebracht haben[77].

Beides kommt hier zusammen zum Ausdruck: der Unterschied zwischen Johannes und Jesus wie auch der heilsgeschichtliche Zusammenhang ihres verschiedenen Wirkens. In der Tat ist Johannes also »mehr als ein Prophet«, aber im Verhältnis zu Jesus der »kleinere«. Sofern Johannes Sünder zur Umkehr gerufen hat als deren letzter und einziger Chance, am Heil der nahen Gottesherrschaft teilzuhaben, haben alle Propheten der vorangehenden Zeit »auf ihn hin« verkündigt. Sofern Jesus mit Zöllnern und Sündern Mahlzeiten hält, in denen er ihre gemeinsame Teilhabe am Reich Gottes gegenwärtig feiert, ist er »der Stärkere«. Und sofern sich die Menschen »dieses Geschlechts« weder von Johannes noch von Jesus haben einladen lassen, erweist sich auch bereits in der Gegenwart das Gericht, das Johannes als hereindrohend verkündigt hat und Jesus als die Kehrseite der Gegenwart der Gottesherrschaft, die er mit den Mahlgenossen feiert[78].

75 Dazu ausführlich unten S. 185–187.
76 Vgl. Lk 11,49! Zum alttestamentlichen Hintergrund vgl. Spr 8,1–36; 9, 1–6.
77 Lk 7,35 hebt statt dessen auf die Jünger Jesu als »Kinder der Weisheit« ab und erweist sich darin als sekundäre Deutung.
78 Daß Mt 11,18f. auf Jesus wie auf Johannes zurückblickt (»Es kam Johannes – es kam der Menschensohn«), könnte als ein Anzeichen dafür gewertet werden, daß diese Deutung des Gleichnisses erst nachträglich aus der Sicht der urchristlichen Tradenten angefügt worden ist. Für dieses Urteil könnte auch der Ausdruck »der Menschensohn« sprechen. Weil jedoch das Gleichnis ohne Deutung schwerlich eindeutig zu verstehen ist (so mit Recht *U. Luz*, Matthäus II, 184), die vorliegende Fassung der Deutung aber keinerlei Anzeichen für Bearbeitung einer anderslautenden Urfassung enthält, ist der Spruch als ganzer mit größerer Wahrscheinlichkeit auf Jesus selbst zurückzuführen (s. *V. Hampel*,

5.4 Jüngerberufung und Nachfolgeexistenz

Zum Anfang des Wirkens Jesu gehört schließlich auch, daß Jesus sich einen eigenen Schülerkreis geschaffen hat – wie Johannes, aber in ganz anderer Weise.

Hier ist zunächst zu beachten, daß nach dem Johannesevangelium die ersten beiden Jünger Jesu aus dem Schülerkreis des Johannes zu ihm gekommen sind (Joh 1,35–39). Als einer dieser beiden wird in V. 40 Andreas genannt, der Bruder Simons, dem Jesus den Beinamen Petrus (aramäisch: Kepha) gegeben hat. Dieses Brüderpaar steht in allen überlieferten Listen der zwölf Jünger an erster Stelle. Von daher kommt der Nachricht in Joh 1 ein großes Gewicht zu. Da beide aus Galiläa stammen (nach Joh 1,44 aus Betsaida), ist anzunehmen, daß Andreas wie Jesus in der Gruppe galiläischer Festpilger auf dem Rückweg von Jerusalem in ihre Heimat bei Johannes am Jordan Halt gemacht haben, um sich von ihm taufen zu lassen, und danach wie Jesus bei Johannes geblieben sind. Auch daß es Johannes selbst war, der seinen Schüler Andreas an Jesus gewiesen hat (Joh 1,35f.), ist historisch sehr wohl vorstellbar.

»Kommt und seht!«, läßt der Evangelist Johannes Jesus zu den beiden Johannesschülern sagen, die zu erfahren suchen, wo er »seine Bleibe hat« (Joh 1,38 f.). Das ist eine theologisch tiefsinnige Deutung eines Vorgangs, der ursprünglich zweifellos ein Akt der Berufung in die »Nachfolge« Jesu gewesen ist. So wird er in seiner Typik in Mk 1,16–20 geschildert: Zwei Brüderpaare sind es hier, galiläische Fischer, die Jesus nacheinander bei der Ausübung ihres Berufs am Ufer des Sees aufsucht und mit dem Ruf »Hierher – mir nach!« als seine Schüler beruft. Das ist von grundsätzlich anderer Art als der Eintritt in das Schülerverhältnis zu einem Gesetzeslehrer[79]. Rabbinenschüler wird man auf eigenen Wunsch in langer Lernzeit. Zu Schülern Jesu dagegen werden diese vier Fischer durch einen souveränen Berufungsakt, der dem gleicht, durch den der Prophet Elija Elischa in seine Nachfolge beruft (1Kön 19,19f.): Dieser ist gerade auf seinem Acker beim Pflügen; Elija geht an ihm vorüber, wirft ihm seinen Mantel über, und »sogleich« verläßt Elischa seine Rinder und eilt Elija nach. Der

---

Menschensohn, 214–222). Dafür spricht: 1. lassen sich die Vergangenheitsaussagen über Johannes und Jesus durch die Redeform der strikten Parallelisierung erklären; Jesus formuliert die Deutung gleichsam aus dem Aspekt der vollendeten Gottesherrschaft. Daß 2. bereits Jesus von sich selbst als »dem Menschensohn« gesprochen, hat, wird später zu prüfen sein (s. *U. Wilckens*, Theologie I/2, Kap. IX.3.4).

79 Vgl. dazu *M. Hengel*, Nachfolge.

zweiteilige Kurzbericht in Mk 1,16–20 ist nicht nur auffallend
ähnlich gestaltet, sondern enthält auch wörtliche Anklänge. Die
Berufung der Jünger Jesu geschieht »im Vorübergehen«. Sie er-
fordert eine umgehende Entscheidung, Beruf, Zuhause und überhaupt »*alles* zu verlassen«, um Jesus auf seinem Weg zu folgen.
Wie die Prophetenschüler das ganze Leben mit ihrem Meister teil-
ten, so entsprechend die Jünger Jesu. »Nachfolge« ist darum zur
festen Bezeichnung der Jüngerschaft geworden. Doch weist die
hinzugefügte Absicht Jesu, die Berufenen »zu Menschenfischern
zu machen«, über die Bestimmung zu seiner Nachfolge hinaus.
Ihr Beruf, den sie verlassen, wird zum Gleichnis für den Beruf,
der ihnen aus der Nachfolge Jesu erwachsen wird: Wie er selbst
auf seinen Wanderungen überall Menschen die Teilhabe am vollendeten Heil der Gottesherrschaft zuspricht, so sollen auch sie als
seine Boten mit der Verkündigung des Gottesreiches Netze aus-
werfen, um Menschen zu sammeln, die dem Gottesreich zuge-
hören (vgl. Lk 10,1–16 / Mt 10,5–16; Mk 6,6–13 parr.)[80]. Im
Gleichnis vom Schleppnetz (Mt 13,47–50; EvThom 8) wirkt das
Bild nach.
In der Form dieses sehr gedrängten Doppelberichts zeigt sich ein
lehrhaftes Interesse. Der Vorgang der Berufung enthält etwas für
die Nachfolge Jesu Typisches. Andere Berufungsberichte haben
die gleiche Struktur. Dem Zöllner Levi widerfährt genau Entsprechendes: Jesus geht an seiner Zollstation vorbei, ruft ihn, ihm zu
folgen; und der steht sofort auf und folgt ihm (Mk 2,13f. parr.).
In einigen Sprüchen tritt das Motiv des radikalen Abschieds von
allem Eigenen außerordentlich schroff hervor (Lk 14,26f.; Mk 8,
34; Lk 17,33)[81].
In Lk 14,28–33 wird dem Nachfolgewilligen das Gewicht des Abschieds, um den es in der Nachfolge Jesu geht, durch zwei Vergleiche verdeutlicht: Wer einen Turm bauen will, muß vorher das
ganze Maß der Kosten berechnen, damit er nicht hernach den
Spott der Leute ertragen muß, wenn es bei dem bloßen Fundament bleibt. Und ein König, der gegen einen anderen König Krieg
führen will, sollte genug Soldaten gegen ihn heranführen, damit
er nicht, wenn jener die doppelte Zahl einsetzt, als Unterlegener
um Frieden bitten muß.
Das gleiche Motiv der »Kosten« der Jüngerschaft Jesu tritt in Lk
9,57–62 / Mt 8,19–22 in zwei bzw. drei kurzen Szenen ebenfalls
sehr kraß hervor. Auch hier geht es um Menschen, die nachfolge-
willig sind, aber von Jesus hart konfrontiert werden mit der not-

80 Dazu s. unten S. 310–314.
81 Dazu s. unten S. 236–238.

wendigen Radikalität der Nachfolge. Dem ersten[82], der Jesus folgen will, wohin immer er geht, stellt er vor Augen:

»Die Füchse haben Gruben und die Vögel des Himmels Nester –
aber dieser Mensch hier hat nichts, wo er sein Haupt betten kann.«
(Lk 9,58 / Mt 8,20; EvThom 86).

Wer also in der Nachfolge sein Leben mit Jesus teilen will, muß wissen, daß er bei ihm auf Erden nirgendwo ein Zuhause haben wird, wie es doch sogar alle Tiere haben[83].

Den Zweiten ruft Jesus in seine Nachfolge. Der aber bittet um Aufschub, bis er seinen soeben verstorbenen Vater beerdigt hat. Jesus gibt ihm eine schockierende Antwort: »Folge mir – und laß die Toten ihre Toten begraben!«[84]

Der Dritte schließlich bittet um einen noch kürzer bemessenen Aufschub: Er will sich nur eben noch von seinen Angehörigen zu Hause verabschieden, wie es der Prophet Elija dem von ihm berufenen Elischa gewährt hat (1Kön 19,20f.). Jesus verwehrt ihm selbst das – ebenso im Blick auf die Berufung des Elischa (1Kön 19,19): »Wer die Hand an den Pflug legt und schaut zurück, ist nicht geeignet für das Reich Gottes«[85].

So unterscheidet sich die Jüngerschaft zu Jesus qualitativ vom Verhältnis der Schüler des Johannes zu ihrem Meister. Nirgendwo verlautet in der Überlieferung überhaupt etwas von einer Bedeu-

---

82 In Mt 8,19 ist es ein Gesetzeslehrer, der Jesus als »Lehrer« anspricht und ihm fortan als Schüler folgen will. Dies ist wahrscheinlich ebenso der matthäischen Bearbeitung zuzuschreiben (vgl. Mt 13,52!) wie die entsprechende Einführung des zweiten als eines Jüngers in Mt 8,21. An beiden Stellen überliefert Lk 9,57.59 die ursprüngliche Fassung (Q), nach der die Nachfolgewilligen nicht besonders gekennzeichnet werden, weil das Interesse ganz auf die Antwort Jesu konzentriert ist. So zuletzt *J. Schröter*, Erinnerung, 150f.

83 Wegen des Gegensatzes zu Füchsen und Vögeln ist an dieser Stelle ernstlich zu erwägen, daß mit »Menschensohn« ursprünglich, hebräischem wie aramäischem Sprachgebrauch entsprechend, Jesus als »dieser Mensch hier« gemeint ist. Dann allerdings nicht so, daß er sich mit allen Menschen zusammenschlösse, sondern umgekehrt: Unter allen Menschen auf Erden, die ihr Zuhause haben wie alle Tiere, ist allein *dieser* Mensch radikal heimatlos. In der urchristlichen Überlieferung ist »der Menschensohn« dann im Sinne der Tradition von Dan 7,13 verstanden worden. Der Skopos des Spruches hat sich damit nicht verändert.

84 Dazu vgl. unten S. 233f.

85 Diese dritte Szene Lk 9,61f. fehlt in der Matthäusfassung. Sie ist möglicherweise in der Überlieferung nachträglich angefügt worden. Denn ein Grund für Matthäus, sie auszulassen, läßt sich nicht erkennen. Inhaltlich jedoch entspricht sie dem Duktus der beiden vorangehenden Szenen, vor allem durch den Hinweis auf die Berufung Elischas, die durchweg bei dem Ruf in die Nachfolge Jesu im Blick steht.

tung oder Funktion dieser Täuferschülerschaft. Die Besonderheit
der Nachfolge Jesu hängt mit der Besonderheit seiner Person zusammen, wie Johannes selbst sie erkannt und anerkannt hat: In
Jesu Wirken vollzieht sich der Anbruch der endzeitlichen Gottesherrschaft selbst. In der Radikalität des Abschieds von aller irdischen Zugehörigkeit erweist sich die Zugehörigkeit derer, die Jesus in *seine* Nachfolge beruft, zum *Reich Gottes*. Wer *ihm* auf seinen Wegen der Verkündigung des Gottesreiches folgt, muß *selbst*
die extremen persönlichen Bedingungen, unter denen er für die
Gottesherrschaft zu wirken hat, mit ihm teilen.
Damit hängt die besondere Bedeutung des Zwölferkreises zusammen, auf die wir hier nur vorverweisen können. Nach Mk 3,13f.
ist die »Schaffung« dieses Kreises von den Berufungen in die
Nachfolge zu unterscheiden. Jesus sammelt diese Zwölf aus einer
größeren Zahl von Jüngern als eine Gruppe, die in besonderer
Weise »mit ihm« sein, das heißt: ihn ständig umgeben sollen (Mk
3,14). Dies ist ihre erste, grundlegende Funktion, von der sich ihre beabsichtigte Aussendung zur Verkündigung (Mk 6,7–13; Lk
10,1–16 / Mt 10,5–16) unterscheidet[86]. Nur in Mk 6,7 und Mt
10,2f. werden die Zwölf als Jesu Boten ausgesandt. In Lk 10,1
sind es 72. Beide Zahlen haben eine biblisch-symbolische Bedeutung: Die Zwölf repräsentieren das Zwölfstämmevolk, also Israel
als ganzes. Die 72 Boten entsprechen der Zahl der Völker der Erde (Gen 10 im Text der griechischen Übersetzung). So steht in Lk
10,1 die universale Völkermission im Blick. Darin spiegelt sich
der Aspekt der späteren Kirche (vgl. Mt 28,19f.). Das Wirken Jesu hat Israel als seine Adressaten. Dazu hat er die Gruppe der
Zwölf geschaffen. Und ihre Sendung als seine Boten zielt darauf,
ganz Israel zu gewinnen[87].

---

86   Diese sprachlich hervorgehobene Unterscheidung in Mk 3,14 ist weder
von Matthäus noch von Lukas übernommen worden. In Mt 10,1 dient das »Zu-
sich-Rufen« der Zwölf unmittelbar ihrer Begabung zur Aussendung. In Lk 6,13
ist es ein Akt ihrer Auswahl als »Apostel«, welcher Titel in Mt 10,2 mit der
Liste ihrer Namen verbunden ist. Im Markusevangelium taucht er erst bei ihrer
Rückkehr nach der Vollendung ihrer Sendung auf (Mk 6,30). Dies ist die einzige Stelle, an der der Titel bei Markus zu finden ist: als Bezeichnung der von
Jesus ausgesandten Boten.
87   Dazu vgl. ausführlich unten S. 306–308.

III

Gottes Herrschaft und Reich als zentrales Thema Jesu

Nach Mt 4,17 beginnt Jesus sein eigenes Wirken in Galiläa mit dem gleichen Spruch als Zusammenfassung seiner ganzen Verkündigung wie zuvor Johannes in Mt 3,2: »Kehrt um! Denn nahegekommen ist die Herrschaft Gottes.«[1] Darin drückt sich die Kontinuität seiner Verkündigung mit der des Täufers aus. Gleichwohl setzt Jesus diese nicht fort, sondern verändert sie von Grund auf. Johannes hat angesichts der bedrohlichen Nähe des Endgerichts, dem schlechthin jedermann in Israel anheimfallen wird, die Menschen zur Umkehr von allem Tun des Bösen als letzter Rettungschance gerufen und die Umkehrenden durch die Taufe im Wasser als Menschen signiert, die im nahen Endgericht durch Gottes Geist gereinigt und so für die Teilhabe am künftigen Heil der Gottesherrschaft qualifiziert werden (s. oben). Jesus dagegen hat den Menschen Umkehr als Teilhabe am Heil der Gottesherrschaft selbst bereits jetzt und hier in ihrer irdischen Lebenssituation verkündigt. Sosehr er darin mit Johannes übereinstimmte, daß »dieses Geschlecht« heillos in Sünde lebt, und sosehr er darum wie Johannes die Sünder mit der ihnen drohenden Vernichtung konfrontiert hat (vgl. Lk 13,1–5), so überraschte er seine Hörer mit der außerordentlichen, völlig *neuen Chance*, daß sich ihnen in seiner Verkündigung *die Gottesherrschaft selbst* öffnet und sie sie nur in Jesu Wort »anzunehmen« brauchen, um an ihrem Heil teilzuhaben. »Umkehr« bedeutet also nicht die Chance der Vorbereitung auf das Gericht, sondern die Chance der Rettung selbst. Daß dieses Heil Rettung vor dem *Gericht* ist, trifft zwar zu, tritt aber in den Hintergrund angesichts der *Heilswirklichkeit*, die Jesus in der Freude der Mahlgemeinschaft mit denen feiert, die sich ihm

---

1 Matthäus fand in Mk 1,15 an gleicher Stelle den Spruch in einer erweiterten Fassung vor, hat ihn jedoch in dem Wortlaut von Mt 3,2 angeführt, in dem in der Spruchquelle der Inhalt der Verkündigung der Jünger Jesu als seiner Boten formuliert ist (Mt 10,7; Lk 10,9.11); s. oben S. 100. Darauf weist auch die von Matthäus verkürzte Fassung Mt 4,23; 9,35. Matthäus spricht nahezu durchweg (in Aufnahme synagogalen Sprachgebrauchs) vom »Reich der Himmel«. Zu Lk 4,14ff. s. oben S. 119.

anschließen (vgl. Mk 2,15). Dieser Unterschied ist begründet in der ganz anderen »Vollmacht« Jesu im Vergleich zu der des Johannes. Dessen Vollmacht bestand darin, daß er Umkehrwillige »zur Vergebung der Sünden« im kommenden Gericht taufte. Jesus dagegen vergibt selbst Sünden, jetzt und hier (vgl. Mk 2,5). Er gibt selbst am Heil der Gottesherrschaft teil (vgl. Lk 6,20; 11,20). Die Vollmacht, in der er dies tut, ist die, die allein dem einzig-einen Gott selbst zusteht. Sie ist die Vollmacht dessen, dem Gott zuvor in einer Vision vom Himmel her zugesprochen hat, daß er sein einzig-erwählter *Sohn* sei (Mk 1,11 [s. oben S. 108f.]).

Alles, was wir in diesem Kapitel zu Inhalt und Charakter der Verkündigung Jesu von der Herrschaft *Gottes* ausführen werden, läßt zugleich deutlich werden, daß *diese selbst* gegenwärtig-wirksam ist, indem *Jesus* von ihr spricht. Und Entsprechendes gilt auch von seinen *Taten*: Wo Jesus Menschen aus der Macht von Dämonen befreit, da ist in seinem Befehlswort die Kraft Gottes selbst wirksam, durch die Jesus in seiner Vision den Satan hat aus dem Himmel herabstürzen sehen (Lk 10,18 [vgl. oben S. 114f.]). Und wo Jesus Kranke heilt, vollzieht sich die heilende Kraft Gottes, so daß die Menschen diese Heilungstaten Jesu als Heilstaten Gottes besingen, wie sie von den Propheten für die Endvollendung verheißen sind (Mk 7,37; vgl. Mt 11,5f.).

1   Die alttestamentlich-jüdische Beheimatung der Rede von der Königsherrschaft Gottes

1.1   Die Königsherrschaft Gottes im täglichen Gebet und in der Tempelliturgie

Von der »Königsherrschaft Gottes« ist in den Evangelien häufig die Rede. An keiner einzigen Stelle wird dieser Ausdruck inhaltlich erklärt. Er war also so allgemein bekannt unter den Juden in Galiläa, daß Jesus ihn nicht eigens erklären mußte. Zwei Quellen sind es, aus denen diese Vertrautheit herrührt: das tägliche Gebet und die Schriftlesung und Liturgie im synagogalen Gottesdienst. Wenn irgendwo die Regel stimmt: »lex orandi lex credendi« (Was geglaubt wird, speist sich aus dem, was gebetet wird), dann liegt sie hier zu Tage. Das *sch^ema-jisrael* (»Höre, Israel«), das Grundbekenntnis, das jeder Jude täglich betet, besteht in seiner liturgisch ausgeführten Form aus den Toraabschnitten Dtn 6,4–9; 11,13–21; Num 15,37–41. Wo immer in dieser gottesdienstlichen Lesung zu Beginn der heilige Name des einzig-einen Gottes (Dtn 6,4) genannt wird, antwortet die Gemeinde: »Gepriesen sei der Name der Herrlichkeit seiner Königsherrschaft immer und ewig«[2]. Darin klingen Psalmen an wie Ex 15,17f.; Ps 72,19; 99,1.3; 145,1.21; 146,10; PsSal 5,19; 17,1.46. Im Hintergrund steht darüber hinaus die ganze Tradition der Psalmen, die Jahwes Königsein besingen, sei es als seine Herrschaft über das All (Ps 93; 96,10; 97,1f.) und in seiner Überlegenheit über alle Götter (Ps 95,3), sei es als die Macht seiner helfenden, erbarmungsvollen Zuwendung zu Israel als seinem Volk (Ps 47,1–6; Ex 15,1–18; Dtn 33,5.26–29; Ps 99,4–9; 98,6) sowie zu einzelnen Frommen (Ps 103,22.25–32), besonders in seiner Gegenwart im Tempel auf dem Zion (Ps 24, 7–10; 47,8f.)[3].

Auch in den Liturgien der großen Jahresfeste hat der Lobpreis der Königsherrschaft Gottes seinen festen Ort als Responsorium der Gemeinde auf die leise Nennung des heiligen Gottesnamens durch den Hohenpriester[4] oder auf die Nennung der Erlösungstat Gottes im Exodus und am Schilfmeer[5]. Im Achtzehnbittengebet heißt es in der Mitte, nach der Bitte um die Zusammenführung des Volkes aus seiner Zerstreuung in der 10. Bitte: »Sei König über uns, du allein!« (11. Bitte)[6]. Im Qaddisch-Gebet, mit dem der Predigtteil des Synagogengottesdienstes seit alters geschlossen hat, steht ebenfalls die Bitte um Verherrlichung und Heiligung des Namens Gottes unmittelbar neben der Bitte um seine gegenwärtige und endzeitliche Herrschaft als des Königs über Israel. Die Nähe zum Vaterunser ist unverkennbar[7].

Betrachtet man diese Gebetstradition, mit der zur Zeit Jesu zweifellos jeder fromme Jude vertraut war, so läßt sich über die inhaltlichen Aspekte einiges Wichtige sagen: In seiner Königsherrschaft verwirklicht der einzig-eine Gott einerseits seine immerwährende universale Souveränität als Schöpfer des Alls, andererseits seine heilsgeschichtliche Bundestreue zu Israel als seinem erwählten Volk. Beide Aspekte schließen sich in keiner Weise aus. König über Israel ist Gott als Herrscher der Welt; und seine Herrschaft über das All, in der er die Stabilität aller Ordnungen des himmlischen wie des irdischen Bereichs setzt und garantiert, konzentriert sich auf den Bestand Israels in seiner Geschichte von ihrem Beginn im Errettungswunder des Exodus bis in die Gegenwart und

---

2 Vgl. *T. Lehnhardt*, Gott, 289f.
3 Zur Überlieferungsgeschichte vgl. *Jörg Jeremias*, Königtum.
4 Vgl. *T. Lehnhardt*, Gott, 290.
5 Ebd., 293–299.
6 Vgl. auch PsSal 5,19; 17,1.3.46; Jub 1,28.
7 Vgl. unten S. 239f. Zu dem häufigen Vorkommen der Gottesprädikation »König« und »Königsherrschaft« (*malkut*) in der späteren Hekhalot-Literatur vgl. *A.M. Schwemer*, Gott.

bis in die Zukunft der Endvollendung. Seine Königsherrschaft wirkt in der unbedingten Verläßlichkeit seiner barmherzigen Gnade, die nach Ex 34,6 das Geheimnis seines Namens ist (Ex 3,14), der zwar für Menschen unzugänglich, zur Zeit Jesu auch längst unaussprechbar geworden ist, sich aber in die *Geschichte* Israels tief und bestimmend eingeschrieben hat, so daß Israel seinen *Namen* preist, indem es der Wunder seiner *Heilstaten* gedenkt.

1.2   Bei Deuterojesaja und in der nachexilischen Prophetie

Wenn dieser liturgische Lobpreis in den beiden Psalmen 96 und 98 als ein »*neues* Lied« erklingt, so liegt der Einfluß aus dem zweiten Teil des Jesajabuchs (40,1–55,13) zu Tage (vgl. Jes 42,10 u.ö.)[8]. Der Prophet, der hier zu Wort kommt, hat ein neues Heilshandeln angekündigt, in dem der Gott Israels sein Volk aus dem Gefängnis des Exils befreien wird, wie er es einst im Exoduswunder getan hat. Hier erklingt das Ich des Gottes Israels (Ex 20,2) in ganz neuer Intensität (von Jes 41,13 an häufig). Dieser Name Gottes selbst ist es, der nun in der bevorstehenden Zukunft neue Heilstaten vollbringen wird (Jes 42,8f. u.ö.). Und als dieser Erlöser ist er »euer *König*, Israels Schöpfer« (Jes 43,15; 44,6).

»Darum soll mein Volk an jenem Tage meinen Namen erkennen und wissen, daß ich es bin, der da sagt: Ich-bin-da (Zitat Ex 3,14). Wie willkommen sind auf den Bergen die Schritte des Freudenboten (*m^ebassēr*, griechisch ›Evangelist‹), der Frieden (*schalom*) verkündigt, der frohe Botschaft bringt und Rettung verheißt, der zu Zion sagt: *Dein Gott ist König!*« (Jes 52,6f.).

Deuterojesaja, und darin besonders diese Stelle, ist zum Modell für viele Heilsankündigungen in späterer Zeit geworden. In Mi 2,12–14 kündigt Jahwe im gleichen Ich-Stil wie in Deuterojesaja an, er werde den Rest von Israel zusammenführen und ihm bahnbrechend voranziehen: »Ihr König geht vor ihnen her, der Herr schreitet an ihrer Spitze« (vgl. 4,6–8). Ähnlich verheißt Zeph 3, 14–16 das Ende der Leidenszeit der Verurteilung Jerusalems durch Gott. Von nun an wird er wieder (im Tempel auf dem Zion) wohnen: »Der König Israels, der Herr, ist in deiner Mitte (vgl. Ps 46,6!), du hast kein Unheil mehr zu fürchten« (vgl. auch Ob 21). Das gleiche Hoffnungsbild – nunmehr deutlich in endzeitlichem Licht – stellt Sach 14,8–11 vor Augen: In Jerusalem, in dessen Mitte eine

---

8   Zu den vielen Anklängen und z.T. deutlichen Zitaten aus Deuterojesaja in Ps 96 und 98 vgl. *Jörg Jeremias*, Königtum, 126f.133f.

Quelle lebendigen Wassers sprudelt (das nach 13,1 »der Reinigung von Sünde und Unreinheit« dient), wird auf dem hoch aufragenden Zionberg »der Herr König sein über die ganze Erde« (V. 9); und aus allen Völkern ziehen alljährlich Menschen am Laubhüttenfest zur Mitfeier hinauf (V. 16f.); vgl. so auch Jes 24,23 sowie Dan 2,44; 4,31; 7,14. Im Prophetentargum ist von der Königsherrschaft Gottes durchweg in eschatologischem Sinn die Rede[9].

1.3   Die endzeitliche Zukunft der Gottesherrschaft und ihre Bedeutung für die Gegenwart

Es gibt also im Judentum der nachexilischen Zeit ein stark eschatologisches Gefälle in der Rede von der Königsherrschaft Gottes, das auch in die Gebete des Synagogengottesdienstes hineinwirkt, wie das Qaddisch zeigt. Je heilloser die äußere politische und die innere religiöse Situation wurden – zumal im 2. und 1. Jahrhundert v.Chr. –, um so größeres Gewicht erwuchs der Erwartung einer radikalen Wende durch das Eingreifen Gottes. Daß der Gott Israels der königliche Herrscher über das All und über die Gesamtheit der Völker ist, er allein, das wurde im Blick auf die einander ablösenden Großreiche sowie erst recht angesichts des Glaubensabfalls einer immer größer werdenden Zahl von Israeliten immer weniger sichtbar. Um so mehr gewinnt das erwartete endzeitliche Handeln Gottes den Charakter des Sichtbarwerdens, der »Offenbarung« der Kraft seiner Königsherrschaft und der Heilswirklichkeit seines Königreiches[10].
Gleichwohl halten die Frommen daran fest, daß Gott auch in der Gegenwart der König *ist*, als der er sich in der endzeitlichen Zukunft offenbaren wird. Dieses Wissen hat in ihrer alltäglichen Lebenswirklichkeit seinen festen Ort im Gebet: Der Lobpreis der Königsherrschaft Gottes im irdischen Gottesdienst hat teil am himmlischen Lobpreis der Engel um seinen Thron. Dafür gibt es in den Schabbatliedern aus Qumran einen Schatz von Belegen[11]. Daß es sich hier um eine Sonderüberlieferung der Qumrangemeinde von nur entsprechend spezieller Bedeutung handelte, ist ganz unwahrscheinlich. Zwar haben die Essener ihren Gottesdienst exklusiv als den allein wahren gefeiert. Aber gerade daraus ist zu

9   Vgl. K. *Koch*, Offenbaren, 162: »Offenbarung des Reiches Gottes – das markiert für den Übersetzer des Profeten-Targums die entscheidende eschatologische Wende.«
10   Dazu vgl. ebd., 160–163. Zur apokalyptischen Überlieferung insgesamt K. *Müller*, Art. Apokalyptik/Apokalypsen III, 202–251.
11   Vgl. dazu A.M. *Schwemer*, Gott . Es sind 55 Belege für die Rede von Gott als König und 21 von Gottes Königsherrschaft (*malkut*)!

schließen, daß hier eine Liturgie vollzogen wurde, die im Jerusalemer Tempel ganz entsprechend gebetet und verstanden worden ist. Die ganze Gebetstradition in den Ortssynagogen aber lebte wiederum aus der Liturgie der großen Feste im Jerusalemer Tempel, an denen man auch von Galiläa aus regelmäßig teilnahm.

Die Vereinigung von Erde und Himmel im Gottesdienst bindet nun aber in ganz wesentlicher – und darum so selbstverständlicher – Weise die Gegenwart der Königsherrschaft Gottes für seine Frommen im Lande mit ihrem sehnlich erwarteten Offenbarwerden in der Zukunft der Endzeit zusammen, in der der Gott Israels seine Erwählten zur vollendeten Gemeinschaft in seinem Reich des ewigen Schalom um sich versammeln wird, nachdem er alle ihre Feinde und vor allem seinen Widersacher Belial endgültig besiegt und auf ewig vernichtet haben wird. Ist es doch der heilige Name des einzig-einen Gottes, dem die Seinen beides zugleich in völliger Glaubensgewißheit zutrauen können: Schutz in der Gegenwart jetzt und hier durch Teilhabe an der vollendeten Heilswirklichkeit seines zukünftigen Reiches in der oberen Welt der Ewigkeit.

2   Die Königsherrschaft Gottes im Wirken Jesu in Galiläa

Daß Jesus in allen Ortschaften, in die er kam, den Anbruch der erwarteten Gottesherrschaft verkündigte, wird in der Überlieferung der Evangelien immer wieder mitgeteilt, aber nicht im Detail beschrieben. Die großen Reden im Matthäus- und Lukasevangelium, die mit der Zusage der Gottesherrschaft in der Form von Seligpreisungen beginnen (Lk 6,20–23; Mt 5,3–12), sind Kompositionen aus Einzelsprüchen und kleinen Spruchgruppen, die erst in urchristlicher Zeit zum Zweck der Bewahrung der Worte Jesu im lebendigen Gedächtnis seiner Jüngergemeinde in der Gestalt von Lehrreden zusammengefügt worden sind[12].

12   Daß solche urchristlichen Lehrreden auf kleinere vorösterliche Sammlungen von Jesussprüchen zurückgehen, ist eine These, die von *H. Schürmann,* Anfänge zuerst zur Diskussion gestellt und danach von *B. Gerhardsson,* Memory und *R. Riesner,* Jesus aufgenommen und detailliert fortgeführt worden ist. Es ist durchaus wahrscheinlich, daß bereits im vorösterlichen Jüngerkreis Jesu von Anfang an das Bedürfnis bestand, alles im Gedächtnis festzuhalten, was ihr Lehrer in der Vollmacht seiner außerordentlichen Autorität verkündigte und lehrte. Die Fähigkeit im Auswendiglernen und bestimmte Gedächtnishilfen bei der Zusammenstellung von verschiedenen Sprüchen wurde im ›Schulbetrieb‹ im Umkreis der Synagogen damals vielfach geübt. Streng zu beweisen ist es zwar nicht, daß es schon zur Zeit des galiläischen Wirkens Jesu selbst solcherart ›Schulbetrieb‹ gegeben hat. Aber die Annahme, daß der tiefe Eindruck, den Jesu Verkündigung in den Herzen seiner Anhänger hinterließ, ganz selbstver-

Wo es Synagogen gab – wie in Kafarnaum (Mk 1,21) – dürfte es so zugegangen sein, wie es Lk 4,16f. erzählt wird. Wie jeder erwachsene Jude in der Versammlung das Wort ergreifen durfte, so hat es auch Jesus getan. Der Lobpreis der Königsherrschaft Gottes gab ihm hier geradezu das Stichwort für seine Verkündigung. Aber er predigte auch auf den Plätzen in den Städten und an geeigneten Stellen am Ufer des galiläischen Sees (vgl. Mk 4,1).

2.1 Die Seligpreisungen

Die von Matthäus und Lukas überlieferten Seligpreisungen (Lk 6, 20–23; Mt 5,3–12) sind eine besonders eindrückliche Zusammenfassung dieser Verkündigung Jesu. Auf Jesus selbst gehen jedenfalls die drei ersten zurück, wie sie in der Spruchquelle (Q) überliefert sind[13].

»Selig die Armen! Denn ihrer ist die Königsherrschaft Gottes.
Selig die Hungernden! Denn sie werden gesättigt werden.
Selig die Weinenden! Denn sie werden lachen.«

Hier klingt deutlich Jes 61,1–7 an. Doch es ist Jesus selbst, der den Armen, den Hungernden und den Weinenden ganz unmittelbar das Heil der Gottesherrschaft zuspricht, zu dessen Verkündigung sich dort der Prophet als von Gott gesandt und mit Gottes Geist begabt vorstellt. Selbst dann, wenn man erwägt, Jesus könne mit diesen Seligpreisungen den Prophetentext in der Synagoge ausgelegt haben (vgl. Lk 4,16–19), bleibt es auffällig, wie unvermittelt er die Frohbotschaft des Propheten als seine eigene Heilszusage in der Form von Seligpreisungen ›aktualisiert‹ und somit die Autorität des Propheten ganz einfach auf sich überträgt. Der Makarismus wiederum ist eine Spruchgattung, die aus der weisheitlichen Überlieferung stammt und im Zusammenhang apokalyptischer Tradition zu einer Form eschatologischer Heilslehre umgeprägt worden ist. Dort wird seliggepriesen, wer sich zum Empfang des künftigen Heils durch Treue in der Bewahrung der Gebote der Tora qualifiziert hat[14]. Davon unterscheiden sich

ständlich zu ständiger Wiederholung bestimmter ›Kernsprüche‹ motiviert hat, ist historisch sehr viel wahrscheinlicher als die allzu moderne Meinung, die Begeisterung der Nachfolge der Jünger habe zu solcherart ›Schulbetrieb‹ gar nicht Zeit und Motivation gelassen, Sammlung und Lehrbildung seien erst in urchristlichen Gemeinden denkbar.
13 Zur Analyse vgl. K. *Koch*, Was ist Formgeschichte, 50–55; H. *Merklein*, Die Gottesherrschaft als Handlungsprinzip, 48–53; Ders., Jesu Botschaft, 45f.
14 Vgl. als Beispiel äthHen 99,10: »In jenen Tagen werden selig sein alle die, die die Worte der Weisheit annehmen und sie verstehen, und die Wege des

diese Seligpreisungen Jesu, die schlicht Menschen in Not ihre Teilhabe am Heil der kommenden Endzeit sozusagen auf den Kopf zusagen[15]: Arme, Hungernde, Weinende. Ihre Teilhabe an der Königsherrschaft Gottes wird in radikaler Umkehrung ihrer Not bestehen: Sie werden satt zu essen haben, und ihre Trauer wird in Freude und Jubel verwandelt werden. Hier wird nicht der soziale Aspekt von Notlagen betont, sondern die Not als solche, unter der die Betreffenden zu leiden haben (vgl. Mt 5,4!). Das entspricht Jes 61,2. Gottes Hilfe wird dort als Rettung aus der Not der Exilierten verheißen, die der Rettung im Exodus entspricht (Jes 52,4ff.). Daß Gott für die Seinen ein barmherziger Nothelfer ist, ist in der Wirkungsgeschichte Deuterojesajas der entscheidende Grund des Vertrauens auf ihn über alle Widrigkeiten der Gegenwart hinaus. Und wo in apokalyptischer Tradition der kollektive Aspekt des Volkes Gottes hinter dem individuellen Aspekt der »auserwählten Gerechten« zurücktritt, erscheinen diese im Verhältnis zu Gott um so mehr als »die Armen«. Die Gerechten werden so als solche zu Armen, die der Hilfe und Rettung ihres Gottes grundsätzlich bedürfen, weil sie ohne ihn absolut »elend und arm« sind. Diese ›Armenfrömmigkeit‹ haben in besonderer Weise die Essener aufgenommen. In Entsprechung zu ihrem exklusiven Selbstbewußtsein als der einzigen Auserwählten und Gerechten wußten sie sich als Gemeinde der ganz und gar Armen, die allein auf Gottes Gnade und Erlösung angewiesen sind und von ihr leben[16].

Aus dieser Tradition lebt Jesu Verkündigung. Wenn er immer wieder, in all seinen Predigten[17], die Armen als die Erretteten in der nahen Königsherrschaft Gottes beglückwünscht und den Hun-

---

Höchsten befolgen und wandeln auf dem Weg seiner Gerechtigkeit und die nicht frevelhaft werden mit denen, die frevelhaft sind – denn sie werden gerettet werden.« Vgl. ähnlich Weish 3,13. Zum Erstattungscharakter der endzeitlichen Heilsgabe in Entsprechung zum Tun der Heilsempfänger in ihrem vorangegangenen irdischen Leben vgl. slHen 52,15 (am Schluß einer Reihe von Seligpreisungen und Fluchworten).

15   Am nächsten kommt äthHen 58,2: »Glückselig ihr Gerechten und Auserwählten, denn herrlich (wird) euer Erbteil (sein)« (im Folgenden wird die Heilswirklichkeit als ewiges Licht, Leben, Frieden beschrieben). Doch auch hier sind ganz selbstverständlich die angesprochen, die der Auserwählung als Glieder des Volkes Gottes (vgl. Bar 4,4) in ihrem Tun der Gerechtigkeit entsprochen haben.

16   Vgl. 4QB 37,2,10; 3,10; 1QM 5,22; 11,9f. sowie die Psalmen in 1QS und 1QH.

17   Die Voraussetzung der *Überlieferung* solcher Worte Jesu wie der Seligpreisungen in seinem Jüngerkreis ist ja, daß es sich um zentrale Themen seiner Verkündigung handelte, die er immer wiederholt den Menschen nahegebracht hat.

gernden und Weinenden die baldige Teilhabe an dem Trost und
an der Freude im Reich Gottes zuspricht, so war das den Menschen, die ihn hörten, inhaltlich aus dem Gottesdienst und aus der
lebendigen Tradition apokalyptischer Erwartung der bevorstehenden großen Weltwende wohl vertraut. Neu war die Konzentration
auf die Nähe des endzeitlichen Heilshandelns Gottes. Die Hinzufügung entsprechender Gerichtszusagen in Lk 6,24–26 gleicht an
das apokalyptische Schema an. Neu war, daß er den gottesdienstlichen Lobpreis der Königsherrschaft Gottes als der Verherrlichung
des heiligen Namens Gottes so grundsätzlich und so unmittelbar
zum zentralen Inhalt seiner eschatologischen Heilsverkündigung
machte. Und neu war die ausstrahlende Autorität, in der er mit
dieser Verkündigung Heilsgewißheit und Heilsfreude in seinen
Hörern entzündete, so daß sein Name offenbar in kürzester Frist
in aller Munde war[18].

2.2 Exorzismen und Heilungen

Überall dort, wo in der Evangelienüberlieferung von Jesu Wirken
zusammenfassend die Rede ist, werden zugleich mit seiner Verkündigung seine Taten genannt: Exorzismen und Heilungen[19].
Auch Heilungen gehören zur alttestamentlich-jüdischen Erwartung
des künftigen Errettungshandelns Gottes und der Heilswirklichkeit
der Endzeit.

»Man wird die Herrlichkeit des Herrn sehen, die Pracht unseres Gottes
... Dann werden die Augen der Blinden geöffnet, auch die Ohren der
Tauben sind wieder offen. Dann springt der Lahme wie ein Hirsch, die
Zunge der Stummen jauchzt auf. In der Wüste brechen Quellen hervor
und Bäche fließen in der Steppe ... Eine Straße wird es dort geben, man
nennt sie den Heiligen Weg: Kein Unreiner darf ihn betreten ... Dort
gehen nur die Erlösten. Die vom Herrn Befreiten kehren zurück und
kommen voll Jubel nach Zion. Ewige Freude ruht auf ihren Häuptern,
Wonne und Freude stellen sich ein, Kummer und Seufzen entfliehen.«
(Jes 35,1–10).

Diese Verheißung der Heimkehr aus dem Exil trägt bereits alle
Züge einer außerordentlichen Heilszeit. Die ganze Schöpfung
wird zu einem Paradies der Fruchtbarkeit und des Friedens ver-

---

18 Über die übrigen Seligpreisungen der Reihe Mt 5,3–9 vgl. unten S. 239f.;
über die Seligpreisung der verfolgten Jünger Jesu S. 322.
19 Vgl. Mk 1,32–34 parr.; 1,39 parr.; 3,7–12 parr.; Mk 6,2 par.; 6,53–56; Mt
9,35; Mt 15,29–31; Mt 19,2. Entsprechend bei der Sendung der Boten Mt 10,7f.;
Lk 10,9; Mk 3,13–15 parr.; 6,12f. par.

wandelt, und in diesem Zusammenhang werden auch alle Krankheiten geheilt sowie alles Leiden gestillt. Die Erlösten werden ihren Gott preisen in jubelnder Heilsfreude. Wieder ersteht das gleiche Bild im gottesdienstlichen Lobpreis Gottes als des ewigen Königs:

»Recht verschafft er den Unterdrückten. Den Hungernden gibt er Brot. Der Herr befreit die Gefangenen. Der Herr öffnet den Blinden die Augen. Er richtet die Gebeugten auf ...« (Ps 146,5–10).

Diese Motive finden sich dann vielfach in der späteren Erwartung der endzeitlichen Heilswelt[20]. Freilich gehen die Aussagen über Heilungen in der Heilszeit über pauschale Angaben nicht hinaus und sind im Gesamtbild Nebenzüge. Das entscheidende Interesse konzentriert sich darauf, daß beim Anbruch der Heilszeit der Teufel entmachtet und alles Böse ausgeschieden werden wird[21].

2.2.1   *Jesu Exorzismen: Siege über die Dämonen*

Eben dies hat Jesus in der Vision Lk 10,18 als himmlisches Ereignis geschaut. Es spricht viel für die Vermutung, daß diese Vision Initialbedeutung für sein öffentliches Wirken gehabt hat[22]: Ist der Satan im Himmel entmachtet, so hat damit die erwartete Wende zur Heilsvollendung begonnen. Von daher ist nun auch die Zeit gekommen, daß Jesus mit der Kraft des Geistes Gottes, den er als Gottes auserwählter Sohn aus dem Himmel empfangen hat (Mk 1,10f.), auch auf Erden die Dämonen als die Streitkräfte des Satan besiegt:

»Wenn kraft des Geistes *Gottes ich* die Dämonen austreibe, dann ist damit die Königsherrschaft Gottes zu euch gekommen.« (Mt 12,28 / Lk 11,20)[23].

---

20   Vgl. z.B. Jub 23,29f.; äthHen 5,9; 4Esr 8,52–54; syrBar 73,1–3.
21   Vgl. z.B. Jub 23,29; 40,9; 50,5; AssMos 10,1f.; Sib 3,805–807 (die Überschrift dazu in 3,767f.: »Und dann wird er ein Königreich errichten für alle Zeiten, über alle Menschen ...«); TestLev 18,9.12; TestJud 25,3; TestDan 5,10f. Besonders im Schrifttum von Qumran ist der Gegensatz zwischen Gott und Teufel (der hier durchweg »Belial« heißt) und entsprechend zwischen der essenischen Gemeinde als »Los Gottes« und allen Frevlern als »Los Belials« (1QM 1,5 u.ö.) von zentraler Bedeutung. Vom Endkampf zwischen ihnen handelt die Kriegsrolle (1QM). Vom Endsieg Gottes ist in 1QM 18,13 und 1QS 4,18 die Rede.
22   S. oben S. 114f.
23   Im Wortlaut stimmen beide Fassungen überein. Nur ist bei Lukas vom »Finger Gottes« die Rede. Das könnte Anklang an Ex 8,15 sein (vgl. auch 1QM 18,3: »Und es wird sich die Hand Gottes wider die ganze Menge Belials erheben«) Aber umgekehrt könnte auch »Geist Gottes« bei Matthäus Angleichung

Von einem solchen Exorzismus erzählt die Geschichte Mk 1,23–28, die im Kern aus alter judenchristlicher Überlieferung stammt[24]. In der Synagoge von Kafarnaum tritt ein Besessener auf Jesus zu. Aus ihm schreit der »unreine Geist« ihn an: »Was habe ich mit dir zu schaffen, Jesus von Nazaret? Du bist gekommen, uns zu verderben!«[25] Der Dämon erkennt in Jesus »den Heiligen Gottes«[26]. Jesus bedroht ihn und zwingt ihn zum Verstummen und zum Ausfahren. Jesu Befehlswort hat solche Kraft, daß der Dämon den Besessenen unter schrecklichen Wirkungen verläßt[27]. Die Umstehenden reagieren mit erschrockenem Staunen: »Wer ist dieser, daß er den unreinen Geistern befiehlt, und sie gehorchen ihm!« Sosehr dies als beispielhafter Vorgang erzählt ist, so charakteristisch ist für Jesu Exorzismen das, was hier – sicher zu Recht – hervorgehoben wird: Sein *Wort* ist das Medium seines Handelns. Mit seinem Wort besiegt er die Dämonen, denn in seinem Wort wirkt unmittelbar die Kraft Gottes, mit der Gott im Himmel den Satan als den Heerführer der Dämonen entmachtet hat. So kommt in Jesu Exorzismen tatsächlich die Königsherrschaft Gottes selbst zur Wirkung. Der Spruch Mt 12,28 zeigt den Horizont des Handelns Jesu, den die Erzählung Mk 1,23–28 als solche nicht erkennen läßt[28].

Andere Erzählungen sind ungleich weniger typisiert erzählt. In Mk 5,1–20 wird sowohl die tiefgreifende Person-Schädigung des Besessenen sehr plastisch geschildert als auch der Vorgang des Ex-

---

an den Kontext (Mt 12,31f.) sein. Gemeint ist das gleiche: Es ist unmittelbar Gottes Kraft, in der Jesus die Dämonen austreibt. Vgl. 1QS 4,21: »Er wird über sie sprengen den Geist der Wahrheit wie Reinigungswasser von allen Greueln der Lüge und dem Sich-Wälzen in unsauberem Geist«!

24 Ich folge der Analyse von R. *Pesch*, Markus I, 117f., nach der Mk 1,23–28 der Kern einer vormarkinischen Erzählung ist, die der Evangelist durch die Einleitung V. 21f. in seinen beispielhaften Bericht eines ›Arbeits‹tages Jesu (1,21–34) eingefügt hat.

25 Vgl. 1QM 13,11f.: »Du hast Belial gemacht zum Verderben, zum Engel der Feindschaft ... Und alle Geister seines Loses sind Engel des Verderbens.«

26 »Der Heilige Gottes« ist Gegenbegriff zur »Unreinheit« des Dämons: Jesus hat unmittelbar teil an Gottes Heiligkeit, der der Diener des Satans weichen muß. Weder liegt hier ein Bezug zur Erwartung des endzeitlichen Hohenpriesters vor (dagegen mit Recht F. *Hahn*, Christologische Hoheitstitel, 235–238) noch eine Bezeichnung Jesu als charismatischer »Gottesmann« (ebd., 238). Im Neuen Testament kommt »Der Heilige Gottes« als christologischer Titel nur noch in Joh 6,69 vor.

27 Diese werden wie ein epileptischer Anfall beschrieben; zu 1QS 4,21 s. oben Anm. 23!

28 Dieser eschatologische Kontext unterscheidet die Exorzismen Jesu von denen seiner rabbinischen Zeitgenossen Honi (vgl. JosAnt 14,22–24) und Hanina ben Dosa. Zu beiden vgl. G. *Vermes*, Jesus der Jude, 45–68.

orzismus selbst. Der Leser spürt noch heute die Freude des Erzählers über Jesu Überlegenheit. Wenn Jesus am Schluß den Geheilten auffordert, zu Hause zu berichten, »was dir *der Herr* getan und wie er dir sein Erbarmen zugewendet hat« (Mk 5,19), so scheint hier hindurch, daß in Jesu Handeln Gott selbst handelt.

Ähnlich ausführlich und plastisch ist die Geschichte von einem Exorzismus in einem besonderen Fall von Besessenheit (Mk 9,14–29). Im alten Kern dieser Erzählung[29] bringt ein Vater seinen Sohn, den der Dämon der Sprache beraubt und ihn zugleich mit heftigen epileptischen Anfällen quält, bei denen er schon oft in tödliche Gefahren geraten ist, zu Jesus. Wie einen Exorzisten bittet der Vater Jesus um Hilfe, »wenn du etwas kannst« (V. 22). Jesus reagiert darauf mit einem Tadel. Das ist nicht die Sprache des Glaubens, der hier allein angemessen ist! Wahrer Glaube an Gott, den Allmächtigen, kann nicht nur »etwas«, sondern schlechthin »alles« (V. 23). Der Vater geht darauf ein, jedoch so, daß er Jesus nun um Hilfe gegen seinen Unglauben bittet: »Ich glaube – hilf meinem Unglauben!« (V. 24). Jetzt befiehlt Jesus dem »unreinen Geist« auszufahren und niemals wieder in den Knaben zurückzukehren (V. 25; vgl. Mt 12,43–45 / Lk 11,24–26 = Q). Unter letztmaligen lebensgefährlichen Schlägen fährt der Dämon aus. Nun liegt der Junge wie tot am Boden. Jesus aber richtet ihn mit seiner rechten Hand auf, so daß wieder Leben in ihn kommt. Diese Geschichte hat ihren besonderen Höhepunkt in der Zumutung, *an Jesus* so zu glauben, wie man an den allmächtigen *Gott* zu glauben hat. Darin zeigt sich der qualitative Unterschied zwischen Jesus und allen Exorzisten (die es damals in Galiläa ebenso gab wie überall in der Alten Welt). Zwischen Jesus und Gott besteht außerordentliche Nähe. Von daher fällt ein besonderes Licht auf das ganze Exorzismusgeschehen, wie es der Spruch Mt 12,28 aufleuchten läßt.

In Mk 7,24–30 schließlich heilt Jesus ein besessenes Mädchen aus der Ferne. Im Vordergrund dieser Geschichte steht der Dialog mit der heidnischen Mutter, die Jesus um die Austreibung des Dämons

---

29   Die Perikope Mk 9,14–29 ist zweifellos nicht aus einem Guß. Deutlich sind V. 28f. ein Nachtrag; und damit sind wohl auch V. 18b–19 ein späterer Zusatz. Der ursprüngliche Anfang der Geschichte ist nicht mehr zu erkennen. Die Vermutung von *R. Pesch*, Markus II, 87, es seien ursprünglich Schriftgelehrte gewesen, die den Jungen nicht haben heilen können, würde als Lösung einleuchten, wenn dadurch nicht die Aporie entstünde, wie in der urchristlichen Überlieferung der Geschichte die *Jünger* an die Stelle der Schriftgelehrten getreten sein sollen. Pesch hat jedoch Recht, wenn er ebd., 97f. historisch-konkrete Erinnerung in dieser Erzählung reklamiert. – In der Spruchquelle Q gibt es eine Kurzfassung dieser Geschichte (Lk 11,14 / Mt 12,22).

bittet, aber zunächst von ihm harsch abgewiesen, dann aber wegen der Beharrlichkeit und Schläue ihres Bittens doch erhört wird. Alle drei Geschichten zeigen so viele individuelle Züge und sind zudem an so ausgefallenen Orten lokalisiert, daß darin sicherlich historische Erinnerung durchscheint. Die urchristlichen Tradenten erzählen jedenfalls so, daß ihr Glaube an den Auferstandenen die vorösterlichen Begebenheiten als solche unverstellt hervortreten läßt[30].

Die Besonderheit der Exorzismen Jesu, in denen er die Siegeskraft der Königsherrschaft selbst über den Satan als den Herrscher der Dämonen zur Wirkung zu bringen beansprucht, hat ihn nicht nur alsbald im ganzen Umland bekannt werden lassen, sondern begreiflicherweise auch Gegnerschaft provoziert. Der Vorwurf lautet: »In (der Kraft) des Herrschers der Dämonen treibt er die Dämonen aus« (Mk 3,22; Mt 10,25; entsprechend Mt 12,24 / Lk 11,15 = Q?)[31]. Darauf gibt Jesus vier Antworten, die alle in die gleiche Richtung zielen:

1.   »Jedes Königreich, das in sich selbst zerteilt ist, ruiniert sich selbst« (Lk 11,17a / Mt 12,25a). Das Bild bezieht sich auf die Herrschaft Satans[32] als das Gegenreich zum Reich Gottes. Sie würde ja doch ihre Kraft einbüßen, wenn der Herrscher seine eigenen Leute bekämpfte. Wie sollte das Reich Satans Bestand haben, wenn der Satan sich mit sich selbst entzweit (Lk 11,18 / Mt 12,26)!

2.   »Wenn ich mit der Kraft Beelzebuls die Dämonen austreibe – mit wessen Kraft treiben sie dann eure Söhne aus?« (Lk 11,19 / Mt 22,27). Es gibt ja auch Exorzisten aus den eigenen Reihen derer, die Jesus des Satansbündnisses beschuldigen. In einem von Markus überlieferten Wort (Mk 9,38–41 par.) besteht Jesus darauf, daß Exorzisten, die nicht zu seinem Jüngerkreis gehören, nicht daran gehindert werden dürfen, sich bei der Austreibung von Dämonen der Kraft seines Namens zu bedienen: »Denn wer nicht gegen uns ist, ist für uns« (Mk 9,41). Das gleiche Wort steht in der Spruchquelle Q im Kontext der Auseinandersetzung um den Vorwurf gegen Jesu Exorzismen (Mt 12,30 / Lk 11,23a). Darin zeigt sich ein Interesse Jesu daran, daß alle, die im Kampf gegen

---

30   Das gilt z.B. auch hinsichtlich der Anrede Jesu als »Sohn des höchsten Gottes« (Mk 5,7): Der Dämon verwendet hier eine Benennung Gottes, die in der griechischen Bibel nur im Mund von Heiden belegt ist (vgl. *R. Pesch*, Markus I, 287, Anm. 18).
31   Der Vorwurf findet sich mehrfach auch im Johannesevangelium; vgl. Joh 7,20; 8,48.52; 10,20. Der gleiche Vorwurf hat sich nach Mt 11,18 / Lk 7,33 (Q) auch bereits gegen Johannes gerichtet.
32   Vgl. 1QM 13,11; 14,9f.; 15,2f.

Dämonen der Sache nach im Dienst Gottes wirken, zusammenstehen: Sich gegenseitig zu behindern, *das* allein hieße, die Sache Satans zu betreiben.

3. In der Spruchquelle folgt hier das Wort Mt 12,28 / Lk 11,20 (s. oben S. 140).

4. In einem Bildwort betont Jesus, daß es nur mit Gottes Kraft gelingen kann, den Satan zu entmachten: »Niemand vermag in das Haus des Starken einzudringen und seine Habe zu rauben, wenn er nicht zuvor den Starken gefesselt hat – erst dann wird er sein Haus ausrauben« (Mk 3,27)[33]. Hier geht es um die Kraft, die in Jesu Exorzismen zur Wirkung kommt. Es ist die Kraft, durch die der Satan aus dem Himmel gestürzt worden ist (Lk 10,18): die Kraft der Gottesherrschaft selbst! Mt 12,28 erweist sich so als die zentrale Aussage der ganzen Spruchreihe.

Wer sind die Gegner Jesu? Nach Lk 11,15 »einige« aus der Menge der Umstehenden; nach Mk 3,22 Schriftgelehrte, die aus Jerusalem nach Galiläa gekommen sind (vgl. Mk 7,1); nach Mt 12,24 »die Pharisäer«. Lukas und Matthäus haben wahrscheinlich redaktionelle Einleitungen. In der Markusfassung könnte historisch Zutreffendes angedeutet sein. Es hat zur Zeit Jesu einen Zuzug von Toralehrern aus Jerusalem nach Galiläa gegeben. Und da man in diesen Kreisen in Jerusalem gegen rabbinische Wundercharismatiker z.T. kritisch eingestellt war[34], könnte es sein, daß sich solche Kritik gegen Jesus richtete, zumal er sein exorzistisches Handeln so offen als Machterweise der Königsherrschaft Gottes selbst ausgab. In Mk 2,6 sind es ebenfalls Schriftgelehrte, die es als Gotteslästerung kritisieren, daß er einem Gelähmten Vergebung der Sünden zuspricht, was doch allein Gott vermag. Aus den Synagogen heraus, die Jesus gern als Stätten seines Wirkens aufsuchte, erwuchs ihm so Widerstand und Gegnerschaft. Denn im Synagogengottesdienst war ja der Preis der Königsherrschaft Gottes eigentlich zu Hause: als Bekenntnis zum heiligen Namen des Einzig-Einen!

Bei der späteren Aussendung seiner Jünger als Boten der Gottesherrschaft überträgt Jesus ihnen ausdrücklich auch die Vollmacht zur Austreibung von Dämonen (Mk 3,15; 6,7; Mt 10,8)[35]. Und bei ihrer Rückkehr heben die Boten vor allem hervor, daß ihnen kraft seines Namens sogar die Dämonen gehorchen mußten (Lk

---

33   Mt 12,29 folgt hier Markus, während Lk 11,21f. (Q?) das Bild ausweitet, so daß aus dem Haus des Starken eine befestigte Burg wird, deren Einnahme den militärischen Sieg über den Burgherrn voraussetzt.

34   Vgl. Taan III,8 bei *G. Theißen / A. Merz*, Jesus, 278.

35   Dazu s. unten S. 320.

10,17). Jesus selbst faßt im Rückblick seine ganze Wirksamkeit in Galiläa unter dem Gesichtspunkt der Exorzismen zusammen (Lk 13,32). Darin zeigt sich, welch gewichtige Bedeutung bei seiner Verkündigung der Königsherrschaft Gottes diesen Erweisen des Sieges über die satanischen Geistermächte zukommt.

2.2.2 Jesu Heilungen: Heilswirkungen der Gottesherrschaft

Von den Exorzismen Jesu werden in der Evangelienüberlieferung seine *Heilungen* unterschieden (vgl. Mk 1,32–34). Zwar galten nach der damals allgemeinen Meinung alle Krankheiten als durch »unreine Geister« bzw. durch Sünde verursacht[36]. Doch während an den Besessenen die durchgreifende Herrschaft des Dämons hervortritt, der seine Verderbensmacht an ihnen austobt, wird bei den Kranken das Leiden als solches und oft auch die soziale Behinderung und Ausgrenzung hervorgehoben. Und während die Exorzismen als Befreiung aus der dämonischen Zwangsherrschaft durch die *Über*macht Jesu beschrieben werden, kommt in den Heilungsgeschichten die Hilfe durch die Kraft seines *barmherzigen Hilfswillens* zum Ausdruck. Die Heilungen sind insofern Zeichen der umfassenden Heilung des Lebens der geretteten Auserwählten in der Zukunft der endzeitlichen Erneuerung der Schöpfung, wie sie von den Propheten verheißen ist. Jes 35,4–6 und 61,1 sowie 42,6f.; 26,19; 29,18f.; Ps 146,5–10 sind die Grundstellen aus der Schrift, die in dem, was von Jesus berichtet wird, vor Augen stehen[37]. In seiner Antwort auf die Frage des Täufers in Mt 11, 4–6 / Lk 7,22f (Q) stellt Jesus selbst sein Heilungswirken in den Kontext dieser prophetischen Heilsverheißungen: Wer dies hört und sieht, weiß, daß sich hier diese endzeitlichen Verheißungen erfüllen, und darf sich darum nicht daran stoßen, daß es dieser Je-

---

36 Vgl. einerseits Lk 4,39, wo Jesus das Fieber »anherrscht« wie einen Dämon, so daß es die Kranke »verläßt«, sowie den Vergleich der Befehlsgewalt Jesu über die Krankheit mit der des Hauptmanns über seine Soldaten in Mt 8,8 / Lk 7,7f.; andererseits die selbstverständliche Anschauung von der Verursachung jeder Krankheit durch Sünde in der Frage Joh 9,2 sowie zahlreiche Belege aus den »Testamenten der Zwölf Patriarchen« bei *J. Becker*, Jesus, 225.
37 S. oben S. 120, Anm. 58. Zur Wirkungsgeschichte vgl. Jub 23,29–31 sowie besonders 4Q 521 fr. 2 Kol II 8.12 (*J. Maier*, Qumran-Essener II, 683f.) und dazu *H. Kvalbein*, Wunder, der mit Recht darauf aufmerksam macht, daß von Deuterojesaja an in der Tradition endzeitlicher Heilserwartung die Heilungen von Krankheit nirgendwo als therapeutische Einzelakte, sondern vielmehr allgemein als Bilder der Errettung, Erneuerung und Vollendung des Lebens und der Lebenswelt im ganzen gemeint sind. Daß Jesus in Mt 11,2ff. mit diesen vertrauten Bildern prophetischer Heilserwartung auf seine konkreten Heilungstaten als Zeichen des Anbruchs der verheißenen Heilsvollendung hinweist, ist also neu. Das will beachtet werden.

sus ist, durch den dies geschieht[38]. Dieser Horizont endzeitlichen Heilsgeschehens, in dem Jesu Heilungen stehen, gibt diesen einen ganz außerordentlichen Charakter: Sie sind Zeichen der Königsherrschaft Gottes, die in Jesu Wirken in die gegenwärtige irdische Lebenswelt der Dörfer Galiläas hineinwirkt. Jesus selbst weist seine Jünger auf diese gegenüber allen früheren Heilserfahrungen Israels neue Heilswirklichkeit, deren Zeugen sie werden, in einer Seligpreisung besonderer Art hin:

»Selig die Augen, die sehen, was ihr seht. Denn ich sage euch: Viele Propheten und Könige haben sehen wollen, was *ihr* seht, und haben es nicht gesehen, und hören, was ihr hört, und haben es nicht gehört!« (Lk 10,23f. / Mt 13,16f.)[39].

In der Tat ist dieser eschatologische Horizont der Heilungen Jesu (wie auch seiner Exorzismen) im Umkreis entsprechender Taten anderer ›Wundercharismatiker‹ etwas völlig Einmaliges[40]. Angesichts der reichen und wechselvollen Geschichte von Heilungswundern in der griechischen und hellenistisch-römischen Antike, die auch in das zeitgenössische Judentum hineinwirkt[41], ist diese Feststellung von wichtiger Bedeutung, zumal es in den *Erzählungen* über Heilungstaten Jesu manche Analogien gibt.

Was nun die Heilungsberichte betrifft, stellt sich das gleiche Problem wie bei den Berichten über Dämonenaustreibungen: Von dem eschatologischen Horizont der Taten Jesu als Zeichen der jetzt und hier gegenwärtigen Königsherrschaft Gottes verlautet in den *Erzählungen* nichts.

Um daraus keine voreiligen Schlüsse zu ziehen, ist es hilfreich, auf die verschiedenartige Formung dieser Geschichten zu achten. Es gibt einerseits Erzählungen, in denen eine Heilungstat Jesu Gegner zur Auseinandersetzung mit ihm provoziert. Das Interesse des Erzählers konzentriert sich auf Jesu Antwort, in der seine Heilungstat zum Beleg für die Richtigkeit seiner Position wird, die er in seiner Antwort den Gegnern gegenüber vertritt. Deswegen wird die Heilung selbst nur knapp berichtet. Die Pointe der Geschichte liegt in dem Wort Jesu.

---

38   S. oben S. 120f.
39   Die Lukasfassung ist hier die ursprüngliche; die Abweichungen bei Matthäus sind als redaktionell erklärbar; vgl. z.B. *U. Luz*, Matthäus II, 302 mit Anm. 20; anders z.B. *P. Hoffmann*, Studien zur Theologie der Logienquelle, 105.
40   Vgl. *G. Theißen*, Urchristliche Wundergeschichten, 274–277; *J. Becker*, Jesus, 219f.
41   Vgl. dazu besonders das differenzierte Gesamtbild bei *G. Theißen*, Urchristliche Wundergeschichten, 262–273.

Auf der anderen Seite gibt es Erzählungen, deren Interesse sich deutlich auf die Heilung als solche richtet. Hier ist es darum wichtig, die Krankheit zu beschreiben, die Symptome, in denen sie sich äußert, das Leiden, das sie verursacht, soziale Behinderungen, die sie zur Folge hat. Noch wichtiger ist es, die Erwartung des Kranken oder derer, die ihn herbeibringen, an Jesus zu beschreiben, ihr Zutrauen zu seiner Fähigkeit und Kraft zu heilen. Ihren Höhepunkt erreicht die Geschichte dann im Heilungsakt, der sehr genau, manchmal in verschiedenen Phasen, vor Augen geführt wird. Schließlich wird der Erfolg der Heilung konstatiert, und oft klingt die Geschichte in einer bewundernden Akklamation der Umstehenden aus. Besonders an solchen »Chorschlüssen« zeigt sich, daß das Interesse des Hörers oder Lesers auf die *Person* Jesu gelenkt werden soll: *Seine* Größe wird an der Größe seiner Heilungstat erkennbar.

Sieht man beide Typen von Heilungsgeschichten unter dem Aspekt dessen, für den sie erzählt werden, so stellt sich klar heraus: Aus dem ersten Typ (A) soll er etwas von Jesu *Lehre* lernen und für sie eingenommen werden. Der Erzähler versetzt ihn von vornherein an Jesu Seite in Gegensatz zu seinen Gegnern, so daß er sich darüber freut, daß und wie diese am Schluß als die dastehen, die Unrecht haben und von Jesus blamiert werden. Beim zweiten Typ (B) soll der Leser in den bewundernden Lobpreis im Blick auf Jesus einstimmen und dadurch, daß er dem Heilungsgeschehen Zug um Zug folgt, sich mit dem Zutrauen des Patienten zu Jesus identifizieren. Dieser Typ hat um Glauben an Jesus *werbenden* Charakter. Das legt den Schluß nahe, daß diese Art von Geschichten für die *Mission* konzipiert sind; sie wollen Interesse für Jesus wecken und zum Glauben an ihn motivieren. Der erste Typ dagegen ist für eine innergemeindliche *Lehr*situation geformt. Eine Lehrentscheidung Jesu soll gelernt bzw. im Hörer befestigt werden.

Sieht man diese Verschiedenheit zwischen beiden Typen von Erzählungen, so legt sich eine Vermutung nahe, die erklären könnte, warum in den Heilungsgeschichten der entscheidende Gesichtspunkt, der sich in den *Worten* Jesu über sein Heilungswirken deutlich ausprägt, nicht entsprechend thematisch hervortritt: daß darin die nahe Königsherrschaft Gottes zur Wirkung kommt. Das Überlieferungsinteresse im nachösterlichen Urchristentum, in dem ja die *Erzählungen* über Jesu Heilstaten allererst entstanden sind, hat sich gegenüber der vorösterlichen Situation gewandelt. Einerseits weiß man aufgrund der Erfahrung der Auferstehung Jesu, wer Jesus ist: der Messias, der Sohn Gottes, der Herr. Für den Glauben an ihn gilt es missionarisch zu werben. Dazu sind Geschichten, die seine Heilungstaten plastisch beschreiben, hervorragend geeignet. Denn in ihnen zeigt sich seine göttliche Kraft, die der Kraft aller sonstigen Wundertäter, von denen man in der jüdischen und vor allem heidnischen Umwelt erzählte, weit überlegen ist: »So etwas haben wir noch niemals gesehen«, antwortet auf der Ebene der Erzählung die Menge (Mk 2,12), und die gleiche Reaktion sucht der Missionar bei seinen Zuhörern zu erzielen. »Dein Glaube hat dich heil gemacht«, sagt in der Erzählung Jesus zu der Frau, die er soeben geheilt hat (Mk 5,34). Entsprechend sagt der Missionar zu dem, den er für diesen Glauben gewinnen will: »Glaube an den Herrn Jesus, so wirst du gerettet werden« (Apg 16,31). Andererseits gilt es, Jesu Worte zu bewahren (Joh 14,26), gilt es also, solche, die Jünger werden wollen, »*zu lehren* alles, was ich euch befohlen habe« (Mt 28,20). Dazu gehört es zu lernen, daß Jesus in einer Vollmacht lehrt, wie sie die Toralehrer in den Synagogen nicht haben (Mk 1,22). Geschichten von Heilungen, bei denen es um einen Lehrstreit zwischen ihnen und Jesus gekommen ist und die mit seiner Lehrentscheidung enden, die in der Gemeinde seiner Jünger *gilt*, sind zu diesem Zweck sehr geeignet. Jesu Wort kann man um so besser auswendig lernen, je eindrücklicher in dieser Art von Geschichten die Wahrheit seiner Lehre hervortritt.

2.2.3   Heilungsberichte zu Zwecken der Lehre (Typ A)

Hier sind vor allem einige Geschichten zu nennen, in denen Jesus am Schabbat heilt und deswegen sofort von Pharisäern, Toralehrern oder dem Synagogenvorsteher getadelt wird, sein Handeln jedoch diesen Gegnern gegenüber als rechtmäßig verteidigt. Aus diesem Lehrentscheid Jesu ist zu lernen: Die Heilung eines Kranken ist nach Gottes Willen im vorliegenden Fall wichtiger als die Einhaltung der Schabbat-Halacha.

Mk 3,1–6 und Lk 14,1–6 sind formal originale Erzählungen dieses Typs. In Lk 13,10–13 wird zunächst eine Heilung nach Typ B berichtet (s. unten). Daran schließt sich V. 14–17 eine Auseinandersetzung um das Schabbatgebot an. Dadurch gewinnt der kurze Heilungsbericht den Charakter einer Einleitung zu dieser Lehrauseinandersetzung.

In allen drei Geschichten ist der Lehrentscheid Jesu jeweils besonders eindrücklich formuliert:
Mk 3,4: »Ist es am Schabbat erlaubt, Gutes zu tun oder Böses zu tun, Leben zu retten oder zu töten?« Die Fragestellung widerspricht der Logik der Schabbatruhe. Hat diese nach Gen 1 doch ihren Sinn als Teilnahme an der Ruhe Gottes nach der Vollendung seiner Schöpfung und an seiner Freude darüber, daß alle seine

Werke »gut« sind! Aber gerade hier setzt Jesus an. Er provoziert
den Anwalt der Tora dazu, den guten Willen des Schöpfers zu respektieren, der natürlich gerade auch an seinem Ruhetag das Gute
will. Wenn es nun gar um die Rettung eines Lebens geht, so kann
es nicht gut im Sinne des Willens Gottes sein, diese Rettung der
Erfüllung irgendeines anderen Gebotes vorzuziehen. Natürlich
gilt das auch am Schabbat. Dieser Argumentation würde jeder
Gesetzeslehrer grundsätzlich zustimmen, jedoch um des hohen
Rangs der Schabbatruhe willen alles Tun des Guten, das sich auf
den Wochenbeginn verschieben läßt, der Ehrung *Gottes selbst*
nachordnen.

Dem widerspricht Jesus: Es entspricht dem Namen Gottes im Sinne seiner Königsherrschaft, daß *Gott selbst* seiner Barmherzigkeit
(Ex 34,6!) nichts vorzieht. Wenn seine Königsherrschaft sich jetzt
darin *vollendet*, daß er seine Menschen von allem errettet, was ihr
Leben ›tötet‹, dann kann auch am Schabbat nichts Wichtigeres gefeiert werden als eben *diese* Vollendung seiner Königsherrschaft,
die zu preisen ja zur vertrauten Schabbatliturgie gehört. Die Heilung einer verkrüppelten Hand könnte zwar regulär gewiß auf
den folgenden Tag verschoben werden. Aber jetzt, wo die endzeitliche Vollendung der Königsherrschaft angebrochen ist, wird
die Heilung der Hand dieses kranken Menschen zum Zeichen ihrer Gegenwart – gerade am Schabbattag! Dem zu wehren, hieße
geradezu, gegen das fünfte Dekaloggebot zu verstoßen! So hat
das Wort Jesu im Zusammenhang der Erzählung die Funktion,
das Heilungshandeln Jesu gerade auch am Tage der Schabbatruhe
als Heilwirkung der Gottesherrschaft herauszustellen. Die erzählte Heilung ist also nicht nur eine sekundäre Rahmung eines ursprünglich selbständig überlieferten Wortes Jesu, sondern das
Wort setzt die erzählte Situation voraus. Gleiches gilt für Lk 13,
15 und 14,5[42].

Geschichten dieses Typs A sind zwar (in der Regel) als Erzählungen eines bestimmten Handelns Jesu ernst zu nehmen. Nur konzentriert sich
hier der Erzähler auf das Wort Jesu, auf das alles ankommt. Es sind Lehrgeschichten. Deswegen wird in der Regel verkürzt erzählt. Das erzählte
Geschehen erscheint als ein für das zu Lernende typischer Vorgang.
Darum ist immer auch damit zu rechnen, daß konkrete Ereignisse des
Wirkens Jesu ihrer jeweils aktuellen Besonderheit entkleidet und in ein
Normbild konzentriert werden. Gerade Schabbatkonflikte hat es wahrscheinlich in größerer Zahl gegeben, als Erzählungen darüber gestaltet
und in der Überlieferung festgehalten worden sind.

---

42   Dazu s. unten S. 292f.

In Mk 2,1–12 ist das Streitthema die Vollmacht zur Sündenvergebung. Die Situation ist dadurch gegeben, daß Jesus einem Gelähmten, der durch das Dach des überfüllten Hauses in Kafarnaum zu ihm herabgelassen wird, die Vergebung seiner Sünden zuspricht. Anwesende Schriftgelehrte sehen darin Blasphemie: »Wer kann Sünden vergeben als der einzig-eine Gott?« (Dtn 6,4!). Daß Sünder nach Abkehr von Gesetzesverstößen *Vergebung* ihrer Sünden erlangen, das kann kein Mensch, es kann allein Gott geben, der Einzig-Eine, wie er im täglichen Bekenntnis des *sch^ema-jisrael* angerufen und als König gepriesen wird. Der eigentliche zentrale Ort der Vergebung der Sünden war der Tempel in Jerusalem. Die regelmäßigen Wallfahrten zu den Tempelfesten und auch individuelle Wanderungen zu sühnewirksamen Opfern im Tempel waren darum für die Juden Galiläas die entscheidende Verbindung ihres Lebens mit Gott. Die These der Toralehrer in Mk 2,7 hat diesen konkreten Hintergrund: Allein Gott kann Sünden vergeben – im Jerusalemer Tempel als seinem Haus auf dem Zion in der Mitte Israels. In den Synagogengottesdiensten wurde um Vergebung gebetet, nicht aber Vergebung gespendet – zumal nicht durch einen bloßen Zuspruch und grundsätzlich nicht durch ein eigenes Wort, wie Jesus es hier dem Gelähmten zuspricht. Die Passivformulierung: »Dir sind deine Sünden vergeben« umschreibt nach jüdischer Sprachgewohnheit den heiligen Namen des einzig-einen Gottes, der selbst unaussprechbar war. Daß Jesus damit über Gottes Vergebung verfügt, ist nach dem Urteil der Gesetzeslehrer Blasphemie: Er greift als Mensch in das alleinige Recht Gottes ein.

Jesus antwortet so, daß er nicht nur seine *Vollmacht* zur Sündenvergebung bekräftigt, sondern zugleich durch den Vollzug der Heilung des Gelähmten seine *Fähigkeit* dazu erweist. Diese Antwort kleidet er in eine rhetorisch geschliffene Gegenfrage: »Was ist leichter: diesem Gelähmten zu sagen: ›Vergeben sind dir deine Sünden‹ oder zu sagen: ›Steh auf, nimm deine Matratze und geh‹?« (V. 9). »Leicht« ist ein Zuspruch von Sündenvergebung ja *nie* – wenn er in Gottes Vollmacht gegeben wird. Fehlt diese Vollmacht – die doch nach alter Tradition allein der Priester hat –, dann ist freilich ein solcher Zuspruch »leicht« kraftlos, ein bloß dahingesprochenes Wort. Diesem Verdacht begegnet Jesus durch die nun folgende Heilung, die so zum Argument gegenüber den Kritikern wird. Wer die Kraft hat, diesen Sünder zu heilen, der hat damit auch seine Vollmacht erwiesen, die Sünden dieses Kranken zu vergeben. Denn in der Krankheit eines Menschen wirkt sich seine Sünde aus[43]. In der Tat: Dieser Anspruch ist einmalig, durch keinerlei

---

43   Zu dieser verbreiteten Meinung vgl. Joh 9,2.

Tradition gedeckt. Daß Jesus als »dieser Mensch hier« die Vollmacht *hat*, Sünden zu vergeben, die in der Tat allein Gott zukommt, das wird darin offensichtlich, daß der Gelähmte sofort aufsteht, seine Matratze nimmt und vor aller Augen davongeht. Jesu Wort, das dies bewirkt, erweist so, daß auch sein Zuspruch der Sündenvergebung Kraft hat. Menschen besitzen solche Vollmacht nicht, das ist wohl wahr; aber »*dieser* Mensch hier« besitzt sie: Jesus. Gott selbst hat es bestätigt durch die erstaunliche Tatsache der Heilung des Gelähmten, dem Jesus die Vergebung seiner Sünden zugesprochen hat! Der ›Chorschluß‹ der Menge (V. 12) hat Recht: »So etwas haben wir noch niemals gesehen.«
Die Lehre für die urchristliche Kirche, die diese Erzählung formuliert und tradiert hat, berührt ein für sie zentrales Thema: Vergebung der Sünden wird jedem Getauften zugesprochen, und zwar »im Namen Jesu« (vgl. Apg 10,43; 13,38 sowie 1Joh 1,9; 2,12)[44]. Ist freilich für den Glauben der nachösterlichen Kirche die Vollmacht dazu durch die Auferweckung Jesu begründet, so hängt sie in der vorösterlichen Situation dieser Erzählung gleichsam in der Luft: Sie ist Blasphemie, wenn sie Jesus nicht in ganz außerordentlicher Weise von Gott gegeben ist. Eben dies ist hier die entscheidende Voraussetzung: Gottes Königsherrschaft selbst ist es, die in Jesu Wort und Tun am Werk ist. Das spricht er hier nicht direkt aus (zu Mt 11,4f. s. oben). Aber im Vollzug der Heilung erweist sie sich. Wir sind hier auf das Zentrum der gesamten Verkündigung Jesu gestoßen. Im folgenden Kapitel wird dieses Thema ausgeführt werden.
Eine weitere Geschichte dieses Typs A ist die Erzählung von der Heilung des Jungen eines römischen Offiziers in Kafarnaum: Mt 8,5–10.13 (/ Lk 7,1–10)[45]. Auch hier wird die Krankheit nur genannt, nicht beschrieben. In Mt 8,6; Lk 7,2 wird nur die Lebensgefährlichkeit der unbenannten Krankheit betont. Und auch von der Heilung ist am Schluß nur als Faktum die Rede – obwohl es sich um eine Heilung aus der Ferne handelt, die im Sinne von Typ B zu erzählerischer Beschreibung besonderen Anlaß gegeben hätte. Im Mittelpunkt der Geschichte steht der Dialog zwischen dem Vater des Jungen und Jesus. Er gerät zu einem besonderen Beispiel für das Glaubenszutrauen zur Heilungs*macht* Jesu. Der

44 Dazu vgl. U. Wilckens, Theologie I/2, Kap. XII.3.1.
45 Es ist die einzige ausgeführte Heilungsgeschichte, die sich in dem Matthäus und Lukas gemeinsamen Stoff der Spruchquelle Q findet. Lukas hat sie im Eingang durch eine Fürsprache der Juden für diesen Heiden sowie durch die Nachricht von dem inzwischen eingetretenen Tod des Jungen erweitert (Lk 7,2–6a). Matthäus hat einen selbständigen Spruch aus Q eingefügt (Mt 8,11f. / Lk 13,28f.).

Offizier vergleicht, was er von Jesus erbittet, mit seiner eigenen Berufspraxis. Da gilt Befehl und Gehorsam. So traut er es Jesus zu: »Sag es nur mit einem Wort, und mein Junge wird geheilt werden« (Mt 8,8 / Lk 7,7). Jesus staunt: »Ich sage euch: In Israel habe ich bei keinem einen so großen Glauben gefunden« (Mt 8, 10 / Lk 7,9).

2.2.4   Glaube an die göttliche Macht Jesu

Glaube als Vertrauen in die unbegrenzte *Macht* Jesu ist ein Grundmotiv der Heilungsgeschichten vom Typ B[46] und ein Thema einiger Einzelsprüche Jesu:

Mk 11,23 / Mt 21,21[47]
»Amen, ich sage euch: Wer immer zu diesem Berg sagt:
›Hebe dich auf und stürze dich ins Meer!‹
und nicht zweifelt in seinem Herzen, sondern glaubt,
daß, was er sagt, geschehen wird, dem wird es geschehen.«

Lk 17,5 / Mt 17,20
»Amen, ich sage euch: Wenn ihr Glauben habt
(so klein) wie ein Senfkorn,
würdet ihr zu diesem Maulbeerfeigenbaum sagen:
›Entwurzele dich und pflanze dich im Meer an!‹,
und er würde euch gehorchen.«

Die Markus- und die Q-Fassung sind Varianten desselben Spruchs, dessen paradoxe Bilder die originale Redeweise Jesu zeigt. »Berge ausreißen« war eine gebräuchliche Redewendung, mit der man ein ganz unmöglich erscheinendes Tun ausdrückte[48]. Jesus steigert diese Redeweise nochmals dadurch, daß »dieser Berg hier« einem entsprechenden Befehl gehorchen und sich selbst ins Meer stürzen soll[49]. Entsprechend unmöglich ist es, daß ein Maulbeerfeigenbaum, der für sein besonders tiefgreifendes Wurzelwerk bekannt war, sich selbst aus der Erde reißen und ins Meer verpflanzen könnte. So schlechthin Unmögliches traut der Glaube Gott zu (Mk 11,22). Zu eben solchem Glauben ermutigt Jesus seine Jünger. Damit meint er nicht die Größe seiner Wundertaten, sondern die gänzlich wunderbare Heilskraft Gottes im Geschehen der endzeitlichen Vollendung seiner Königsherrschaft. Und nur weil, was

---

46   S. unten S. 153ff.
47   In EvThom 48b und 106b ist der Spruch in einer verkürzten Fassung überliefert und jeweils mit einem anderen Spruch verkoppelt.
48   Rabbinische Belege bei *Bill.* I, 759.
49   In Ps 46,3f. ist dies Teil einer außerordentlichen Naturkatastrophe.

Jesus tut, von dieser Kraft der Gottesherrschaft erfüllt ist, gilt der Glaube, zu dem er aufruft, ihm selbst und darin Gott[50]. Dieser Bezug auf Jesus bleibt hier wie auch sonst nahezu durchweg unausdrücklich. Aber er zeigt sich indirekt in der Einleitung des Spruches mit der Offenbarungsformel »Amen, ich sage euch«, in der Jesus die Wirklichkeit des von ihm Gesagten als Wirklichkeit *Gottes* bekräftigt. Es wäre ein Mißverständnis, wenn man diesen Spruch so verstehen wollte, als sei von einer wunderwirksamen Glaubenskraft die Rede, die Jesus in seinen Jüngern sozusagen wecken wollte. In der Tat: »Alles ist möglich dem, der glaubt« (Mk 9,23), als Aussage für sich genommen, mag so klingen. Doch dort zeigt der Kontext der Erzählung, daß der Glaube, der *Jesus* alles zutraut, gemeint ist. Ebenso steht es mit dem Glauben in Mk 2,5[51] und auch mit dem Wort, mit dem Jesus in den Heilungsgeschichten des Typs B die Geheilten entläßt: »Dein Glaube hat dich heil gemacht« (Mk 5,34)[52].

2.2.5 *Heilungsberichte zu Zwecken der Mission (Typ B)*

Das mögen nun noch einige Beispiele von Geschichten des Typs B illustrieren, die mit dem Interesse erzählt sind, den Blick des Hörers oder Lesers auf das Geschehen der Heilung selbst zu lenken und ihn von der außerordentlichen »Macht« Jesu zu faszinieren, in der er das so offensichtlich Unmögliche tut. Halten wir uns an die Reihenfolge von Mt 11,5, so sind hier zuerst zwei Blindenheilungen zu nennen: Mk 8,22–26 und Mk 10,46–52. Die erste Geschichte spielt in Betsaida. Hier wird genau beschrieben, was Jesus an dem Blinden therapeutisch tut. Zu diesen Details gibt es nahezu durchweg Analogien aus Heilungsgeschichten der hellenistischen Umwelt[53]. Die Heilung vollzieht sich in zwei Phasen; erst am Ende der zweiten Phase kann der Mann »alles genau sehen« (Mk 8,25). Darin zeigt sich die außerordentliche Schwierigkeit dieser Heilung eines Blinden[54].

---

50 Das sagt so ausdrücklich erst der johanneische Jesus: »Glaubt an Gott, und an mich glaubt!« (Joh 14,1; vgl. 14,12–14).
51 S. oben S. 150f.
52 S. oben S. 148. Vgl. ferner Lk 7,50; 17,19; Mt 9,28. Auch der Glaube der Menschen, der sich auf Johannes richtete (Mk 11,31; Mt 21,32), ist als Glaube an Gott gemeint, wie Johannes ihn verkündigt hat. Entsprechenden Sinn hat die Warnung in Mk 13,21, an Pseudomessiasse zu »glauben«.
53 Dazu vgl. die Belege bei *R. Pesch*, Markus I, 416–419 sowie die zusammenfassende Charakteristik der Motive bei *G. Theißen*, Urchristliche Wundergeschichten, Teil I.
54 In der entsprechend detailliert geschilderten Heilung eines Blindgeborenen in Joh 9,1ff. sagen die pharisäischen Gegner: »Von Ewigkeit her hat man

Die zweite Geschichte ist in der Nähe von Jericho lokalisiert und hat – bei aller Topik mancher Motive auch hier – im ganzen so viele individuelle Züge, daß mit zugrundeliegender historischer Erinnerung zu rechnen ist[55]. Der Name des blinden Bettlers wird genannt: Bartimäus, Sohn des Timäus. Er sitzt an dem Weg, den die Festpilger gehen. Er hört Jesu Namen nennen, den er aus dem verbreiteten Gerücht über diesen heilmächtigen Mann aus Nazaret aus Davids Geschlecht kennt. Er ruft ihn an: »Erbarme dich meiner!« Und er läßt sich vom Schreien nicht abbringen. So läßt Jesus ihn schließlich zu sich heranrufen. Der wirft vor Aufregung seinen Mantel weg und springt auf Jesus zu. Auf Jesu Frage, was er von ihm wünsche, antwortet er ohne Umschweife: »Rabbuni, daß ich sehen kann!« Da sagt Jesus zu ihm: »Geh! Dein Glaube hat dich heil gemacht!« So wird er sehend und folgt Jesus nach. Dieser Schluß ist unter den Heilungsgeschichten beispiellos. Der Evangelist Johannes hat später sehr eindrücklich theologisch beschrieben, unter welchen Anfeindungen der von Jesus geheilte Blindgeborene schließlich zum Glauben an ihn kommt (Joh 9,35–38). In der von Markus übernommenen alten Geschichte wird dem Hörer durch die Erzählung als solche ebenso plastisch wie lebendig vor Augen geführt, was Glaube ist. Dazu hätte es nicht einmal des typischen Wortes Jesu bedurft, mit dem er die Heilung dieses Blinden vollzieht. Aus dessen Erfahrungsaspekt ist die Geschichte erzählt. So ist sie als ganze eine paradigmatische Glaubensgeschichte. Daß der Geheilte sich wie selbstverständlich Jesus »auf seinem Weg« anschließt, ist von daher ein sinnvoller Schluß: Glaube führt zu Nachfolge. Wie sich unter den Jüngerinnen Jesu eine von ihm Geheilte befindet (Lk 8,2), so ist dieser Bartimäus ebenfalls ein solcher. Insofern ist diese Geschichte, gerade in ihrer historischen Plastik, in der späteren Kirche hervorragend geeignet, Katechumenen zum Glauben und zur Jüngerschaft zu motivieren.

Von der Heilung eines *Gelähmten* erzählt die Lehrgeschichte Mk 2,1–12 (s. oben). Von der Heilung *Leprakranker* handeln zwei Geschichten: Mk 1,40–44 und Lk 17,12–19. Lepra galt damals als nahezu unheilbar[56]. Die Kranken waren nicht nur in ihrem Verhältnis zu ihrem eigenen Leib durch Schmerzen und Ekel geplagt

---

nichts davon gehört, daß einer einem Blindgeborenen die Augen geöffnet hat!« (9,32).

55   Dazu vgl. R. *Pesch*, Markus II, 169–174.

56   In Lk 4,27 betont Jesus im Blick auf die Zeit Elischas, daß selbst dieser Prophet von den vielen Leprakranken nur einen einzigen geheilt habe, und zwar einen Heiden.

und also in ihrer Selbstachtung behindert, sondern sie waren durch
strenge Vorschriften der Reinheitstora auch gesellschaftlich radikal ausgegrenzt[57]. Jesus hat sich diesen besonders Leidenden und
Verfemten mit besonderem Erbarmen zugewandt. Beide Geschichten zeugen davon (vgl. Mk 1,41; Lk 17,13). Jesus selbst hat in
Mt 11,4f. in der Reihe der prophetisch verheißenen endzeitlichen
Heilungen die »Reinigung« von Aussätzigen ausdrücklich hinzugefügt. In Mk 1,40–44 werden manche Details stilgemäß erzählt:
die Bitte des Kranken um Heilung im Vertrauen auf die Macht
und den Willen Jesu, ihn zu heilen, sowie die Heilung selbst, das
Ausstrecken der Hand und die heilungskräftige Berührung[58], die
souveräne Willenserklärung und der Heilungszuspruch[59], schließlich die Sendung zu der in Lev 13,21–24 (14,1ff.) vorgeschriebenen Prüfung und Reinheitserklärung durch die Priester. Bestimmend steht hier das Vorbild des Propheten Elischa aus 2Kön 5 im
Blick. Manche Züge weisen auch hier wieder darauf hin, daß Jesus
in Gottes Kraft handelt. Vor allem ist es Gottes Erbarmen (vgl.
Ex 34,6!), von dem in der eschatologischen Heilserwartung des
frühen Judentums oft die Rede ist, in dessen Kraft Jesus diesen
Leprakranken heilt. Ebenso entspricht auch das machtvoll wirksame Wort Jesu dem Wort Gottes, dessen Zusage oder Befehl das
Bewirken in sich enthält (Ps 33,9)[60]. Daß in dieser in judenchristlicher Tradition entstandenen Geschichte konkret-historische Erinnerung verarbeitet ist, ist nicht auszuschließen. Der Erzähler
dieser Geschichte aber will in seinen Zuhörern *Glauben* wecken an
Jesus, der in der Allmacht Gottes zu wirken vermag.

Die zweite Geschichte findet sich nur im Lukasevangelium (Lk 17,
12–19). Sie zeigt, wie oft, eine sprachliche Überarbeitung durch
den Evangelisten, ist jedoch im Kern eine judenchristliche Tradition. Hier ist es eine Gruppe von zehn Leprakranken, die aus der
gehörigen Entfernung (Lev 13,45f.) Jesus um sein »Erbarmen«
bitten (s. oben). Anders als in Mk 1,41 fordert Jesus sie auf, sich
ohne Umschweife zur priesterlichen Prüfung zu begeben. Ihre
Heilung geschieht erst auf dem Wege dorthin. Die Pointe dieser

---

57 Vgl. dazu Lev 13f. und die rabbinischen Belege bei *Bill.* IV, 745–763 sowie
die Literatur bei *F.W. Bayer*, Art. Aussatz, 1023–1028.
58 Das »Ausstrecken der Hand« geschieht in der heiligen Anfangszeit des
Exodus als Instrument des Wunderhandelns Gottes zur Errettung seine Volkes;
vgl. Ex 4,4; 7,19; 9,22f.; 14,16.21.26f. usw. Von daher läßt diese Geste Gottes
Heilshandeln assoziieren. Dadurch erscheint der typische Gestus der »Berührung« als Wirkung der Macht Gottes in Jesu Handeln.
59 Zu dem Befehl »Werde rein!« vgl. 2Kön 5,10.13.
60 Vgl. noch Jes 55,11; Koh 8,3; Weish 12,18 sowie Ijob 10,13; 42,2. »Dein
Wort, Herr, heilt alle« (Weish 11,23)!

Geschichte liegt aber erst auf dem, was *nach* der Heilung geschieht: Nur einer von diesen zehn kehrt zu Jesus zurück, um ihm zu danken, und der ist noch dazu ein Samaritaner. Daß zwischen Juden und Samaritanern ein feindseliges Verhältnis gegenseitiger Kontaktsperre bestand, wird als bekannt vorausgesetzt (vgl. ebenso Lk 10,30–37; Joh 4,9). Diesem einen »Fremdstämmigen«, der zurückgekehrt ist, »um *Gott* die Ehre zu geben« (V. 18), spricht Jesus zu: »Steh auf und geh hin: Dein Glaube hat dich heil gemacht« (V. 19). Dieses typische Wort bei der Entlassung von Geheilten (s. oben) hat hier eine besondere Pointe: Der Glaube des Geheilten zeigt sich im Lobpreis Gottes, den er im Dank gegen Jesus ausspricht. Dieser Glaube an Gott, in dem zwischen Juden und Samaritanern ein ausschließender Gegensatz besteht, steht dort, wo er sich an Jesus richtet, auch dem »fremdstämmigen« Samaritaner offen! Das ist nicht nur für Juden ausgesprochen provokant, sondern war es auch für manche judenchristliche Kreise der nachösterlichen Kirche, die in ihrer Mission unter Berufung auf Jesus die Samaritaner ausdrücklich ausgenommen haben (Mt 10,5!). Das spricht dafür, daß diese Geschichte (wie ebenso das Gleichnis vom Samariter) auf Jesus selbst zurückgeht.

Die Heilung eines *Taubstummen* in Mk 7,31–37[61] gleicht auffallend der des Blinden in Mk 8,22ff. (s. oben). Auch hier geschieht die Heilung abseits von der Menge und wird genau beschrieben: die Berührung der Ohren und der Zunge mit Jesu speichelnassem Finger, sein Aufblick zum Himmel, sein Befehl in pneumatischer Erregung: εφφαθα – das heißt: »Öffne dich!« (vgl. Jes 35,5!). Die Heilung tritt unmittelbar ein. Trotz des Verbots Jesu erzählt der Geheilte überall von dem, was ihm widerfahren ist. Davon sind die Leute »überaus beeindruckt«: »Er hat alles gut gemacht (vgl. Gen 1,31). Die Tauben macht er hören und die Stummen reden!« (vgl. Jes 35.5f.). Die Erzählung ist voll von typischen Zügen hellenistischer Heilungsgeschichten. Es fehlt alles für Jesu Heilungen sonst Charakterische. Sogar das Heilungswort selbst wird in hellenistischer Manier als den Hörern unverständliches Wort aus einer fremden Sprache beschrieben, das darum eigens ins Griechische übersetzt werden muß. Alles deutet darauf hin, daß wir es hier mit einer Geschichte aus heidenmissionarischer Tradition zu tun haben. Ihr Ziel ist, Nichtjuden so von Jesu wunderbarer Heilkraft

---

61   Zur Einschätzung dieser Krankheit als Behinderung der Torabewahrung vgl. 4Q 396 fr 1 Kol. II (*J. Maier*, Qumran-Essener II, 368): »... bezüglich der Taubstummen, die nicht gehört haben Vorschrift und Gesetz und Reinheitsgebote, und auch nicht gehört haben die Gesetze Israels, denn wer nichts gesehen und nichts gehört, weiß auch nicht zu praktizieren«.

zu beeindrucken wie auf der Ebene der Erzählung die ihn bewundernde und preisende Menge[62]. In all dem aber hat der biblische Bezug in V. 37 das entscheidende Gewicht: Die unmittelbare Verbindung der Heilung Jesu mit dem Schöpfungshandeln Gottes und die Erfüllung der prophetischen Heilsverheißung in seinem Leben rettenden Handeln verweist darauf, daß Jesus mehr ist als einer der großen Wundertäter der Umwelt. In seinem Tun handelt der Schöpfer der Welt als der Retter seiner Menschen.

In ähnlicher Weise mit Motiven überwiegend hellenistischer Wundertradition erzählt ist die Geschichte von der *Heilung der blutflüssigen Frau* in Mk 5,25–34. Sie spielt aber in ganz und gar jüdischer Lebenswelt. Nach der Tora (Lev 15) gilt die seit zwölf Jahren kranke Frau als dauerhaft unrein und darf von niemandem berührt werden und selbst niemanden berühren[63]. So ist sie von der Gemeinschaft des Alltags ebenso ausgeschlossen wie von der lebenswichtigen Teilnahme am Kult und der Geselligkeit der großen Tempelfeste. Darum berührt sie, verborgen in der Menge, die Jesus umdrängt, nur von hinten Jesu Mantel. Ihr Heilsvertrauen zu ihm ist so groß, daß sie auch so auf Heilung hofft. Jesus spürt aber die von ihm ausgehende Heilkraft, wendet sich in der Menge um und fragt, wer seine Kleider berührt habe. Da tritt die Frau aus ihrer Verborgenheit hervor. In der Spannung zwischen dem glücklichen Gefühl der sofort eingetretenen Heilung und der Angst vor dem persönlichen Gegenüber zu Jesus fällt sie ihm zu Füßen und »sagt ihm die ganze Wahrheit« (V. 33). Er spricht ihr zu: »Tochter, dein Glaube hat dich heil gemacht. Geh hin in Frieden und sei gesund von deiner Geißel!« (V. 34). Die Geschichte ist, trotz aller Typik vieler Details, im Blick auf die Gestalt dieser Frau, der Entschlossenheit ihres Tuns wie auch der Weise, wie sie mit der Angst ihres plötzlichen Offenbarwerdens umgeht, so völlig individuell, daß an ihrer Geschichtlichkeit kein Zweifel bestehen kann[64].

Zweimal wird schließlich von *Totenauferweckungen* berichtet: Mk 5,22f.35–42 und Lk 7,11–17[65]. Beidemal handelt es sich um

---

62 So lokalisiert Markus die Heilung auch am südöstlichen Ufer des galiläischen Sees: am Rand zu heidnisch besiedeltem Gebiet.
63 Vgl. *Bill.* I, 520.
64 So *J. Roloff*, Kerygma, 204 und nach ihm z.B. *R. Pesch*, Markus I, 305. Das gegenteilige Urteil von *J. Gnilka*, Markus I, 213 (»typische Wundergeschichte hellenistisch-christlicher Provenienz«) orientiert sich nur an der Motiv-Typik und übersieht, daß die Handlung selbst nur in jüdischer Umwelt verständlich wird und ihr Höhepunkt keinerlei Typik zeigt.
65 Die theologisch großartige Geschichte Joh 11, die im Aufbau des Evangeliums den Höhepunkt des ersten Teils bildet, der von Jesu »Zeichen« berichtet,

den Rückruf gerade Gestorbener ins Leben und in diesem Sinne
sozusagen um Heilungen äußersten Grades. Verglichen mit den
Totenauferweckungen, die im Alten Testament von den Propheten Elija (1Kön 17,17–24) und Elischa (2Kön 4,18–37) und zahlreich von Wundertätern der hellenistischen Welt überliefert sind,
fallen diese beiden Geschichten durch nahezu völliges Fehlen der
dort ausführlich beschriebenen Praktiken auf. In Lk 7,14 ist es
allein Jesu Wort, durch das der Tote ins Leben zurückkehrt, in
Mk 5,41 das Ergreifen der Hand der Toten und der gleiche Befehl
zum Aufstehen. Überdies ist beidemal das erzählte Geschehen so
individuell und Jesu Verhalten in aller Souveränität so mensch-
lich, daß auch von daher (bei unbefangenem Lesen) der Eindruck
entsteht: Hier wird aus konkreter Erinnerung erzählt.
Vor der Stadt Naïn begegnet Jesus einem Trauerzug, der sich aus
dem Stadttor zur Begräbnisstätte begibt. Der Tote ist der einzige
Sohn einer Witwe (das mag nach 1Kön 17 erzählt sein). Jesus
sieht sie, und Erbarmen mit ihr ergreift ihn. Er tritt hinzu, rührt
den Sarg an, die Träger bleiben stehen, und er sagt zum Toten:
»Jüngling, ich sage dir: Steh auf!« Sein Wort hat Vollmacht – sie
drückt sich in der für Jesus charakteristischen Formel »ich sage
dir« aus. Die sofortige Wirkung seines Wortes ist die, die allein
Gott bewirken kann, der im täglichen Gebet gepriesen wird als der,
»der die Toten lebendig macht«[66]. Darauf wird aber nicht lehr-
haft hingewiesen, sondern dieses Gottesbild des täglichen Gebets
ist ganz in das erzählte Geschehen eingebunden. Erst der (ganz
jüdische) Lobpreis, mit dem die Menge auf das Geschehen antwortet, zeigt, daß die Menschen im Tun Jesu das Handeln Gottes
sehen: »Ein großer Prophet ist unter uns erweckt worden! Gott
hat sein Volk heimgesucht!« (Lk 7,16)[67]. Die Geschichte spielt
ganz in jüdischem Milieu und kann nur im frühen Judenchristen-

kann hier nicht in Betracht kommen, weil sie in der erstaunlichen Realistik ihrer Erzählungsweise eine theologisch hochreflektierte theologische Bildung
des Evangelisten Johanness ist. Als solche wird sie erst später behandelt.
66   Achtzehnbittengebet, 2. Benediktion.
67   Seit langem lebte man in Israel in dem deprimierenden Bewußtsein, Gott
versage seinem Volk die gegenwärtige Stimme von Propheten (vgl. Ps 74,9 und
viele andere Belege). So lassen außergewöhnliche Taten in der Bevölkerung
leicht die Meinung aufkommen, hier sei endlich wieder ein Prophet von Gott
»erweckt«; vgl. z.B. von Johannes Mk 11,32; von Jesus Mk 6,15; 8,28; 11,32; Mt
21,11; Lk 24,19 sowie auch Joh 4,19. Von einem »großen« Propheten ist in Lk
1,15 im Blick auf Johannes die Rede. Anderer Art ist die Erwartung der endzeitlichen Wiederkehr Elijas (Mal 3,1.23f. [s. oben S. 97]) und die wiederum
andersgeartete Erwartung der endzeitlichen Erfüllung der Verheißung »des«
Propheten wie Mose in Dtn 18,15.18, die im Neuen Testament erst in Joh 1,21.
25; 6,14; Apg 3,22–24; 7,37 begegnet.

tum entstanden sein[68]. Zwar zeigen manche Einzelzüge, daß bei
der Erzählung die biblische Elijageschichte 1Kön 17,17–24 im
Blick steht[69]. Aber der erzählte Vorgang des Handelns Jesu ist ein
so völlig anderer als dort, daß von einer Übertragung dieser biblischen Geschichte auf Jesus keine Rede sein kann. Auch eine missionarische Absicht, Jesus als den endzeitlich wiedergekehrten Elija herauszustellen (wie Mk 6,15; 8,28), dessen Wunderkraft die
Elijas und Elischas übertreffe, ist im Text nicht zu erkennen (ein
entsprechendes »Hier ist mehr« wie in Lk 7,26 fehlt). Es gibt
keinerlei Gründe für die Annahme, der judenchristliche Ersterzäh-
ler habe diese Geschichte nicht aufgrund konkreter Erinnerung
nacherzählt, sondern sie selbst erfunden.
Gewiß ist sie in judenchristlicher Mission zur Weckung von Glauben erzählt worden; und der Vergleich mit den Taten Elijas und
Elischas stellte sich für jeden mit der Schrift Vertrauten beim Hören oder Lesen ganz von selbst ein. Wären aber dies die Gründe
für die Bildung der Geschichte, so müßte sie ganz anders erzählt
worden sein, vor allem, was den Vorgang der Auferweckung betrifft.
Die zweite Geschichte in Mk 5 beginnt wie eine der anderen Heilungsgeschichten. Ein Synagogenvorsteher mit Namen Jaïrus[70]
kommt zu Jesus, fällt ihm zu Füßen und bittet ihn um seine le-
bensrettende Hilfe für seine schwerkranke Tochter. Jesus geht mit
ihm. Noch auf dem Wege kommt von zu Hause die Nachricht vom
Tod des Mädchens. Darauf sagt Jesus zu ihm: »Fürchte dich nicht!
Glaube nur!« (V. 36). Bei seiner Ankunft findet er das Haus voll
von Trauergästen, die die Totenklage halten (vgl. Joh 11,19!). Er
tritt ein und wehrt dem Lärm und Getümmel der Menge mit der
Begründung: »Das Kind ist nicht gestorben, sondern es schläft.«
(V. 39). Das Gelächter darauf beantwortet er, indem er die ganze
Menge »hinauswirft«. Nur mit den Eltern und drei Jüngern betritt er das Totenzimmer. Dort ergreift er die Hand des Kindes und
sagt zu ihm in der aramäischen Umgangssprache: ταλιθα κουμ,
was für griechischsprachige Leser übersetzt wird: »Mädchen, dir
sage ich: Steh auf!« Dies geschieht sogleich, und das Staunen der

---

68   Vgl. *H. Schürmann*, Lukas I, 404f.
69   Wie in 1Kön 17,17 handelt es sich um den Sohn einer Witwe (V. 12); und
»er gab ihn seiner Mutter« (V. 15) ist sogar wörtliches Zitat von 1Kön 17,23
(vgl. auch 2Kön 4,36).
70   Jaïrus ist ein gebräuchlicher Personenname (»Gott möge leuchten«). Die
Vermutung von *R. Pesch*, Markus I, 300, der Name könne, mit anderen hebräischen Radikalen als »Gott wird erwecken« gelesen, Symbolbedeutung im Blick
auf diese Auferweckungsgeschiche haben, ist nur dann zu erwägen, wenn eine
nachösterliche Bildung der Erzählung angenommen werden muß.

Menge ist wie eine große Ekstase[71]. Auch hier ist das Milieu jüdisch; auch hier gibt es eine Entsprechung zur biblischen Geschichte von Elija (zum »Obergemach«, das Jesus betritt, vgl. 1Kön 17,19 sowie 2Kön 4,33). Doch auch hier ist der Akt der Auferweckung selbst (V. 41) charakteristisch anders erzählt als dort. Das Glaubensmotiv, das für die Heilungsgeschichte charakteristisch ist, ist hier in V. 36, der Situation der Todesnachricht entsprechend, mit dem biblisch geprägten »Fürchte dich nicht!«[72] verbunden. Die Entfernung des Publikums ist ein in hellenistischer Wunderüberlieferung typischer Zug[73]. Doch hier hat das Hinauswerfen der schreienden Menge der Trauergäste, die Jesus auslachen, einen konkreten, situationsentsprechenden Sinn. Sein Wort »Das Kind ist nicht gestorben, sondern es schläft« (V. 39) ist ohne Parallele. Natürlich soll es nicht einen bloßen Scheintod diagnostizieren, wie die Menge Jesus mißversteht, sondern es gewinnt seinen Sinn nur aus dem Aspekt seines folgenden Handelns: des Rückrufes der soeben Gestorbenen ins Leben. Der Tod des Mädchens erscheint so als ein kurzer Schlaf, aus dem Jesus sie aufweckt. So geschieht in *Jesu* Handeln, was nur *Gott* tun kann (vgl. Mk 12,26f.!) und was die Erwartung der endzeitlichen Totenauferweckung als Gottes schöpferisches Handeln versteht (vgl. Röm 4,17!)[74]. Von dieser ist das Handeln Jesu hier allerdings dadurch grundsätzlich verschieden, daß es sich – wie bei Elija und Elischa – um einen *Rückruf ins irdische Leben* handelt. Erst aus der Sicht des nachösterlichen Auferstehungsglaubens der ersten Tradenten kann dieses Wunder Jesu als eine Zeichenhandlung erscheinen, die auf die endzeitliche Totenauferweckung vorausweist[75]. Alles in allem kann diese Erzählung eine nachösterliche Bildung in judenchristlicher Tradition sein, wobei das Wissen, daß Jesus Tote auferweckt hat (Mt 11,5), ebenso gegenwärtig war wie die Kenntnis der zahlreichen Heilungswunder Jesu[76]. Es spricht jedoch nichts Durchschlagendes ge-

---

71 V. 44 wirkt wie ein Nachtrag.
72 Vgl. Jes 41,10.14; 43,1.5; 44,2.8;54,4.
73 Vgl. G. *Theißen*, Urchristliche Wundergeschichten, 70. Aber auch die Auferweckungstaten Elijas und Elischas geschehen sogar gänzlich ohne Dabeisein eines anderen (1Kön 17,19ff.; 2Kön 4,33ff.).
74 Vgl. K. *Kertelge*, Wunder, 110: »Wenn mit dem Auftreten Jesu Tote auferstehen, dann ist tatsächlich in Jesus die das Leben rettende und erweckende Macht der *Endzeit* am Werk.«
75 Diesen Aspekt hat später der Evangelist Johannes in Joh 11 theologisch ausgearbeitet (vgl. V. 11).
76 Eine hermeneutische Anweisung, Auferweckungs- und Heilungswunder in sachlicher Nähe zu sehen, liegt vor in der sekundären Zusammenflechtung der beiden Geschichten in Mk 5,21–43, die dem Evangelisten Markus wohl schon vorgelegen hat; so R. *Pesch*, Markus I, 313f. (dessen Textanalyse jedoch nicht

gen die Möglichkeit, daß auch hier konkrete Erinnerung in dieser Geschichte verarbeitet worden ist[77].

2.2.6 Die Ablehnung von Erweiswundern

Ein letzter Gesichtspunkt ist bei diesem Überblick über das Heilungswirken Jesu noch hinzuzufügen. Wunder zum Erweis seiner thaumaturgischen Fähigkeiten hat Jesus ebenso abgelehnt wie die Forderung, seine Bevollmächtigung durch Gott unter Beweis zu stellen.

Das erste zeigt ein in der Spruchquelle (Q) überliefertes Wort Jesu (Lk 11,29f. / Mt 12,39), das in einer Kurzform in Mk 8,12 eine Variante hat:

»Diese Generation ist böse[78]:
Sie sucht ein Zeichen (zu sehen),
doch ein Zeichen wird ihr nicht gegeben werden –
nur das Zeichen des Jona.
Wie nämlich Jona den Niniviten zum Zeichen geworden ist,
so wird es auch der Menschensohn für diese Generation sein.«
(Lk 11,29f.).

»Was sucht diese Generation ein Zeichen?
Amen, ich sage euch:
Niemals wird dieser Generation ein Zeichen gegeben werden!«
(Mk 8,12).

Diese beiden Versionen stimmen darin wörtlich überein, daß Jesus das Verlangen nach Zeichen schroff ablehnt, und zwar so, daß nicht er selbst der Ablehnende ist, sondern Gott. Das Passiv umschreibt nach jüdischer Sprachgewohnheit das Handeln Gottes. Viel spricht dafür, daß die Markusversion die ursprüngliche Fassung des Wortes Jesu ist[79]. Die mit der Amen-Einleitung und der Schwurformel

---

zu überzeugen vermag). Die Mehrheit der Exegeten nimmt Redaktionsarbeit des Evangelisten Markus an; vgl. z.B. G. *Theißen*, Urchristliche Wundergeschichten, 184f.

77   Dazu kann auch die Übersetzung des aramäischen Heilungswortes Jesu für griechische Leser in Mk 5,41 gerechnet werden. Sie stammt zweifellos von der Hand der judenchristlichen Tradenten und ist für griechischsprachige Leser hinzugefügt. Sie ist verständliche Rede, nicht fremdartiges Heilungswort wie εφφαθα in Mk 7,34.

78   Vgl. Dtn 32,5.20; Ps 78,8.

79   Nicht nur die mit »Wenn« eingeleitete, abgekürzte Schwurformel (vgl. Ps 95,10f.; Num 14,30) läßt sich dafür anführen, womit die Absage stark bekräftigt wird. Auch die etwas gewaltsame Wendung »außer nur das Zeichen des Jona« in Lk 11,29 klingt nach einer sekundären Verknüpfung des ursprünglich ableh-

stark bekräftigte Ablehnung der Zeichenforderung könnte in der
Q-Fassung mit einem anderen Wort Jesu zu *einem* Spruch zusammengezogen worden sein, in dem Jesus die Bußpredigt des Propheten Jona in Ninive, die nach Jon 3,5 die Umkehr der Stadtbe-
wohner bewirkt hat, mit dem Gericht des himmlischen »Menschensohnes« über »diese Generation« kontrastiert. Beide Worte
können Worte Jesu sein, die er bei verschiedenen Anlässen verschieden ausgesprochen hat[80]. Das kann hier offenbleiben[81]. Daß
jedenfalls die Ablehnung der Zeichenforderung auf Jesus selbst
zurückgeht, darin stimmen die meisten Exegeten überein.
Das zweite Zeugnis ist Mk 11,27–33. Diese Erzählung gehört allerdings in die letzte Phase der Geschichte Jesu in Jerusalem und
wird darum entsprechend später zu behandeln sein. Denn der Anlaß der Frage, die hier Vertreter des Hohenrats in inquisitorischer
Weise an ihn stellen, ist seine voranstehend erzählte Aktion im
Tempel (Mk 11,15–19): »In welcher Vollmacht tust du dies? Oder
wer hat dir diese Vollmacht gegeben, daß du dies tun (darfst)?«
(V. 28). Hier geht es also nicht darum, durch Wundertaten seine
Vollmacht zu beweisen, sondern über die Vollmacht für das, was
Jesus im Tempelvorhof getan hat, Rechenschaft zu geben. Als
Antwort stellt er seinen Gegnern eine Vorfrage, wie sie die Voll-
macht des Johannes zu taufen beurteilen: War sie »vom Himmel
oder von Menschen?« (V. 30). Dadurch geraten sie in Verlegen-
heit, weil Johannes im Volk als »Prophet« hochgeschätzt war. Und
so endet das Verhör, indem Jesus ihnen die Antwort auf ihre Frage verweigert, weil sie die seinige nicht zu beantworten »wissen«.
Das ist hier zwar als ein geschickter Schachzug Jesu geschildert.
Doch liegt seiner Gegenfrage sein Wissen darum zugrunde, daß
eben der einzig-eine Gott Israels, der Johannes zum Propheten in
der Rolle des endzeitlich wiederkehrenden Propheten Elija berufen und zur Taufe »in Wasser« bevollmächtigt hat, auch sein eigenes Wirken mit seiner endzeitlichen Heilskraft durchdringt und
so bevollmächtigt. Es ist die »Königsherrschaft« Gottes, die Johannes und Jesus verbindet (s. oben zu Mt 3,2; 4,17). Und so hätte
Jesu Antwort an die Fragesteller des Hohenrats, die er ihnen hier

---

nenden Wortes mit dem Vergleich zwischen Jona und dem Menschensohn in Lk
11,30.
80   Dies gibt *U. Luz*, Matthäus II, 275 mit Anm. 17 zu erwägen, neigt jedoch
selbst zu dem Urteil, daß die Markusfassung eine sekundäre Verkürzung sei.
81   Auf die sehr vielfältige Diskussion über das Verhältnis zwischen der
Markus- und der Q-Fassung kann im Rahmen dieses Buches nicht mit der
nötigen Sorgfalt eingegangen werden. Vgl. dazu zuletzt – allerdings unter dem
Leitgesichtspunkt des redaktionellen Kontextes der Spruchquelle (Q) – *J.
Schröter*, Erinnerung, 271–275.

verweigert, der Sache nach gelautet: Da es Gottes endzeitliche Königsherrschaft selbst ist, die in seinen eigenen Worten und Taten
zur Wirkung kommt, kann es keine Instanz ›hinter‹ dem, was Jesus verkündigt und tut, geben. Wer also die volle, eschatologisch
end-gültige Wirklichkeit Gottes in Jesus nicht erkennt und anerkennt, fragt nach seiner Vollmacht in verfehlter Weise. So wird in
diesem Verhör bereits – wenn auch noch unausgesprochen – deutlich, daß das Urteil des Hohenrats über Jesus nur entweder in der
Anerkennung seiner Vollmacht als »Sohn Gottes« (vgl. Mk 14,61
mit 1,11!) oder aber in seiner Verurteilung als Gotteslästerer (Mk
14,64) bestehen kann.
Insofern geht es in dieser Geschichte um den entscheidenden Gesichtspunkt des *ganzen* Wirkens Jesu: In *jeder* seiner Heilstaten
ist es die Königsherrschaft Gottes, die durch Jesus zur Wirkung
kommt. Das gilt, obwohl dieser Zusammenhang in den Erzählungen an keiner Stelle als solcher benannt wird und obwohl in der
Antwort Jesu an Johannes in Mt 11,4–6 vom Gottesreich selbst
nicht die Rede ist und die Reihe der Heilstaten lediglich in der Seligpreisung dessen ausmündet, der *an Jesus* keinen Anstoß nimmt.
Für den Leser der synoptischen Evangelien gibt es auch unter den
Worten Jesu nur das eine, in dem deutlich ausgesprochen wird,
was grundsätzlich für alle Heilstaten Jesu gilt: »Wenn ich kraft des
Geistes *Gottes* die Dämonen austreibe, so ist darin die *Königsherrschaft Gottes* zu euch gekommen!« (Mt 12,28).

3   Die Königsherrschaft Gottes in der Redeform von Gleichnis-
sen

Bisher wurde deutlich, wie sich die von Jesus verkündigte Nähe
der Königsherrschaft Gottes in Dämonenaustreibungen und Heilungstaten auswirkt. Damit ist bereits ein wichtiger inhaltlicher
Aspekt sichtbar geworden: Die im Himmel erfolgte end-gültige
Entmachtung des Widersachers Gottes erweist sich auf Erden in
einer entsprechenden Überwindung der Macht der Dämonen über
das Leben von Menschen, die Jesus als Träger göttlicher Macht von
dem Zwang der Besessenheit befreit. Zugleich heilt er Kranke und
ruft Gestorbene ins Leben zurück und erweist darin, daß die Heilswirklichkeit des endzeitlichen Gottesreiches sich zu vollenden beginnt.
Die Verkündigung der Königsherrschaft Gottes ist also *Heilsverkündigung* im Sinne endzeitlicher Verwirklichung der im Jesaja-
buch verheißenen künftigen Heilstaten des Gottes Israels. Darin
unterscheidet sich das Wirken Jesu sehr deutlich von dem des

Täufers, von dem keinerlei Exorzismen und Heilungen überliefert sind und dessen Verkündigung sich nicht an Jesaja, sondern ganz an Maleachi orientierte.

3.1   Gleichnisse als Redeform

Die Königsherrschaft Gottes verkündigte Jesus vor allem in der Form von Gleichnissen (*m^eschalim*). Gleichnisse sind als Redeform in Bildern und Bild-Geschichten aus der Schrift vertraut[82] und finden sich zahlreich in der rabbinischen Überlieferung[83]. Dort dient ein Gleichnis vor allem der Schriftauslegung und hat seinen Ort in der lebendigen Kommunikation zwischen dem Lehrer mit seinen Schülern oder auch im Lehrdisput zwischen Lehrern. So hat sich eine bestimmte rhetorische Technik kommunikativer Schulargumentation entwickelt, die als solche zweifellos von entsprechenden rhetorischen Traditionen der hellenistischen Umwelt beeinflußt ist[84]. Es ist zwar nicht zu beweisen[85], wohl aber als wahrscheinlich anzunehmen, daß bereits die pharisäischen Schriftgelehrten zur Zeit Jesu mit dieser besonders wirksamen Form argumentativer Rede vertraut gewesen sind[86]. Wenn das zutrifft, könnte Jesus sie dort kennengelernt haben. Er hat die Kunst der Gleichnisrede freilich selbst so meisterhaft entwickelt, daß seine Gleichnisse eine unverkennbar charakteristische Eigenart haben.

Jesus verwickelt seine Hörer in einer jeweils besonderen Gesprächssituation so eindrucksvoll in den fiktiven Vorgang, den er erzählt, daß sie, indem sie sich mit seiner Erzählperspektive identifizieren, zugleich dazu ›verführt‹ werden, ihm damit auch in dem zuzustimmen, was er auf der Ebene des Gesprächs seinen Hörern nahebringen bzw. ihnen gegenüber vertreten will[87]. So wird für

---

82   Dazu vgl. *C. Westermann*, Vergleiche.

83   Forschungsgeschichtlich grundlegend sind *P. Fiebig*, Altjüdische Gleichnisse; *Ders.*, Jesu Gleichnisse; *Ders.*, Rabbinische Gleichnisse. Zur gegenwärtigen Sicht vgl. *D. Flusser*, Die rabbinischen Gleichnisse.

84   Dazu vgl. grundlegend *K. Berger*, Hellenistische Gattungen. Zum Einfluß hellenistischer Rhetorik auf den frühjüdischen Schulbetrieb vgl. *H.A. Fishel*, Story.

85   *J. Neusner* hat in verschiedenen Studien nachgewiesen, daß sich in den Überlieferungen über Pharisäer vor 70 n.Chr. kein einziges Gleichnis befindet; vgl. die Angaben bei *E. Rau*, Reden, 226, Anm. 1.

86   So *D. Flusser*, Die rabbinischen Gleichnisse, 19; vorsichtiger und mit zusätzlichen Argumenten *E. Rau*, Reden, 227.238–240.

87   Vgl. dazu ebd., 18–44.107ff. In diesem Werk liegt eine besonnen-kritische Darstellung der verschiedenen methodischen Ansätze der Gleichnisforschung seit dem grundlegenden Werk von *A. Jülicher*, Gleichnisreden sowie eine gründliche eigenständige rhetorische Analyse der Gleichnisse Jesu auf dem

ihn das Gleichnis ein besonderes Sprachmittel seiner Verkündigung der Königsherrschaft Gottes. Deren *endzeitliche* Wirklichkeit ließ sich schon in den prophetischen Verheißungen und dann in der frühjüdischen Tradition eschatologischer Heilserwartung nur in Bildern darstellen, die der irdischen Erfahrungswelt entstammen und in bestimmter Steigerung auf die Welt *künftiger, neuer* Erfahrung übertragen werden. Anders als in diesen Bildern traditioneller Eschatologie spricht Jesus von der Gottesherrschaft, die in seinem Wirken unter den Menschen Galiläas »nahegekommen« ist, in Bildern und Geschichten aus ihrer eigenen alltäglichen Welt. So kann man sagen: Wie die Gottesherrschaft in Jesu Heilstaten zur Wirkung kommt, so kommt sie in seinen Gleichnissen »zur Sprache«[88].

Viele überlieferten Gleichnisse werden in ihrer Einleitung als Geschichten charakterisiert, die etwas erzählen, was der Königsherrschaft Gottes »gleicht«. Nicht alle dieser Einleitungen sind ursprünglich mit dem betreffenden Gleichnis verbunden. Das zeigt sich jedenfalls dort, wo ein Gleichnis in zwei parallelen Fassungen überliefert ist, von denen sich diese Einleitung nur in der einen findet (vgl. etwa Mt 22,2 mit Lk 14,16). So muß man damit rechnen, daß in einigen Gleichnissen – besonders im Matthäusevangelium – die Einleitung sekundär hinzugewachsen ist. Doch auch dort, wo das wahrscheinlich der Fall ist, ist die Frage zu beantworten, ob das betreffende Gleichnis von seinem Inhalt her mit sachlichem Recht unter die Überschrift der Gottesherrschaft zu stellen ist. Die Tendenz der Überlieferung, alle Gleichnisse Jesu als Bildreden vom Reich Gottes zu verstehen, kann ja durchaus berechtigt sein.

3.2 Das Gleichnis vom Senfkorn

Völlig sicher ist die einleitende Charakterisierung beim Gleichnis vom Senfkorn. Denn es ist im Markusevangelium (4,30–32) und in der Spruchquelle Q (Lk 13,18 / Mt 13,31f.)[89] sowie im Thomasevangelium (Spruch Nr. 20) mit dieser Einleitung überliefert: In seiner vermutlichen Urfassung in Q lautet es:

Hintergrund der hellenistischen Rhetorik sowie der frühjüdischen Gleichnisstoffe vor. Auf die Fülle der sonstigen Gleichnisliteratur kann hier nicht eingegangen werden.

88 Zu dieser durch E. Fuchs begründeten theologischen Interpretation der Gleichnisse Jesu als »Sprachereignis« vgl. zusammenfassend *E. Jüngel*, Paulus, 87–174; auch *H. Weder*, Neutestamentliche Hermeneutik, 155–230.

89 Matthäus kombiniert die Q- mit der Markusfassung. EvThom 20 ist deutlich eine veränderte Fassung von Mk 4,30–32.

»Wem ist die Königsherrschaft Gottes gleich, und womit soll ich sie vergleichen? Sie ist gleich einem Senfkorn, das ein Mensch nahm und warf es in seinen Garten, und es wuchs auf und wurde zu einem Baum, und die Vögel des Himmels nisteten in seinen Zweigen.«

Ein Senfkorn ist sprichwörtlich klein (vgl. Mt 17,20 / Lk 17,6 Q), die Senfstaude im Verhältnis dazu sehr groß. In der Markusfassung wird dieser Unterschied besonders hervorgehoben, der in der kürzeren Originalfassung von jedem Hörer beim Erzählen ohnehin assoziiert wird. Auffallend ist nur, daß das Wachstum der großen Staude aus dem winzigen Samenkorn nicht als bekannter Vorgang (im Präsens) beschrieben, sondern (im Vergangenheitstempus) als eine Geschichte erzählt wird. Das Auge des Hörers wird so auf den *Prozeß* gelenkt, den er mitvollziehen soll. Alleiniges Subjekt im Geschehen dieses einen Satzes ist das Korn: zuerst so, daß es ein Mensch nimmt und in die Erde sät (dieser ist Subjekt des Nebensatzes!); danach wird es selbst aktiv, wächst und wird ein Baum. Also soll der Hörer in dieser Geschichte des Senfkorns eine entsprechende Geschichte der Gottesherrschaft wahrnehmen. Nur, was das Gleichnis als Geschehen der Vergangenheit erzählt, gilt für die Gottesherrschaft von der Zukunft. Gegenwärtig erleben die Hörer, wie diese im Wirken Jesu sie selbst erreicht, so wie jener Mensch das Senfkorn in die Erde des Gartens warf, der dann zum Schauplatz des erstaunlichen Wachstums zum Baum wird. Diese Geschichte des Wachstums, bis der große Baum dasteht, steht im Blick auf die Gottesherrschaft bevor. So selbstverständlich für die Hörer jener Wachstumsprozeß vom Samenkorn bis zum Baum ist, so selbstverständlich dürfen und sollen die Hörer dieses Gleichnisses auch die bevorstehende, ganz und gar nicht selbstverständliche Geschichte der Gottesherrschaft erwarten: Sie *wird* ihre vollendete Gestalt in der nahen Zukunft der Endzeit haben. Das können sie ›lernen‹ vom Senfkorn, indem sie von dem Wachstum in der Natur auf die Geschichte des Gottesreiches schließen: Genauso sicher, wie aus dem Körnchen ein Baum wird, genauso sicher ist zu erwarten, daß aus dem, was gegenwärtig als Wirkung der Gottesherrschaft geschieht, zu seiner Zeit ihre eschatologische Vollendung folgen *wird*. Der angefügte Schlußsatz läßt die bibelkundigen Hörer diesen Bezug zur endzeitlichen Zukunft assoziieren. Denn der Anklang an Ez 17,22–24 (und Dan 4) ist nicht zu überhören. Dort verheißt Gott durch seinen Propheten nach dem Gericht an seinem treulosen Volk eine Erneuerung, in der er es wie einen Baum auf einem hohen Berg neu pflanzen wird, in dem viele Vögel (= Israel in seiner Vollzahl) nisten werden und an dem alle übrigen Bäume (= Völker) auf den

Feldern ringsum »erkennen werden, daß Ich der Herr bin«[90]. Genau dies meint die Rede von der eschatologischen Vollendung der Königsherrschaft Gottes, mit der ja der Ich-Name Gottes für die damaligen Hörer aufgrund ihrer Vertrautheit mit dem Synagogengottesdienst und mit der Tempelliturgie unmittelbar verbunden ist: Gott selbst, der jetzt und hier in Jesu Wirken die Gegenwart der Heilswirklichkeit seiner eschatologischen Herrschaft erweist, *wird* von jetzt an in einem nicht zu verhindernden Geschehensverlauf die erwartete Zukunft seines Reiches heraufführen und vollenden, was er jetzt anfängt.

In welcher Gesprächssituation Jesus dieses Gleichnis ursprünglich gebildet hat, ist nicht erkennbar. Daß es Zweifel im Blick auf das Kommen des Reiches angesichts des so geringen »Anfangs« in Jesu Gegenwart waren, auf die er hier seine Antwort gibt, läßt sich am Wortlaut des Gleichnisses nicht erkennen. Doch daß mit dem Tun des »Menschen« das Wirken Jesu im Blick steht, ist deutlich. Denn wenn mit dem Senfkorn die Gottesherrschaft gemeint ist, die mit ihrer eigenen Dynamik ihren Weg auf ihre endzeitliche Vollendung hin nimmt, so wird man darauf aufmerksam, daß auf der Ebene der Gleichniserzählung nicht wie Mk 4,31.32 im Passiv von der Aussaat des Senfkorns die Rede ist, sondern diese als das Tun eines Menschen geschildert wird. Mit diesem »jemand« kann Jesus nur sein eigenes gegenwärtiges Wirken in der Kraft der Gottesherrschaft im Blick haben; denn er allein ist es ja, der die Heilskräfte ihrer im Himmel bereits angebrochenen endzeitlichen Vollendung hier auf Erden zur Wirkung bringt. Das Gleichnis sagt also Ähnliches wie die bereits angeführten Seligpreisungen, in denen Jesus den Armen, Weinenden und Hungernden jetzt und hier die Aufhebung ihrer Not in der nahen Zukunft des Gottesreiches zuspricht (Lk 6,20f.). Auch der häufig für eine spätere urchristliche Bildung gehaltene Spruch Mk 9,1 gewinnt unter dem Aspekt des Gleichnisses vom Senfkorn einen entsprechenden Sinn: Hier preist Jesus in einem ausdrücklich als Offenbarung gekennzeichneten Wort Menschen aus der jetzt und hier ihn umstehenden Menge selig als solche, »die den Tod nicht schmecken werden, bis sie das Reich Gottes sehen« (vgl. auch Mk 13,30). Auch seine Verheißung im Blick auf die Kinder: »Solchen ist das Reich Gottes« (Mk 10,14) gehört hierher[91] sowie das daran angefügte, ursprünglich selbständige Wort Mk 10,15: »Amen, ich sage euch:

90 Vgl. *E. Rau*, Reden, 152. In Ez 31,6.12 und Dan 4,9.11.13 dagegen dient das gleiche Bild als Veranschaulichung des Gerichtshandelns Gottes.
91 In EvThom 22,1 liegt der gleiche Spruch zugrunde und wird im folgenden gnostisch umgedeutet.

Wer nicht annimmt die Königsherrschaft Gottes wie ein Kind, wird nicht in sie hineinkommen.« Positiv gewandt, heißt das: Nur wer jetzt die Gottesherrschaft aus Jesu Mund annimmt, *wird* an ihrer endzeitlichen Vollendung teilhaben.

3.3   Die Gewißheit der zukünftigen Heilsvollendung

Von diesem Zusammenhang ist unter je verschiedenem Aspekt auch in anderen Gleichnissen die Rede, die von der Gottesherrschaft handeln. In der Spruchquelle Q schließt an das Gleichnis vom Senfkorn das vom Sauerteig an (Lk 13,20f. / Mt 13,33).

»Womit soll ich die Königsherrschaft Gottes vergleichen? Sie ist gleich einem Sauerteig, den eine Frau nahm und verbarg ihn unter drei Sat Weizenmehl, bis er durchsäuert war *ganz.*«

Wieder wird ein allbekannter Vorgang als ein besonderes Geschehen erzählt. Auch hier ist, was die Frau tut, der Anfang eines Prozesses, den die kleine Menge Sauerteig von sich aus in der sehr großen Menge Mehl[92] bewirkt: Er durchsäuert sie *ganz.* Dieses Wort »ganz« steht betont am Schluß und signalisiert die Pointe: Die Gottesherrschaft, die jetzt in Israel zu wirken begonnen hat, wird bewirken, daß das ganze Volk an ihrer endzeitlichen Heilsvollendung teilhaben wird. Solche Kraft also wohnt dem inne, was Jesus jetzt und hier in den Dörfern Galiläas verkündigt und tut. Auch hier gibt der Wortlaut keinerlei Zweifel zu erkennen, die Jesus mit diesem Gleichnis zerstreuen wollte. Deutlich ist nur seine absolute Gewißheit, daß die Gottesherrschaft, die er den Menschen hier am nördlichen Rand des jüdischen Siedlungsbereiches durch sein Wirken nahebringt, sich am Ende ganz Israel zu eigen machen wird.

Die absolute Gewißheit, daß die jetzt verkündigte Gottesherrschaft ihre Vollendung in der Zukunft der Endzeit erreichen wird, spricht sich nicht weniger eindrücklich in einem Gleichnis aus, das sich zwar nur im Markusevangelium findet (Mk 4,26–29), aber mit guten Gründen Jesus zugeschrieben werden kann. Die Geschichte von Aussaat, Wachstum und Ernte, die er hier erzählt, ist wieder ein allbekannter Vorgang, der sich jedes Jahr gleichartig vollzieht. Einige Akzente aber lassen den Hörer aufmerken. »Ein Mensch« wirft den Samen in die Erde. Aber was sich von nun an aus der Erde heraus an Wachstum bis zur Reife vollzieht, entzieht

---

92   Ein Sat entspricht eineinhalb römischen modii, das sind etwa 13 Liter (nach JosAnt 9,85).

sich dessen Wissen: Er selbst tut darum nichts anderes, als sich
schlafen zu legen, wenn es Nacht wird, und aufzustehen, wenn es
Tag wird. Das heißt, er lebt sein Leben im Rhythmus von Nacht
und Tag (Gen 1,4f.14ff.). Die Erde hingegen, der er den Samen
übergeben hat, wird von nun an aktiv. Ganz »von ihr selbst aus«
bewirkt sie das Fruchtbringen, vom grünen Schößling bis zum
hochgewachsenen Halm und der Ähre voller Weizen. Erst wenn
das Wachstum zur Vollendung gekommen ist, wenn es die reife
Frucht »gewährt«, ist es wieder am Menschen, aktiv zu werden –
dann aber »sogleich«. Er »schickt die Sichel, um zu ernten; denn
die Zeit der Ernte ist da.«
Diese Akzentuierung des Geschehens, wonach es die Erde ist, die
alles Wachstum vom ersten Anfang bis zu schließlicher Vollendung gibt (zu Mk 4,8 s. unten), läßt bei den Hörern ein festes
Schema endzeitlicher Erwartung assoziieren, das sich an verschiedenen Stellen der zeitgenössischen Literatur jüdischer Apokalyptik als Argumentationsmuster zur Begründung der Sicherheit des
Kommens der Endvollendung findet[93]. So unveränderbar fest die
Ordnungen sind, die Gott den Abläufen in seiner Schöpfung ein-
gegeben hat, genauso fest steht auch der Plan Gottes, in dem er
alles Geschehen der Menschheitsgeschichte auf sein Endgericht hin
geordnet hat. Menschen können sein Kommen weder verhindern
noch beschleunigen oder hinauszögern. Was Gott bestimmt hat,
wird genauso eintreffen, wie er es will. Aller Frevel und jedwede
Ungerechtigkeit werden dann vernichtet werden[94]; aber seinen
auserwählten Gerechten wird Gott als Lohn für ihre Treue Anteil
am vollkommenen Heil in seinem ewigen Reich geben.
Erst wenn dieser apokalyptische Vorstellungzusammenhang vor
Augen steht, läßt sich die eigenartig akzentuierte Rolle des »Menschen« im Gleichnis Jesu verstehen: Sein »Nichtwissen« entspricht
der Verborgenheit der Zukunft, deren Verlauf Menschen weder
einsehbar noch irgendwie beeinflußbar ist (vgl. 4Esr 4,46). Darum
lebt auf der Bildebene des Gleichnisses dieser »Mensch« so auffallend neben dem Wachstumsprozeß auf seinem Acker her. Die

---

93   Vgl. dazu R. *Pesch*, Markus I, 257f.; W. *Harnisch*, Verhängnis; besonders
E. *Rau*, Reden, 135–150. Zu vergleichen sind vor allem 4Esr 4,28–43; 5,45–49;
7,32; syrBar 22,1–7; 70,2 und im Blick auf die feststehenden Gesetze der Schöpfungsordnung äthHen 2–5. In christlicher Tradition wird die gleiche Tradition
aufgenommen in 1Clem 23,4f.; 2Clem 11,3.
94   Vgl. dazu 4Esr 4,28–30, wo das gleiche Bild vom Aufwachsen der Saat bis
zur Ernte negativ auf den Sünde-Unheil-Prozeß im einzelnen Menschen nach
der Aussaat des einen »Korns des bösen Samens« bezogen ist. Darauf folgt aber
im Qol-wa-chomer-Schluß: Wie viel größer wird die Ernte sein, die der
Aussaat der »zahllosen Ähren des Guten« folgen wird (4,31f.).

Alleininitiative der »Erde« ist in jener apokalyptischen Tradition ein feststehendes Bild: Wie aus ihrem Mutterschoß die Frucht herauswächst, so wird am Ende der Schoß der Erde sich öffnen und die Toten herausgeben, die bis dahin in ihr ruhen[95]. Wie das Senfkorngleichnis in eine Anspielung auf eine prophetische Heilsverheißung ausmündet (Lk 13,19b), so klingt im Schlußsatz dieses Gleichnisses im Bild von der Sichel (Mk 4,29) die Voraussage des Endgerichts an allen bösen Völkern der Umwelt Israels an, durch das Israel, auf ewig von seinen Feinden errettet, in eine Zeit ewigen Friedens eintreten wird (Joel 4,13)[96]. Das Heil der Endzeit wird die Ernte sein, die durch das Gerichtshandeln der »Sichel« an den Völkern Israel zugute kommt. Es will allerdings beachtet sein, daß es in Mk 4,29 der »Mensch« von V. 26f. ist, der die Sichel zur Ernte »aussendet«. Das erinnert an das Wort Jesu Lk 10,2 / Mt 9,37f. (Q). Dort ist es Jesus, der zur Zeit der Ernte seine Jünger als Schnitter zur Einbringung der »großen« Ernte »aussendet«. Sollte er also, wie im Senfkorngleichnis, auch hier auf der Bildebene seines Gleichnisses in dem »Menschen« sich selbst im Blick haben? Dann wäre *dieses* Gleichnis als Antwort auf Zweifel gesprochen worden, ob denn wirklich Jesu Wirken das Geschehen der Endereignisse nach sich ziehen werde? So hat Johannes aus dem Gefängnis heraus Jesus fragen lassen (Mt 11,2f.). Und entsprechend antwortet Jesus auf die Frage, wann das Gottesreich kommen werde: »Nicht kommt die Königsherrschaft Gottes, so daß man es beobachten kann; auch wird man nicht sagen: ›Sieh, hier! oder: dort!‹ Denn siehe, die Königsherrschaft Gottes ist (bereits) mitten unter euch!« (Lk 17,20f.)[97]. Entsprechend wird in Mk 4,29 das Kommen der »Ernte« zur von Gott festgesetzten Zeit bekräftigt. Jesus selbst hat mit seinem gegenwärtigen Wirken das »Samenkorn« der Gottesherrschaft in die Erde gesät und damit einen Prozeß ausgelöst, der ganz aus seiner eigenen Dynamik heraus geschehen wird. Es bedarf dazu keinerlei ›Nachhilfe‹ von seiner Seite. Aber wenn die Erntezeit da ist, dann wird er »die Sichel aussenden«, und zwar »*sogleich*«. Sollte hier die Aussendung seiner Jünger als Boten der Gottesherrschaft im Blick stehen, so wür-

---

95   Vgl. 4Esr 4,40–42; 5,46-49; 7,32.
96   Vgl. Offb 14,14–20! Die Ernte ist ein Gerichtsbild in Mt 13,30.39.
97   Der gleiche Spruch liegt in EvThom 113 zugrunde, wird dort aber am Schluß gnostisch ausgeführt: »Das Reich des Vaters ist über die ganze Erde ausgebreitet, und die Menschen sehen es nicht!« Dieser Schluß zeigt, daß auch der gnostische Autor das ἐντὸς ὑμῶν nicht als »in eurem Innern« aufgefaßt hat, was bestens gnostisch verwertbar gewesen wäre, sondern im Sinne von »mitten unter euch«, was er universal-›entkirchlicht‹ ausgeweitet und mit dem gnostischen Motiv der Blindheit der nichtgnostischen Menschen verbunden hat.

de dieses Gleichnis dem vom Sauerteig sehr nahestehen; denn die
Aussendungsaktion sollte ja der Erreichung ganz Israels mit der
Botschaft vom Nahesein der Gottesherrschaft dienen. Wir werden
später darauf zurückkommen.

3.4 Widerstände in der Geschichte des Kommens der Gottesherrschaft

Nun gibt es einige Gleichnisse, in denen von Widerständen die
Rede ist, die sich beim Prozeß des »Wachstums« der Gottesherrschaft ergeben oder sich ihr entgegenstellen.
In Mk 4,3–9 erzählt Jesus von einem Bauern, bei dessen Säen einiges vom Saatgut auf falsche oder ungünstige Stellen fällt, wo es
nicht aufgeht. Was auf den festgetretenen Weg fällt, fressen die
Vögel weg. Wo felsiger Boden von einer nur dünnen Erdschicht
bedeckt ist, schießt der Same zwar rasch auf, wird aber alsbald
von der glühenden Sonne versengt. Wo Dornen sind, ersticken
diese die Saat bei ihrem raschen Hochschießen. Nur die Saat, die »in
gute Erde« fällt, geht auf, wächst heran und bringt bei der Ernte
verschieden reichen Ertrag, dreißig-, sechzig- und hundertfältig.
Wo Samenkörner nicht in gute Erde fallen, werden sie durch
›Gegner‹ am Wachstum gehindert. Nur die gute Erde »gibt die
Frucht«. Dahinter wird wieder der gleiche apokalyptische Vorstellungszusammenhang sichtbar wie beim Gleichnis Mk 4,26–29.
Doch durch die Voranstellung der drei negativen Fälle tritt ein
neuer Aspekt hinzu. Gemessen an der Quantität der Saat, die aufwachsen und Frucht bringen kann, handelt es sich um Ausnahmen, mit denen jeder Landwirt rechnet. Aber von dieser Normalität wird in der Erzählung Jesu nichts sichtbar. Die drei Unglücksfälle werden genauso plastisch erzählt wie hernach der positive
Vorgang des ungehinderten Wachstums von der Aussaat bis zur
Ernte. Gewiß wird dadurch die Erwartung dieses Vorgangs gesteigert. Aber die drei ersten Fälle sind deswegen keineswegs zu vernachlässigen. Im Gegenteil, sie werden durch ihre Voranstellung
in sehr anschaulicher Erzählweise betont: Ja, in der Wirkungsgeschichte der Gottesherrschaft *gibt es* Verhinderungen! Diese passieren überall dort, wo ihr Wirken nicht im Kraftbereich ihrer
endzeitlichen Wirklichkeit bleibt. *Da* gibt es noch das Wirken
feindlicher Kräfte, die sie verhindern. In der Originalfassung des
Gleichnisses kann sich dies eigentlich nur auf das Wirken von Dämonen beziehen. Noch sind diese da und überall dort am Werk,
wo sie ihre Chancen haben. Insoweit gibt die in Mk 4,13–20 hinzugefügte Deutung den Aspekt des Gleichnisses zutreffend wieder, die ansonsten deutlich von den mancherlei seelsorglichen

Erfahrungen urchristlicher Missionare geprägt ist – ein typisches
Beispiel der Wirkungsgeschichte vorösterlicher Traditionen in der
nachösterlichen Kirche. Die originale Situation des Gleichnisses
mag durch Fragen an Jesus bestimmt gewesen sein, die Mißerfolge
und Fehlschläge auf seinen Wegen betreffen. Was ist, wenn Menschen seine Verkündigung nicht annehmen, sie sogar ablehnen –
ganze Ortschaften sogar im nächsten Umfeld seines Wirkens wie
Chorazin und Betsaida im Gebiet nördlich und nordwestlich vom
galiläischen See, ja selbst Kafarnaum, der Zentralort seines Wirkens
(Lk 10,13–15 / Mt 11,21–24 Q)? Die Antwort des Gleichnisses:
Ja, es gibt solche Rückschläge, und sie sind sehr ernst zu nehmen
– enden sie doch, indem die Saat umkommt, die betreffenden
Menschen das Heil der Gottesherrschaft verfehlen oder daraus
herausfallen! Aber die Geschichte der Gottesherrschaft selbst, die
mit dem Wirken Jesu begonnen hat, können solche Fehlschläge
nicht verhindern: Es wird eine reiche Ernte geben, zwar mit verschiedenem Ertrag, doch zusammengenommen gut.
Diese Gewißheit, daß mit Jesu Wirken der Prozeß der endzeitlichen Heilsvollendung beginnt, der nicht aufzuhalten ist, spricht
sich besonders kräftig in dem Bildwort Lk 12,54–56 / Mt 16,2f.[98]
Q aus:

»Wenn ihr Nebel aufsteigen seht bei Sonnenuntergang, sagt ihr ohne
Umschweife: Es wird Regen geben; und so geschieht es. Und wenn Süd-
wind weht, sagt ihr: Es wird heiß werden; und es geschieht. (Heuchler!)[99]
Das Gesicht der Erde und des Himmels wißt ihr (richtig) einzuschätzen,
diese Zeit aber, warum schätzt ihr sie nicht ein?«

Was Gott in der Schöpfung an Vorzeichen bevorstehenden Geschehens gibt und worin sich das Erfahrungswissen der Menschen
völlig selbstverständlich auskennt, gibt er auch im Blick auf die
Bedeutung »dieser Zeit«[100]. In dem, was Jesus jetzt verkündigt

98   In einem Teil der handschriftlichen Überlieferung fehlt dieser Spruch an
dieser Stelle; vgl. dazu die bei U. Luz, Matthäus II, 443, Anm. 1 angegebene
Literatur.
99   In Mt 16,3 fehlt diese Anrede, die sich in der Überlieferung der Worte Jesu häufig findet. Sie könnte daher in Lk 12,56 ein Zusatz sein.
100   In Mt 16,3 geht es um die Erkenntnis »der Zeichen der Zeiten«, das sind
kosmische »Zeichen«, außerordentliche Katastrophen und astrale Ereignisse,
die in der apokalyptischen Literatur der Zeit als Vorboten des Endgerichts
vorausgesagt werden; vgl. z.B. Sib 3,796–806; 4Esr 4,52; 6,12.20; 7,26f.; 8,63;
9,1.6; Mk 13,24f. mit Lk 21,25f.11; Offb 12,1.3; 15,1 u.a. Im Sinne dieser apokalyptischen Erwartungstradition wird hier als »Zeichen der Zeiten« (Plur.)
umgedeutet, was in der Originalfassung Lk 12,54 als die heilsgeschichtlich
entscheidende Zeit (Sing.) des Wirkens Jesu gemeint ist.

und tut, zeigt sich nicht minder deutlich das Kommen der Gottesherrschaft an: Warum seid ihr dafür blind? Angeredet sind hier
Hörer, die Jesus widersprechen. Der Appell an ihr Erfahrungswissen im Blick auf die Ordnungen alles Geschehens in der Schöpfung setzt zugleich voraus, daß sie mit dem oben beschriebenen
eschatologischen Argumentationsmuster vertraut sind. So sieht
man als Entstehungssituation dieses Bildwortes das unmittelbare
Gegenüber von Jesu absoluter Gewißheit und einer Skepsis unter
seinen Zuhörern, um deren Zustimmung er *wirbt*.
In ähnliche Richtung zielt das Gleichnis vom Unkraut unter dem
Weizen in Mt 13,24–30[101]. Hier sät ein Mensch guten Samen in
gute Ackererde. Aber nachts kommt sein Feind und sät giftigen
Lolch dazwischen. So wächst zugleich mit dem Weizen auch der
Lolch auf. Die Erntearbeiter berichten das irritiert ihrem Herrn. Der
weiß, daß es der Feind war, der dies getan hat, und sagt es seinen
Leuten als Faktum, ohne Beschönigung. Sie fragen, ob sie den
Lolch ausreißen sollen? Er verneint, sie würden sonst den Weizen
mit ausreißen. Sie sollen ruhig beides miteinander aufwachsen
lassen »bis zur Ernte«. Dann werden sie zuerst den Lolch ausreißen
und in Bündeln verbrennen, danach den Weizen in die Scheune
sammeln. Manches spricht für die Vermutung, daß der Evangelist
Matthäus dieses Gleichnis wegen des ihm wichtigen Gerichts-
aspekts anstelle des Gleichnisses Mk 4,26–29 übernommen hat.
Doch daraus darf nicht das Urteil werden, das Matthäusgleichnis
sei eine sekundäre Weiterbildung des Markusgleichnisses[102]. Das
Gleichnis zeigt weder in seiner Erzählweise noch in seiner Pointe
irgendwelche typischen Züge urchristlicher Bildung. Es ist so anschaulich und zielbewußt erzählt wie die Gleichnisse Mk 4,26–29
und Mk 4,3–9 und steht diesem näher als jenem[103]. Während jedoch in Mk 4,3–9 die auf falschen Boden gesäte Saat gleich zu
Anfang verkommt, liegt der Ton in Mt 13,24–29 darauf, daß der
vom Feind dazwischengesäte Lolch erst bei der Ernte vernichtet
wird[104]. So nimmt dieses Gleichnis die Gegenwirkungen der Kräfte
des Satans noch wesentlich ernster, beruhigt aber mit um so größerer Gewißheit die Sorge, diese könnten den Prozeß der Gottesherrschaft zum Scheitern bringen. Diese Gewißheit zeigt sich in

---

101   Eine verkürzte Fassung findet sich im EvThom 57. Hier haftet das Interesse ganz an der Erkennbarkeit des Lolchs zur Erntezeit und an seiner Vernichtung.
102   So z.B. *U. Luz*, Matthäus II, 323.
103   Für Originalität plädiert mit guten Gründen z.B. *E. Rau*, Reden, 165.
104   Zum Bild vom Verbrennen vgl. Mt 3,10 / Lk 3,9 und besonders Mt 3,12 /
Lk 3,17. Es liegt sehr nahe, daß Jesus hier ein zentrales Bild der Verkündigung
des Johannes aufgenommen hat; vgl. *E. Rau*, Reden, 242.

dem Gleichmut, mit dem der Herr die Anweisung gibt, den Lolch und den Weizen nebeneinander aufwachsen zu lassen: Die Ernte *wird* ja kommen! Erst dann wird es an der Zeit sein, beides voneinander zu trennen und den Lolch zu verbrennen und den Weizen in die Scheune einzubringen. Das Endgericht Gottes wird alle Widrigkeiten seines Feindes, der seine Macht im Himmel bereits verloren hat (Mt 12,28 / Lk 11,20; Mk 3,27), auf ewig vernichten, damit dann die Heilswirklichkeit der Gottesherrschaft, die jetzt bereits unschlagbar ist, zu ihrer Vollendung kommt.

Das Gleiche sagt das Gleichnis vom Fischnetz in Mt 13,47f. Im gleichen Schleppnetz werden brauchbare und unbrauchbare Fische miteinander gefangen und erst am Strand sortiert[105]. Vom Wirken Satans ist nicht die Rede. Hier ist es der Wirkungsbereich der Gottesherrschaft in Jesu Wirken selbst, in dem es auch Menschen gibt, die ihr nicht entsprechen und im Endgericht von der Heilsgemeinde derer, die sie angenommen haben, geschieden werden. Es gibt also auch einen Gerichtsaspekt in Jesu Verkündigung der Gottesherrschaft selbst[106]. Hierher gehört z.B. das Bildwort vom guten Baum, der keine faulen Früchte bringt, und umgekehrt vom faulen Baum, der keine guten Früchte bringt: »Jeder Baum wird (in Gottes Gericht) an seiner eigenen Frucht erkannt. Denn von Disteln sammelt man keine Feigen und vom Dornstrauch erntet man keine Trauben« (Lk 6,43f. / Mt 12,33 und 7,16–18: Q).

Inhaltlich steht dem das Gleichnis vom Feigenbaum Lk 13,6–9 nahe. Daß es nicht in der Einleitung als Geschichte, die vom Gottesreich handelt, charakterisiert ist, mag damit zusammenhängen, daß es *ausschließlich* vom Endgericht handelt. Ein Weinbergbesitzer kommt, um von einem dort gepflanzten Feigenbaum Früchte zu ernten – umsonst! Darauf reagiert er mit der Anweisung, den Baum zu fällen, da er nunmehr in drei Jahren nicht einmal von ihm hat Früchte ernten können. »Warum soll er (weiterhin) die Erde nutzlos aussaugen?« Doch sein Arbeiter bittet um Aufschub um ein weiteres Jahr. Durch Umgraben und Mistzufuhr will er alles tun, damit der bislang unfruchtbare Baum doch noch Frucht trägt. »Wenn nicht, dann hau ihn ab!« Die Pointe ist klar: Es ist jetzt letzte, allerhöchste Zeit, sich im Blick auf das nahe Endge-

---

105   Im Bild von den Fischern, die gleich nach dem Fang an Land fahren und die Fische sortieren, erscheint das Endgericht näher als im Gleichnis vom Lolch, der bis zur Ernte stehenbleibt. In EvThom 8 ist das Gleichnis in gnostischem Sinn verändert worden.

106   Die Echtheit der beiden verwandten Gleichnisse Mt 13,24–30 und Mt 13,47f. (so z.B. *J. Jeremias*, Gleichnisse, 222–224) kann nur von dem bestritten werden, der den Gerichtsaspekt aus Jesu Verkündigung eliminiert; so z.B. *H. Weder*, Gleichnisse, 146.

richt durch Umkehr zu Taten der Gerechtigkeit zu qualifizieren.
Wer diese geschenkte Frist versäumt, geht seinem Ausschluß vom
ewigen Heil entgegen. Hier ist deutlich die Umkehrpredigt des
Täufers zu erkennen, die Jesus aufgenommen und fortgeführt
hat[107]. Stellt man dieses Gleichnis jedoch in eine Reihe mit den
Gleichnissen, die von der Gottesherrschaft handeln, so zeigt sich,
daß es in diesem Zusammenhang einen Extremfall in den Blick
rückt: Wo sich im Wirken Jesu die Heilswirklichkeit der Gottesherrschaft Bahn bricht, und die Menschen, die sie aus seinem Mund
annehmen, mit völliger Gewißheit zu den Heilsgenossen der nahen Endzeit zählen, sind die, die auf diese Heilszusage hin *nicht*
zur Gottesherrschaft umkehren, in einer entsprechend eschatolo-
gisch-*extremen* Unheilssituation. Im Blick auf sie verschärft sich
die Gerichtsankündigung des Johannes. Weil aber die von Jesus
verkündigte Gottesherrschaft Menschen Rettung zuspricht, die
gegenwärtig in einer heillosen Lebenssituation sind, ist von daher
die Pointe des Gleichnisses vom Feigenbaum, wie bedrohlich es
auch das nahe Gericht vor Augen führt, eine höchst dringliche
letzte *Einladung* zur Teilhabe am *Heil* des Gottesreiches. Darin
unterscheidet sich die Predigt Jesu von der des Täufers, in der die
Drohung angesichts des nahe bevorstehenden Gerichts das ganze
Sprachspiel beherrscht und mit der Reinigung von den Sünden als
eschatologische Folge der Umkehr sozusagen nur die Eingangs-
pforte zum Heil der Gottesherrschaft sichtbar wird.

3.5 Die Annahme der Gottesherrschaft

Wie ergeht es einem Menschen, dem in Jesu Wirken die Wirklichkeit der Königsherrschaft Gottes widerfährt? Darauf antworten zwei Gleichnisse, die in Mt 13,44.45f. ein Paar bilden und
möglicherweise bereits in der vorösterlichen Überlieferung der
Worte Jesu miteinander verbunden waren.

»Gleich ist die Himmelsherrschaft einem Schatz, vergraben im Acker,
den ein Mensch fand und (gleich wieder) verbarg – und vor Freude darüber geht er hin und verkauft alles, was er hat, und kauft (dafür) jenen
Acker[108].
Wiederum gleich ist die Himmelsherrschaft einem Großkaufmann, der
schöne Perlen sucht. Als er aber eine überaus wertvolle Perle gefunden
hatte, ging er fort, verkaufte alles, was er hatte, und kaufte sie.«[109]

---

107 S. oben S. 96–100.
108 In EvThom 109 ist das Gleichnis gründlich gnostisch verändert.
109 In EvThom 76 ist es die Ware des Großkaufmanns, die er, »klug« wie er
ist, nach dem Fund einer Perle verkauft, um dafür diese einzige Perle zu kaufen.

Beidemal ist die Hinführung auf den Verkauf der gesamten Habe die – bis in den Wortlaut – übereinstimmende Pointe der Erzählungen: Hier wie dort ist der Fund so überaus wertvoll, daß es dafür nur diesen äußerst hohen Preis gibt. In seinen Besitz zu gelangen, ist darum das in diesem einmaligen Glücksfall völlig selbstverständliche Interesse beider Beteiligter. Zur ersten Geschichte gibt es eine solche Fülle von Parallelen in hellenistischer wie jüdischer Literatur, daß die Annahme nicht fern liegt, daß Jesus ihre Kenntnis und große Beliebtheit gezielt voraussetzt, um seine besondere Pointe sodann durch die von ihm hinzuerfundene zweite Geschichte[110] zu akzentuieren. Diese Pointe ist klar zu erkennen: Der endzeitlichen Gottesherrschaft in Jesu Wirken zu begegnen, ist ein so völlig unvergleichliches Lebensglück, daß es selbstverständlich ist, dafür schlicht »alles zu verlassen«, um Jesus auf seinem Weg nachzufolgen (vgl. Mk 1,16–20; 10,28f.). In der Geschichte vom Reichen Mk 10,17–23 begegnet sogar der gleiche Wortlaut: »Geh hin, verkaufe alles, was du hast ..., und du wirst einen Schatz im Himmel haben[111] – und komm her und folge mir!« (Mk 10, 21). Wir werden später darauf zurückkommen[112].

Die Nachfolge Jesu, die in diesen beiden Gleichnissen als selbstverständliche Reaktion auf das Widerfahrnis der Gottesherrschaft erzählt wird, erscheint in einem anderen Doppelgleichnis als Entschluß, der wohl erwogen sein will: Lk 14,28–33. Anders als in den bisher behandelten Gleichnissen spricht Jesus hier seine Hörer zu Beginn selbst an und konfrontiert sie mit einem selbstverständlichen Erfordernis einer wichtigen Lebensentscheidung, um ihnen ein entsprechendes Erfordernis für ihre Nachfolge als seine Jünger nahezubringen. Beim Bau eines Turmes ist ein ausreichender Finanzierungsplan die unabdingbare Voraussetzung; sonst erntet man den Spott aller Zuschauer, wenn der Bau wegen fehlender

---

J. Jeremias, Gleichnisse, 198 hält dies für die Originalfassung. Doch ist die Betonung der Klugheit dieses Kaufmanns ein deutliches Signal für das gnostische Verständnis, nach dem zwischen der »Ware« und der einen Perle schon auf der Bildebene zu unterscheiden ist. Unter gnostischem Aspekt ist die Kombination mit Mt 6,19f. zu verstehen.

110   Zur Verbreitung von märchenhaften Geschichten über einen Glückspilz, der einen verborgenen Schatz findet und sich aneignet, vgl. *U. Luz*, Matthäus II, 350f., der zugleich die einleuchtende These vertritt, daß das Perlengleichnis »von Jesus neu gebildet worden sein (dürfte)« (ebd., 353 mit Anm. 36).

111   Jesus zitiert damit einen verbreiteten Topos, der in der Apokalyptik eschatologische Bedeutung gewonnen hat (vgl. z.B. syrBar 14,12; 4Esr 7,77) und so für den »Schatz« der Gottesherrschaft in der Nachfolge Jesu besonders geeignet war. Zu diesem überlieferungsgeschichtlichen Hintergrund vgl. *K. Koch*, Schatz.

112   S. unten S. 232f.

Geldmittel abgebrochen werden muß. Ebenso muß jeder König, der gegen einen anderen König Krieg beginnt, vorher sehr genau seine eigene Truppenstärke im Vergleich zu der doppelten seines Gegners in Rechnung ziehen; sonst muß er, solange der noch ferne ist, eine Gesandtschaft schicken, um Frieden von ihm zu erbitten. Aus beiden Beispielen folgt: »Jeder von euch, der sich nicht verabschiedet von allem, was sein ist, kann nicht mein Jünger sein«. Schon durch die Einführung: »Wer von euch ...?« weiß der Hörer, daß mit diesen elementaren Klugheitsregeln er selbst in der Situation seines Nachfolgebegehrens angesprochen ist. So mündet die Rede Jesu erwartbar in die wiederholte Anrede aus, nun allerdings in verallgemeinernder Formulierung: »So auch jeder von euch ...!« Nachfolge bedeutet eine totale Veränderung der Lebenssituation wie auch der Lebenseinstellung: äußerlich die Aufgabe alles Eigentums, des eigenen Hauses und der eigenen Familie sowie aller Geldmittel; und entsprechend innerlich den Abschied von allem Eigenwillen, radikale Selbstverleugnung. Mit diesem Spruch leitet Lukas – vielleicht auch schon die Spruchquelle Q – diese Rede an Nachfolgewillige ein: Lk 14,26f. / Mt 10,37f. (vgl. Mk 8,34 parr.; 10,29f. parr.). Leicht ist es nicht, Jesu Jünger zu sein. Darum darf sich niemand leichtfertig dazu entschließen. Wie Jesus auf Erden ohne feste Heimat ist, muß sein Jünger bereit sein, diese Heimatlosigkeit mit ihm zu teilen. Und wer, zur Nachfolge berufen, zuvor noch seinen Vater zu bestatten wünscht, der muß sogar auf diese elementare Sohnespflicht um der Gottesherrschaft in der Nachfolge Jesu willen verzichten (Mt 8,19–22 / Lk 9,57–60). Darin prägt sich der eschatologische Charakter der Königsherrschaft Gottes aus: der Bruch zwischen der irdischen Gegenwart und der Zukunft der Endzeit. Es ist sozusagen die andere Seite des ganz außerordentlichen Glücks, das die Zugehörigkeit zur endzeitlichen Heilsvollendung im Reich Gottes für jeden Jünger bedeutet.

3.6   Bewährung als Voraussetzung der Teilhabe an der künftigen Heilsvollendung

Eine letzte Gruppe von Gleichnissen, die hier anzusprechen ist, faßt die Zukunft der Gottesherrschaft in den Blick und mahnt die Jünger zu ständigem Gewärtigsein ihres Kommens: Mk 13,33–37; Lk 12,35–38; Lk 12,41–46 / Mt 24,45–51; Mt 25,14–30 / Lk 19,12–27. Wir müssen diese Gleichnisse hier zusammen nennen, weil sie in der urchristlichen Überlieferung vielfältig miteinander vermischt worden sind. Daran läßt sich erkennen, wie aktuell wichtig diese Mahnung zum Wachbleiben für die Urkirche gewesen ist, die sie auf die nahe Wiederkunft Jesu bei Anbruch der

Endereignisse bezog[113]. Wenn man diesen späteren Prozeß der Austauschung der Motive vorsichtig rückgängig zu machen sucht, so lassen sich drei ursprünglich selbständige Gleichnisse erkennen, die in ihrer Pointe nah verwandt sind.

Das *erste* ist eine Kurzerzählung von einem Hausherrn, der sein Haus verläßt und den Türhüter anweist, in der Nacht wach zu bleiben, um ihm zu öffnen, wenn er (von einem Gastmahl?) heimkommt: Mk 13,34a.c.35a. Die Pointe wird am Schluß in direkter Anrede an die Hörer ausgesprochen: »So bleibt auch ihr wach!« – nämlich um beim Anbruch der endzeitlichen Heilsvollendung zur Teilnahme bereit zu sein. Vorausgesetzt ist, hier wie auch in den anderen Gleichnissen, daß die Gottesherrschaft plötzlich vom Himmel her »kommen« wird – wie gleichzeitig auch das Endgericht Gottes über alle Frevler; vgl. Lk 17,26f. / Mt 24,37–39 nach dem biblischen Vorbild der plötzlich hereinbrechenden Sintflut sowie Lk 17,28–30 nach dem Vorbild des Feuerregens über Sodom. Darum ist überall die Nacht das Bild für die Zeit des Anbruchs der Endereignisse.

Die *zweite* Variante ist das Doppelgleichnis Lk 12,42–46 / Mt 24,45–51a (Q). Hier wird mit der provozierenden Einleitungsfrage: »Wer also ist der treue und kluge Knecht?« der Hörer gleich direkt angesprochen und in die Erzählung verwickelt. Das »also« zeigt, daß das Gleichnis in einer konkreten Gesprächssituation gesprochen ist, die davon gehandelt haben muß, wie man sich in der Zeit des Wartens auf das endzeitliche Kommen der Gottesherrschaft zu verhalten hat. Die Doppelpoligkeit des positiven und negativen Verhaltens des »treuen« und des »schlechten« Knechts gibt dieser Rede einen drohenden Ausklang. Einerseits wird der erste Knecht glücklich gepriesen, den sein Herr bei seiner Rückkehr (von einer Reise) als getreuen Ausführer seines Auftrags findet: Er sollte für die ihm unterstellte und anbefohlene Hausgemeinschaft um Ernährung zur jeweils rechten Zeit Sorge tragen. Im zweiten Fall dagegen – und hier wird die Erzählung detaillierter – beginnt der schlechte Knecht in der Annahme, die Heimkehr des Herrn werde sich verzögern, seine »Mitknechte« zu schlagen und sich selbst ein Wohlleben in Trunkenheit zu gönnen: Wenn dann der Herr unerwartet zurückkehrt, wird er diesen Knecht in schrecklicher Weise bestrafen. Entsprechend doppelpolig ist das Schlußgleichnis der Redekomposition der Spruchquelle Q Lk 6, 20–49[114]. Dort wird in V. 47–49 ein Mensch, der ein Haus in ei-

---

113   Vgl. z.B. 1Thess 5,1–11; 1Kor 16,13; 1Petr 5,8f.; 2Petr 1,12ff.; Offb 3,2f.; 16,15.
114   Vgl. *U. Luz*, Matthäus III, 459.

nem Wadi auf Felsengrund gebaut hat, mit einem anderen konfrontiert, der sein Haus auf bloßer Sanderde errichtet hat: Als die Regenzeit anbrach, und das Wasser durch das Wadi hinabstürzte und Sturmwinde wehten, hielt nur das erste Haus diesem Toben der Naturkräfte stand, das andere brach zusammen (Lk 6,47–49 / Mt 7,24–27). Dieses Doppelgleichnis mahnt eindringlich zum Hören und Tun der Worte Jesu als der rechten Qualifikation für das Bestehen im Endgericht.

Als *dritte* Variante ist die ausführliche Gleichnisgeschichte zu nennen, die von drei Knechten handelt, die von ihrem Herrn während der Zeit seiner Abwesenheit zu Verwaltern eingesetzt werden und dafür Geldmittel in verschiedener Höhe erhalten: Mt 25, 14–28 / Lk 19,12–24[115]. Diese beiden Fassungen sind inhaltlich weithin so verschieden, daß ihre Herkunft aus der gleichen Quelle Q sehr zweifelhaft ist. Andererseits gibt es wiederum auch so viele einzelne Übereinstimmungen im Wortlaut, daß sich die Vermutung nahelegt, die Urgestalt dieses Gleichnisses habe sich bereits im Stadium der frühen mündlichen Überlieferung in verschiedene Erzählungen verzweigt. Wahrscheinlich ist die Matthäusfassung demGleichnis Jesu näher als die Lukasfassung[116]. Schon in der Urfassung sind Motive ähnlicher Lehrgeschichten aufgenommen, die sich zahlreich und vielfältig in rabbinischer Tradition finden[117]. Jesus setzt die Bekanntheit des Stoffes bei seinen Hörern voraus, um ihnen das besondere Ziel seines Gleichnisses nahezubringen.

Der Herr übergibt seinen drei Knechten Geldbeträge in verschiedener Höhe. Die beiden ersten verstehen ihre Aufgabe so, daß sie

---

115 Von einer entfernten und sinnentstellten Parallele im judenchristlichen Nazoräerevangelium (1. Hälfte des 2. Jahrhunderts v.Chr.) berichtet Eusebius, De theophania IV 22; vgl. *W. Schneemelcher*, Neutestamentliche Apokryphen I⁵, 135.

116 Zu dieser Hypothese vgl. *U. Luz*, Matthäus III, 496–498. *J. Jeremias*, Gleichnisse, 56 sieht in der Lukasfassung »ein ursprünglich selbständiges zweites Gleichnis«, in dem die Erinnerung an den gescheiterten Versuch des Herodessohnes Archelaus, sich nach dem Tod seines Vaters 4 n.Chr. vom römischen Kaiser die Königswürde bestätigen zu lassen (JosAnt 17,300–316), zu einer Lehrerzählung verarbeitet worden sei. Diese Vermutung ist durchaus erwägenswert: Warum könnte nicht Jesus selbst sein Gleichnis vom Hausherrn und seinen drei Knechten bei einer späteren Gelegenheit zu einer Variante von einem Thronprätendenten umgestaltet haben? Dann könnte diese Gleichnisgeschichte sich nebenbei auch gegen den im Lande verbreiteten Haß gegen die Herodessöhne gerichtet haben – trotz der Kritik an Herodes Antipas wegen der Ermordung des Täufers, die Jesus sicherlich geteilt hat, und trotz der kritischen Beobachtung seines Wirkens durch diesen Landesherrn (zu Lk 13,31–33 s. *U. Wilckens*, Theologie I/2, Kap. VIII.1.2).

117 Dazu vgl. *U. Luz*, Matthäus III, 49, Anm. 25.30–34.

damit Handel treiben sollen (in Lk 19,13 besteht darin ausdrücklich ihr Auftrag). Beide haben ihre Beträge verdoppelt. Der dritte
Knecht dagegen geht auf Sicherheit und vergräbt sein Geld in einem Acker. Als der Herr nach geraumer Zeit zurückkehrt, legen
bei der Rechenschaft die beiden ersten ihr Ergebnis vor und werden belobigt – überraschenderweise ohne Berücksichtigung ihrer
erfolgreichen Handelstätigkeit, sondern in übereinstimmender
Formulierung: »Über Weniges warst du zuverlässig, über Vieles
will ich dich einsetzen: Geh hinein in die Freude deines Herrn.«
Daß es »Weniges« war, das er ihnen gegeben hat, bemißt sich,
ganz unabhängig von der verschiedenen Höhe des Geldbetrages,
den jeder von ihnen empfangen hat, nach der unendlich viel größeren ›Summe‹, die sie als Lohn von ihrem Herrn bekommen. Hier
springt der Erzähler unvermittelt von der Ebene der erzählten
Geschichte auf die Ebene dessen, was Jesus in der Gesprächssituation seinen Hörern vermitteln will: Wer als sein Jünger in seiner
Nachfolge der Gottesherrschaft treu war, wird beim endzeitlichen
Anbruch ihrer Vollendung »hineingehen« dürfen in die Heilsfülle
des ewigen Reiches Gottes. Mit der »Freude« des Herrn ist die
Freude Gottes über jeden Geretteten gemeint (vgl. Lk 15,7.10),
die in einem himmlischen Festmahl gefeiert werden wird (vgl. Lk
15,23.32 sowie Mt 8,11 / Lk 13,28; Mk 2,19 und Mk 14,25)[118].
Dieser Sprung in die Ebene der Situation, in der das Gleichnis erzählt wird, erklärt sich am besten, wenn man vermutet, daß Jesus
es bei einem solchen Freudenmahl erzählt hat. Dann nämlich ist
die überraschende Einladung des Herrn an die beiden ersten Knechte unmittelbar verständlich: Beim Mahl in der Gemeinschaft derer, die zur Gottesherrschaft gehören, ist bereits jetzt und hier die
ewige Freude Gottes gegenwärtig-erfahrbar. Wer hier »eintreten«
darf, feiert die Heilsfülle des endzeitlichen Gottesreiches zusammen mit allen Mahlgenossen.
Doch dem dritten Knecht ergeht es anders. Er kann zwar die ihm
übergebene Geldsumme auf Heller und Pfennig zurückerstatten.
Doch er begründet sein Verhalten unter dem Aspekt des sozialen
Grolls des Knechtes gegenüber dem Herrn als einem »harten
Menschen, der erntet, wo er nicht gesät, und einsammelt von
dem, was er nicht (als Samen) ausgestreut« hat. Aus Furcht vor
ihm hat er das ihm übergebene Geld vergraben: »Siehe, da hast
du das Deine!« (Mt 25,24f.). Darauf reagiert der Herr mit unver-
hohlenem Zorn: Woher will dieser Knecht wissen, daß er einen so
harten, egoistischen Ausbeuter zum Herrn hat! So befiehlt er,

---

118 Dazu s. unten S. 185f. Zum alttestamentlich-jüdischen Hintergrund vgl.
J. *Becker*, Jesus, 194–196.

ihm das Geld abzunehmen und der großen Summe des ersten zuzuschlagen[119].

Dieser Knecht darf nicht »in die Freude seines Herrn eintreten«. Er wird vielmehr davon ausgeschlossen. Das wird zwar nicht erzählt, ergibt sich aber zwangsläufig aus dem Fehlen dieser Einladung, die der springende Punkt der Gleichniserzählung ist. Wer ist auf der Ebene der Situation gemeint? Da in ähnlichen rabbinischen Lehrgeschichten der Knecht gelobt wird, der das ihm übergebene Geld oder Gut in Treue vollständig verwahrt, so daß es die genaue Bewahrung aller Toragebote ist, die von Gott belohnt wird[120], liegt die Vermutung nahe, daß Jesus hier Schriftgelehrte im Blick hat, die sich der von ihm verkündigten Gottesherrschaft aus Treue zur Toraüberlieferung versagten[121]. Das wird an späterer Stelle zu prüfen sein.

In diesem Gleichnis mit seinem doppelten Ausgang geht es also wie im Gleichnis vom treuen und schlechten Knecht um den richtigen verantwortlichen Umgang mit der Gottesherrschaft in der Zeit der voreschatologischen Gegenwart. Treue wird am Ende mit der Zulassung zum Endheil belohnt, falsches Verhalten führt zum Ausschluß. Auf dem letzteren liegt in beiden Gleichnissen ein ›Achter‹gewicht. Das gibt ihnen einen drohenden Ernst. Mehrmals ist in der Überlieferung der Worte Jesu von Menschen die Rede, denen am Ende der »Eingang« in das Heil des Gottesreiches verwehrt wird (z.B. Mt 8,11f. / Lk 13,28–30; Mt 7,21 / Lk 6,46). Doch darf man in dem Gleichnis von den drei Knechten (Mt 25, 14ff.) nicht übersehen, daß einerseits für die Einladung in die Freude Gottes nicht der Grad der erbrachten Leistung maßgeblich ist, sondern allein die Treue zur Gottesherrschaft als solcher, an deren Festmahl teilnehmen zu dürfen einen unendlich viel größeren Wert hat als alles zuvor in Treue Getane (vgl. Lk 17,10). Entsprechend ist andererseits nicht das Fehlen eines ›Mehrwerts‹ über den ›Nennbetrag‹ des anvertrauten Gutes hinaus der Grund des

---

119   Der Spruch, mit dem Mt 25,29 gleichlautend wie Lk 19,26 die ›Lehre‹ dieses Gleichnisses hinzugefügt wird, gehört wahrscheinlich ursprünglich nicht als Schlußspruch zu diesem Gleichnis, sondern ist ein selbständiges Jesuswort, das Mk 4,25 par. und Mt 13,12 in ganz anderem Zusammenhang steht und in EvThom 41 als Einzelspruch angeführt wird. In Mt 25,30 und Lk 19,27 ist in ganz verschiedener Weise von einer Bestrafung des dritten Knechtes die Rede. Ob daraus zu schließen ist, daß auch das originale Gleichnis Jesu mit einer Bestrafung geschlossen hat, muß offenbleiben. Mt 25,28 / Lk 19,24 ist an sich als Gleichnisschluß völlig ausreichend und überzeugend; vgl. z.B. *U. Luz*, Matthäus III, 497.
120   Vgl. dazu die Belege ebd., 498, Anm. 33.
121   So z.B. *J. Jeremias*, Gleichnisse, 59.

Tadels, sondern das falsche Bild von Gott in seiner Herrschaft als König, von dem sich ein Diener Gottes leiten läßt, der in seinem Dienst nicht dem Geist der Herrschaft seines Herrn entspricht. »Gott zu fürchten« ist zwar in biblischer Sprache ein zentraler Ausdruck für den Gehorsam des Gerechten zu Gott als dem Herrn – auch Jesus spricht ganz selbstverständlich davon (vgl. Mt 10,28 / Lk 12,4f.). Völlig anderer Art jedoch ist die Furcht des »schlechten« Knechts vor der »Härte« seines Herrn: Hier ist eine depravierte Furcht vor Gott gemeint, als ginge es Gott im Endgericht um sein Eigeninteresse an einer Vollendung seiner Königsherrschaft in dem Sinne, sie als der alleinige *Beherrscher* aller auserwählten Gerechten auszuüben – wohingegen sich doch Gottes Königsherrschaft in seiner Freude über ihre *Rettung* vollenden wird. Gottes *Herrschaft*, so könnte man die Pointe des Gleichnisses auf den Punkt bringen, besteht ganz in dem Rettungswillen und der Rettungskraft seines Erbarmens zu denen, die ohne ihn »verloren« wären.

In diesen Zusammenhang gehört schließlich auch das Gleichnis von den Jungfrauen Mt 25,1–12[122]. Daß es nicht eine späte Allegorie, sondern ein Gleichnis Jesu ist, ist neuerdings mit überzeugenden Argumenten begründet worden[123]. Auch dieses Gleichnis ist doppelpolig. Von den zehn Jungfrauen verhalten sich fünf klug und fünf töricht. Die ersten haben nämlich Öl für die Fackeln mitgebracht, um sie zum Brennen zu bringen, wenn der Bräutigam in der Nacht eintrifft; so können sie ihn zum Hochzeitsfest geleiten und daran teilnehmen. Die anderen fünf sind deshalb töricht, weil sie kein Öl mitgenommen haben. Weil ihre Gefährtinnen ihnen von ihrem Vorrat nichts abgeben können, da dieser nur für die Zeit des Weges zum Hochzeitshaus reicht, müssen sie weggehen, um sich Öl zu kaufen, und kommen zu spät zur Hochzeit. Entgegen allen jüdischen Hochzeitsgebräuchen finden sie die Türen verschlossen und werden vom Bräutigam nicht mehr eingelassen. Die Hochzeit ist nirgendwo in eschatologischer Überlieferung des Judentums ein Bild für das Endgeschehen, jedoch in Mk 2, 19a für die Heilsgegenwart bei den Festmählern Jesu. Feste biblische Metapher aber ist Gott als der Bräutigam Israels[124]. Daran läßt

---

122   Es ist wohl weitgehend vom Evangelisten formuliert worden, war ihm aber zweifellos aus mündlicher Überlieferung bekannt; vgl. *U. Luz*, Matthäus III, 468. Nur V. 13 ist sekundär als Schlußspruch aus Mk 13,35 übernommen worden (vgl. auch Mt 24,42).

123   Vgl. *J. Gnilka*, Matthäus II, 353f. sowie die sorgfältige und detaillierte Exegese von *U. Luz*, Matthäus III, 466–473; vorher *J. Jeremias*, Gleichnisse, 48–50.171–175; *H. Weder*, Gleichnisse, 241–249.

124   Vgl. Hos 1–3; Ez 16,7ff.; 23,4; Jes 50,1; 54,4ff.; Jer 2,2 und zum Motiv der Festfreude Jes 62,5. In rabbinischer Tradition wird – vor allem seit R. Akiba –

sich erkennen, daß Gott als Heilgebender, also die Königsherrschaft Gottes, in diesen Festmählern als gegenwärtig zu erfahren
ist. Von daher ist der Sinn des Gleichnisses ähnlich wie in Lk 14,
28–33: Um im Umkreis Jesu am Heil der Gottesherrschaft teilzuhaben, bedarf es einer Voraussetzung, ohne die dies nicht möglich
ist. Was hier mit der »Klugheit«, Öl mitzunehmen, gemeint ist,
bleibt unausgesprochen. So kann nur vermutet werden, daß es um
die rechtzeitige, nämlich augenblickliche Entscheidung zur Nachfolge Jesu geht, die kein Zögern und keine Verzögerung leidet
(vgl. Mt 8,20–22 / Lk 9,58–62). Dem widerspricht allerdings der
Schluß V. 11f., der Lk 13,25 gleicht. Von daher deuten einige
Ausleger auf das Endgericht[125]. Doch das verträgt sich nicht mit
dem Bild von der Hochzeit. Der Widerspruch löst sich, wenn V.
11f. von jemandem sekundär angefügt ist, der das Gleichnis als Ge-
richtsgleichnis verstanden hat. V. 11 berührt sich z.T. wörtlich mit
der Bildrede von der verschlossenen Tür in Lk 13,25–29. So liegt
die Vermutung nahe, daß Lk 13,27 als Abschluß des Gleichnisses
von den Jungfrauen benutzt worden ist[126]. Ursprünglich hat das
Gleichnis in V. 10 a einen guten Schluß: »Während sie davongin-
gen zu kaufen, kam der Bräutigam und die (zu seinem Geleit) Bereiten gingen mit ihm hinein zur Hochzeit.« Daß die Törichten,
die in diesem entscheidenden Augenblick nicht bereit waren, das
Nachsehen haben, ist klar, wird aber nicht eigens mehr erzählt.

3.7 Zusammenfassung

Überschaut man die bisher behandelten Gleichnisse, so ist deutlich
geworden: Die in die Gegenwart hineinwirkende endzeitliche
Gottesherrschaft ist das Herz aller Verkündigung Jesu wie auch
die Ursache all seines exorzistischen und therapeutischen Handelns.
Der Zusammenhang dieses Geschehens in der Gegenwart mit der
Zukunft der Heilsvollendung ist das Geheimnis, um das vor allem
die Gleichnisse Jesu kreisen. Sosehr er sich damit einer in der jüdischen Umwelt, vor allem im rabbinischen Lehrdisput verbreite-

---

das Hohelied allegorisch auf Gottes Verhältnis zu Israel ausgelegt. Nirgendwo
ist in jüdischer Überlieferung der Messias als Bräutigam bezeugt. Vgl. *J. Jeremias*, Art. νύμφη, νυμφίος, 1094f. Erst im Urchristentum erscheint die Kirche
als Braut Christi; vgl. Mk 2,20; 2Kor 11,2; Eph 5,31f.; Offb 19,7.9;22,17.
125   So vor allem *J. Jeremias*, Gleichnisse, 175. Er vergleicht ebd., 175, Anm.
3 mit dem in EvThom 97 überlieferten Gleichnis von einer Frau, die einen Krug
voll Mehl trägt. Unterwegs bricht der Henkel, und das Mehl fließt aus, ohne
daß sie es bemerkt. Zu Hause ist sie völlig überrascht darüber, daß der Krug
leer ist.
126   So *J. Gnilka*, Matthäus II, 349.

ten Redeform bedient, so deutlich ist dieser Bezug zur Gottesherrschaft in seinem eigenen Wirken die charakteristische Eigenart seiner Gleichnisse: Sie reden von etwas, was als Wirklichkeit
der zukünftigen Endzeit nicht aussprechbar ist. Doch in ihrer fas-
zinierend-bildkräftigen Sprache, mit der Jesus seine Hörer in das
erzählte Geschehen unmittelbar persönlich hineinverwickelt, läßt
er sie selbst teilhaben an der Wirklichkeit der Gottesherrschaft,
von der seine Gleichnisse reden.

Was jetzt und hier in Jesu Wirken geschieht, ist der Beginn des
Prozesses der Selbstdurchsetzung der Königsherrschaft Gottes, der
in ihrer endzeitlichen Vollendung sein zukünftiges Ziel finden *wird*
(3.2). Dieser Prozeß vollzieht sich so unaufhaltbar-notwendig wie
alle Wachstumsprozesse in der Schöpfung (3.3). Es gibt freilich
Menschen, die sich von ihr nicht erreichen lassen. Es gibt satanische Gegenwirkungen. Doch davon wird der Prozeß der Selbstdurchsetzung der Gottesherrschaft von der Gegenwart bis zur Zukunft ihrer Vollendung in keiner Weise beeinträchtigt. Spätestens
im Endgericht werden die, die nicht zu ihr gehören, von denen,
die an ihr teilhaben, geschieden werden (3.4). Für die, die sie annehmen, ist sie *das* große Glück, für dessen Gewinn sie gern alles
hingeben, was sie besitzen. Nichts weniger als dies allerdings ist
die Bedingung, dieses Glück zu erlangen. Konkret geschieht das
in der Nachfolge Jesu. Indem den Jüngern darin die ganze Teilhabe am Heil der Endzeit widerfährt, fordert es sie ganz (3.5). Darum muß der, der sie annimmt, ständig ihres Kommens gewärtig
sein und sich in der Zeit bis zu ihrem plötzlichen Erscheinen als
ihr treu erweisen. Ist dies nicht der Fall, so wird auch der Jünger
Jesu im Endgericht vom Heil ausgeschieden werden (3.6).

Worin aber besteht die Wirklichkeit der Gottesherrschaft? Was
ist charakteristisch für sie? Auf diese inhaltlichen Fragen findet
man in den bisher behandelten Gleichnissen keine Antwort. Nur
indirekt hören wir, daß der, der am Ende an ihrer Vollendung
Anteil bekommt, »in die Freude« Gottes über die Rettung der
Seinen eintritt – eine Freude, die bereits jetzt in den Festmählern
gefeiert wird, die Jesus in der Gemeinschaft derer hält, die die
Gottesherrschaft, wie er sie verkündigt, angenommen haben (Mt
25,21.23). Hier klingt Hochzeitsfreude auf (Mt 25,1ff.). Dies ist
der Themenkreis, dem in der gesamten Verkündigung Jesu zentrale Bedeutung zukommt. Davon wird im folgenden Kapitel die
Rede sein.

IV

Sünder und Gerechte im Horizont der Gottes-
herrschaft

1   Jesu Zuwendung zu Sündern

So wie Jesus in Seligpreisungen Armen, Hungernden und Weinenden ihre Teilhabe am Heil der nahen Gottesherrschaft zugesprochen hat (Lk 6,20f.) und mit der Kraft ihres himmlischen Sieges (Lk 10,18) Besessene befreit und Kranke geheilt hat, so hat er
in der Kraft der Gottesherrschaft auch Sündern ihre Rettung aus
der endzeitlichen Verlorenheit verkündigt und ihre Mit-Teilhabe
am Heil der Gottesherrschaft in Mahlgemeinschaft voller eschatologischer Freude gefeiert. Während jedoch seine Heilsverkündigung von den Menschen in den Dörfern und Städten Galiläas mit
Interesse gehört und von seinen Heilungswundern überall im
Land voller Staunen erzählt wurde, ist seine besondere Zuwendung zu Menschen, die wegen ihres torawidrigen Verhaltens in
der jüdischen Öffentlichkeit als gottlose Sünder galten und entsprechend verachtet und ausgegrenzt waren, von Anfang an auf
Irritation unter den Frommen und bald auch auf harsche Kritik
gestoßen. Der böse Vorwurf machte die Runde, er sei »ein Freund
von Zöllnern und Sündern« (Lk 7,34 / Mt 11,19), und: »Er ißt
mit Zöllnern und Sündern!« (Mk 2,16).
Die Rede von »Zöllnern und Sündern« zeigt, daß nicht gewöhnliche Alltagssünden der Leute aus dem Volk im Blick stehen, sondern schwere Verfehlungen wie Ehebruch (vgl. Joh 8,3ff.) und
vor allem eine Lebenspraxis in ständigem Widerspruch zur Tora,
die mit bestimmten Berufen fest verbunden war: Prostituierte
z.B. (Mt 21,32) und besonders eben Zolleinnehmer. Die waren im
Volk verhaßt, weil sie sich üblicherweise bei ihrem Geschäft selbst
zu bereichern pflegten und man sich als Betroffener gegen diese
»Diebe und Räuber« (Lk 18,11) nicht zur Wehr setzen konnte.
Zöllner galten deswegen damals offenbar als Prototypen unter
den Sündern. Verstießen sie doch in aller Öffentlichkeit gegen
elementare Vorschriften der Tora zum Verhalten gegenüber dem
Nächsten, die gerade in finanzieller Hinsicht sehr strikt sind (vgl.
Lev 19,11.13; 25,35–38; Dtn 23,20f.; Am 5,11).

Wenn Jesus sich auffallend häufig diesen allgemein gehaßten Zöllnern zuwandte, so lag darin offensichtlich eine bewußte Provokation: Wer Zöllner als rettungslos dem Gottesgericht verfallene Sünder verurteilt, soll wissen, daß es der Wille der Gottesherrschaft ist, gerade solche »Verlorenen« zu retten (Lk 19,11). Darum feierte Jesus mit Zöllnern Freudenmahlzeiten (Mk 2,15), wie sie im Blick auf die zukünftige Heilsvollendung als Vollzug der Gemeinschaft aller Erretteten mit Gott seit den Zeiten der Propheten erwartet wurden (vgl. Jes 25,6–9)[1]. Er hat sogar einen Zolleinnehmer in seine Nachfolge berufen (Mk 2,14). Nach der Erzählung, die der Evangelist Markus in 2,14–17 übernommen hat, ist die Berufung dieses Zöllners Levi anschließend in dessen Haus mit einer Mahlzeit gefeiert worden, bei der viele seiner Berufskollegen anwesend waren. Da das gleiche auch in einer anderen Berufungsgeschichte erzählt wird (Lk 19,1–10), tritt in der Verbindung von Berufung und Mahlgemeinschaft eine bestimmte Absicht Jesu zu Tage. Dort ist es Jesus selbst, der die Initiative zu seiner Einladung zum Mahl im Hause des Zöllners Zachäus ergreift. Auf die Kritik »Vieler«, daß Jesus »bei einem sündigen Mann eingekehrt sei« (Lk 19,7), antwortet er: »Heute ist diesem Hause Heil widerfahren!« (19,9). Und daran schließt sich ein Wort an, das ursprünglich ein selbständiger Spruch gewesen sein dürfte: »Der Menschensohn ist gekommen, um zu suchen und zu retten, was verloren ist.« (19,10).

Kritik an dieser Zuwendung Jesu zu Sündern äußern in Mk 2,16 Pharisäer gegenüber den Jüngern Jesu. Seine Antwort in Mk 2,17 entspricht der Antwort in Lk 19,9; sie geht aber präziser auf die Kritik der Pharisäer ein: »Nicht die Gesunden brauchen den Arzt, sondern die Kranken. Ich bin nicht gekommen, Gerechte zu berufen, sondern Sünder.« Das Bildwort V. 17a läßt die Sünde als Lebensschädigung erscheinen, die Jesus als Repräsentant der heilschaffenden Gottesherrschaft zu heilen vermag wie ein Arzt eine Krankheit (vgl. Ex 15,26: »Ich bin der Herr dein Arzt!«). Wie aber ein Arzt nur für Kranke da ist und nicht für Gesunde, so besteht Jesu Sendung darin, Sünder zum Heil der Gottesherrschaft einzuladen, nicht Gerechte. Wie aber die Zuordnung des Arztes zu den Kranken schlicht darin begründet ist, daß nur Kranke einen Arzt brauchen, so bedeutet die Sendung Jesu zu den Sündern nicht, daß Gerechte etwa aus dem Wirkungsfeld der Gottesherr-

---

1   Zu dieser Tradition der Erwartung eines allgemeinen Friedens und paradiesischer Fruchtbarkeit, zu deren Motivkontext nach äthHen 62,14 auch die regelmäßige himmlische Mahlgemeinschaft mit dem »Menschensohn« gehört, vgl. *J. Becker*, Jesus, 194–196.

schaft ausgeschlossen wären, sondern daß Sünder die besondere Heilsinitiative der vergebenden, sie anredenden Barmherzigkeit Gottes nötig haben, um aus ihrer Verlorenheit errettet zu werden, Gerechte dagegen nicht, eben weil sie als Gerechte die Teilhabe am künftigen Heil der Gottesherrschaft für sich erwarten dürfen.

Daß Gott im Zusammenhang der endzeitlichen Heilsvollendung seine Auserwählten von ihren Sünden reinigen wird, ist ein damals durchaus vertrautes Element der Endzeiterwartung, das als solches zwischen den Pharisäern und Jesus nicht strittig gewesen sein kann. Diese Erwartung ist auch im Rahmen der radikalen Gerichtsverkündigung des Täufers belegt[2]. Aber in der Mitte der allgemeinen jüdischen Enderwartung stand nun doch die endgültige Scheidung aller Frevler von den auserwählten Gerechten: Jene werden ewiger Vernichtung übergeben werden und umkommen, während diese in die erneuerte Welt des Friedens und der Freude aufgenommen werden. Entsprechend sah man bereits in der eigenen Gegenwart einen schroffen Gegensatz zwischen »den Gerechten« und »den Frevlern« und wurde darin sicherlich bestärkt durch die vielen Psalmen, in denen ein exemplarischer Gerechter Gott um Schutz gegen die Gewalt der Frevler bittet und sein Vertrauen ausspricht, daß Gott diese eines Tages zu Fall bringen wird (vgl. z.B. Ps 37 sowie besonders Ps 1). Unter diesem Aspekt mußte Jesu Verhalten im Volk tiefe Irritationen auslösen und harsche Kritik der religiösen Führer geradezu provozieren: Wenn dieser Mann herausragende Repräsentanten von Abtrünnigkeit und Widergerechtigkeit bevorzugt als Adressaten der Heilsverkündigung des Gottesreiches anspricht und mit diesen doch unrettbar Verlorenen in endzeitlicher Heilsfreude ihre Errettung feiert, dann stürzt er alle Maßstäbe um und tut so, als ob der uralte Grundsatz seine Geltung verloren hätte, daß, wer hier in Gerechtigkeit gelebt hat, dort das Heil erlangen wird, der Gottlose dagegen als Lohn der Ungerechtigkeit ewige Vernichtung zu gewärtigen hat.

Jesu Antwort zeigt in der Tat einen Gegensatz zu dieser Denkweise. Zwar nicht in dem Sinn, wie der Vorwurf gegen ihn gemeint ist: Die Gottesherrschaft stürzt nicht den Unterschied zwischen Gerechten und Sündern als solchen um. Jesus bestreitet auch keinem wirklich Gerechten die Gerechtigkeit[3]. Aber der Heilswille der Gottesherrschaft, die Jesus ihnen zu verkündigen hat, richtet sich *zuerst* darauf, *Sünder zu retten*, ihr Leben aus der unrettbaren Verlorenheit zu befreien, in die sie sich durch ihre sündige Le-

---

2 S. oben S. 100ff.
3 So jedoch *J. Jeremias*, Neutestamentliche Theologie I, 118 und viele andere.

bensweise heillos verstrickt haben. *Darum* beruft er prononciert die besonders verachteten Zöllner in seine Nachfolge und lädt sie zur Mahlgemeinschaft ein. Gewiß, Levi verläßt daraufhin seine Zollstation, um Jesus auf seinem Weg, dem Weg der Gottesherrschaft, nachzufolgen, wie die anderen von ihm Berufenen ihr Haus und all ihr Eigenes verlassen haben, um in Jesu Nähe dem Reich Gottes nahe zu sein (vgl. Mk 2,14 mit 1,16–20 und 10,21). Und Zachäus verspricht Jesus, in seinem Beruf kein Unrecht mehr zu tun und die Hälfte seiner Einkünfte als »Liebeswerke« für die Armen abzugeben – deutlich mehr, als es üblich war (Lk 19,8). Aber darauf liegt nicht der Ton. Daß durch das Kommen Jesu zu ihm ein Sohn Abrahams *aus Verlorenheit gerettet* ist, *das* ist das Ereignis, um das es geht. Daß solche Geretteten von nun an ein Leben in Gerechtigkeit führen werden, wie es Heilsgenossen des endzeitlichen Gottesreiches entspricht, ist demgegenüber in der Heilsverkündigung nicht der Rede wert. Es versteht sich von selbst.

2   Drei Gleichnisse vom Vorrang der Rettung Verlorener

Das Wort Mk 2,17b: »Ich bin nicht gekommen, Gerechte zu rufen, sondern Sünder« bedeutet weder, daß Gerechte vom Heil der Gottesherrschaft ausgeschlossen wären, noch auch, daß Jesus dieses sozusagen an den Gerechten vorbei verkündigt und sich in seinem Wirken ausschließlich um Ungerechte gekümmert hätte, nicht um Gerechte. Es ging ihm sehr wohl um die Gerechten: nämlich um ihre Zustimmung zu seiner Heilsverkündigung für Sünder. Diese war ihm nicht weniger wichtig als die Annahme des Heils des Gottesreiches durch die Sünder.

Daß er *um der Gottesherrschaft willen* um das Ja der Gerechten zum Rettungshandeln Gottes für die Sünder gerungen hat, zeigen drei Gleichnisse, die in Lk 15 zu einer Komposition unter dem gleichen Thema zusammengestellt sind. Die Situation ist die gleiche wie in Mk 2,15–17: »Alle Zöllner und Sünder« versammeln sich bei Jesus, um ihn zu hören. Und auch hier sind sogleich »die Pharisäer und Schriftgelehrten« zugegen und äußern Kritik: »Dieser nimmt Sünder auf und ißt mit ihnen!« (Lk 15,1f.). Diese Einleitung setzt sichtlich entsprechende Situationen ähnlicher Erzählungen als bekannt voraus und summiert sie, um die drei folgenden Gleichnisse als gesammelte Antwort Jesu auf diese vielfache Kritik zu gewichten.

Das erste Gleichnis vom verlorenen Schaf ist in drei verschiedenen Fassungen bezeugt: Lk 15,4–6; Mt 18,12–14 und EvThom 107. Die letztgenannte Fassung ist deutlich sekundär[4]. Matthäus hat das Gleichnis dem Skopus seiner Perikope (Schutz für die Jünger Jesu als »diese Kleinen«, V. 12.14) angepaßt und es deswegen verkürzt. Bei Lukas bildet das Gleichnis vom Schaf zusammen mit dem von der Drachme in Lk 15,8f. ein Paar, das dem Evangelisten bereits als solches vorgegeben war. Da hier die Erzählung wesentlich plastischer ist, dürfte die Lukasfassung dem originalen Gleichnis Jesu am nächsten kommen[5].

»Wer von euch, der hundert Schafe besitzt und eines von ihnen verloren hat, läßt nicht die 99 in der Steppe und geht dem verlorenen nach, bis er es findet? Und wenn er es gefunden hat, legt er es auf seine Schultern voller Freude; und sobald er nach Hause kommt, ruft er seine Freunde und Nachbarn zusammen und sagt zu ihnen: ›Freut euch mit mir, weil ich mein Schaf, das verlorene, gefunden habe!‹« (Lk 15,4–6).

Vom Suchen und Finden wird hier in *einem* Satz erzählt, der als Frage an die Hörer beginnt und so von vornherein ihr Einverständnis mit dem Handeln des Hirten vorwegnimmt. Kein guter Hirte ließe das eine verlorene Schaf verloren sein und begnügte sich mit dem ja doch noch stattlichen Rest der 99[6]. Jedes von seinen Schafen liegt ihm doch am Herzen (vgl. Joh 10,13), und jeder würde wie dieser Hirte freudestrahlend zurückkommen. Daß er dann zu Hause seine ganze Mitwelt zusammenruft, um seine Freude mit allen zu teilen, überzieht freilich den Erwartungshorizont des Hörers.
Dies also ist es, worauf Jesus hinauswill. Wie jeder von seinen Hörern sich ganz selbstverständlich mit dem Hirten der Erzählung identifizieren kann, soll er sich nun am Schluß auch in die Schar der zusammengerufenen Freunde und Nachbarn einreihen und sich mit dem Hirten mitfreuen.

---

4   Der Wortlaut läßt eine Benutzung der beiden vorgegebenen Fassungen bei Lukas und Matthäus erkennen. Das verlorene Schaf ist hier das »größte« in deutlichem Kontrast zu »den Kleinen«, die bei Matthäus mit dem verlorenen Schaf gemeint sind. Die abschließende Liebeserklärung für das gefundene »größte« Schaf gilt also dem Gnostiker im Unterschied zu den normalen Kirchenchristen.
5   Zur Analyse vgl. *U. Luz*, Matthäus III, 25–27.
6   Natürlich soll der Hörer für selbstverständlich halten, daß der Hirte in der Zeit bis zu seiner Rückkehr für eine Bewachung der Herde sorgt. Es gehört zur Form des Gleichnisses, daß nur erzählt wird, was für das Verstehen dessen, was es dem Hörer nahebringen will, wichtig ist. Als alttestamentlichen Hintergrund vgl. die Scheltrede Ez 34,1–16 gegen die schlechten Hirten Israels und die Verheißung, daß Gott sich nun selbst aufmachen werde, um die verirrten Schafe seines fehlgeleiteten Volkes zu suchen und sie auf gute Weideplätze zurückzuführen. Der gleiche Text steht auch hinter der Hirtenrede Joh 10,1–16; vgl. *U. Wilckens*, Johannes, 164.

Den gleichen Schluß hat das zweite Gleichnis Lk 15,8–10[7]:

»Oder welche Frau, die zehn Drachmen besitzt, greift nicht, wenn sie eine Drachme verloren hat, nach dem Leuchter und fegt das Haus und sucht mit aller Sorgfalt, bis sie sie findet? Und sobald sie sie gefunden hat, ruft sie ihre Freundinnen und Nachbarinnen zusammen und sagt: ›Freut euch mit mir, weil ich die Drachme gefunden habe, die verloren war!‹«

Leicht assoziiert der Hörer, daß diese Frau eine arme Witwe ist, die die zehn Drachmen als ihren Notgroschen verwahrt. Eine davon zu verlieren, darf nicht sein. Darum setzt sie alles daran, sie wiederzufinden. Wer sollte ihre Freude darüber nicht mit ihr teilen?
Der Schlußspruch an die Hörer stimmt in beiden Gleichnissen überein:

»Ich sage euch: So groß wird die Freude im Himmel sein über einen einzigen Sünder, der umkehrt – mehr als über 99 Gerechte, die keiner Umkehr bedürfen!« (V. 7; verkürzt V. 10)[8].

In den beiden Erzählungen ist es Jesus gelungen, seine Hörer spontan zu voller Identifikation zu bringen. Mit diesem rhetorischen Mittel will er sie als die Gerechten zur Mitfreude *mit Gott* ›verführen‹, der sich im Himmel über jeden einzelnen Sünder freuen wird, der auf Jesu Heilsruf im Namen der Gottesherrschaft jetzt und hier auf Erden zu ihm umkehrt. Diese himmlische Freude ist es, die Jesus in den Mahlzeiten mit »Zöllnern und Sündern« feiert. Und zur Mitteilnahme an diesen Mahlzeiten, Seite an Seite mit den durch die Heilsinitiative der Gottesherrschaft aus ewiger Verlorenheit geretteten Sündern, lädt Jesus die Pharisäer ein, die seiner Heilsverkündigung dieses verdächtigen Schwerpunktes wegen mit kritischer Reserve begegnen und sich zumal an diesen Mahlgemeinschaften nicht beteiligen wollen.
Das dritte Gleichnis Lk 15,11–32 wendet sich an die gleichen Adressaten und führt sehr viel deutlicher und mit größerer Erzählkunst und Erzählintensität auf das Ziel hinaus, widerstrebende

---

7 Daß die beiden Gleichnisse ein Paar bilden, ist auch daran zu erkennen, daß in dem ersten ein Mann und im zweiten eine Frau die Handelnden sind.
8 Diese beiden Deuteworte sind wahrscheinlich erst bei der Komposition des Gesamtabschnitts hinzugefügt worden. Denn sie sprechen von Umkehr, während in den Gleichnissen vom Finden des Verlorenen die Rede ist. In der Sache aber stimmen sie mit der Verkündigung Jesu überein. Denn mit »Umkehr« ist hier die besondere Umkehr zur Gottesherrschaft gemeint, die Jesus Sündern in ihrer Verlorenheit eröffnet; vgl. Mt 4,17 (s. oben S. 119).

Pharisäer für die Botschaft der Gottesherrschaft an Sünder und für die Teilnahme an der Mahlgemeinschaft mit ihnen zu gewinnen[9]. Das Gleichnis handelt von zwei Söhnen eines Vaters (V. 11). Der erste Teil (V. 12–24) erzählt die Geschichte des jüngeren Sohnes, der zweite (V. 25–32) die Reaktion des älteren Sohnes (V. 25) auf das Festmahl, das der Vater zur Feier der Rückkehr des jüngeren gibt.

»11 Ein Mensch hatte zwei Söhne. 12 Der jüngere von ihnen sagte zum Vater: ›Vater, gib mir den mir zustehenden Teil des Vermögens!‹ Der teilte für sie den Besitz auf.
13 Und nicht viele Tage danach nahm der jüngere Sohn alles zusammen und zog fort in ein fernes Land; und dort verpraßte er sein ganzes Vermögen in einem Leben auf heillose Weise. 14 Als er alles ausgegeben hatte, entstand eine starke Hungersnot durch jenes ganze Land hindurch, und er begann Mangel zu leiden. 15 Und er ging hin, hängte sich an einen der Bürger jenes Landes, und der schickte ihn auf seine Felder zum Schweinehüten. 16 Und allzu gern hätte er sich gesättigt mit den Schoten, die die Schweine fraßen, aber niemand gab sie ihm. 17 Da ging er in sich und sagte: ›Wieviel Lohnknechte meines Vaters haben Brot im Überfluß, und ich hier komme vor Hunger um. 18 Ich will mich aufmachen und zu meinem Vater gehen und zu ihm sagen: Vater, ich habe gesündigt gegen den Himmel und vor dir. 19 Ich bin nicht mehr würdig, dein Sohn zu heißen, mache mich zu einem deiner Lohnknechte!‹ 20 Und er machte sich auf und kam zu seinem Vater. Als er noch weit entfernt war, sah ihn sein Vater, und Erbarmen ergriff ihn, und er lief, fiel ihm um den Hals und küßte ihn. 21 Der Sohn aber sagte zu ihm: ›Vater, ich habe gesündigt gegen den Himmel und vor dir. Ich bin nicht mehr würdig, dein Sohn zu heißen!‹ 22 Der Vater aber sagte zu seinen Knechten: ›Schnell, bringt das Festgewand heraus und zieht es ihm an und gebt ihm einen Ring an die Hand und Sandalen an seine Füße. 23 Und bringt das Mastkalb und schlachtet es. Und laßt uns essen und ein Freudenfest feiern. 24 Denn dieser, mein Sohn, war tot und ist wieder zum Leben gekommen, er war verloren und ist gefunden worden.‹ Und sie fingen an zu feiern.
26 Sein älterer Sohn aber war auf dem Felde. Und als er kam und sich dem Haus näherte, hörte er Musik und Tanz. Und er rief einen von den Knechten heran und erkundigte sich, was denn das sei. 27 Der sagte zu ihm: ›Dein Bruder ist gekommen, und dein Vater hat das Mastkalb schlachten lassen, weil er ihn gesund zurückbekommen hat.‹ 28 Da wurde er zornig und wollte nicht hineinkommen. Sein Vater aber kam heraus und redete ihm gut zu. 29 Er aber antwortete seinem Vater und sagte: ›Siehe, so viele Jahre diene ich dir, und niemals habe ich dein Gebot übertreten; und *mir* hast du niemals (auch nur) einen Ziegenbock gegeben, um mit meinen Freunden zu feiern. 30 Als jedoch dieser dein Sohn gekommen

---

9   Zum Folgenden vgl. besonders E. *Rau*, Reden, 182–215; *Ders.*, Jesus, 96ff.

ist, der dein Vermögen mit Huren zusammen verfressen hat, hast du ihm
ein Mastkalb geschlachtet!‹ 31 Er aber sagte zu ihm: ›Kind, du bist doch
immer bei mir, und alles Meinige ist dein. 32 Es war notwendig zu feiern
und sich zu freuen, denn dieser dein Bruder war tot und ist wieder zum
Leben gekommen und verloren und ist gefunden worden!‹«

Dieses Gleichnis erzählt eine Geschichte, der jeder Hörer mit
wachsender Spannung zuhört, zumal deswegen, weil der Bezug
des erzählten Geschehens auf das Verhältnis Gottes zu Sündern
den damaligen Hörern Jesu wahrscheinlich bekannt war. Es gibt
nämlich zu beiden Teilen dieses Gleichnisses Parallelen in jüdischer Überlieferung, die der Problemstellung des Gleichnisses Jesu
so nahekommen, daß die Annahme nahezu unausweichlich ist:
Jesus hat dieses Gleichnis Pharisäern erzählt, die mit seinem Stoff
und seiner Thematik vertraut waren[10].

Es sind Geschichten, die wie der erste Teil des Gleichnisses Jesu vom
Auszug eines Sohnes aus dem Haus seines Vaters erzählen, der darüber
zu Recht zornig ist, sich aber hernach versöhnungsbereit zeigt, nachdem
er von der Not, in die sein Sohn geraten ist, und von seiner Reue erfahren hat. Durchweg dienen diese Gleichnisse der Erklärung von Schriftstellen, an denen von der Sünde Israels, dem darauffolgenden Unheil als
Wirkung des Zorns Gottes, der tiefen Beschämung Israels über seinen
Abfall von Gott und von seiner Wiederannahme durch Gottes Vatergüte
sprechen. Diese wird nirgendwo problematisiert. Denn sie gehört nach
Ex 34,6 zum Wesen Gottes; und der Ausführung durch andere Schriftstellen bedarf lediglich, daß Gottes barmherzige Güte auch seinem abtrünnig gewordenen und in Sünde gefallenen Volk gilt und daß sich so
das Vater-Sohn-Verhältnis zwischen Israel und seinem Gott immer wieder neu verwirklicht.
Der Zorn Gottes über die Sünde seines Volkes kann jedoch auch so stark
gewichtet werden, daß ein Hiatus zu seiner Barmherzigkeit entsteht. In jenen rabbinischen Lehrdiskussionen deutet sich dieses Problem vor allem
durch Stellen wie Hos 2 an, wo Gott den Israeliten das Sohnesrecht im
Zorn abspricht, weil ihre Mutter zur Hure geworden ist (Hos 2,6). Aber
dort kündigt Gott seinem schuldig gewordenen Volk die zukünftige Wiederannahme durch sein Erbarmen an (Hos 2,1.25), und die Schrifterklärer
wissen dies aus einer großen Zahl anderer Schriftstellen zu erweisen.
Genau umgekehrt ist die Argumentation in der *Sedrach-Apokalypse*, einer christlich überarbeiteten und ergänzten jüdischen Schrift. Hier findet sich im Text der jüdischen Vorlage (Kap. 2–8) ein bewegender Dialog
zwischen Sedrach und Gott[11]. Es geht um Gottes Zorn gegen Adam und
die ganze Menschheit, der sich in seinem vernichtenden Gerichtshan-

---

10   Vgl. dazu die rabbinischen Gleichnisse und deren sorgsam vergleichende
Kommentierung bei *E. Rau*, Reden, 328–375.
11   Vgl. Text und Exegese ebd., 375–391.

deln auswirkt. Sedrach, in der Rolle des fürbittend eintretenden Propheten, sucht Gott von seinem Zorn abzubringen. Aber Gott bleibt unerbittlich und erklärt dies durch folgendes Gleichnis:
»Welcher Vater, sage mir, der seinem Sohn die Mitgift gab, und er
nahm das Eigentum, verließ den Vater, ging fort und wurde ein Fremder
und dient als Sklave einem Fremden; und wenn der Vater sieht, daß der
Sohn ihn verlassen hat, entflammt (nicht) sein Herz, und der Vater geht
fort und nimmt sein Eigentum und verbannt ihn aus seiner Herrlichkeit, weil er seinen Vater verlassen hat? Wie aber habe ich, der wunderbare und eifernde Gott, ihm das alles gegeben, und er nahm dieses und
wurde ein Ehebrecher und Sünder!« (6,1–8).
Es ist deutlich der gleiche Erzählstoff wie im ersten Teil des Gleichnisses
Jesu[12], jedoch mit gegensätzlicher Zielrichtung. Daß der Sohn seinen
Vater verläßt, der ihm alles gegeben hat, ist ein unverzeihlicher Frevel.
Der Vater *muß* ihm alle Gaben nehmen und ihn »aus seiner Herrlichkeit
verbannen«! Wo Adam so radikal zum »Ehebrecher und Sünder« geworden ist, kann es keine Vergebung für ihn geben. Mit so vielen Argumenten Sedrach auch im folgenden (Kap. 7–8) Gott zu bestimmen sucht,
sich in seinem Erbarmen, das doch zu seinem Wesen gehört (5,8)[13], seines eigenen Geschöpfes in seinem »erbärmlichen« Zustand (7,3) anzunehmen: Gott läßt sich nicht umstimmen. Sedrach muß am Schluß wie
Hiob zugestehen, daß er dem Wissen des allmächtigen Schöpfers unterlegen ist. Dennoch bleibt er bei seiner Bitte um Befreiung Adams von
seiner Strafe und schließt mit der trotzigen Versicherung, sich nicht
»von unserem Geschlecht« trennen zu lassen (8,12). Daraus kann aber
nicht geschlossen werden, der Autor dieses Dialogs stehe auf seiten Se-
drachs und mute es dem Leser zu, sich selbst der Wahrheit seiner Argumente anzuschließen und den bis zum Schluß offen bleibenden Widerspruch zwischen Gottes berechtigtem Zorn und der ihm wesenhaften
Gnade im Sinne der Superiorität der Gnade vor dem Zorn zu lösen[14].
Das Gegenteil ist der Fall: In diesem Dialog zwischen Mensch und Gott
behält selbstverständlich Gott Recht.
Freilich darf man nicht übersehen, daß es hier *Adam* ist, dessen Sünde
unvergebbar ist – *nicht Israel!* Darin unterscheidet sich das Gleichnis

12 Der Text zeigt sogar viele wörtliche Entsprechungen; vgl. ebd., 377. Diese
sind nicht als Anklänge an Lk 15 von der Hand des christlichen Bearbeiters zu
bewerten, weil dieser das Gleichnis Jesu dann in seinem Skopus völlig verkehrt
haben müßte, was undenkbar ist. Kap. 2–8 enthält durchweg keinerlei Anzeichen für christliche Bildung; der Abschnitt ist en bloc ein jüdischer Text. Als
solcher kann auch er keine polemische Umbildung des Gleichnisses Jesu sein.
Nirgendwo findet sich in jüdischer Überlieferung eine analoge Benutzung eines christlichen Textes.
13 »Erbarmst du dich der Sünder nicht, wo bleibt dann dein Mitgefühl, wo
deine Milde, Herr?« Darauf antwortet Gott 8,2 zwar: »Ich liebe ihn ja!«; aber
weil es Adams eigener Wille war, sich gegen Gott zu versündigen, kann Gott
auch in seiner Schöpferliebe zu ihm nichts anderes tun, als ihn den Folgen seines fehlgeleiteten Willens zu überlassen.
14 So E. *Rau*, Reden, 383–386.

und seine Auswertung in der Sedrach-Apokalypse vom Gleichnis Jesu wie auch von den rabbinischen Gleichnissen. Die Sedrach-Apokalypse steht ihrerseits in einer Tradition theologischen Ringens um das Problem der Sünde Adams und des zu erwartenden Endgerichts über die gesamte Menschheit, die vor allem in der Esra-Apokalypse (4Esr) eine theologisch großartige und bewegende Ausarbeitung gefunden hat[15]. Dort zeigt sich auf sehr diffizile Weise, wie sich in der Thematik der Sünde Adams die Problematik der Sünde Israels und seines ihm drohenden Geschicks vergrundsätzlicht. Gleiches dürfte auch für die Sedrach-Apokalypse gelten. In solchen apokalyptischen Kreisen des zeitgenössischen Judentums ist Israels Sünde als im ganzen Volk verbreitet und wie verfestigt gesehen, erlitten und als Problem durchdacht worden wie nie zuvor. Als erwähltes Gottesvolk existiert Israel nicht mehr. Nur noch vereinzelte »auserwählte Gerechte« gibt es. Diese vermögen auch nicht mehr mit ihrer Fürbitte für Israel bei Gott durchzudringen, so daß er sich zum Erbarmen bewegen ließe, wie es früher Mose und die Propheten getan haben. So gibt es auch keinerlei Möglichkeit mehr, daß Gott das eindringliche Bußgebet Israels erhörte, wie dies in der Überlieferungsgeschichte des deuteronomistischen Geschichtsbildes zum Topos geworden ist[16]. So ausweglos, so heillos dunkel erscheint diesen apokalyptischen Theologen die Lage und die Zukunft Israels, daß das Gottesvolk von den anderen Völkern der Menschheit nicht mehr zu unterscheiden zu sein scheint. Eine Heilsgeschichte gibt es nur noch für einzelne Israeliten, nicht mehr für Israel als ganzes.

Jesus hat in seinem Gleichnis Lk 15,11–32 offenbar beides aufgenommen: sowohl jene rabbinische Gleichnistradition als auch die hinter der Sedrach-Apokalypse stehende Tradition desselben Gleichnisstoffes in ganz anderer Zielrichtung. Beide in ihrer Gegensätzlichkeit hat er in einer ganz eigenen, höchst sensiblen Weise aufeinander bezogen und ein Neues daraus gemacht. Einerseits entspricht der erste Teil seines Gleichnisses deutlich der Aussage der rabbinischen Gleichnisse. Jesus erzählt freilich seine Version der Geschichte zunächst (V. 12–20a) in allen Details konsequent aus der Sicht des jüngeren Sohnes und erst vom Augenblick seiner Rückkehr an ebenso konsequent aus der Sicht des Vaters (V. 20b–24). So wird die Sünde als Abkehr von Gott und das daraus erwachsende Elend sowie die innere und äußere Umkehr des Sünders so plastisch und so sensibel in Erzählung umgesetzt, daß der Hörer sich leicht mit diesem Sohn emotional identifizieren kann. Da ihm aber der Stoff dieses Gleichnisses in seiner theologischen Bedeutung bekannt ist, sieht er sich unversehens selbst vor die Frage gestellt: Wie wird der Vater seinen abtrünnigen und verkom-

---

15   Vgl. oben S. 91–93.
16   Zur Tradition des dtr. Geschichtsbildes vgl. *O.H. Steck*, Israel.

menen Sohn empfangen? Wie also reagiert Gott auf das Bußgebet eines Sünders, der weiß und es offen ausspricht, daß er der vollen Aufnahme in die Gemeinschaft der Gerechten Gottes *nicht wert* ist? Gewiß weiß der Hörer, daß Gott dem Bußfertigen vergibt, weil Gott in seinem Wesen barmherzig ist (Ex 34,6). Doch er weiß auch, daß es zu Gottes Gerechtigkeit gehört, den Ungerechten zu strafen, indem er ihn der todträchtigen Wirkung der Sünde übergibt, und daß es nach der Tora Sünden gibt, die nicht vergeben werden und unrettbar den Tod des Sünders nach sich ziehen. Um einen solchen Fall handelt es sich bei diesem Sohn. Darum ist das Äußerste, was er erwartet, wenn er überhaupt im Haus des Vaters Aufnahme findet, daß dieser ihn zu einem seiner Lohnknechte macht. Der Hörer, der sich auch darin mit diesem Sohn identifiziert, wird also unter den zu Gott Gehörenden entsprechend zwischen zwei ›Klassen‹ unterscheiden: Es gibt in Israel die ganz Gerechten, denen wie Sedrach das Sohnesrecht der unmittelbaren Nähe bei Gott und der Kommunikation mit ihm zusteht (vgl. ApkSedr 2; 3,2). Und es gibt Sünder, die, zu Gott umgekehrt, zwar Vergebung erlangen, aber wegen ihrer vormaligen Übertretungen vor Gott einen minderen Status haben. Solche Unterscheidungen hat es in der zeitgenössischen rabbinischen Lehrtradition gegeben[17]. In den rabbinischen Vater-Sohn-Gleichnissen findet sich davon freilich keine Spur. Daß Jesus diese Unterscheidung in sein Gleichnis aufgenommen und ihr in den Erwägungen des zur Heimkehr entschlossenen Sohnes ihren Platz gegeben hat, ist einer der spezifischen Züge dieses Gleichnisses. Hier deutet sich zum ersten Mal die Problematik an, die hernach das Verhalten des älteren Sohnes bestimmt. In der Erzählung der Heimkehr des verlorenen Sohnes fehlt dann allerdings dieses Motiv. Er bekennt jetzt nur noch, durch seine Sünde des Sohnesrechts unwürdig geworden zu sein (V. 21 vgl. V. 18f.). Was aus ihm wird, stellt er ganz in die Entscheidung des Vaters. Dieser hat nun aber bereits durch den Empfang seines Sohnes weit vor seinem Haus zu erkennen gegeben, daß er ihn ganz ausdrücklich als seinen Sohn annimmt. Und indem er seinen *Knechten* Anweisung gibt, dem Zurückgekehrten die Insignien des *Sohnesrechts* anzulegen[18] und das Freudenmahl zu bereiten, wird für den Hörer augenfällig, daß er keinesfalls zu den Knechten gehört. Im übrigen gibt bereits das Stichwort »Erbarmen« (V. 20) zu erkennen, daß es

---

17 Vgl. die Belege bei *Bill.* II, 210–212.
18 Zu dem rechtlichen Hintergrund des Gleichnisses vgl. einerseits *W. Pöhlmann*, Abschichtung, 194–213; *Ders.*, Der verlorene Sohn, andererseits zu V. 22f. *K.H. Rengstorf*, Re-Investition, 30ff.

Gott ist, der seinem Wesen nach Ex 34,6 gerade darin entspricht, daß er auch diesen abtrünnigen Frevler, der zu ihm zurückkehrt, mit seiner Vaterliebe als zu sich gehörend, also als vollauf Gerechten, annimmt. Das Mahl ist die Freudenfeier seiner Aufnahme in die endzeitliche Heilsgemeinschaft mit Gott in seinem Reich.

In alledem setzt Jesus Einverständnis mit seinen pharisäischen Adressaten voraus; und er provoziert sie mit allen Mitteln seiner rhetorischen Kunst der Gleichniserzählung dazu, ihre grundsätzliche Lehre von Buße, Umkehr und Vergebung auch auf die Extremfälle der »Zöllner und Sünder« zu beziehen, deren Aufnahme in Gottes Reich er in den Freudenmahlzeiten feiert, die sie kritisieren. Aber er weiß: Ihre Kritik zeigt, daß ein wirkliches Einverständnis im Blick auf Gottes Vergebungsbarmherzigkeit im Sinne seiner Verkündigung der Königsherrschaft Gottes nicht besteht. Man kann auch so sagen: Im Blick auf Todsünder urteilen seine Hörer so, wie in der Sedrach-Apokalypse Gott auf die Fürbitte dieses einzigen Gerechten für Adam, den Prototyp der Menschheitssünde, antwortet: Wer so lebt, wie im Gleichnis der jüngere Sohn (V. 30!), ist unrettbar verloren und kann nie und nimmer ein Gerechter werden, wie Pharisäer es sind. Und selbst wenn es auch für solche Sünder Vergebung geben sollte, dann muß jedenfalls der Unterschied zu den Gerechten, die Gott lebenslang treu gedient und niemals eines der Gebote seiner Tora übertreten haben (V. 29), deutlich markiert werden: Daß sie als vollauf Gerechte an der Mahlgemeinschaft Jesu mit »Zöllnern und Sündern« *mit*teilnehmen sollen, ist für sie schlechterdings unmöglich. Ist doch für sie als Pharisäer die strikte Bewahrung ritueller Reinheit gerade beim Mahl von zentraler Bedeutung!

So liegt das eigentliche Anliegen Jesu im zweiten Teil dieses Gleichnisses. Und es ist nicht von ungefähr, daß es *dazu* keine Parallele in der jüdischen Überlieferung gibt. Jesus weiß, daß es zwischen seinen pharisäischen Kritikern und ihm keineswegs nur um Lehrdifferenzen im Blick auf einige wenige Extremfälle von Sündern geht. Im Grunde geht es um ein anderes Verständnis von Gerechtigkeit. Wer sein Gerechtsein am Ideal lebenslanger vollkommener Gebotserfüllung bemißt, der muß darauf bestehen, daß Gott in seiner Gerechtigkeit solche Treue anerkennt, indem er allein *diesem* Gerechten als *wirklich* Gerechten den Namen und das Recht des zu ihm Gehörenden zuerkennt und dessen Status *unterscheidet* von dem eines Sünders, der Gottes Gebote verachtet und »heillos« gelebt hat, dann aber zu Gott umgekehrt ist. Wenn dagegen Jesus mit Sündern deren volle Heilsteilhabe in besonderen Festmählern feiert, kaum daß diese Sünder umgekehrt sind, und wenn deren Umkehr einzig in ihrem Sündenbekenntnis besteht und sich noch nicht einmal in all dem erwiesen hat, was die Tora an Ersatzleistungen für begangenes Unrecht vorschreibt, geschweige denn in nunmehr fehlloser Bewahrung aller ihrer Gebote – dann tritt ein tiefer qualitativer Unterschied zwischen einem solchen Sündermahl und den Mahlgemeinschaften von Gerechten in der Pharisäergemeinschaft in grotesker Weise hervor! Jesus antwortet darauf mit den Worten des Vaters in seinem Gleichnis: Wie dieser Vater auf die Rückkehr seines verlorenen Sohnes in der einfältigen Freude eines Vaters reagiert, der ihn aus bereits eingetretenem Tod lebend wieder zurückerhalten hat (V. 24.32), so freut sich Gott selbst in seiner Barmherzigkeit über jeden dieser Sünder, die mit nichts anderem als einem Sündenbekenntnis zu ihm umkehren. Und wie im Gleichnis der Vater diese Freude in dem außerordentlichen Festmahl zu feiern heißt und seinen älteren Sohn eindringlich bittet, daran teilzunehmen, so ist es in Jesu Mahlzeiten wirklich die Freude *Gottes*, die hier gefeiert wird, und wer immer wirklich gerecht ist, kann sich doch nicht der Einladung *Gottes* zur Teilhabe an seiner Heilsfreude verweigern! Besteht denn nicht wirkliche Gerechtigkeit im Grunde in der Übereinstimmung mit Gottes Willen? Und wenn der Gerechte diese Übereinstimmung bisher in der Bewahrung aller Gebote seiner Tora erwiesen hat, so gilt es *jetzt*, diese endgültig zu erweisen in der Teilhabe an Gottes Freude über die Umkehr der Sünder.

Doch der eigentliche Stachel für den Hörer des Gleichnisses liegt darin, daß *Gott* ungerecht wäre, wenn er seiner Freude über die Umkehr eines Sünders eine so zentrale Bedeutung in der nahen Gottesherrschaft gäbe, statt daß seine Freude über die lebenslange Treue eines Gerechten im Mittelpunkt stünde! Was im Gleichnis der ältere Sohn seinem Vater entgegenhält (V. 29f.), ist der Kern der Kritik der Pharisäer an Jesus und seinem unerhörten Anspruch, es sei die *Gottesherrschaft*, die in diesen Sündermahlzeiten zur Wirkung kommt und in deren Namen Jesus sie, die exemplarischen Gerechten, zur Teilnahme einlädt, die für sie eine Verunreinigung, aber doch kein Gottes-Dienst ist! Sie empfinden diese Einladung geradezu als Verhöhnung *der* Gerechtigkeit, die *sie* im Befolgen aller Toragebote erwiesen haben und weiter zu erweisen gedenken! Diesem Einwand begegnet Jesus mit der Antwort des Vaters im Gleichnis (V. 31): Gerade *weil* der Gerechte sein Leben lang Gottes Willen in treuer Gebotserfüllung gehorsam gewesen ist, besteht der Lohn solcher Gerechtigkeit darin, daß Gott ihm entsprechend an der vollen Gemeinschaft mit ihm selbst teilgibt. Was aber gibt es Göttlicheres an Gott als seine Barmherzigkeit, die jetzt – beim Anbruch der endzeitlichen Heilszeit der Gottesherrschaft – ihren Triumph feiert, indem Gott Sünder rettet! So

kann es *jetzt* nichts Wichtigeres für einen wirklich Gerechten geben, als die Freude Gottes über diesen letzten, größten Triumph seiner Barmherzigkeit mit Gott zu teilen (V. 32)!
Man kann sagen: In Jesu Gleichnis verkehren sich die Fronten des Dialogs in der Sedrach-Apokalypse: Was dort Sedrach in der Rolle des fürbittenden Propheten Gott entgegenhält: daß seine Liebe ihn doch nötigen müßte, seinen Zorn gegen den Sünder zu beenden, das hält hier Gott den pharisäischen Kritikern Jesu entgegen. Dabei setzt Jesus ihr Einverständnis in dem voraus, was in der Tradition jener rabbinischen Gleichnisse des gleichen Erzählstoffs das Ziel ist: Weil Gott barmherzig *ist*, *handelt* er barmherzig mit dem Sünder, der zu ihm umkehrt. Das Ziel *seines* Gleichnisses besteht aber darin, daß eben dieses Wesen Gottes im endzeitlichen Heilshandeln seiner Königsherrschaft in der ihr eigenen Ganzheit und Radikalität zur Wirkung kommt. Wo Gott Sündern, die ihn um sein Erbarmen bitten, sein volles endzeitliches Heil schenkt, da fällt *durch dieses Handeln Gottes* in der Tat der heilsgeschichtlich katastrophale Unterschied zwischen Sündern und Gerechten in sich zusammen. Da kann es nicht sein, daß die Gerechten auf einem Vorrang bestehen, der ihnen gegenüber den Sündern immer noch zukomme. Und so kann es nicht bei dem Nein der Pharisäer gegenüber Jesu Verkündigung der Gottesherrschaft und bei ihrer Ablehnung seiner Einladung zur Teilnahme an seinen Freudenmahlzeiten mit den von Gott geretteten Sündern bleiben. Es besteht eine *Notwendigkeit* für sie, ihre Reserve und ihre Kritik zu überwinden! Lk 15,32 ist die äußerste Konzentration des Willens Jesu, die Gerechten für die Gottesherrschaft zu gewinnen, jetzt, da die Sünder für sie gewonnen, von Gott selbst »gefunden« worden sind.

3   Gerechte und Sünder im Horizont pharisäischer Theologie

Hier ist der Ort für eine Zwischenüberlegung. Daß Jesus sich so intensiv um die Zustimmung der Pharisäer für seine Verkündigung der Gottesherrschaft bemühte, hat zunächst schlicht darin seinen Grund, daß die Pharisäer im damaligen Galiläa die einzigen im Volk anerkannten Autoritäten waren[19]. In den Synagogen galten sie als die vorbildlich Gerechten, und unter den Toralehrern hat in Galiläa wahrscheinlich die Mehrheit zur Gemeinschaft der Pharisäer gehört. Alle Lehre von Schriftauslegung und praxis pietatis war pharisäisch geprägt. Wenn Jesus mit seiner Predigt der Umkehr zur Gottesherrschaft Bundesgenossen gewinnen wollte, so

---

19   So ausdrücklich JosAnt 13,297f.; 18,23.

waren es vor allem die Pharisäer. Sie waren die einzigen, die sich wie er intensiv um eine Erneuerung und Vertiefung der Frömmigkeit im einfachen Landvolk bemühten, um mehr Kenntnis der Tora und um mehr Ernstnahme ihrer Gebote in der Praxis des alltäglichen Lebens, vor allem natürlich um die Bekehrung von Sündern zu einem Wandel in Gerechtigkeit[20].

Wir haben gesehen[21], daß die Pharisäer sehr wahrscheinlich aus der breiten Oppositionsbewegung der Frommen (*chassidim*) zur Zeit des Makkabäeraufstands hervorgegangen sind, die sich gegen die hellenistische Überfremdung gewehrt und leidenschaftlich für die Geltung der Tora und eine streng an ihren Geboten orientierte Lebenspraxis eingesetzt haben. Vor allem diejenigen Gebote, die jüdisches Leben markant von heidnischem unterschieden, traten von jetzt an in den Vordergrund. Dieses ursprüngliche Ziel haben die Pharisäer kontinuierlich verfolgt. Zwar sind sie nicht den essenischen Weg radikaler Absonderung und Selbstisolierung gegangen. Ihnen ging es um aktive Rückführung möglichst vieler Israeliten unter die Tora. Doch dazu bedurfte es vor allem deutlicher Vorbilder eines Lebenswandels in Gerechtigkeit. So haben sich auch die Pharisäer zu »Genossenschaften« (*chaburot*) zusammengeschlossen, die in radikaler Toraobservanz zusammenlebten, die Schrift studierten, für Israels Erneuerung beteten und in makelloser ritueller Reinheit Mahlgemeinschaft miteinander pflegten. *Reinheit* war ihnen genauso wichtig wie Gerechtigkeit. Die Reinheitsgebote der Tora, die nur für Priester gelten, haben sie auf ihr eigenes Leben angewendet, um so eine völlige Angleichung der Lebenspraxis der wirklich Gerechten in Israel mit der der Priester herzustellen[22]. Daher treten unter ihnen, bei aller Zuwendung zum Volk vor allem als Lehrer, auch Züge qualitativer Selbstunterscheidung als Gerechte von allen Sündern hervor. Zwar waren pharisäische Toralehrer in ihrer Gesetzesauslegung sehr darauf bedacht, daß sich die Erfüllung der Toragebote in der Realität des Alltags verwirklichen ließ. Doch solche Rücksicht diente gerade der konkreten Verwirklichung von Gerechtigkeit, nicht ihrer Erleichterung. Solche Lebensdienlichkeit war von Laxheit wohl zu unterscheiden. Gerechte mußten sich so klar von Sündern abheben wie Israel als das Volk der Erwählung Gottes von allen Heidenvölkern.

---

20   Das geht besonders aus den pharisäischen »Psalmen Salomos« hervor; vgl. oben S. 86.98.

21   S. oben S. 73.

22   So *J. Jeremias*, Jerusalem, 301 sowie die ebd., 301, Anm. 6 angegebene Literatur; vgl. ferner besonders J. *Neusner*, Judentum in frühchristlicher Zeit, 37–68 sowie ausführlich *Ders.*, Rabbinic Traditions; *Ders.* From Politics.

Von daher wird verständlich, daß die Pharisäer sich einerseits für die Verkündigung Jesu aufgeschlossen zeigten und manche mit ihm Kontakt suchten (vgl. z.B. Lk 7,36ff.). Andererseits begegneten sie ihm jedoch von Anfang an auch mit kritischer Reserve. Aus ihrer Sicht war dieser Jesus nicht einer der Ihrigen. Die Umkehr von Sündern zur Gottesherrschaft, die er verkündigte, war eben etwas anderes als die Umkehr von Sündern zur Tora. Sosehr Jesus auch diese am Herzen lag, wie noch zu zeigen sein wird, so deutlich war es die Wirklichkeit der endzeitlichen Heilsvollendung, auf die alles konzentriert war, was er verkündigte und tat. Daß er dieses Heil schaffende Handeln Gottes so unterschiedslos Sündern wie Gerechten zusprach, mußte Pharisäer zumindest irritieren. Denn für sie galt eben wie für den breiten Hauptstrom der Glaubensüberlieferung Israels: Gott wird sein Endheil nur den Gerechten geben, nicht den Sündern. Das eine, einzige Kriterium seines Gerichts über alle Glieder seines Volkes wird die Tora sein: An ihr bemißt sich alle Gerechtigkeit der Gerechten wie alle Ungerechtigkeit der Sünder.

Am Ende wird nur offenbar werden und dann end-gültig sein, was durch das Tun der Tora in der Gegenwart vorentschieden wird. Umkehr ist darum nur als Umkehr zum Gesetz wirklich und heilswirksam. Das gilt gerade auch unter eschatologischem Aspekt[23]. Die Königsherrschaft Gottes ist die des Gebers der Tora und des Richters gemäß der Tora; und sie *wird* dies auch in der Zukunft der Endzeit sein.

Wenn Jesus durchweg von dieser Zukunft ganz als von dem *Heil* der Gottesherrschaft spricht, ohne dabei ausdrücklich zu erwähnen, daß dieses Heil allein den Gerechten zusteht, ja wenn er dieses Heil *Sündern* zuspricht, ohne dabei mitzubetonen, daß dies nur *den* Sündern gilt, die jetzt *zur Tora* und zur Erfüllung aller ihrer Gebote umkehren[24], dann ist das mehr als eine Akzentverschiebung. Für Pharisäer hat dies den schrecklichen Anschein einer Zurücksetzung des Gesetzes, einer Umkehr ohne Tora, einer Heilsteilhabe schlicht von Sündern. Sollte dies Jesu Meinung sein, so hätte diese einen geradezu blasphemischen Zug: als ob Gott Sünder annähme, ohne daß diese sich zuvor durch Gesetzeserfüllung als Gerechte erwiesen und bewährt hätten[25]; als ob Gott also den Unterschied zwischen Gerechten und Sündern[26] und damit die ewige Geltung der Tora aufhöbe!

23   Vgl. PsSal 2,15–17; 3,5–12; 4,8; 9,5; 12,6; 13,6.11f.; 15,8–13; 17,7–10.26f.
24   Vgl. PsSal 4,23–25; 15,10–13f.
25   Vgl. z.B. PsSal 9,6–11.
26   Vgl. besonders PsSal 13,6–12.

Muß dem nicht mit dem Bekenntnis zu Gott als dem Richter erwidert werden:

»Ich gebe dir Recht, Gott, aus aufrichtigem Herzen, denn in deinen Urteilen ist deine Gerechtigkeit, o Gott! Denn du hast den Sündern nach ihren Werken vergolten und nach ihren überaus schweren Sünden. Du hast ihre Sünden aufgedeckt, damit dein Gericht offenbar werden könne. Du hast ihr Andenken von der Erde vertilgt.« (PsSal 2,15–17).

Muß so nicht der Introitus lauten vor jeder Verkündigung der endzeitlichen Heilsvollendung Gottes für seine Gerechten?
Weil Jesus sah, wie und warum die von ihm umworbenen Pharisäer auf seine Verkündigung und sein Wirken mit Verweigerung reagierten, hat er ihnen Gottes Einladung an sie mit besonderer Wärme und mit besonderem Einsatz der werbenden Erzählkunst seiner Gleichnisrede nahezubringen gesucht. Das Gleichnis Lk 15, 11–32 ist die dichteste, eindrücklichste Sprachgestalt dieser Einladung und so der Höhepunkt seines Werbens um seine Gegner.
Es ist ihm nicht gelungen. Die Pharisäer, zunächst lediglich seine Gegner, wurden zu seinen Feinden. Es ist nun an der Zeit, die Texte zu besprechen, in denen sich diese unheilvolle Entwicklung abzeichnet.

4 Gottes Güte als das Kriterium für gerecht und ungerecht

Im folgenden geht es darum, die Bedeutung der drei Gleichnisse in Lk 15 im Zusammenhang der Verkündigung Jesu im ganzen aufzuzeigen und die Konsequenzen, die sie für die hat, die sie annehmen, wie auch für die, die sie ablehnen. Dazu wählen wir zunächst solche Sprüche aus, die um die Zustimmung der Gerechten werben und sie vor Ablehnung warnen; Sprüche also, an denen wie im Gleichnis Lk 15 offenbleibt, wie die Angeredeten sich entscheiden[27].

4.1 Die Umkehrung der endzeitlichen Rangordnung

Wir beginnen mit einem Spruch, der in Mk 10,15 und Mt 18,3 in verschiedener Fassung überliefert ist[28]:

---

27 Zum folgenden vgl. *E. Rau,* Jesus, 100–114.
28 Mk 10,15 ist wahrscheinlich ein ursprünglich selbständiger Spruch, den Markus in die Erzählung von der Kindersegnung Jesu (Mk 10,13f.16) sinngemäß eingefügt hat, um die Bedeutung dieser Handlung Jesu herauszustellen. Dafür spricht, daß der Spruch in Mt 19,13–15 fehlt und Matthäus ihn in einer

»Amen, ich sage euch:
Wenn ihr nicht eine Kehrtwende macht und werdet wie die Kinder,
werdet ihr nicht hineinkommen in das Himmelreich.« (Mt 18,3).

»Amen, ich sage euch:
Wer die Gottesherrschaft nicht annimmt wie ein Kind,
wird in sie nicht hineinkommen.« (Mk 10,15).

Beiden Fassungen gemeinsam ist: Nur in der Weise eines Kindes
wird man in das Reich Gottes Eingang finden. In Mt 18,3 wird
betont, daß es dazu einer völligen Lebenswende bedarf[29]: Ein
Erwachsener muß ein Kind werden. Das kann man nicht. Also ist
das Hineinkommen in das Gottesreich ganz und gar ein Widerfahrnis von seiten Gottes (vgl. Joh 3,3!). Gleiches ist in Mk 10,15
mit dem Wort »annehmen« gesagt. Doch hier wird darauf abgehoben, daß man sich den Eingang in das Gottesreich so von Gott
schenken lassen muß, wie Kinder alles zum Leben Nötige von ihren Eltern bekommen (vgl. Lk 12,22–31 / Mt 6,25–33). Dem eschatologischen Wesen des Gottesreiches entspricht die Einleitung
des Spruches mit der Offenbarungsformel »Amen, ich sage euch«.
Was Jesus über den Eingang ins Reich Gottes sagt, das sagt er in
dessen eigener Vollmacht.
Die Gottesherrschaft, wie Jesus sie verkündigt, verkehrt alle irdischen Maßstäbe. »Siehe, es gibt Letzte, die die Ersten sein werden,
und es gibt Erste, die Letzte sein werden« (Lk 13,30 / Mt 20,16).
Das dürfte ursprünglich an die Adresse der Gerechten gesagt sein,
die darauf bestehen, daß in der Heilsgemeinde der Endzeit die
Gerechten den ersten Platz einnehmen werden und Sünder, die
gerade noch rechtzeitig umgekehrt sind, den letzten. Nein, umgekehrt wird es sein: Die Gerechten, die sich jetzt und hier als die
Ersten in Israel sehen, werden am Ende Letzte sein! Das gleiche
Wort gibt es auch in umgekehrter Reihenfolge (Mk 10,31 / Mt
19,30). Das bedeutet eine Verschärfung: Während die erste Fassung die Erstrangigkeit des Heilsgeschenks an die Sünder, die Jesu Heilszusage angenommen haben, zum Thema hat, tritt in der
zweiten Fassung die Letztrangigkeit der Gerechten als Warnung
voran. Dieser ›Platzverweis‹ bedeutet allerdings nicht den Ausschluß der Gerechten. Einen Platz im Reich Gottes gibt es auch für

anderen Fassung in seine Bearbeitung von Mk 9,33–37 in Mt 18,1–5 eingefügt
hat. Mt 18,3 ist aber keine matthäische Umformung von Mk 10,15, sondern eine
alte Variante. Im übrigen ist auch EvThom 22 sowie Joh 3,3.5; Justin, Apol.
I,61,4 zu vergleichen, wo Mt 18,3 – und nicht Mk 10,15 – zugrunde liegt.
29 Στρέφεσθαι wird nirgendwo für die Umkehr (μετανοεῖν) gebraucht und
ist hier als Metapher (»Kehrtwende«) aufzufassen.

sie. Und wenn sie das in der Logik von Lk 15,31 verstehen, dann
entfällt überhaupt der ganze Aspekt des Rangunterschieds. Denn
in Wahrheit gibt es im Reich Gottes keine Bevorzugten und Benachteiligten, weil alle, die dort Eingang finden werden, Gott
gleich nahe sind und in gleichem Maß an dem teilhaben, was er
ihnen als seinen Kindern schenkt: sich selbst!
Das sagt das Gleichnis von den Arbeitern im Weinberg (Mt 20,1–
16), die zu verschiedenen Stunden des Tages vom Herrn eingestellt werden, aber bei der Entlohnung am Abend alle den gleichen Lohn erhalten: den einen Denar, der ihnen zugesagt war. Da
beklagen sich die zuerst Eingestellten nach der gleichen Logik wie
im Gleichnis Lk 15 der ältere Bruder: »Diese Letzten hier haben
nur eine Stunde gearbeitet und du hast sie gleich behandelt mit
denen, die die Last und die Hitze des Tages getragen haben!« (V.
12). Der Herr antwortet ihnen: »Gefährte, ich tue dir keine Unrecht ... Ich will diesen Letzten hier geben, was ich dir gebe. Ist es
nicht mein Recht, mit dem Meinigen zu tun, was ich will? Oder
ist dein Auge böse, weil ich gut bin?« (V. 14f.). Diese Antwort
klingt zwar deutlich schärfer als die des Vaters in Lk 15,31. Aber
der um Zustimmung werbende Ton ist der gleiche. Er wird durch
die vorwurfsvolle Schlußfrage nur noch eindringlicher. Was kann
es Gott Gemäßeres geben als seine Güte (Ex 34,6), in der er allen
von dem gibt, was sein ist, den Letzten wie den Ersten. Und wo
seine Güte unendlich barmherzig ist, wie sollte es darin Unterschiede geben? Besteht nicht das Wunder seiner Heilsgabe eben
darin, daß Gott in seiner Güte überhaupt von dem Seinigen schenkt
und so an seiner Güte selbst teilgibt? Und ist darum der Rechts-
grund solcher Teilgabe: daß Gott in seiner Güte den *Willen* hat, an
sich selbst teilzugeben, nicht der Grund aller Hoffnung auf sein
endzeitliches Heil?
Dem Wort von den Ersten und den Letzten verwandt ist das Wort
Lk 14,11: »Jeder, der sich selbst erhöht, wird erniedrigt werden;
und wer sich selbst erniedrigt, wird erhöht werden«. Daß Gott
Frevler, die hoch hinaus wollen, in die Tiefe stürzen und Arme,
die von ihnen niedergedrückt werden, über sie erheben kann, das
weiß jeder mit der Schrift Vertraute aus vielen Psalmen (Ps 147,6;
7,8; 1Sam 2,7f). Doch in diesem Wort Jesu steht mit dem, der
sich selbst erhöht, der Gerechte im Blick, der sich über den von
Gott angenommenen Sünder erhebt und beim Gastmahl den Ehrenplatz beansprucht (Lk 14,7–11). Jesus warnt sie: »Ihr seid die,
die sich selbst für gerecht befinden vor allen (übrigen) Menschen.
Gott aber kennt eure Herzen. Denn was unter Menschen hoch ist,
ist ein Greuel vor Gott« (Lk 16,15). Läßt sich denn nicht ein Herr
am Abend, wenn sein Knecht von der Arbeit zurückkehrt, von

diesem zuerst bei Tisch bedienen, bevor der essen und trinken
darf? Und spricht er dem Knecht etwa einen besonderen Dank dafür aus, daß er getan hat, was schlicht sein Dienstauftrag ist? »So
auch ihr! Wenn ihr alles getan habt, was euch aufgetragen ist,
sagt: Wir sind unnütze Knechte. Wir haben (nur) getan, was wir
zu tun schuldig waren!« (Lk 17,7–10). Dieses Gleichnis sagt in
provozierender Überspitzung, was mit der Warnung an die Gerechten gemeint ist: sich vor Gott nicht selbst falsch einzuschätzen. Gott ist in gar keiner Weise genötigt, in seinem Königreich
dem Gerechten den ersten Platz zu geben, den dieser um seines
treu ausgeübten Dienstes willen erwartet.

4.2   Gottes Güte will angerufen werden

Wenn Jesus Sünder, die »verloren« sind, ermutigt, zu Gott um-
zukehren, der ihnen mit seiner Königsherrschaft naht und gerade
ihnen das volle Heil seines Reiches schenken will, so setzt er gewiß voraus, daß sie vor Gott ihre Sünde bekennen. Doch das können sie nur, wenn sie ein Vertrauen in seine Barmherzigkeit setzen, das die Grenze, die die Sünde gegen ihn errichtet, zu über-
schreiten wagt. Um ein so grenzenloses Vertrauen wirbt Jesus in
einigen Worten, in denen er zwar nicht speziell Sünder und nicht
nur Sünder anspricht, sondern jedermann, die aber zweifellos auch
für Sünder gelten.

»Bittet, so wird Gott euch geben!
Sucht, so werdet ihr finden.
Klopft an, so wird Gott euch (die Tür) auftun.
Denn *jeder*, der bittet, empfängt,
und wer sucht, findet, und wer anklopft, dem wird (die Tür) aufgetan.«[30]
(Mt 7,7f / Lk 11,9f).

Wer sich jetzt und hier an Gott in seiner *endzeitlichen* Königsherrschaft wendet, *wird* ihn erfahren als denjenigen, der bereit ist zu
geben, sich finden zu lassen, den Zugang in sein Reich zu öffnen.
Biblische Erfahrungswahrheit[31] wird hier eschatologisch ausgerichtet. Die Tore des Tempels, die sich den Wallfahrern öffnen,
werden zu Toren des himmlischen Tempels, in dem Gott bereit-
steht, seine auserwählten Gerechten zu empfangen. Den drei Auf-
forderungen (V. 7) entsprechen die drei Regeln (V. 8), in denen

---

30   Das dreimalige Passiv umschreibt in geläufiger jüdischer Redeweise ein
Handeln Gottes. Das Futur bezieht sich auf sein endzeitliches Handeln.
31   Vgl. z.B. Ps 50,15; Jer 29,12; Ps 24,7; 118,19–21 sowie allgemein Ps 116,
1–6.

als allgemeingültig im Präsens ausgesprochen wird, was nach V. 7 Erfahrung der endzeitlichen Zukunft sein wird. Entscheidend ist das betonte »jeder« am Anfang von V. 8, das für alle drei Sätze gilt. Was nach biblischer Tradition die Frommen von ihrem Gott erfahren, das dürfen jetzt *alle* erfahren. Die Gottesherrschaft kennt keine Grenzen. Die Menschen, die Jesus in V. 7 auffordert, sich in rückhaltlosem Vertrauen an Gott zu wenden, dürfen die uralte Erfahrung der Psalmenbeter für sich in Anspruch nehmen.

Daß dies für die Adressaten Jesu alles andere als selbstverständlich ist, zeigen die beiden Gleichnisse, die sich hier unmittelbar anschließen (Mt 7,9–11 / Lk 11,11–13)[32]:

»Wer unter euch ist einer, den sein Sohn um Brot bittet – er wird ihm doch wohl nicht einen Stein geben? Oder er bittet um einen Fisch – er wird ihm doch keine Schlange geben? Wenn nun schon ihr, böse wie ihr seid, euren Kindern Gutes zu geben wißt, um wieviel mehr wird euer Vater im Himmel Gutes geben denen, die ihn bitten!«

Die beiden Fragen sind so abstrus, daß die Adressaten gar nicht anders können, als sie zu verneinen. So sucht Jesus das Einverständnis seiner Hörer im Blick darauf zu gewinnen, daß es für *Gott* in seiner Vatergüte selbstverständlich ist, ihnen als seinen Kindern Gutes zu geben, wo immer sie ihn darum bitten. Was ist dieses »Gute«? Und was mag der Grund dafür sein, daß die Hörer offenbar zögern, Gott darum zu bitten? Man wird zunächst an die Spruchreihe Lk 12,22–34 par. denken, in der Jesus Arme dazu ermutigt, sich im Blick auf ihre tägliche Versorgung der Vatergüte Gottes anzuvertrauen. Doch in Mt 7,7–11 ist der Ton der Ermutigung deutlich stärker, die Sorge der Adressaten also bedrängender. Das läßt an die Problemstellung von Lk 15,11–32 denken. Sollten es Sünder sein, die in ihrer gesellschaftlichen Rolle als verlorene Frevler darauf festgelegt sind, daß Umkehr für sie nicht mehr möglich erscheint? Dann würde Jesus sie hier zu dem ermutigen, was im Gleichnis der verlorene Sohn zu tun sich entschließt (Lk 15,17–19). »Das Gute« wäre ihre Aufnahme in das Reich Gottes, dessen Vatergüte (nach Ex 34,6) keine Grenzen kennt. Dann aber hätte diese Ermutigung zugleich eine zumindest indirekte Adressierung an Gerechte, die wie der ältere Sohn im Gleichnis reagieren. Im Blick auf sie würde die Abstrusität der

---

32   Von den beiden Fassungen ist wahrscheinlich Mt 7,9–11 gegenüber Lk 11, 11–12 ursprünglich. – In der Spruchquelle Q ist Mt 7,7–11 par. eine geschlossene, wohlkomponierte Einheit, die als ganze aus vorösterlicher Jesustradition stammt; so z.B. *U. Luz,* Matthäus I, 383. Die Vermutung von *J. Becker,* Jesus, 327, die Urfassung habe nur aus Mt 7,8.11 bestanden, erscheint mir willkürlich.

beiden Fragen in Mt 7,9f. erst voll verständlich werden. Denn
Gerechte wie jener ältere Sohn neigen ja dazu, für faktisch ausgeschlossen zu halten, was Jesus ihnen durch den Appell an ihr eigenes Vatersein stricte dictu zumutet! Daß er allerdings *sie*, die Gerechten, so selbstverständlich als »böse« anspricht, ist nicht ohne
provozierende Schärfe. Wenn sie Jesus kritisieren, weil er Sünder,
»böse wie sie sind«, so ostentativ als die behandelt, deren Rettung dem Heilswillen der Gottesherrschaft vordringlich angele-
gen ist, so dreht er den Spieß um und charakterisiert es als böse,
wenn sie diese Güte des Vaters für die Sünder, die ihn um Vergebung bitten, wirklich in Frage stellen wollten. Wenn »*jeder*« Bit-
tende von Gott erhört wird, dann gibt es bei Gott eben auch im
Blick auf schwere Sünder keine Grenze.
Man kann hier auch das Gleichnis Lk 18,1–8 hinzuziehen. Es erzählt von einer Witwe, die von einem Feind in so große Bedräng-
nis gebracht wird, daß sie bei dem Ortsrichter um Rechtsschutz
nachsucht. Dieser Richter aber ist böse und weist sie ab. Doch die
Witwe bestürmt ihn immer aufs neue, bis er schließlich nachgibt,
nur um sie loszuwerden. Diese Geschichte von einem »ungerechten Richter« (V. 6) dient Jesus als Kontrastbild zu Gott, den seine
Auserwählten unaufhörlich um seine Rechtshilfe anflehen: Wenn
schon jener böse menschliche Richter sich schließlich, wie wider-
willig auch immer, dazu bequemt, dieser Witwe Recht zu schaffen, um wieviel mehr wird dann Gott die Gebete seiner Auserwählten erhören! »Ich sage euch: Unverzüglich wird er ihnen Recht
schaffen!« (V. 8a). Diese Ermutigung kann sich auf verschiedenartige Bedrängnisse beziehen, so auch auf Sünder, die durch ihre
Umwelt, vor allem durch die führenden Gerechten, in eine Situation von heillosen Outcasts geraten sind und Gott um Rettung
anflehen.

4.3   Das *sch^e ma-jisrael* für Sünder, denen Gott vergeben hat

Die Erzählung Lk 7,36–50 zeigt eine Situation genau dieser Art[33].
Ein Pharisäer namens Simon hat Jesus zum Essen in sein Haus eingeladen. Unvermutet tritt eine stadtbekannte »Sünderin« ein. Sie
stellt sich weinend zu Jesu Füßen, die sie mit ihren Tränen benetzt
und mit ihrem Haar trocknet. Dann küßt sie seine Füße und salbt
sie mit Öl, das sie in einem Alabastergefäß mitgebracht hat[34]. Der
Pharisäer denkt: Wäre Jesus ein Prophet, so müßte er jetzt wissen,

---

33   Vgl. dazu *U. Wilckens*, Vergebung.
34   Die Salbung (V. 37) könnte von Lukas aus Mk 14,3 hinzugefügt sein (der
dort die Salbungsgeschichte übergeht!); vgl. ebd., 398–400.

was das für eine Frau ist: eine Sünderin! Jesus bittet ihn ums Wort
und antwortet mit folgendem Gleichnis (V. 41f.):»Zwei Schuldner
hatte ein Geldverleiher (als Kunden). Die Schuldsumme des einen
betrug fünfhundert Denare, die des anderen fünfzig. Als sie zur
Zurückzahlung außerstande waren, schenkte er sie beiden. Wer
von ihnen wird ihn mehr lieben?« Simon antwortet, deutlich zögernd:»Ich nehme an: Der, der ihm die größere Summe schuldete.«
Jesus bestätigt dies und sagt nun das entscheidende Wort[35]:

»Darum sage ich dir: Vergeben sind ihr ihre vielen Sünden, denn sie
hat viel geliebt. Wem aber wenig vergeben wird, liebt wenig.« (V. 47)[36].

Das Passiv umschreibt nach jüdischer Sprachregelung das Handeln
Gottes. Dementsprechend ist »lieben« im Sinne von Dtn 6,5 zu
verstehen: Dieses Gebot der Gottesliebe »aus ganzem Herzen«
erfüllt ein Sünder, der sich zur Gottesherrschaft bekehrt, in grö-
ßerem Maß als ein Gerechter, der einer Bekehrung nicht bedarf.
Denn weil Gott in seinem eigentlichen ›Wesen‹ (Ex 34,6) gütig
und erbarmungsvoll *ist*, kommt sein Gott-Sein am wesentlichsten
dort zur Wirkung, wo er Sündern vergibt und sie so aus totaler
Verlorenheit rettet. So ist diese Sünderin zu Jesus gekommen,
wie im Gleichnis Lk 15 der verlorene Sohn den Weg zum Vater
zurückgefunden hat. Die Tränen ihrer Reue, mit denen sie seine
Füße wäscht und sie mit ihrem Haar trocknet, gelten als besonderer Akt persönlich-ganzheitlicher Umkehr zu *Gott,* indem sie an
Jesus handelt[37]. So *darf* sie Gott lieben, gerade als Sünderin. Gott
in seiner Königsherrschaft, wie Jesus sie verkündigt, eröffnet ihr
diesen Zugang zu ihm[38]. Das zu verkennen, ist der Fehler, den
der Pharisäer Simon hier begeht. Er hat ja Recht: Diese Frau *ist* eine Sünderin. Aber zu denken, als Prophet müsse Jesus sie fortja-
gen, bedeutet in dieser so überraschend außerordentlichen Situation des Gastmahls in seinem Hause: zu verkennen, daß dieser
Gast sogar *mehr* ist als ein Prophet: Er repräsentiert dieser Sün-

---

35   V. 44–46 verändern den Sinn der spontanen Handlung der Frau und sind
wahrscheinlich ebenso wie die Salbung in V. 37 von Lukas als Polemik gegen
den Pharisäer hinzugefügt; vgl. ebd., 399f.
36   V. 48f. sind wahrscheinlich eine sekundär hinzugesetzte Ausführung von
V. 47. Die ursprüngliche Geschichte dürfte mit V. 50 geschlossen haben; vgl.
ebd., 411–416.
37   Wie zu Lk 15 gibt es auch zu Lk 7,38 eine eindrückliche Parallele in dem
jüdischen Bekehrungsroman Joseph und Asenath; vgl. ebd., 419–421.
38   Ὅτι in V. 47 ist im Sinne des »Erkenntnisgrundes«, nicht des »Realgrun-
des« zu verstehen: An der »größeren« Liebe dieser Frau, die sie Jesus in diesem
außerordentlichen Akt der Reue bezeugt, ist das »größere Maß« der Vergebung
zu erkennen, die Gott dieser Sünderin gewährt; vgl. ebd., 405–407.

derin gegenüber *Gott*! Gott ist es, der dieser Sünderin vergibt, in der Simon nur eine unverschämte Person erkennen will, die ein Prophet nicht weniger entschieden als ein Gerechter wie er selbst zu meiden habe. Das Gleichnis, mit dem Jesus ihm darauf antwortet, soll ihn dazu führen, diesen Widerspruch zu Gottes Handeln zu korrigieren. Es hat die gleiche Zielrichtung und Funktion wie das Gleichnis in Lk 15. Anders als dort aber mündet das Gleichnis hier in die Frage an Simon in V. 42b aus, die ihn zur Antwort provoziert, die zwar auf der Ebene des Erzählten geradezu zwingend, aber auf der Ebene der Gesprächssituation für Simon, den Gerechten, alles andere als selbstverständlich ist. Darum gibt er die Antwort so zögernd (»Ich nehme an«). Denn für ihn würde es immerhin ein gründliches Umdenken bedeuten, akzeptierte er die göttliche Logik, daß Gott nicht nur Sündern vergeben kann – das ist ja nicht strittig –, sondern daß eine Sünderin, der Gott ein so großes Maß an Sündigkeit ihres ganzen Lebenswandels vergeben hat, Gott daraufhin *mehr lieben* solle als ein Pharisäer, der das Gebot der Gottesliebe in seiner ganzen Lebenspraxis doch jedenfalls vollkommener erfüllt als ein Sünder im Augenblick später Reue!

Für den Hörer dieser Geschichte bleibt offen, wie Simon sich entscheidet. Eindeutig ist nur, wie Jesus dieser Sünderin antwortet: Er sendet sie »in Frieden« auf den Weg ihres weiteren Lebens, den sie als gerettete Sünderin nun gehen darf. »Dein Glaube hat dich gerettet« (V. 50) ist der Zuspruch, mit dem Jesus sonst von ihm Geheilte entläßt[39]. Wenn er mit diesem Zuspruch hier *die Sünderin* entläßt, so erweist sich darin, daß Jesus Sünde unter dem Aspekt ihrer lebensschädigenden, todträchtigen Wirklichkeit sieht (vgl. Lk 15,24.32!). Rettung von Sünde ist von gleicher Heilswirkung wie Heilung von Krankheit und Rückruf aus dem Tod ins Leben. Daß es ihr »Glaube« ist, der sie gerettet hat, ist im Sinne von V. 47 zu verstehen: Die Liebe zu Gott nach Dtn 6,5 ist ja nichts anderes als der Glaube an ihn.

Eine zweite, ähnliche Geschichte findet sich in Joh 8,1–11[40]. Auch hier ist es eine Sünderin, die Jesus, ohne sie zu verurteilen, entläßt. Im Mittelpunkt steht hier der Kontrast zwischen ihren Anklägern, die sie zu steinigen im Begriff sind, und Jesu beharrlichem Schweigen. Schließlich sagt er zu ihnen: »Wer sündlos ist

---

39   Vgl. die Zusammenstellung der Belege ebd., 413.
40   Obwohl diese Perikope im *Text* des Johannesevangeliums aus späterer kirchlicher Überlieferung hinzugewachsen ist, ist sie *überlieferungsgeschichtlich* als alt und inhaltlich als Wiedergabe einer tatsächlichen Begebenheit zu beurteilen. Vgl. dazu *U. Wilckens*, Johannes, 138–140.

unter euch, werfe als erster einen Stein auf sie!« Da verlassen sie, einer nach dem anderen, die Szene. Zwar sind sie nach der Tora im Recht, die als Strafe für Ehebruch Steinigung vorschreibt (Dtn 17,7). Auch Jesus widerspricht dem nicht. Aber er vertritt hier die andere Wahrheit, daß es auch für solche Todsünden Gottes Vergebung gibt. Wo sollte da ein Gerechter sein, der diese Sünderin steinigte, zumal es doch niemanden unter ihnen gibt, der selbst total sündlos wäre[41]!

In dieser Geschichte spielen »Schriftlehrer und Pharisäer« (V. 3) von vornherein die Rolle von Gegnern Jesu. Durch die Konfrontation mit einer auf frischer Tat ertappten Ehebrecherin, für die die Tora die Todesstrafe bindend vorschreibt, wollen sie ihn der Torawidrigkeit seiner Zuwendung zu Sündern überführen oder aber angesichts dieses ›eindeutigen Falles‹ notwendiger Bestrafung einer Sünderin ihn zwingen, die Grenzen seiner »Sünderfreundschaft« zuzugestehen. Auch von seiten Jesu erscheint die Konfrontationssituation unauflösbar. Am Ende hat er seine Herausforderer auf beschämende Weise widerlegt. Sie räumen gleichsam das Schlachtfeld, das sie zu Anfang selbst bezogen haben. Insofern hat diese Geschichte keinen offenen Ausgang. Das unterscheidet sie von allen bisher besprochenen Sprüchen und Erzählungen. Es verbindet sie zugleich mit einer Reihe anderer Sprüche, in denen eine harte Konfrontation zwischen Jesus und Pharisäern besteht.

4.4   Drohung gegen die, die Jesu Verkündigung ablehnen

Ein Spruch wie Lk 11,23 / Mt 12,30 (Q) drückt das schroff aus: »Wer nicht mit mir ist, ist gegen mich; und wer nicht mit mir sammelt, zerstreut«[42]. Es geht in Jesu Wirken um die Sammlung

---

41   In diesem Zug unterscheidet sich diese Geschichte von allen sonstigen entsprechenden Zeugnissen der Jesusüberlieferung (vgl. jedoch Mt 7,3–5 / Lk 6,41f. unten S. 214f.). Im Neuen Testament ist von allgemeiner Sündigkeit *aller* im Blick auf die Zeit vor dem Christwerden vor allem bei Paulus die Rede (Röm 3,9–20; Gal 2,15f.; 3,10f) – im Blick auf Christen nur in 1Joh 1,6–10 (und Jak 5,15f). Daher ist zu erwägen, ob Joh 8,1–11 aus nachösterlicher Überlieferung stammen könnte. Das ist zwar nicht auszuschließen. Doch ist die Situation so einmalig-konkret und der Zusammenhang mit der Zielrichtung der Verkündigung Jesu so deutlich, daß eine frühe judenchristliche Erzählung einer Begebenheit wahrscheinlicher anzunehmen ist als die Bildung einer ›idealen Szene‹ zur Veranschaulichung urchristlicher Rechtfertigungs- und Bußtradition der späteren Zeit.
42   Es handelt sich deutlich um einen Einzelspruch, der in der Spruchquelle Q an den Schluß einer Verteidigungsrede Jesu gegen den Vorwurf des Bündnisses mit Beelzebul gestellt worden ist, inhaltlich aber mit dem Voranstehenden nicht zusammenstimmt; anders *J. Schröter*, Erinnerung 267, nach dem der »schroffe

Israels zum Reich Gottes. Im Anschluß an ihn soll die tiefe Spaltung zwischen Gerechten und Sündern überwunden werden, die mitten durch Israel hindurchgeht. Das Wort hat jedoch einen drohenden Ton: Die, die *gegen* Jesus sind, das heißt, die seine Verkündigung der Gottesherrschaft ablehnen und bekämpfen, betreiben eine erneute, katastrophale Zerstreuung! Der Spruch ist allgemein-regelhaft formuliert und läßt so verschiedene Adressierungen zu. Die hier vorgeschlagene Adressierung an Gerechte, die zu Feinden Jesu und also zu Feinden der Gottesherrschaft zu werden drohen[43], hat für sich, daß so die Parallelität der beiden Spruchhälften eine plausible Erklärung findet.

Diese Deutung läßt sich indirekt bestätigen durch den Spruch Mk 9,40 par. (vgl. P Oxy 1224 b)[44]: »Wer nicht gegen uns ist, ist für uns«. In dieser anderen Version richtet sich der Spruch an Jesu Jünger (»gegen *uns*«), die er von Konkurrenzängsten im Blick auf das Wirken anderer Exorzisten außerhalb der Gruppe um Jesus zu befreien sucht. So hat der Spruch einen völlig anderen Sinn. Hier ist darum eine Fortführung im Sinne von Lk 11,23b nicht angebracht.

In dem Redestück Mt 11,16–19 / Lk 7,31–35 (Q)[45] beklagt sich Jesus bitter über »die Menschen dieses Geschlechts«. Sie haben sich sowohl Johannes als auch Jesus verweigert. Den ersten haben sie als dämonisch Besessenen kritisiert, weil er »nicht aß und nicht trank«. An dem anderen kritisieren sie umgekehrt, daß er »ißt und trinkt«, und sagen: »Siehe, der ist ein Fresser und Säufer, mit Zöllnern gut Freund und mit Sündern!« Gemeint sind mit diesen derben Vorwürfen die Freudenmahlzeiten, die Jesus mit Zöllnern und anderen Todsündern gehalten hat, um ihre Rettung durch die Gottesherrschaft zu feiern[46]. Diese Kritik enthält Verurteilung und feindliche Verachtung. Es sprechen hier nicht einige Gerechte, sondern »dieses Geschlecht«, das heißt pauschal: die ganze gegen-

---

Gegensatz zwischen Jesus und Satan nunmehr als Entscheidungssituation interpretiert wird«. Doch es geht hier um das Für oder Wider von *Menschen*, nicht von satanischen Mächten, zu deren Wirken das »*Zerstreuen*« nirgendwo gehört. Und so faßt denn Schröter selbst ebd., 268 das Ergebnis seiner Interpretation des Q-Spruches mit Recht ganz anders zusammen: »als ein(en) Ruf in die Gefolgschaft ..., außerhalb derer es nur Gegnerschaft gibt, die sich im Arbeiten *gegen* seine Tätigkeiten ausdrückt und schließlich zur Verurteilung im Gericht führt.«

43   Vgl. so auch *E. Rau*, Jesus, 112ff.
44   *W. Schneemelcher*, Neutestamentliche Apokryphen I, 86. Zur Interpretation vgl. *J. Schröter*, Erinnerung, 265–267.
45   S. oben S. 125f.
46   Vgl. Mk 2,16; s. oben S. 86–88.

wärtige Generation. Entsprechend ist auch Jesu Reaktion auf diese Kritik anderer Art: Er sucht seine Gegner nicht (mehr) für die Sache des Gottesreiches zu gewinnen, sondern er sieht sie aus ironischer Distanz: Wie schreiende Kinder auf dem Marktplatz sind sie. Ihre Kritik ist wetterwendisch, mal so und mal das Gegenteil! Das klingt auch seinerseits nach Verachtung. Jedenfalls weiß er sich von Gott her im Recht gegen diese anwachsende Kritik der ganzen Umwelt: »Recht bekommen[47] hat die Weisheit (Gottes) von ihren Werken her« (V. 19b). Was Jesus an »Zöllnern und Sündern« tut, sind Werke der göttlichen Weisheit selbst, die mit endzeitlichem Recht geschehen[48].

5 Die Verurteilung der Gerechten, die die Annahme der Sünder bestreiten

5.1 Kritik an Pharisäern, die Jesu Sündermahlzeiten ablehnen

Gezielte Polemik gegen Pharisäer enthalten zwei Sprüche Jesu, die in dem Abschnitt Lk 14,7–14 zusammengestellt sind. Dieser wird als Gleichnis eingeführt (V. 7), aber als ein Gleichnis besonderer Art: Der Adressat, ein Pharisäer, wird mit dem Gleichnis, das von ihm selbst handelt, in der Form einer Weisung direkt angesprochen! Das ist schon formal-rhetorisch eine Veränderung der Gleichnisfunktion. Gleichnisse sind ein besonderes Mittel, Hörer für etwas zu gewinnen. Dieses Gleichnis im Imperativ will den Pharisäer korrigieren. Sein übliches Verhalten, bei Einladungen zum Gastmahl wie selbstverständlich den Ehrenplatz vorn zur Rechten des Gastgebers zu erwarten (V. 7), wird im Gleichnis selbst kritisiert: Statt des ersten Platzes sollte er den letzten einnehmen. Andernfalls nämlich riskierte er, daß der Gastgeber ihn beschämt, indem er ihn vom ersten Platz weg zum letzten verweist. Würde er sich dagegen zunächst auf den letzten Platz niederlegen, so gäbe er damit dem Gastgeber die Möglichkeit, ihn nach vorn hinauf zu bitten, und ihm so vor allen Gästen Ehre zu erweisen. Diese Korrektur entbehrt nicht einer beißenden Ironie gegenüber dem Selbstanspruch der Pharisäer, als führende Personen anerkannt und geehrt zu werden. Aber *als Gleichnis* zielt diese Anweisung auf etwas Grundlegenderes: In *Jesu* Mahlzeiten ha-

---

47 Das Passiv umschreibt das Handeln Gottes.
48 Die Variante Lk 7,35b »von allen ihren Kindern« hebt die Anerkennung im Kreise aller Jünger Jesu hervor, also der späteren Kirche gegenüber der ihr feindlich gesonnenen jüdischen Umwelt; vgl. oben S. 126, Anm. 77.

ben »Zöllner und Sünder« die Ehrenplätze; und nur, wenn die
Gerechten ihren Platz ganz unten am Tisch suchen, der ihnen nach
der hier geltenden Tischordnung der Gottesherrschaft zukommt,
kommen sie auch selbst als Gerechte zu Ehren[49].
Eine weitere Aufforderung in Gleichnisform ist hier in V. 12–14
angefügt: Wenn der angesprochene Pharisäer selbst ein Gastmahl
gibt, dann bitte nicht nur für Seinesgleichen, sondern für »Arme,
Verkrüppelte, Lahme, Blinde«: »Selig wirst du sein, denn die
können dir's nicht vergelten; Vergeltung wird dir nämlich (von
Gott) zuteil werden in der Auferstehung der Gerechten!« (V. 14).
Wieder steht hinter der Szene des Gleichnisses die Besonderheit
der Festmahlzeiten Jesu für Sünder. Diese sind hier ganz und gar
die Beschenkten, die als Sünder, die sie sind, nichts zu ihrer Annahme im Reich Gottes mitbringen können als sich selbst (vgl. Lk
15,18f.23). Wenn die Gerechten tun würden, was Jesus tut, so
würden sie ihren Lohn, der im Himmel für die Gerechten vorge-
sehen ist, sehr wohl erhalten. Das Kriterium für das Verhalten der
Gerechten in Israel ist jetzt im Reich Gottes eben ein anderes, als
diese es leider Jesus gegenüber beanspruchen.
Von der Einladung an »die Armen, Verkrüppelten, Lahmen und
Blinden« (V. 13) ist in dem folgenden Gleichnis Lk 14,16–24[50]
die Rede. Es erzählt von der Einladung zu einem Gastmahl, die der
Gastgeber durch seinen Diener »zur Stunde des Mahles« nochmals an alle Eingeladenen ergehen läßt: »Kommt, denn alles ist
schon bereit!« Die jedoch lassen sich entschuldigen, der eine, weil
er einen gerade gekauften Acker besichtigen »muß«; der zweite,
weil er fünf Joch Ochsen gekauft hat und sie auf ihre Tauglichkeit
prüfen »muß«; der dritte, weil er gerade geheiratet hat und deswegen nicht kommen »kann«. Der Diener kommt mit dieser Kunde
zu seinem Herrn zurück: Alle Eingeladenen lassen »sich entschuldigen«, weil sie Wichtigeres zu tun haben. Darüber wird der Herr
zornig und schickt nunmehr seinen Knecht auf die Straßen und
Gassen der Stadt, um statt jener nunmehr die Armen, Verkrüp-

---

49   In V. 11 wird das in dem Einzelspruch von der Erniedrigung dessen, der
sich selbst erhöht, und der Erhöhung dessen, der sich selbst erniedrigt, verallgemeinert; s. oben S. 203f. die Parallelen sowie den ähnlichen Spruch von den
ersten und letzten in Mk 10,31; Mt 20,16, nach dem das Gleichnis Lk 14,7ff. gestaltet ist.
50   Das Gleichnis ist in Mt 22,1–14 vom Evangelisten Matthäus durchgrei-
fend umgestaltet worden. In EvThom 64 liegt eine erweiterte Fassung des
Gleichnisses in der lukanischen Version zugrunde. Manche neueren Exegeten
sehen in EvThom 64 die überlieferungsgeschichtliche Originalfassung, die
vom Verfasser nur durch einige Einzelzüge aus Lukas und Matthäus ergänzt
worden sei; so zuletzt *F. Bovon*, Lukas II, 505f. (Lit.).

pelten, Blinden und Lahmen[51] in den Festsaal hineinzubringen. Als das geschehen und im Saal noch Platz ist, schickt der Herr seinen Knecht nunmehr auf die Straßen und an die Zäune der Umgebung, bis sein Haus voll ist. So endet die Geschichte, und Jesus fügt V. 24 für seine Hörer hinzu:»Ich sage euch: Niemand von den Eingeladenen wird mein Mahl zu schmecken bekommen!« Nach Mt 22,10 sind es »alle, die sie (die Diener) finden, Böse und Gute«, die anstelle derer, die sich durch ihre Absage der Einladung nicht würdig erwiesen haben (22,8), den Saal füllen. Das ist eine richtige Deutung der Gleichniserzählung. Mit den Desperados, die dort (Lk 14,31) zum Mahl zusammengeführt werden, sind – wie in Lk 14,13 – diejenigen, die an den Festmahlzeiten Jesu miteinander teilhaben sollen, gemeint: Sünder und Gerechte. Doch weil diese sich verweigern, ißt Jesus allein mit den Sündern, die er durch seine Verkündigung zur Annahme der Gottesherrschaft gewonnen hat[52]. Die Gerechten aber, für die im Reich Gottes der Endzeit die Plätze bereitet sind (vgl. Lk 14,14), werden dann nicht teilnehmen können. Denn wer jetzt und hier die Einladung Jesu zum Mahl mit den geretteten Sündern ausschlägt, hat sich damit selbst von der endzeitlichen Mahlgemeinschaft mit Gott ausgeschlossen.

5.2 Gegen pharisäische Kritik

Ähnliches sagt ein anderes Gleichnis: Mt 21,28–31.

»Was meint ihr? Ein Mensch hatte zwei Söhne. Er trat zum ersten und sagte: ›Kind, geh heute zur Arbeit im Weinberg!‹ Der antwortete: ›Ich will nicht!‹ Nachher reute es ihn und er ging. Da trat er (der Vater) zum zweiten und sprach ebenso. Der antwortete: ›Ja, Herr!‹ – und ging nicht hin[53].

51 Dieses in 14,13 und 14,21 wörtlich übereinstimmende Motiv ist der Anlaß für die Zusammenstellung beider Perikopen gewesen.
52 Unter diesem Aspekt ist in V. 15b vom ›Redaktor‹ eine Seligpreisung vorangestellt worden:»Selig, wer das Brot ißt im Reich Gottes!« Dies war ursprünglich als Einzelwort überliefert worden, in dem Jesus beim Festmahl die Teilnehmer als Mahlgenossen des zukünftigen Freudenmahls im Reich Gottes begrüßte. Unter dieser Überschrift soll das Gleichnis V. 16ff. als Ermutigung an die Sünder am Tische Jesu gelesen werden, wozu die Absage an die Gerechten, die die Mahlgemeinschaft verweigern, den Kontrast bildet.
53 Die Handschriften des Textes weichen in der Reihenfolge von V. 29 und V. 30 und entsprechend in V. 31a voneinander ab. Eine Gruppe hat die oben wiedergegebene Reihenfolge, eine andere die umgekehrte. Die große Mehrheit der Exegeten beurteilt die erste Lesart mit Recht als die ursprüngliche. Die zweite Lesart ist schon in früher Zeit dadurch entstanden, daß man in dem Jasager das Volk Israel und im Neinsager die Heidenvölker sah und wegen der zeitlichen Priorität der Verkündigung an Juden vor der an Heiden die Reihenfolge umkehrte.

Wer von den beiden hat den Willen des Vaters getan? Sie sagen: ›Der erste!‹«. Sagt Jesus zu ihnen:»Amen ich sage euch: Die Zöllner und die Huren kommen euch voran ins Reich Gottes!«[54]

Das Gleichnis beginnt wie das in Lk 15,11. Beidemal sind mit den beiden unterschiedlich handelnden Söhnen des Vaters die Gerechten und die Sünder gemeint. Der Sünder ist dem Gebot des Vaters ungehorsam. Er bereut danach aber seinen Ungehorsam und tut, was ihm geboten war. Der Gerechte beantwortet das Gebot mit seinem Gehorsam, tut dann aber nicht, was er zu tun zugesagt hat. Es scheint sich zunächst um einen klaren Fall von Umkehr eines Sünders zur Tora und von Verfehlung eines Gerechten zu handeln. Für einen Pharisäer gibt es kein Problem: Der erste Sohn gehört aufgrund seiner Umkehr nunmehr zu den Gerechten, der zweite hat seine Gerechtigkeit verloren. Die Frage Jesu läßt sich im Blick auf das im Gleichnis Erzählte nur so beantworten, wie es die Hörer tun. Jesu Antwort zeigt jedoch, daß mit dem zweiten Sohn Gerechte gemeint sind, die seine Einladung zur Anerkennung der Entscheidung Gottes, den verlorenen Sündern den Eingang in sein Reich zu schenken, und zur Teilnahme an den Freudenmählern Jesu mit diesen »Zöllnern und Huren« mit Empörung ablehnen. Eben damit verweigern sie jetzt Gott den Gehorsam, den sie ihm als Gerechte zuvor zugesagt haben und den sie ihm jetzt, in dieser entscheidenden Stunde des Anbruchs der endzeitlichen Gottesherrschaft, heilsentscheidend schulden. So verschließen sie sich selbst den Zugang zur zukünftigen Heilsvollendung im Reich Gottes. Die von ihnen verurteilten und verachteten Sünder, die jetzt auf Jesu Verkündigung hin umgekehrt sind, werden hineinkommen, sie nicht[55].
In diesem Zusammenhang ist zu erwägen, ob Mt 7,1–5 / Lk 6, 37–42 ursprünglich an Gerechte gerichtet ist, die die Sünder verurteilen:»Richtet nicht, so werdet ihr nicht gerichtet! Mit welchem Urteil nämlich ihr richtet, werdet ihr gerichtet werden, und mit dem Maß, mit dem ihr meßt, wird euch zugemessen werden«[56]. Bezogen auf jene Gerechten heißt das: Wer als Gerechter Sünder

---

54   V. 32 ist ein sekundär hinzugesetztes Einzelwort Jesu, zu dem es in Lk 7, 29f. eine Parallele gibt.
55   Es entspricht jüdischer Sprachweise, daß mit »euch voran« eine schroffe Negation gemeint ist: »Jene kommen hinein – ihr nicht!« So *J. Jeremias*, Gleichnisse, 126, Anm. 2; zuletzt *J. Gnilka*, Matthäus II, 222.
56   Der gleiche Spruch findet sich in rabbinischer Überlieferung:»Mit dem Maß, mit welchem ein Mensch mißt, mißt man (= Gott) ihm« (Sot 1,7 bei *J. Gnilka*, Matthäus I, 256, Anm. 10). Vgl. auch Sir 27,30–28,7 und dazu *D. Flusser*, Jesus, 65–67.

verurteilt, sollte wissen, daß Gott dann auch ihn selbst verurteilt; denn es gibt keinen Gerechten, der ohne Sünde ist[57]. Das gilt um so mehr für die Gegner Jesu, die seine Heilsverkündigung für verlorene Sünder ablehnen, weil damit der Grundsatz aufgelöst werde, daß Sünder ewiger Verdammnis, Gerechte dagegen ewigem Heil entgegensehen. Diese Gegner sind jedenfalls mit dem Vorwurf des folgenden Bildwortes angesprochen:

»Was siehst du den Splitter im Auge deines Bruders, den Balken aber in deinem eigenen Auge bemerkst du nicht? Oder wie kannst du zu deinem Bruder sagen: ›Laß mich‹ den Splitter aus deinem Auge ziehen‹, und siehe, der Balken (steckt) in deinem Auge! Heuchler, zieh zuerst aus deinen Augen den Balken, dann magst du darauf schauen, den Splitter aus dem Auge deines Bruders zu ziehen!«

Das gleiche Bild findet sich auch in rabbinischer Überlieferung[58]. Die Warnung ist also Jesu Gegnern wohlbekannt. Doch Balken und Splitter gewinnen hier eine polemische Bedeutung: Die Gegner, die die Sünder, mit denen Jesus sich umgibt, verurteilen, bemerken nicht, daß sie damit in unvergleichlich höherem Maße schuldig werden: Sie widersprechen Gott, der diese Sünder angenommen hat. In Gottes Sicht ist die Sünde der Sünder, die er retten will, wie ein Splitter, die Sünde der Gerechten aber, die die Sünder verurteilen, wie ein Balken!

5.3   Das Gleichnis vom Pharisäer und Zöllner

Die schroffste Absage an Jesu Gegner unter den Pharisäern findet sich im Gleichnis *Lk 18,10–14*[59]:

»Zwei Menschen gingen hinauf (nach Jerusalem) in den Tempel zum Gebet, der eine ein Pharisäer, der andere ein Zöllner. Der Pharisäer stellte sich für sich (allein) hin und betete folgendes: ›Gott, ich danke dir dafür, daß ich nicht bin wie die übrigen Menschen, Räuber, Ungerechte, Ehebrecher oder auch wie dieser Zöllner hier. Ich faste zweimal in der Woche und gebe den Zehnten von allem, was ich erwerbe.‹ Der Zöllner stand weit abseits, er wollte die Augen auch nicht zum Himmel erheben, sondern schlug sich an die Brust und sagte: ›Gott, schenke Versöhnung mit

---

57   S. oben S. 208f. zu Joh 8,7.
58   Vgl. R. Tarphon (ca. 100 n.Chr.):»Wenn man einem sagt: Entferne den Splitter aus deinem Auge!, wird er antworten: Entferne den Balken aus deinem Auge!« (Ar 16b Bar bei *Bill.* I, 446).
59   Vgl. dazu besonders *E. Rau*, Jesus, 114–121.

mir, diesem Sünder!‹ Ich sage euch: Dieser ging als (von Gott) Gerecht-erklärter nach Hause hinab – im Gegensatz zu jenem.«[60]

Die Nähe zum Gleichnis Lk 15,11ff. ist ebenso augenfällig wie der Unterschied. Die beiden »Menschen« entsprechen den beiden Söhnen. Beidemal ist der eine jeweils Typus des Sünders, der aus völliger Verlorenheit mit einem Sündenbekenntnis zu Gott zurückkehrt, der andere Typus des Gerechten, der Gemeinschaft mit dem Sünder verweigert. Der Unterschied zeigt sich schon gleich zu Anfang: In Lk 15 sind die beiden Personen als Söhne des Vaters miteinander verbunden. Die Weigerung des älteren, am Freudenmahl für den jüngeren teilzunehmen, widerspricht dieser bestehenden Rechtsgemeinschaft zwischen ihnen, die durch die Entscheidung des Vaters, den Zurückgekehrten in das Sohnesrecht wieder einzusetzen, erneuert worden ist. In Lk 18 dagegen sind es zwei »Menschen«, deren Verhältnis zueinander durch keinerlei bestehende Gemeinschaftsbande vorbestimmt ist. Ganz ungewöhnlich aber ist es, daß in diesem Gleichnis die Personen auf der Ebene der Erzählung von vornherein mit den Personen identifiziert werden, mit denen Jesus als der Erzähler des Gleichnisses zu tun hat: einem Pharisäer und einem Zöllner. Das muß von jedem Hörer als unerhörte Provokation empfunden werden, und eben dies ist Jesu Absicht. In seinem Schlußwort teilt er den Hörern den Ausgang der im Gleichnis erzählten Geschichte mit: Der Entscheid Gottes, an den die beiden Beter im Tempel ihre Gebete gerichtet haben, ist zugleich der Entscheid Gottes im Streit zwischen Jesus selbst und den Pharisäern um seine Heilsverkündigung an »Zöllner und Sünder«: Jesus handelt darin mit Recht im Namen der Königsherrschaft Gottes. Die Pharisäer sind im Unrecht. Das Gleichnis hat von Anfang an polemische Tendenz, die in diesem Schluß des *Gottesurteils* unüberbietbar schroff und vor allem: unwidersprechbar zum Ziel kommt. So läßt Jesus seine Hörer mit Gottes Augen sehen, was er im Gleichnis vom Pharisäer und vom Zöllner erzählt.

Der Pharisäer sucht im Tempel einen Platz »für sich allein«, abgesondert also von »den übrigen Menschen«, von denen er sich im Gebet unterscheidet. So erhält der Name »Pharisäer«[61] einen sinnenfälligen Ausdruck. In seinem Gebet ist dies denn auch das erste, wofür er Gott dankt: daß er sich in seiner über die Toragebo-

---

60 Lukas fügt in V. 14b den selbständigen Einzelspruch hinzu: »Wer sich selbst erhöht, wird (von Gott) erniedrigt werden. Wer aber sich selbst erniedrigt, wird erhöht werden«; s. oben S. 203f.
61 Vgl. oben S. 73.

te hinausgehenden praxis pietatis[62] von »den übrigen Menschen« abhebt. Daß er dabei ausschließlich Sünder der schwersten und allgemein verachtetsten Art aufzählt, ist deutlich eine polemische Verzerrung des Selbstbewußtseins der damaligen Pharisäer. Sie hielten sich selbst zwar für Gerechte in einer sonst nicht erreichten Strenge und Vollkommenheit, aber keinesfalls alle Juden außerhalb ihrer Gemeinschaft pauschal für Sünder[63]. Und der Dank für die eigene Unterschiedenheit von den Sündern, der in ähnlichen Gebeten tatsächlich bezeugt ist[64], entbehrt solcher Exklusivität, wie sie sich hier ausdrückt. Daß die Aufzählung der Sünder in V. 11 auf den Hinweis auf »diesen Zöllner hier« hinausläuft, zeigt das polemische Ziel des Gleichnisses: Dieser Pharisäer stellt sich vor Gott als Gerechten dar im Gegensatz zu dem Zöllner als exemplarischem Sünder. Er verkörpert alle, die Jesus als »Freund von Zöllnern und Sündern« verurteilen.

Der Zöllner ist das Gegenbild in entsprechend extremer Weise. Er stellt sich »weitab« vom Pharisäer. Er wagt auch nicht den Blick zum Himmel (vgl. Esr 9,6), geschweige denn den Gebetsgestus der erhobenen Arme. Er schlägt sich an die Brust (das Herz ist der Sitz der Sünde) – eine Geste verzweifelter Reue[65] eines Sünders, der in der Tat weiß, daß seine Lage vor Gott aussichtslos ist. Zur Buße gehört ja nicht nur die Abkehr von der Sünde – für den Zöllner bedeutet das die Aufgabe seines Berufs –, sondern auch die Rückerstattung aller unrechtmäßigen Einnahmen samt der Zuzahlung einer Strafgebühr von 20 Prozent (Lev 5,14–16). So bleibt ihm nur, mit den vertrauten Worten, mit denen Bußgebete beginnen (vgl. Ps 51), Gott um sein gnädiges Erbarmen anzuflehen. In seiner Bitte steht mit Betonung am Schluß: »mir, dem *Sünder*«.

Der Ausgang ist, was die »Rechtfertigung« des Sünders betrifft, an sich weder überraschend noch ein Affront. Zu tief ist in der Schrift und in der Glaubenspraxis Israels das Wissen verwurzelt, daß Gott

---

62 Nach der Tora ist Fasten für alle Israeliten nur einmal im Jahr, am Hochfest des Versöhnungstages, zwingend vorgeschrieben. Der Pharisäer fastet jede Woche zweimal. Und er gibt den Zehnten der vorgeschriebenen Abgabe an den Jerusalemer Tempel von *sämtlichen* eingekauften Waren, auch von solchen, für die die Produzenten bereits vor dem Verkauf den Zehnten zu entrichten hatten. Das tut er, um ganz sicher sein zu können, nicht doch unwissentlich gegen die Abgabepflicht verstoßen zu haben.

63 Vgl. *E.P. Sanders*, Jesus, 192–199, der vor allem bestreitet, daß den Pharisäern die gewöhnliche Landbevölkerung Galiläas (*am-haarez*) pauschal als massa perditionis von Sündern gegolten habe. Joh 7,49 gibt eine Stimmung, nicht ein Lehrurteil wieder.

64 Vgl. *J. Jeremias*, Gleichnisse, 141f., der solche Dankgebete aus dem 1. Jahrhundert n.Chr. zitiert (bBer 28b sowie 1QH 7,34).

65 *J. Jeremias*, Gleichnisse, 142 verweist auf JosAs 10.

in seiner Barmherzigkeit (Ex 34,6) auch schwere Sünden zu vergeben vermag. Ein Affront dagegen ist, daß Gott den Pharisäer nicht
als Gerechten anerkennt! Der Grund ist aus der Zielrichtung seines
Gebets ersichtlich: Es ist seine selbstverständliche, totale Distanzierung von allen Sündern, die in schroffem Gegensatz steht zu
Gottes Erbarmen mit eben diesem Zöllner, der Gott nichts vorzu-
weisen weiß außer seiner Sündigkeit. Nicht der Gegensatz zwischen
gut und böse, gerecht und ungerecht als solcher wird aufgehoben,
aber der ausschließende Gegensatz zwischen dem Gerechten und
dem Sünder, auf dem der Pharisäer vor Gott besteht. Wo Gott sich
in seiner nahenden Königsherrschaft der Sünder erbarmt, damit
diese zusammen mit seinen auserwählten Gerechten an der endzeitlichen Heilsverheißung teilhaben, kann der Gerechte nur dann
Gottes Anerkennung finden, wenn er Gottes Erbarmen zustimmt
und *darum* seine Selbstunterscheidung vom Sünder aufgibt.
Daran ist der Pharisäer gescheitert, auf der Ebene der Gleichniserzählung wie zugleich auf der der aktuellen Auseinandersetzung
Jesu mit den Pharisäern, die ganz zu Gegnern der Gottesherrschaft geworden sind. Anders als in Lk 15, bleibt hier der Ausgang nicht offen. Gott hat *diesem* Gerechten seine Anerkennung
als Gerechter entzogen!
Von daher sind, anders als in Lk 15, die Adressaten dieses Gleichnisses nicht Pharisäer. Es können vielmehr nur die Menschen sein,
denen Jesus die Gottesherrschaft in den Ortschaften Galiläas verkündigte. Sie will er mit diesem Gleichnis von ihrer Hochachtung
vor den Pharisäern als *den* maßgeblichen Lehrautoritäten abbringen[66]. Ihrer Feindschaft gegen ihn setzt er Gottes Verurteilung
dieser Feindschaft entgegen.

5.4   Direkte Polemik gegen Pharisäer

Von hier aus müssen nun die Worte betrachtet werden, die sich in
direkter Polemik gegen Pharisäer richten.
Lk 6,39 schließt sich unmittelbar an die Warnung vor dem Richten
in Lk 6,37f. / Mt 7,1f. an, von der wir vermutet haben, daß sie
sich ursprünglich gegen Gerechte, die Sünder verurteilen, gerichtet haben kann[67]: »Kann etwa ein Blinder einen Blinden den Weg
führen? Werden sie nicht beide in die Grube hineinfallen?« Der
erste Teil verwendet ein weltweit bekanntes Bild[68], der zweite ei-

66   So überzeugend E. *Rau*, Jesus, 118f.
67   S. oben S. 214f.
68   Vgl. die griechisch-hellenistischen Belege bei J. *Gnilka*, Matthäus II, 25
mit Anm. 29.

ne biblische Redensart[69]. Da Paulus in Röm 2,19 den Anspruch jüdischer Gesetzeslehrer als »Wegführer für Blinde« zitiert, liegt es
sehr nahe, daß es dieser Anspruch ist, den Jesus durch die karikie-
rende Rede von den blinden Blindenführern bestreitet. Jedenfalls
hat Matthäus (15,14) dieses Wort als Polemik gegen Pharisäer aufgefaßt und an die aus Mk 7,1–15 übernommene Auseinandersetzung über das Händewaschen vor dem Essen (Mt 15,1–10) angefügt (vgl. Mt 15,12–14)[70]. Dort geht es um eine spezifisch pharisäische Praxis. Indem Jesus deren Anspruch auf Normativität mit
jenem Sprichwort kritisiert, gibt er ihn der Lächerlichkeit preis.
Das böse Wort von den Pharisäern als »blinden Blindenführern«
taucht im Matthäusevangelium später noch zweimal auf (Mt 23,
16.24). Darin zeigt sich, daß dieses Wort in der späteren Auseinandersetzung zwischen Kirche und Synagoge zur oft gebrauchten
rhetorischen Waffe geworden ist. Dennoch ist wahrscheinlich, daß
es auf Jesus selbst zurückgeht, der aus einem geläufigen Sprichwort einen Vorwurf gegen den Anspruch seiner pharisäischen Gegner gemacht hat, in der Nachfolge der biblischen Propheten[71] als
Lehrer des Volkes »Licht der Blinden« zu sein. Die polemische
Verkehrung dieses Anspruchs soll bei den Hörern Jesu die Autorität der Pharisäer in Frage stellen.
Diese Absicht wird in einem anderen Einzelwort besonders deutlich, in dem Jesus seine Anhänger warnt: »Seht euch vor vor dem
Sauerteig der Pharisäer!« (Mk 8,15)[72]. Hier ist es Jesu eigenes
Gleichnis (Lk 13,20f.), das er gegen seine Gegner wendet. Wie
die Gottesherrschaft, so hat umgekehrt auch die Lehre ihrer pharisäischen Gegner durchgreifende Wirkungskraft auf die, die sich
auf ihre Autorität einlassen – jedoch nicht heilbringend, sondern
verderbend!

---

69   Vgl. Spr 26,27; Sir 27,26: »Wer eine Grube gräbt, fällt selbst hinein«.
70   Da das gleiche Wort (mit Mt 15,14b gleichlautend) in EvThom 34 als
Einzellogion überliefert wird, liegt die Vermutung nahe, daß es ursprünglich
ein Einzelwort gewesen ist. Auch als solches aber hat es sich wohl von Anfang
an gegen Pharisäer gerichtet.
71   Jes 42,7; 49,6; vgl. 42,16; 29,18; 32,3; 35,5; Weish 18,4.
72   Die Parallelen Mt 16,6 und Lk 12,1 haben ein anderes Verb (»habt acht
vor«). Das könnte ein Anzeichen dafür sein, daß beide Evangelisten dieses
Wort unabhängig voneinander aus mündlicher Überlieferung (oder aus der
Spruchquelle Q?) kannten, so daß diese Version ihnen bei der Wiedergabe von
Mk 8,15 in die Feder floß. Im übrigen haben alle drei Evangelisten zu den Pharisäern, vor denen die ursprüngliche Fassung des Wortes warnt, weitere Gegner hinzugefügt: Markus Herodes, Matthäus die Sadduzäer; Lukas spricht von
der »Heuchelei« der Pharisäer – ein lehrreiches Beispiel für die Variationen, in
denen ein Wort Jesu unter verschiedenen Gesichtspunkten der Kirche überliefert wird.

Lehren und Tun stehen nach jüdischem Verständnis in einem wesenhaften Zusammenhang. So kann Jesus mit allgemeiner Zustimmung rechnen, wenn er in einem Bildwort sagt: »Es gibt keinen
guten Baum, der faule Frucht bringt, und umgekehrt keinen faulen Baum, der gute Frucht bringt« (Lk 6,43 / Mt 7,17f. / Mt 12,
33f.). Das Gleiche sagt ein anderer Spruch konkreter und griffiger:
»Man erntet von Dornen keine Trauben, und von Disteln pflückt
man keine Feigen« (Lk 6,44 / Mt 7,16 / EvThom 45). Jüdisch gedacht, geht es hier um das Herz als den Sitz alles Guten und alles
Bösen, das ein Mensch tut (vgl. Mk 7,15). Das Herz wiederum
kann nur darin gut sein, daß es Gottes Willen gehorsam ist; und
das heißt, daß es die Tora verinnerlicht. Aus einem toraverbunde-
nen Herzen geht gerechtes Tun hervor. Alles sündige Tun dagegen hat seine Wurzel in einem der Tora ungehorsamen Herzen.
Das ist das Zentralmotiv aller Weisheit und aller Gesetzeslehre,
die aus der Weisheitsüberlieferung erwachsen ist. In der kritischen
Zielrichtung stehen die beiden Bildworte Jesu der Verkündigung
des Täufers sehr nahe: Wer ihr folgte, mußte in einer radikalen
Weise »Früchte der Umkehr« tun (Lk 3,8 / Mt 3,8). Nun stehen
diese Bildworte in der Spruchquelle (Q) in unmittelbarem Zusammenhang mit den Sprüchen vom Richten und Maßnehmen (Lk 6,
37f.) und vom blinden Blindenführer (Lk 6,39), deren polemische
Abzielung auf Pharisäer wahrscheinlich ist. Das entspricht dem jüdischen Zusammenhang zwischen *Lehre* und Lebenspraxis. Diese
muß jener folgen. Darum muß ein Toralehrer auch ein Vorbild
toragemäßen Wandels sein. Kritisiert nun Jesus die *Lehre* der Pharisäer, weil diese dem Zentrum seiner Verkündigung der Gottesherrschaft widerspricht, so trifft diese Kritik entsprechend auch
ihr *Tun*. Sosehr seine beiden Bildworte allgemein *jedes* böse Tun
eines Menschen kritisieren, das aus einem bösen, Gottes Willen
ungehorsamen Herzen erwächst, sosehr und vor allem treffen sie
Pharisäer, die sich für die Annahme seiner Heilsverkündigung
nicht haben gewinnen lassen. Statt Vorbilder der Gerechtigkeit zu
sein, sind sie nun leider Vorbilder der Ungerechtigkeit geworden.
Seiner Kritik ihrer Lehre folgt darum eine Kritik auch ihres Tuns
auf dem Fuße.
Diese Kritik spricht sich in einer Reihe von Wehesprüchen aus, die
in Lk 11,39–52 / Mt 23,1–36 in sehr unterschiedlicher Form überliefert sind[73]. Ein Weheruf ist das Gegenteil einer Seligpreisung.

---

73   Da diese Sprüche in der Reihenfolge und weithin auch im Wortlaut bei
Lukas und Matthäus voneinander abweichen, kann eine gemeinsame schriftli-
che Quelle (Q) nicht überzeugend erwiesen werden. Da andererseits die Sprüche der lukanischen Reihe allesamt in der matthäischen Perikope enthalten

In eschatologischem Kontext wird darin die Verurteilung im Endgericht zugesprochen. So sind diese Worte, die sich an Pharisäer und Gesetzeslehrer richten, bereits in ihrer Form eine Polemik mit endzeitlichem Gewicht.

Zwei Worte werfen den Gegnern vor, daß sie durch ihre Lehre dem Volk Schaden antun: 1. Sie bürden den Menschen Traglasten auf, die sie selbst nicht einmal mit dem Finger anrühren (Lk 11,46 / Mt 23,4). 2. Sie nehmen den Leuten den »Schlüssel der Erkenntnis« bzw. verschließen ihnen den Eingang zum Reich Gottes; da sie selbst nicht hineinkommen, versperren sie auch den Übrigen den Eintritt (Lk 11,52 / Mt 23,13). Der erste Spruch bezieht sich auf Sonderlehren der Pharisäer, in deren Lehre und Praxis sie sich von den anderen Juden unterscheiden. Eben mit dieser Unterscheidung grenzen sie all diese »Übrigen« (Lk 18,11f.!), sofern diese sich nicht pharisäischer Toraobservanz anschließen, von der Gerechtigkeit aus, die nach ihrer Lehre für die Teilhabe am Endheil qualifiziert. Diejenigen wiederum, die sie für ihre Frömmigkeitspraxis gewinnen, erziehen sie zu der gleichen Exklusivität gegenüber »Sündern«, die die Pharisäer vertreten – und hindern diese so wie sich selbst an der Heilsteilhabe im Reich Gottes. Das ist der Vorwurf, den Jesus im zweiten Spruch gegen sie erhebt.

Zwei weitere Weherufe verurteilen zentrale Punkte der spezifisch pharisäischen Lehre und Praxis. Die Pharisäer haben die Gebote ritueller Reinheit, die die Tora den Priestern im Jerusalemer Tempel auferlegt, auf die Lebenspraxis von Laien übertragen und so eine besonders vollkommene Gerechtigkeit als Reinheit des alltäglichen Lebens außerhalb der Heiligkeitssphäre des Tempels für sich in Anspruch genommen. Damit haben sie so etwas wie eine Heiligungsbewegung innerhalb Israels in Gang bringen wollen und ihre eigene Gemeinschaft (*chabura*) als Oasen der Reinheit und Heiligkeit inmitten des vielfach sündigen Volkes verstanden, möglicherweise als Orte stellvertretender ›Übererfüllung‹ der Tora, um derentwillen Gott seinem Volk als ganzem Vergebung gewähren möge. Wenn diese Deutung zutrifft, dann stimmt das Grundanliegen der Pharisäer, die Überwindung der Spaltung Israels zwischen Gerechten und Sündern, zwischen Reinheit und Unreinheit, mit dem Anliegen Jesu überein. Das würde das anfäng-

sind, kann vermutet werden, daß es sich bei diesen um einen Urbestand mündlicher Überlieferung handelt, den beide Evangelisten bereits in verschiedener Reihenfolge und Formulierung vorgefunden und jeweils verschieden bearbeitet haben. Das Ausmaß der Bearbeitung ist bei Matthäus ungleich größer als bei Lukas. Das spricht dafür, daß die lukanische Reihe, aufs ganze gesehen, ursprungsnäher ist als die matthäische Komposition.

liche Werben Jesu um die Pharisäer gut erklären. Doch während die Pharisäer diese Überwindung durch ihre Heiligungsbewegung auf dem Weg außerordentlicher Toraerfüllung zu erreichen suchten, hat Jesus diese als das Werk des Erbarmens Gottes mit den Sündern verkündigt und eine Bewegung der Durchdringung der Alltagswelt Israels durch die Rettungsmacht der endzeitlichen Gottesherrschaft ins Leben gerufen. Zwischen beiden Bewegungen ist es jedoch nicht zu Gemeinsamkeit und Kooperation, sondern zu Gegnerschaft, ja Feindschaft gekommen[74]. So erklärt sich die Schärfe der Polemik, mit der Jesus nunmehr gerade die spezifischen Anliegen der Pharisäer verurteilt hat.

In Mt 23,25 / Lk 11,39 spielt Jesus auf eine damals aktuelle Lehrdiskussion über die Reinigung von Eßgefäßen an[75]. Mit bitterer Ironie kritisiert er seine Gegner: Wie können sie nur die Außenseite ihres Eßgefäßes reinwaschen, während dessen Inneres voll Unreinheit ist »aufgrund von Raub und Maßlosigkeit«[76]. Der Aspekt ritueller Reinheit geht hier unvermittelt über in den Aspekt sittlicher Reinheit. »Heuchler« sind die Pharisäer: Ihr Engagement für perfekte Erfüllung der Gebote ritueller Reinheit steht in Widerspruch zu dem, was sie tun. Der Vorwurf von »Raub und Maßlosigkeit« ist sicherlich polemisch überzogen. Er gewinnt überhaupt nur konkreten Sinn, wenn Jesu Kritik dem Einwirken der Gegner auf das gemeine Volk gilt: Indem sie die Leute gegen ihn als Verführer einnehmen, berauben sie sie der Gerechtigkeit, die sie durch die Gottesherrschaft empfangen sollen, und rechnen sich ihren Erfolg als Mehrung ihrer eigenen Gerechtigkeit zu. So zielt dieser Wehespruch in die gleiche Richtung wie die beiden eben besprochenen (Lk 11,46.52).

Ein weiteres Anliegen der Pharisäer war die restlose Erfüllung der Pflicht jedes Israeliten zur Abgabe des Zehnten für den Jerusalemer Tempel (vgl. Lk 18,12!). In der Tora ist eine Verzehntung lediglich der Früchte des Feldes und der Obstbäume (Lev 27,30) bzw. von Getreide, Wein und Öl (Dtn 14,22f.) geboten. Die aus pharisäischer Praxis erwachsene rabbinische Lehrüberlieferung hat dies auf alles, was aus der Erde wächst, ausgeweitet und so auch

---

74   K. *Berger*, Jesus als Pharisäer, 38 charakterisiert diesen Gegensatz so: Die Reinheit Jesu ist »nicht defensiv ... sondern offensiv«. Entsprechend G. *Theißen* / A. *Merz*, Jesus, 211: »Nicht Unreinheit steckt an, sondern Reinheit ... Er verkörperte charismatisch ausstrahlende Reinheit«.

75   Näheres dazu unten S. 300–302.

76   So Mt 23,25 im Unterschied zu Lk 11,39, wo Jesus vom Äußeren der Eßgefäße unmittelbar überspringt zum Inneren der angesprochenen *Menschen*. Der Skopos ist aber der gleiche. Das gilt hier auch von EvThom 89, wo die Lukasfassung zugrundeliegt (Lk 11,39a.40), Lk 11,39b jedoch ausgelassen wird.

die Verzehntung aller Gartenkräuter gefordert[77]. In Lk 11,42 /
Mt 23,23 wendet Jesus auf diese Verzehntungs-Halacha die rabbinische Unterscheidung von »schwerwiegenden« und »geringeren« Geboten an: In diesem Sinne gibt es wichtigere Gebote, denen die Gegner nicht gerecht werden, weil sie sich so übereifrig
auf die Erfüllung der so viel geringerwertigen Zehnt-Gebote konzentrieren: Das Tun des »Rechts«, d.h. dessen, was dem Nächsten
zukommt (zusammengefaßt in Lev 19,18), und die Liebe zu Gott
(Dtn 6,5)[78] sind die beiden Zentralgebote (vgl. Mk 12,29–31
parr. mit 12,32f.), deren Zusammengehörigkeit auch vielfach im
zeitgenössischen Judentum gelehrt worden ist[79]. Jesus lehnt die
Pflicht zur Abgabe des Zehnten zwar nicht ab, läßt sie aber hinter
diese Hauptgebote zurücktreten: »Dieses wäre notwendig zu tun
und jenes nicht zu unterlassen«. Dieser »Notwendigkeit« werden
die pharisäischen Gegner nicht angemessen gerecht (ἔδει). Das ist
der Vorwurf, den Jesus gegen sie erhebt. Er wird nur dann verständlich, wenn man ihn vom Gleichnis Lk 18,9–14 her versteht:
Indem die Gegner seine Verkündigung der Gottesherrschaft ablehnen, widersprechen sie Gottes eigenem Heilswillen. Und indem
sie Sünder ausgrenzen, denen Gott in seiner Barmherzigkeit den
Zugang zu seinem Reich eröffnet, verstoßen sie entsprechend elementar gegen das Gebot der Nächstenliebe.
Scharf lautet ein anderer Weheruf (Lk 11,44 / Mt 23,27): »Ihr seid
wie unkenntliche Gräber – die Menschen, die darüber hinwegge-
hen, wissen es nicht!« Gräber sind Stätten äußerster Unreinheit.
Wer sie berührt, ohne es zu wissen, verunreinigt sich, ohne die
Möglichkeit zu haben, sich danach durch die vorgeschriebenen
Waschungen zu reinigen. In polemischer Verkehrung vergleicht
Jesus seine Gegner im Blick auf die Wirkung ihrer Lehre auf die
Leute aus dem Volk mit solchen Gräbern: Die Pharisäer verbergen
ihnen, daß sie ihnen das Heil der Gottesherrschaft verwehren, in-
dem sie sie gegen Jesu Verkündigung einnehmen.
Auf der gleichen Linie liegt es, wenn Mk 7,1–13 berichtet wird,
wie Jesus auf den Vorwurf von Pharisäern und Gesetzeslehrern,

---

77 Vgl. die Mischna-Traktate Maʿasrot (Zehntenabgaben) und Maʿaser Sheni
(zweiter Zehnt); zu Dill (MSh 4,5) und Kümmel (Dem 2,1) vgl. *Bill.* I, 933. Zur
Entstehung dieser Erweiterung des Gebotenen aufgrund der Einbeziehung
weiterer Zehnt-Gebote in der Tora (Num 18,21–32; Dtn 14,22–27.28f.; 26,12f.)
vgl. *U. Luz*, Matthäus III, 331 (Spezialliteratur ebd., 331, Anm. 79).
78 In Mt 23,23 steht statt dessen »Recht, Barmherzigkeit, Glaubenstreue«.
79 Vgl. dazu *K. Berger*, Gesetzesauslegung, 142–165; *G. Theißen* / *A. Merz*,
Jesus, 340–345. Der deutlichste Beleg für die Zusammenordnung dieser beiden
Hauptgebote findet sich bei Philo, SpecLeg II,61–63. Zum doppelten Liebesgebot vgl. ausführlich unten S. 250–256.

daß seine Jünger sich vor dem Essen nicht die Hände waschen[80], mit einem Gegenvorwurf geantwortet habe: Die Gegner verstoßen ihrerseits gegen das zweifellos gewichtigere 4. Dekaloggebot, wenn sie lehren, man könne seine Unterhaltspflicht gegenüber den Eltern außer Kraft setzen durch Übereignung des Betrags an den Tempel (Mk 7,11f.). Das – so urteilt Jesus – ist ein klarer Fall des Verstoßes gegen das Gebot Gottes zugunsten von Lehrüberlieferungen, die von Menschen ersonnen sind (Mk 7,9.13)[81]. Entsprechendes sagt der Weheruf Lk 11,47f. / Mt 23,29–31. Die Gegner bauen die Gräber der Propheten prächtig aus, die ihre Väter ermordet haben! Indem sie ihnen äußerlich Monumente bauen, stimmen sie innerlich ihren Vätern zu[82]. Der Grund wird nicht genannt. Bei Jesus kann er nur darin bestehen, daß ihre Feindschaft gegen Jesus als Verkündiger der Gottesherrschaft auf der gleichen Linie liegt wie die Feindschaft der Väter gegen die Propheten[83]. Schließlich geißelt ein Spruch dieser Reihe (Lk 11,43 / Mt 23,6f.; vgl. Mk 12,38f. / Lk 20,46) die persönliche Ehrsucht der Gegner (vgl. oben zu Lk 14,8).

Es ist nicht sicher, daß diese Weherufe allesamt auf Jesus zurückgehen. Da die Pharisäer in der späteren urchristlichen Überlieferung immer mehr als die eigentlichen Feinde Jesu und seiner Jünger im Blick stehen – oft pauschal als »*die* Pharisäer und *die* Schriftgelehrten« –, ist auch eine urchristliche Bildung zumindest einiger dieser Sprüche sehr wohl möglich. Dies jedoch nur dann, wenn Sprüche Jesu selbst aus vorösterlicher Tradition vorlagen, nach deren Vorbild später weitere Sprüche dieser Art gebildet worden sind. Eine genaue Unterscheidung ist nicht möglich. Daß Jesus die Pharisäer, die er von ihrer Kritik an seiner Verkündigung nicht ab-

---

80   Zur Entstehung der Gewichtigkeit dieses ursprünglich für Priester vorgeschriebenen Gebots in pharisäischer Lehrtradition vgl. *E.P. Sanders,* Jewish Law, 228–231.262f.

81   Auch dies ist ein jüdischer Vorwurf, den Jesus sich polemisch zu eigen macht; vgl. *R. Pesch,* Markus I, 373f.; *H. Hübner,* Gesetz, 148ff.

82   Im Hintergrund steht hier wie besonders Lk 11,49–51 / Mt 23,34–36 und Lk 13,33f. / Mt 23,37–39 der in deuteronomischer Tradition wurzelnde Vorwurf gegen Israel, das in Empörung gegen Gott die von ihm gesandten Propheten ermordet habe. Dazu vgl. *O.H. Steck,* Israel.

83   So gesehen bedarf es nicht der Vermutung, ursprünglich habe sich dieser Weheruf gegen »Jerusalemer Aristokraten oder die Kleinfürsten Palästinas« gerichtet; so *U. Luz,* Matthäus III, 343. Daß die Pharisäer nicht Erbauer von Prophetengrabmälern sind, ist kein Gegengrund. Er würde im übrigen jeden späteren Autor dieses Weherufs genauso treffen. Aber gemeint kann nur sein, daß die Gegner die Propheten laut ehren, während sie in Wirklichkeit ihren Mördern zustimmen. Das ist eine polemische Hyperbel, die zu diesen polemischen Sprüchen Jesu sehr wohl hinzugehören kann.

bringen konnte, schließlich als Feinde der Gottesherrschaft selbst bekämpft hat, steht außer Frage. Daß die Polemik in diesen We-herufen das Selbstverständnis der Pharisäer und ihrer besonderen Lehre verzerrt, muß zugestanden werden. Wäre uns deren Polemik gegen Jesus bekannt, würde Gleiches sicherlich auch gegen diese einzuwenden sein. Polemik übersteigert immer, damals wie heute. Will man Jesu Polemik in ihrem Anliegen richtig verstehen, so wird man in jedem dieser Sprüche sein Interesse zu erkennen ha-ben, die Menschen, denen er die Gottesherrschaft verkündigte, von der Hochachtung der Autorität, die die Pharisäer für sie hatten, abzubringen, weil diese sie vor seiner Verkündigung warnten. Ent-sprechend wird umgekehrt als das Anliegen der Pharisäer, die seine Verkündigung bekämpften, das Interesse ernst zu nehmen sein, die Menschen für ihre radikale Toraobservanz zu gewinnen und sie darum gegen Jesus, diesen »Freund von Zöllnern und Sündern« (Lk 7,34 / Mt 11,19), einzunehmen. Der Konflikt war beiderseits grundsätzlich und der Gegensatz zusehens unlösbar.

6 Ergebnis im Blick auf die Geschichte des Wirkens Jesu

6.1 Zusammenfassung

Fassen wir zusammen. So wie Jesus sich Besessenen und Kranken zuwendet und sie heilt, so hat er auch Sündern das Heil der Got-tesherrschaft verkündigt und die Mitteilhabe dieser »Verlorenen« an der Heilsvollendung der zukünftigen Endzeit in gemeinsamen Mahlzeiten in der Freude Gottes mit ihnen gefeiert (1). Von An-fang an stößt er damit auf Widerstand von Pharisäern, die in die-ser ostentativen Zuwendung zu extrem sündigen Leuten, die doch alle Gerechten zu verurteilen und zu meiden haben, eine Auflösung des Gegensatzes zwischen Frevlern und Gerechten sehen. Jesus aber sucht sie davon zu überzeugen, daß Gott damit keineswegs die Gerechten benachteiligt, sondern im Gegenteil von ihnen er-wartet, daß sie gerade als Gerechte an seiner Freude über die »Heimkehr« seiner »verlorenen« Kinder teilnehmen und diese ge-retteten Sünder auch ihrerseits als ihre Mitbrüder und Mitschwe-stern in die Gemeinschaft aller Gerechten aufnehmen (2). Jetzt, in der Zeit der herannahenden Gottesherrschaft, ist neu zu lernen, *daß Gottes barmherzige Güte das eschatologisch entscheidende Kriterium für gerecht und ungerecht ist.* Das ist nichts anderes als das, was Gott Israel von Anfang an als das Geheimnis seines Na-mens offenbart hat (Ex 34,6). In Gottes endzeitlichem Rettungs-handeln, das Jesus verkündigt, erweist sich also in letztgültiger

Vollendung *diese* Wirklichkeit Gottes selbst. Nur für den Aspekt
derer, die sich, gerade auch in ihrem Verhältnis zu Gott, daran ge-
wöhnt haben, daß Israel tief gespalten ist zwischen einer Minorität von Gerechten, die zu Gott gehören, und einer Majorität von
Frevlern und Sündern, die aus der Zugehörigkeit zu Gott ausgeschlossen sind, erscheint Jesu Heilsverkündigung für Sünder als
eine Verkehrung der elementaren Ordnung Gottes. Jesus mutet
ihnen zu, das, was ihnen zunächst als blasphemische Verkehrung
erscheint, als die Wahrheit der Königsherrschaft Gottes zu erkennen und anzunehmen, die sie in jedem Gottesdienst zu preisen gewohnt sind (3) Eine große Anzahl von Sprüchen Jesu lassen sich
dieser ›Generallinie‹ seiner Verkündigung zuordnen (4) Doch Jesu
Gegner lassen sich nicht gewinnen. Sie lehnen Jesus als »Freund
von Zöllnern und Sündern« ab. Aus ihrer Reserve wird alsbald
tiefe Feindschaft. Jesus wertet diese Feindschaft gegen *ihn* als Ablehnung der *Gottes*herrschaft. Diejenigen Pharisäer, deren Nein
sich verfestigt, erweisen sich damit als die, die in der entscheidenden Stunde der Heilsvollendung von der Gerechtigkeit als Übereinstimmung mit Gott abfallen und sich so die Verurteilung im
nahen Endgericht zuziehen (5).

6.2   Stadien zunehmender Verschärfung des Verhältnisses zwischen Jesus und den Pharisäern

So zeichnet sich im Durchgang durch diese Zeugnisse deutlich
eine dramatische *Entwicklung* ab. Von Anfang an stößt Jesus mit
dem zentralen Thema seines Wirkens im Namen der Königsherrschaft Gottes auf Reserve und Widerspruch im Kreise der Pharisäer. Von Anfang an sucht er aber gerade sie als Repräsentanten der
Gerechten in Israel für seine Verkündigung zu gewinnen. Dieses
Interesse ist von gleichem Gewicht und von gleicher Intensität
wie die Entschiedenheit und Freude, in der er Sündern das Heil
der Gottesherrschaft verkündigt. Gott will mit der Rettung der
Sünder jenen bedrohlichen Gegensatz überwinden, der sein Volk
spaltet: den Gegensatz zwischen Gerechten und Frevlern als Gott
Nahen und Gott Fernen, als endzeitlich von Gott Verurteilten
und Verlorenen und endzeitlich von Gott Angenommenen und
Vollendeten. Die Gottesherrschaft will diesen Gegensatz und damit die tiefe Spaltung innerhalb Israels überwinden. Darüber aber
darf es jetzt nicht zu einem neu aufbrechenden Gegensatz kommen zwischen den geretteten Sündern als den nunmehr Gerechten
und den bisher Gerechten als nunmehr Abtrünnigen. Der größte
Teil aller Texte, die wir durchmustert haben, sind von diesem Interesse Jesu bestimmt, die Gerechten für die Sache der Gottesherr-

schaft zu gewinnen. Es gibt nur wenige Sprüche, die ausschließlich von der Annahme der Sünder sprechen, ohne dafür zugleich um die Zustimmung der Gerechten zu werben. Aufs ganze gesehen, sind die pharisäischen Gegner Jesu die Adressaten seiner Gleichnisse, Mahnungen und Warnungen unter dem Thema der Umkehr der Sünder zur Gottesherrschaft.

Doch es gibt auch eine Reihe von Sprüchen, in denen Jesus nicht um die Pharisäer wirbt, sondern sie verurteilt. Besonders kraß zeigt sich dies im Gleichnis vom Pharisäer und Zöllner. Im Gesamtzusammenhang sind diese Texte als Zeugnisse aus einer späteren Phase der Geschichte des öffentlichen Wirkens Jesu zu verstehen, in der von beiden Seiten aus nur noch ein Kampf um die Wahrheit geführt worden ist. Die Pharisäer bekämpften Jesus und übten ihren Einfluß auf die jüdische Bevölkerung aus, um diese gegen Jesus einzunehmen. Jesus setzt dem eine schroffe Kritik an den Pharisäern entgegen, wobei er auch manche im Volk vorhandene Aversionen gegen sie aufgenommen hat[84]. Auf beiden Seiten ist der Ton von schneidender Polemik bestimmt.

Einiges spricht dafür, daß die Pharisäer unter der Bevölkerung Erfolg hatten. Sie haben in ihrer Lehre die Leute so eindringlich vor Jesus gewarnt, daß viele sich von ihm fernhielten. In Jesu Sicht versperren sie ihnen damit den Zugang zum Reich Gottes (Lk 11, 52 par.)[85]. Sie lehren in den Synagogen in gewohnter Weise; und wer sich dabei von ihnen bestimmen läßt, Jesu Verkündigung abzulehnen, wird gar nicht gewahr, daß er damit der ewigen Heilsteilhabe verlustig geht (Lk 11,44 par.). So breitet sich ihre Ablehnung der Gottesherrschaft im Volk aus wie ein böser Sauerteig, der den ganzen Teig durchsäuert (Mk 8,15 par.).

In einigen Gleichnissen zeigte sich uns ein ähnliches Bild im Blick auf Israel als ganzes. Nach Lk 14,16–24 verweigern sich die Gerechten als die Erstgeladenen allesamt der Gottesherrschaft und verlieren damit die Teilhabe an der künftigen Heilsvollendung (vgl. Mt 8,11f.). An ihrer Statt sind es daraufhin nur Sünder, die zur Teilhabe am Heil der Gottesherrschaft eingeladen werden. Und *diese* nehmen sie an. Mit ihnen feiert Jesus ihre Rettung in Freudenmahlzeiten. Wie er jetzt mit ihnen Gemeinschaft hat, so wer-

---

84 Das könnte gelten für den Vorwurf, die Pharisäer liebten es, auf den Marktplätzen ehrfürchtig gegrüßt zu werden, und sie beanspruchten in der Synagoge wie bei Gastmählern die Ehrenplätze ganz vorn (Lk 11,43 par.; Mk 12,38 par.), aber auch für den Vorwurf, daß sie »die Häuser der Witwen auffressen« (Mk 12,40 par.).
85 In 1QH 4,11 findet sich ein ähnlicher Vorwurf gegen Irrlehrer aus der Sicht der Essener: »Sie verschlossen den Trank der Erkenntnis vor den Dürstenden.«

den sie in der nahen Zukunft an der Mahlgemeinschaft Gottes teilnehmen. Schroff lautet dagegen das Urteil über die Gerechten, die ihre Teilnahme versagen und jede Gemeinschaft mit diesen Sündern als Verunreinigung ablehnen: *Sie* werden aus Gottes Reich ausgeschlossen werden! Zöllner und Huren werden Zutritt finden, sie nicht (Mt 21,31b).

Dies alles deutet darauf hin, daß das Wirken Jesu in Galiläa in einer späteren Phase in eine ernste Krise geraten ist[86]. Unter dem Einfluß der Pharisäer hat sich offenbar ein großer Teil der galiläischen Juden Jesu Verkündigung versagt. Nur eine Minorität hat sich ihm angeschlossen; und das waren weithin nicht die Frommen, sondern die von ihnen verachteten, marginalisierten »Sünder«. Bedenkt man, von welcher gewichtiger Bedeutung es für Jesus war, die Gerechten zu gewinnen, so läßt sich ermessen, wie ernst er es als Krise seiner ganzen Sendung beurteilt haben muß, daß die Masse der Gerechten in Israel seine Verkündigung ablehnte. Sind es nun diese, die in dieser heilsentscheidenden Zeit des Herannahens der Gottesherrschaft zu den verlorenen Söhnen Gottes gehören? Hat sich der Gegensatz zwischen Sündern und Gerechten lediglich umgekehrt, wo er doch durch Gottes Heilsinitiative zur Rettung der Sünder aufgehoben werden sollte? Bleibt es dabei, daß ein tiefer Riß durch Israel geht: Die einen werden gerettet, die anderen gehen verloren?

---

86   Auf diese These läuft die Untersuchung von E. *Rau*, Jesus, 159ff. hinaus – m.E. zu Recht. Die inhaltlichen Unterschiede zwischen Worten, in denen Jesus um Zustimmung der Pharisäer wirbt (wie Lk 15,11ff.), und Worten, in denen er sie verurteilt (wie Lk 18,10ff.), können weder durch die Annahme der Adressierung an verschiedenartige Gruppen von Pharisäern erklärt werden (vgl. ebd., 120f.) noch durch das Urteil nachösterlicher Entstehung der schroff polemischen Worte (ebd., 119). Zu einem ähnlichen Urteil einer »Entwicklung« in der Geschichte des Wirkens Jesu gelangen unter verschiedenem Aspekt auch *A. Polag*, Historische Bemerkungen; *Ders.*, Christologie, 118–122 und *V. Hampel*, Menschensohn, 234–245.

V

Leben im Kraftfeld der Gottesherrschaft

Wer durch Jesu Wirken in Wort und Tat von der Gottesherrschaft überrascht worden ist und sie angenommen hat, der erfährt zugleich mit ihrer heilenden Kraft auch eine totale Veränderung seiner Lebenspraxis. So war es immer in der Geschichte Israels mit seinem Gott: Seiner erwählenden Liebe folgt als Antwort seines Volkes eine entsprechend ganzheitliche Liebe zu ihm, dem einzigeinen Gott (Dtn 6,4f.); der Treue seiner Gemeinschaft stiftenden Gerechtigkeit folgt der Gehorsam der Seinen in entsprechender Gerechtigkeit (Gen 15,6f.); seiner Heiligkeit folgt ihr Leben in Heiligung (Lev 19,1). Im nachexilischen Judentum war der Tempel auf dem Zionberg der zentrale Ort der Anwesenheit und Ansprechbarkeit des heiligen, reinigenden Gottes für alle Juden bis hinauf nach Galiläa, und die Tora der ›Mund‹ Gottes, aus dem sein lebendiges, lebenschaffendes Wort in jeder Ortssynagoge zu hören und seine Gebote als Weisungen für die gesamte Lebenspraxis zu lernen waren.

Wo nun in Jesu Wirken die Gottesherrschaft, zu der sich jeder fromme Jude im Schabbatgottesdienst wie auch täglich in den häuslichen Gebeten bekannte, heilschaffend in den Alltag der Menschen hineinwirkte, da mußte dies selbstverständlich auch der Gottesherrschaft entsprechende neue Konsequenzen für die Lebenspraxis haben. Der Ruf in *Jesu* Nachfolge war ja die Konkretion seiner Einladung zur Teilhabe an der Königsherrschaft *Gottes selbst*, und entsprechend die Jüngerschaft zu ihm die paradigmatische Praxis des Lebens aus ihrer Kraft und nach ihrem Willen. Wie in der Praxis mit und nach der Tora, so hat auch die Praxis des Lebens in und nach der Gottesherrschaft die beiden Dimensionen des Umgangs mit Gott im Gebet und des Umgangs miteinander in der Gemeinschaft der Jünger Jesu und in der Lebenswelt der Dörfer und Städte Galiläas.

Nicht alle, die auf Jesu Verkündigung hin oder aufgrund seines heilenden Wirkens die Gottesherrschaft angenommen hatten, traten in seine Nachfolge ein. Zwar ist die Überlieferung nahezu vollständig vom Motiv der Nachfolge bestimmt. Doch faktisch

war es nur eine begrenzte Zahl von Menschen, die ihm als seine
Schüler (»Jünger«) auf seinen Wegen folgten. Die meisten von ihm
Geheilten schickte er in ihre Heimatorte zurück (Mk 2,11; 5,19.34;
8,26; Mt 8,13). Lukas berichtet von Frauen, die, von Jesus geheilt,
ihn auf seinen Wegen finanziell unterstützt haben (Lk 8,2f.). Bis
nach Jerusalem hin hat es Anhänger Jesu gegeben. Sogar ein Mitglied des Hohenrats wird als »einer, der auf die Herrschaft Gottes
wartet« (Mk 15,43), also zumindest als ein ›Sympathisant‹ Jesu
vorgestellt (vielleicht als Anhänger des Täufers). Auch in Betanien
gab es Häuser, in denen Jesus einkehrte (Mk 14,3; vgl. Joh 11,
1f.; 12,1f.). Wo das Haus Marias (Lk 10,38) sich befand, bleibt
unbestimmt.
Vermutlich war die Zahl dieser lokalen Anhänger Jesu ungleich
größer als die der ihm Nachfolgenden. Daß dieser Unterschied in
der Überlieferung nur so selten und beiläufig erwähnt wird, hat
seinen Grund darin, daß das spätere Urchristentum alles Christsein als Jüngerschaft in der Nachfolge Jesu aufgefaßt, also das eigene tägliche Leben im Spiegel der vorösterlichen Jünger gesehen
hat, die sich um Jesus als ihren »Lehrer« scharten und ihm auf seinen Wanderungen folgten. Dies dürfte dem entsprechen, wie sich
bereits die vorösterlichen lokalen Anhänger Jesu als seine »Jünger« gesehen und verhalten haben. Wie Jesus Schriftgelehrte, die
seiner Verkündigung zustimmten, als Jünger der Gottesherrschaft
bezeichnet hat (Mt 13,52), so galten für ihn zweifellos alle, die
die Gottesherrschaft angenommen hatten und nach ihr lebten, als
zu ihr gehörig (vgl. Mk 10,14f.; Lk 12,31).
Der Unterschied zwischen den zu seiner Nachfolge Berufenen und
den zu Hause Lebenden hatte wohl einen wichtigen funktionalen
Sinn, er betraf aber nicht die Lebenspraxis. Diese war bei den einen wie bei den anderen in gleicher Radikalität durch das ›Kraft-
feld‹ der Gottesherrschaft bestimmt. Dies ist der Aspekt, unter dem
wir in diesem Kapitel die Weisungen Jesu für die Lebenspraxis im
Zusammenhang betrachten wollen.

1   Nachfolge als radikaler Abschied

1.1   Abschied von allem Eigenen

Auf die verschiedenen Zeugnisse, wie Jesus auf seinen Wanderungen (»im Vorübergehen« [Mk 1,16; 2,14]) einzelne Menschen gerufen hat, ihm zu folgen, sind wir bereits zu sprechen gekommen[1].

---

1   S. oben S. 128f.

Ob es sich um die Berufung zweier Brüderpaare (Mk 1,16–20) handelt oder zweier Schüler des Johannes und deren Brüdern bzw. Gefährten (Joh 1,35ff.) oder des Zöllners Levi (Mk 2,13f.), überall geschieht Gleichartiges: Die Gerufenen »verlassen sofort alles«, was zu ihrer heimatlichen Lebenswelt gehört: Eltern und Geschwister, Haus, Beruf und Nachbarn. Sie treten zu Jesus hin und folgen ihm auf den Wegen seiner Wanderungen durch Galiläa. Sosehr die jeweils genannten Namen zeigen, daß es sich um bestimmte einzelne Vorgänge handelt, sosehr sind die Erzählungen zu Normbildern der Nachfolge stilisiert. Es fehlt jegliches biographisches Detail. Im Verhalten der Berufenen tritt hervor, was Nachfolge ist: eine Bekehrung höchst besonderer Art. Das geht aus Mk 10,28–30a hervor:

»Petrus sagte zu ihm: ›Siehe, wir haben alles verlassen und sind dir gefolgt!‹ Jesus sagte: ›Amen, ich sage euch: Niemand gibt es, der Haus, Brüder oder Schwestern oder Mutter oder Vater oder Kinder oder Äcker verlassen hat um meinetwillen[2], der nicht (statt dessen) Hundertfaches (Matthäus/Lukas: Vielfaches) empfängt‹«[3].

Petrus weist hier als Sprecher der anderen Jesus nachfolgenden Jünger auf ihre Verzichtleistung hin, um damit nach dem Lohn zu fragen, den sie dafür bekommen werden[4]. Seine Antwort formuliert Jesus so allgemein, daß er jedem Jünger, der seiner Nachfolge zuliebe »alles verlassen hat«, »hundertfachen« »Ersatz« zusichert. Damit ist die Fülle des Heils der endzeitlichen Zukunft des Reiches Gottes gemeint[5]. Darum leistet der, der um der Nachfolge Jesu willen alles Eigene verläßt, nicht einen Verzicht, mit dem er so etwas wie ein Anrecht auf entsprechenden Lohn erwirbt, sondern das, was er empfängt, ist von unendlichem Mehrwert gegenüber dem, was er aufgibt. Jesus ist der Repräsentant der Gottesherrschaft. An dieser hat teil, wer sich ihm anschließt. Wie aber nach dem Grundbekenntnis Dtn 6,4f. an der Liebe des einen Gottes Israels nur teilhat und teilhaben kann, wer ihn aus *ganzem*

---

2   »und um des Evangeliums willen« ist deutlich ein Zusatz, der in Mt 19,29 und Lk 18,29 ebenso fehlt wie in Mt 16,25 und Lk 9,24 zu Mk 8,35.
3   Der Rest von Mk 10,30 ist wahrscheinlich sekundärer Zuwachs in zwei Stufen: Mt 19,29b und Lk 18,30 stimmen darin überein, daß die Wiederholung von Mk 10,29 in 10,30b fehlt. Die Vorlage beider Evangelisten sprach nur von »vielfältigem« Empfangen »in dieser Zeit« und vom »ewigen Leben im kommenden Äon«. Dies wiederum dürfte im Zusammenhang der Überlieferungsgeschichte zu dem ursprünglichen Schluß V. 30a hinzugewachsen sein; vgl. z.B. *R. Bultmann*, Geschichte der synoptischen Tradition, 115f.
4   Matthäus läßt Petrus fragen: »Was wird uns (dafür) zuteil?« (Mt 19,27).
5   Das führt Lukas in 22,29b aus.

Herzen liebt, so entspricht der Ganzheit endzeitlicher Rettung durch die Gottesherrschaft nur eine ganzheitliche Annahme in Gestalt einer ganzheitlichen Zuwendung zu Jesus. Darauf zielen Gleichnisse wie das vom Schatz und von der Perle (Mt 13,44–46)[6] sowie die vom Turmbau und vom Kriegszug (Lk 14,28ff.): »So auch jeder von euch: Wer sich nicht verabschiedet von allem, was er besitzt, kann nicht mein Jünger sein.« (Lk 14,33). Was dieser Spruch sagt, veranschaulicht die Erzählung Mk 10,17–27. Ein Mensch kommt zu Jesus mit der Frage seines Lebens[7]: »Was muß ich tun, um ewiges Leben zu erben?« Wie es eine Urerfahrung in Israel ist, daß das Tun der Gerechtigkeit Leben »einbringt« (vgl. Ps 34,13ff.) und umgekehrt das Tun der Sünde Tod (Ps 1,4–6; Spr 11,19), so wird diese Regel in der jüdischen Enderwartung auf die Teilhabe an der Heilsvollendung ausgeweitet und konzentriert[8]. Es ist ein selbstverständlicher Grundsatz, daß dazu jedenfalls die vollständige Erfüllung der Tora qualifiziert, durch die sich ein Gerechter als gerecht erweist. In diesem Sinne antwortet Jesus dem Fragesteller. Der entgegnet, die Gebote des Dekalogs habe er von Jugend auf erfüllt (V. 20). Darin verbirgt sich jedoch eine Unsicherheit, ob nicht *ewiges* Leben ein noch darüber hinausgehendes Tun erfordere[9]. Auf diese verborgene Frage antwortet Jesus mit dem Ruf zur Nachfolge: »Eines fehlt dir: Geh hin, verkaufe alles, was du hast, und gib es den Armen[10], so wirst du einen Schatz im Himmel haben[11]. Und dann komm zurück und folge mir nach!« (V. 21). Die Zweistufigkeit besagt: Zwar gilt, daß dieser Mann sich durch ein so außerordentliches ›Almosen‹ Anteil an den im Himmel bereitliegenden Schätzen ewigen Lebens erwirken kann. Doch nicht darin liegt die Antwort auf seine Frage. Für die Teilhabe am Heil der endzeitlichen Gottesherrschaft ist entscheidend der Eintritt in die Nachfolge Jesu; und die setzt jene radikale Aufgabe alles Eigenen voraus, die im Falle dieses Mannes, eines reichen Großgrundbesitzers (V. 22), im Akt des Verkaufs seines gesamten Landbesitzes als Almosen für die Armen bestehen muß. Daß dieser Mann dazu nicht bereit ist, bereitet die-

---

6　S. oben S. 175f.
7　Auf den Ernst und die Dringlichkeit seiner Frage weist auch sein Verhalten: Er *läuft* zu Jesus und fällt ihm zu Füßen (V. 17).
8　Zum »Erben« ewigen Lebens vgl. die Belege bei *R. Pesch*, Markus II, 138, Anm. 10.
9　So ausdrücklich Mt 19,20b: »Was fehlt mir noch?«
10　Das gilt als eines der »guten Werke«, mit deren Erfüllung der Fromme über das in der Tora pflichtmäßig Gebotene hinausgeht; vgl. *Bill.* I, 817f.; IV, 536ff.
11　Zum jüdischen Traditionshintergrund vgl. *K. Koch*, Schatz.

sem selbst Kummer (V. 22). Für Jesus wird es zum Anlaß, seine
Jünger darauf hinzuweisen, wie schwer es ist, den Eingang in Gottes Reich zu finden, besonders für einen Reichen. Das – jüdisch
wie hellenistisch gebräuchliche – Sprichwort von der Unmöglichkeit, daß ein Kamel durch ein Nadelöhr hindurchkommt (V. 25),
ist eine rhetorische Übersteigerung der Rede von der engen Pforte, durch die man allein in das Gottesreich hineinkommt (Mt 7,
13f. / Lk 13,23f.)[12]. Dazu *bedarf* es einer Bekehrung, in der sich
ein Mensch, dem die Berufung zur Teilhabe widerfährt, der Gottesherrschaft *ganz* zur Verfügung stellt. Gewiß kann sich kein
Mensch diese Zugehörigkeit erwirken – sie ist das Geschenk des
himmlischen Vaters, das man nur wie ein Kind, das auf das Geben
des Vaters angewiesen ist (Lk 11,11–13)[13], *empfangen* kann (Mk
10,15)[14]. Aber wie ein Erwachsener damit Mühe hat (Lk 15,25ff.),
so ist es für einen Menschen, den der Ruf ins Gottesreich trifft,
nicht leicht, sich selbst dafür aller irdischen Güter, an denen das
Herz hängt, weil man sie zum Leben braucht, so völlig zu entle-
digen, daß das *ganze* Ich sich der Gottesherrschaft *ganz* hingibt.
Matthäus hat Recht, wenn er hinzusetzt, das »Werden wie die
Kinder« setze eine völlige Umkehrung des Menschen voraus (Mt
18,3), weil im Reich Gottes nur der groß sein kann, der sich selbst
erniedrigt (Mt 18,4). Entsprechend bringt Lukas die nötige Umkehr auf den Punkt, wenn er zu allen Mitgliedern der eigenen Familie, die ein Mensch um der Liebe zur Gottesherrschaft willen zu
»hassen« bereit sein muß, hinzufügt: »und darüber hinaus auch
seine eigene Seele« (Lk 14,26). Das entspricht der Forderung der
Absage an sich selbst als Voraussetzung der Nachfolge »hinter
ihm her« (Mk 8,34).

1.2   Unverzüglichkeit und Ganzheit des Abschieds

Diese Umkehr zur Gottesherrschaft ist in Israel etwas Neues: Sie
konkretisiert sich im persönlichen Gegenüber zu Jesus. In *seinem*
Ruf ruft *die endzeitliche Gottesherrschaft selbst*. Darum ist die
Nachfolge so radikal.
Besonders schroff tritt das in den Antworten hervor, die Jesus
drei Nachfolgewilligen gibt (Lk 9,57–62; Mt 8,19–22)[15]. Dem er-
sten stellt er vor Augen: Ihm zu folgen, bedeutet, seine völlige
Heimatlosigkeit auf Erden mit ihm zu teilen (Lk 9,58 / Mt 8,20 /

---

12   Vgl. dazu *U. Luz*, Matthäus I, 395f.
13   S. oben S. 205f.
14   S. oben S. 167f.201f.
15   Dazu vgl. oben S. 128f.

EvThom 86). Wer die Seinen zu Hause verläßt, wie Jesus selbst es getan hat (vgl. Mk 3,31–3!), der erhält bei ihm nicht einen Heimatersatz, sondern er lebt heimatloser als die Füchse, die ihre Gruben, und die Vögel, die ihre Nester haben[16]. Dem zweiten versagt er den erbetenen Aufschub, um »zuerst noch« seinen Vater zu bestatten: »Laß die Toten ihre Toten bestatten« (Lk 9,60 / Mt 8,22). Das ist eine schockierende Übersteigerung der ersten Antwort. Nicht einmal dort, wo das 4. Dekaloggebot mit der heiligen Pflicht der Totenbestattung zusammenfällt[17], gibt es eine Ausnahme von der Dringlichkeit augenblicklicher Nachfolge. Einen Sinn bekommt diese Provokation nur, wenn erfahren und bejaht wird, daß in der Person Jesu Gottes Königsherrschaft selbst am Wirken ist, so daß es bei dem Ruf in seine Nachfolge um den Ruf in die endzeitliche Zugehörigkeit zu *Gott* geht, der »nicht ein Gott von Toten ist, sondern von Lebenden« (Mk 12,27). So wählt der, der Jesus nachfolgt, den Weg zum Leben und läßt darum sein Zuhause wie eine Welt des Todes hinter sich zurück. Weil Gott als der himmlische Vater ruft, ist selbst die heiligste Pflicht einem irdischen Vater gegenüber ein Dienst von Toten für Tote. Und weil die Gottesherrschaft der Endzeit in der Person Jesu begegnet, der hier und jetzt vorübergeht, kann und darf es nichts anderes geben, was wichtiger wäre, als in Jesu Nachfolge einzutreten, jetzt und hier ohne jeden Aufschub. So bewußt Jesus mit dieser Antwort den Mann, der ihm doch zu folgen bereit ist, schockiert, sowenig zielt er damit etwa darauf, die Autorität der Tora und der von ihr geschützten Familiensolidarität zu brüskieren. Wo die Gottesherrschaft begegnet, da tut sich vielmehr die neue Welt der Heilsvollendung auf und läßt die Welt von Familie, Beruf und Besitz wie ein damit ganz und gar veraltetes Reich des Todes und der Toten zurück.

Die Sicht, die aus diesem provozierenden Ruf wie ein greller Blitz aufleuchtet, ist in Israel beispiellos. Gewiß gibt es in der Schrift in bestimmten Einzelfällen Ausnahmen von der Bestattungspflicht: Dtn 33,9 im Blick auf Levi, Num 6,6f. für die, die ein Nasiräatsgelübde auf sich nehmen. Dem Propheten Jeremia untersagt Gott einmal die Teilnahme an der häuslichen Totenklage (Jer 16,5–7), Ezechiel sogar im Fall des Todes seiner eigenen Ehefrau (Ez 24,15–24)[18]. Doch das sind standes- bzw. auftragsbedingte, zeitlich begrenzte Ausnahmen, von denen der Spruch Jesu nicht

---

16　Vgl. die auf Erden vergeblich nach einer Heimat suchende Weisheit in äthHen 42.
17　Vgl. dazu das rabbinische Material einerseits bei *Bill.* I, 705–11.902f., andererseits *Bill.* IV, 578–592 sowie besonders *Bill.* I, 487–489.
18　Vgl. dazu M. *Hengel*, Nachfolge, 13.

abgeleitet werden kann[19]. Bei Übertritten von Nichtjuden ist es nicht selten zum Bruch mit der eigenen Familie gekommen[20]. Aber in Jesu Wirken kommen Heiden nur ausnahmsweise vor, und Proselytenbekehrungen sind außerhalb des Horizonts seiner Verkündigung[21]. – Einzig vergleichbar ist Jesu Ankündigung des Bruchs von Familiensolidarität bei Beginn der Endzeit (Mk 13,12), der sich schon jetzt in den Familien seiner Jünger vollzieht (Lk 12,51–53 / Mt 10,34–36). Aber auch dafür gibt es in jüdisch-apokalyptischer Literatur keine Analogien[22]. Dort handelt es sich um ein Überhandnehmen der Sünde in der Endzeit. Jesus dagegen stellt den Ausbruch dieses Mannes aus der Gemeinschaft seiner Familie als ein Zeichen des Eintritts in die Jüngerschaft zur Gottesherrschaft in ihrer endzeitlichen Wirklichkeit heraus.

Ein dritter Wortwechsel wird nur von Lukas überliefert (Lk 9, 61f.)[23]. Wieder bekundet ein Mensch seine Bereitschaft zur Nachfolge, bittet aber um die Erlaubnis, sich von seiner Familie zu verabschieden, wie es der Prophet Elija seinem Schüler Elischa bei dessen Berufung gewährt hatte (1Kön 19,19–21). Jesus jedoch besteht auch hier auf unverzüglichem Eintritt in seine Nachfolge: »Keiner, der die Hand an den Pflug legt und schaut zurück, ist für die Gottesherrschaft geeignet.« Es ist jetzt, wie es bei Beginn der Endzeit sein wird: Da wird einer, der gerade auf dem Dach seines Hauses ist, nicht mehr Zeit haben hinabzusteigen, um etwas zu holen, was er mitnehmen will; und einer, der auf dem Acker ist, wird nicht mehr nach Hause zurück können. Es würde ihm sonst ergehen wie Lots Frau (Lk 17,31f.) So hat der Ruf in die Nachfolge Jesu tatsächlich eschatologischen Charakter und entsprechende Vordringlichkeit vor allem anderen.

19 Daß Jesus anfangs ein Nasiräer besonderer Art gewesen sei, der sich danach zum Messias gewandelt habe (so *K. Berger*, Wer war Jesus, 28.35), ist weder aus dem Namen Ναζωραῖος herauszulesen – so merkwürdig und schwer erklärbar er auch sein mag und so hartnäckig er sich neben der Bezeichnung Ναζαρηνός im Neuen Testament gehalten hat – noch aus Jesu Ehelosigkeit oder seinem Verhältnis zu Wein zu erschließen.
20 In jüdischer Missionsliteratur (TestHiob 4,6f.; JosAs) wird dies in paradigmatischen Bekehrungsgeschichten rühmend erzählt; vgl. dazu *K. Berger*, Gesetzesauslegung, 421–439.
21 Die einzige Ausnahme: Mt 23,15. Der Vers ist wahrscheinlich ein Wort aus der nachösterlichen Zeit, in dem sich die Konkurrenz zwischen urchristlicher Heidenmission und synagogaler Proselytenmission spiegelt; vgl. *U. Luz*, Matthäus III, 323.
22 In der Stelle Mi 7,6, die in Mt 10,35; Lk 12,53 zitiert wird, werden Kämpfe und Feindschaften innerhalb der Familien vom Propheten als Schuld der gegenwärtigen Generation kritisiert. Sach 13,3 richtet sich gegen Falschpropheten. Eschatologische Ankündigungen wie äthHen 99,5; 100,1f.; syrBar 70,6; Jub 23,16 benennen frevelhaftes Tun. Gegen *M. Hengel*, Nachfolge, 14f.
23 Dazu vgl. oben S. 183.

1.3   Abschied von allem, was das eigene Leben ausmacht

Höchste Radikalität eignet schließlich vier Nachfolgesprüchen, die in der Spruchquelle Q (Lk 14,26 / Mt 10,37–39) und im Markusevangelium (Mk 8,34f. / Mt 16,24f. / Lk 9,23f.) in verschiedener Weise miteinander verbunden sind:

1. Die Lossagung von der eigenen Familie ist die Voraussetzung des Jüngerverhältnisses zu Jesus: Lk 14,26 / Mt 10,37 / EvThom 55.

2. Für das Auf-sich-Nehmen des Kreuzesbalkens gilt das gleiche: Mt 10,38 / Lk 14,27.

3. Das Auf-sich-Nehmen des Kreuzes besteht in der Absage an sich selbst: Mk 8,34 / Mt 16,24 / Lk 9,23 / EvThom 55.

4. »Wer sein eigenes Leben zu gewinnen bzw. zu retten sucht, wird es verlieren; doch wer es verliert, wird es finden bzw. lebendig erhalten«: Lk 17,33 / Mt 10,39; Mk 8,34f. / Mt 16,25 / Lk 9, 24; Joh 12,25.

Das erste Wort stimmt in seiner schroffen Formulierung mit den eben betrachteten Sprüchen überein. *Ohne* eine bewußte Entscheidung gegen die eigene Familie – Vater, Mutter, Ehefrau, Kinder, Brüder und Schwestern – ist es *unmöglich*, Jesu Jünger zu sein. Die Lukasfassung in der Form eines negativen Bedingungssatzes (»Wenn einer nicht haßt …«) und mit der Aufzählung aller einzelnen Familienglieder dürfte der originale Wortlaut sein. Das Wort »hassen« hat zwar im aramäischen Grundtext nicht die affektive Spitze wie im Deutschen, ist aber das stärkste zur Verfügung stehende Wort, um eine entschiedene und konsequente Trennung auszudrücken. Die positive Formulierung der Matthäusfassung (»Wer Vater oder Mutter mehr liebt als mich …«) sagt in der Sache das gleiche. Man darf hier keine spezielle Tendenz gegen die Familie sehen. Es geht grundsätzlich um ein Sich-Lossagen aus allem Eigenen, und für die Juden in den galiläischen Dörfern und Städten war eben die Familie der Lebensort schlechthin. Insofern trifft es den Skopus dieses Spruches, wenn in Lk 14,26 die Reihe der Familienglieder darauf hinausläuft, daß der Jünger Jesu auch seine eigene Seele, d.h. sich selbst »hassen« muß. Das gleiche drückt sich in dem Spruch Nr. 3 als »Absage an sich selbst« aus[24]. Entsprechendes gilt für die verschiedenen Fassungen des Spruchs Nr. 4. Die Situation ist die der Entscheidung für die Nachfolge Jesu statt des Interesses, sein eigenes Leben (weiterhin)

---

24   An diesen Stellen wird zwar das Wort von der Kreuznachfolge (s. unten) sekundär im Sinne allgemeiner christlicher Lebenspraxis gedeutet. Aber Lk 14, 26 zeigt, daß das Motiv vorgegeben war.

selbst zu »verwirklichen« (Lukas,), es zu »finden« (Matthäus), es zu »retten« (Markus). Wer angesichts Jesu, der ihn zu sich ruft, entscheidet, sein Leben im bisherigen Sinn weiterzuführen, der wird es auf das »Verderben« zuführen, in dem alles Leben enden wird, wie es schon der Täufer verkündigt hat. Wer es dagegen um der Zugehörigkeit zu Jesus willen verliert, wird es »finden« (Matthäus), »retten« (Markus), »zum Leben gewinnen« (Lukas,), nämlich zum Leben in der Heilsvollendung des kommenden Gottesreiches. Hier steht das Martyrium im Blick, das dem Jünger Jesu möglicherweise bevorsteht, und das darum bei jeder Entscheidung zur Nachfolge als äußerste Konsequenz in den Blick zu nehmen ist[25].

Dies nun ist auch der Sinn des zweiten Spruchs. Ein zum Tod am Kreuz Verurteilter mußte nach römischer Praxis den Kreuzesbalken auf seine Schulter nehmen und ihn zur Hinrichtungsstelle tragen (vgl. Joh 19,17 sowie Mk 15,21 parr.). Dies wird zum Bild für das, was dem bevorsteht, der sich zur Nachfolge Jesu entschließt. Zur Zeit dieses Spruchs weiß Jesus bereits, daß sein Weg seinem gewaltsamen Tod entgegenführt (vgl. Lk 13,31–33)[26]; und so führt auch der Weg seiner Jünger, die ihm folgen, auf das gleiche Geschick zu[27]. Daran kann man erkennen, wie sich der gleiche Nachfolgespruch im Zusammenhang der Geschichte Jesu gewandelt hat: An die Stelle der Loslösung von der Familie in der ersten Phase seines Wirkens ist in der Endphase der Ausblick auf sein gewaltsames Ende getreten. Es ist deswegen zu erwägen, ob das Wort von der Kreuznachfolge den Jüngern, die ihm von Anfang an nachgefolgt sind, gesagt ist, um sie auf dieses Ende vorzubereiten, das inzwischen konkreter vor Augen stand als zur Zeit der Sprüche von Nr. 4.

1.4 Umkehr zur Gottesherrschaft in der Nachfolge Jesu

Am Ende dieses Abschnitts ist festzuhalten: Die radikale Bekehrung, die mit dem Ruf Jesu in seine Nachfolge verbunden ist, weist besonders deutlich darauf hin, daß Jesus selbst der Repräsentant der Gottesherrschaft ist, die er verkündigt. Nur so ist zu verstehen, daß man die Gottesherrschaft nur annehmen kann, indem

---

25 Vgl. in diesem Sinn *U. Luz*, Matthäus II, 145f.
26 Dazu s. *U. Wilckens*, Theologie des Neuen Testaments I/2, Kap. 8.I.
27 Zu dieser Deutung des Spruchs vgl. *U. Luz*, Matthäus II, 142–144. – Die Hinzufügung »täglich« in Lk 9,23 dient wie die Verbindung mit dem Motiv der Selbstverleugnung in den Fassungen des Spruchs unter Nr. 3 späterer paränetischer Verallgemeinerung.

man in ein besonderes persönliches Verhältnis zu Jesus eintritt. Nur als sein Jünger hat ein Mensch am Heil der Gottesherrschaft teil. Zwar leben nicht alle seine Jünger in der Nachfolge. Doch die besondere Berufung einiger Jünger zur Nachfolge zeigt paradigmatisch, worum es in jeder Jüngerschaft geht: Die Teilhabe an der Gottesherrschaft ist und bleibt wesenhaft und exklusiv mit der Zugehörigkeit zu Jesus verbunden. Nachdem in diesem Abschnitt deutlich wurde, welche besonders radikalen Voraussetzungen und Folgen mit dem Eintritt in die Nachfolge Jesu verbunden sind, soll im folgenden Abschnitt herausgestellt werden, wie die Lebenspraxis eines Jüngers nach Jesu Lehre aussieht – sowohl derer, die Jesus nachfolgen, wie auch derer, die sich in einem normalen Leben von der Gottesherrschaft bestimmen lassen.

2   Lebenspraxis im Licht der Gottesherrschaft

2.1   Das Vaterunser

So wie das Zentralwort der Verkündigung Jesu, die »Königsherrschaft Gottes«, am besten zu erklären ist aus seinem Gebrauch im Synagogengottesdienst und im häuslichen Gebet, von woher es seinen Hörern bekannt und vertraut war (s. oben S. 132–134), so ist der geeignetste Ansatzpunkt zum Verständnis der Lebenspraxis seiner Jünger im Licht der Gottesherrschaft das Gebet, das Jesus ihnen dafür gegeben hat: das *Vaterunser*. Hier steht die Bitte um das Kommen der Gottesherrschaft nicht nur in der Mitte des ersten Teils, sondern sie bildet zugleich den zentralen Bezugspunkt auch zu den Bitten des zweiten Teils.

Das Vaterunser ist in zwei Versionen überliefert, einer kürzeren in Lk 11, 2–4 mit der Anrede »Vater«, zwei Du-Bitten und drei Wir-Bitten und einer längeren Fassung in Mt 6,9–13 / Did 8,2f. mit einer ausführlicheren Anrede, drei Du-Bitten und drei Wir-Bitten in ebenfalls ausführlicherer Form. Da in der Matthäusfassung die Bitten der Lukasfassung vollständig enthalten sind und mit diesen inhaltlich wie auch im Wortlaut weithin übereinstimmen, ist die Kurzfassung die originale Version des Gebets und die Langfassung deren Erweiterung. Diese Erweiterung ist freilich schwerlich der literarischen Arbeit des Evangelisten Matthäus zuzuschreiben, sondern dieser hat – ebenso wie auch der Verfasser der »Zwölfapostellehre« – die erweiterte Fassung aus der Liturgie seiner Gemeinde übernommen. Es ist nicht auszuschließen, daß diese erweiterte Fassung ebenfalls bereits auf vorösterliche Überlieferung zurückgeht. Wahrscheinlicher aber ist, daß die Ergänzungen in der nachösterlichen Kirche hinzugewachsen sind[28]. Der griechischen Kurzfassung liegt wahrscheinlich ein aramäisches Original zugrunde, das sich durch rhythmische Sprache sowie Endreim der Bitten des ersten wie auch des zweiten Gebetsteiles ausgezeichnet hat[29].

Wir haben bereits darauf hingewiesen[30], daß die beiden ersten Bitten des Vaterunsers dem Qaddisch-Gebet entsprechen, das jedem Juden aus dem Synagogengottesdienst vertraut war[31]:

Lk 11,2b
»Vater,
geheiligt werde dein dein Name.
Es komme deine Königsherrschaft.«

Qaddisch
»Großgemacht und geheiligt werde sein [großer] Name in der Welt,
[die er nach seinem Willen schuf].
Er lasse herrschen seine Königsherrschaft
[zu euren Lebzeiten und in euren Tagen
und zu Lebzeiten des ganzen Hauses Israel]
in Eile [und Bälde].«

Angesichts dieser Übereinstimmung ist die Vermutung begründet, daß Jesus sein Gebet dem Qaddisch nachgebildet hat[32]. Beidemal stehen die Heiligung des Namens Gottes und seine erwartete Königsherrschaft unmittelbar nebeneinander. Im Qaddisch ist der Horizont der ersten Bitte schöpfungstheologisch, der der zweiten Bitte naheschatologisch. Gemeint ist: Durch den Anbruch der Königsherrschaft Gottes möge die Welt als ganze zum Bekenntnis des

---

28   Dafür spricht die Nähe der dritten Bitte zu dem Gebet Jesu in der Nacht vor seiner Gefangennahme (Mk 14,36.38; vgl. Joh 12,28; 17,15) sowie das Fehlen von ῥύομαι in der sonstigen Jesusüberlieferung (Mt 27,43 ist matthäisch-redaktionell; Lk 1,74 Teil eines Hymnus), während das Verb in den Briefen häufig vorkommt. 2Tim 4,1 ist ein deutlicher Anklang an diese Schlußbitte. – Zur Analyse vgl. *U. Luz*, Matthäus I, 334–350; Literatur ebd., 332f.
29   Dazu vgl. *K.G. Kuhn*, Achtzehngebet; *J. Jeremias*, Neutestamentliche Theologie I, 190f.
30   S. oben S. 133.
31   Ich zitiere nach *J. Becker*, Jesus, 334 die vermutlich ursprüngliche Fassung zur Zeit Jesu, wie sie *D. de Sola Pool*, Prayer, 26 rekonstruiert. Den ältesten *überlieferten* Wortlaut zitiert z.B. *J. Jeremias*, Neutestamentliche Theologie I, 192. Dessen in der mutmaßlichen Urfassung noch fehlende Teile füge ich in Klammern hinzu.
32   So ebd., 192 mit Anm. 87; zuletzt *J. Becker*, Jesus, 334. Daß das Qaddisch höchstwahrscheinlich bereits auf die Zeit Jesu zurückgeht, wird von *D. de Sola Pool*, Prayer, 21–24 und *I. Elbogen*, Gottesdienst, 93f. mit guten Gründen angenommen.

einen Gottes gebracht und so gefestigt werden[33]. In Jesu Gebet fehlen jegliche Zusätze. Um so näher rücken beide Bitten zusammen. Ziehen wir den soteriologischen Inhalt der Reich-Gottes-Verkündigung Jesu in Betracht, so zeigt sich: Mit dem Namen Gottes steht die Tradition von Ex 34,6 im Blick. Es ist Gottes Erbarmen, das sich in der Heilswirkung seiner Königsherrschaft vollenden wird (vgl. Ez 36,23; 39,7; Tob 13,1.4; äthHen 9,4f). Beides aber widerfährt in Jesu Wirken bereits in der Gegenwart. Indem seine Jünger mit ihm verbunden sind, haben sie schon jetzt vorgreifend an der kommenden Gottesherrschaft teil. Das Gebet um ihr Kommen kann darum auf alle naheschatologischen Motive verzichten und ist gerade so unmittelbar eschatologisch ausgerichtet. Die Dynamik zwischen der Gegenwart der Gottesherrschaft in Jesu Wirken und ihrer zukünftigen Vollendung, wie sie viele seiner Gleichnisse beschreiben, ist der Horizont der zweiten Vaterunser-Bitte. Dieses Gebet ist die dichteste und intensivste Weise der Teilhabe der Jünger an diesem Geschehensprozeß der Gottesherrschaft, die durch ihre Zugehörigkeit zu Jesus vermittelt ist.

Dies zeigt sich an der Anrede Gottes als »Vater« (aramäisch: *abba*)[34]. In der aramäischen Gebetssprache des palästinischen Judentums ist sie einmalig[35], weil *abba* in der Alltagssprache als Anrede nahestehender Menschen gebräuchlich war. Die Gebetsanrede *Gottes* als Vater war *abinu* (»unser Vater«; vgl. Jes 63,16; 64,7 und Mt 6,9; oft verbunden mit *malkenu* [»unser König«]), manchmal auch individuell *abi* (»mein Vater; vgl. Ps 89,27f; Sir 51,10). Darin, daß Jesus die Alltagsanrede zur Gebetsanrede Gottes macht[36], drückt sich eine unmittelbar-persönliche Nähe und Vertrautheit aus, die sich aus der persönlichen Begegnung mit der Gottesherrschaft im Sinne des Vater-Gleichnisses Lk 15,11–32 ergibt (vgl.

---

33   Vgl. Sach 14,9! Der Lobpreis des Namens und die Bitte um die Durchsetzung der Königsherrschaft Gottes bilden in der synagogalen Gebetstradition weithin ein festes Paar; vgl. die Belege bei *Bill.* I, 419. Von daher ist der noch heute gebetete Gebetsanfang uralten Ursprungs: »Gepriesen bist du, Adonai, unser Gott, König der Welt.«

34   Gal 4,6 und Röm 8,15 zeigen, wie diese aramäische Gebetsanrede im Gedächtnis der griechischsprachigen Kirche präsent geblieben ist.

35   Vgl. dazu *J. Jeremias*, Neutestamentliche Theologie I, 68–72; ausführlich *Ders.*, Abba, 15–67 sowie zuletzt *G. Schelbert*, Sprachgeschichtliches, 405–407. Vgl. jedoch *G. Theißen / A. Merz*, Jesus, 278, die auf »Abba« im Munde Honis (bTaan 23a) und seines Enkels Hanan ha-Nehba (bTaan 23b) hinweisen; dazu *G. Vermes*, Jesus der Jude, 175–196. In griechisch-jüdischer Literatur findet sich πάτερ als Gottesanrede in Sir 23,1.4; 3Makk 6,3.8; Weish 14,3.

36   Entsprechend untersagt Jesus seinen Jüngern, Menschen – vor allem Schriftgelehrte – mit *abba* anzureden: Mt 23,8; vgl. *J. Jeremias*, Abba, 65.

Mt 7,9–11 / Lk 11,11–13). Wer sich im Gebet an Gott in seiner vergebenden und heilenden Barmherzigkeit wendet, der darf es tun, wie ein Kind sich dem Vater anvertraut (vgl. Mk 10,15), von dessen Geben sein ganzes Leben abhängt (vgl. Lk 12,22–34 / Mt 6,25–33; Lk 11,5–8; 11,9f. / Mt 7,7f.). Jesus selbst weiß sich seit seiner Berufungsvision (Mk 1,10f. parr.) in ganz besonderer Weise als Sohn Gottes: als »der Sohn«, den allein »der Vater« kennt und umgekehrt, der allein den Menschen Erkenntnis des Vaters zu erschließen vermag (Mt 11,27 / Lk 10,22)[37]. In diesem Sinn partizipieren Jesu Jünger, die seine Verkündigung der Gottesherrschaft angenommen haben, im Beten dieses von Jesus ihnen gegebenen Gebets an seinem Verhältnis zu Gott. Sie dürfen im Gebet Gott so als *abba* anreden, wie Jesus ihn anredet (Mt 11,25 / Lk 10,21)[38], und so mit Gott als Vater vertraut sein wie er[39]. In diesem Sinn hat der einleitende Bericht von der Übergabe des Vaterunsers an seine Jünger, entsprechend der des Johannes an seine Schüler (Lk 11,1), einen historischen Kern[40].
Der zweite Teil des Vaterunsers (Lk 11,3f. / Mt 6,11–13a) enthält drei »Wir«-Bitten für das tägliche Leben der Jünger. Sie entsprechen zwar inhaltlich zum Teil den Bitten des täglichen jüdischen Achtzehnbittengebets (*sch^emone esre*)[41]. Doch in der Auswahl und Ausprägung unterscheiden sie sich deutlich von der damaligen Gebetstradition.

»Unser Brot von morgen[42] gib uns heute[43].
Und vergib uns unsere Verschuldungen[44],

---

37 Vgl. oben S. 116f.
38 Zu beachten ist, daß die Kurzanrede »Vater« im Verhältnis zu den folgenden Bitten »aus dem Rhythmus fällt«. Das ist Absicht: Die Pause, die beim Rezitieren wie von selbst entsteht, gibt der Anrede hörbares Gewicht.
39 Nur in diesem Sinn hat *J. Jeremias*, Abba, 72 Recht mit seiner These, daß das Vaterunser »ipsissima vox« Jesu als »des Sohnes« nach Mt 11,25f. sei; gegen *U. Luz*, Matthäus I, 340, Anm. 56.341.
40 So mit Recht *J. Jeremias*, Abba, 167.191.
41 Zum Wortlaut vgl. *Bill.* IV, 211–214; der hebräische Text bei *W. Staerk*, Gebete, 11–14.
42 Nur dies kann die Bedeutung des sonst nirgends belegbaren Wortes ἐπιούσιος sein; vgl. zuletzt *U. Luz*, Matthäus I, 345f.
43 Das lukanische »Tag für Tag« ist gegenüber dem matthäischen »heute« deutlich sekundär: Die tägliche Gebetspraxis, bezogen auf das alltägliche Christenleben, hat das emphatische »heute« zu einem Tag für Tag wiederkehrenden »heute« werden lassen.
44 Matthäus ist mit ὀφειλήματα gegenüber ἁμαρτίας bei Lukas ursprünglich. Nur im Aramäischen hat *choba* neben der konkreten Bedeutung »Geldschuld« die metaphorische Bedeutung »Schuld (vor Gott)«; vgl. *U. Luz*, Matthäus I, 336. Die Lukasfassung ersetzt das im Griechischen irritierende Wort

wie auch wir vergeben unseren Schuldnern[45].
Und bring uns nicht in Versuchung.«

Zweifellos gelten diese Bitten dem Alltag der Jünger. Doch sind
von allen sonst geläufigen Bitten diejenigen ausgewählt, die besonderes Gewicht haben: um Nahrung, um Vergebung und um
Bewahrung vor Versuchung. Entsprechende Bitten finden sich im
Achtzehnbittengebet nur für die beiden ersten Anliegen[46], nicht
dagegen für das letzte[47].
In der Brotbitte ist das Verhältnis von »morgen« und »heute«
bewußt auffallend formuliert. Ginge es nur um die Gabe der täglichen Nahrung, wäre die umgekehrte Reihenfolge zu erwarten:
»Unser heutiges Brot gib uns auch am morgigen Tag«[48]. Aber das
zugrundeliegende aramäische Wort *machar*[49] kann auch allgemein
die Zukunft meinen.
Nur wenn dies der Fall ist und es nicht um die irdische, sondern
um die eschatologische Zukunft der Gottesherrschaft geht, um
deren Kommen soeben gebetet worden ist, gewinnt die Formulierung allererst einen verständlichen Sinn: Es ist das Brot, das in der
himmlischen Mahlgemeinschaft des kommenden Gottesreiches zu
essen sein wird (Lk 14,15; vgl. 22,29f.; Mt 8,11f. / Lk 13,28f.).
Von diesem Brot bereits heute essen zu dürfen, ermutigt Jesus
seine Jünger, den Vater zu bitten. Vor Augen stehen die Freudenmahlzeiten im Kreise der erretteten Verlorenen, von denen so
vielfältig die Rede ist. Die Vermutung liegt sehr nahe, daß Jesus
das Vaterunser ursprünglich als *beraka* für diese Mahlgemeinschaften gebildet hat, in denen er die Heilswirklichkeit der kom-

»Schulden« durch das eindeutige Wort »Sünden«, das in der Sprache des Urchristentums zusehends gebräuchlich geworden ist, wo der jüdische Sprachhintergrund im Heidenchristentum verlorengegangen ist. Ähnlich ist es später
dem Wort παράπτωμα ergangen.
45　Mt 6,12 ist im Wortlaut ursprünglich gegenüber Lk 11,4.
46　Um Nahrung geht es in der neunten Benediktion, um Vergebung in der
sechsten.
47　Dazu fehlen Analogien überhaupt in der synagogalen Gebetstradition.
48　Das spricht entscheidend gegen entsprechende Auslegungen, z.B. bei *U.
Luz*, Matthäus I, 347, der meint, die Bitte sei aus der Sorge des Tagelöhners formuliert, »der noch nicht weiß, ob er am folgenden Tag wieder eine Arbeit findet, wovon er mit seiner Familie leben kann.« Auch dann müßte es heißen:
»Unsere heutige Ration gib uns auch morgen«! Wenn aber im »morgen« eine
»Begrenzung« zu hören sein soll (»Es geht um das Überlebenkönnen, nicht um
Reichtümer«), so müßte diese Akzentuierung im Wortlaut zum Ausdruck kommen. Im vorliegenden Wortlaut klingt es eher so, als wolle der Beter das Brot
für die Zukunft bereits heute haben!
49　So Nazaräerevangelium, Nr. 5 bei *W. Schneemelcher*, Neutestamentliche
Apokryphen I, 134.

menden Gottesherrschaft bereits jetzt und hier vorgreifend mit den Seinen gefeiert hat[50]. Das Brot, das hier gemeinsam gegessen, und der Wein, der hier getrunken wird, sind so etwas wie ein Vorgeschmack der Gaben des kommenden himmlischen Festmahls (vgl. Mk 2,19 parr.; Lk 7,34 / Mt 11,19a sowie auch Mk 14,25; Lk 22,15–17).

Versteht man die Brotbitte in diesem Sinne, so ist die Verbindung mit der folgenden Bitte überraschend eng: Vergebung für Sünder ist ja der zentrale Anlaß für die Freudenmahlzeiten Jesu. So bilden diese beiden Bitten in der Mitte des Gebets in entsprechender Weise ein Paar wie die beiden Bitten des ersten Teils. Das Besondere an dieser Bitte – auch im Vergleich zur 6. Benediktion des Achtzehnbittengebets – ist die Rückkoppelung der erbetenen Vergebung Gottes an die Vergebungsbereitschaft der Beter untereinander.

Da es sich um ein Gebet von Jüngern Jesu handelt, die die Gottesherrschaft angenommen und ihre Vergebung erfahren haben, kann der Sinn dieses Nachsatzes nicht sein, die Vergebung Gottes als Lohn für die vorangehende Vergebung des Menschen zu erbitten. Vielmehr ist die Mahlsituation zu beachten: Die Mahlgenossen haben offenbar vor Beginn des Mahles einander mit einem Vergebungszuspruch begrüßt (vgl. Mk 11,25 [s. unten] sowie Mt 6,14f.) und erbitten daraufhin im Mahlsegen die Vergebung Gottes[51]. Diese Entsprechung ist für die praxis pietatis der Jüngergemeinschaft wesentlich: »Wenn ihr euch hinstellt zum Gebet, vergebt einander, wenn einer etwas gegen den anderen hat, damit auch euer Vater im Himmel euch eure Übertretungen vergibt« (Mk 11,25)[52].

In die gleiche Richtung zielt das Gleichnis Mt 18,23–35, das mit einer negativen Fassung des gleichen Spruchs schließt (vgl. Mt 6, 15). Vor allem aber ist hier noch einmal auf das Vater-Gleichnis Lk 15,11–32 hinzuweisen, in dem Jesus Gerechte zu bewegen

---

50 So zuletzt *J. Becker*, Jesus, 198 und vorher vor allem *J. Jeremias*, Neutestamentliche Theologie I, 194.

51 Diese Vermutung wird durch die sprachliche Hypothese von *J. Jeremias*, ebd., 195 gestützt, nach der hinter ἀφήκαμεν ein aramäisches ›perfectum coincidentiae‹ stehe: *sebaqnan* = »wie auch wir *hiermit* unseren Schuldnern vergeben«.

52 Vgl. in diesem Sinne Sir 28,2. Der Parallelspruch Mt 6,14f. ist als allgemeiner Lehrspruch formuliert: »Wenn ihr den Menschen ihre Übertretungen vergebt, vergibt auch euch euer Vater im Himmel. Wenn ihr aber den Menschen nicht vergebt, wird auch euer Vater eure Übertretungen nicht vergeben.« Die negative Version ist in der Textüberlieferung von Mk 11,25 sekundär hinzugewachsen (V. 26).

sucht, Sündern, denen Gott vergeben hat, entsprechend zu begegnen und deswegen an Jesu Mahlzeiten mit »Zöllnern und Sündern« teilzunehmen.

Die Schlußbitte wirkt mit ihrer negativen Formulierung, auf die keine entsprechend positive folgt[53], wie ein erratischer Block und erhält dadurch besonderes Gewicht. Schon das schließt aus, daß Alltagsversuchungen gemeint sind. Vor allem aber gilt das im Blick darauf, daß *Gott* gebeten wird, nicht in Versuchung »hineinzuführen«. Der eschatologische Kontext des Gebets läßt nur eine entsprechend eschatologische Deutung zu: Die große Versuchung zum Abfall von Gott in der Endzeit steht im Blick[54]. Da von dieser sonst nie als einer Aktion Gottes die Rede ist, kann εἰσενέγκῃς so auch nicht gemeint sein. Das Verb kann nur »permissiven Sinn« haben: Laß nicht zu, daß wir der Versuchung zum Abfall von dir anheimfallen[55]. Dann kann nur der Satan als Subjekt der Versuchung gemeint sein, der in 1Thess 3,5 »der Versucher« heißt, und dessen Attacken Jesus selbst widerstanden hat (Mk 1,13; Mt 4,1–6 / Lk 4,1–13). Der Ton liegt auf der flehentlichen Bitte an den Gott, dessen Königsherrschaft zu Beginn erbeten wird, er möge die Seinen, als welche Jesu Jünger zu ihm beten dürfen, davor bewahren, der letzten Versuchung zum Abfall von ihm zu erliegen.

So ist das Vaterunser in seiner beispiellosen Kürze die dichteste Zusammenfassung der gesamten Verkündigung Jesu und der Lebenspraxis seiner Jünger, die aus ihrer Annahme der Gottesherrschaft resultiert. Es ist ein Gebet, kein Lehrstück in Gebetsform. Die Königsherrschaft Gottes, die Jesus verkündigt, kann man nicht lehren und lernen, ohne sich mit dem ganzen eigenen Herzen und im Zusammenleben mit all denen, für die sie in Jesu Wirken da

---

53   So dann Mt 6,13b.

54   So überzeugend J. *Jeremias*, Neutestamentliche Theologie I, 195. Das biblische Urbild der Versuchung eines Menschen durch Gott ist die Abrahams in Gen 22. Dort ist eine außerordentliche Erprobung gemeint, und dies bleibt nahezu durchweg der traditionelle Sinn aller Aussagen über Versuchungen, die gerade den Frommen durch Gott widerfahren. Nach äthHen 94,5 sind es Sünder, die die Frommen zum Abfall von der Tora zu verführen suchen werden. Nach Offb 2,10 (vgl. 3,10) wird dies der Teufel tun, der 1Thess 3,5 (vgl. 1Kor 7, 5) ὁ πειράζων genannt wird.

55   So J. Jeremias, ebd., 196, der dafür das in bBer 60b bezeugte jüdische Morgen- und Abendgebet anführt: »Bring mich nicht in die Gewalt der Sünde, nicht in die Gewalt der Schuld und nicht in die Gewalt der Versuchung und nicht in die Gewalt von Schändlichem« (womit in der Reihe der Steigerung der Gewalt die schlimmste gemeint ist: der Abfall). Jak 1,13 wehrt eine Deutung der Vaterunser-Bitte ab, nach der Gott selbst einer der Versucher sei. Vgl. auch V. *Hampel*, Menschensohn, 252f.

ist, von ihrem Willen bestimmen zu lassen (Mt 6,10b). Darin ist das Leben im Licht der Gottesherrschaft von gleicher Art wie das Leben in der Tora. Es ist ja derselbe einzig-eine Gott von Dtn 6,4f., dessen Königsherrschaft Jesus verkündigt, und so die gleiche ungeteilte Liebe zu Gott, die aus ihrer Annahme folgt und folgen muß. Das Herz aber aller Lebenspraxis im Lichte der Heilswirklichkeit dieses Gottes nach Ex 34,6 ist – für das Leben unter der Gottesherrschaft ebenso wie für das Leben unter der Tora – das Bekenntnis zu diesem Gott und der Lobpreis und das Gebet zu ihm. Wie mit dem *sch^ema-jisrael* und dem *sch^emone-esre* jeder Tag beginnt und endet, so ist auch das Vaterunser das Grundgebet, das jeden Tag eines Jüngers Jesu begleitet und prägt. Und wie das Bekenntnis und das Gebet im Lobpreis des Gottesdienstes in der Synagoge seinen Mittelpunkt hat, so das Vaterunser im Festmahl der Feier der Gottesherrschaft. Und schließlich: Wie alles Beten, in der Synagoge, im gemeinsamen Gebet in den Häusern und auch im Gebet des einzelnen, grundsätzlich in der Gemeinschaft Israels geschieht und darum die Wir-Form die Sprache des Gebets bestimmt, so ist auch das Vaterunser ein gemeinschaftliches Gebet aller Jünger Jesu, in der Gruppe der ihm Nachfolgenden wie auch in den Häusern der Jünger in den Ortschaften Galiläas rundum. Diese Zusammengehörigkeit ist begründet in der gemeinsamen Teilhabe am Heil der Gottesherrschaft, die in Jesu Wirken in die Gegenwart hineinwirkt. Und sie hat entsprechend ihren Haftpunkt in Jesu Person. Nur als sein Jünger hat man an der Gottesherrschaft teil. Diese Gemeinschaftlichkeit des Jüngerseins ist die vorösterliche Wurzel der nachösterlichen Gemeinschaft aller Christen in der Kirche. Wir werden später darauf zurückkommen.

2.2 Vertrauen zu Gottes Güte im alltäglichen Leben

Was die Brotbitte des Vaterunsers ausspricht, verwirklicht sich im gesamten täglichen Leben. Wer von und mit der Gottesherrschaft lebt, darf sich von konkretem Vertrauen auf Gottes Güte leiten lassen. Dazu ermutigt Jesus seine Jünger. Das ist ein wesentlicher Teil seiner internen Lehrverkündigung.
Die wohlkomponierte Spruchgruppe Mt 6,25–33 / Lk 12,22–31 (Q) klingt wie eine seelsorgerlich-tröstende und ermutigende Predigt Jesu an seine Jünger[56]:

---

56 Ich zitiere die Matthäusversion, die m.E. vielfach den ursprünglichen Wortlaut erhalten hat. Im Grunde stimmen beide Fassungen erstaunlich weitgehend überein.

»(25) Darum sage ich euch[57]: Sorgt euch nicht in eurer Seele darum, was ihr zu essen oder zu trinken[58] habt, noch um euren Leib, was ihr anzuziehen habt. Ist nicht die Seele (das eigene Leben) mehr als die Nahrung, und der Leib (mehr) als die Kleidung? (26) Schaut auf die Vögel des Himmels[59]: Sie säen nicht, sie ernten nicht, sie sammeln nicht in Scheunen – und euer himmlischer Vater ernährt sie! Seid ihr nicht mehr wert als sie? (27) Wer aber unter euch kann mit seinem Sorgen seiner Körpergröße (oder: seiner Lebenszeit) eine einzige Elle zusetzen? (28) Und um die Kleidung – was sorgt ihr euch? Lernt von den Anemonen des Feldes, wie sie wachsen: Sie spinnen nicht, sie weben nicht[60]. (29) Ich sage euch aber: Nicht einmal Salomo in all seiner Pracht war gekleidet wie eine von diesen! (30) Wenn aber das Kraut auf dem Feld, das heute ist und morgen in den Ofen geworfen wird[61], *Gott* so kleidet, wieviel mehr euch, ihr Kleingläubigen[62]! (31) Also sorgt euch nicht, indem ihr sagt: Was sollen wir nur essen? Oder: Was sollen wir trinken? Oder: Was werden wir anzuziehen haben? (32) Nach all dem nämlich trachten die Heiden. Es *weiß* doch euer himmlischer Vater, daß ihr diese Dinge nötig habt! (33) Sucht dagegen nach seiner Herrschaft[63], so wird euch dies alles hinzugegeben werden!«

»Selig ihr Armen, denn euch gehört das Reich Gottes!« (Lk 6,20). Diese Spruchreihe zeigt eindrücklich, was das in der Praxis heißt. Daß der Schöpfer in seiner Güte für alle seine Geschöpfe sorgt, für Tiere wie für Menschen, ist ein Thema weisheitlicher Psalmen: »Sie warten alle auf dich, daß du ihnen Speise gibst zur rechten Zeit. Gibst du ihnen, so sammeln sie ein, öffnest du deine Hand, werden sie satt an Gutem« (Ps 104,27f.; vgl. 136,25; 145,15f.; 147, 8f.; Ijob 38,41). Ein Zeugnis solchen Gottvertrauens aus dem 1. Jahrhundert v.Chr. ist PsSal 5,8–12:

57   Mit »darum« hat in der Spruchquelle Q diese Spruchreihe an Lk 12,11f. angeschlossen. Das verbindende Stichwort ist: »Sorgt euch nicht!«
58   »oder zu trinken« fehlt, wie in der Lukasfassung, im Text einiger Handschriften.
59   »Vögel des Himmels« ist eine feste biblische Wendung. Doch auch die konkrete Rede von den »Raben« in Lk 12,24 hat biblische Parallelen (Ijob 38, 41; Ps 147,9).
60   Dies übernehme ich aus Lk 12,27. Die Formulierung entspricht genau Mt 6,26 / Lk 12,24. In Mt 6,28 (»sie mühen sich nicht und spinnen nicht«) ist die Mühsal menschlicher Berufsarbeit eingetragen.
61   Vgl. Ps 905f. sowie Ps 37,2; 58,9; 102,12; 103,15; Ijob 14,2; Jes 40,6–8. Wie anders erscheint das gleiche Bild hier bei Jesus!
62   Vgl. dazu R. Eliezer d.Ä (um 90 n.Chr.), bSot 48b: »Wer Brot in seinem Korbe hat, und spricht: Was soll ich morgen essen?, der gehört zu den Kleingläubigen.« (*Bill.* I, 431; weitere Parallelen zu Ex 16,4 ebd., 420f.).
63   So nach Lk 12,31. Matthäus hat diesen Schlußspruch im Sinne seiner Theologie erweitert: »Sucht aber *zuerst* die Königsherrschaft und seine (Gottes) *Gerechtigkeit*«.

»Wenn ich Hunger habe, werde ich zu dir schreien, Gott, und du wirst mir geben. Die Vögel und die Fische ernährst du, indem du Wüsten Regen gibst, damit das Gras aufwachsen kann. Du hast Sättigung gegeben in der Wüste allem Lebendigen, und wenn sie hungern, erheben sie zu dir ihr Angesicht. Die Könige und Herrscher und Völker ernährst du, Gott, und des Armen und Bedürftigen Hoffnung, wer ist es, wenn nicht du, Herr? Und du wirst erhören; denn wer ist gütig und freundlich außer dir, zu erquicken die Seele des Niedrigen, indem du deine Hand öffnest mit Erbarmen!«

Nichts anderes ist es, was Jesus seinen Jüngern nahezubringen sucht. Doch zugleich ist das Vertrauen zu Gottes Vatergüte, zu dem er sie ermutigt, deutlich radikaler. Einerseits ist es die Sorge tiefer Existenznot, von der er sie sozusagen freispricht: eine Sorge, die einen Menschen leicht erfaßt, der »alles verlassen« hat, um allein aus dem zu leben, was Jesus als Heilsgaben der zukünftigen Gottesherrschaft zuspricht, die aber doch im normalen Alltag noch unzugänglich sind. Aber nicht nur die, die ihm nachfolgen und seine Heimatlosigkeit mit ihm teilen (s. unten Mt 8,20 / Lk 9,58), sind von allen beruflichen Versorgungsmöglichkeiten zu Hause abgeschnitten. Auch die, die weiterhin zu Hause leben, sollen radikal anders leben als vor ihrem Anschluß an Jesus. Im Zuge der wachsenden Entfremdung der Bevölkerung von ihm ist es leicht vorstellbar, wie diese auch seine Anhänger mitbetroffen hat. Daß in solcher Erfahrung von Ausgrenzung im eigenen Heimatort Ängste und Sorgen ganz elementarer, umfassender Art aufbrechen können, ist durchaus zu verstehen. Soll Jesu Ermutigung sie überzeugen, so muß die vertraute Rede von Gottes Schöpfergüte elementarer und eindringlicher ausfallen als in den angeführten weisheitlichen Aussagen. Nahrung und Kleidung sind gewiß fürs Überleben notwendig. Das weiß doch auch Gott, zu dem ihr als Vater beten dürft. Wenn schon jeder irdische Vater seinen Söhnen nicht einen Stein reichen wird, wenn sie um Brot bitten, und keine Schlange statt eines Fisches (Mt 7,9–11 / Lk 11, 11–13), um wie viel mehr wird dann Gott seine Schöpfergüte über denen walten lassen, die allein von seiner endzeitlichen Königsherrschaft leben!
Der Schlußaufruf Lk 12,31 ist so die Quelle zur Überwindung aller Sorgen und Ängste seiner Jünger. Von daher gewinnt die Schöpfergüte Gottes von Anfang an jene ungewohnt radikalen Züge. Gewiß ist das eigene Leben mehr als Speise und Kleidung. Aber wo Gott durch die Heilungskraft seiner Königsherrschaft ein Leben *gerettet* hat, da sind Nahrung und Kleidung nicht mehr die entscheidenden Mittel zum Leben, sondern bloße »Zugaben«. Diese Unterscheidung ist eigentlich kein weisheitliches Thema. Sie

gewinnt auf der Ebene weisheitlicher Schöpfungsparänese ihren Sinn und ihr volles Gewicht erst von der Ebene der Erlösung durch die Gottesherrschaft her. Gleiches gilt von den Aktivitäten des Menschen im Bereich seines häuslichen Daseins, die für die Fristung irdischen Lebens gewiß unumgänglich sind – aber unter dem Aspekt der Gottesherrschaft hat allein Gottes Geben Gewicht (vgl. Mk 4,26ff.). Unter diesem Aspekt gewinnt dann auch das Vertrauen zu Gott als dem himmlischen Vater im Blick auf die Dinge des irdischen Alltags allererst seine Tiefe und seine Kraft. Es entsteht auf der gleichen Ebene wie das Vertrauen in die unwiderstehliche Kraft des Wachstums der Gottesherrschaft bis zu ihrer endzeitlichen Vollendung (Lk 13,6–9.18f.; 20f.)[64].

In der Lebenspraxis wird solches grenzenlose Vertrauen konkret im Gebet. Das Vaterunser ist zwar das zentrale Gebet der Jünger Jesu, aber keineswegs das einzige. Jesus ermutigt sie zu einem Bitten, für das es keine Grenzen gibt (Mk 11,24; vgl. Mt 7,7f. / Lk 11,9f.), und zu einem Glauben an die Allmacht Gottes, der als solcher die Kraft hat, Berge zu versetzen (Mt 17,20 / Lk 17,6; Mk 11,22f.; vgl. EvThom 48.106).

Ebenso konkret wird das Vertrauen im Umgang mit jeglichem Besitz. Unter dem Aspekt des nahen Endes aller irdischen Verhältnisse verliert alles, was ein Mensch hat, seine Priorität. Was normalerweise als Klugheit gilt, die Vermehrung seines Vermögens, erscheint unter diesem eschatologischen Aspekt geradezu umgekehrt als Torheit (Lk 12,13–21). Im Gleichnis konfrontiert Gott den aufbautüchtigen und -süchtigen Bauern mit der (weisheitlichen) Frage, wem denn der so vergrößerte Besitz gehören werde, wenn es im Tod gelten wird, seine Seele (sein Leben) Gott abzugeben. Das entspricht der Frage Mt 16,26. Dahinter steht das Wissen: Das eigene Leben kann kein Mensch sichern oder gar vor dem Tod retten. Allein Gott kann dies – und in Jesu Wirken in der Kraft der Gottesherrschaft tritt in den Blick, daß eben dies das Heil ist, an dem Jesu Jünger Anteil gewinnt.

Darum allerdings muß Jesu Jünger »sich selbst verleugnen« (Mk 8,34), muß sein Leben verlorengeben, um es zu gewinnen (Mt 10,39 / Lk 17,33). Auf dieser Linie liegt es, wenn Jesus schroff sagt: »Niemand kann zwei Herren (zugleich) dienen. Entweder wird er den einen hassen und den anderen lieben oder dem einen anhangen und den anderen verachten: Ihr könnt nicht Gott dienen und dem Mammon.« (Mt 6,24 / Lk 16,13; vgl. EvThom 47). Die Erzählung Mk 10,17–27 (s. oben) zeigt diese Alternative in der Situation der Entscheidung zur Nachfolge Jesu.

---

64 S. oben S. 168–171.

Für die Jünger hat diese Alternative bleibende Bedeutung:

»Sammelt euch nicht Schätze auf Erden, wo Motte und Holzwurm sie zerstören und wo Diebe (die Hausmauer) durchgraben und stehlen! Sammelt euch vielmehr Schätze im Himmel, wo weder Motte noch Holzwurm sie zerstören und wo Diebe nicht durchgraben und stehlen; denn wo dein Schatz ist, dort wird auch dein Herz sein.« (Mt 6,19–21 / Lk 12,33f.).

Auch dies ist vertraute Weisheitslehre: Geld anzusammeln nützt dem Leben eines Menschen eigentlich nichts; es ist töricht, auf Reichtum zu setzen statt auf Gottesfurcht (vgl. z.B. Spr 23,4f.)[65]. Der Weise gebraucht sein Geld zur Hilfe für seinen Nächsten:

»Setz dein Geld ein für den Bruder und Freund, laß es nicht rosten unter dem Stein, bis es verdirbt. Leg dir einen Schatz an nach den Geboten des Höchsten, der wird dir mehr nützen als Gold. Wohltaten verschnüre und leg sie in deine Vorratskammer, sie werden dich retten aus allem Unheil.« (Sir 29,10–12).

Später ist dies zu einer eschatologischen Verheißung vom himmlischen Lohn geworden[66]. In diesem Sinn ist der Spruch Jesu zu verstehen, wenn man ihn im Zusammenhang mit der grundsätzlichen Distanz zu eigenem Besitz in seiner Jüngerunterweisung sieht. Das »Herz« eines Jüngers muß ganz und bleibend der Gottesherrschaft gehören (Lk 12,31), *darum* kann ein Jünger sein Herz nicht auf den Erwerb von irdischen Schätzen konzentrieren. Die Kritik gilt also nicht Geld und Besitz als solchem, sondern dem Herzen, das sich davon gefangennehmen läßt, indem es die Sorge für das eigene Leben von dem abhängig macht, was es an irdischen Gütern erworben hat oder erwerben zu müssen meint. »Niemand lebt davon, daß ihm aus seinem Einkommen Hülle und Fülle erwächst« (Lk 12,15).
Wie die Geschichte Mk 10,17–27 paradigmatisch zeigt, daß die Trennung von den eigenen Gütern beim Eintritt in die Nachfolge Jesu ein Erfordernis der Jüngerschaft überhaupt ist, so zeigt die Geschichte Mk 3,31–35 Entsprechendes im Blick auf das Verhältnis zur eigenen Familie. Die Mutter Jesu und seine Geschwister machen sich gemeinsam auf, um Jesus nach Hause zurückzuholen. Seine Antwort lautet, indem er auf die um ihn Sitzenden blickt:

---

65 Vgl. die Kritik am Aufhäufen irdischer Schätze in äthHen 94,7–10; 97, 8–10.

66 Die Eschatologisierung läßt sich gut erkennen, wenn man eine Parallele zu Sir 29,10–12 wie Tob 4,9f. mit PsSal 9,5 und dann 4Esr 6,5; 7,77; syrBar 14,12; slHen 50,5 vergleicht. Dazu K. *Koch*, Schatz.

»Diese da sind meine Mutter und meine Brüder. Wer immer Gottes Willen tut, *der* ist mein Bruder, meine Schwester und meine Mutter.« Zweifellos liegt hier ein konkreter Vorfall zugrunde. Indem Jesus seinen Heimatort Nazaret verlassen hat, weil er in der dortigen Synagoge kein Gehör fand (Mk 6,1–6 parr.), hat seine eigene Heimatlosigkeit begonnen, an der jeder, der ihm nachfolgt, teilhat (Mt 8,20 vgl. Lk 18,29). Der radikale Spruch Lk 14, 26 / Mt 10,37 (s. oben S. 236f.) gilt ebenso nicht nur für die Nachfolge, sondern generell für die Jüngerschaft. Die Zugehörigkeit zur Gottesherrschaft schafft eine Distanz, wie zu allen irdischen Lebensbezügen, so auch zu Heimat und Familie. Eben damit schafft sie aber auch eine neue Familie aus all denen, die zu Jesu Jüngerschaft gehören. Das sind die wahren Gerechten, die »Gottes Willen tun«, nämlich den Willen der Gottesherrschaft, wie Jesus ihn lehrt[67]. Auf diese gemeinschaftliche Struktur der Jüngerschaft wird später im Zusammenhang noch einzugehen sein.

Für die Distanzierung von der Familienzugehörigkeit gilt wie für die von Geld und Gut: Nicht um eine eschatologisch bedingte Auflösung der in Israel wie im gesamten Altertum zentral-wichtigen ›Familienbande‹ an sich geht es[68]. Sonst wäre es schwerlich möglich, daß sogar noch in der Gruppe der Zwölf Brüderpaare wie Simon und Andreas und Jakobus und Johannes eine hervorgehobene Rolle spielen (vgl. über Mk 1,16–20 hinaus Mk 3,17; Lk 6,14; Mt 10,2)[69]. Die beiden Letztgenannten bildeten (nach Mt 20,20 zusammen mit ihrer Mutter) so etwas wie einen Familienclan inmitten der Jüngerschaft Jesu (Mk 10,35–41). Jesus kritisiert zwar ihr Streben nach einer herrschenden Stellung (Mk 10,42–44; Lk 22,24–27), mit keinem Wort jedoch ihre leibliche Bruderschaft. Jesus kritisiert auch nicht die Seligpreisung seiner Mutter, die eine Frau aus dem Volk ausspricht. Er steigert diese allerdings im Sinne von Mk 3,35: »Selig, die Gottes Wort hören und bewahren!« (Lk 11,27f.).

2.3 Die Liebe zu Gott und zum Nächsten

Wie das grenzenlos-unbedingte Vertrauen zu Gott, zu dem Jesus seine Jünger ermutigt, in der Kraft der Königsherrschaft Gottes

---

67 J. *Becker*, Jesus, 391 vergleicht dazu die ähnliche Trennung von Vater und Mutter zugunsten der exklusiven Zugehörigkeit zu Gott in der essenischen Gemeinschaft, die in dem Gebet 1QH 9,35f. zum Ausdruck kommt. Dort klingen Ps 27,10 und Jes 49,14f. an.
68 Gegen J. *Becker*, ebd., 390.
69 Auch noch in der Anfangszeit der Jerusalemer Urgemeinde haben diese Brüderpaare eine führende Bedeutung gehabt; vgl. Apg 3,1ff.; Gal 2,9.

begründet ist, die er verkündigt, so gilt das gleiche auch für die Weisungen, die er seinen Jüngern für das Zusammenleben im Alltag gibt. Beides, Gebet und Gemeinschaftsverhalten, prägen miteinander die Lebenspraxis derer, die in der Freude über ihre Errettung und in der Gewißheit der bevorstehenden Heilsvollendung im Licht der Königsherrschaft Gottes leben.

Die Heilskraft der Gottesherrschaft ist Gottes Liebe, in der er die Verlorenen rettet. Sie ist zugleich die lebendige Autorität, die die von ihr Erretteten bewegt und verpflichtet, in entsprechender Liebe einander anzunehmen und füreinander dazusein. Darin entspricht Jesu Lehre grundsätzlich der Tora, nach der seit alters Gottes Gemeinschaftstreue, seine »Gerechtigkeit«, zu entsprechender Gemeinschaftstreue zu Gott und zueinander verpflichtet. Das Bekenntnis zu ihm, dem einzig-einen Gott, und die ganzheitliche Liebe zu ihm, die im *sch^ema-jisrael* (Dtn 6,4f.) zusammengebunden sind, sind das Fundament, auf dem alle Weisungen der Tora für die Lebenspraxis in Kultus, Ritus und Sozialverhalten ihren gemeinsamen Grund haben. Für das Sozialverhalten ist von besonderem Gewicht, daß die sozial Starken den sozial Schwachen in jeder Hinsicht so helfen, wie es ihnen als Gliedern des Bundesvolkes Gottes zukommt. Paradigmatisch kommt das in Dtn 10, 12–19 zum Ausdruck, wo sich der einzig-eine Gott in seinem Verhalten geradezu als das verbindliche Vorbild für das Verhalten der Seinen zueinander vorstellt. Die Liebe zum Nächsten, wie sie in Lev 19,18b zusammenfassend gefordert wird, soll so praktiziert werden, daß vor allem Witwen und Waisen als die exemplarisch Schwachen zu ihrem Recht kommen. Ja, das Liebesgebot umfaßt sogar die Fremden, die inmitten Israels leben: »Auch ihr sollt die Fremden lieben, denn ihr seid Fremde in Ägypten gewesen« (Dtn 10,19). In großer Fülle finden sich in Tora und Weisheit Gebote und Weisungen in dieser Richtung, ebenso in der jüdischen Literatur zur Zeit Jesu und des Urchristentums[70].

Es ist also im Grunde nichts Neues in Israel, wenn Jesus dem Gebot der Nächstenliebe eine so zentrale Bedeutung und ein so großes Gewicht gibt. Ebenso weiß man in Israel, daß die gemeinsame Zugehörigkeit zu dem einen Gott die Quelle aller Nächstenliebe ist[71]. Ohne Beispiel allerdings ist die unmittelbare Zusammenbin-

---

70 Dazu vgl. die ausführlichen Darstellungen von *A. Nissen*, Gott und *K. Berger*, Gesetzesauslegung sowie die knappe Zusammenfassung bei *Th. Söding*, Liebesgebot, 43–66.

71 Dazu vgl. vor allem die Zwölfertestamente, in denen dies ein Schwerpunktthema ist: TestIss 5,1f.; TestJos 11,1; TestBenj 3,3; TestDan 5,3; ferner Jub 20,2; 36,7f; Philo, SpecLeg II,63 bei *G. Theißen / A. Merz*, Jesus, 343; vgl. ausführlich *J. Becker*, Untersuchungen, 320–401.

dung der Liebe zu Gott und der Liebe zum Nächsten im direkten Zitat des Wortlauts von Dtn 6,5 und Lev 19,18 in Mk 12,28–34 parr. Besonders charakteristisch ist aber vor allem die Zielrichtung und der Zusammenhang seiner Weisungen und Mahnungen zur Liebe. Diese Eigenart hängt damit zusammen, daß gerade auch dafür die Gottesherrschaft, wie Jesus sie verkündigt, Grund und Maß ist.

Die Zusammenbindung von Gottes- und Nächstenliebe findet sich in zwei verschiedenen Fassungen: einer ausführlicheren in Mk 12,28–34 und einer kürzeren, die in Mt 22,34–40 und Lk 10,25–28 als unabhängig voneinander benutzte Vorlage eigener Art deutlich zu erkennen ist. Hier häufen sich nicht nur Übereinstimmungen im Wortlaut gegenüber Markus, sondern der Aufbau der Perikope als ganzer unterscheidet sich von dem der Markusperikope. Als zufällig übereinstimmende redaktionelle Veränderung und unabhängig voneinander vorgenommene Verkürzung der Markusvorlage durch Matthäus und Lukas läßt sich das Verhältnis der drei Fassungen nicht erklären[72]. Ob die von Matthäus und Lukas, benutzte Vorlage aus der Spruchquelle Q stammt[73] oder aus mündlicher Überlieferung[74], kann hier offenbleiben.

Mk 12,28–34
»(28) Und einer der Schriftlehrer trat zu ihm und ... fragte ihn: ›Welches Gebot ist das erste von allen?‹ (29) Jesus antwortete: ›Das erste ist: ‚Höre, Israel, der Herr, dein Gott, ist ein einziger Herr; (30) und lieben sollst du den Herrn, deinen Gott, aus deinem ganzen Herzen, und aus deiner ganzen Seele, mit deiner ganzen Denkkraft und mit deiner ganzen Kraft.‘ (31) Das zweite ist dies: ‚Lieben sollst du deinen Nächsten wie dich selbst.‘ Größer als diese ist kein anderes Gebot.‹ (32) Und der Schriftlehrer sagte zu ihm: ›Lehrer, damit hast du die Wahrheit getroffen: ‚Ein einziger ist er und kein anderer außer ihm.‘ (33) Und das (Gebot), ihn zu lieben aus ganzem Herzen, und aus ganzer Einsicht und aus aller Kraft, wie auch das (Gebot), den Nächsten zu lieben wie sich selbst, hat mehr Gewicht als alle Brandopfer und Mahlopfer.‹ (34) Und Jesus sah, daß er verständig geantwortet hatte, und sagte zu ihm: ›Nicht weit entfernt bist du von der Herrschaft Gottes!‹«

Die Frage des Schriftlehrers nach dem »ersten« Gebot zielt auf das *sch*ᵉ*ma-jisrael*, das bereits damals als *das* Hauptgebot galt und als solches von jedem frommen Juden täglich gebetet wurde.

---

72   Dieses Urteil wird jedoch bis in die Gegenwart vertreten; vgl. zuletzt *J. Gnilka*, Matthäus II, 257f.; *U. Luz*, Matthäus III, 270f.
73   So z.B. *G. Strecker*, Weg, 25f.; zuletzt *R. Pesch*, Markus II, 245; *G. Theißen / A. Merz*, Jesus, 340.
74   So *E. Schweizer*, Matthäus, 277. Andere lassen die Frage der Herkunft offen: z.B. *G. Bornkamm*, Doppelgebot, 44f.; *K. Berger*, Gesetzesauslegung, 203.

Jesus nimmt die Frage wörtlich auf, fügt aber zu Dtn 6,4f. als
»zweites« Gebot Lev 19,18b hinzu und faßt diese beiden Gebote
so zusammen, daß es kein anderes Gebot gibt, das »größer« ist als
diese beiden. Obwohl er bestehen läßt, daß das *sch^ema* »das erste«
ist und das Liebesgebot »das zweite«, bilden sie doch zusammen
ein Paar, das als solches ein Bedeutungsgewicht (»größer«) hat wie
kein anderes Gebot sonst. Dabei spitzt der Schriftgelehrte Dtn 6,4f.
durch die Exklusivitätsaussagen aus Dtn 4,35 und Ex 8,6 so zu, daß
das *sch^ema* mit dem Beginn des Dekalogs in Ex 20,2f. zusammengeschlossen wird. Jesus bestätigt das nachdrücklich. Was er im Blick
auf diese beiden Liebesgebote im Vergleich zu jedem »anderen«
Gebot gesagt hat, wird auf die Einzigkeit Gottes übertragen: »Es
gibt keinen anderen Gott außer ihm.« Da zu Beginn des Dekalogs
diese Exklusivität Gottes durch sein vorangestelltes »Ich bin der
Herr« (Ex 20,2) begründet ist und entsprechend das Gebot Lev
19,18 mit demselben »Ich bin der Herr« schließt, mit dem die ganze
Reihe auch beginnt (Lev 19,2) und das sich von da an immer wiederholt (Lev 19,3.4.10.12.14.16), liegt in diesem Zusatz keinerlei
Gewichtsverschiebung, sondern im Gegenteil: Das exklusive »Ich
bin« Gottes *selbst* begründet nun die exklusive Geltung der beiden Gebote, die der Schriftlehrer zusammenfassend zitiert (τὸ
ἀγαπᾶν – καὶ τὸ ἀγαπᾶν) und besonders gegenüber den kultischen Geboten hervorhebt[75]. In diesem Sinn stimmt der schriftgelehrte Partner dieses hochgewichtigen Lehrgesprächs Jesus nicht nur
zu, sondern verstärkt zugleich, was in Jesu Antwort durch das volle
Zitat von Dtn 6,4f. bereits angelegt ist: Das doppelte Liebesgebot
– gegenüber Gott und gegenüber dem Nächsten – hat in dem *Ich*
des einzig-einen Gottes selbst seinen einzigen Grund.
Natürlich ist dies für den Schriftlehrer eine durchaus *tora*gemäße
Lehrentscheidung, so neu und gewagt die enge Zusammenbindung
des Wortlauts des Gebots der Nächstenliebe mit dem Gebot der
Gottesliebe auch ist. Jesus jedoch drückt seine Anerkennung gegenüber diesem »verständigen«[76] Lehrer völlig überraschend so

---

75   Diese Zuordnung und Gewichtung ist nicht nur im hellenistischen, sondern auch im palästinischen Judentum verbreitet. Sie hat ihre Wurzel im Alten
Testament; vgl. z.B. 1Sam 15,22; Ps 40,7; 51,18f.; 69,31f.; Jes 1,10–17; Jer 6,19f.;
Am 5,22; Hos 6,6; Mi 6,6–8; ferner die – freilich vorwiegend hellenistisch-jüdischen – Belege bei K. *Berger*, Gesetzesauslegung, 194–199.
76   Zu beachten ist das rhetorisch feine Sprachspiel mit den Vernunftbegrif-
fen: Im Zitat von Dtn 6,5 in Mk 12,30 steht ἐξ ὅλης τῆς διανοίας gegenüber dem
LXX-Text wie auch gegenüber dem hebräischen Originaltext ein Zusatz. In der
Wiedergabe durch den Schriftlehrer in V. 33 tritt συνέσεως an die Stelle von
διανοίας. Und darin sieht Jesus seinen Gesprächspartner νουνεχῶς antworten!
Diese »Verständigkeit«, in der er als Interpret von Dtn 6,5 die dort gebotene

aus: »Nicht fern bist du *von der Gottesherrschaft*«. Zwar ist es jeder Schriftlehrer gewohnt, daß dort, wo das *sch^ema-jisrael* im
Synagogengottesdienst rezitiert wird, in den entsprechenden Benediktionen lobpreisend von der Königsherrschaft Gottes die Rede
ist[77]. Doch daß es diese Königsherrschaft ist, von der dieser Lehrer
mit seiner *Tora*interpretation »nicht weit entfernt«, also ihr nahe
ist[78], gibt dem an sich vertrauten Ausdruck eine ganz unvertraute
Zentralbedeutung: Dort, wo der einzig-eine Gott Israels bekannt
wird, ist dieser als *der* zugegen, dessen endzeitliche Herrschaft
dort angebrochen ist, wo Jesus sie verkündigt! Das »Ich« Gottes
als das Herz der Tora ist identisch mit dem einen Vater, den Jesu
Jünger mit dem Vaterunser als den anrufen dürfen, dessen heilsgeschichtlich letzter, »größter« Akt die Rettung der Verlorenen
ist. In der Gottesherrschaft geht es zwar um nichts anderes als um
das »Höre Israel« als die beherrschende Mitte der Tora, aber diese
Mitte ist jetzt durch die endzeitliche Heilswirklichkeit der Königsherrschaft Gottes gefüllt und bestimmt. Wer die Tora »verständi-
gerweise« so auslegt, ist *dieser Gottesherrschaft* nahe!
Solches uneingeschränkte Lob für einen Schriftlehrer ist in der Jesusüberlieferung beispiellos. Das kann als Argument dafür gewichtet werden, daß diese Erzählung im Kern eine konkrete Begebenheit wiedergibt bzw. daß derartige Lehrgespräche Jesu mit
Schriftlehrern, die häufiger stattgefunden haben mögen, in dieser
»Mustererzählung« ihre entsprechende Form in der Lehrüberlieferung der späteren judenchristlichen Kirche für ihren Gebrauch in
der Lehrauseinandersetzung mit synagogalen Schriftlehrern gefunden haben[79].

Liebe zu Gott erfüllt, besteht darin, daß seine *Tora*interpretation der *Gottes-*
herrschaft nahe ist.
77   S. oben S. 132f.
78   Damit gibt Jesus der rabbinischen Redensart »sich der Tora nähern« (*A.*
Nissen, Gott, 296f.) eine neue Richtung: Nicht Jesu Lehre ist der Tora nahe,
sondern die Toraauslegung des Schriftlehrers der Gottesherrschaft! Eine jüdische Sachparallele ist Weish 6,17–20, wo die kettenartige Reihe weisheitlicher
Lehrsprüche vom Anfang der »Lernbegierde« (Beginn des Toraunterrichts)
über die τήρησις νόμων bis zur »Weisheitsbegierde« (der jüdischen Form von
Philosophie) führt, »die zur ewigen Herrschaft hinaufführt« (freilich nicht der
Gottes, sondern der Weisen [V. 21]).
79   So *K. Berger*, Gesetzesauslegung, 183, der jedoch zu Unrecht in diesem
Lehrstück eine »torakritische Funktion« sieht. Das Gegenteil ist der Fall: Die
christliche Lehre unter der Überschrift »Gottesherrschaft« wird der Tora in ihrem Kernbereich so nahe erklärt wie nirgends sonst in urchristlicher Überlieferung! *Berger*, ebd., 201 und andere halten die Markusperikope für eine helle-
nistisch-christliche Bildung. Doch ist die Überordnung der sozialen Gebote
über die kultischen (Mk 12,33), wie *Berger*, ebd., 194–199 selbst zeigt, in brei-
ter alttestamentlicher Überlieferung begründet (vgl. 1Sam 15,22; Jes 1,11; Ps

Ein Blick auf die Kurzform der Perikope bei Matthäus und Lukas, bestätigt diese Zuordnung zum urchristlichen Lehrbetrieb. Diese Fassung dient deutlich der innerchristlichen Lehre. Sie mag im Katechumenenunterricht eine wichtige Rolle gespielt haben (vgl. Did 1,2!)

Eine besondere Stellung hat diese Perikope in Lk 10,25–28. Hier bildet sie die Einleitung zum Gleichnis vom barmherzigen Samariter (Lk 10,29–37). Die entscheidende Frage ist, in welchem Sinne in Lev 19,18 »der Nächste« zu verstehen ist (V. 29). Nach allgemeinem Verständnis des palästinischen Judentums ist der jüdische Volksgenosse gemeint, einschließlich des dauernd mitlebenden »Fremden« (Lev 19,34), worin später allgemein der Vollproselyt gesehen worden ist[80].

Dieser innerisraelitische Radius des Gebots der Nächstenliebe war problemlos-selbstverständlich. Unter dieser Voraussetzung provoziert Jesus mit dem folgenden Gleichnis den Schriftlehrer. In einem akuten Notfall, in dem das Gebot Lev 19,18 nach übereinstimmendem jüdischen Urteil eindeutig zu erfüllen ist, gehen ein Priester und ein Levit an dem Wundgeschlagenen vorüber, ohne ihm zu helfen, während es ausgerechnet ein Samaritaner ist, der ihm Hilfe leistet. Samaritaner galten als »Ketzer«. Juden vermieden jeden Kontakt mit ihnen. Auf seiten der Samaritaner galt umgekehrt das gleiche. Dieser Samaritaner aber durchbricht dieses Tabu und erfüllt das Gebot – nur er, nicht die beiden Juden! In der Schlußfrage V. 36 kehrt Jesus *von daher* das Verhältnis um: Der Hilfeleistende wird seinerseits dem Hilfsbedürftigen zum Nächsten. *So* findet, völlig überraschend, die Frage »Wer ist denn mein Nächster?« eine Antwort entgegen aller Auslegungstradition von Lev 19,18. Einem anderen in Not *Nächster zu werden* ist der eigentliche Sinn dieses Gebots – wenn man es aus dem Aspekt *Gottes* versteht. Wenn Gott zu lieben (Lk 10,29f.) bedeutet, *den* Gott zu lieben, der selbst ganz und endgültig die Armen, die Kran-

---

40,7; 51,21; Hos 6,6; Spr 16,7; Dan 3,38–42), die später im hellenistischen Judentum fortgeführt wird (LibAnt 22,5f.; Sib II,82.379–409). Ferner fehlt im Gebrauch von Dtn 6,4 die für das hellenistische Judentum charakteristische polemische Zuspitzung auf den Gegensatz zwischen dem jüdischen Monotheismus und dem heidnischen Polytheismus (vgl. z.B. Arist 132; Philo, Decal 65, Ps.-Phok 8; JosAp 2,190 bei *G. Theißen / A. Merz*, Jesus 342; gegen *G. Bornkamm*, Doppelgebot, 39). Schließlich ist die Häufung der Vernunftbegriffe nicht im Sinne hellenistisch-jüdischer Apologetik zu verstehen (so ebd., 40–42), sondern ist in weisheitlicher Tradition beheimatet und hat hier im Kontext eine besondere Spitze (s. oben Anm. 76). Möglicherweise ist sie auch als Einwirkung von Hos 6,6 zu erklären (so *K. Berger*, Gesetzesauslegung, 196, Anm. 2).

80 Vgl. die Belege bei *Bill.* I, 353ff.

ken, die Sünder liebt, den Gott also, dessen Königsherrschaft Jesus verkündigt, dann muß die von diesem Gott gebotene Liebe entsprechend darin bestehen, den Nächsten zu lieben, indem man *selbst* ihm zum Nächsten, d.h. zum Helfer wird. So gesehen, gibt es für das Liebesgebot keine Grenze[81]. Um das überdeutlich herauszustellen, läßt Jesus anstelle des vom Hörer zweifellos erwarteten Laien/Gerechten – vor allem eines Pharisäers – einen der verhaßten Samaritaner tun, was das Liebesgebot will: »Barmherzigkeit« (weil Gott nach Ex 34,6 selbst barmherzig ist und barmherzig handelt). Diese theo-logische Begründung des Liebesgebots unterscheidet sich wesentlich von der späteren, in stoischer Anthropologie begründeten Ausweitung des Liebesgebots im Sinne allgemeiner Menschenliebe[82].

Insofern ist das Gleichnis nicht einfach eine in Erzählung umgesetzte ethische Lehre, eine sog. »Beispielerzählung«[83], ihr heimlicher entscheidender Ausgangspunkt ist vielmehr das *sch^ema-jisrael* im Sinne der Königsherrschaft Gottes[84]. Im Handeln des Samaritaners spiegelt sich zwar gewiß die Praxis der Erfüllung des Liebesgebots. Aber weil diese sich grundsätzlich an Gottes Handeln orientiert und daraus erwächst – wie die Liebe zu Gott (Dtn 6,5) aus der Einzigkeit des Gottes Israels (Dtn 6,4) –, erzählt das Gleichnis zugleich auch das Heilswirken der Gottesherrschaft selbst, wie Jesus sie verkündigt. Es gibt m.E. überhaupt keine gesonderte Kategorie von »Beispielerzählungen«. Die üblicherweise dazu gezählten Texte (Lk 18,9–14; 12,16–21; 16,19–31) sind alle echte Gleichnisse, in denen sich auf der Ebene des Erzählten in verschiedener Weise das Handeln Gottes spiegelt.

2.4   Die Praxis der Nächstenliebe

Wie sich aus dieser Sicht die Praxis der Nächstenliebe auf seiten der Jünger Jesu darstellt, zeigt eine Reihe von Lehrsprüchen, die in der Spruchquelle (Q) zusammengestellt (Lk 6,27–36) und im Matthäusevangelium mit anderen Sprüchen zu einer autoritativen Lehrrede Jesu ausgearbeitet worden sind (Mt 5,21–48).

---

81   So richtig *J. Jeremias*, Neutestamentliche Theologie I, 206 sowie ausführlich *Ders.*, Gleichnisse, 200–203.
82   Frühester Beleg ist Sir 13,15 LXX. Vgl. dazu *K. Berger*, Gesetzesauslegung, 112–115.123–130.
83   Dazu vgl. die kurze Charakteristik bei *R. Bultmann*, Geschichte der synoptischen Tradition, 192f.; *E. Linnemann*, Gleichnisse, 14f. Die Abhebung dieser »Beispielerzählungen« von »Parabeln« geht auf *A. Jülicher*, Gleichnisreden I, 112–115 zurück.
84   Das Gleichnis Lk 10,29–37 hat m.E. nie ohne die Einleitung Lk 10,25–28 existiert.

Nach nahezu allgemeiner Überzeugung hat der Evangelist Matthäus den Abschnitt Mt 5,17–48 als grundsätzliche Zusammenfassung der Lehre Jesu über die Bedeutung der Tora und der Praxis ihrer Erfüllung gestaltet und dafür die Gebote der zweiten Dekalogtafel zugrunde gelegt (vgl. auch Mt 15,19). Dabei hat er zu Beginn eine Reihe von Lehrsprüchen mit gleichlautender antithetischer Einleitung benutzt (5,21.26.27–30.31f. sowie vielleicht auch 33–37) und als gewichtigen Abschluß Sprüche aus der Quelle Q aufgenommen, diese jedoch mit der durchgehenden antithetischen Einleitung versehen (5,38–42.43–48). In Q gehören diese beiden Sprüche zu einer Spruchkomposition, die mit dem Gebot der Feindesliebe beginnt (Lk 6,27f.), das dann verallgemeinert (6,29–31) und paränetisch appliziert wird (6,32–35). Dabei wird in V. 35 das Gebot der Feindesliebe noch einmal aufgegriffen und in V. 36 die Reihe als ganze zusammengefaßt. In den aus Q übernommenen Sprüchen weichen Matthäus und Lukas im Wortlaut voneinander ab. Es gibt gute Gründe für die Annahme, daß in der Lukasfassung der ursprüngliche Wortlaut weitgehend bewahrt ist.

»(27) Ich sage euch: Liebt eure Feinde! Tut wohl denen, die euch hassen! (28) Segnet, die euch fluchen! Betet für die, die euch mißhandeln! (29) Wer dich auf die Backe schlägt, dem biete auch die andere dar! Und wer dir deinen Mantel nehmen will, dem verwehre auch nicht den Leibrock! (30) Jedem, der dich bittet, gib; und wer dir das Deine wegnimmt, von dem fordere es nicht zurück[85]! (31) Und wie ihr wollt, daß euch die Menschen tun sollen, tut ihnen ebenso[86]! (32) Und wenn ihr (nur) die liebt, die euch lieben, welcherlei Dank wird euch (dafür) zuteil? Denn auch die Sünder[87] lieben ja die, die sie lieben. (33) Und wenn ihr (nur) denen Gutes tut, die euch Gutes tun, welcherlei Dank wird euch (dafür) zuteil? Auch die Sünder tun dasselbe[88]. (34) Und wenn ihr (nur) denen leiht, von denen ihr hoffen (könnt), es zurückzuerhalten, welcherlei Dank wird euch (dafür) zuteil? Auch Sünder leihen Sündern, um das Gleiche zurückzuerhalten. (35) Nein, liebt eure Feinde und tut ihnen Gutes und leiht ihnen ohne die Hoffnung, es zurückzubekommen, so wird euer Lohn groß sein, und ihr werdet Söhne des Höch-

---

85   Wegen Lk 6,34 (s. unten) stand hier in der Originalfassung wohl statt des Beispiels der Beraubung (vgl. 6,29) das Beispiel vom Ausleihen ohne Hoffnung auf Rückgabe (Mt 5,42). Das dritte, nur in Mt 5,41 überlieferte Beispiel könnte wegen der gleichartigen Satzstruktur hier ursprünglich mit hinzugehören: »Und wer dich zu einer Meile Spanndienst zwingen will, geh mit ihm zwei!«
86   Diesen Spruch zitiert Matthäus erst 7,12 als Zusammenfassung der gesamten Bergpredigt.
87   Mt 5,46 liest »Zöllner«: Das könnte ursprünglich sein; vgl. Lk 7,34 / Mt 11,19!
88   Mt 5,47: »Wenn ihr nur eure *Brüder* grüßt, was tut ihr Herausragendes? Tun nicht auch *die Heiden* dasselbe?« Hier zeigt sich deutlich der Erfahrungsaspekt der judenchristlichen Gemeinde.

sten sein; denn er ist gütig auch gegen die Undankbaren und Bösen[89].
(36) Werdet barmherzig, wie euer Vater barmherzig ist!«

Alle Sprüche dieser Reihe legen das Gebot der Nächstenliebe in
Lev 19,18 im Blick auf seine Erfüllung in der Lebenspraxis im
Licht der Gottesherrschaft aus. Voran steht die Liebe zu den Feinden: Das Gebot Lev 19,18 gilt also im Blick auf den äußersten
Extremfall: Auch ihre Feinde sollen die Jünger Jesu lieben. Wie
die folgenden Beispiele zeigen, sind das die, die sie hassen, die sie
verfluchen, die sie mißhandeln. Das entspricht durchaus jüdischer
Lehrtradition. Einen Nächsten zu hassen, ist nach Lev 19,17 überhaupt torawidrig[90], erst recht, ihn zu verfluchen[91] oder ihm Gewalt anzutun; nach Lev 19,18a ist jede Rache gegenüber einem
Volksgenossen verboten. Solches gilt nach Ex 23,4f.; Spr 25,21f.
auch im Blick auf den persönlichen Feind[92]. Daher wird durchweg
der einzelne Israelit angesprochen (2. Pers. Sing.). Die Adressierung an Jesu Jünger in der 2. Pers. Plur. ist in diesem Kontext
ungewöhnlich und weist darauf hin, daß es hier um Gruppenver-
halten geht[93]. Eine besondere Situation von Feindschaft steht im
Blick: Die Feindschaft, die Jesus als »Freund von Zöllnern und
Sündern« im Kreis von Pharisäern auf sich gezogen hat, trifft seine Anhänger mit. Je mehr Menschen es in den galiläischen Ortschaften werden, die sie ablehnen, um so öfter kommt es vor, daß
sie offenen Haßausbrüchen begegnen. Wie sollen sie darauf reagieren? Das bemißt sich am Liebesgebot. Gerade in diesen Situationen tritt hervor, welchen Sinn dieses Gebot im Horizont der
Gottesherrschaft gewinnt. Die, die ihnen als Feinde begegnen,
sollen sie so lieben, wie man nach dem Gebot der Tora seinen

---

89   Mt 5,45b: »Denn er läßt seine Sonne aufgehen über Böse und Gute und läßt
regnen über Gerechte und Ungerechte.«
90   Vgl. die Belege bei *Bill.* I, 364–366.
91   Vgl. bSan 48b: »Sei der Verfluchte, aber nicht der Verfluchende!« Röm
12,14b entspricht also durchaus jüdischer Ethik für das Alltagsverhalten.
92   Freilich wird dies in rabbinischer Überlieferung nicht als Extremfall des
Liebesgebots in Lev 19,18b gelehrt; und so ist auch nirgendwo von einer *Liebe*
zum Feind die Rede. Doch in der Sache befindet sich die Weisung Jesu in Übereinstimmung mit einer geltenden jüdischen Verhaltensnorm, sofern es sich um
das Verhalten gegenüber Feinden im persönlichen Lebensumfeld handelt. Darin
besteht heute weitreichender Konsens. Vgl. z.B. *A. Nissen,* Gott, 278–329. Überdies finden sich entsprechende ethische Motive im Sinne einer allgemeinen
Menschenfreundlichkeit gegen jedermann vielfach in der griechisch-römischen Literatur, freilich anders begründet als in jüdischer Toralehre und auch
nur im Sinne einer Elitemoral für Könige und Philosophen. Dazu vgl. die Literatur bei *U. Luz,* Matthäus I, 307, Anm. 18; 308 mit Anm. 24.25.
93   So *G. Theißen / A. Merz,* Jesus, 348.

Nächsten zu lieben hat! Wenn ihnen Haß entgegenschlägt, sollen sie antworten, indem sie denen Gutes tun, die sie hassen. Verflucht man sie, sollen sie mit einem Segen antworten. Mißhandelt man sie, sollen sie für die Betreffenden beten. Jedesmal ist es das Gegenteil zu dem, was ihnen widerfährt. Man kann wirklich von einer »Entfeindung«[94] sprechen, die durch die Praktizierung des Liebesgebots bewirkt werden soll: Die den Jüngern begegnende *Feindschaft* sollen sie durch ein Tun der *Liebe* so beantworten, daß die Feinde für die Liebe gewonnen werden, die ihrem Haß begegnet[95].

Das tritt in den folgenden Sprüchen dieser Redekomposition der Spruchquelle hervor. Zunächst wird das Gebot der Feindesliebe in Lk 6,29 nochmals konkretisiert, nunmehr in provozierender Übersteigerung: Selbst ein ehrenrühriger Schlag ins Gesicht darf nicht entsprechend beantwortet werden; der Betroffene[96] soll vielmehr seinem Gegner auch noch die andere Backe hinhalten. Wenn einem bei einem Raubüberfall der Mantel weggenommen wird, soll man sich selbst dann nicht zur Wehr setzen, wenn der Räuber auch noch den Leibrock haben will. Wer (von Soldaten) zu einem Weggeleit gezwungen wird, soll die doppelte Wegstrecke mitzugehen anbieten (Mt 5,41). – V. 30 verallgemeinert das: Jedem Bittenden soll man geben und nichts, was einem weggenommen wird, verweigern. V. 31 faßt in einer damals bekannten Regel zusammen: Der Maßstab allen Tuns und Verhaltens gegenüber dem Nächsten ist darin zu finden, wie man selbst von anderen behandelt werden will[97] (vgl. Mt 7,12).

94 Dieses Stichwort stammt von *P. Lapide*, Bergpredigt, 99–137.
95 Das Ziel besteht allerdings nicht einfach darin, »den Feind zu seinem Freunde zu machen« (ARN 23 bei *Bill.* I, 369). Wie sich vielmehr die Feindschaft gegen Jesu Jünger richtet, weil ihr Lehrer ein Verführer sei, so bedeutet jede mögliche »Entfeindung« im Verhältnis der Gegner zu ihnen eine Aufgabe der Gegnerschaft gegen Jesu Verkündigung der Gottesherrschaft (Lk 6,35f. [s.u.]).
96 Der Spruch ist jetzt stilgemäß in der 2. Pers. Sing. formuliert.
97 Diese sog. »Goldene Regel« ist wiederum in der ganzen antiken Welt bekannt, zumeist in der negativen Fassung, in der auch unser deutsches Sprichwort formuliert ist, doch auch in positiver Formulierung. Vgl. dazu besonders *A. Dihle*, Goldene Regel, 933–937. Auch in hellenistisch-jüdischer Literatur sowie in der rabbinischen Lehrtradition findet sich diese Regel; vgl. einerseits die Belege bei *U. Luz*, Matthäus I, 388; andererseits Sir 31,15: »Sorge für deinen Nächsten wie für dich selbst und denk an all das, was auch dir zuwider ist«; TPsJ I zu Lev 19,18 (*Bill.* I, 460) sowie die Lehrerzählung Shab 31ᵃ: Ein Heide kommt zu R. Schammai mit der Forderung, er möge ihn zum Proselyten machen, indem er ihn die ganze Tora lehre, während er auf einem Fuß stehen kann. R. Schammai jagt ihn weg. R. Hillel dagegen sagt zu ihm: »Was dir unliebsam ist, das tu auch deinem Nächsten nicht. Das ist die ganze Tora, das andere ist

V. 32–35 begründen die Auslegung des Liebesgebots über diese Regel hinaus: Jesu Jünger[98] sollen nicht nur die Nächsten lieben, von denen sie auch selbst entsprechende Liebe erwarten können. Jesus fügt provozierend hinzu: Das tun auch Zöllner (Mt 5,46) bzw. Sünder (Lk 6,32) mit ihresgleichen. Ebenso steht es mit Guttaten und mit dem Leihen[99]. Bei der Praktizierung des Liebesgebots der Tora sollen Jesu Jünger durchweg nichts auf Gegenseitigkeit tun, sondern in dem, was sie tun, sich selbst einseitig dem Nächsten ganz hingeben bzw. ausliefern. Das entspricht dem Gesichtspunkt der Nachfolge, um derentwillen der Jünger alles Eigene aufgeben und verlassen muß, um ganz nur von der Gottesherrschaft zu leben wie Jesus selbst. Wie der »Lohn« der Nachfolge in den himmlischen »Schätzen« des künftigen Gottesreiches besteht (Mk 10,21; vgl. Mt 6,19-21), so auch der »Lohn« für diese selbstlose Nächstenliebe: Nicht auf den »Dank« oder die »Gunst« von seiten derer, denen sie Gutes tun, sollen Jünger Jesu aus sein, sondern auf den reichen Lohn, der darin besteht, daß sie – durch die ihnen geschenkte Teilhabe am endzeitlichen Heil der Gottesherrschaft – Gottes Söhne sind (vgl. Lk 6,20 mit Mt 5,9). So soll ihr Tun der Gebotserfüllung dem Heilshandeln Gottes entsprechen, der seine Güte denen zuwendet, die sie überhaupt nicht verdienen: den »Undankbaren und Bösen«. Hier wird die entscheidende Zielrichtung der Verkündigung Jesu sichtbar: die Konzentration der Gottesherrschaft auf die Rettung der Verlorenen. Diese überraschende, im Vorangehenden unvorbereitete Wendung in Lk 6, 35b gibt am Ende dieser Lehrrede den Blick frei auf die Heilswirklichkeit der in Jesu Wirken gegenwärtigen Gottesherrschaft: Sie ist der eigentliche, der entscheidende Grund dieser Auslegung des Liebesgebots! Entsprechend lautet der Schlußspruch[100] Lk 6,

---

ihre Auslegung: Geh hin und lerne!« (*Bill.* I, 357; vgl. Mt 7,12!) Diese beiden Lehrer sind Zeitgenossen Jesu. Darum ist es möglich, daß Jesus die Regel durch Schüler Hillels bekannt geworden ist. Nach *J. Becker*, Jesus, 320, Anm. 39 ist die weite Verbreitung der Goldenen Regel der Grund, sie Jesus abzusprechen: ein klassisches Beispiel dafür, wie leicht die Anwendung des »Kriteriums der Unableitbarkeit« zu Fehlurteilen führen kann (vgl. ebd., 17f.). »Unspezifisch« für die Jesusverkündigung« ist die Regel keineswegs; sie zeigt vielmehr, daß Jesus nahezu zwangsläufig auf sie stoßen mußte, wenn Lev 19,18 eine so zentrale Bedeutung in seiner Lehre gewann. Sowenig »unspezifisch« dieses Toragebot für ihn ist, sowenig auch die in jüdischer Lehrüberlieferung eng damit verknüpfte Goldene Regel.
98   V. 32–36 sind wieder in der 2. Pers. Plur. formuliert und damit ausdrücklich an jeden Jünger adressiert.
99   Dazu vgl. Ex 22,25 (24); Lev 25,35–37; Dtn 23,20f.
100   Für *H. Schürmann*, Lukas I, 342.358f. beginnt in V. 36 »unverkennbar« »eine neue Traditionseinheit« (V. 36–38); so auch zuletzt *W. Wiefel*, Lukas,

36: »Werdet barmherzig, wie euer Vater barmherzig ist!« Barmherzig ist der Gott Israels in seinem ureigenen Wesen, wie er sich Ex 34,6 Mose offenbart hat. In der Gottesherrschaft, die Jesus verkündigt, vollendet sich die Barmherzigkeit Gottes, indem er den Heillosen Heil schafft. Als solcher ist er ihr Vater (Lk 11,2). Als seine Kinder erweisen sie sich, indem sie in entsprechender Weise barmherzig handeln gegenüber jedem Nächsten, auch dem Feind. So ist V. 36 die Auslegung von Lev 19,2 (»Seid heilig, denn ich, der Herr, euer Gott, bin heilig«)[101] im Sinne der Gottesherrschaft und »seid barmherzig« die Auslegung des Liebesgebots Lev 19,18.

2.5 Ethische Konkretionen (I)

Die matthäische Spruchkomposition Mt 5,21–48 zeigt, wie sich vom Liebesgebot als der bestimmenden Mitte aus Weisungen für die der Gottesherrschaft verpflichtete Praxis in der alltäglichen Lebenswelt ergeben. Überall werden darin Gebote der Tora in entsprechender Weise radikalisiert wie auch das Liebesgebot selbst. Mt 5,21f.: Das 5. Dekaloggebot ist radikaler gemeint, als sein Wortlaut sagt. Nicht nur Mord hat die Todesstrafe zur Folge, sondern auch alles Zürnen gegenüber einem Bruder. Es ist nicht nur der Jerusalemer Gerichtshof, der den Betreffenden verurteilt, sondern das Endgericht Gottes, das ihm die Vernichtung in der Hölle zuspricht[102]. Wo immer die persönliche Ehre eines Nächsten verletzt wird, geschieht ein Bruch des Gottesrechts. Denn das Leben wie die Ehre ist dem Nächsten von Gott gegeben. Gleiche Sensibilität gegen jedes ehrverletzende Sozialverhalten findet sich vielfach in zeitgenössisch-jüdischer Überlieferung[103]. Was Jesus

136. Zwar schließen wahrscheinlich in der Spruchquelle Q V. 37f. (zusammen mit V. 41f.) an V. 36 an. Doch zeigt die Parallele Mt 7,1–5, daß diese Spruchgruppe eine selbständige Einheit ist, und die Matthäusfassung 5,48 (»seid vollkommen«), daß Lk 6,36 der Schluß der Einheit V. 27–36 ist.

101   Das gleiche gilt auch für Mt 5,48, wo τέλειος nicht in der griechisch-hellenistischen Bedeutung »vollkommen«, sondern (wie Mt 19,21) Übersetzungswort des hebr. *tam* = »ganz« ist (vgl. Dtn 18,13); so *J. Jeremias*, Neutestamentliche Theologie I, 205.

102   Zur Auslegung im einzelnen vgl. *U. Luz*, Matthäus I, 252–256.

103   Vgl. besonders Sir 22,24 und Eliezer ben Hyrkan: »Wer seinen Nächsten haßt, siehe, der gehört zu den Blutvergießern« (DER 10 bei *Bill.* I, 282); slHen 44,2f.; »Wer das Angesicht eines Menschen schmäht, schmäht das Angesicht eines Königs und verabscheut das Angesicht des Herrn. Wer das Angesicht eines Menschen verachtet, verachtet das Angesicht des Herrn. Wer gegen irgend einen Menschen Zorn übt ohne [vorausgegangene] Kränkung, den wird der große Zorn des Herrn dahinmähen.« (Übersetzung nach *Ch. Böttrich*, Das slavische Henochbuch, 960). Das wird in 44,1 mit der Gottebenbildlichkeit des von Gott

mit seiner eigenen außerordentlichen Autorität (»Ich sage euch«) gebietet, ist also inhaltlich nichts Neues. Neu ist die selbstverständliche Gewißheit, mit der Jesus in seinem eigenen Wort Gottes Willen zur Geltung bringt. Mt 5,27f.: Genau entsprechend radikalisiert Jesus das 6. Dekaloggebot[104], indem er es mit dem 10. Gebot verquickt[105]: Schon der Blick auf eine verheiratete Frau in begehrlicher Absicht[106] ist vollendeter Ehebruch. Das Herz, in das kein menschlicher Richter Einblick hat, vielmehr nur Gott, ist der eigentliche Ort der Sünde. Wieder gibt es eine Fülle entsprechender Aussagen in jüdischer Überlieferung[107]. Was Jesus hier sagt, stimmt mit dem überein, wie Schriftlehrer das 6. Gebot auslegen. Wie radikal er den Schutz der Ehe als Gottes heiligen Willen lehrt, unterstreicht Matthäus, indem er den Doppelspruch Mt 5,29f. anfügt, in dem Jesus allgemein vor der Verführung durch Auge oder Hand warnt (vgl. Mk 9,43–48). Vor allem aber setzt er mit der gleichen antithetischen Einleitung eine Lehrentscheidung hinzu, in der Jesus sowohl die Ehescheidung wie auch die Heirat mit einer geschiedenen Frau als Ehebruch verurteilt (Mt 5,31f.). In seiner ursprünglichen Fassung lautet der Spruch: »Jeder, der seine Ehefrau entläßt und heiratet eine andere, begeht Ehebruch; und wer eine von einem anderen Mann Entlassene heiratet, begeht Ehebruch« (Lk 16,16; vgl. Mk 10,11)[108]. Das Verbot der Ehescheidung steht in Widerspruch zur Tora (vgl. Dtn 24,1) und somit auch zur rabbinischen Rechtslehre[109]. Das Anliegen Jesu wird erst vollends erkennbar durch die

---

geschaffenen Menschen begründet! Weitere Zeugnisse bei *U. Luz*, Matthäus I, 254.

104   Zur Verbindung von Mord und Ehebruch vgl. Ps 106,38–40. Weitere Belege bei *K. Berger*, Gesetzesauslegung, 299–301.

105   Zum jüdischen Hintergrund vgl. ebd., 327.346f.

106   Nach *K. Haacker*, Rechtssatz, 114f. ist zu übersetzen: »Wer eine Ehefrau so ansieht, daß sie begehrlich wird (oder werden soll)«. Das ist möglich, zerstört jedoch die Pointe, daß schon das Begehren Ehebruch ist.

107   Vgl. TestBenj 8,2 und besonders Tr. Kalla 1: »Wer eine Frau in (begehrlicher) Absicht anblickt, gilt wie einer, der ihr beiwohnt«; WaR 23 (122b): »Auch der, welcher mit seinen Augen die Ehe bricht, wird Ehebrecher genannt« (jeweils bei *Bill.* I, 299).

108   Mk 10,12 bezieht den gleichen Rechtssatz auch auf die Frau und berücksichtigt so Rechtsverhältnisse im hellenistisch-römischen Bereich. Mt 5,32; 19, 9 fügt eine Klausel hinzu, nach der dem Ehemann (nur!) im Falle des Ehebruchs von seiten der Frau die Ehescheidung erlaubt ist – eine Entscheidung, die wohl aus der Rechtspraxis der Urkirche stammt (vgl. Herm m 4,1.5, aber bereits Spr 18,22 LXX; Sot 5,1).

109   Dagegen hat es in der essenischen Gemeinde ein striktes Scheidungsverbot gegeben (11QTempel 57,17–19; vgl. CD 4,21–5,2; U. Luz, Matthäus I, 272 vermutet daher essenischen Einfluß).

Koppelung mit dem Verbot der Wiederheirat, speziell mit einer geschiedenen Frau: Die Ehe ist eine lebendige Gemeinschaft von Mann und Frau, die Gott ihnen in der Schöpfung gegeben hat: Nach Gen 2,24 werden beide »ein Fleisch« (Mk 10,7f.). Dem widerspricht das Scheidungsrecht, das einseitig dem Mann zuspricht, über seine Frau zu verfügen und die Frau als seinen Besitz versteht, den er veräußern kann. Das Scheidungsverbot dient also faktisch der Frau, indem es der Unauflöslichkeit der ehelichen Gemeinschaft dient. Auch das Verbot der Wiederheirat des Mannes schützt die Frau davor, daß an ihrer Stelle eine andere Frau in die eheliche Gemeinschaft ihres Mannes mit ihr eintritt. Entsprechend schützt das Verbot der Wiederheirat mit einer anderen geschiedenen Frau diese davor, ihrer ehelichen Gemeinschaft verlustig zu gehen und Besitztum eines anderen Mannes zu werden. Dieses Anliegen, daß *der Frau* die lebendige Gemeinschaft der Ehe mit ihrem Mann erhalten bleibt, setzt ein neuartiges Verständnis der Frau voraus: Sie ist (unter rechtlichem Aspekt) nicht nur nicht ein Besitztum des Mannes, sondern sie ist ein ebenso lebendiger Teil der vom Schöpfer gestifteten Ehegemeinschaft wie ihr Mann. Jesu Rechtsentscheid setzt die schöpfungsmäßige Wirklichkeit der Ehe als leiblich-ganzheitliche Einheit von Mann und Frau so in Kraft, wie es dem ursprünglichen Willen Gottes entspricht. Er ist jedoch im Sinne der geltenden jüdischen Rechtsordnung so gedacht und formuliert, daß der Mann der Angesprochene ist: Er ist es, der seine Frau nicht entlassen darf und dem es verboten ist, danach eine andere Frau zu heiraten, zumal eine, die ein anderer aus der Ehe entlassen hat. Das Verständnis der Frau als gleichwertiger und darum schutzwürdiger Part der ehelichen Gemeinschaft ist die *Voraussetzung*, nicht das eigentliche Ziel dieses Rechtsentscheids. Eigentlich geht es Jesus um die *eheliche Gemeinschaft*, in der Mann und Frau leibhaft-lebendig eins sind und eins bleiben sollen. In diesem Sinn gibt die Erzählung Mk 10,1–9 das Anliegen Jesu richtig wieder: »Was *Gott* zusammengefügt hat, soll ein Mensch nicht trennen« (Mk 10,9)[110].
Versteht man die Radikalisierung des 6. Dekaloggebots in Mt 5, 27f. von daher, wird nun auch das inhaltlich Neue darin erkennbar. Wo die Ehe in ihrem Wesen als lebendig-ganzheitliche Gemeinschaft von Mann und Frau verstanden wird, verändert sich auch das Verständnis von Ehebruch. Nicht um ein heimliches Eindringen in das Recht des Ehemanns der Frau handelt es sich, son-

---

110 Vgl. dazu *P. Hoffmann / V. Eid*, Jesus, 118–121. Daß jedoch die Frau von einem »Rechtsobjekt« zu einem »Rechtssubjekt« werde (ebd., 119), ist ein allzu moderner Gesichtspunkt; dagegen mit Recht *J. Becker*, Jesus, 367, Anm. 101.

dern um ein heimliches Zerstören der ehelichen Gemeinschaft zwischen diesem und seiner Frau. Und da diese Gemeinschaft wesenhaft die ganze Person von Mann und Frau betrifft, verletzt der begehrliche Blick auf die Frau nicht nur ihren Mann, sondern auch sie selbst. Insofern steht Mt 5,27f. mit Recht neben Mt 5, 21f. Wie bereits ein verächtliches Wort den Nächsten tötet, indem es dessen Personwürde verletzt, so ist bereits ein begehrlicher Blick Ehebruch, indem er die von Gott gestiftete Gemeinschaft der Frau mit ihrem Mann zu zerstören sucht und diese so auch in ihrer eigenen Personwürde verletzt.

Von hier aus wird sichtbar, wie der Rechtscharakter dieser Weisungen Jesu von der *Gottesherrschaft* bestimmt ist. Deren Heilswille ist ja die Rettung verlorenen Lebens. Daraus erwächst für jeden Erretteten die Pflicht, sich entsprechend in all seinem Tun und Verhalten für den Schutz des Lebens jedes Nächsten einzusetzen. So ist das Liebesgebot das Maß aller Lebenspraxis in der Befolgung der Gebote der zweiten Dekalogtafel. Es ist ein tiefes Mißverständnis, wenn man Jesu Ethik im Widerspruch zum Recht gedeutet hat[111]. Wie die alttestamentlich-jüdische Rechtstradition unmittelbar aus der lebendigen Heilswirklichkeit Gottes erwächst und von daher alles Recht der Verwirklichung der ›antwortenden‹ Liebe zu Gott und dem Nächsten dient, genauso drückt sich auch Jesu Ethik sehr wohl in Rechtssätzen aus, die aus der Heilswirklichkeit der von ihm verkündigten Gottesherrschaft erwachsen und der ›Ver-Antwortung‹ der ihr Zugehörigen in einer ihr entsprechenden Lebenspraxis dienen.

Im Zusammenhang der Auslegung der Dekaloggebote ist hier noch auf eine polemische Lehrrede einzugehen, in der es um das 4. Gebot geht: Mk 7,9–13. Dieses Stück ist in die Erzählung Mk 7,1–13 integriert, in der Jesus einen Vorwurf von pharisäischer Seite pariert: Er lasse es zu, daß seine Schüler mit ungereinigten Händen essen und somit die »Lehrüberlieferung der Alten« verletzen. Ohne inhaltlich darauf einzugehen, gibt er ihnen den Vorwurf gesteigert zurück: Unter Außerachtlassung des Gebotes *Gottes* halten sie an der »Überlieferung der *Menschen*« fest (V. 8). Nach nochmaliger Wiederholung dieses gewichtigen Vorwurfs (V. 9)[112] hält er ihnen den Fall entgegen, daß jemand das 4. Dekaloggebot (Dtn 5,16)[113]

---

111 So, paradigmatisch für viele ähnliche Urteile, G. *Bornkamm*, Jesus, 95f. Dagegen mit Recht U. *Luz*, Matthäus I, 255 mit Anm. 36.
112 Vgl. Jes 29,13 (Mk 7,6f.) sowie die jüdischen Belege bei R. *Pesch*, Markus I, 373.
113 Die Hinzufügung der entsprechenden Strafbestimmung nach Ex 21,17 (vgl. Lev 20,9; Dtn 27,6) verstärkt das Gebot.

umgeht, indem er seinen Eltern die finanzielle Unterstützung, die
er ihnen nach dem 4. Gebot schuldet, unter dem Vorwand entzieht,
er habe diesen Betrag durch ein Gelübde als Opfergabe für den
Tempel bestimmt. Die Rechtsüberlieferung sah in der Tat vor, daß
allein durch die Formel: »Opfergabe sei, was immer dir von mir
als Nießbrauch zusteht« (V. 11), einem anderen das Recht auf
diesen Betrag verwehrt wird[114]. Wenn dies Eltern in ihrem Alter
von ihren Kindern widerfährt und durch rechtskundige Schriftlehrer sanktioniert wird, ist das ein eklatanter Fall von Verdrängung
des Gebotes *Gottes* durch »*Menschen*überlieferung«, also elementaren Verstoßes gegen das Grundgebot Dtn 6,4f.[115].
Mit dem 4., 5. und 6. Dekaloggebot ist der engste Bereich der alltäglichen Lebenswelt umschrieben, in dem Jesu Jünger sich im
Sinne der Gottesherrschaft zu bewähren haben. Was Jesus seine
Jünger lehrt, ist zwar weithin auch Lehre der Weisen und Schriftlehrer seiner Zeit. Jesus achtet die Tora nicht weniger hoch als jene: Es geht um den heiligen Willen Gottes für das Leben seines
Volkes. Die klare Bewußtheit der Identität *seiner* Lehre mit dem
Willen Gottes in seiner Königsherrschaft (»Ich sage euch«) unterscheidet ihn jedoch von allen Lehrern seiner Umgebung: »Er lehrte
im Besitz einer Vollmacht, die nicht war wie die der Schriftlehrer«
(Mk 1,22; Mt 7,29). So faßt die Urgemeinde später den tiefen Eindruck des Lehrers Jesus zutreffend zusammen. Zweifellos ist es die
Autorität der Gottesherrschaft selbst, die diesen Eindruck hervor-
ruft. Da es derselbe eine Gott ist, dessen eschatologischer Heilswille mit dem heiligen Willen seiner Toragebote identisch ist, kann
Jesus die Radikalität und Unbedingtheit dieses Gotteswillens sowohl durch radikalisierte Auslegung der Gebote der Tora als auch
durch Aufhebung von nur zeitbedingt gegebenen Geboten (wie
der Erlaubnis der Ehescheidung) zur Geltung bringen; ebenso auch
in Übereinstimmung mit geltender Lehre oder im Widerspruch zu
dieser – immer ist es der Wille des einzig-einen Gottes von Dtn
6,4f., mit dem identisch Jesus lehrt.

2.6 Zwischenüberlegung

An dieser Stelle wird eine Zwischenüberlegung unumgänglich.
Wir haben oben gesehen, wie Jesus mit dem Ruf in seine Nachfolge

114 Vgl. *Bill.* I, 711–717 und dazu *H. Hübner*, Gesetz, 148–151. Zugrunde
liegt die Bestimmung aus Num 30,3, daß ein Gelübde keinesfalls gebrochen
werden darf. Später eingeräumte Möglichkeiten, aus wichtigen Gründen eine
Aufhebung des Gelübdes zu erlangen, scheint es zur Zeit Jesu noch nicht gegeben zu haben (so ebd., 150f.).
115 So richtig *R. Pesch*, Markus I, 373.

radikal und ohne jede Konzession Menschen aus den Bindungen in ihrer Lebenswelt in Familie, Nachbarschaft und Beruf *herausreißt*. So entsteht die Frage, ob dies nicht in eklatantem Widerspruch zu der Radikalität stehe, in der er seine Jünger auf eine Praxis unbedingter Liebe eben zu den Nächsten ihrer engsten alltäglichen Lebenswelt, zu den Eltern, zu den Ehepartnern, zu den Kindern (Mk 10,13–16) und zu den Nachbarn, mit heiligem Ernst verpflichtet? Diesen Widerspruch erfahren die in die Nachfolge Berufenen in der Tat, sogar sehr schmerzlich (vgl. Lk 14,26.28–33).

Nun hat es in der Zeit des Wirkens Jesu in Galiläa zwei verschiedene Lebensfelder bzw. -situationen seiner Jünger gegeben, in denen die gleiche Teilhabe an ein und derselben Gottesherrschaft in unterschiedlicher Weise gelebt werden sollte: einerseits in der Nachfolge Jesu als seine Begleiter auf seinen Wanderungen (vgl. Lk 9,58), andererseits in der Lebenswelt zu Hause. Gewiß ist die Grundausrichtung die gleiche: Es geht um eine Lebenspraxis, die aus der Teilhabe an der Gottesherrschaft erwächst. So gelten auch bestimmte Grundgebote für *alle* Jünger Jesu: im Verhältnis zu Gott (absolutes Vertrauen der Kinder zum himmlischen Vater, Glaube, Gehorsam), zum Nächsten (Liebesgebot, Feindesliebe), zu sich selbst (Selbstverleugnung, Besitzverzicht).

Daß die zu seiner Nachfolge Berufenen sich aus ihrer Familie und Ortsgemeinschaft herauszulösen haben, steht zwar in der Jesusüberlieferung der Evangelien stark im Vordergrund, hat aber im Zusammenhang der ›Jesusbewegung‹ als ganzer deutlich Ausnahmecharakter. Welchen Sinn diese besonderen Berufungen haben und worauf sie zielen, wird später noch zu fragen sein. Hier muß zunächst gesagt werden: Regelbedeutung für alle Jünger Jesu haben sie nicht. Sie heben die Gebote zum Schutz der Ehe, der Personwürde jedes Nächsten, der Bedeutung der Kinder in der Gemeinschaft der Jesusjünger und der Verpflichtung gegenüber den Eltern keineswegs grundsätzlich auf und relativieren sie auch nicht (etwa angesichts des nahen Anbruchs der Endereignisse). Der in den Geboten der Tora ausgesprochene Wille Gottes in seiner radikalisierenden Auslegung durch Jesus hat grundsätzliche, allgemeine Geltung für *jeden* Jünger. Gemessen daran ist es absolute Ausnahme, wenn Jesus einige wenige Jünger ruft, die eigene Mitwelt zu »verlassen«, um ihm zu folgen.

Die Häuser, in denen nach seiner Auslegung der Tora gelebt wurde, waren ihm ganz verbunden, nahmen ihn und seine Begleiter auf, wenn er wieder einmal vorbeikam (»im Haus« [Mk 2,1; 3,20; 7,17; 9,28; Lk 10,38]), und versorgten ihn mit dem Nötigsten (Lk 8,1–3). Es hat also sicher eine einem »Netzwerk« ähnliche Verbundenheit aller Anhänger Jesu gegeben aufgrund der gemeinsamen

Teilhabe an der Gottesherrschaft, deren Repräsentant er in ihrer Mitte war (Mt 18,20; Lk 17,21). Alle Jünger waren miteinander verbunden im täglichen Gebet im Vertrauen der Kinder Gottes zu ihrem Vater im Himmel (Lk 11,2–4.9–13) und im Tun seines Willens (Mk 3,35; Mt 7,21).

Was die *Radikalität* betrifft, mit der Jesus einerseits den Willen Gottes im Blick auf das Zusammenleben seiner Jünger in ihrem Zuhause auslegt und in der er andererseits die ihm Nachfolgenden daraus herausruft, gibt es, bei aller Gegensätzlichkeit, auch gemeinsame Züge, die zu beachten sind. Hier wie dort ist es die absolute Priorität der Gottesherrschaft (Lk 12,31), die in der Lebenspraxis derer, die zu ihr gehören, das allein bestimmende Maß ist. Nichts Eigenes darf für einen, der ihr zugehört, wichtiger werden, weder Besitz noch das eigene Ich. Das gilt auch für das Verhältnis zu Eltern, Geschwistern, Ehepartnern und Kindern: Die Radikalität, mit der der von Jesus ausgelegte Wille Gottes diese Nächsten vor jeder eigenwilligen Verletzung ihrer Würde schützt und traditionales Rollenverhalten verändert, entspricht der Radikalität, in der Jesus das Gebot der Nächstenliebe vom Extrem der Feindesliebe auslegt. Durchweg ist diesem Willen Gottes unter allen Umständen stattzugeben. Die Einzigkeit Gottes im Sinne von Dtn 6,4 gilt genauso absolut, wie die Liebe zu ihm zu radikaler Liebe zum Nächsten nötigt.

Im Ausnahmefall des Rufs in die Nachfolge Jesu wird das erste alleinbestimmend: Um dem Repräsentanten der Gottesherrschaft auf seinem Weg zu folgen, muß »alles verlassen« werden, sogar auch die Nächsten des eigenen Zuhause. Wer sie »mehr liebt« als Jesus, ist seiner nicht würdig (Mt 10,37) und kann nicht sein Jünger sein (Lk 14,26). Dem Grunde nach gilt dies aber sowohl für den Jünger in der Nachfolge wie auch für den, der im Familienverband lebt. Die Differenz der Formulierung dieses Spruches in seinen beiden Fassungen zeigt im übrigen, wie leicht sich im Leben der späteren Gemeinde der Aspekt der Nachfolge in das alltägliche Zusammenleben übertragen ließ. Die deutlich erkennbare Tendenz der späteren urchristlichen Überlieferung, durchweg den Nachfolgeaspekt in der kirchlichen Lebenspraxis zu bewahren und ihn darin zu integrieren, soviel Schwierigkeiten damit auch verbunden waren und soviel Kompromisse auch gefunden werden mußten, damit Nachfolge kirchlich überhaupt *lebbar* blieb, ist nur zu verstehen, wenn man beachtet und gewichtet, daß schon in der vorösterlichen Jüngerschaft beide verschiedenen Lebensformen nicht nur unverbunden nebeneinander bestanden haben, sondern daß in beiderlei Lebenspraxis die gleiche Radikalität des absoluten Vorrangs der Gottesherrschaft galt.

2.7   Ethische Konkretionen (II)

Kehren wir zu den Weisungen Jesu für die Lebenspraxis seiner Jünger zurück! Was den alltäglichen Umgang miteinander betrifft, so haben weiterhin besonderes Gewicht: das Verbot des Schwörens und Richtens und das Gebot zu Vergebung und Versöhnung. Ein *Verbot jeglichen Schwörens* findet sich in einem Lehrspruch Jesu, der mit einiger Wahrscheinlichkeit aus dem vorliegenden Kontext Mt 5,33–37 in folgendem Wortlaut herausgehoben werden kann[116]:

»Schwört nicht, überhaupt nicht, weder beim Himmel ... noch bei der Erde ... noch bei Jerusalem ... Euer Wort sei: Ja, ja, nein, nein. Was darüber hinausgeht, ist vom Bösen.«

Die eindringlichen Warnungen vor Meineid als Entheiligung des Namens Gottes, die es in jüdischer Überlieferung auffallend zahlreich gibt[117], zeigen, daß damals das Schwören, auch bei nichtigsten Anlässen, im Alltag eine verbreitete Unsitte war. Jesus stimmt also auch hier mit jüdischer Lehre überein. Mit dem Verbot *jeglichen* Schwörens allerdings steht er allein[118]. Das Ziel ist die absolute Aufrichtigkeit und Verläßlichkeit im Umgang miteinander. Dazu bedarf es keinerlei Stützen oder Bekräftigungen, gerade auch nicht durch eine Rückversicherung bei Gott. Das Ja wie das Nein muß so gelten, wie die Rede lautet. Alles, was darüber hinaus die Wahrhaftigkeit eigens zu beteuern sucht, ist bereits Lüge und also »vom Bösen«. Die Begründung für dieses kompromißlose Verbot[119] ist ohne Zweifel die entsprechend radikale Heiligkeit des einzig-einen Gottes (Dtn 6,4) und seines Namens (Ex 20,7; Dtn

116   Zur schwierigen Analyse vgl. *U. Luz*, Matthäus I, 280–282. Mit ihm gehe ich davon aus, daß die Parallele Jak 5,12 der ursprünglichen Fassung am nächsten ist.
117   Vgl. einerseits Dtn 6,13, andererseits Lev 19,12; Num 30,3; Jer 5,2; Sir 23,9–15. Zur rabbinischen Tradition vgl. *Bill.* I, 321–337. Vgl. auch Did 2,3 und sehr häufig in der Literatur der frühen Alten Kirche; Belege bei *U. Luz*, Matthäus I, 286, Anm. 50.
118   Die einzige vollständige Parallele in slHen 49,1 scheint mir an Mt 5,34.37 orientiert. Das Eidverbot bei den Essenern (JosBell 2,135) hat sich faktisch nur auf den alltäglichen Verkehr bezogen; vgl. *U. Luz*, Matthäus I, 283. Zu der in griechisch-römischer Tradition verbreiteten, jedoch ganz anders begründeten Ablehnung des Eides vgl. ebd., 282. Davon beeinflußt, jedoch in der Begründung mit der Heiligkeit des Namens Gottes ganz jüdisch, neigt auch Philo zu einer gänzlichen Vermeidung des Eides (Decal 84–86; weitere Stellen ebd., 283).
119   Eidesleistungen im politischen und forensischen Bereich sind hier außer Sicht.

5,11). Jesus wäre kein Jude, wenn dies nicht die entscheidende Voraussetzung und das eigentliche Anliegen wäre, und zwar, wie durchweg, mit besonderer Dringlichkeit im Blick auf die endzeitlich sich vollendende Gottesherrschaft, an der die Jünger Jesu in ihrem Zusammenleben teilhaben dürfen. Die Radikalität seines Gebots hat darin ihren Grund. Daß hier von Gott explizit gar nicht die Rede ist, spricht nicht dagegen, sondern nur dafür. *Leben* die Jünger Jesu gemeinsam aus der Gottesherrschaft, so wirkt sich dies in unmittelbarer Wahrhaftigkeit im alltäglichen Miteinander aus[120]. Die Gottesherrschaft ist ja »mitten unter ihnen« (Lk 17, 21) – wie sollte ihr Jünger über ihre Gegenwart hinaus mit einem Eid bei Gott im Himmel sein Wort bekräftigen können, das er doch jetzt und hier vor Gott gegeben hat?

Die Reihe der Mahnsprüche gegen das Richten (Lk 6,37–42 / Mt 7,1–5) haben wir bereits in ihrer Zielrichtung nach außen beachtet, wo sie vielleicht in besonderer Zuspitzung die Tendenz der Pharisäer treffen sollen, Sünder zu verurteilen[121]. Aber so allgemein, wie sie formuliert sind und in der Spruchreihe zusammenstehen, treffen sie auch auf das Zusammenleben der Jünger Jesu im eigenen Kreis zu. Ja, hier wird besonders deutlich, daß die Quelle dieser mahnenden Warnungen die Gottesherrschaft selbst ist. So gelten diese Mahnsprüche auch für die nachösterliche Gemeinde.

Die Analyse ist schwierig. Deutlich ist, daß Matthäus und Lukas eine Q-Fassung zugrunde liegt. In ihr sind zwei verschiedene Spruchgruppen kombiniert. Die erste könnte folgendermaßen gelautet haben:

»Richtet nicht, damit ihr nicht gerichtet werdet! Ein gutes, gedrängtes, gerütteltes, überfließendes Maß werden sie euch in den Schoß schütten. Denn mit dem Maß, mit dem ihr meßt, wird euch zugemessen werden.« (Lk 6,37a.38b / Mt 7,1.2b)[122].

Die Warnung an die Gemeinde (2. Pers. Plur.), in ihrem Miteinander keinen Geist gegenseitigen Richtens aufkommen zu lassen, wird im Blick auf das Endgericht Gottes (der das Subjekt der Pas-

120 Vgl. so mit Recht *J. Becker*, Jesus, 370: Das Eidverbot zielt eigentlich auf »uneingeschränkte Wahrhaftigkeit vor Gott und den Menschen, weil dies allein der Gottesherrschaft entspricht.«
121 S. oben S. 214f.
122 Die Spruchfolge in Mt 7,1.2 zeigt, daß Lk 6,37b.c.38a in der späteren Gemeindelehre hinzugewachsen sind. Das Bildwort Lk 6,38b klingt ursprünglich und könnte in 6,38a nach 6,38c eine sekundäre Rahmung bekommen haben. Mt 7,2a ist ebenfalls eine sekundäre Anfügung nach dem Muster von Mt 7,2b.

sivform ist) begründet. Es entspricht alter israelitischer Denkweise, daß jegliches Tun eines Menschen sich in entsprechender Weise
auf sein Geschick auswirkt und Gottes Gericht darin besteht, diese Auswirkung geschehen zu lassen[123]. Die spätere Erwartung
eines endzeitlichen Gerichts ist von gleicher Art[124]. Jesu Warnung
ist also gut jüdisch. Sie wird verstärkt durch die Entsprechung
zwischen dem *Richten* der Menschen übereinander und Gottes
Gericht über sie: Gott wird den, der seinen Bruder verurteilt, entsprechend selbst verurteilen. Das »Maß« dieser Entsprechung aber
ist besonderer Art. Das drückt sich sprachlich durch die Formulierung des Bildwortes Lk 6,38b aus, in dem die vier Adjektive auf-
fallen. Das Maß ist überreichlich: Es ist das Maß der Gottesherrschaft. An dieser hat Gott Jesu Jüngern Anteil gegeben – also
muß nun auch ihr gegenseitiges Verhalten vom Maß der Gottesherrschaft bestimmt sein. Denn das sollen sie wissen: Im nahen
Endgericht wird es kein geringeres Maß als dieses für sie geben!
Ist ihr Leben durch Gottes vergebende, heilende Barmherzigkeit
vollkommen und überreich geworden, so soll und wird auch ihr
Miteinander in der Lebenspraxis des gemeinsamen Alltags nur
von Barmherzigkeit ganz und überreich geprägt sein (vgl. Lk 6,
36!). So fügt sich dieser Spruch gut in Jesu Verkündigung und
Lehre ein.
Der zweite Teil der Q-Spruchgruppe (Lk 6,41f. / Mt 7,3–5) stimmt
im Wortlaut nahezu vollständig überein. An der Formulierung in
der 2. Pers. Sing. ist er deutlich als ursprünglich selbständiger
Mahnspruch zu erkennen. Mit seiner drastisch-übertreibenden
Bildkraft zielt er eindrücklich in die gleiche Richtung. Nur ist hier
die ursprüngliche Adressierung an Pharisäer (»Heuchler«) ganz
deutlich. Wer aber auch in der Gemeinde der Jünger ist vor ent-
sprechendem Richtgeist gefeit? Die Mahnung an die Jünger in Mk
10,42–45 / Lk 22,24–27[125] ist in liebevollem Ernst von der gleichen Sorge bestimmt: Nicht darum, daß einer »größer« ist als der
andere, kann und darf es in der Gemeinde der Jünger Jesu gehen,
sondern umgekehrt, daß einer dem anderen dient, wie Jesus es für
sie tut. Die Gottesherrschaft bewirkt eine totale Umkehrung aller
Maßstäbe gerade auch im Zusammenleben derer, die an ihr teilhaben. Am Gegenbild von Königen der Heiden läßt sich die gänzlich andere Eigenart der Königsherrschaft Gottes erkennen: Dort
gilt das Herrschen über die Untertanen, hier wird der Größere
und Mächtigere zum Diener derer, die ihm unterlegen sind. Dort

---

123   Vgl. dazu *K. Koch*, Gibt es.
124   Vgl. *K. Koch*, Schatz.
125   Dazu oben S. 250.

geht es um Selbsterhöhung, hier um Selbsterniedrigung (Lk 14, 11; 18,14; Mt 18,4; 23,12)[126]. Ein besonderer Fall für die praktische Einübung solchen Verhaltens zueinander ist dort gegeben, wo Menschen – auch Jünger – aneinander schuldig geworden sind. Denn hier kommt es besonders deutlich darauf an, im eigenen Verhalten der Gottesherrschaft zu entsprechen. In der kurzen Lehrerzählung Mt 18,21f. stellt Petrus Jesus eine Frage nach dem Muster rabbinischer Lehrgespräche zwischen Schüler und Lehrer:

»›Herr (= Rabbi), wie oft wird ein Bruder gegen mich sündigen, und ich muß ihm vergeben[127]? Bis zu siebenmal?‹ Jesus sagt zu ihm: ›Nein, sage ich dir: nicht bis zu siebenmal, sondern bis zu 77mal!‹«

Das ›Angebot‹, die Grenze der Vergebungspflicht gegenüber ein und derselben Person auf sieben festzulegen, geht sehr weit[128]. Jesu Antwort steigert sie ins Unermeßliche: Wie Gottes Vergebung grenzenlos ist, gibt es entsprechend auch für die Vergebung unter Menschen keine Grenzen[129]. Davon spricht – ebenso überraschend im Blick auf Gottes Erbarmen wie unerbittlich im Blick auf sein Gericht – das Gleichnis vom Knecht, dem sein Herr seine große Schuld erlassen und der selbst zum Erlaß der kleinen Schuld seines Mitknechts nicht bereit ist (Mt 18,23–35)[130]: »Wenn ihr den Menschen ihre Übertretungen nicht vergebt, wird auch euer Vater eure Übertretungen nicht vergeben« (Mt 6,15; vgl. Mk 11, 25). Als Bitte an den Vater mit entsprechender Selbstverpflichtung erscheint das gleiche in der Mitte des Vaterunsers.

126 Dieser Spruch ist, wie alle Sprüche in der gleichen Zielrichtung, ein schönes Beispiel für die Kontinuität dessen, was ursprünglich Jesus für die Gemeinschaft seiner Jünger sagt, mit der Lehrüberlieferung der späteren Kirche für ihr Gemeindeleben.
127 Die Parataxe zwischen den beiden Verben (statt Hypotaxe in einem Konditionalsatz) zeigt semitischen Sprachhintergrund.
128 Die Sieben-Zahl spielt besonders im Ritus des Großen Versöhnungstages eine Rolle; vgl. Lev 14,16.27; 16,14.19; Jos 5,3f.; *K.H. Rengstorf*, Art. ἑπτά, 628.
129 Zur Übersetzung: »77mal« (statt: »7mal 70«) vgl. U. Luz, Matthäus III, 61, Anm. 1. Die Zahlen 7mal/77mal sind eine genaue Umkehrung des Fluches Lamechs in Gen 4,24. – In Lk 17,3f. / Mt 18,15 ist daraus später eine Regel urgemeindlichen Kirchenrechts geworden. Sosehr Mt 18,21f. auch matthäische Spracheigentümlichkeiten zeigt (*U. Luz*, Matthäus III, 61, Anm. 3), so eindeutig erscheint mir die durch das Zahlenspiel überspitzte Programmatik für die Sprache Jesu charakteristisch.
130 S. oben S. 243f.

Zur Vergebung gehört die Versöhnung. »Wenn du deine Opfergabe zum Altar bringst, und es fällt dir ein, daß dein Bruder etwas gegen dich hat, laß dort deine Gabe vor dem Altar liegen und geh *zuerst* hin und versöhne dich mit deinem Bruder, und *dann* komm und bring deine Gabe dar!« (Mt 5,23f.). Zugrunde liegt die Bestimmung in Lev 5,20–26 (vgl. Dtn 5,7), daß einer, der seinem Nächsten etwas geraubt oder veruntreut hat, diesem den entsprechenden Wert, vermehrt um ein Fünftel, »am Tage des Schuldopfers« zurückerstatten muß. Die Rabbinen haben das so ausgelegt, daß das Schuldopfer, das jemand darbringt, nur sühnewirksam wird, wenn die geforderte Rückgabe geschehen ist. Ist das nicht der Fall, muß die Opferhandlung abgebrochen bzw. unterbrochen werden, bis die Rückgabe erfolgt ist[131]. In Jesu Spruch ist ein solcher konkreter Fall im Blick. Der Vorfall wird hier aber zum Gleichnis, das allgemein zur Aussöhnung mit dem Bruder ermahnt, weil ohne diese Gott keinem Schuldigen vergibt. Dahinter steht eine verbreitete Überzeugung in weisheitlicher Überlieferung, daß gerechtes Handeln dem Sühnekult vorangeht[132]. In dem Mt 5,25f. angefügten Spruch aus der Spruchquelle Q (vgl. Lk 12,57–59) geht es ebenfalls um die Dringlichkeit der Aussöhnung, bevor es dazu zu spät ist[133].
Es gibt nichts, was die Versöhnung zwischen zwei Menschen an Wichtigkeit verdrängen könnte, nicht einmal das Sühnopfer im Tempel. Dieses gilt ja dem Einzelnen für sich. Aber zur Tilgung von Sünden, die einen Nächsten geschädigt haben, gehört die Herstellung des Friedens mit ihm wesentlich mit hinzu. Das ist nicht nur im Kultrecht so festgelegt, sondern gilt im besonderen Maß dort, wo die Gottesherrschaft ihr Leben bestimmt. Sie bewirkt ja Vergebung in endzeitlicher Gültigkeit. Um so mehr Gewicht bekommen Vergebung und Versöhnung zwischen den Menschen, die aus der Wirklichkeit der Vergebung des göttlichen Erbarmens miteinander leben!
Sosehr dies jedoch als fester Zusammenhang in der Lebensordnung der Gottesherrschaft *gilt*, sosehr gilt auch hier, daß der

---

131 Vgl. *J. Jeremias*, Laß allda, bes. 104–106 zu tPes 3,1 und bBQ 9,12.
132 Vgl. Spr. 15,8;21,3.27; Sir 31 (3),21–24; 35,1–3 und viele ähnliche Aussagen im griechischsprachigen Judentum, wo freilich eine Tendenz im Anwachsen ist, den Kult gegenüber dem Ethos zu entwerten. Das ist in Mt 5,23f. nicht der Fall.
133 Dazu gibt es zwar viele weisheitliche Parallelen, aber von diesen unterscheidet sich der Spruch Jesu durch seine eschatologische Dringlichkeit, die sie in der »Doppelbödigkeit« der Rede vom Gericht zeigt. Insofern gewinnt eine bekannte allgemeine Sentenz Gleichnischarakter; gegen *U. Luz*, Matthäus I, 252.

Gottesherrschaft selbst die absolute Priorität zukommt. Ohne sie kann es einen Rechtsfrieden in eschatologischer Wirklichkeit nicht geben. Als Repräsentant der Gottesherrschaft mahnt Jesus als Lehrer des Willens Gottes zu Vergebung und Versöhnung. Wo zwei Menschen ihn lediglich zum Schlichter in Erbstreitigkeiten haben wollen, weist er sie ab:»Mensch, wer hat mich zum Schlichter oder Erbteiler eingesetzt?« (Lk 12,13f.). Im jetzigen Kontext ist diese kleine Szene zur Einleitung des Gleichnisses vom törichten Bauern (Lk 12,16–21) geworden und steht zusammen mit einer Warnung vor Habsucht (Lk 12,15). Doch ursprünglich war sie selbständig[134] und dürfte den Unterschied zwischen Angelegenheiten des rein ›bürgerlichen‹ Rechtsfriedens und dem des endzeitlichen Gottesreiches markiert haben. Da aber das Gleichnis Lk 12, 16–21 ursprünglich wohl auch die Gottesherrschaft zu seinem Horizont hat[135], stehen die kleine Szene Lk 12,13f. und das Gleichnis vom Bauern mit gutem Grund beieinander.

2.8 Der endzeitliche Aspekt der Lebenspraxis

Wie Jesus in zahlreichen Gleichnissen den Zusammenhang zwischen dem Hereinwirken der Gottesherrschaft in die Gegenwart des Wirkens Jesu einerseits und dem künftigen Anbruch ihrer Heilsvollendung im Bild von Saat und Ernte andererseits vor Augen stellt, so betont er in seiner Jüngerlehre, daß ein entsprechender Zusammenhang zwischen ihrem gegenwärtigen Tun und dem Urteil des künftigen Endgerichts besteht – so wie ihn auch bereits Johannes verkündigt hatte. Die Lehrsprüche vom guten Baum, der gute Früchte bringt, und vom faulen Baum, der faule Früchte bringt (Lk 6,43f.; Mt 7,16–20; 12,33f.)[136], zielen in die gleiche Richtung. Denn die Voraussetzung, die Gesundheit oder Krankheit des Baumes, ist ja nicht im Sinne naturhafter Gegebenheit, sondern im Sinne der Entsprechung zwischen dem Leben nach dem Willen der Gottesherrschaft jetzt und dem Geschick im künftigen Endgericht gemeint. Der gleiche Spruch taucht auch in einer Fassung auf, die Lk 6,38b sehr nahekommt:»Der gute Mensch bringt aus dem guten Schatz seines Herzens das Gute hervor, und der böse aus dem bösen das Böse. Denn aus einem überquellend-gefüllten Herzen redet der Mund« (Lk 6,45 / Mt 12,35). Hier geht es um das, was durch die Rede eines Menschen an Gutem oder

---

134 Das zeigt die Tatsache, daß sich in EvThom 72 eine Parallele nur zu Lk 12,13f. findet.
135 S. oben S. 248.
136 S. oben S. 174.220.

Bösem geschieht. Das hat seinen Grund jeweils in dem »Schatz« in seinem Herzen. Ist das Herz voll von Bosheit, ist auch alle Rede bösartig. Ist es aber von Gutem erfüllt, bewirkt auch die Rede Gutes (vgl. Mk 7,15). So schließt sich die Logik des Lehrspruchs in dieser entsprechenden Antithetik von Gut und Böse nach der auch hier zugrundeliegenden Grundregel von der »geschickwirkenden Tat«. Aber auch dieser Spruch schließt überraschend mit einem überschießenden Schlußsatz, mit dem verdeutlicht wird, worum es sich bei dem »guten Schatz des Herzens« handelt: um die überreiche Fülle und den überquellenden Reichtum der Teilhabe an der Gottesherrschaft. Hat ein Mensch dieser sein Herz geöffnet, so wird sich dies auswirken in dem, was er den Menschen seiner Umgebung in seiner Rede weiterzugeben weiß. Dieser Schluß ist die positive Entsprechung zu der Warnung in Mt 5,22. Ehrverletzende Beschimpfungen haben tödliche Wirkung. Gute Worte, die aus dem reichen Schatz an Barmherzigkeit und Liebe Gottes im Herzen des Jüngers der Gottesherrschaft dem Nächsten zu Herzen sprechen, haben Leben fördernde Wirkung.

Darum steht nicht ohne Grund am Schluß dieser Mahnrede der Spruchquelle Q eine schroffe Warnung an die, die sich zu den Angehörigen der Gottesherrschaft rechnen, ohne sich in der ihr entsprechenden Lebenspraxis zu üben: »Was ruft ihr mich: ›Herr, Herr!‹ und tut nicht, was ich sage!« (Lk 6,46)[137]. Diese Warnung steht der in Lk 13,25–27 nahe. Dort ist diese in eine endzeitliche Szene gekleidet: Jünger Jesu werden an das Eingangstor zum Gottesreich anklopfen und um Einlaß begehren, erhalten aber eine schroffe Absage. Auch wo sie darauf bestehen, daß sie doch bei Jesu Freudenmahlzeiten mit dabei waren und seine Lehre auf den Gassen der Ortschaften in Galiläa gehört haben, lautet die Antwort: »Ich weiß nicht, woher ihr seid. Steht ab von mir, alle Täter von Ungerechtigkeit!« (Ps 6,9)[138].

137 In der matthäischen Fassung Mt 7,21 ist aus der akuten Warnung ein allgemeiner Lehrspruch geworden, der in dieser Form besser geeignet war, das Anliegen des Jesuswortes Lk 6,46 als bleibenden Grundsatz in der Lehrüberlieferung der Kirche festzuhalten. Matthäus hat in 7,21–23 die beiden verschiedenen Sprüche Lk 6,46 und 13,26f. zu einer Einheit zusammengezogen. Vgl. die Analyse bei U. Luz, Matthäus I, 402.
138 In Lk 13,28–30 schließt sich eine entsprechende Szene endzeitlicher Absage an: Die Angeredeten werden damit konfrontiert, daß sie »Abraham und Isaak und Jakob und alle Propheten im Reich Gottes sehen« werden, sich selbst aber »draußen ausgesperrt«. Das dürfte sich ursprünglich allerdings nicht an Jünger Jesu gerichtet haben, vielmehr an seine pharisäischen Gegner; s. oben S. 227f. Aber im Kontext von Lk 13,22ff. hat sich die Adressierung verallgemeinert; und in Lk 13,28f. steht das Problem der späteren Kirche gegenüber den Juden, die nicht Christen werden wollen, im Blick. Solche Verschiebungen der

Ähnlichen Skopus hat der eschatologische Ruf zum Eingang in das Reich Gottes durch das richtige Portal. In seiner vermutlichen Urfassung[139] lautet er:

»Geht hinein durch das enge Tor! Denn breit ist das Tor, das in das Verderben führt; und viele sind es, die durch dieses Tor hineingehen. Wie eng aber ist das Tor, das ins Leben führt; und wenige sind es, die es finden!« (Mt 7,13f.)[140].

Das Reich Gottes erscheint hier als die Gottesstadt der Endzeit. Zu ihr gibt es nur Zutritt durch ein enges Tor, durch das nur wenige Eingang finden. Die große Masse wählt den Eingang durch das breite Tor, das jedoch zum ewigen Verderben führt. In diesem Bild spiegelt sich die Erfahrung, daß Jesu Einladung zur Teilhabe an der Gottesherrschaft nur wenige in Israel angenommen haben und der weitaus größere Teil der Bevölkerung in den Ortschaften Galiläas ihm reserviert oder gar feindlich gegenüber stand. Nicht nur die Gegnerschaft der Pharisäer war daran schuld, die vor Jesus als Verführer warnten. Sondern auch unter denen, die sich ihm zuerst angeschlossen hatten, hat es offenbar nicht wenige gegeben, die wegen der Radikalität seiner Weisungen zur normalen Lebenspraxis wieder abgesprungen sind. Die spätere Kirche hat diesen Ruf Jesu zum Eingang in das Gottesreich durch das enge Portal mit der Warnung vor dem Abweg in das Verderben beim Eintritt durch das breite Tor zu einer permanenten Warnung werden lassen, den Weg zum Leben nicht zu verfehlen durch die Faszination des breiten Weges für die Masse der Menschen, der zum ewigen Tod führt (vgl. Did 1–5). Auch das Doppelgleichnis Mt 7,24–27 / Lk 6,47–49 (Q), das wir bereits (s. oben S. 178f.) besprochen haben, ist vom Aspekt auf das endzeitliche Gericht bestimmt, das sein Kriterium darin haben wird, wie einer die Worte der Verkündigung und Lehre Jesu gehört und getan hat. Das »Hören« und das »Tun« in der Lebenspraxis sind hier entsprechend zusammengebunden wie in der jüdischen Lehrüberlieferung der Tora das »Hören« der Einzigkeit Gottes mit dem »Tun«, in dem sich die Liebe zu dem einzig-einen Gott verwirk-

---

Bezüglichkeiten sind typische Vorgänge der Geschichte der Jesusüberlieferung in der Urkirche.

139 Vgl. die Analyse bei U. Luz, Matthäus I, 395–397, nach dem in der urkirchlichen Überlieferung das verbreitete Bild von den beiden Wegen (vgl. besonders Did 1,2–5,2) mit dem ursprünglichen Bild von zwei Toren verquickt worden ist.

140 Die Parallele in Lk 13,24 ist wahrscheinlich eine sekundär verkürzte Fassung. Der Kontext handelt vom Eintritt in den himmlischen Hochzeitssaal.

licht (Dtn 6,4f.)[141]. Auch die Entsprechung zwischen dem Tun in der irdischen Gegenwart und dem Ergehen im künftigen Endgericht ist als Grundgedanke frühjüdischer Eschatologie den Hörern des Gleichnisses vertraut. Das Besondere, das sie in Jesu Worten zu hören bekommen, ist die Heilswirklichkeit der endzeitlichen Gottesherrschaft. Gerade hier muß dem Hören ein entsprechendes Tun folgen, in dem sich die Annahme der Gottesherrschaft jetzt hernach in den Bedrängnissen der kommenden Endzeit bewährt. Nur ein Jünger, der *getan* hat, was er durch Jesu Verkündigung *gehört* hat, wird dann »bestehen« und an der vollendeten Heilswirklichkeit teilhaben können. Das Gegenteil, die »große Katastrophe«, die der Jünger zu gewärtigen hat, der nicht tut, was er hört, steht mit Achtergewicht am Ende des Gleichnisses. So bekommt es einen Ton eindringlicher Warnung. Ähnliche Gleichnisse mit eschatologisch-warnendem Skopus haben wir bereits kennengelernt (vgl. besonders Mt 25,14–29)[142]. Zwar gilt, wie jetzt, so auch im Blick auf jene Bedrängnisse der Zukunft: »Selbst die Haare eures Hauptes sind (von Gott) gezählt« (Lk 12,7 / Mt 10,30 sowie Lk 21,19). Die Schlußbitte des Vaterunsers (Lk 11,4) wird erhört werden. Der Schutz der Gottesherrschaft wird Jesu Jünger nie verlassen. Aber sich im Tun seiner Worte zu bewähren wird von ihnen gefordert. Im Gleichnis werden nur die beiden »guten und treuen« Knechte bei der Rückkehr ihres Herrn anerkannt und belohnt (Mt 25,21.23). Dem faulen und einsatzscheuen Knecht dagegen wird dann das Heil, das ihm in der Gegenwart zugesprochen worden ist, ganz und gar genommen werden (Mt 25,27).
Nirgendwo wird dieser doppelte Ausgang des Endgerichts nach dem Kriterium der von Jesus verkündigten Gottesherrschaft eindrücklicher ausgesprochen als in der großen Bildrede Mt 25,31–46[143].

Der Text zeigt zwar mancherlei Spracheigentümlichkeiten des Evangelisten Matthäus. Er kann aber nicht en bloc von ihm gebildet sein[144]. Nur die Einleitung V. 31f. stammt überwiegend von Matthäus. Er knüpft hier an die Ankündigung der endzeitlichen Erscheinung des Menschensohnes

---

141   Vgl. dazu die eindringliche Grundparänese Dtn 30,15–20, wo Israel vor die Wahl zwischen Leben und Tod, Segen und Fluch gestellt wird. Das Kriterium ist das Hören der Gebote Gottes und das Tun in der Liebe zu ihm.
142   S. oben S. 179–181.
143   Vgl. dazu *U. Wilckens*, Gottes geringste Brüder. Einen kurzen Überblick über den Forschungsstand sowie über die Interpretationsgeschichte findet man bei *U. Luz*, Matthäus III, 517–530.
144   So zuletzt *J. Gnilka*, Markus II, 367–370 und die dort in Anm. 3 sowie bei *U. Luz*, Matthäus III, 517, Anm. 10 Genannten.

in 24,30f. an und führt sie in diesem Schlußabschnitt der großen End-
zeitrede Mt 24f. im Blick auf den Vollzug des Endgerichts zu Ende[145]. In
V. 32b–33 wird die ursprüngliche Einleitung des Traditionsstücks sichtbar, das Matthäus übernommen und nur hier und da sprachlich überar-
beitet hat. Dieses spricht von V. 34 an nicht vom »Menschensohn«,
sondern vom »König«.

Die ursprüngliche Fassung beginnt mit dem Vollzug des Endgerichts Gottes: Wie ein Hirte die Schafe von den Böcken (bzw. den
Zicklein)[146] absondert, so trennt der König zwischen den als gerecht erkannten und den verurteilten Menschen aus allen Völkern. Dabei kommt es zu einem Dialog zwischen dem Richter und
den Gerichteten beider Seiten[147]. Zuerst segnet der König die zur
Rechten Gestellten, indem er ihnen als ihr endzeitliches »Erbe«
die Zugehörigkeit zu seinem Königreich zuspricht. Er begründet
dieses Urteil durch Verweis auf das, was sie getan haben (V. 35f.).
Dabei handelt es sich um die wichtigsten der sogenannten »Liebeswerke«, das heißt um Taten zur Hilfe Notleidender, die nicht
in Geldzahlungen bestehen (»Almosen«), sondern mit dem Einsatz
der eigenen Person getan und darum in der Tora nicht wie die
Gebote genau bestimmt werden[148]. Das Tun solcher »Liebeswerke«
hatte im Judentum sehr großes Gewicht und galt als eines der Kriterien zur Beurteilung der Gerechtigkeit im künftigen Gericht[149].
Überraschend und unverständlich für die Gesegneten selbst ist es
jedoch, daß der König alle diese Liebeswerke als *ihm selbst* erwiesen lobt:

»Ich war hungrig, und ihr habt mir zu essen gegeben. Ich war durstig,
und ihr habt mir zu trinken gegeben. Ein Fremder war ich, und ihr habt
mich (in euer Haus) aufgenommen; nackt, und ihr habt mich bekleidet.
Ich war krank, und ihr habt mich besucht. Im Gefängnis war ich, und
ihr seid zu mir gekommen.« (V. 35f.).

145 Vgl. zu V. 31f. außerdem 13,41; 16,27; 19,28 sowie 24,9.14; 28,19; zur
»Sammlung« 13,30.47;22,10; 24,20; zum »Trennen« 13,49.
146 So *U. Luz*, Matthäus III, 533f. Bei dieser Übersetzung geht es im Bild um
die Aussonderung von Jungtieren zum Schlachten, während es, wenn man der
üblichen Übersetzung folgt, um die Aussonderung der weiblichen Tiere zum
abendlichen Melken geht.
147 Solche Dialoge finden sich nicht in apokalyptischen Gerichtsschilderun-
gen – dort verkündet der Richter allein das Urteil –, wohl aber in rabbinischen
Texten, in denen sie der Verlebendigung der Lehre aufgrund verschiedener
Schriftstellen dienen. Vgl. als Beispiel eines Mt 25,34ff. entsprechenden Dialogs MTeh 118 § 17 (243b,15) bei *J. Gnilka*, Matthäus II, 367, Anm. 1.
148 So *U. Luz*, Matthäus III, 536. Vgl. das Material bei *Bill.* IV, 559–610.
149 Vgl. die rabbinischen Belege bei *U. Luz*, Matthäus III, 536, Anm. 137.

Die so Angesprochenen finden diese Belobigung unzutreffend. Sie haben dies alles zwar getan, aber doch nicht *ihm*, dem König (V. 37–39). Er antwortet darauf:

»Amen, ich sage euch: Was ihr getan habt einem dieser meiner geringsten Brüder, habt ihr *mir* getan!« (V. 40).

Entsprechend negativ lautet danach das Urteil über die zur Linken Gestellten: Sie haben ihm all diese Liebeswerke nicht getan, wie sie es hätten tun müssen (V. 41–43). Diese antworten genauso wie die anderen: Wo sollte es denn der König gewesen sein, dem sie alle diese Hilfeleistungen zu tun versäumt hätten (V. 44)? Die Antwort fällt entsprechend negativ aus wie die an die anderen positiv (V. 45). Und so müssen diese »weggehen zur ewigen Bestrafung, die Gerechten dagegen zum ewigen Leben« (V. 46).

Die Irritation beider Gruppen über das Urteil des Königs entspricht der der Hörer Jesu. Daß beim Endgericht Gottes von großem, ja ausschlaggebendem Gewicht sein wird, ob sie »Liebeswerke« getan oder nicht getan haben, ist ihnen nicht nur aus der jüdischen Überlieferung vertraut[150], sondern vor allem durch Jesu eigene Lehre[151]. Sie hören so aus der dramatischen Gerichtsszene Mt 25, 34ff. die Dringlichkeit der Mahnung zu eben solchem Tun. Daß es bei dem ihnen selbst bevorstehenden Gericht entscheidend darauf ankommen wird, ob sie wie jene Gerechten in Mt 25,34 das Heil der Königsherrschaft Gottes als ihr »Erbe« empfangen und Eingang in das ewige Leben finden werden (V. 46), ist ihnen vollauf bewußt. Aber daß es Gott, der König, selbst ist, dem sie die Liebeswerke tun, die sie notleidenden Nächsten zu tun haben, daß Gott diese Nächsten als seine eigenen Brüder erachtet, der Gott, dessen Königsherrschaft Jesus ihnen verkündigt hat – das ist auch für sie neu und außerordentlich überraschend. Bei aller kindlichen Vertrautheit mit Gott, in der sie ihn im Gebet als *abba* anrufen dürfen, verliert Gott für sie ja keineswegs seine unendlich hohe Majestät als *des Königs* über das gesamte Weltall. Und bei aller Radikalität, in der Jesus ihnen die endzeitliche Herrschaft dieses Königs als die Herrschaft seiner Barmherzigkeit gegenüber den Armen, den Niedrigen, den Kranken und sogar den schwersten Sündern nahegebracht hat, ist doch eben dieser sich tief herab-

---

150   Vgl. Jes 58,7; Ez 18,7.16; Ijob 22,6f.; 31,16f.19.21.31f.; Sir 7,34f.; Tob 1,16f.; 4,16; slHen 9,1; 42,8; 63,1 sowie die rabbinischen Stellen bei *Bill.* IV, 567f.
151   Vgl. besonders die Auslegung des Liebesgebots Lev 19,18 durch das Gleichnis vom barmherzigen Samariter (Lk 10,25–29.30–37 [s. oben S. 255f.]).

beugende Gott erst recht der Heilige, dessen Namen zu heiligen die erste Bitte des Vaterunsers gilt. So ist auch das Tun seines Willens für Jünger Jesu von einer so absolut heilsentscheidenden Wichtigkeit, wie es für einen Pharisäer das Tun der Tora nur immer sein kann. Wie aber sollte die Barmherzigkeit dieses Königs soweit gehen, daß er sich selbst mit jedem hilfsbedürftigen Menschen als seinem eigenen Bruder identifizierte? Und wie entsprechend absolut ist die Würde jedes Menschen, den sie zu lieben haben wie sich selbst – als die unvergleichlich hohe Würde eines Bruders Gottes, des Königs der Herrlichkeit?

In Jesu gesamter Verkündigung findet sich keinerlei Aussage, die eine so unerhörte Konsequenz aus Gottes Barmherzigkeit auch nur nahelegte! Nur eine einzige Stelle gibt es, an der jedenfalls das Verständnis des Nächsten die Struktur erreicht, die dieser Aussage von Gottes »geringsten Brüdern« zugrunde liegt: die Frage Jesu an den Schriftlehrer im Blick auf die Gleichniserzählung vom barmherzigen Samariter, »wer von diesen Dreien *zum Nächsten geworden ist* dessen, der in die Hände des Mörders gefallen ist« (Lk 10, 36). In der Tat, nur so ist es zu verstehen, wenn in Jesu Bildrede vom Weltgericht Gott von den hilfsbedürftigen Menschen als von seinen geringsten Brüdern spricht: Indem Gott als König des Reichs der endzeitlichen Heilsvollendung sich den Armen, den Kranken, den Hungernden und Dürstenden, den Nackten, den Gefangenen und den Fremden (vgl. Lk 10,33 mit 17,18) zuwendet, um ihnen das Heil seines Reiches zu verschaffen, wird er ihnen zum Nächsten, ja zum Bruder[152]! Dies ist die Voraussetzung der radikalen Auslegung des Liebesgebots in Jesu Lehrverkündigung und zugleich das stärkste Motiv, den Willen dieses Gott-Königs im eigenen Tun zu erfüllen. Es gibt keine andere Stelle, an der dieser enge Zusammenhang zwischen Jesu Heilsverkündigung der Gottesherrschaft und seiner radikalen Ethik der Nächstenliebe samt der Ausrichtung auf das Endgericht dieses Gottes so eindrücklich ausgearbeitet ist wie in dieser Bildrede vom Weltgericht. Hier wird auch in aller wünschenswerten Deutlichkeit erkennbar, daß der Begriff des

---

152 Es gibt meines Wissens nur eine einzige Stelle in rabbinischer Überlieferung, an der sich eine vergleichbare Aussage findet: Als Auslegung zu Ps 118,7: »Der Herr ist mein, mir zu helfen« werden in einem Gleichnis Gerechte dazu ermutigt, ihre Furcht vor Gottes Gericht abzulegen: »Fürchtet euch nicht vor dem Richter! Kennt ihr ihn nicht? Er ist ja euer Nächster, wie es heißt: die Kinder Israel, das Volk, dem er nahe ist Ps 148,14. Dann wieder werden sie zu ihnen sagen: Kennt ihr ihn nicht? Er ist ja euer Bruder, wie es heißt: Um meiner Brüder und meiner Freunde willen Ps 122,8. Und mehr als das: er ist euer Vater: Ist nicht er dein Vater, der dich erschaffen hat? Dtn 32,6« (MTeh 118 § 110 [242^b] bei *Bill.* IV, 1212).

Nächsten in Jesu Mund nicht auf den Nächsten des persönlichen
Umfelds beschränkt ist (obwohl er in den meisten Lehrsprüchen
zunächst konkret so gemeint ist). Der Horizont in der Bildrede
Mt 25 umfaßt die gesamte Völkerwelt (»alle Heiden« [V.
32] ist eine durchaus zutreffende Charakterisierung durch Matthäus).

Damit erweist sich die Originalität dieser Bildrede im Munde Jesu[153]. Als
einziger späterer Zusatz ist in V. 34 »meines Vaters« zu beurteilen. Die
Parallele in V. 41 zeigt, daß es auch in V. 34 ursprünglich geheißen hat:
»Kommt her, ihr Gesegneten«. Nach dem Zusatz ist (der erhöhte) *Jesus*
der königliche Richter. In diesem Sinne führt Matthäus ihn in V. 31 als
»Menschensohn« ein. Ursprünglich kann nur Gott der König sein, wie
dies durchweg jüdischer Sprachgebrauch ist. Zwar ist auch der davidische
Messias eine königliche Gestalt (vgl. in diesem Sinne Mt 21,11.29.42).
Aber der Richter im Endgericht ist in jüdischer Überlieferung überwiegend Gott[154], selten der Messias[155]. Da im Urchristentum der erhöhte Jesus als Richter im Endgericht erwartet worden ist, lag die Übertragung
des Richter-Königs auf ihn ausgesprochen nahe.
Für die ›Echtheit‹ der Bildrede Mt 25 im Mund Jesu spricht vor allem die
einzigartige Kühnheit der Rede von notleidenden Menschen als Gottes
»Brüdern«. Wie man es als »die beste Hypothese« beurteilen kann, »diesen ganz besonderen Text auf irgendeinen uns sonst unbekannten judenchristlichen Jesusjünger zurückzuführen«[156], ist mir unerfindlich.
Das wäre nur möglich, wenn man – mit der klassischen Auslegungstradition[157] – als die »geringsten Brüder« Jesu seine Jünger sieht und den
Skopus des Textes darin, daß Nichtchristen Christen in Notsituationen
(vor allem in Verfolgungszeiten) helfen sollen. Zwar scheint es zunächst
nahezuliegen, diese Rede im Sinne der Sprüche Jesu zu interpretieren,
die um Schutz und Hilfe für seine Jünger als »diese Kleinen« werben
(Mt 10,42; 18,6.10). Doch diese sind dort ausdrücklich als Jünger Jesu
bezeichnet. Dies fehlt in Mt 25,34ff. und hat dort auch keinen Platz.

3   Zusammenfassung

Entscheidend ist: Die ›Ethik‹ Jesu folgt unmittelbar und wesenhaft
aus seiner Verkündigung der Gottesherrschaft. Es geht um die Lebenspraxis derer, die die Gottesherrschaft angenommen haben
und aus ihr und auf sie hin leben. Ihre Radikalität entspricht der

---

153   So *J. Jeremias*, Gleichnisse, 206; *W. Kümmel*, Verheißung; *J. Friedrich*,
Gott, 283–297; *U. Wilckens*, Gottes geringste Brüder.
154   Vgl. z.B. AssMos 10 (1. Jahrhundert v.Chr.).
155   So in den Bilderreden des äthHen und in 4Esr.
156   So *U. Luz*, Matthäus III, 521. Judenchristliche Herkunft vermutet auch *F.
Hahn*, Christologische Hoheitstitel, 187.
157   Dazu *U. Luz*, Matthäus III, 526–528.

der Nachfolge Jesu. Wie der Jünger Jesu alles Eigene verlassen muß, um Jesus auf seinem Weg zu folgen, muß er sich von allem verabschieden, was er besitzt und woran sein Herz hängt, um ganz dem Reich Gottes anzugehören und an seiner Heilsfülle teilzuhaben (1).

Zentrale Bedeutung für das Leben der Jünger Jesu hat das Gebet. Im Vaterunser verbinden sich die Bitten um das endzeitliche Kommen des Reiches, in dem Gottes Name (Ex 34,6) ganz zu Ehren kommen (»verherrlicht werden«) wird, mit den Bitten um das Brot und um die Vergebung für den Alltag der irdischen Gegenwart und der Schlußbitte um Bewahrung vor den Versuchungen des Bösen (2.1). Um alles dürfen Jünger Jesu bitten, was zur Fristung irdischen Lebens gehört; und alles Sorgen darum dürfen sie getrost aufgeben, wenn es die Gottesherrschaft ist, auf die sich all ihr Suchen nach Lebenssinn und Lebenserfüllung richtet (2.2). Den beiden Aspekten des Vaterunsers entsprechen die beiden Grundgebote der Tora, die ihr Leben in der Jüngergemeinschaft ganz und gar bestimmen sollen: die Liebe zu dem einzig-einen Gott und die Liebe zum Nächsten (2.3). Die Liebe zum Nächsten soll der Liebe Gottes entsprechen, der die Rettung des Verlorenen will (2.4). In diesem Sinne legt Jesus die Gebote des Dekalogs aus (2.5–7). In solcher Lebenspraxis konkretisiert sich die Nachfolge der Jünger Jesu so, daß ihre zukünftige Aufnahme in das Reich Gottes das Ziel ist, auf das alles Leben zuläuft (2.8).

Wie sich in Jesu Wirken die endzeitliche Heilswirklichkeit der Gottesherrschaft zeichenhaft zu erkennen und zu erfahren gibt, so verbindet sich auch die ganze Lebenspraxis ihrer Jünger im gegenwärtigen irdischen Alltag mit der radikalen Ausrichtung auf die Zukunft ihrer endzeitlich-jenseitigen Vollendung. Beide Aspekte gehören zusammen. Das unterscheidet die ›Ethik‹ Jesu sowohl von der jüdischen Tradition weisheitlicher Mahnung wie apokalyptischer Enderwartung. Zwar gehört auch im weisheitlichen Schrifttum die Ausrichtung auf die endzeitliche Heilsvollendung zur Lebenspraxis der Weisen, wie auch im apokalyptischen Schrifttum die auserwählten Gerechten nicht ohne intensive Mahnung für ihr gegenwärtiges Leben im Blick auf ihre Teilhabe an der bevorstehenden Heilswelt bestärkt und getröstet werden. Aber im Mund Jesu wird alle weisheitliche Mahnung so unmittelbar im Horizont der herannahenden Gottesherrschaft gleichsam ›eschatologisch‹ aufgeladen und alle apokalyptische Zukunftserwartung so konkret von Jesu Ernstnahme der in die Gegenwart hineinwirkenden Kräfte der Gottesherrschaft und von ihrem totalen Anspruch auf die gegenwärtige Lebenspraxis bestimmt, daß sich der eine Aspekt mit den anderen wesenhaft zur Einheit verbindet.

VI

Die Tora in der Lehrverkündigung Jesu

1 Die grundsätzliche Geltung der Tora

Daß die Tora die Grundlage des gesamten Lebens Israels mit seinem Gott ist, ist das entscheidende Kriterium der ›Identität‹ Israels als des Volkes Gottes und der Zugehörigkeit jedes einzelnen Frommen zur Heilsgemeinde des einzig-einen Gottes. Die Tora ist die zentrale Heilsgabe Gottes an sein Volk: Das Tun ihrer Gebote bewirkt Leben, das Nicht-Tun Tod (vgl. Dtn 28; 30,15–20). Wir haben gesehen, wie sich seit den Makkabäerkämpfen ein tiefer Riß durch das Gottesvolk hindurchzieht zwischen Israeliten, die die Tora lieben und sich durch Erfüllung ihrer Gebote als Gerechte erweisen, und Israeliten, die die Tradition der Torabewahrung durch Anpassung an hellenistische Lebensart zu reformieren trachteten und dadurch nach dem Urteil jener »Gerechten« zu »Sündern« geworden sind, die von den Frommen gemieden werden. In der Zeit Jesu waren die Pharisäer die führenden Anwälte der Gesetzestreue in der jüdischen Bevölkerung Galiläas. Als Lehrer in den Synagogen und als Vorbilder gesetzestreuer Lebenspraxis hatten sie hohes Ansehen. Ihrem ständigen Wirken ist es vor allem zu verdanken, daß sich das Leben in den jüdischen Ortschaften deutlich unterschied von dem in vorwiegend heidnisch besiedelten Gebieten. Das zeigt sich besonders an der Einhaltung der Schabbatruhe, an der Art der Schlachtungen und an der Meidung alles Fleisches von »unreinen« Tieren – Schweineherden z.B. gab es in jüdisch besiedelten Gegenden nicht. Es zeigt sich an der Art der Bestattung, an der Tabuisierung jeglicher Berührung mit Toten, an der Einhaltung von Reinigungsriten im genitalen Körperbereich und vielem anderen mehr[1]. Gewiß gab es Unterschiede im praktischen Umgang mit alledem. Die einfache Bevölkerung nahm es damit weniger genau als die bewußt Frommen.

---

1 G. *Theißen* / A. *Merz*, Jesus, 128: »Die rituelle Zeichensprache der Thora wurde ... zum Identitätsmerkmal des Judentums, die es erkennbar von der Umwelt unterschied«.

Unter den Pharisäern konnte man das Urteil hören, das »Landvolk« Galiläas lebe in latenter Gesetzlosigkeit (vgl. Joh 7,49)[2]. Doch das gilt nur unter dem Gesichtspunkt rigoroser Torapraxis. Aufs große Ganze gesehen, war die Tora tatsächlich weitgehend die Mitte der gemeinsamen jüdischen Lebenswelt. Die große Mehrheit nahm an den Schabbatgottesdiensten teil und hörte so regelmäßig die Lesungen und Auslegungen der Tora. Auch zu Hause lebte man mit dem *sch^ema-jisrael* und anderen Morgen- und Abendgebeten.

Jesus wäre kein Jude gewesen, wenn diese Lebenspraxis mit dem Gesetz nicht in völliger Selbstverständlichkeit auch für ihn gegolten hätte. Mit der Tora hat er sicher von Kind auf zu leben gelernt. Seine Torakenntnis als Erwachsener ist dann weit über normales Laienmaß hinausgegangen und war dem Niveau der Schriftlehrer, mit denen er in den Synagogen Lehrgespräche führte, durchaus angemessen. Wo er sich diese Kenntnis erworben hat, wissen wir nicht. Von einem anderen Lehrer als Johannes ist in den Quellen nicht die Rede. Von diesem wird er zweifellos am intensivsten »gelernt« haben. Wenn er nicht nur von seinen Schülern, sondern offenbar im Volk allgemein als »Rabbi« angeredet wird, so drückt sich darin zwar wohl nicht der spezielle Respekt vor einem Gesetzeslehrer aus, gewiß aber vor seiner Autorität als Gesetzeskenner. Auch die Schriftlehrer, die in den galiläischen Ortschaften mit Jesus zu tun bekamen, haben ihn durchaus ernstgenommen, sei es als Partner, sei es als Gegner. Die, die ihn zu sich ins Haus einluden und sich in Lehrgespräche mit ihm einließen, zögerten nicht, ihn als ihresgleichen anzureden. Ein spätes, aber darin repräsentatives Beispiel ist Nikodemus in Joh 3,2; vgl. aber auch Lk 7,36–50. Doch auch die, die ihm von Anfang an kritisch gegenüberstanden und ihn später als Verführer ablehnten und bekämpften, haben das sicherlich eben deswegen getan, weil seine *Kenntnis* der Tora offensichtlich war. Gerade daher sahen sie ihn als gefährlichen Verführer, vor dem die einfachen Leute des Volkes zu warnen sie sich verpflichtet fühlten.

Für die Auslegung der Jesusüberlieferung bedeutet das: Man wird diese Kenntnis und Vertrautheit Jesu mit der Schrift durchweg als ›Konstante‹ vorauszusetzen haben, auch dort, wo kein direktes Zitat vorliegt oder eine Anspielung auf eine bestimmte Schriftstelle nicht offenkundig ist. Entsprechendes gilt ja z.B. auch für die Lehrer der Weisheitstradition, die nicht alle Schriftlehrer im engen Sinn gewesen sind, aber ihre Lehren selbstverständlich als aus der

---

2 Von R. Jochanan ben Zakkai (2. Hälfte des 1. Jahrhunderts) wird der Ausruf überliefert: »Galiläa, Galiläa, du haßt die Tora!« (jShab 15d).

Schrift als Quelle gespeist vorgetragen haben, ohne bestimmte
Stellen zu zitieren oder gar schriftgelehrt auszulegen.
Daher ist die Frage von besonderem Interesse, wie sich das Neue
und Eigenartige der Lehrverkündigung Jesu, die Nähe der Gottesherrschaft, zur Tora und zur Schrift als ganzer verhält. Daß die Rede von der Gottesherrschaft als solche damals jedermann aus dem
Synagogengottesdienst und der Gebetstradition vertraut war[3], ist
ein erster wichtiger Anhaltspunkt. Für Jesus ist die Königsherrschaft Gottes die endzeitlich-vollendete Verwirklichung des ›Wesens‹ Gottes, der als der einzig-eine (Dtn 6,4) ganz der *Gott Israels* ist (Ex 20,2), wie er sich in seinem Namen Mose offenbart hat
(Ex 34,6): Gottes Königsherrschaft ist die Macht seiner Barmherzigkeit. Auch dies war jedem gesetzeskundigen Juden bekannt und
konnte zwischen Jesus und den Pharisäern an sich nicht strittig sein.
Ist doch die Tora selbst die Gabe der Barmherzigkeit Gottes für
sein Bundesvolk und das Leben nach ihren Geboten das durch Gottes Gnade geschenkte Privileg seiner Erwählten. Die Differenz betrifft die Gewichtung zwischen Gottes Barmherzigkeit, durch die
Gott Sündern vergibt und ihr verlorenes Leben rettet, und seiner
Gerechtigkeit, in der er über Sünder und Gerechte sein Endgericht
halten wird. Für Pharisäer ist es selbstverständlich, daß Gott nur
Gerechten die Teilhabe am Leben in seinem zukünftigen Reich gewähren wird, nicht Sündern. Folglich muß sich auch bereits in der
Gegenwart der Gerechte von jedem Sünder distanzieren. Jesus dagegen verkündigt die wunderbare Chance der Errettung, die Gott
im Hereinwirken seiner endzeitlichen Königsherrschaft in die Gegenwart *Sündern* zuteil werden läßt, die aus seinem Mund den einladenden Ruf zur Umkehr hören und annehmen. Dieses Handeln
der Barmherzigkeit Gottes ist im Blick auf das Endgericht von entscheidender Bedeutung. Gottes Barmherzigkeit fällt mit Gottes
Bundesgerechtigkeit zusammen. Denn Gott will, daß ganz Israel
gerettet wird, Sünder wie Gerechte. Dieser Heilswille dominiert im
Willen seiner Gerechtigkeit, den er in der Tora offenbart hat.
Das ist der Grund, warum Jesus gerade in seiner Zuwendung zu
den Sündern als entscheidenden Adressaten der Gottesherrschaft
um die Zustimmung der Pharisäer als der Gerechten in Israel mit
so großer Leidenschaft und Beharrlichkeit gerungen hat. Gerade
sie, die in priesterlicher Reinheit in ihrer Lebenspraxis die Toragebote radikal zu erfüllen suchten, sollten an dem Heilsgeschehen
der Rettung der Sünder selbst vollauf mit teilhaben und teilnehmen. Ihre Zustimmung zu seinem Wirken im Namen der Gottesherrschaft war für ihn ein besonders wichtiges Ziel.

---

3   S. oben S. 132–134.

Entsprechend geht es auch in der gesamten Jüngerlehre Jesu darum, daß Gottes Wille geschehe, wie bei Gott im Himmel, so unter den Menschen auf Erden, wie es die dritte Bitte des Vaterunsers in der erweiterten Fassung Mt 6,10 formuliert. Das Tun derer, die die Gottesherrschaft angenommen haben, soll dem Willen der Gottesherrschaft selbst entsprechen. Die direkte Verbindung der Liebe zu Gott nach Dtn 6,5 mit der Liebe zum Nächsten nach Lev 19,18, die die Grundlage aller Gebote ist, die Jesus seine Jünger lehrt, zeigt, wie zentral Gottesherrschaft und Tora zusammenstimmen. In allem Tun im Gehorsam gegen den Willen der Gottesherrschaft geht es um Gehorsam gegen den Gott, dessen Wille in den Geboten der Tora zum Ausdruck kommt.

»Meint nicht, daß ich gekommen bin, um das Gesetz [oder die Propheten][4] außer Kraft zu setzen! Nicht (es) außer Kraft zu setzen, bin ich gekommen, sondern (es) zu erfüllen«.

Mt 5,17 sagt grundsätzlich, worum es in Jesu ganzem Wirken im Namen der Gottesherrschaft geht und bekräftigt zugleich gegen die Kritik aus den Kreisen seiner pharisäischen Gegner, daß im Wirken der Gottesherrschaft die Tora zu ihrer endzeitlichen »Erfüllung« kommt[5]. In diesem Sinn fügt sich das Wort sehr gut in die Zielrichtung der Lehrverkündigung Jesu ein[6]. Zwei weitere Sprüche fügen sich in Mt 5,18f. an:

»18 Amen, ich sage euch: Bis der Himmel und die Erde vergehen, wird nicht ein Jota oder ein Häkchen vom Gesetz vergehen[7]. 19 Wer nun eines von diesen kleinsten Geboten außer Kraft setzt und die Menschen so lehrt, wird der Kleinste genannt werden im Himmelreich. Wer (sie) aber tut und lehrt, wird groß genannt werden im Himmelreich.«

4   Da in V. 17–19 durchweg allein vom Gesetz die Rede ist, dürfte »oder die Propheten« ein Zusatz des Matthäus sein; vgl. 7,12; 22,40. Dafür spricht auch die rabbinische Parallele (s. Anm. 5).
5   In bShab 116b wird dieses Jesuswort im Zusammenhang einer polemischen Anekdote als einziger Ausspruch Jesu zitiert: »Ich kam nicht, um vom Gesetz Moses wegzunehmen, vielmehr kam ich, um zum Gesetz Moses hinzuzufügen«. In einer mohammedanischen Quelle findet sich nun der gleiche Spruch mit dem Schlußverb »vervollständigen«. Dies könnte dem ursprünglichen Wortlaut nahekommen; vgl. dazu J. *Jeremias*, Neutestamentliche Theologie I, 88 mit Anm. 51.
6   So ebd., 88 mit Anm. 51 gegen nahezu die Gesamtheit der Exegeten, die den Spruch entweder dem Judenchristentum oder dem Evangelisten Matthäus zuschreiben. M.E. zwingt nichts zu diesem Urteil.
7   »bis alles geschieht« dürfte ein matthäischer Zusatz sein, um die bis zur Endzeit bleibende Geltung der Tora durch die Erfüllung aller Verheißungen der Propheten zu vervollständigen; vgl. V. 17!

Zu V. 18 gibt es eine Parallele in Lk 16,17, jedoch in anderem Wortlaut.
Der Spruch Mk 13,31 sagt Entsprechendes nicht vom Gesetz, sondern
von Jesu Worten. Daraus kann man schließen, daß V.
18 ursprünglich ein Einzelspruch gewesen ist, zu dem V.
19 sekundär hinzugefügt worden ist. Wiederum sind V. 18f. in der Spruchkomposition V.
17–19 deutlich eine konkretisierende Erläuterung zu V. 17.

V. 18 könnte ein Wort Jesu aus dem Zusammenhang einer Jünger-
belehrung sein, in dem er einem ähnlichen Vorwurf von Schriftlehrern wie in V. 17, er »löse die Tora auf«, mit dem Gewicht seiner ganzen Autorität (»Amen, ich sage euch«) und mit bewußter
Überspitzung zurückweist. Auch das kleinste Gebot, ja der kleinste Buchstabe im Text der Tora ist unantastbar. Wer immer Gebote der Tora außer Kraft setzt, handelt eigenmächtig und wird
sich im künftigen Gericht den Ausschluß aus dem Reich Gottes
zuziehen. Daß sich dieses Wort Jesu in späteren innerchristlichen
Gesetzesdiskussionen von streng toraorientierten Judenchristen
gut gebrauchen ließ, versteht sich dann von selbst, wenn es ihnen
als Wort Jesu vorgegeben war.

2   Radikale Auslegung des Willens Gottes

Wenn es Jesus selbst ist, der sich in diesen beiden sehr grundsätzlich formulierten Sprüchen (Mt 5,17.18) gegen den gegneri-
schen Vorwurf zur Wehr setzt, er mißachte in seiner Lehre die
Tora, wie sind dann all die formellen Verletzungen des Tora-Rechts
zu verstehen, die uns in den vorangehenden Kapiteln immer wieder begegnet sind?
In seiner Jüngerlehre geht es Jesus zunächst um eine radikalere
Geltung des Gotteswillens, um deretwillen er das höhere Recht in
Anspruch nimmt, dem widersprechende Rechtssätze der Tora aufzuheben. Dies gilt vor allem für den Schutz der ehelichen Gemeinschaft von Mann und Frau. Hier steht der Wille des Schöpfers (Gen 1,27f.; 2,7.18) gegen die in der Tora (Dtn 24,1–4)
überlieferte rechtliche Regelung der Ehescheidung[8]. »Was Gott
zusammengefügt hat, darf der Mensch nicht scheiden« (Mk 10,9).
Zwar hat Mose in Anbetracht der »Herzenshärtigkeit« der Menschen die Ehescheidung erlaubt (Mk 10,5). Höherrangig aber als
dessen ›humanes‹ Motiv ist in diesem Fall die ausnahmslose Geltung des ursprünglichen Sinnes der Ehe. Daraus folgt auch das
Verbot der Wiederheirat Geschiedener. Wie immer Jesus dies be-

---

8   S. oben S. 262–264.

gründet haben mag – ob aus der Infallibilität der elementaren Schöpfungsordnungen, an denen die unabänderliche Beständigkeit der Treue Gottes zu erkennen ist[9], oder weil die unbedingte Geltung der ehelichen Treue von Mann und Frau in einem tieferen Sinn der ›Menschlichkeit‹ ihres Lebens dient[10] –, deutlich ist jedenfalls, daß gerade auch dieser Lehrentscheidung keineswegs eine grundsätzliche Kritik der Tora zugrunde liegt, sondern im Gegenteil: Die Außerkraftsetzung dieser einen Bestimmung des Gesetzes dient der radikalen Durchsetzung des Gotteswillens, den zur Geltung zu bringen der eigentliche Sinn der Tora ist[11]. Das Verbot von Scheidung und Wiederheirat ist, so gesehen, geradezu ein Anwendungsfall der Regel Mt 5,17.

Nun haben wir gesehen, daß Jesus denen, die er zu seiner Nachfolge beruft, einige eklatante Verstöße gegen gewichtige Toranormen zumutet. Sie sollen Frau, Kinder, Eltern, Haus und Beruf augenblicklich verlassen (Lk 9,61f.; Mk 1,18.20; Lk 14,26f.). Ja, einem, der zuvor seinen Vater begraben will, untersagt er sogar diese elementare Sohnespflicht (Lk 9,59f.). Doch das sind Erfordernisse einer extremen Ausnahmesituation, worin sich der Charakter der Gottesherrschaft als eschatologische Zeitenwende in der Nachfolge Jesu zeichenhaft abbildet[12]. Um einen grundsätzlichen Ausbruch aus den traditionalen Normen von Ehe und Familie handelt es sich nicht. Für die Lebenspraxis der Majorität seiner zu Hause bleibenden Jünger gelten diese Normen der Tora sogar ebenso verschärft wie das Doppelgebot der Gottes- und Nächstenliebe sowie – besonders betont – das strikte Verbot der Ehescheidung.

Sosehr nach dem Augenschein die Radikalität der Toraauslegung Jesu und die Radikalität der torasprengenden Bedingungen seiner Nachfolge in schreiendem Widerspruch zueinander stehen, so tief und wesentlich entspricht, aus dem Herzen des Wirkens Jesu selbst gesehen, die eine Radikalität der anderen, und sie ergänzen einander. Einerseits ist es die neue Welt der künftigen Heilsvollen-

---

9 Dieses weisheitlich-apokalyptische Motiv liegt, wie deutlich wurde, einigen Gleichnissen vom unveränderbaren ›Wachstum‹ der Gottesherrschaft zugrunde.

10 Daß dies vor allem dem Schutz der Frau als dem im damaligen Eherecht benachteiligten, also schwächeren Teil gilt, wurde oben S. 263f. deutlich.

11 Es klingt wie ein späterer Widerspruch gegen diese Stelle, wenn es in bSanh 99a Bar heißt:»Selbst wenn jemand sagt: ›die (ganze) Tora ist von Gott, mit Ausnahme dieses oder jenes Verses, den nicht Gott, sondern Mose aus seinem eigenen Munde gesprochen hat‹, so gilt von ihm: Das Wort Jahwes hat er verachtet« (J. Jeremias, Neutestamentliche Theologie I, 200).

12 Vgl. oben S. 265–267.

dung, die in Jesu Wirken jetzt und hier mitten in der alltäglichen Lebenswelt Galiläas Raum greift. Andererseits ist es das konkrete Leben und Zusammenleben jetzt und hier, in das hinein die Leben rettende und heilende Barmherzigkeit der Gottesherrschaft Raum greifen will. In entsprechender Lebenspraxis sollen Jesu Jünger zum »Salz der Erde« und zum »Licht der Welt« werden (Mt 5,13. 14–16). Diese Lebenspraxis geschieht im Tun der Tora in einer Radikalität der Zielrichtung der Nächstenliebe, wie diese sich auch in ihrer Übereinstimmung mit den radikalsten Weisen gesetzestreuer via pietatis deutlich als ganz besondere, eigene Lebenspraxis heraushebt[13].

In diesem Sinne gibt es in der Tat in der Stellung Jesu zum Gesetz eine tiefe Übereinstimmung zwischen »Thoraverschärfung und Thoraentschärfung«[14]: In beiderlei Hinsicht ist es die endzeitliche Gottesherrschaft, die durchgehend das Maß seiner Lehre und seines Umgangs mit dem Gesetz ist, wie sie denn überhaupt die bestimmende Mitte seines ganzen Wirkens ist[15].

3   Konflikte um die Geltung der Schabbatruhe

Das gilt nun auch für Jesu Stellung zu den rituellen Geboten der Tora[16]. Es handelt sich erstens um die Gebote zur Schabbatruhe und zweitens um die Praxis ritueller Reinheit.

---

13   Mit Recht betont J. *Becker*, Jesus, 350f.: »Jesus fügt sich mit seiner Gesetzesauffassung nicht nahtlos wie selbstverständlich im Frühjudentum ein. ... Wer den Juden Jesus mit seinen auch der Tora gegenüber unbequemen Seiten nicht sehen will, landet offenbar mit innerer Konsequenz bei einem Juden Jesus, der so wenig Eigenes noch besitzt, daß die nachfolgende Christentumsgeschichte ihm gegenüber etwas völlig Neues ist, das bei ihm fast keinen Anhalt mehr hat.«
14   So die Überschrift des betreffenden Abschnitts bei *G. Theißen / A. Merz*, Jesus, 321.
15   So J. *Becker*, Jesus, 283, der seine ganze Darstellung des »Ethos Jesu« mit Recht unter die Überschrift stellt: »Lebensverständnis und Lebensgestaltung angesichts der Gottesherrschaft« (ebd., 276) und von daher auch das Verhältnis zur Tora klärt (ebd., 337ff.).
16   Zu dem damals für Leben wie Lehre zentralen Bereich des *Tempelkults* gibt es auffallenderweise in der ganzen Jesusüberlieferung aus der Zeit seines galiläischen Wirkens keinerlei Stellungnahme. Das erklärt sich nicht nur aus der relativen Entferntheit des Alltagslebens der Juden in Galiläa von Jerusalem. Denn auch für galiläische Juden war es selbstverständlich, zu den großen Jahresfesten nach Jerusalem zu pilgern und am Kult – besonders an seiner Sühnewirkung – teilzunehmen. Vor dem letzten Gang Jesu nach Jerusalem aber erfahren wir über die Bedeutung des Kults für die alltägliche Lebenspraxis seiner Jünger nichts.

Das Gebot strikter Einhaltung der Schabbatruhe[17] hat in der Tora deswegen zentrale Bedeutung, weil Gott darin sein auserwähltes Volk Israel an seiner eigenen Ruhe nach der Vollendung der ganzen Schöpfung (Gen 2,2f.) teilzunehmen würdigt. Israel soll in jeder Woche seines Lebens der Schöpfungswoche gewärtig sein und an jedem siebten Tag von aller Arbeit ausruhen wie Gott selbst (Ex 20,8–11; 31,12–17; Lev 23,3; Dtn 5,12–15). So ist dieser Ruhetag (Schabbat) ganz und gar Gott geweiht. Israel soll ihn heiligen als »Zeichen zwischen mir und euch von Generation zu Generation, damit man erkennt, daß ich, der Herr, es bin, der euch heiligt« (Ex 31,13; vgl. Lev 19,2). Aufgrund der Heiligung dieses Tages durch Gott selbst ist es heilige Pflicht (Dtn 5,13), sich jeglicher Arbeit zu enthalten. Daher ist jede Verletzung dieser Pflicht durch die Todesstrafe zu ahnden (Ex 31,14)[18]. Als einziges von allen Israel gegebenen Geboten der Tora gründet das Gebot der Schabbatheiligung in der Schöpfung (Gen 2,2). Daher zeichnet der Schabbat Israel vor allen Völkern aus[19]. Das hat seit der Makkabäerzeit aktuelle Bedeutung gewonnen: Die Aufhebung des Schabbat zusammen mit der Nötigung zum Götzendienst war der erste »Greuel«, dem der Kampf der Gerechten galt (1Makk 1,39.41–43; vgl. 2Makk 6, 6). Seitdem hat der Schabbat geradezu Bekenntnischarakter und ist – zusammen mit der Beschneidung – zum Identitätsmerkmal im Unterschied zu allen anderen Völkern geworden. Entsprechendes Gewicht hat die Bewahrung der Schabbatruhe in der Lehrüberlieferung des gesamten Frühjudentums. Dabei geht es primär um eine möglichst genaue Festlegung, welche Arbeiten verboten und welche »erlaubt« sind. Darin gab es rigorose Lehrrichtungen, wie sie im Jubiläenbuch und in der Damaskusschrift sowie bei den Essenern insgesamt bezeugt sind, und pragmatischere Bestimmungen, besonders in der rabbinischen Lehrüberlieferung[20]. Aber durchweg geht es in allen Regelungen um das Ziel striktestmöglicher Einhaltung der gebotenen Schabbatruhe.

---

17 Zum Folgenden vgl. *E. Lohse,* Jesu Worte.

18 Vgl. Jub 2,25.27.

19 Vgl. besonders Jub 2,19f. Dort sagt der Schöpfer zu den Engeln: »Siehe, ich will schaffen und erwählen mir ein Volk mitten aus meinen Völkern. Und sie werden mir Schabbat halten. Und ich werde sie heiligen mir zu einem Volk. Und ich werde sie segnen. Wie ich geheiligt habe den Tag des Schabbat und ihn mir heiligen werde, so will ich es segnen. Und sie werden mir mein Volk sein, und ich werde ihr Gott sein. Und ich habe auserwählt den Samen Jakobs unter allem, was ich gesehen haben, und habe ihn mir aufgeschrieben als erstgeborenen Sohn« (*K. Berger,* Buch der Jubiläen, 329); vgl. 2,31: »er heiligt nicht irgendein Volk noch Völker, um Schabbat zu halten an ihm, außer Israel allein« (ebd., 332).

20 Vgl. dazu das Material bei *Bill.* I, 615ff.

Insofern haben die mancherlei Konflikte um Verstöße Jesu gegen solche Regelungen eine höchst gefährliche Bedeutung. Eine ernsthafte, vorsätzliche Verletzung des Schabbat in Lehre und Praxis konnte zu seiner Steinigung führen. Was in Mk 3,6 als Reaktion von pharisäischer Seite aus der Sicht der urchristlichen Überlieferung berichtet wird, hat einen ernst zu nehmenden historischen Kern[21]. Daß es faktisch nicht so weit gekommen ist, liegt nicht an fehlender richterlicher Kompetenz jüdischer Justiz. Der Entzug des Rechts, Todesurteile zu fällen und zu vollstrecken (Joh 18,31), hat nur für den Machtbereich des römischen Statthalters in Judäa und Samaria gegolten, nicht für den des Herodes Antipas in Galiläa[22]. Nach allen überlieferten Berichten liegt der Grund vielmehr darin, daß Jesus die Vorwürfe gegen ihn mit Argumenten zu entkräften gewußt hat, die zumindest in Teilen der rabbinischen Rechtstradition unwidersprechlich waren.

Daß seine Jünger am Schabbattag Ähren auf den Feldern raufen, um den Hunger zu stillen (Mk 2,23–28)[23], rechtfertigt Jesus mit einem Lehrsatz, der nahezu wortgleich von einem Rabbi aus dem 2. Jahrhundert überliefert ist: »Der Schabbat ist um des Menschen willen (von Gott) verordnet, nicht der Mensch um des Schabbat willen« (Mk 2,27). Der Spruch des Rabbi Schim^eon ben Menasja[24] lautet: »Euch ist der Schabbat übergeben und nicht ihr dem Schabbat«. Er legt damit Ex 31,14 von 31,13 her aus und begründet so, daß es im Sinne der Einsetzung des Schabbat selbst in bestimmten Fällen eine »Erlaubnis« für Ausnahmen geben dürfe. Nun wurde von einigen Lehrern zwar das – nach Dtn 23,26 erlaubte – Ährenraufen unter die 39 Arbeiten, die am Schabbat verboten sind, ge-

---

21 So mit Recht J. *Jeremias*, Neutestamentliche Theologie I, 265f. mit Hinweis auf mSanh 7,4; weitere Hauptstellen ebd., 265, Anm. 10. Gegen J. *Gnilka*, Markus I, 126, der »die Tötungsabsicht der Gegner ... nicht besonders angemessen« findet.

22 Das weiß der Erzähler und spricht darum durchaus gezielt von Kontakten der Pharisäer zu »Leuten des Herodes« (Mk 3,6); vgl. R. *Pesch*, Markus I, 195.

23 Die Erzählung ist als typisches Streitgespräch gestaltet und hat in dieser Form in der Lehrüberlieferung der Urkirche der Klärung umstrittener Lehrfragen in der Auseinandersetzung mit der Synagoge gedient. Das Erzählte selbst kann aber schwerlich von judenchristlichen Lehrern zum Zweck der Veranschaulichung des entscheidenden Wortes Jesu in Mk 2,27 erfunden worden sein. Der Anlaß des Streites (V. 23) ist nicht eine typische Situation urkirchlicher Gesetzeskontroversen, sondern ein typischer Vorgang des vorösterlichen Wanderlebens Jesu mit seinen Jüngern. Das Wort Jesu ist übrigens in der späteren Urkirche »zur Begründung des Unterhaltsanspruchs der Wandermissionare herangezogen« worden; vgl. 1Kor 9,13; Did 13,3. So R. *Pesch*, Markus I, 183.

24 MekhEx 31,13f. (109a) bei *Bill.* I, 623.

rechnet[25]. Aber wo es grundsätzlich in der Lehrdiskussion im Blick auf Ausnahmefälle einen Spielraum, zumindest eine Randunschärfe, gab, können die Gegner Jesus nicht eindeutig bestreiten, daß die grundsätzliche Regel, die er zu seiner Rechtfertigung anführt, auf dieses Tun seiner Jünger zutreffen könnte[26]. Jesus nimmt hier also diese Regel, in der zwischen seinen Gegnern und ihm Übereinstimmung besteht, für das Recht seiner Jünger in Anspruch, am Schabbat ihren Hunger stillen zu »dürfen«. Er wehrt so den Vorwurf des Schabbat*bruchs* mit Hilfe dieser grundsätzlichen Bestimmung des Schabbat ab.

In dem Konflikt bei der Heilung eines Mannes mit einer gelähmten Hand in Mk 3,1–6 reagiert Jesus im Sinne der Regel 2,27, aber ungleich schroffer: »Ist es erlaubt, am Schabbat Gutes zu tun oder Böses zu tun, ein Leben zu retten oder zu töten?« (3,4). Im Zusammenhang der jüdischen Schabbatlehre ist dies eine ganz unsinnige Alternative. Natürlich darf man am Schabbat Gutes tun, sofern es sich nicht um verbotene »Arbeiten« handelt. Und »ein Leben zu retten« zählt anerkanntermaßen zu den Fällen akuter Not, in denen die Schabbatruhe gebrochen werden »darf«[27]. Vollends selbstverständlich ist das Verbot, am Schabbat Böses zu tun oder gar jemanden zu töten[28]. Aber gerade so wird deutlich: Diese unsinnige Alternative soll die Gegner provozieren. Sie ist ein

---

25 Vgl. *Bill.* I, 617 (unter d).

26 Das in V. 25f. vorgeschaltete Argument im Blick auf Davids gesetzwidrigen Übergriff auf die den Priestern vorbehaltenen ›Schaubrote‹ um des höherwertigen Zwecks der Stillung des Hungers seiner Leute willen (1Sam 21,2–7) gehört zwar sicherlich zur Urgestalt der urchristlichen Perikope (weil es zur Gattung der ›Streitgespräche‹ gehört, daß Jesus auf eine vorwurfsvolle Frage mit einer Gegenfrage antwortet). Kaum jedoch gehört dies zur historischen Szene. Denn dieses Schriftargument führt vom aktuellen Thema des Schabbatbruchs weg und begründet vielmehr mit schriftgelehrsamer Argumentation die Vollmacht Jesu, so zu handeln wie David. In der historischen Situation ist V. 27 deutlich die Antwort Jesu auf die vorwurfsvolle Frage V. 24. Genau besehen, ist in V. 25f. diese Antwort V. 27 vorausgesetzt. Darin zeigt sich, daß V. 25f. in der urchristlich gebildeten Perikope zu dem aus vorösterlicher Überlieferung vorgegebenen Dialog (V. 23f.27) sekundär hinzugefügt ist. Gleiches ist in V. 28 der Fall, wo wiederum V. 27 im Sinne von V. 25f. im Blick auf Jesu »Vollmacht« als »Menschensohn« in christologischer Zuspitzung ausgelegt wird. So überzeugend zuletzt J. *Gnilka*, Markus I, 120f., der jedoch in V. 27 ein ursprüngliches Einzelwort sieht, weil er den rabbinischen Hintergrund als Grund-Satz der *Schabbat*-Halacha nicht für den ursprünglichen Zusammenhang von V. 27 auswertet (vgl. ebd., 122–124).

27 So ausdrücklich MekhEx 31,13 (109a) bei *Bill.* I, 623f. (s. oben Anm. 24).

28 So R. Sch᷍muel in bYom 85a: »Der Mensch soll durch die Satzungen der Tora leben (vgl. Lev 18,5), nicht aber soll er infolge derselben sterben« (*Bill.* I, 624).

rhetorisches Mittel, sie zu nötigen, der Heilung dieses Mannes am
Schabbat zuzustimmen. Denn eine Heilung ist immer ein Tun des
Guten, weil darin eine »lebendige Seele« (Gen 2,7) gerettet wird.
Da Gott am 7. Tag der Schöpfungswoche ruhte angesichts dessen,
daß alles von ihm Geschaffene »sehr gut« war (Gen 1,31), kann
grundsätzlich ein Tun des Guten am Schabbat nicht verboten sein,
also auch keine Heilung. Doch in rabbinischer Lehrüberlieferung
gilt die Regel: »(Nur) Lebensgefahr verdrängt den Schabbat«[29].
Das heißt: In allen anderen Fällen ist eine Heilung am Schabbat
verboten.
In die gleiche Richtung zielt Jesu Antwort auf Vorhaltungen eines
Synagogenvorstehers wegen der Heilung einer gekrümmten Frau
am Schabbat (Lk 13,10–17): »Jeder von euch löst doch am Schabbat sein Rind oder seinen Esel und führt sie zu Tränke! Diese Frau
dagegen, eine Tochter Abrahams[30], die der Satan – beachtet das!
– achtzehn Jahre gefesselt hat, sollte nicht von dieser Fessel gelöst
werden dürfen am Schabbattag?« (13,15f.). Hier ist es der rabbi-
nisch geläufige »Schluß vom Geringeren auf das Größere«, mit
dem Jesus die Berechtigung seines Tuns besonders eindrücklich zu
begründen sucht. Zwar gehörte das Binden und Lösen eines Haus-
tieres zu den 39 am Schabbat verbotenen Tätigkeiten (mShab 7,
2)[31]. Doch muß dies zur Zeit Jesu in den Dörfern Galiläas allgemein üblich und von den Lehrern unbeanstandet gewesen sein.
Nur so wird Jesu Argument zugkräftig. Wie sollte, was für das
»Lösen« von Tieren erlaubt ist, für das »Lösen« eines Menschen
von der Fessel einer Krankheit verboten sein, auch wenn dies auf
einen der sechs Wochentage verschoben werden könnte (V. 14).
Das wird noch verstärkt durch zwei besondere Hinweise. Einmal:
Diese Frau ist eine »Tochter Abrahams«, eine Angehörige des
Volkes Gottes, um dessen Heiligkeit und Ehre es doch bei der
Schabbatruhe geht[32]. Sodann und vor allem: Wie sollte es am
Schabbattag verboten sein, die Bande des Satans zu lösen, der
diese Israelitin achtzehn Jahre lang gefangen gehalten hat! Hier

29   So TanB § 20 (38b) bei *Bill.* I, 624.
30   Der Vergleich mit Lk 19,9 könnte dafür sprechen, daß dies ein lukanisches
Motiv ist. Doch ist beiden Stellen der Verweis auf die Abrahamskindschaft derer, denen in Jesu Handeln das Wirken der Gottesherrschaft widerfährt, im Zusammenhang des Wirkens Jesu ein Argument von solcher Brisanz, daß es sich
sehr nahelegt, es an beiden Stellen Jesus zuzuerkennen.
31   Nach CD 11,13f. gilt das Verbot ausnahmslos. Einige spätere Lehrer haben
bestimmte Ausnahmen vom Verbot gutgeheißen; vgl. *Bill.* II, 199f.
32   Zur Verbindung der Einsetzung des Schabbat bei der Schöpfung mit der
exklusiven Bedeutung des Schabbat für Israel als das Volk der Erwählung am
Sinai vgl. Jub 2 oben S. 289, Anm. 19.

wird deutlich, daß Jesus seine Heilungstaten als Auswirkungen des Sturzes Satans (Lk 10,18) und also als Wirkungen der Gottesherrschaft sieht. Das vertieft und verstärkt das Argument Mk 3,4 noch einmal erheblich und ist darum Jesus selbst eher zuzusprechen als einem späteren urchristlichen Lehrer oder erst dem Evangelisten Lukas.

In Lk 14,1–6 wird ein ähnlicher Konflikt berichtet. Hier ist es Jesus, der seinen Gegnern vor der Heilung eines wassersüchtigen Mannes die provozierende Frage stellt, ob sie am Schabbat »erlaubt« sei. Er selbst gibt auch die Antwort, bei der es sich zweifellos um ein ursprüngliches Wort Jesu handelt: »Wer von euch, dessen Sohn oder Rind in den Brunnen gefallen ist, wird ihn nicht sofort herausziehen am Schabbattag!« Hier handelt es sich beidemal eindeutig um akute Lebensrettung. Im Blick auf den eigenen Sohn galt diese allgemein als ›erlaubt‹. Im Blick auf Haustiere waren die Meinungen geteilt. Daß der Sohn vor dem Rind genannt wird, ist ein rhetorisch geschicktes Mittel, die Gegner zur Übereinstimmung zu zwingen[33]. Denn wer die so gestellte Frage bejaht, ist der Gottesherrschaft nicht fern. Deren Ziel ist ja doch die Rettung alles »Verlorenen« (Lk 19,10). Wenn es am Schabbat also ganz um Gott geht, dann kann solches Rettungshandeln nicht verboten sein, es ist vielmehr als »erlaubt« anzuerkennen: als Vorschein des ewigen Freudenmahles der Heilsvollendung der Endzeit[34].

Eine andere Fassung des gleichen Jesuswortes ist Mt 12,11f.

»Wer von euch wird ein Mensch sein, der *ein* Schaf hat, und wenn dieses am Schabbat in den Brunnen gefallen ist, es nicht packt und heraufzieht? Wieviel mehr ist nun (aber) ein Mensch als ein Schaf!«

Hier mag vielleicht an das eine Schaf des armen Mannes aus der Natanfabel 2Sam 12,3 gedacht sein. Vor allem aber ist die Wahl des Schafes statt des Rinds (Lk 14,5) an Jesu Gleichnis in Mt 18,12f. orientiert und erweist sich so als gegenüber Lk 14,5 sekundär[35].

---

33   Daß in der aramäischen Urfassung ein Wortspiel mit dem Gleichklang von b^{c}ra (Sohn), b^{c}ira (Rind) und bera (Brunnen) zusätzlich ein rhetorisches Mittel von besonderer Wirkung gewesen sei, ist eine gescheite Vermutung von *M. Black*, Approach, 126. Nach *E. Lohse*, Jesu Worte, 87 ist dies als Möglichkeit exegetisch ernst zu nehmen.

34   Das Jubiläenbuch erzählt die gesamte Heilsgeschichte nach unter dem leitenden Gesichtspunkt, daß die Ordnung des Schabbat dem gesamten Geschichtslauf zugrunde liegt, so daß das Endziel der Geschichte die ewige Schabbatfeier sein wird, in der Israels Erwählung Grund der allgemeinen Heilsfreude und darin zugleich der ewigen Verherrlichung Gottes ist.

35   Umgekehrt urteilt *E. Lohse*, Jesu Worte, 87. Möglicherweise handelt es sich sogar um eine matthäische Umformung; so zuletzt *U. Luz*, Matthäus II, 238.

Gewiß, in all diesen Schabbatworten Jesu tut sich ein tiefgreifender Gegensatz zwischen ihm und seinen Gegnern auf. Die Tendenz *aller* rabbinischen Lehrer ist, die Grenzen von Ausnahmefällen, die »den Schabbat verdrängen«, so eng wie möglich zu ziehen. Denn der Sinn des Schabbat ist die Verherrlichung des heiligen *Gottes* in *seiner* Ruhe. Dem sind Bedürfnisse der *Menschen* strikt unterzuordnen, soweit es nur irgend möglich ist.

Jesus aber sieht in seinen Heilungen Heilswirkungen der Königsherrschaft Gottes. Darum fällt hier zusammen, was die rabbinische Lehrtradition zu unterscheiden gewohnt ist: das Interesse an Gottes eigener Heiligkeit und das Interesse an der Rettung der Menschen. Gottes Heiligkeit und Gottes Barmherzigkeit (nach Ex 34,6) sind *wesenhaft* eines. Dem widerspricht es, das Interesse am Menschen dem Interesse an Gottes Ehre unterzuordnen. Gewiß erhält so der Satz Mk 2,27, daß Gott den Schabbat um des Menschen willen gesetzt hat und nicht umgekehrt, im Zusammenhang der normalen jüdischen Lehrtradition einen neuen Sinn. Aber wo die *Gottes*herrschaft am Schabbat Heil wirkt, da geschieht dies durchaus im Sinne des Schabbat als des Ehrentages *Gottes*. Die Ruhe *Gottes* wird durch Jesu Handeln weder verletzt noch bildet dieses lediglich einen neuen Ausnahmefall, der zu den übrigen anerkannten auch noch hinzuzurechnen wäre. Sondern hier geschieht, worauf Gottes Schöpferwille von Anfang an zielt und was sich jetzt endzeitlich zu vollenden beginnt: die Rettung des Menschen, den Gott als »lebende Seele« erschaffen hat (Gen 2,7), zum Leben.

Auch Israel ist der Gedanke vertraut, daß es am Schabbat um die Königsherrschaft Gottes geht: »Ein Tag des heiligen Königreiches für ganz Israel ist dieser Tag ... unter allen Tagen. Denn groß ist die Ehre, die der Herr Israel gegeben hat, zu essen und zu trinken und satt zu werden an diesem Tag des Festes« (Jub 50,9f.). Daß jede irdische Schabbatfeier teilhat an der Schabbatfeier der himmlischen Gottesdienstgemeinde der Engel, ist der Grundaspekt der Schabbatlieder von Qumran. Von der Königsherrschaft Gottes ist dort vielfach die Rede, wie bereits deutlich wurde[36]. Dieser Erde und Himmel verbindende Festcharakter des Schabbat ist sicherlich nicht exklusives Eigentum der Essener gewesen, sondern ein in der Schabbatliturgie des damaligen Israel verbreitetes Motiv. Man kann geradezu fragen, ob nicht Jesus in seinen Freudenmahlzeiten mit den durch die Gottesherrschaft erretteten Sündern viele Züge aus dieser lebendigen liturgischen Schabbattradition übernommen hat.

---

36 S. oben S. 135.

Von daher läßt sich verstehen und will zum Verständnis beachtet werden, daß Jesus *den Schabbat keineswegs aufgehoben* hat. Im Gegenteil, in all diesen Konflikten kommt es ihm sehr darauf an, seinen Gegnern klarzumachen, daß sein Handeln, mit dem er gewiß aus den Grenzen der Lehrtradition ausbricht, dem ursprünglichen göttlichen Sinn des Schabbat entspricht und *darum* sehr wohl »erlaubt« ist. Keineswegs ist es seine Intention, am Exempel der Schabbatobservanz das jüdische Gesetzesverständnis einer grundsätzlichen Kritik zu unterziehen, indem er dessen Kasuistik durchbricht[37] – sosehr er dies in jedem berichteten Einzelfall faktisch getan hat. Es geht ihm auch nicht darum, »das Sabbatgebot um des Lebens willen zu relativieren«, und zwar so, »daß er diese Relativierung nicht als Erfüllung des Sabbatgebots uminterpretiert, sondern als Sabbatbruch darstellt«[38] – das Gegenteil ist der Fall, gerade da, wo Jesus faktisch gegen Bestimmungen der Lehrtradition verstößt: »Die Richtung der Aussage lautet überhaupt nicht: Der Sabbat muß weg! Sondern: Das bestehende Sabbatinstitut muß innerhalb der beginnenden Endzeit eine neue Bewertung erhalten! ... Jesus abrogiert nicht generell ein bestimmtes Toragebot. Er spricht aber davon, daß in der endzeitlichen Gegenwart Gottes Wille zur Etablierung des Endheils Vorrang vor Sabbatregeln bekommen muß. Seinem Wirken kann der Sabbat im Einzelfall nicht Einhalt gebieten.«[39]

4 Konflikte um rituelle Reinheit

4.1 Die Bedeutung ritueller Reinheit im Judentum

Die Gebote ritueller Reinheit sind dem heutigen nichtjüdischen Leser der Schrift zweifellos sehr fremd und schwer verstehbar. Für Juden – heute wie damals zur Zeit Jesu – sind sie von zentraler Bedeutung. Nicht unrein zu werden ist von gleicher Wichtigkeit wie seine Gerechtigkeit vor Sünde zu bewahren. ›Ethik‹ und ›Kult‹ sind zwar voneinander unterschieden, sie haben aber die gleiche Wurzel und den gleichen Sinn: In beidem geht es darum, *Gott in*

---

37 So *E. Lohse*, Jesu Worte, 86.
38 So *G. Theißen / A. Merz*, Jesus, 329.
39 So *J. Becker*, Jesus 376. Er betont zugleich an dieser Stelle mit Recht gegen ein verbreitetes modernistisches Mißverständnis, daß Sprüche Jesu wie Mk 2,27 und 3,4 »nicht institutionelles Recht auf(heben), um es durch persönliche innere Überzeugung zu ersetzen, so daß der Mensch sich nicht durch von außen geleitete Normvorgaben fremdbestimmen, sondern durch seine innere Überzeugung, sein Gewissen oder seine individuelle Einsicht leiten lassen soll.«

seiner Heiligkeit in der menschlichen Lebenspraxis zu entsprechen. Gott ist »gerecht«, indem er sich selbst ganz für seine Erwählten einsetzt; er *ist* in seinem Wesen, was er für sein Volk *tut*, »barmherzig, gnädig, geduldig und von großer Güte und Treue« (Ex 34,6). Entsprechend ist Israel »gerecht«, indem es den einzig-einen Gott als seinen Gott mit ganzem Herzen liebt (Dtn 6,4f.) und darum alle seine Gebote, die er für das Zusammenleben seiner Erwählten gegeben hat, einhält: Ethik *ist* Frömmigkeit. Genau entsprechend gilt: Gott ist heilig; als solcher ist er im Tempel auf dem Zionberg als in seiner ›Wohnung‹ inmitten seines Volkes gegenwärtig. Der Tempel ist der zentrale Ort, an dem Gott den sündig Gewordenen Sühne schafft, sie von Sünde frei und rein macht und *so* seine Barmherzigkeit für die Seinen vollzieht (vgl. Ps 103). Darum ist der Jerusalemer Tempel gerade als *Sühne*ort der Sündenvergebung der besondere Ort der Heiligkeit Gottes inmitten seines Volkes (vgl. 1Kön 8,22ff.). Die Priester, die hier Dienst tun, sind ein entsprechend von Gott geheiligter Stand und müssen sich dafür ständig reinigen und reinhalten. Vom Tempel aus strömt aber Gottes Heiligkeit in das Leben seines ganzen Volkes aus: Alle Israeliten sollen heilig sein, wie Gott heilig ist (Lev 19,2). Und wie die Priester sich für ihren Dienst im Heiligtum in besonderer Weise zu heiligen haben, so gilt auch für alle Israeliten im Land, daß sie sich wie von Sünde auch von allem »Unreinen« fernzuhalten haben[40].

Unrein ist zunächst alles, was mit dem Tod zu tun hat: Leichen und Gräber sind unrein, ebenso alle Hautkrankheiten, besonders Lepra. Unreinheit gibt es sodann im Bereich des Essens. Es gibt unreine Tiere, deren Fleisch man nicht essen darf, Fleisch von erlaubten muß geschächtet sein. Eine weitere Sphäre von Unreinheit sind die Sexualorgane; die Frau ist während ihrer Regelblutung unrein, der Mann nach jedem Samenerguß. Da alles Leben im Land zum Jerusalemer Tempel in Beziehung stehen muß und die Priester für ihren Dienst wie für ihren Lebensunterhalt vom Volk durch die Abgabe des Zehnten zu versorgen waren, gilt aller Verstoß gegen diese Pflicht – so z.B. auch das Essen nicht verzehnteter Nahrung[41] – als Verunreinigung. Schließlich galten alle Häuser von Sündern, die als solche die Reinheitsgebote nicht einhielten, sowie entsprechend auch Häuser von Nichtjuden als Orte der Unreinheit, die man – vor allem natürlich alle Mahlgemeinschaft – zu meiden hatte. Lev 10,9 bringt dies alles auf den Punkt: »Ihr sollt zwischen heilig und profan, zwischen unrein und rein unterscheiden«.

---

40   Vgl. dazu den Überblick bei *J. Becker,* ebd., 378–380.
41   So Jochanan ben Zakkai in tKel BM 7,9 (nach *J. Becker,* ebd., 380).

4.2 Das Fehlen von Vorwürfen gegen Jesus wegen Verletzung der Reinheitstora

Außer dem Vorwurf, daß Jesus seine Jünger mit ungewaschenen Händen essen lasse (Mk 7,2)[42], findet sich sonst keinerlei Kritik gegen Jesus im Umfeld der Reinheitstora. Das fällt sehr auf, wenn man bedenkt, daß in der Lebenspraxis der Pharisäer rituelle Reinheit besonderes Gewicht hatte, weil ihr entscheidendes Ziel war, ihr Alltagsleben in priesterlicher Reinheit zu führen[43]. So schroff und grundsätzlich sie Jesu besondere Zuwendung zu Sündern kritisierten, vor allem seine Mahlgemeinschaft mit Sündern (Mk 2,16; Mt 11,19) – an keiner Stelle ist in ihrem Mund von Verletzung von *Reinheits*geboten oder gar von grundsätzlicher Verachtung der Reinheitstora die Rede! Dabei sind doch gerade diese Mahlzeiten, zumal in Häusern von Zöllnern, unter dem Reinheitsaspekt faktisch Verstöße von hoher Brisanz gewesen. Das gleiche gilt für die Heilung Aussätziger, sofern es dabei zur Berührung mit dem Kranken kommt (Mk 1,41), für die Berührung dämonisch Besessener[44] sowie besonders für die Berührung Gestorbener (Mk 5,41)[45]. Nirgendwo wird berichtet, daß Jesus sich danach in der vorgeschriebenen Weise gereinigt habe; nirgendwo aber auch, daß ihm wegen der Unterlassung ein Vorwurf gemacht worden sei.

Jesus selbst hat weder seine Zuwendung zu Sündern und sein Essen mit ihnen noch auch seine Heilungen unter dem Aspekt der Reinheitstora begründet, sei es apologetisch, sei es gar als bewußte Kritik.

4.3 Der Lehrspruch von der Verunreinigung

Als grundsätzliche Aufhebung der Reinheitstora wird jedoch oft das Wort Mk 7,15 angeführt und ausgewertet:

---

42 Hierbei handelt es sich aber nicht um eine Gebotsübertretung. Das Abspülen der Hände vor der Mahlzeit ist zur Zeit Jesu nur ein ritueller Brauch weniger, vor allem wohl der Pharisäer gewesen, um sich vor jeglicher möglicher Verunreinigung zu schützen. Erst in späterer Zeit ist dieser für alle Frommen vorgeschrieben (vgl. den Mischnatraktat *Yadayim*) und teilweise aus Lev 15,11 abgeleitet worden (dazu vgl. *Bill.* I, 696f. sowie die Literatur bei *U. Luz*, Matthäus II, 421, Anm. 42.).

43 Vgl. dazu *J. Neusner*, Das pharisäische und talmudische Judentum, 24f.62 sowie – im Blick auf die Zeit nach 70 n.Chr. – ebd., 90f.

44 Vgl. TestAbr A 17 erscheint der Tod Abrahams als »unreiner als alle Unreinheit« (*E. Janssen*, Testament Abrahams, 247).

45 Darauf haben viele Exegeten mit Recht hingewiesen, zuletzt *J. Becker*, Jesus, 385.

»Nichts, was von außerhalb des Menschen in ihn hineinkommt, kann ihn verunreinigen[46]; sondern was aus dem Menschen herauskommt, das ist es, was ihn unrein macht.«

Im Kontext von Mk 7,1–23 steht dieses Wort als grundsätzliche Lehrentscheidung in der Mitte und wird darum in V. 14 besonders eingeleitet. Doch zum vorangehenden Thema des Abspülens der Hände paßt es nicht. Jesus bezieht sich auf die rituellen *Speisegebote* und setzt diese pauschal außer Kraft. So jedenfalls sieht es der Evangelist Markus in V. 19c[47]. Denn der Herkunftsort wirklicher Verunreinigung ist das Herz des Menschen. Das wird in V. 18f. negativ begründet (Speisen gehen in den Magen, nicht ins Herz, und werden durch den After ausgeschieden), in V. 20–23 positiv: Im Herzen entsteht alles Böse, das dann in bösen Taten aus dem Menschen herauskommt. Allein dieses Böse kann den Menschen verunreinigen, indem es ihn zum Sünder macht. Oft wird diese Interpretation als sekundäre Verengung der Kritik auf unreine Speisen beurteilt; V. 15 sei ursprünglich ein Einzelwort, das sich gegen jede von außen kommende Verunreinigung und damit gegen die gesamte Reinheitstora richte[48]. In der Tat ist V. 15 formal ein geschlossener Lehrsatz, für den ein ursprünglich aramäischer Wortlaut vermutet werden kann[49]. Und die neue Szene (V. 17) für die Interpretation von V. 15 in V. 18–23 ist deutlich ein redaktionelles Arrangement. Insofern ist der Spruch V. 15 aus sich selbst zu interpretieren.

Im Wortlaut dieses Lehrspruchs weist nichts darauf hin, daß Jesus damit seine Heilungen unreiner Kranker oder seine Zuwendung zu Sündern und seine Mahlgemeinschaft mit ihnen gegen Vorwürfe des Verstoßes gegen die Reinheitsgebote der Tora verteidigt hätte; nichts auch darauf, daß er selbst für sich die Vollmacht beansprucht habe, für dieses Wirken im Namen der Gottesherrschaft die Schranken der Reinheitstora zu durchbrechen. Selbst wenn man den Spruch Jesu als generelle Bestreitung jeglicher ritueller Verunreinigung verstehen wollte, wäre seine Argumentation unter dem Gegensatz »von innen nach außen« versus »von außen nach innen« logisch ganz ungeeignet, dieses Heilswirken Jesu zu begründen. Denn dort geht es um die Rettung der Heillosen *aus* Sünde, Krankheit und Tod, in dem Lehrspruch Mk 7,15 dagegen darum, daß der Mensch nicht durch irgend etwas außerhalb seines

---

46   Zur Herkunft des judengriechischen Begriffs κοινόω im speziellen negativen Sinne ritueller Verunreinigung vgl. *U. Luz*, Matthäus II, 424, Anm. 59.
47   Mt 15,11 schränkt auf »Zungensünden« ein, ebenso EvThom 14. *J. Jeremias*, Neutestamentliche Theologie I, 149 hält das für den ursprünglichen Skopus des Spruches Jesu.
48   So mit besonderer Schärfe *E. Käsemann*, Problem, 207. Aber in der Sache urteilen auch viele andere ähnlich, z.B. *M. Hengel*, Jesus, 164.
49   Vgl. *W. Paschen*, Rein, 177.

eigenen Innern seine Reinheit als Teilhabe an Gottes Heiligkeit verlieren kann, sondern nur durch das Böse, das in seinem Herzen wohnt und in bösen Taten nach »draußen« zur Wirkung kommt. Der Ton liegt auf diesem zweiten Teil. Der Spruch zielt also darauf, die wahre Wurzel des Bösen aufzudecken, und hat somit lehrhaft-korrigierenden, nicht zum Heil einladenden Skopus.

In diesem Sinn steht der Spruch in Übereinstimmung mit entsprechenden prophetischen Anklagen gegen den Mißbrauch einer Trennung zwischen ›Kult‹ und ›Ethos‹, als ließe es sich Gott bieten, daß Leute, die in ihrer Lebenspraxis gegen ihre Nächsten sündigen, im Tempel Gott ihre Opfer darbringen (Jes 1,10–17; vgl. Ps 40,7–11; 50,7ff.; 51,18–21 und viele andere Stellen). In der frühjüdischen Literatur setzt sich diese Linie fort. Durchweg geht es um den untrennbaren Zusammenhang von ritueller und sittlicher Reinheit. Unter diesem Skopus kann auch von einem Vorrang der sittlichen vor der rituellen Reinheit die Rede sein (z.b. Mi 6,6–8; Hos 6,6). In hellenistisch-jüdischer Literatur wird vielfach versucht, bei Nichtjuden Verständnis zu wecken für die ihnen fremde jüdische Praxis ritueller Reinheit, indem deren Sinn ethisch interpretiert wird. Nirgendwo freilich wird der Eigenbedeutung des Rituellen etwa ›aufklärerisch‹ der Boden entzogen[50]. Am Wortlaut und an der strikten Geltung der Reinheitsgebote wurde durchweg im Judentum festgehalten[51]. R. Jochanan ben Zakkai konnte das in einer Lehrdiskussion einmal so zuspitzen: »Weder verunreinigt der Leichnam noch reinigt das Wasser. Aber: Es ist eine Verordnung des Königs aller Könige (die befolgt werden muß)!«[52]

Wäre der Spruch Jesu Mk 7,15 im Sinne grundsätzlicher Bestreitung der Reinheitstora zu verstehen, so fiele er aus der gesamten jüdischen Tradition in Lehre und Praxis heraus. Hätte Jesus diese Lehrmeinung öffentlich vertreten, er wäre alsbald im ganzen Volk verfemt gewesen[53]. Von seiten aller Toralehrer wäre er als Gesetzesverächter verurteilt und völlig isoliert, wenn nicht gesteinigt

---

50 Vgl. z.B. Ps-Phokylides 228: »(Rituelle) Reinigungen bedeuten die Heiligung der Seele, nicht des Körpers« (*N. Walter*, Fragmente, 216). Ähnlich Philo, SpecLeg III,208f. Aristeas 139 erklärt seinem heidnischen Leser die Reinheitstora als göttlichen Schutz seines erwählten Volkes vor aller Torheit und Unsittlichkeit der anderen Völker; Israel soll »rein an Leib und Seele bleiben und – befreit von den törichten Lehren – den einzigen und gewaltigen Gott überall in der ganzen Schöpfung verehren« (*N. Meisner*, Aristeasbrief, 63).
51 Vgl. 4Makk 5,19f: »Meine also nicht, es sei eine kleine Sünde, wenn wir besudelte (= unreine) Speisen essen. Denn in kleinen Dingen oder in großen Dingen wider das Gesetz zu verstoßen, ist völlig gleichwertig. In beiden Fällen nämlich wird gleichermaßen aus Hochmut gegen das Gesetz gefrevelt« (*J. Klauck*, 4. Makkabäerbuch, 711f.)
52 Vgl. *J. Jeremias*, Neutestamentliche Theologie I, 203 mit Anm. 35.
53 So mit Recht *E.P. Sanders*, Sohn Gottes, 324f.

worden. Jedenfalls aber hätte sich heftigste Reaktion gegen Jesus in der Überlieferung niederschlagen müssen. Das aber ist nicht der Fall.

Daraus ist entweder zu schließen, der Spruch stamme nicht von Jesus, sondern aus dem hellenistisch-jüdischen Urchristentum[54], in dem sich in der Tat schon früh eine grundsätzliche Kritik der Speisegebote findet (vgl. Röm 14,14.17f.; Apg 10,10ff.). Oder der Spruch muß im Mund Jesu einen anderen Sinn haben. Das erste Urteil kann, wie gesagt, mit Mk 7,19 nicht begründet werden, weil es sich hier um eine sekundäre Interpretation von V. 17 handelt. Würde diese jedoch den ursprünglichen Sinn dieses vorgegebenen Spruches richtig wiedergeben, so entstünde das Problem, erklären zu müssen, wie jene urchristliche Lehrmeinung in Mk 7, 15 als Wort *Jesu* formuliert und tradiert worden sein kann, ohne irgend einen Anhalt bei Jesus selbst.

Deswegen muß, bevor der Spruch Mk 7,15 Jesus abgesprochen und als urchristliche Bildung im Sinne der Lehrmeinung des hellenistischen Judenchristentums beurteilt wird, geprüft werden, ob er als Einzelwort Jesu in einem nicht so grundsätzlich-kritischen Sinn erklärt werden kann. Das ist in der Tat möglich. Denn der gleiche Gegensatz »außen – innen« findet sich in einem der Wehesprüche, die sich in direkter Polemik gegen Pharisäer richten[55]:

»Wehe euch, ihr Pharisäer! Ihr reinigt die Außenseite des Bechers und der Schüssel, die Innenseite aber ist voll aufgrund von Raub und Maßlosigkeit. Ihr Toren, reinigt die Innenseite des Bechers, damit (dann) auch seine Außenseite rein wird!« (Mt 23,25f. / Lk 11,39–41)[56].

Die Androhung eschatologischer Verurteilung (»Wehe«) wird mit einem Bildwort begründet, das der Hörer auf das aktuelle Streitthema bezogen verstehen kann und soll. Es war zwischen den Schulen Hillels und Schammais strittig, ob es genüge, die Innenseite des Eßgefäßes vor dem Essen zu reinigen, damit die Mahlgenossen nichts rituell Unreines zu sich nehmen oder ob dieser Zweck

---

54 So K. *Berger*, Gesetzesverständnis, 477 aufgrund der Einordnung von Mk 7,15 in einen großen Überlieferungszusammenhang hellenistisch-jüdischer Auslegung ritueller Reinheit als sittlicher.
55 Vgl. oben S. 222.
56 Zur Analyse vgl. *U. Luz*, Matthäus III, 335f.. Die Lukasfassung scheint darin ursprünglich zu sein, daß in beiden Hälften eine Mehrheit von Pharisäern angesprochen wird (»ihr« statt »du, blinder Pharisäer« in Mt 23,26), die Matthäusfassung darin, daß sich Vorwurf und Aufforderung genau entsprechen. Die Übersetzung folgt der Matthäusfassung in ihrer vermutlich vormatthäischen Urform.

nur durch die Reinigung des ganzen Gefäßes erreicht werden könne[57]. Mit deutlicher Ironie vertritt Jesus das radikalere Urteil –
jedoch so, daß plötzlich nicht mehr von der Innen- und Außenseite eines *Eßgefäßes* die Rede ist, sondern dieses zum Bild wird für
das Verhältnis zwischen dem Inneren und Äußeren *des Menschen*,
also zwischen ritueller und sittlicher Reinheit. Nur wer im Herzen
rein ist, kann auch rituell rein sein: Wer im Herzen böse Taten
gebiert, kann sich rituell reinigen, wie er will – es wird ohne Wirkung sein! Lukas zieht diese Linie im Sinne Jesu sowie zugleich
im Sinne vieler Schriftstellen aus: Worauf es vor Gott ankommt,
sind die »Liebeswerke«, also die Praxis der Nächstenliebe, wie Jesus sie lehrt. Wer so handelt, ist allemal rein. Da erübrigt sich jener
ganze »törichte« Streit der Pharisäer[58]. Daß Jesus darüber hinaus
mit dem Bild von dem Eßgefäß, das von außen glänzend rein, innen aber von unreinen Dingen voll ist, seine pharisäischen Gegner
eines Widerspruchs zwischen überpenibler Ernstnahme der Auslegung der Reinheitsgebote und widersozialer Bereicherung und
maßloser Raffgier zeiht, ist zweifellos polemische Verschärfung.
Der gleiche Vorwurf findet sich aber in zeitgenössischer jüdischer
Literatur[59] ebenfalls in antipharisäischer Zielrichtung. Jesus bedient
sich hier also eines damals populären Vorwurfs.
Die sachliche Nähe zu Mk 7,15 springt in die Augen. Da Mt 23,
25f. die einzige Stelle ist, an der der gleiche Gegensatz zwischen
äußerlicher, ritueller und innerer, sittlicher Reinheit die Aussage
bestimmt, ist es methodisch geboten, Mk 7,15 von Mt 23,25f.
her auszulegen. Mk 7,15 faßt dann lehrsatzartig zusammen, was
Mt 23,25f. an den pharisäischen Gegnern in aktueller Polemik
kritisiert. So bestreitet der Satz nicht grundsätzlich rituelle Verunreinigung überhaupt, sondern den Mißbrauch der Ernstnahme
der Reinheitstora bei gleichzeitiger gesetzwidriger sozialer Lebens-

---

57 Vgl. dazu *J. Neusner*, First Clean.
58 Vgl. so auch Spr 30,12: »Ein Geschlecht, das rein ist (nur) in den eigenen
Augen, doch (in Wirklichkeit) nicht gewaschen von seinem Schmutz«.
59 Vgl. AssMos 7,4–9, wo deutlich Pharisäer karikierend angegriffen werden
als »betrügerische Leute ..., nur sich selbst zu Gefallen lebend, in ihrem ganzen
Verhalten und zu jeder Tageszeit Liebhaber von Gastmählern, unersättliche
Schlemmer ... Leute, die die Güter (der Armen) verzehren, wobei sie behaupten,
sie täten das aus Barmherzigkeit ... Und ihre Hände und ihre Gedanken werden
Unreines treiben ..., und sie werden ferner sagen: ›Rühr (mich) nicht an, damit
du mich nicht dadurch unrein machst‹« (*E. Brandenburger*, Himmelfahrt Moses, 74). Ähnlich TestAss 2,8f. (»Doppelgesichtige«, die die Ehe brechen, aber
sich der Speisen enthalten; fasten, aber Böses treiben. «Solche (Menschen) sind
wie Hasen, denn zur Hälfte sind sie rein, in Wahrheit aber sind sie unrein« (*J.
Becker*, Die Testamente der zwölf Patriarchen, 114f.). *D. Flusser*, Jesus, 45 sieht
darin volkstümliche Pharisäerschelte, die zur Zeit Jesu verbreitet war.

praxis. Sollte sich der Spruch Mt 23,25f. gegen Übergriffe gegen Anhänger Jesu richten (s. oben S. 222), so würde der Ursprung der Polemik in der kritischen Endphase seines galiläischen Wirkens konkret greifbar.

5   Zusammenfassung

Jesu Verhältnis zur Tora läßt sich also so bestimmen: Selbstverständlich ist ihm die Tora als Gottes Gesetz heilig. Der Gott der Gottesherrschaft ist ja derselbe wie der Geber der Tora. Wo es um den Willen dieses Gottes für die Lebenspraxis der von der Gottesherrschaft Geretteten geht, konnte Jesus in einer Radikalität Gebote der Tora verschärfen, die sich mit der pharisäischen Gesetzesauslegung sehr wohl messen lassen konnte – freilich nur, was das Doppelgebot der Liebe betrifft, nicht die Reinheitstora.

Jesus konnte auch Gebote der Tora aufheben, wenn sie der Praxis des Gehorsams gegen die Gottesherrschaft im Weg standen, sei es in der besonderen Situation des Rufs in seine Nachfolge, sei es grundsätzlich wie im Fall der Ehescheidung. Jesus hat faktisch auch Gebote der Reinheitstora übertreten, wo dies in seinem Wirken im Namen der Gottesherrschaft aktuell schlicht notwendig war.

Das heißt aber *nicht*, daß er in seiner Lehre grundsätzlich die Tora aufgehoben oder sie auch nur teilweise einer elementar-kritischen Neuinterpretation unterzogen hätte. Für Jesus besteht kein Widerspruch zwischen Mt 5,17.18 einerseits und Mk 7,15 andererseits. Auch daß »das Gesetz und die Propheten« bis zu Johannes zur Wirkung kommen, danach in seinem eigenen Wirken die endzeitliche Gottesherrschaft (Lk 16,16), widerspricht im Sinne Jesu keineswegs der Geltung der Tora bis zum »Vergehen« von Himmel und Erde (Mt 5,18). Denn im Unterschied zur Tora ist die Gottesherrschaft, wie Jesus sie verkündigt, *endzeitlichen* Wesens. Wo Jesus sie jedoch jetzt und hier in der Zeit des alten Äons zur Wirkung bringt, da überschneidet sich gleichsam ihr Wirken und ihr Wille mit dem in der Tora geschriebenen Gotteswillen. Die Einheit Gottes im Sinne des *sch^ema-jisrael* hält beides zusammen. Sie setzt aber absolute Priorität dort, wo das Neue der Gottesherrschaft sich im Alten der Gesetzestradition durchsetzt.

Wie in Jesu Verkündigung und Lehre sowohl das Gesetz ausgelegt als auch der Gottesherrschaft Raum gegeben wird, so soll es auch in der Lehre der Pharisäer sein. Das war sein dringliches Anliegen. Daß es dazu nicht gekommen ist, daß gerade die Pharisäer als die Repräsentanten der Gerechten in Israel zu Gegnern der von ihm repräsentierten Gottesherrschaft geworden sind, war ein schmerzliches Problem für ihn; und mehr als das: Es wurde, je länger je mehr, zu einem Problem der Verwirklichung der Gottesherrschaft selbst, die ja doch *ganz Israel* erneuern soll. Die Heftigkeit der Polemik Jesu gegen die Pharisäer gegen Ende der Zeit seines Wirkens in Galiläa zeigt eine Aporie an, in der sich zusehends sein Wirken insgesamt befand.

VII

Die Sendung der Boten und das Ende des Wirkens Jesu in Galiläa

1 Die Berufung des Zwölferkreises

Bisher war es Jesus allein, der die Nähe der Gottesherrschaft verkündigte, in Exorzismen und Heilungen ihre Macht zur Wirkung brachte und einen Kreis von Jüngern um sich sammelte, die aus seinem Munde ihre endzeitliche Rettung annahmen und sich von ihm als dem Repräsentanten der Gottesherrschaft in die ihr entsprechende Lebenspraxis einweisen ließen. Es war darum etwas Neues, als er seine Jünger als Boten der Gottesherrschaft aussandte und ihnen dazu Teilhabe an seiner Vollmacht in Wort und Tat übertrug. Nach dem Anlaß und dem Ziel dieser außerordentlichen Aktion werden wir zu fragen haben. Dafür ist die Voraussetzung, die Boten und die Inhalte ihres Auftrags ins Auge zu fassen.

1.1 Der Kreis der Zwölf

Nach dem Bericht des Evangelisten Markus ist der Sendung der Boten (Mk 6,6–13) die »Schaffung« eines *Kreises von zwölf Jüngern* vorausgegangen: Mk 3,13–19. Es sind Jünger, die Jesus bereits nachfolgen. Ihre Berufung unterscheidet sich also von dem anfänglichen Ruf in seine Nachfolge (Mk 1,16–20; 2,13f. usw.). Das Besondere zeigt sich in der Zwölfzahl der Berufenen (V. 14), die der Zwölfzahl der Stämme Israels entspricht. Diese Jünger sollen also Israel in seiner Ganzheit repräsentieren. Denn dies war die Symbolbedeutung, die sich mit der Rede von den zwölf Stämmen Israels verband, die es ja in der geschichtlichen Wirklichkeit längst nicht mehr gab. Aber der heilsgeschichtliche Ursprung Israels in den zwölf Söhnen Jakobs wird in der zukünftigen Heilszeit erneuert werden, wenn der Messias die zwölf Stämme wieder zur eschatologischen Ganzheit Israels zusammenführen wird. In dieser Hoffnung waren sich alle Juden einig[1]. Die »Schaffung« des Zwöl-

---

1 Vgl. besonders Sir 48,10; PsSal 17,26–28 (nach Jes 49,6) sowie besonders die 10. Benediktion des Achtzehnbittengebets. Belege aus apokalyptischer und

ferkreises hat also eine symbolische Bedeutung als Vorwegnahme dieser endzeitlichen Sammlung der Stämme Israels. Indem Jesus sich mit diesen zwölf Jüngern als seinem festen Begleiterkreis umgibt, soll öffentlich sichtbar werden, daß die Gottesherrschaft, die er verkündigt, der Rettung *ganz Israels* dient. Daß die Zwölf »mit ihm« sein sollen (Mk 3,14a), besagt sicherlich nicht, daß es fortan nur noch diese Jünger sein sollen, die ihm auf den Wegen seines Wirkens nachfolgen. Aber sie heben sich aus der fluktuierenden Zahl der Nachfolgenden als fester Kreis seiner ständigen Begleiter heraus.

Mit einem zweiten Finalsatz Mk 3,14b.15 weist der Evangelist auf die nachfolgende *Sendung* dieser Zwölf hin und verbindet so die beiden verschiedenen Traditionen über die Gruppe der Zwölf[2]. Ursprünglich ist V. 14a die Einleitung zu der Namenliste der Zwölf in V. 16–19 gewesen[3].

Die Namen stimmen in Mk 3,16–19; Mt 10,2–4; Lk 6,14–16; Apg 1,13 nur teilweise überein. Die Reihenfolge differiert zunächst zwischen den ersten vier Namen: Bei Markus und in der Apostelgeschichte stehen Jakobus und Johannes zwischen Simon Petrus und Andreas, während bei Matthäus und Lukas die beiden Brüderpaare aufeinander folgen. Letzteres könnte ursprünglich sein (vgl. Mk 1,16–20 par), da Petrus, Jakobus und Johannes später in der Urgemeinde zum Führungstrio geworden sind (vgl. Gal 2,9 sowie Apg 3f.). Diese drei werden auch Mk 5,37 / Lk 8,51; Mk 9,2 par.; Mk 14,33 (Mt 26,37) zusammen genannt. Ferner steht in der Apostelgeschichte Thomas vor Bartholomäus und Matthäus; bei Markus/Matthäus »Simon Kananäus« an vorletzter, im Lukasevangelium und in der Apostelgeschichte »Simon der Zelot« an drittletzter Stelle. Thaddäus (Markus/Matthäus) fehlt im Lukasevangelium und in der Apostelgeschichte; statt seiner wird dort »Judas Jakobus (Sohn)« genannt. Die Differenzen fallen, aufs ganze gesehen, nicht ins Gewicht und sind leicht erklärbar, wenn die zwölf Namen aus vorösterlicher Tradition vorgegeben waren, der Zwölferkreis als ganzer aber nach Ostern faktisch nur in der ersten Gründungsphase der Urgemeinde eine zentrale Rolle gespielt hat (vgl. 1Kor 15,5; Apg 1,21–26; 6,2). So konnten in der Überlieferung der Namensliste schon früh das alte Führungstrio an die Spitze treten und später auch andere Namen aus der Urgemeinde hinzukommen. Schließlich zeigt das Fehlen der Namenliste der Zwölf (nicht des Zwölferkreises als solchem) im Johannesevangelium sowie bei Papias[4] und in späteren Quellen, daß seit dem Ende des 1. Jahrhunderts die *Namen* der Zwölf –

rabbinischer Tradition bei *Bill.* IV, 902–909. Vgl. im Neuen Testament Apg 26, 7; Jak 1,1 sowie Offb 21,12.

2 So z.B. *J. Gnilka*, Markus I, 137.

3 Das zeigt sich an der redaktionellen Wiederholung der »Schaffung der Zwölf« in V. 16a aus V. 14a. Auch V. 16b stammt von Markus.

4 Dazu vgl. *M. Hengel*, Die johanneische Frage, 80–86.

im Unterschied zum Zwölfapostelgremium als Traditionsgaranten – ihre Exklusivbedeutung verloren haben, aber einzelne Namen wie Thomas und neue wie Natanael hervorgetreten sind. So läßt sich zwar mit einiger Sicherheit die Tradition der Zwölferliste auf die Zeit des galiläischen Wirkens Jesu zurückführen, nicht dagegen sämtliche Namen im einzelnen.

Zu welcher Zeit Jesus den Kreis der Zwölf eingesetzt hat, läßt sich nicht sagen, denn die Erzählfolge ist weithin das literarische Werk des Evangelisten Markus. Doch daß er darin historische Erinnerung verarbeitet hat[5], zeigt sich daran, daß er zwischen dem Akt der Schaffung dieses Kreises und dem Akt der Aussendung unterscheidet – im Unterschied zu Matthäus, der beides zu einer großen Perikope zusammenzieht, und auch zu Lukas, der in 6,13 ausdrücklich hinzufügt, daß Jesus die Zwölf »auch Apostel genannt« habe (vgl. aber so auch Mt 10,2).

1.2   Die Bedeutung der Zwölf in der endzeitlichen Zukunft

In welcher eschatologischen Bedeutung Jesus diesen Kreis der Zwölf gesehen hat, zeigt Mt 19,28; Lk 22,28–30, ein Spruch, der in z.T. verschiedener Fassung bezeugt ist.

Mt 19,28
»Amen, ich sage euch: Ihr, die ihr mir nachgefolgt seid: In der (künftigen) Wiedergeburt, wenn der Menschensohn auf dem Thron seiner Herrlichkeit sitzen wird, werdet auch ihr sitzen auf zwölf Thronen als Richter über die zwölf Stämme Israels.«

Lk 22,28–30
»Ihr aber seid es, die mit mir durchgehalten habt in meinen Versuchungen. Und ich verfüge über euch, wie mir der Vater die Königsherrschaft verfügt hat, daß ihr eßt und trinkt an meinem Tisch in meinem Königreich (oder: wenn ich als König eingesetzt sein werde)[6] und richtet auf Thronen über die zwölf Stämme Israels.«

---

5 Dafür spricht vor allem das alte Traditionsstück, das Paulus in 1Kor 15,5 zitiert, wo »die Zwölf« als Adressaten der ersten Erscheinung des Auferstandenen nach der vor Petrus genannt werden, obwohl es nach dem Ausscheiden des Judas numerisch nur elf gewesen sein können (was später sowohl Matthäus in 28,16 wie auch Lukas in Lk 24,9.33; Apg 1,26; 2,14 berücksichtigen). »Die Zwölf« waren bereits in dieser Anfangszeit der Urgemeinde eine feststehende Größe. Das läßt sich nur erklären, wenn diese Bezeichnung aus der vorösterlichen Zeit bekannt und selbstverständlich vertraut war. Gegen die ganz und gar unwahrscheinliche Hypothese einer urchristlichen Entstehung des Zwölferkreises als Idealbild vgl. z.B. die Argumente bei *J. Gnilka*, Markus I, 142.
6 So *V. Hampel*, Menschensohn, 145 nach *J. Jeremias*, Neutestamentliche Theologie I, 101, Anm. 8 (als vermutete aramäische Urfassung).

Welche Fassung ursprünglich ist, ist ein vielerörtertes Problem[7]. Deutlich ist zunächst, daß es beidemal die Evangelisten sind, die den Spruch in den jeweiligen Kontext eingeordnet haben: Matthäus setzt ihn vor die Zusage Jesu in Mk 10,29f. (= Mt 19,29). Das Stichwort für die Einfügung ist die Nachfolge der Zwölf. Damit erweist sich, daß der Spruch mit diesem Anfang Matthäus vorgegeben war. Lukas hat seine Version des Spruches im Passionsbericht an den Spruch vom Vorrang des Dienens vor dem Herrschen (Lk 22,24–27), worin Jesus selbst seinen Jüngern das Vorbild ist (vgl. Joh 13,12–17), etwas ungeschickt angefügt. Hier ist es das Stichwort διατιθέναι, das von διαθήκη (22,20) her die Einfügung veranlaßt hat. Daß der Spruch Lukas vorgegeben war, zeigt Offb 2,30f., wo sich die eschatologische Mahlgemeinschaft mit Jesus mit dem Sitzen auf seinem Thron ebenso verbindet wie in Lk 22,30.
Vergleicht man beide Fassungen, so stimmen sie nur in der Zusage überein, daß die Jünger »auf Thronen sitzen und die zwölf Stämme Israels richten« werden. Beidemal ist dies der eschatologische Lohn, den Jesus ihnen zusagt: bei Matthäus jedoch für ihre Nachfolge, die sie auf Erden bewiesen haben, bei Lukas für ihr Durchhalten in der Gemeinschaft mit ihm in seinen Versuchungen.
Da dieses Motiv der Einleitung im folgenden Spruch selbst unberücksichtigt bleibt, aber von der folgenden Getsemaneszene her (Lk 22,40.46) seine Erklärung findet, liegt es nahe, in Lk 22,28 eine lukanisch-redaktionelle Einleitung zu sehen[8]. Da sich andererseits in der Matthäusfassung die irdische Nachfolge der Jünger ungleich besser zu dem Lohn ihrer himmlischen Teilhabe am Richten des Menschensohns fügt, könnte dies dafür sprechen, daß sich hier die ursprüngliche Fassung des Spruches zeigt[9]. Die Lukasfassung ist dann, wiewohl im Kern ein Lukas vorgegebener Einzelspruch, *traditionsgeschichtlich* gegenüber der Matthäusfassung sekundär. Das zeigt sich an der Hinzufügung des Motivs der eschatologischen Mahlgemeinschaft mit Jesus, das zum Motiv des Richtens auf Thronen über die zwölf Stämme Israels nicht organisch paßt. Die »Throne« erinnern recht deutlich an Dan 7,9. Darin zeigt sich auch in dieser Fassung eine Beziehung zum Menschensohn der Matthäusfassung. Dieser Ausdruck selbst könnte hier durch das »Ich« Jesu ersetzt worden sein, weil die eschatologische Mahlgemeinschaft mit der Königsherrschaft Jesu verbunden ist (vgl. Lk 22,16.18 anstelle von Mk 14,

---

7 Zur Analyse vgl. zuletzt ausführlich *V. Hampel,* Menschensohn, 140–151 (mit Lit.).
8 So ebd., 141.
9 Dagegen muß nicht die wörtliche Parallele zum »Sitzen des Menschensohns auf dem Thron seiner Herrlichkeit« in Mt 25,31 sprechen. Dort handelt es sich zwar deutlich um eine matthäisch-redaktionelle Einleitung zu der großen Gerichtsszene, in der »der König« (= Gott selbst) Richter ist; vgl. oben S. 276–280. Matthäus könnte das Bild vom thronenden Menschensohn aber sehr wohl von Mt 19,28 her hier wiederholt haben, weil er im Richterkönig den erhöhten Jesus sah, den er in dieser Funktion durchweg als den Menschensohn bezeichnet; vgl. *U. Luz,* Matthäus II, 501f.

25)[10]. Dieses Motiv wiederum ist so wesentlich in den Mahlzeiten Jesu im Kreise der durch die Gottesherrschaft geretteten Sünder verwurzelt, daß sich die Vermutung nahelegt, hinter Lk 22,28–30a verberge sich ein eigenes Wort Jesu (beim Mahl gesprochen?), das in der Überlieferung schon früh mit dem Einzelwort Mt 19,28 sekundär verbunden worden ist.

Wenn diese Vermutung zutrifft, so hätten wir zwei ursprünglich verschiedene Worte Jesu vor uns, in denen er in ähnlicher Zielrichtung den zwölf Jüngern zugesagt hat, daß sie in der nahen Vollendung der Königsherrschaft Gottes in entsprechender Weise an deren Ausübung über Israel in seiner Gesamtheit teilhaben werden, wie sie jetzt als seine ständigen Begleiter die Adressierung der von ihm verkündigten Gottesherrschaft an alle in Israel signalisieren. In dem einen Spruch lautet die Zusage: Ihr Nachfolgeverhältnis zu Jesus in der irdischen Gegenwart wird seine endzeitliche Entsprechung finden in ihrer Teilhabe am »Richten«[11] des himmlischen Menschensohnes über die zwölf Stämme des erlösten Gottesvolkes. In dem anderen Spruch geht es um die zukünftige Teilhabe am himmlischen Mahl, in dem sich ihre gegenwärtige Mahlgemeinschaft mit Jesus vollenden wird. Beidemal steht nicht ein exklusives Gegenüber der Zwölf an Jesu Seite zu Israel im Blick – das wird in Lk 22,24–27 / Mk 10,42–45 grundsätzlich-schroff kritisiert –, sondern sowohl jetzt wie in der endzeitlichen Zukunft repräsentieren die Zwölf das Gottesvolk als ganzes und nehmen darin an der *Heilszuwendung* Jesu zu allen in Israel teil, die sich durch die von ihm verkündigte endzeitliche Königsherrschaft Gottes retten lassen.

2   Die Sendung der Zwölf als Boten Jesu

2.1   Das Ereignis der Sendung

Nach der Vorankündigung in Mk 3,14b–15 berichtet der Evangelist Markus in 6,7–13 von der paarweisen Sendung und Bevoll-

---

10   Von einer eschatologischen Mahlgemeinschaft der auserwählen Gerechten mit dem Menschensohn ist auch in apokalyptischer Tradition (äthHen 62,14) die Rede.

11   Hier ist das »Richten« nicht in Sinne des Gerichts über Einzelne gemeint, sondern im Sinne der Ausübung von Herrschaft über das ganze Volk, die repräsentativ in der Rechtsprechung des Herrschers zur Wirkung kommt – nach dem biblischen Grundsatz, daß gerechte Herrschaft durch Akte des Rechts geschieht. In diesem Sinne steht in 2Kön 15,5 κρίνειν mit βασιλεύειν parallel; vgl. entsprechend Ps 2,10; PsSal 17,29 (mit *V. Hampel*, Menschensohn, 149f.363f. gegen *U. Luz*, Matthäus II, 129).

mächtigung der Zwölf als einem besonderen Akt Jesu (V. 7) und von seinen Anweisungen an sie (V. 8–11). Zum Schluß wirft er summarisch-kurz einen Blick auf die Ausführung dieses Auftrags (V.13). Die Anweisungen lesen sich wie ein Exzerpt aus der Rede, die Matthäus vorher (Mt 9,37–10,16) und Lukas danach (Lk 10, 1–16) aus der Spruchquelle Q überliefern[12].

Matthäus übergeht die Perikope Mk 3,13–19 und versetzt sie an den Anfang der von ihm komponierten großen Sendungsrede Jesu (Mt 10,1– 4), in deren erstem Teil (Mt 10,5–16) er Stoffe aus der Q-Rede verarbeitet und deren zweiten Teil (10,17–11,1) er mit Jesusworten aus verschiedenen anderen Quellen frei gestaltet hat. Da er die Adressierung dieser Rede an die Zwölf aus der Markusvorlage übernimmt (10,1), legt sich die Annahme nahe, daß er auch in der Spruchquelle Q diese Adressierung vorgefunden hat. *Lukas* folgt Markus in der Unterscheidung zwischen der Wahl der Zwölf (Lk 6,12–16 nach Mk 3,13–19) und ihrer Aussendung (Lk 9,1–6 nach Mk 6,7–13). Dort flicht er jedoch bereits Motive aus der Aussendungsrede der Spruchquelle mit ein, die er dann in Lk 10,1–16 en bloc als eine andere, zweite Sendungsaktion darstellt. Hier ist auch der Adressatenkreis ein anderer: Es sind 72 Jünger[13]. Auch dies ist – wie die Zwölf – eine biblische Symbolzahl: Nach Gen 10 ist dies die Zahl der Völker der Erde. Damit weitet sich der Horizont der Verkündigung der Botschaft Jesu weltweit. Da jedoch der Inhalt der Rede keinerlei Anzeichen für eine solche die ganze Völkerwelt mit einschließende Mission enthält, stammt diese Adressierung wahrscheinlich aus der Feder des dritten Evangelisten, der die Berichte seiner beiden Quellen benutzt, um die auf die Judenmission folgende Heidenmission als in der Geschichte Jesu vorgezeichnet und grundgelegt erscheinen zu lassen. Darin zeigt sich der literarische Zusammenhang seines Evangelium und der Apostelgeschichte[14]. Daraus ergibt sich: In der Einleitung der Q-Rede ist nicht von 72 Jüngern, sondern wahrscheinlich von den Zwölf die Rede gewesen, wie dies auch Mt 10,1 vermuten läßt[15].

Die Sendung der Zwölf ist zweifellos ein Ereignis der Geschichte des Wirkens Jesu, und zwar eine Aktion von besonderer Bedeu-

---

12 Zur Analyse dieser drei Textkomplexe vgl. *F. Hahn*, Verständnis, 33–36; zuletzt *J. Schröter*, Erinnerung, 164–239 (mit Lit.).
13 Eine große Zahl von Handschriften überliefert die Zahl 70. Sie entspricht der Zahl der Ältesten in Ex 24,9 und symbolisiert so neben den zwölf Aposteln die »Ältesten« der Gemeinden der Urkirche.
14 So urteilen die meisten Exegeten; vgl. zuletzt *J. Schröter*, Erinnerung, 167; *F. Bovon*, Lukas II, 45f.
15 Das ist wahrscheinlicher als das Urteil von *J. Schröter*, Erinnerung, 167f., in Q sei allgemein von »den Jüngern« als Adressaten dieser Instruktionsrede die Rede gewesen. Daß in der Spruchquelle den Zwölf eine zentrale Bedeutung zukommt, zeigt der Spruch Mt 19,28 / Lk 22,28–30, dessen Zuweisung zu Q freilich nicht sicher ist.

tung. Immerhin läßt Jesus zum ersten und einzigen Mal Jünger in
seine eigene Sendung eintreten. Sie sollen die gleiche Botschaft
verkündigen wie er und über die gleiche Kraft verfügen, Dämonen auszutreiben und Kranke zu heilen. Der Zusammenhang mit
der Sendung Jesu kommt darin zum Ausdruck, daß es die besondere Gruppe der Zwölf ist, die seine eigene Verkündigung in Galiläa multiplizieren sollen. Die Aktion dient also dem gleichen
Ziel, ganz Israel mit der Botschaft der Königsherrschaft Gottes zu
erreichen. Sie ist jedoch zeitlich begrenzt. Sowohl Markus wie
Lukas berichten von der Rückkehr der Boten zu Jesus (Mk 6,30;
Lk 10,17–20). Die zeitliche Begrenzung hat mit der Nähe der
Endereignisse zu tun:»Wenn sie euch in dieser Stadt verfolgen,
flieht in die nächste! Amen, ich sage euch: Ihr werdet mit den
Städten Israels nicht zu Ende kommen, bis der Menschensohn
kommen wird« (Mt 10,23b). In diesem Wort spricht sowohl die
Dringlichkeit der Verkündigung von Stadt zu Stadt, um ganz Israel zu erreichen, wie zugleich der Trost, daß das Kommen der
Heilsvollendung mit dem himmlischen Erscheinen des Menschensohns nahe bevorsteht[16]. Das Band, das beide Motive verbindet,
ist die Aussicht auf Erfahrungen vielfältiger Ablehnung und Feindschaft, die den Jüngern bei ihrer Mission widerfahren werden.
Nicht daß sie nicht mehr alle Städte Israels erreichen werden, bevor das Ende kommt, ist die Sorge, sondern daß aufgrund der
Verfolgungen in so vielen Städten das Ziel nicht erreicht wird,
dem ihre Sendung dient: ganz Israel zur Annahme der Gottesherrschaft zu bringen.

2.2   Die Aussendungsrede

Bevor wir die Frage nach Anlaß und Sinn dieser besonderen Aktion stellen können, müssen wir den Inhalt der Botenrede der
Spruchquelle als des ältesten Zeugnisreservoirs in Augenschein
nehmen.
Sie beginnt mit einem Bildwort:»Die Ernte ist groß, Arbeiter aber
gibt es wenige. So bittet den Herrn der Ernte, daß er Arbeiter in
seine Ernte schickt!« (Lk 10,2 / Mt 9,37)[17]. Wir kennen das Bild
der Ernte aus der Gerichtspredigt des Täufers (Mt 3,10.12 / Lk 3,

---

16   In diesem Sinn plädieren mit Recht für Echtheit dieses Wortes *J. Jeremias*,
Neutestamentliche Theologie I, 136f.; *C. Colpe*, ὁ υἱὸς τοῦ ἀνθρώπου, 439f.;
V. Hampel, Ihr werdet; *Ders.*, Menschensohn, 168 (mit der Vermutung, daß ursprünglich statt des Menschensohnes wie in Mk 9,1 vom Kommen der Gottesherrschaft die Rede gewesen sei); mit Vorsicht auch *U. Luz*, Matthäus II, 106–
108.113f.
17   Vgl. EvThom 73 sowie Joh 4,35–38.

9.19)[18]. Jesus hat es in seinen Gleichnissen positiv gewendet: als Vollzug der Heilswirkung der Gottesherrschaft (vgl. Mk 4,26–29; Mt 13,24–30), die ganz Israel durchdringt (vgl. Lk 13,18f.20f. / Mt 13,31f.33). Der »Herr der Ernte« ist Gott; wie in Jesu Wirken, so jetzt auch in dem seiner Jünger. Gott ist es also auch, der in ihrer Aussendung durch Jesus der eigentlich Sendende ist. Um alle Israeliten zu erreichen, reicht Jesu alleiniges Wirken nicht aus. Es bedarf jetzt einer Verstärkung durch weitere »Erntearbeiter«. Darum beginnen seine Anweisungen für das Verhalten der Boten mit dem Gebet um *Gottes* Sendung. Gottes Königsherrschaft kann nur in Gottes Vollmacht zur Wirkung kommen. Jesu Jünger bedürfen tatsächlich der vollen Teilhabe an Jesu Vollmacht (vgl. Mt 10,24 / Lk 6,40).

In eine bedrohliche Situation weist er sie ein: »Geht hin! Siehe, ich sende euch wie Schafe mitten unter Wölfe!« (Lk 10,3 / Mt 10,16; 2Clem 5,2)[19].

Unter den Menschen, denen sie die Botschaft der Gottesherrschaft zu verkündigen haben, werden viele sein, die sie ablehnen und ihren Boten mit Feindseligkeit begegnen. Daß diese bedrohliche Aussicht voransteht, wirft einen Schatten über die ganze Sendung und gibt den nachfolgenden Anweisungen für ihr Verhalten in den Häusern (V. 5–7) und Städten (V. 8–11) von vornherein jenen bedrängenden Aspekt, der aus dem Wort Mt 10,23 spricht.

Unterwegs sollen sie keinen Stock haben, den üblicherweise Wanderer mitnehmen, um sich gegen Räuber und Wegelagerer zur Wehr zu setzen (Lk 9,3; Mt 10,10)[20]. Jesu Verbot macht sie als Boten der Gottesherrschaft wehrlos. Entsprechend radikal ist auch das Verbot jeglicher Reiseausrüstung. Keinen Geldbeutel dürfen sie haben, keinen Sack mit Lebensmitteln. Barfuß sollen sie gehen (Lk 10,4 / Mt 10,9f.). Das dient nicht dem Erweis asketischer Bedürfnislosigkeit[21], sondern hat mit der Gottesherrschaft zu tun, von der allein leben muß, wer sie verkündigt. Die Ermutigung zu völliger Sorglosigkeit (Mt 6,25–34 / Lk 12,22–31)[22] und der Verzicht auf alles Eigene um der Nachfolge Jesu willen (Mk 1,16–20; Mt 19,28; Lk 9,57–62) kommen in der Praxis der Boten besonders radikal zur Wirkung. »Umsonst habt ihr empfangen, umsonst

---

18 Vgl. als festes Bild für Gottes Gericht einerseits an Israels Feinden Jes 18, 5; 24,13; Jer 51,33; Mi 4,12; Joel 4,12 sowie andererseits an allen Frevlern am Ende der Zeiten syrBar 70,2; 4Esr 4,23–32; Offb 14,14–20.
19 Vgl. äthHen 89,55; 4Esr 5,18; Tan Toledot 32b; Apg 20,29.
20 In Mk 6,8 wird dieses Verbot zurückgenommen!
21 Darin liegt der Unterschied zu den reisenden Essenern (JosBell 2,125) sowie vor allem den kynischen Wanderern; vgl. *J. Schröter*, Erinnerung, 175f.
22 S. oben S. 245–248.

gebt!« (Mt 10,8). Daß sie unterwegs niemanden grüßen sollen (Lk 10,4b), hängt mit der dringlichen Zielstrebigkeit des Botendienstes zusammen. Jeder Gruß im Orient ist mit einem theatralischen Redeschwall verbunden. Die Gottesherrschaft verbietet jeden Zeitverlust.

Nun folgen Anweisungen für die Mission in Häusern und Städten[23]: »Wo ihr in ein Haus eintretet, sagt zuerst: ›Friede diesem Haus!‹. Und wenn dort ein Sohn des Friedens ist, wird euer Friede sich auf ihm niederlassen. Wenn aber nicht, wird er zu euch zurückkehren.« (Lk 10,5f.). Der übliche Schalom-Gruß enthält hier die Heilswirklichkeit der Gottesherrschaft (vgl. Jes 52,7; Nah 2,1). Wer seine Zugehörigkeit zu ihr darin erweist, daß er ihre Boten aufnimmt, dessen Haus wird zu einer Stätte ihrer bleibenden Gegenwart werden. Gemeint ist zugleich: Da können die Boten Wohnung nehmen (V. 7) und von dort aus missionarisch weiterwirken[24]. Gerade unter dem Negativaspekt von V. 3 ist sehr zu beachten: Der Friede der Gottesherrschaft ist das »erste« Wort der Boten an alle Hausbewohner. Ihr Heil gilt allen, ohne jede Vorbedingung oder Vorprüfung. Gott schließt niemanden von seinem Heil aus. Erst dann, wenn sie abgewiesen werden, verläßt der Friede die, denen sie ihn zugesprochen haben, und kehrt wieder zu den Boten zurück. Diese selbst haben weder Prüfungsbefugnis noch Anlaß zu Mißtrauen. Was zwischen der Gottesherrschaft und ihren Adressaten geschieht, entzieht sich völlig der Kompetenz der Jünger Jesu als ihrer Boten.

Wo man sie aufnimmt, sollen sie sich bedenkenlos versorgen lassen: »Würdig ist der (Ernte-)Arbeiter seines Lohnes« (V. 7 / Mt 10,10b)[25]. So wird noch einmal das Bild vom Eingang der Rede (V. 2) aufgenommen (anders Mt 10,10). Ein Wechsel in ein anderes Haus, wo man sie vielleicht reichlicher versorgt, kommt für die Boten der Gottesherrschaft nicht in Frage (Lk 10,7c).

Entsprechendes gilt für die Aufnahme bzw. Abweisung in ganzen Ortschaften (V. 8–11). Hier, wo das missionarische Wirken selbst in den Vordergrund tritt, zeigt sich die volle Teilhabe der Boten

---

23   Die umgekehrte Reihenfolge in Mt 10,11.12 entspricht der späteren Erfahrung missionarischer Praxis.

24   So ausdrücklich Mt 10,11. Dort geht es jedoch zuerst um eine Prüfung, ob die Hausbewohner der Gottesherrschaft »würdig« sind.

25   Diese Anweisung, die in V. 8 wiederholt wird, hat in der späteren Heidenmission einen anderen Sinn bekommen: Der Sorge um rituelle Reinheit der Speisen, die ihnen »vorgesetzt« werden, sind christliche Missionare enthoben: 1Kor 10,27. Zur breiten Wirkungsgeschichte der Regel in Lk 10,7 vgl. im übrigen 1Kor 9,14; (Gal 6,6;) 1Tim 5,18; Did 13,1f.; 2Clem 2,3f.; EvThom 14; Just Dial 53; dazu *J. Schröter*, Erinnerung, 182–184.

an Jesu eigener Vollmacht besonders eindrücklich. Die Botschaft, die sie zu verkündigen haben, ist mit der seinigen identisch: »Nahegekommen zu euch ist die Königsherrschaft Gottes!« (Lk 10,9 / Mt 10,7; vgl. Mk 6,12). Im Falle ihrer Abweisung sollen sie auf offener Straße den Staub von ihren Füßen abschütteln (Lk 10,11 / Mt 10,14 / Mk 6,11). Darin drückt sich aus: Diese Stadt, die die Botschaft der Gottesherrschaft nicht annehmen will, wird von nun an von deren Heil verlassen und damit im nahen Endgericht ihrem Untergang preisgegeben sein (vgl. Lk 10,12 / Mt 10,24; 11, 24)[26]. In beiderlei Hinsicht wirken die Boten Jesu ganz an seiner Statt: »Wer euch hört, hört mich. Wer aber euch ablehnt, lehnt den ab, der mich gesandt hat« (Lk 10,16 / Mt 10,40)[27]. Mit dieser Bekräftigung der Autorität der Zwölf als Boten Jesu hat die Aussendungsrede der Spruchquelle Q wahrscheinlich geschlossen[28].

2.3 Das Wirken der Boten Jesu in der Kraft der Gottesherrschaft

Wenn man sieht, wie sonst in der Jesusüberlieferung völlig eindeutig Jesus selbst der allein Handelnde ist, so ermißt man das Außerordentliche an dieser Sendung seiner Schüler. Mit der gleichen Botschaft der Umkehr zur Gottesherrschaft ziehen sie durchs Land, und in der gleichen Gotteskraft heilen sie zugleich überall Kranke und Besessene, wie es bislang allein ihr Lehrer getan hat. Gewiß, sie handeln in seinem Auftrag. Doch immerhin schickt er sie in Gegenden Galiläas, in denen er selbst noch nicht gewirkt hat (Mt 10,23). Und genauso, wie in seinem eigenen Wirken in Wort und Tat die Gottesherrschaft selbst zur Wirkung kommt, sind auch seine Boten Organe der Königsherrschaft *Gottes*. Jeder, der *ihre* Verkündigung ablehnt, lehnt nicht nur *Jesu* Verkündigung ab, sondern damit zugleich *Gottes* endzeitliches Heilshandeln (Lk 10, 16 / Mk 9,37 / Mt 10,40). Es hat seinen tiefen Sinn, daß in der Spruchquelle Q auf diese Sendungsaktion das gewichtige Wort Lk 10,21 / Mt 11,25f. folgt, in dem Jesus dem Vater für die Offenbarung dankt, die *er* »den Einfältigen« anstelle der »Weisen und Einsichtigen« gegeben habe. Das heißt: Nicht die Toralehrer, die traditionell als »die Weisen« gelten, die Israel das heilsnotwendige »Wissen« des Willens Gottes in der Schrift lehren, sind die Empfänger der Offenbarung der endzeitlichen Gottesherrschaft, die allein Jesus als der Sohn des Vaters vermittelt (Mt 11,27 / Lk

---

26 Vgl. dazu ebd., 193f.
27 Vgl. Mk 9,37; Joh 5,23; 12,44f.; 13,20; 20,21; 1Thess 2,13; 4,8; Gal 4,14; Did 11,1f.4.11f.; IgnEph 6,1.
28 So J. *Schröter*, Erinnerung, 201f.

10,22)[29]. Ihnen hat Gott sie »verborgen« – zumal wo sie die Jesu Botschaft ablehnen und bekämpfen! Statt ihrer hat Gott sie Jesu Jüngern zuteilwerden lassen, Menschen, die im Vergleich zu jenen Gelehrten wie kleine Kinder sind (vgl. Mk 9,42 / Mt 18,6 / Lk 17,2; Mt 10,42; 18,10). Entsprechend sind die wenigen, die Jesu Botschaft aus seinem und seiner Boten Mund angenommen haben, »die kleine Herde«, denen der Vater die Teilhabe an seinem Reich der endzeitlichen Heilsvollendung geben wird (Lk 12,32) – nicht den vielen in Israel, die sie jetzt ablehnen! So hat sich das Verhältnis zwischen den Wissenden und den Unwissenden in Israel verkehrt: Was die Jünger in den Städten Israels verkündigt haben, ist göttliche Offenbarungsweisheit!

Sosehr freilich die Sendung der Boten Jesu der Multiplikation seiner Botschaft dient und darum ihr Verkündigungswirken von gleicher Offenbarungsqualität ist wie das seinige, treten sie darin nicht neben ihn, sondern sind *seine* Boten und bleiben es durch die Zeit ihres Wirkens hindurch. Und diese Zeit ist begrenzt. Sowohl in Mk 6,30 als auch in Lk 10,17ff. wird von der Rückkehr der Boten zu Jesus so selbstverständlich berichtet, daß daraus für den Leser klar wird: Die ganze Sendung ist von vornherein eine zeitlich begrenzte Aktion[30].

3   Das Gericht über Israel aufgrund der Ablehnung der Verkündigung der Gottesherrschaft

3.1   Fluchsprüche gegen Städte, die Jesus ablehnen

In der Aussendungsrede Lk 10,2–16 werden die Boten darauf eingestellt, daß ihnen vielfach Abweisung widerfährt. Dieser Aspekt wird dadurch sehr verschärft, daß in der Spruchquelle Q an die allgemeine Gerichtswarnung an Städte, die Jesu Boten ablehnen (10,8–12), zwei Fluchsprüche Jesu selbst gegen bestimmte Städte eingefügt sind: gegen Chorazin und Betsaida (Lk 10,13f. / Mt 11, 21f.) und gegen Kafarnaum (Lk 10,15 / Mt 11,23f.). Alle drei Orte liegen im nördlichen Umland des galiläischen Sees[31] und gehören

---

29 Dazu s. oben S. 116–118.
30 *A. Schweitzer*, Geschichte, 405–407 schloß aus Mt 10,23, daß Jesus wegen der Nähe der Gottesherrschaft nicht mit einer Rückkehr der Jünger gerechnet habe. Diese habe er dann als »Parusieverzögerung« erlebt. Davon wird jedoch weder in Mk 6,30 noch in Lk 10,17ff. etwas sichtbar. Der Skopus von Mt 10,23 ist der Trost für die Boten angesichts der ihnen bevorstehenden Verfolgungen, nicht der Termin des Hereinbruchs des Endes noch vor der Vollendung ihrer Sendung.
31 Vgl. *G. Theißen*, Lokalkolorit, 51–54.

zu dem eng begrenzten Bereich des Wirkens Jesu. Jesus spricht diesen Städten Gottes Gericht zu (»Wehe«), weil sie nicht »umgekehrt« sind, das heißt, weil sie seine Verkündigung der Gottesherrschaft abgelehnt haben trotz der »Machttaten«, die in diesen Städten durch ihn geschehen sind. Beidemal stehen alttestamentliche Vorbilder im Blick: auf der einen Seite Tyrus und Sidon[32] sowie vor allem Sodom[33], auf der anderen Seite das Gerichtswort gegen Nebukadnezar in Jes 14,13–15.
Daß ausgerechnet Kafarnaum der Fluch trifft, überrascht sehr. Denn dies war die Stadt, aus der die Erstberufenen, Simon und Andreas, stammten (Mk 1,29) und die Jesus als Mittelpunkt seines Wirkens gedient hat. Matthäus nennt sie »seine Stadt« (Mt 9, 1; vgl. auch Joh 2,12). Zahlreiche Wunder sind hier geschehen (Mt 8,5 / Lk 7,1; Mk 1,23ff.; 2,1ff.; Lk 4,3). In der Synagoge hat Jesus gepredigt (Mk 1,21f.; Lk 4,31f.). Wie es dazu gekommen sein mag, daß sich gerade Kafarnaum plötzlich gegen ihn gestellt hat, liegt im Dunkel. Dazu gibt es sonst in der Überlieferung nirgendwo auch nur eine Andeutung. Deswegen freilich eine nachösterliche Entstehung dieses Wehespruchs anzunehmen[34], schafft ungleich mehr Probleme. Denn diese Orte des galiläischen Wirkens Jesu werden in den Zeugnissen über die Geschichte der nachösterlichen Kirche nirgendwo mehr genannt. Ob es dort überhaupt christliche Gemeinden oder christliche Missionstätigkeit gegeben hat, ist nicht bekannt, erst recht nichts über irgendeine christenfeindliche Aktion Kafarnaums. Irgendeinen konkreten Anlaß von gravierender Bedeutung aber muß es für die Entstehung des Fluchworts Jesu gegen diese ihm so vertraute und wichtige Stadt gegeben haben. In der Wirkungszeit Jesu selbst ist dies sehr viel eher möglich als in der Geschichte des späteren Judenchristentums[35].
Allerdings kann das hier vorausgesetzte Zerwürfnis mit diesen drei nahe beieinander gelegenen Ortschaften nur am Ende der Wirkungszeit Jesu in Galiläa stattgefunden haben, als Beginn einer akuten Krise. Mit Kafarnaum hat Jesus immerhin das Zentrum seines bisherigen Wirkens verloren. Damit brach in dem Teilbereich Galiläas, auf den sich seine Verkündigung bisher konzentriert hatte, die Basis weg.

32 Vgl. Jes 23; Jer 47,4; Ez 26–28; Joel 4,4; 1Makk 5,15.
33 Gen 19; vgl. Jes 1,9f.; Klgl 4,6ff.; Ez 16,46ff.; Jub 20,5; TestNaph 3,4; 3Makk 2,5 sowie die rabbinischen Stellen bei *Bill.* I, 572–574.
34 Vgl. dagegen J. *Becker*, Jesus, 79f.; J. *Schröter*, Erinnerung, 198.
35 *U. Luz*, Matthäus II, 192, Anm. 11 fragt mit Recht: »Aber hätte man nachösterlich Jesu Ablehnung ausgerechnet in ›seiner‹ Stadt Kafarnaum lokalisiert?«

Von daher legt sich die Frage nahe: Sollte die Aktion der Sendung der Zwölf in diese Zeit fallen und dem Ziel gegolten haben, diese Krise durch die Vervielfältigung seiner eigenen Verkündigung durch die seiner Boten entgegenzuwirken?

3.2   Fluchsprüche gegen ›diese Generation‹

In diesem Zusammenhang gewinnen einige Worte Jesu an Bedeutung und Gewicht, die Israel als ganzem bzw. der gegenwärtigen Generation den Ausschluß aus dem Reich Gottes androhen oder diesen sogar so direkt zusprechen wie die Weherufe in Lk 10,13–15 den drei galiläischen Städten. Wir sind diesen *Gerichtsworten* Jesu teilweise bereits begegnet, müssen sie aber nun unter dem Gesichtspunkt der kritischen Situation gegen Ende der Wirkungszeit Jesu in Galiläa in ihrer inhaltlichen Zusammengehörigkeit auswerten.

Da ist zunächst Lk 11,31f. / Mt 12,42.41:

»Die Königin des Südlands wird auferweckt werden im Gericht zusammen mit den Männern dieses Geschlechts und wird sie verurteilen. Denn sie ist von den äußersten Rändern der Erde gekommen, um die Weisheit Salomos zu hören (vgl. 1Kön 10,1–13) – und siehe, hier ist mehr als Salomo! Die Männer von Ninive werden auferstehen im Gericht zusammen mit diesem Geschlecht und es verurteilen. Denn sie sind umgekehrt auf die Predigt Jonas hin (vgl. Jon 3,5) – und siehe, hier ist mehr als Jona!«[36]

Die Pointe liegt beidemal darin, daß es Heiden sind, die im Endgericht die Israeliten der gegenwärtigen Generation verurteilen werden, weil diese zu ihren Lebzeiten getan haben, was »die Männer dieses Geschlechts« nicht getan haben: Jene haben »gehört« – diese nicht (vgl. 10,16!). Die Einwohner von Ninive sind auf die Predigt Jonas hin »umgekehrt« – die »Männer dieser Generation« nicht (vgl. 10,13!). Doch Jesus ist mit seiner Verkündigung der Gottesherrschaft »mehr« als Salomo und Jona, weil sich in dieser die endzeitliche Heilsvollendung ereignet. Die Annahme oder Ablehnung dieser Verkündigung entscheidet über die Zugehörigkeit zum Endheil oder über den Ausschluß von ihm. Im bevorstehenden Endgericht ist die gegenwärtige Generation Israels der Angeklagte. Dies allein steht im Blick. Daß die, die Jesu Ver-

---

36   In der Spruchquelle bilden V. 31f. zusammen mit V. 29f. eine geschlossene Perikope; vgl. vor allem *J. Schröter,* Erinnerung, 271–276. Doch zeigt die Reihenfolge Salomo – Jona, daß V. 31f. ursprünglich ein selbständig überlieferter Doppelspruch war, der über das Stichwort Jona mit dem Spruch vom Jonazeichen V. 29f. verbunden worden ist; so mit Recht z.B. *U. Luz,* Matthäus II, 275.

kündigung »gehört« haben und zur Gottesherrschaft umgekehrt sind, im selben Endgericht als ihr zugehörig befunden werden, wird in diesem Spruch ganz ausgeblendet. Mit diesem Gerichtswort vollzieht Jesus eben das, was nach seiner Anweisung seine Boten in der Zeichenhandlung des Staub-Abschüttelns (Lk 10,11 / Mt 10,14) denen tun sollen, die ihre Verkündigung ablehnen. Entsprechendes sagt das Gleichnis von den Kindern auf dem Marktplatz Lk 7,31–35 / Mt 11,16–19[37]. Es zielt auf den Rechtssieg »der Weisheit«, nämlich der Weisheit Gottes in der Verkündigung Jesu, und zwar zuungunsten »*aller* ihrer Kinder«, nämlich der Israeliten der gegenwärtigen Generation. Im Ausschluß *aller* von dem, was Inhalt sowohl der Bußpredigt des Täufers als auch der Heilsverkündigung Jesu ist, liegt die besondere Schärfe dieses Wortes. Die gleiche Schärfe zeigt das Wort Mt 8,11 / Lk 13,28–30:

»Ich sage euch: Viele, von Ost und West, werden kommen und zu Tisch liegen mit Abraham, Isaak und Jakob im Reich Gottes: Die Söhne des Reiches dagegen werden hinausgeworfen werden in die äußerste Finsternis.«[38]

Die Szene der endzeitlichen Freudenmahlzeit entspricht, wie wir gesehen haben, den gegenwärtigen Freudenmahlzeiten Jesu mit Zöllnern und Sündern. Der Platz ganz vorn bei Gott steht den drei Erzvätern zu. Daran soll erkannt werden, daß diese himmlische Mahlzeit eigentlich für Israel als deren Kinder bereitet ist. Die Israeliten als das Volk der Erwählung Gottes sind die »Kinder seines Reiches«. Doch statt ihrer kommen viele Heiden aus allen Weltgegenden – und die, denen das Reich eigentlich zusteht, werden ausgeschieden werden[39].

Das Gleichnis von der Einladung zum Gastmahl Lk 14,15–24 / Mt 22,1–14 / EvThom 64 zielt in die gleiche Richtung[40].

Stilistisch entsprechen die Wehesprüche gegen Pharisäer und Toralehrer in Lk 11,39–52[41] den Wehesprüchen gegen die drei gali-

---

37 Dazu s. oben S. 125f.210f.

38 Matthäus hat den Spruch zwar aus dem Kontext der Spruchquelle Q, der in der Lukasfassung erhalten ist, herausgenommen und in die Erzählung von der Begegnung Jesu mit dem Hauptmann von Kafarnaum eingefügt. Aber den ursprünglichen Wortlaut hat wahrscheinlich Matthäus besser bewahrt als Lukas (vgl. *U. Luz*, Matthäus II, 13).

39 Hier wird die in der Schrift breit bezeugte Erwartung aufgenommen und zugleich verkehrt, daß am Ende viele Völker aus allen Teilen der Erde zum Zion pilgern werden, um an der Verherrlichung des Gottesvolkes teilzunehmen; dazu vgl. *J. Jeremias*, Jesu Verheißung, 47–62.

40 S. oben S. 212f.

41 Dazu vgl. oben S. 220–225.

läischen Städte in Lk 10,13–15. Beidemal droht Jesus jetzt und hier die Verurteilung im nahen Endgericht Gottes an. Vielleicht zeigt sich darin an, daß es diese Gegner Jesu waren, die – von der Synagoge in Kafarnaum aus? – eine Art Kampagne gegen ihn in den Ortschaften, die ihm zunächst zuneigten, betrieben haben. Am ehesten so wird es plausibel, daß es gerade in einer Stadt wie Kafarnaum zu einem jähen Stimmungsumschwung gegen Jesus gekommen ist.

Die gleiche Grundanschauung, die in den Anweisungen zum Verhalten der Boten in Häusern und Städten (Lk 10,5–11), in den Wehesprüchen gegen Städte, die die Botschaft ablehnen (Lk 10, 12.13–15), und in den Gerichtssprüchen gegen die gegenwärtige Generation Israels zum Ausdruck kommt, spricht sich auch in dem Wort Jesu Lk 12,8f. / Mt 10,32f. / Mk 8,38 aus. In der Spruchquelle Q lautet es in seiner wahrscheinlich ursprünglichen Version:

»Ich sage euch: Jeder, der sich zu mir bekennt vor den Menschen, zu dem wird sich auch der Menschensohn bekennen vor den Engeln Gottes. Wer aber sich von mir lossagt vor den Menschen, wird auch Lossagung erfahren vor den Engeln Gottes«.

Zu beachten ist hier zunächst, daß dieser Spruch im Kontext der Spruchquelle in einer Reihe von Worten steht, in denen Jesus seine Jünger ermutigt, sich vor keinerlei Unbill von seiten der Menschen, die ihre Verkündigung ablehnen, zu fürchten, sondern allein vor Gott als dem Richter, der als einziger die Macht hat, einen Menschen nach dem Tod in die Hölle zu werfen (Lk 12,4f.). Gott selbst wird für den Schutz der Jünger Jesu als seiner Boten sorgen (Lk 12,6f.). Der Aspekt ist hier also der gleiche wie der in der Botenrede[42].

Gleiches gilt auch im Blick auf die Auswirkung der gegenwärtigen Reaktion der Hörer der Botschaft im nahen Endgericht Gottes: Wer sich jetzt öffentlich als zu Jesus gehörig erklärt, den wird der Menschensohn vor den Engeln, die sich um Gottes Thron versammeln, als zu sich gehörig erklären. Wer dagegen jetzt die Zugehörigkeit zu Jesus öffentlich ablehnt, der wird auch in der nahen Zukunft des Gerichts vom Menschensohn abgelehnt werden. »Bekennen« und »verleugnen« sind Begriffe der Gerichtssprache. Das ›Forum‹, vor dem sich die von Jesu Botschaft Betroffenen öffentlich-verbindlich erklären, sind in der Gegenwart »die Menschen«,

---

42 Auf diesen Tatbestand macht mit Recht auch *J. Schröter*, Erinnerung, 365f. aufmerksam.

die »Männer dieses Geschlechts«. Dem entspricht antithetisch das Forum der Engel in der himmlischen Gerichtsszene. Und entsprechend reziprok verhält sich die richterliche Erklärung des himmlischen Menschensohnes gegenüber den ihm Vorgeführten zu deren vorangehender irdischer Erklärung zu Jesus. Zwischen Jesus in der Gegenwart und dem Menschensohn in der endzeitlichen Zukunft besteht völlige Übereinstimmung: Dieser vollzieht jeweils die endgerichtliche Folge der gegenwärtigen Entscheidung der Menschen für oder gegen Jesus. Was sein positives Urteil betrifft, so entspricht dieses genau dem, was Jesus in seiner Verkündigung der Gottesherrschaft denen fest zuspricht, die sie annehmen: Sie werden zu ihr gehören und an ihrer vollendeten Heilswirklichkeit teilhaben. Ebenso entspricht das Verwerfungsurteil des Menschensohnes dem »Wehe«, das Jesus jetzt und hier seinen Gegnern und allen, die ihnen in seiner Ablehnung folgen, mit eschatologischer Rechtskraft zuspricht.

Auf die Bedeutung der Gestalt des »Menschensohns« wird später noch einzugehen sein. Hier genügt die Einsicht, daß er in diesem Spruch in der Rolle des endzeitlichen Richters auftritt, dessen alleiniges Kriterium die vorangehende Stellungnahme der Menschen zu Jesus in der irdischen Gegenwart ist. Der Menschensohn bestätigt endzeitlich-definitiv die Folge dessen, was sich jetzt und hier Jesus gegenüber vollzieht. Jedes Ja zu Jesus jetzt und jedes Nein zu ihm hat definitiv-entscheidende Vor-Bedeutung für das Urteil im Endgericht.

In Mk 8,38 ist allein von der *Verurteilung* derer die Rede, die Jesus »verleugnen«. Diese werden hier als Angehörige »dieser Generation« genannt, die »ehebrecherisch und sündig« ist. »Ehebruch« ist biblische Metapher für den Abfall von Gott als Bruch des Treueverhältnisses zu ihm. Wer *Jesus* ablehnt, bricht *Gott* die Treue. Das Urteil des Menschensohns geschieht hier im Zusammenhang seines endzeitlichen »Kommens« zur Sammlung der auserwählten Gerechten. Die Engel sind sein Gefolge (vgl. Mk 13,26f.). Daran, daß Matthäus und Lukas sowohl diesen eingliedrig-negativen Markusspruch (Mt 16,27; Lk 9,26) als auch den doppelgliedrigen Q-Spruch bringen (Lk 12,8f / Mt 10,32f.), wird sichtbar, daß es sich um ein Wort Jesu handelt, das ursprünglich einzeln überliefert war. Der Vergleich zwischen Markus und Q zeigt, daß die Q-Fassung im Wortlaut von Lk 12,8f. ursprünglich ist. In Mt 10,32f. entfällt die Unterscheidung zwischen Jesus und dem Menschensohn; hier ist es Jesus selbst, der »vor meinem himmlischen Vater in den Himmeln« der Richter im Endgericht sein wird, der das Urteil über seine jetzigen Anhänger wie Gegner sprechen wird. Darin wird nur explizit, was in der Urfassung Lk 12,8f. geheimnisvoll-implizit bleibt. In der Markusfassung ist das Wort zu einem reinen Gerichtswort geworden.

4   Nach der Rückkehr der Boten

4.1   Bedrohliche Aussicht für die Zukunft

Sowohl Markus (6,30) wie Lukas (10,17) berichten von der Rückkehr der ausgesandten Jünger zu Jesus – freilich in verschiedener Weise und ganz unabhängig voneinander. In Lk 10,17–20 antwortet Jesus auf den Bericht der Boten.

In diesem Stück sind drei ursprünglich selbständige Worte Jesu unter dem Thema des Sieges über die dämonischen Mächte (V. 17) zusammen-komponiert. Jesus berichtet zunächst von seiner vorangehenden Vision vom Sturz Satans aus dem Himmel (V. 18)[43] Daraus folgt, daß er seinen Jüngern jetzt (»siehe«) Macht über die Dämonen als die irdischen Diener Satans gegeben hat (V. 19). Dieses Wort könnte seinen ursprünglichen Ort zu Beginn der Aussendung der Boten gehabt haben. Im vorliegenden Kontext schließt sich jedoch (πλήν) die Mahnung an die Jünger an, sich nicht über ihre Überlegenheit über die bösen Geister zu freuen, sondern vielmehr darüber, daß sie selbst mit ihren Namen in die Bürgerliste des himmlischen Gottesreiches[44] eingeschrieben sind (V. 20). So bildet das Stück im vorliegenden Text einen durchaus überlegten Zusammenhang, der nicht erst vom Evangelisten gebildet sein muß, sondern an dieser Stelle in Q gestanden haben kann – zumal es zwischen der Botenrede und der folgenden Spruchgruppe Lk 10,21–24 (Q) einen sinnvollen Übergang bietet.

Die traditionsgeschichtlich alte Komposition verschiedener Jesusworte hält als Erinnerung fest: Die Zusage Jesu bei der Aussendung seiner Boten hat sich erfüllt: In ihrem Wirken hat sich erwiesen, daß der Name Jesu Macht hat über die Dämonen. Das bezieht sich nicht speziell auf Exorzismen, sondern – wie bei Jesus selbst – auf die Gesamtheit des Wirkens in der Kraft der Gottesherrschaft. In seiner Antwort bestätigt Jesus dies. Seit dem Sturz des Satans ist der Himmel frei von aller Macht des Bösen. Dort herrscht allein Gott in der heilschaffenden Macht seiner Königsherrschaft. Im Wirken Jesu ist diese auch bereits auf Erden am Werk. Und ihre siegreiche Kraft haben seine Boten soeben erfahren.
Doch nicht ihre Überlegenheit über die Dämonen auf Erden soll zum Grund ihrer Heilsfreude werden, sondern ihre eigene Zugehörigkeit zur Heilsvollendung im Himmel. Als Jünger Jesu sind

---

43   Vgl. dazu oben S. 114f.
44   Vgl. dazu Dan 12,1; Jub 19,9; äthHen 104,1; 4Q 504 fr. 2 Kol VI,14 (*J. Maier* [Hg.], Qumran-Essener II, 609) sowie Phil 4,3; Offb 3,5; 13,8; 20,15.

sie Bürger des himmlischen Königreiches Gottes geworden. Dieses persönliche Bürgerrecht kann ihnen keine dämonische Macht streitig machen. Von konkreten Erfolgen ihrer Mission unter den Menschen dieser Generation ist allerdings nicht die Rede, weder von einer Stadt, die sie für die Gottesherrschaft gewonnen haben, noch von Scharen neuer Anhänger Jesu. Daß sie selbst ohne Schaden zurückgekommen sind (V. 19b), zeigt das Maß an Widerstand und Feindschaft, auf die sie bei ihrer Sendung gestoßen sind (vgl. Lk 10, 10–12; Mt 10,23); vor allem aber die Kraft der von ihnen verkündigten Gottesherrschaft, die sie als ihre Boten vor Gewalt beschützt hat. Im Vergleich dazu tritt in einem späteren Wort Jesu das zukünftige Geschick seiner Jünger ungleich bedrohlicher in den Blick (Lk 22,35–38):

»»Als ich euch aussandte ohne Beutel, Sack und Sandalen, habt ihr irgend Mangel gehabt?‹ Sie sagten: ›Nein!‹ 37 Er sagte zu ihnen: ›Aber jetzt: Wer einen Beutel hat, nehme ihn; ebenso auch den Sack. Und wer nicht hat, verkaufe seinen Mantel und kaufe ein Schwert! Denn ich sage euch: Dieses Schriftwort muß an mir erfüllt werden: ‚Und zu Gesetzwidrigen ist er gerechnet worden' (Jes 53,12). Denn was mich betrifft, hat es ein Ende.‹ Sie aber sagten: ›Herr, siehe, hier sind zwei Schwerter!‹ Er aber sagte zu ihnen: ›Es ist genug.‹«[45]

Dieser Dialog war wahrscheinlich dem Evangelisten Lukas en bloc als Traditionsstück vorgegeben, in dem wiederum vorösterliche Erinnerung an eine tatsächliche Rede Jesu verarbeitet worden ist. Denn die Aufforderung, ein Schwert zu kaufen (V. 36), ist so provokativ dem Mißverständnis von zelotischer Gewaltbereitschaft ausgesetzt, wie die Reaktion der Jünger V. 38a zeigt, daß es ein späterer Christ Jesus nicht in den Mund gelegt haben kann. Jesus spricht hier offensichtlich angesichts einer akut hereindrohenden Verfolgungssituation, die mit der Situation der vorangehenden Sendungsaktion unvergleichbar ist (vgl. V. 35 mit Lk 10,4)[46]. Während die Jünger dort trotz mancher Ablehnung immer noch ein Haus gefunden haben, in dem sie aufgenommen und versorgt wurden, werden sie in der jetzt bevorstehenden Zukunft so ausnahmslos vor verschlossenen Türen stehen, daß sie zur Mitnahme

45 Vgl. dazu J. *Jeremias*, Neutestamentliche Theologie I, 233. 279f.; vorher *H. Schürmann*, Jesu Abschiedsrede, 116–139; *H.-W. Bartsch*, Jesu Schwertwort; zuletzt *V. Hampel*, Menschensohn, 250–252.
46 Die wörtliche Wiederaufnahme der Botenanweisung Lk 10,4a legt die Vermutung nahe, daß das Redestück Lk 22,35–38 aus Q stammt oder daß der in der Aussendungsrede Lk 10 verarbeitete Stoff bei der Formulierung präsent war.

von Lebensmitteln und Geld gezwungen sein werden. Und während sie dort in ihrer Wehrlosigkeit unbehelligt geblieben sind, werden sie jetzt einer Feindseligkeit ausgesetzt sein, die den Besitz eines Schwertes notwendig erscheinen läßt. Dies ist zwar bildliche Rede, in der die drohende Gefahr kraß augenfällig werden soll, nicht konkrete Anweisung (vgl. ähnlich Mt 10,34). Dagegen (nicht etwa dafür!) spricht die Schwertepisode bei der Gefangennahme Jesu in Mk 14,47 / Lk 22,50f. Aber daß die Jünger die Aufforderung in V. 38a spontan im wörtlichen Sinne mißverstehen und Jesus dies in V. 38b als baren Unverstand zurückweist, zeigt den hohen Grad von Emotionalität, in der dieser Wortwechsel stattfindet.

Die Sendungsaktion hat also offenbar nicht nur ihr Ziel nicht erreicht, ganz Israel für die Gottesherrschaft zu gewinnen (vgl. Mt 10,23). Sondern auf sie ist sogar eine Verschärfung und Vertiefung der Krise gefolgt. Davon zeugt auch eine Reihe von Worten Jesu, in denen er seine Jünger mit Verfolgungen konfrontiert, die ihnen aus ihrer Zugehörigkeit zu ihm drohen werden: Lk 6,22f. / Mt 5,11f.

»Selig seid ihr, wenn euch die Menschen hassen, wenn sie euch (aus der Synagogengemeinschaft) ausgrenzen und schmähen und euren Namen als bösen (aus der Mitgliederliste) ausstreichen meinetwegen. Freut euch an jenem Tage und tanzt, denn siehe, im Himmel wird euer Lohn groß sein. Gleiches nämlich haben ihre Väter den Propheten angetan.«[47]

Dieser Spruch wird oft als urchristliche Bildung beurteilt, weil die konkreten Maßnahmen von Synagogenvorständen gegen Christen erst aus der Zeit nach 70 n.Chr. bezeugt sind (vgl. Mk 13,9 parr. sowie besonders Joh 9,22.34; 12,42; 16,2). Das ist möglich, aber nicht notwendig. Es könnte sehr wohl sein, daß Jesus aufgrund der höchst kritischen Situation am Ende seines galiläischen Wirkens zukünftige Gefährdungen seiner Jünger vorausgesehen hat. Im Blick darauf ermutigt er sie: Je mehr sie als seine Jünger persönliche Unbill zu erleiden haben werden, um so ›realistischer‹ sollen sie sich auf das verlassen, was er denen zugesagt hat, die sich »vor den Menschen« (!) zu ihm bekannt haben (Lk 12,8). Ähnlich ermutigend ist Mt 10,28–31 / Lk 12,4–6 (Q):

---

47   Der lukanische Wortlaut ist gegenüber dem matthäischen wahrscheinlich ursprünglich. Nur dürfte hier »wegen des Menschensohnes« gegenüber »um meinetwillen« sekundär sein. Der Hinweis auf die entsprechende Behandlung der Propheten hat zwar sicherlich in der Spruchquelle gestanden, könnte dort aber zur ursprünglichen Seligpreisung hinzugefügt sein; vgl. Lk 11,49–51 / Mt 23,34f.; Lk 13,34f. / Mt 23,37.39 sowie Mk 12,1–9.

»Fürchtet euch nicht vor denen, die den Leib töten, die Seele aber nicht töten können! Fürchtet vielmehr den (Gott), der Seele *und* Leib vernichten kann in der Hölle! Verkauft man nicht zwei Spatzen für ein As (römische Kleinmünze)? Und nicht einer von ihnen wird (tot) auf die Erde fallen ohne euren Vater! Auch die Haare auf eurem Haupt sind alle (von Gott) gezählt[48]. Fürchtet euch also nicht: Ihr seid mehr wert als eine Vielzahl von Spatzen!«[49]

4.2 Das Mahlwunder in der Einöde

Auch im *Markusevangelium* tritt nach der Rückkehr der Zwölf die Frage, wer Jesus eigentlich ist, in den Vordergrund. Zuerst stellt sie der König Herodes im Kreis seines Hofes (Mk 6,14–16). Wenig später stellt Jesus selbst sie an seine Jünger (Mk 8,27f.), und zwar außerhalb des Herrschaftsgebietes des Herodes, wohin er mit seinen Jüngern »weggeht«. Daß ihm von seiten des Königs Gefahr droht, erfährt der Leser von daher, daß Herodes in Jesus eine Wiedererscheinung Johannes' des Täufers sieht, den er enthauptet hat (Mk 6,16). Bei dieser Gelegenheit erzählt der Evangelist die Geschichte von dessen gewaltsamem Ende (Mk 6,17–29), wodurch der Leser einen plastischen Eindruck bekommt, was jetzt auch Jesus droht. Zugleich wird dadurch die Zeit des Missionswirkens der Zwölf überbrückt.

Nach ihrer Rückkehr ist es nun die *Speisung der Fünftausend*, die unmittelbar folgend erzählt wird (Mk 6,30–44). Viele Menschen kommen zu Jesus. Umsonst sucht er zunächst dem Hochbetrieb durch fluchtartige Überfahrt zu einem Ort in der Einöde zu entkommen (V. 32). Die Menge zieht ihm zu Fuß nach. Von Erbarmen mit dieser großen Schar hirtenloser Schafe angerührt, hält er ihnen eine lange Lehrrede (V. 34). Als es Abend wird, mahnen die Jünger ihn, die Leute noch rechtzeitig für den Heimweg zu entlassen (V. 35f.). Er aber beauftragt sie, ihnen zu essen zu geben (V. 37). Es stellt sich heraus, daß sie nur fünf Brote und zwei Fische bei sich haben (V. 38). Da läßt er die Menschen sich in Mahlrunden zu hundert oder fünfzig[50] auf das grüne Gras niedersetzen (V. 39).

---

48 Vgl. 1Sam 14,45; 2Sam 14,11; 1Kön 1,52; Lk 21,18; Apg 27,34 sowie die jüdischen Stellen bei *Bill.* I, 584.
49 Die matthäische Fassung ist deutlich ursprünglich gegenüber der lukanischen. Vgl. Mt 6,26 / Lk 12,24!
50 Vgl. Ex 18,15 sowie die Ordnung der essenischen Gemeinde in 1QS 2,21f.; CD 13,1; 1QM 4,1–5.16f.; 1QSa 1,14f.28f bei *J. Gnilka*, Markus I, 260f. – Vielleicht ist im »grünen Gras« (V. 39), vom Bild des Hirten (V. 34) her, eine Anspielung auf Ps 23 zu erkennen; vgl. *K. Kertelge*, Wunder, 134.

»Und er nahm die fünf Brote und die zwei Fische, blickte zum Himmel auf, sprach den Mahlsegen und brach die Brote und gab sie den Jüngern, damit sie sie ihnen vorlegten, und auch die zwei Fische verteilte er an alle. Und sie aßen alle und wurden gesättigt. Und sie hoben Brocken auf, zwölf Körbe voll, und auch von den Fischen. Und die Essenden waren fünftausend Männer« (V. 41–44).

Diese Geschichte erzählt zwar einen wunderbaren Vorgang, sie ist aber keine Wundergeschichte nach Art aller anderen[51]. Dem entspricht, daß es zu diesem Mahlwunder in der gesamten Antike keinerlei Analogien gibt[52]. Um sie zu verstehen, muß die Erinnerung an Num 27,17 in Mk 6,34 beachtet werden. Dort soll Mose auf einen Berg steigen, um das Land in Augenschein zu nehmen, das Gott seinem Volk gegeben hat, das Mose selbst jedoch nicht mehr wird betreten können. Darauf bittet Mose Gott um einen Führer, der das Volk hineinführen kann, weil »die Gemeinde des Herrn nicht sein soll wie Schafe, die keinen Hirten haben.«[53] Gott bestimmt dazu Josua – und dies ist im Hebräischen wie auch in der griechischen Übersetzung (LXX) der Name Jesu[54]. Das erzählte Geschehen hat also einen symbolischen Hintersinn: Jesus ist der Hirte, der das zerstreute Israel in das Reich Gottes führt. Die Volksmenge ist hier das Gegenbild zu »dieser Generation«. Jesus lehrt sie, und sie hören ihn den ganzen Tag lang. Er speist sie in der Wüste, wie Gott sein Volk in der Wüste gespeist hat und wie er in der endzeitlichen Vollendung die Gemeinde seiner auserwählten Gerechten zum Freudenmahl sammeln wird. Das Bild der in Mahlgemeinschaften geordnet beieinander sitzenden Fünftausend ist das Leitbild vom Ziel seines Wirkens: Israel als ganzes zu diesem Mahl im Reich Gottes zu sammeln. Diese Mahlzeit in der Einöde ist also so etwas wie die Konzentration aller Freudenmahlzeiten, die Jesus zuvor mit Zöllnern und Sündern gehalten hat

---

51   G. *Theißen*, Urchristliche Wundergeschichten, 111–114 arbeitet die Form dieser Geschichte im Unterschied zu allen anderen Wundergeschichten heraus. Die Benennung als »Geschenkwunder« ist aber deswegen problematisch, weil sie allein auf der Übereinstimmung mit 2Kön 4,42–44 beruht und es keine anderen urchristlichen Wundergeschichten gibt, die die gleiche Form haben – außer Joh 2,1–10, die jedoch ganz anderer Art ist.

52   Darauf weist G. *Theißen*, ebd., 113 hin. Er schließt freilich daraus: »Keine Gattung der Wundergeschichten ist so sehr der Phantasie entsprungen wie diese.«

53   Vgl. 1Kön 22,17; 2Chr 18,16; Jdt 11,19; Ez 34,5f.

54   Da Josua hier als Nachfolger Moses eingesetzt wird, kann man fragen, ob in Mk 6 die Erwartung des Propheten *nach* Mose Dtn 18,15.18 eingewirkt haben könnte; so F. *Hahn*, Christologische Hoheitstitel, 391f. Doch wichtiger ist hier die Namenssymbolik Josua – Jesus.

und die es vor allem waren, was seine Gegner gegen ihn aufgebracht hat.

Zweifellos läßt die Erzählung in V. 41 das eucharistische Mahl der Kirche durchscheinen (vgl. Mk 14,22). Doch ist dieses Mahl keineswegs als eine Art vordatierte Eucharistie zu erklären. Dagegen sprechen vor allem die zwei Fische, die Jesus zusammen mit den fünf Broten austeilen läßt[55]. Bei aller deutlichen Symbolik einzelner Züge[56] hat das erzählte Geschehen als solches überhaupt nichts Topisches, so daß sich von daher eine urchristliche Bildung nahelegte.

Offenbar liegt die Erinnerung an eine außerordentliche Mahlzeit mit einer großen Menschenmenge an einem einsamen Ort am galiläischen See zugrunde[57], deren *Erzählung* in urchristlicher Tradition freilich von Anfang an ein symbolisches Schwergewicht bekommen hat[58].

Möglicherweise haben auch die Zahlen symbolische Bedeutung: Jedenfalls entsprechen die 5 Brote den 5000, die sie essen und gesättigt werden[59]. Ob bei den zwölf Körben der Brotreste die Zahl der zwölf Jünger assoziiert werden soll, ist weniger wahrscheinlich. Näher liegt ein Bezug zu dem Zwölfstämmevolk. Daß die 5 Brote die 5 Bücher der Tora symbolisieren sollen, ist ganz unwahrscheinlich[60]. Der Symbolik der Zahlen darf man auch deswegen keine übertriebene Bedeutung beimessen, weil in der parallelen Erzählung Mk 8,1–10 gerade die Zahlen differieren und dort keine symbolische Bedeutung haben. Dieses zweite Mahl ist wahrscheinlich in vormarkinischer Tradition dem in Mk 6 nachgebildet worden[61]. Schwerlich hat es zwei verschiedene Mahlwunder gegeben. Markus hat beide Erzählungen in sein Buch aufgenommen, weil er den Mahlwundern als solchen eine außerordentliche Bedeutung gibt: In ihnen offenbart Jesus in besonderer Weise sich selbst (vgl. Mk 8,14–21). Überdies dienen ihm die beiden Speisungsgeschichten dazu, die Zeit zwischen der Rückkehr der Zwölf und dem Gespräch in Cäsarea Philippi Mk 8,27ff. inhaltlich zu füllen. Dazu gab es in der Überlieferung kaum Stoffe! Markus legt selbst Wert darauf, daß Jesus bald nach der Rückkehr der Zwölf Galiläa

---

55 Vgl. Lk 24,42; Joh 21,19.

56 Vgl. z.B. zu V. 43 2Kön 4,42–44; dazu R. *Pesch*, Markus I, 354f., der detailliert zeigt, daß die ganze Erzählung nach dem Vorbild dieser Elischageschichte gebildet ist. Er folgert daraus aber, »konkrete Überlieferung aus dem Leben Jesu« sei auszuschließen.

57 So J. *Gnilka*, Markus I, 263.

58 Vgl. später die Verquickung von eucharistischer und alttestamentlicher Symbolik (Mannaspeisung) in Joh 6.

59 In 2Kön 4,42–44 ist das Verhältnis 1:5. Daß dies in Mk 6,44 bewußt übersteigert worden ist, legt sich nahe.

60 Gegen R. *Pesch*, Markus I, 355.

61 So urteilen die meisten Exegeten, z.B. J. *Gnilka*, Markus I, 255.

verläßt und in den hohen Norden ausweicht, von wo er dann in einem Zuge nach Jerusalem zieht (vgl. Mk 9,30; 10,1.32.46; 11,1.11 sowie auch Lk 9,51; 13,22; 17,11; 19,1).

4.3   Die Situation Jesu angesichts seiner Ablehnung durch die Mehrheit Israels

So verschieden auch Markus und Q die Ereignisse nach der Rückkehr der Boten erzählen, so stimmen sie doch in einer Konzentration des Blickes auf die *Person* Jesu überein. In der Spruchquelle tritt er als Vollmachtgeber zugleich in seiner eigenen Offenbarungseinheit mit Gott hervor. Im Markusevangelium ist das Mahlwunder ein Vorauszeichen der Heilsvollendung im Reich Gottes, worin sich Jesus als der endzeitliche Hirte erweist, der Israel aus der Zerstreuung sammelt; und zugleich wird sein Mahlwunder als symbolische Steigerung des Mahlwunders des Propheten Elischa erzählt.

Gewiß zeigt sich beidemal ein christologischer Aspekt, unter dem in der urchristlichen Überlieferung das vorösterliche Geschehen so erzählt wird, daß die Gemeinde darin die Gegenwart ihres auferstandenen Herrn erfahren und erkennen kann. Aber beidemal ist es ebenso deutlich die Vollmacht des *vorösterlichen* Jesus, die in seinem Wort und in seinem Mahlhandeln hervortritt. Die nachösterliche Christologie der judenchristlichen Tradenten ist entscheidend von der Erinnerung an Jesus bestimmt.

In den verschiedenen Berichten der Spruchquelle und des Evangelisten Markus über die Ereignisse nach der Rückkehr der Jünger tritt einerseits die »Vollmacht« Jesu als des Repräsentanten der Gottesherrschaft in den Mittelpunkt, andererseits die Verwirklichung der Sammlung Israels in einem großen Mahl mit all denen, die – trotz der Krise – ihn zu »hören« bereit und interessiert geblieben sind. Daß hier faktisch im Volk Galiläas eine Kluft sich auftat und immer tiefer aufriß zwischen diesen Hör- und Lernwilligen und den Vielen »dieses Geschlechts«, die sich durch Jesu Gegner zu Reserve und Ablehnung gegen ihn bestimmen ließen – davon wird in beiden Quellen kaum etwas sichtbar, obwohl doch nach der Spruchquelle der Fluch Jesu über die galiläischen Städte, die sich ihm verschlossen, unmittelbar vorangeht.

Jesus hat auf diese Krise so reagiert, wie es in seiner Verkündigung von Anfang an angelegt war. Wer die Einladung zum Heil der Gottesherrschaft ausschlägt und Jesus als ihren Repräsentanten ablehnt und bekämpft, zieht sich damit die Verurteilung im nahen Endgericht zu. Darin stimmt Jesus nach wie vor mit der Verkündigung des Täufers überein. Doch ist das künftige Geschick

derer, die die Umkehr zur *Gottesherrschaft* verweigern, noch ungleich schlimmer, katastrophaler als das Gericht, das Johannes denen androhte, die die Umkehr zum Tun der Tora verweigern: Sie
müssen ihrer endgültigen Vernichtung entgegensehen. Daß es ein
großer Teil Israels ist, der so negativ reagiert, steht allerdings in
Widerspruch zum Ziel der Sendung Jesu, *ganz Israel* zur Annahme der Gottesherrschaft zu führen und so alle, Sünder wie Gerechte, als das Volk der endzeitlich Erretteten zu vereinen. Und
dieser Widerspruch ist das tiefe Problem, das jetzt – nach der Krise des Verlusts der zentralen Städte seines galiläischen Wirkungs-
bereichs – aufbricht. Jesus sieht nun »diese Generation« *als ganze*
auf der Seite der endzeitlich Verlorenen, die die Rettung durch
Gottes Barmherzigkeit verweigern. Die, die sie annehmen, sind
nur eine »kleine Herde« (Lk 12,32). Das ist nicht zu übersehen,
auch angesichts der großen Zahl der Fünftausend, die am Mahl in
der Einöde am galiläischen See teilnehmen. Wird daraufhin Gottes Zorngericht die letzte, definitive Antwort auf die Ablehnung
nahezu ganz Israels sein? Das ist die bedrückende Frage, die jetzt
aufbricht. Das Gleichnis vom himmlischen Mahl endet mit einer
harten Gerichtsankündigung: »Ich sage euch: Keiner von jenen
Männern, die eingeladen waren, wird mein Mahl zu schmecken
bekommen!« (Lk 14,24).
Eines allerdings bleibt auch jetzt klar: Das Nein dieses großen Teils
Israels ist nicht etwa die Wirkung Satans und seiner Dämonen! Der
Sturz Satans aus dem Himmel ist endgültig. Und seine Dämonen
müssen überall weichen, wo die Gottesherrschaft im Wirken Jesu
wie in dem seiner Jünger gegenwärtig ist. Die Menschen selbst
sind es, die sich ihr verweigern, die Mehrheit Israels, das sich der
letzten großen Heilsinitiative seines Gottes entzieht!

Literatur

Alkier, S., Urchristentum. Zur Geschichte und Theologie einer exegetischen Disziplin (BHTh 83), 1993

Althaus, P., Das sogenannte Kerygma und der historische Jesus, 1959

–, Die Wahrheit des kirchlichen Osterglaubens, 1940

Barth, G., Die Taufe in frühchristlicher Zeit, 1981

Bartsch, H.-W., Jesu Schwertwort Lk XXII. 35–38. Überlieferungsgeschichtliche Studie, NTS 20 (1973/74), 190–203

Baur, F.C., Das Christentum und die christliche Kirche in den drei ersten Jahrhunderten, ²1860

–, Vorlesungen über Neutestamentliche Theologie (Bibliothek theologischer Klassiker, Neue Ausgabe mit einer Einleitung von O. Pfleiderer), Erster Teil, 1860; Zweiter Teil, 1892

Bayer, F.W., Art. Aussatz, RAC I (1950), 1023–1028

Becker, J., Jesus von Nazaret, 1996

–, Die Testamente der zwölf Patriarchen (JSHRZ III/1), ²1980, 15–163

–, Untersuchungen zur Entstehungsgeschichte der Testamente der Zwölf Patriarchen (AGSU 8), 1970

Bengel, J.H., Gnomon Novi Testamenti etc., 1742

–, Novum Testamentum Graece etc., 1734

Berger, K., Das Buch der Jubiläen (JSHRZ II/3), 1981, 273–575

–, Formgeschichte des Neuen Testaments, 1984

–, Die Gesetzesauslegung Jesu. Ihr historischer Hintergrund im Judentum und im Alten Testament, Teil I: Markus und Parallelen (WMANT 40), 1972

–, Hellenistische Gattungen im Neuen Testament, ANRW II, 25,2 (1985), 1031–1432.1831–1885

–, Hermeneutik des Neuen Testaments, 1988

–, Jesus als Pharisäer und frühe Christen als Pharisäer, NT 30 (1988), 231–262

–, Theologiegeschichte des Urchristentums. Theologie des Neuen Testaments, 1994

–, Wer war Jesus wirklich?, 1995

Betz, H.D., The Sermon of the Mount (Hermeneia), 1995

(Strack, H. /) Billerbeck, P., Kommentar zum Neuen Testament aus Talmud und Midrasch, Bde. I–IV, 1922–1928 [Bill.]

Black, M., An Aramaic Approach to the Gospels and Acts, ²1954

Böttrich, Ch., Das slavische Henochbuch (JSHRZ V/7), 1995, 829–1039

Bonsirven, J., Théologie du Nouveaú Testament, 1950

Bornkamm, G., Das Doppelgebot der Liebe, in: Ders., Geschichte und Glaube I, 27–45

–, Geschichte und Glaube I. Gesammelte Aufsätze III (BeTh 48), 1968

–, Jesus von Nazareth, 1956. ¹⁴1987

–, Die Theologie Bultmanns in der neueren Diskussion. Literaturbericht zum Problem der Entmythologisierung und Hermeneutik, in: Ders., Geschichte und Glaube I, 173–275

Bousset, W., Jesu Predigt in ihrem Gegensatz zum Judentum, 1892

–, Kyrios Christos. Geschichte des Christusglaubens von den Anfängen des Christentums bis Irenäus (FRLANT 4), ⁴1935

–, Die Religion des Judentums im neutestamentlichen Zeitalter, 1903. ³1926

Bovon, F., Das Evangelium nach Lukas, 1. Teilband: Lk 1,1–9,50 (EKK III/1), 1989; 2. Teilband: Lk 9,51–14,35 (EKK III/2), 1996

Brandenburger, E., Himmelfahrt Moses (JSHRZ V/2), 1976, 57–84

Bultmann, R., Exegetica. Aufsätze zur Erforschung des Neuen Testaments, hg. v. E. Dinkler, 1967

–, Die Geschichte der synoptischen Tradition (FRLANT 29), 1921. ¹⁰1995

–, Glauben und Verstehen. Gesammelte Aufsätze II, 1952. ³1961

–, Glauben und Verstehen. Gesammelte Aufsätze IV, 1965. ²1967

–, Neues Testament und Mythologie, in: H.W. Bartsch (Hg.), Kerygma und Mythos, 1948, 15–53

–, Das Problem der Hermeneutik, in: Ders., Glauben und Verstehen II, 211–235

–, Theologie des Neuen Testaments (1953), hg. v. O. Merk (UTB 630), ⁸1980

–, Das Urchristentum im Rahmen der antiken Religionen (1949) (Rororo-Bde. 157/158), 1949. ³1965

–, Das Verhältnis der urchristlichen Christusbotschaft zum historischen Jesus, in: Ders., Exegetica, 445–469

–, Zum Problem der Entmythologisierung, in: Ders., Glauben und Verstehen IV, 128–137

Childs, B.S., Biblical Theology of the Old and New Testaments, London 1992; dt.: Die Theologie der einen Bibel, übersetzt v. Ch. Oeming / M. Oeming, Bd. I, 1994; Bd. II, 1996

Colpe, C., Art. ὁ υἱὸς τοῦ ἀνθρώπου, ThWNT VIII (1969), 403–481

Cullmann, O., Die Christologie des Neuen Testaments, 1957. ³1963

–, Christus und die Zeit. Die urchristliche Zeit- und Geschichtsauffassung, 1946. ³1962

–, Heil als Geschichte. Heilsgeschichtliche Existenz im Neuen Testament, 1965

Cuttaway, P.R., The History of the Qumran-Community, 1988

Davies, W.D. / Allison, D.C., The Gospel of Matthew, Vol. 1, 1988; Vol. 2, 1991; Vol. 3, 1997

Dihle, A., Die Goldene Regel (SAW 1), 1962

Ebeling, G., Die Bedeutung der historisch-kritischen Methode für die protestantische Theologie und Kirche, in: Ders., Wort und Glaube I, 1–49

–, Dogmatik des christlichen Glaubens I–III, 1979

–, Hermeneutische Theologie?, in: Ders., Wort und Glaube II, 99–120

–, Lutherstudien I, 1971; II, 1977. ²1982

–, Verantworten des Glaubens in Begegnung mit dem Denken M. Heideggers, in: Ders., Wort und Glaube II, 92–98

–, Was heißt ›Biblische Theologie‹?, in: Ders., Wort und Glaube I, 69–89

–, Wort und Glaube I, 1960; II, 1969; III, 1975

Elbogen, I., Der jüdische Gottesdienst in seiner geschichtlichen Entwicklung, 1931; Nachdruck 1967

Ernst, J., Das Evangelium nach Lukas (RNT), 1977

–, Das Evangelium nach Markus (RNT), 1981

Eusebius von Caesarea, Kirchengeschichte, hg. v. H. Kraft, 1967
Evangelium nach Thomas. Koptischer Text, hg. und übers. v. A. Guillaumont
u.a., 1959
Evans, C.A., Life of Jesus Research. An annotected bibliography (NTTS 13),
1989

Fiebig, P., Altjüdische Gleichnisse und die Gleichnisse Jesu, 1904
–, Jesu Gleichnisse im Lichte der rabbinischen Gleichnisse, 1912
–, Rabbinische Gleichnisse, 1929
Fishel, H.A., Story and History: Observations on Graeco-Roman Rhetoric and
Pharisaism, in: American Oriental Society Middle West, Semi-Centennial,
Vol. 3, 1969, 51–88
Flavius Josephus, De Bello Judaico – Der Jüdische Krieg. Griechisch-Deutsch,
hg. und mit einer Einleitung sowie mit Anmerkungen versehen v. O. Michel
/ O. Bauernfeind, Bde. I–III, 1959–1969 [JosBell]
–, Flavii Josephi opera, hg. v. B. Niese, 1887ff.
–, Jüdische Altertümer, übersetzt und mit Einleitung und Anmerkungen ver-
sehen v. H. Clementz, [12]1994 [JosAnt]
–, Kleinere Schriften. Selbstbiographie – Gegen Apion – Über die Makkabäer,
übersetzt und mit Einleitung und Anmerkungen versehen v. H. Clementz,
[2]1995 [JosAp]
Flusser, D., Bemerkungen eines Juden zur christlichen Theologie des Juden-
tums, in: Ders., Entdeckungen I, 1–20
–, Entdeckungen im Neuen Testament, Bd. I: Jesusworte und ihre Überliefe-
rung, [2]1992
–, Entdeckungen im Neuen Testament, Bd. II: Jesus – Qumran – Urchristentum,
1999
–, Jesus, [20]1997
–, Qumran und das vorpaulinische Christentum, in: Ders., Entdeckungen II,
1–55
–, Die rabbinischen Gleichnisse und der Gleichniserzähler Jesus I: Das Wesen
der Gleichnisse (JudChr 4), 1981
Friedrich, J., Gott im Bruder (CThM A/7), 1977
Fuchs, E., Hermeneutik, 1954
–, Marburger Hermeneutik, 1968

Gadamer, H.-G., Wahrheit und Methode. Grundzüge einer philosophischen
Hermeneutik, 1960. [4]1975
Gerhardsson, B., Memory and Manuscript. Oral Tradition and Written Trans-
mission in Rabbinic Judaism and Early Christianity, 1961
Gese, H., Erwägungen zur Einheit biblischer Theologie, in: Ders., Vom Sinai
zum Zion. Alttestamentliche Beiträge zur biblischen Theologie, 1974, 11–
30
–, Zur biblischen Theologie. Alttestamentliche Vorträge, [2]1983
Gnilka, J., Das Evangelium nach Markus, 1. Teilband: Mk 1–8,26 (EKK II/1),
[5]1998; 2. Teilband: Mk 8,27–16,20 (EKK II/2), [5]1999
–, Jesus von Nazaret. Botschaft und Geschichte (HThK.S 3), [2]1990
–, Das Matthäusevengelium, I. Teil: Kommentar zu Kap. 1,1–13,58 (HThK I/1),
1986; II. Teil: Kap. 14,1–28,20 und Einleitungsfragen (HThK I/2), 1988
–, Theologie des Neuen Testaments (HThK.S 5), 1994
Goppelt, L., Theologie des Neuen Testaments, hg. v. J. Roloff, Teile 1–2, [3]1980
Gunkel, H., Zum religionsgeschichtlichen Verständnis des Neuen Testaments,
[2]1910

Haacker, K., Der Rechtssatz Jesu zum Thema Ehebruch (Mt 5,28), BZ NF 21 (1977), 113–116

Hahn, F., Christologische Hoheitstitel. Ihre Geschichte im frühen Christentum (FRLANT 83), 1963. ⁵1995

–, Das Verständnis der Mission im Neuen Testament (WMANT 13), 1963

Hampel, V., »Ihr werdet mit den Städten Israels nicht zu Ende kommen«. Eine exegetische Studie über Mt 10,23, ThZ 45 (1989), 1–31

–, Menschensohn und historischer Jesus. Ein Rätselwort als Schlüssel zum messianischen Selbstverständnis Jesu, 1990

Harnack, A. v., Das Wesen des Christentums, 1900; Neuaufl. Stuttgart 1950

Harnisch, W., Verhängnis und Verheißung der Geschichte. Untersuchungen zum Zeit- und Geschichtsverständnis im 4. Esrabuch und in der syrischen Baruchapokalypse (FRLANT 97), 1969

Hasel, G., The Problem of the Center in the OT Debate, ZAW 86 (1974), 65–82

Hengel, M., Jesus und die Tora, ThBeitr 9 (1978), 152–172

–, Die johanneische Frage. Ein Lösungsversuch (WUNT 67), 1993

–, Judentum und Hellenismus. Studien zu ihrer Begegnung unter besonderer Berücksichtigung Palästinas bis zur Mitte des 2. Jh. v. Chr. (WUNT 10), ³1988

–, Nachfolge und Charisma. Eine exegetisch-religionsgeschichtliche Studie zu Mt 8,21f. und Jesu Ruf in die Nachfolge (BZNW 34), 1968

–, Die Septuaginta als »christliche Schriftensammlung« und das Problem ihres Kanons, in: W. Pannenberg / Th. Schneider (Hg.), Verbindliches Zeugnis I, 34–127

–, Der vorchristliche Paulus, in: M. Hengel / U. Heckel (Hg.), Paulus und das antike Judentum (WUNT 58), 1991

–, Die Zeloten. Untersuchungen zur jüdischen Freiheitsbewegung in der Zeit von Herodes I. bis 70 n.Chr. (AGSU 1), ²1967

– / *A.M. Schwemer* (Hg.), Königsherrschaft Gottes und himmlischer Kult im Judentum, im Urchristentum und in der hellenistischen Welt (WUNT 55), 1991

Herms, E., Was haben wir an der Bibel?, in: JBTh 12 (1998), 99–152

Hirsch, E., Geschichte der neueren evangelischen Theologie, Bd. 1–5, 1949

Hoehner, H.W., Herod Antipas, 1972

Hoffmann, P., Studien zur Theologie der Logienquelle (NTA NF 8), ³1982

–, Die Toten in Christus, 1966

– / *V. Eid,* Jesus von Nazareth und eine christliche Moral (QD 66), 1975

Hofmann, J.Chr. v., Weissagung und Erfüllung im Alten Testament und Neuen Testament I, 1841; II, 1844

Holtzmann, H.J., Lehrbuch der neutestamentlichen Theologie, 1897. ²1911

Hübner, H., Das Gesetz in der synoptischen Tradition, ²1986

–, Biblische Theologie des Neuen Testaments, Bd. 1: Prolegomena, 1990; Bd. 2: Die Theologie des Paulus und ihre neutestamentliche Wirkungsgeschichte, 1993; Bd. 3: Hebräerbrief, Evangelien, und Offenbarung. Epilegomena, 1995

Jacob, E., Grundfragen Alttestamentlicher Theologie, 1970

Janssen, E., Testament Abrahams (JSHRZ III/2), ²1980, 193–256

Jeremias, Joachim, Abba. Studien zur neutestamentlichen Theologe und Zeitgeschichte, 1966

–, Die Gleichnisse Jesu, ¹¹1998

–, Jerusalem zur Zeit Jesu. Eine kulturgeschichtliche Untersuchung zur neutestamentlichen Zeitgeschichte, ³1962

–, Jesu Verheißung für die Völker, [2]1959
–, »Laß allda deine Gabe« (Mt 5,23f.), in: Ders., Abba, 103–107
–, Neutestamentliche Theologie I: Die Verkündigung Jesu, [4]1988
Jeremias, Jörg, Das Königtum Gottes in den Psalmen. Israels Begegnung mit dem kanaanäischen Mythos in den Jahwe-Königs-Psalmen (FRLANT 141), 1987
Jonas, H., Gnosis und spätantiker Geist I, 1934. [3]1964
Josephus s. Flavius Josephus
Jülicher, A., Gleichnisreden Jesu, I.II, [2]1910, Neudruck 1969
Jüngel, E., Gott als Geheimnis der Welt, 1977
–, Paulus und Jesus (HUTh 2), [4]1972

Käsemann, E., Exegetische Versuche und Besinnungen, Bd. 1, [3]1964; Bd. 2, 1964
–, Das Problem des historischen Jesus, in: Ebd. 1, 187–214
Kautzsch, E. (Hg.), Die Apokryphen und Pseudepigraphen des Alten Testaments, Erster Band: Die Apokryphen des Alten Testaments, 1900; Zweiter Band: Die Pseudepigraphen des Alten Testaments, 1900; Neudr. 1975
Kertelge, K., Die Wunder Jesu im Markusevangelium (STANT 23), 1970
Kittel, G., Die Probleme des palästinischen Spätjudentums und das Urchristentum, Stuttgart 1926
Klauck, H.-J., 4. Makkabäerbuch (JSHRZ III/6), 1989, 686–756
Koch, A., Die Schrift als Zeuge des Evangeliums (BHTh 69), 1986
Koch, K., Gibt es ein Vergeltungsdogma im Alten Testament?, ZThK 52 (1955), 1–42
–, Neutestamentliche Profetenauslegung in vorchristlicher Zeit?, in: R. Kratz u.a. (Hg.), Schriftauslegung in der Schrift (FS O. H. Steck), 2000, 321–334
–, Offenbaren wird sich das Reich Gottes. Die Malkuta Jahwe's im Propheten-Targum, NTS 25 (1978/79), 158–185
–, Die Reiche der Welt und der kommende Menschensohn. Studien zum Danielbuch, 1995
–, sdq im Alten Testament, Diss. Heidelberg 1953
–, Der Schatz im Himmel, in: B. Lohse / H.P. Schmidt (Hg.), Leben angesichts des Todes (FS H. Thielicke), 1968, 47–60
–, Was ist Formgeschichte?, [3]1974
Köster, H., Einführung in das Neue Testament im Rahmen der Religionsgeschichte und Kulturgeschichte der hellenistischen und römischen Zeit, 1980
Kosch, D., Die eschatologische Tora des Menschensohnes. Untersuchungen zur Rezeption der Stellung Jesu zur Tora in Q (NTOA 12), 1989
Kraus, H.-J., Die Biblische Theologie. Ihre Geschichte und ihre Problematik, 1970
–, Geschichte der historisch-kritischen Erforschung des Alten Testaments, [2]1969
Kümmel, W.G., Das Neue Testament. Geschichte der Erforschung seiner Probleme, 1958
–, Das Neue Testament im 20. Jahrhundert (SBS 50), 1970
–, Die Theologie des Neuen Testaments nach seinen Hauptzeugen. Jesus, Paulus, Johannes (GNT 3), [4]1980
–, Verheißung und Erfüllung (AThANT 6), [3]1956
Kuhn, K.G., Achtzehngebet und Vaterunser und der Reim (WUNT 1), 1950
Kvalbein, H., Die Wunder der Endzeit. Beobachtungen zu 4Q 521 und Mt 11, 5p., ZNW 88 (1997), 111–125

Lampe, P., Die stadtrömischen Christen in den ersten beiden Jahrhunderten (WUNT II/18), ²1984

Lapide, P., Die Bergpredigt, 1982

Lehmann, K., Es ist Zeit, an Gott zu denken, ²2000

Lehnhardt, T., Der Gott der Welt ist unser König. Zur Vorstellung von der Königsherrschaft Gottes im Shema und seinen Benediktionen, in: M. Hengel / A.M. Schwemer, Königsherrschaft Gottes, 285–307

Lindeskog, G., Die Jesusfrage im neuzeitlichen Judentum. Ein Beitrag zur Geschichte der Leben-Jesu-Forschung, 1938, Nachduck 1973

Linnemann, E., Gleichnisse Jesu, ⁵1969

Lips, H. v., Weisheitliche Traditionen im Neuen Testament (WMANT 64), 1990

Lohse, E., Grundriß der neutestamentlichen Theologie (ThW 5), 1974

–, Jesu Worte über den Sabbat, in: W. Eltester (Hg.), Judentum – Christentum – Kirche (FS J. Jeremias) (BZNW 26), 1960, 79–89

– (Hg.), Die Texte aus Qumran, Hebräisch und deutsch, 1971

Lüdemann, G., Die Auferstehung Jesu. Historie – Erfahrung – Theologie, 1994

Lührmann, D., Das Markusevangelium (HNT 3), 1987

Luz, U., Das Evangelium nach Matthäus, 1. Teilband: Mt 1–7 (EKK I/1), ⁴1997; 2. Teilband: Mt 8–17 (EKK I/2), ³1999; 3. Teilband: Mt 18–25 (EKK I/3), 1997

Maier, J. (Hg.), Die Qumran-Essener. Die Texte vom Toten Meer, 2 Bde., 1995–1996

–, Die Tempelrolle vom Toten Meer, übersetzt und erläutert (UTB 829), 1978

Meisner, N., Aristeasbrief (JSHRZ II/1), ²1977, 45–85

Merk, O., Biblische Theologie des Neuen Testament in ihrer Anfangszeit, 1972

Merklein, H., Die Gottesherrschaft als Handlungsprinzip, ²1981

–, Jesu Botschaft von der Gottesherrschaft (SBS 11), ²1984

Michaelis, J.D., Einleitung in die göttlichen Schriften des Neuen Bundes, 1750. ⁴1788

Die Mischna, Text, Übersetzung und ausführliche Erklärung, hg. v. G. Beer / O. Holtzmann / S. Krauß, 1927ff.

Müller, K., Art. Apokalyptik/Apokalypsen III. Die jüdische Apokalyptik. Anfänge und Merkmale, TRE 3 (1978), 202–251

Müller, U., Die griechische Esra-Apokalypse (JSHRZ V/2), 1976, 91–100

Neusner, J., »First Clean the Inside«, NTS 22 (1976), 486–495

–, From Politics to Piety: The Emergence of Pharisaic Judaism, 1973

–, Judaism in the Beginning of Christianity, 1984; dt.: Judentum in frühchristlicher Zeit, 1988

–, The Life of Rabban Yohanan ben Zakkai: Ca. 1–18 CE, 1972

–, Das pharisäische und talmudische Judentum (TSAJ 4), 1984

–, The Rabbinic Traditions about Pharisees before 70, I–III, 1971

Nissen, A., Gott und der Nächste im antiken Judentum. Untersuchungen zum Doppelgebot der Liebe (WMANT 15), 1974

Oeming, Ch. / Oeming, M. s. Childs, B.S., Biblical Theology

Oeming, M., Gesamtbiblische Theologien der Gegenwart, 1985

Pannenberg, W., Die Aufnahme des philosophischen Gottesbegriffs als dogmatisches Problem der frühchristlichen Theologie, in: Ders., Grundfragen 1, 296–346

–, Grundfragen systematischer Theologie. Gesammelte Aufsätze, Bd. 1, 1967

–, Grundfragen systematischer Theologie. Gesammelte Aufsätze, Bd. 2, 1980

–, Grundzüge der Christologie, ⁵1976
–, Hermeneutik und Universalgeschichte, in: Ders., Grundfragen systematischer Theologie I, 91–122
–, Die Krise des Schriftprinzips, in: Ebd., 11–21
–, Problemgeschichte der neueren evangelischen Theologie, 1997
–, Wissenschaftstheorie und Theologie, 1973
–, / Th. Schneider (Hg.), Verbindliches Zeugnis I, 1992; II, 1995; III, 1998
–, Wissenschaftstheorie und Theologie, 1973
Paschen, W., Rein und Unrein. Untersuchung zur biblischen Wortgeschichte (StANT 24), 1970
Pesch, R., Das Markusevangelium, I. Teil: Einleitung und Kommentar zu Kap. 1,1 – 8,26 (HThK II/1), ⁴1984; II. Teil: Kommentar zu Kap. 8,27 – 16,20 (HThK II/2), ³1984
Philonis Alexandrini opera quae supersunt, hg. v. L. Cohn / P. Wendland, 6 Bde., 1886–1915 [Philo]
Philo von Alexandrien. Die Werke in deutscher Übersetzung, hg. v. L. Cohn u.a., 6 Bde., 1909–1938; Bd. 7, 1964
Pöhlmann, W., Die Abschichtung des Verlorenen Sohnes (Lk 15,12f.) und die erzählte Welt der Parabel, ZNW 70 (1979), 194–213
–, Der verlorene Sohn und das Haus (WUNT 68), 1993
Polag, A., Die Christologie der Logienquelle (WMANT 45), 1977
–, Historische Bemerkungen zum Leben Jesu, in: Jesus Christus und seine Botschaft, LebZeug 19 (1971), Heft 3, 33–46
Pseudo-Philo's Liber Antiquitatum Biblicarum, hg. v. G. Kisch, 1949

Rad, G. von, Theologie des Alten Testaments, Bd. I: Die Theologie der geschichtlichen Überlieferungen Israels, ⁸1982; Bd. II: Die Theologie der prophetischen Überlieferungen Israels, ⁸1984
Rau, E., Jesus – Freund von Zöllnern und Sündern. Eine methodenkritische Untersuchung, 2000
–, Reden in Vollmacht. Hintergrund, Form und Anliegen der Gleichnisse Jesu (FRLANT 149), 1990
Reimarus, H.S., Apologie oder Schutzschrift für die vernünftigen Verehrer Gottes, 2 Bde., hg. v. G. Alexander, 1972
Rendtorff, R., Studien zur Geschichte des Opfers im Alten Israel (WMANT 24), 1967
Rengstorf, K.H., Art. ἑπτά κτλ., ThWNT II (1935), 623–631
–, Die Re-Investition des Verlorenen Sohnes in der Gleichniserzählung Jesu Lk 15,11–32 (VAFLNW.G 137), 1967
Rießler, P., Altjüdisches Schrifttum außerhalb der Bibel, 1928
Riesner, R., Jesus als Lehrer. Eine Untersuchung zum Ursprung der Evangelien-Überlieferung (WUNT II/7), ³1988
Robinson, J.M., Die Zukunft der neutestamentlichen Theologie, in: H.D. Betz / L. Schottroff (Hg.) Neues Testament und christliche Existenz (FS H. Braun), 1973, 387–400
Roloff, J., Das Kerygma und der historische Jesus. Historische Motive in den Jesus-Erzählungen der Evangelien, 1970

Safrai, Sh., Die Wallfahrt im Zeitalter des Zweiten Tempels (FJCD 3), 1981
Sand, A., Das Evangelium nach Matthäus (RNT), 1986
Sanders, E.P., Jesus and Judaism, 1985. ³1991
–, Jewish Law from Jesus to the Mishna: Five Studies, 1990
–, Sohn Gottes. Eine historische Biographie Jesu, 1993

Schalit, A., König Herodes. Der Mann und sein Werk, 1969

Scheible, H. (Hg.), Johann Salomo Semler, Abhandlung von freier Untersuchung des Conon (TKTg 5), 1967

Schelbert, G., Sprachgeschichtliches zu ›abba‹, in: P. Cassetti (Hg.), Mélanges Dominique Barthélemy (OBO 38), 1981, 395–447

Schelkle, K.H., Theologie des Neuen Testaments I–IV, 1968–1976

Schlatter, A., Die Geschichte der ersten Christenheit, 1926

–, Die Geschichte des Christus, 1920

–, Der Glaube im Neuen Testament, 1885. ⁴1927, Nachdruck 1963

–, Die Theologie der Apostel, 1922

Schlink, E., Ökumenische Dogmatik, 1983

Schmithals, W., Das Evangelium nach Markus (ÖTK 2/1–2), ²1986

–, Die Theologie Rudolf Bultmanns, 1966

–, Theologiegeschichte des Urchristentums, 1994

Schnackenburg, R., Gottes Herrschaft und Reich, ⁴1965

–, Das Johannesevangelium, I. Teil: Einleitung und Kommentar zu Kap. 1–4 (HThK IV/1), ⁶1986

–, Die Person Jesu Christi im Spiegel der vier Evangelien (HThK.S IV), 1993

Schneemelcher, W. (Hg.), Neutestamentliche Apokryphen, Bd. I, ⁵1987; Bd. II, ⁵1987

Schneider, G., Das Evangelium nach Lukas (ÖTK 3/1–2), ²1977

Schriften des Urchristentums, 1. Teil: Die Apostolischen Väter, eingeleitet, hg., übertragen und erläutert v. J.A. Fischer, 1959; 2. Teil: Didache (Apostellehre), Barnabasbrief, Zweiter Klemensbrief, Schrift an Diognet, eingeleitet, hg., übertragen und erläutert v. K. Wengst, 1984

Schröter, J., Erinnerung an Jesu Worte. Studien zur Rezeption der Logienüberlieferung in Markus, Q und Thomas (WMANT 76), 1997

Schürmann, H., Jesu Abschiedsrede Lk 22,21–38, 1957 (NTA 20/5)

–, Die Anfänge der christlichen Osterfeier, ThQ 131 (1951), 414–425

–, Das Lukasevangelium, I. Teil: Kommentar zu Kap. 1,1–9,50 (HThK III/1), ³1984

Schulz, W., Anmerkungen zur Hermeneutik Gadamers, in: R. Bubner / K. Cramer / R. Wiehl (Hg.), Hermeneutik und Dialektik (FS H.-G. Gadamer), 1970, 305–316

Schweitzer, A., Geschichte der Leben-Jesu-Forschung, ⁶1951

Schweizer, E., Das Evangelium nach Lukas (NTD 3), ³1993

–, Das Evangelium nach Markus (NTD 1), ⁷1989

–, Das Evangelium nach Matthäus (NTD 2), ⁶⁽¹⁶⁾1983

Schwemer, A.M., Gott als König und seine Königsherrschaft in den Sabbatliedern aus Qumran, in: M. Hengel / A. Schwemer, Königsherrschaft Gottes und himmlischer Kult (WUNT 55), 1991, 45–118

Smend, R., Die Bundesformel, in: Ders., Die Mitte des Alten Testaments (BEvTh 99), 1986, 11–39

–, Die Mitte des Alten Testaments, in: Ebd., 40–84

–, Theologie im Alten Testament, in: Ebd., 104–117

Söding, Th., Das Liebesgebot bei Paulus. Die Mahnung zur Agape im Rahmen der paulinischen Ethik (NTA NF 26), 1995

–, Wissenschaftliche und kirchliche Schriftauslegung, in: W. Pannenberg / Th. Schneider (Hg.), Verbindliches Zeugnis II, 72–134

Sola Pool, D. de, The Old Jewish Aramaic Prayer. The Kaddish, Leipzig 1909

Spieckermann, H., God's Steadfast Love. Towards a New Conception of Old Testament Theology, Biblica 81 (2000), 305–327

Staerk, W. (Hg.), Altjüdische liturgische Gebete (KlT 58), 1910

Steck, O.H., Israel und das gewaltsame Geschick der Propheten. Untersuchungen zur Überlieferung des deuteronomistischen Geschichtsbildes im Alten Testament, Spätjudentum und Urchristentum (WMANT 23), 1967

Stegemann, H., Die Essener, Qumran, Johannes der Täufer und Jesus (Herder Spektrum 4128), 1993

Strecker, G., Der Weg der Gerechtigkeit. Untersuchung zur Theologie des Matthäus (FRLANT 82), 1962

Stuhlmacher, P., Biblische Theologie des Neuen Testaments, Bd. 1: Grundlegung. Von Jesus zu Paulus, ²1997; Bd. 2: Von der Paulusschule bis zur Johannesoffenbarung, 1999

–, Vom Verstehen des Neuen Testaments. Eine Hermeneutik, 1979

Testamenta XII Patriarcharum, hg. v. M. de Jonge, 1964

Theißen, G., Jünger als Gewalttäter (Mt 11,12f.; Lk 16,16). Der Stürmerspruch als Selbststigmatisierung einer Minorität, in: D. Hellholm u.a., Mighty Minorities (FS J. Jervell) (StTh 49), 1995, 183–200

–, Lokalkolorit und Zeitgeschichte in den Evangelien, 1989

–, Die Religion der ersten Christen. Eine Theorie des Urchristentums, 2000

–, Urchristliche Wundergeschichten. Ein Beitrag zur formgeschichtlichen Erforschung der synoptischen Evangelien (StNT 8), 1974

–, / *Merz, A.*, Der historische Jesus. Ein Lehrbuch, 1996

– / *Winter, D.*, Die Kriterienfrage in der Jesusforschung. Vom Differenzkriterium zum Plausibilitätskriterium, 1997

Theologisches Wörterbuch zum Neuen Testament, Bde. I–X/2, begründet von G. Kittel, hg. v. G. Friedrich, 1933–1979

Thomasevangelium s. Evangelium nach Thomas

Thüsing, W., Die neutestamentlichen Theologien und Jesus Christus, 1981

Trebilco, P., Jewish Communities in Asia Minor (MSSNTS 69), 1991

Vermes, G., Jesus der Jude. Ein Historiker liest die Evangelien, 1993

Walter, N., Fragmente jüdisch-hellenistischer Epik (JSHRZ IV/3), 1983, 197–216 (Ps-Phokylides)

Weder, H., Die Gleichnisse Jesu als Metaphern (FRLANT 120), 1978

–, Neutestamentliche Hermeneutik, 1986

Weiß, B., Lehrbuch der Biblischen Theologie des Neuen Testaments, 1886

Weiß, J., Das Urchristentum, 1917

Weizsäcker, C., Das apostolische Zeitalter der christlichen Kirche, 1886

Westermann, C., Vergleiche und Gleichnisse im Alten und Neuen Testament (CThM A/14), 1984

Wettstein, J.J., Novum Testamentum Graecum editionis receptae etc., 2 Bde., 1751/52

Wiefel, W., Das Evangelium nach Lukas (ThHK III), 1988

–,Das Evangelium nach Matthäus (ThHK I), 1998

–, Die jüdischen Gemeinden im antiken Rom und die Anfänge des römischen Christentums, Jud 26 (1970), 65–68

Wilckens, U., Der Brief an die Römer, 2. Teilband: Röm 6–11 (EKK VI/2), ³1993

–, Das Evangelium nach Johannes (NTD 4), ¹⁽¹⁷⁾1998

–, Gottes geringste Brüder – Zu Mt 25,31–46, in: E.E. Ellis / E. Gräßer, Jesus und Paulus (FS W.G. Kümmel), 1975, 363–383

–, Schriftauslegung in historisch-kritischer Forschung und geistlicher Betrachtung, in: W. Pannenberg / Th. Schneider (Hg.), Verbindliches Zeugnis II, 13–71

–, Theologie des Neuen Testaments, Bd. I, Teilbd. 2: Jesu Tod und Auferstehung und die Entstehung der Kirche aus Juden und Heiden, 2002

–, Vergebung für die Sünderin (Lk 7,36–50), in: P. Hoffmann (Hg.), Orientierung an Jesus (FS J. Schmid), 1973, 394–422

–, Weisheit und Torheit. Eine exegetisch-religionsgeschichtliche Untersuchung zu 1. Kor. 1 und 2 (BHTh 26), 1959

Wrede, W., Über Aufgabe und Methode der sogenannten Neutestamentlichen
Theologie, 1897

Zimmerli, W., Biblische Theologie, BThZ 1 (1984), 5–26

–, Art. Biblische Theologie I. Altes Testament, TRE 6 (1980), 426–455

–, »Ich bin Jahwe«, in: Ders., Gottes Offenbarung (TB 19), 1963, 11–40

–, Das Wort des göttlichen Selbsterweises (Erweiswort), eine prophetische
Gattung, in: Ebd., 120–132

Stellenregister (Auswahl)